HISTOIRE
DE LA
COMPAGNIE DE JÉSUS
EN FRANCE
DES ORIGINES A LA SUPPRESSION
(1528-1762)

TOME IV
SOUS LE MINISTÈRE DE RICHELIEU
PREMIÈRE PARTIE
(1624-1634)

PAR

Le P. Henri FOUQUERAY, S. J.

PARIS
Bureaux des ÉTUDES
5, PLACE DU PRÉSIDENT-MITHOUARD (7⁰)
1925

HISTOIRE

DE LA

COMPAGNIE DE JÉSUS

EN FRANCE

NIHIL OBSTAT

Lutetiae Parisiorum, die vııı° Maii
Anno MCMXXIV
Y. DE LA BRIÈRE.
cens. dep.

IMPRIMATUR

Parisiis, die 14° maii 1924.
E. THOMAS,
vic. gen.

HISTOIRE

DE LA

COMPAGNIE DE JÉSUS

EN FRANCE

DES ORIGINES A LA SUPPRESSION
(1528-1762)

TOME IV
SOUS LE MINISTÈRE DE RICHELIEU
PREMIÈRE PARTIE
(1624-1634)

PAR

Le P. Henri FOUQUERAY, S. J.

PARIS
Bureaux des ÉTUDES
5, PLACE DU PRÉSIDENT-MITHOUARD (7ᵉ)
1925

AVANT-PROPOS

On ne s'étonnera pas du sous-titre de ce nouveau volume, si l'on songe à la part prépondérante de Richelieu dans le gouvernement de la France durant les vingt dernières années du règne de Louis XIII. On verra du reste que le cardinal se montra, lui aussi, pour la Compagnie de Jésus un protecteur, mais protecteur autoritaire, jaloux et gallican. C'est assez dire que la situation des Jésuites français sous son long ministère fut parfois délicate et qu'il leur fallut une prudence constamment en éveil pour pouvoir garder tout ensemble son estime et leur indépendance. Ici et là certaines personnalités indiscrètes ou maladroites durent être désavouées par les Supérieurs; mais à tout prendre, l'Ordre de saint Ignace fut généralement bien vu de Richelieu, et, sans se mettre à son service, put conserver avec ses bonnes grâces le bénéfice de son puissant patronage. Le fait est d'autant plus remarquable que les ennemis de la Compagnie profitèrent de tout pour la compromettre et provoquer contre elle l'animosité du grand ministre : à l'apparition des libelles critiquant sa politique, au moment de la brouille du roi et de la reine mère, lors des polémiques sur le pouvoir temporel du Pape, dans les conflits entre séculiers et réguliers, dans d'autres circonstances encore, les adversaires des Jésuites ne manquèrent pas d'attribuer, sinon à leur action directe, au moins à leur inspiration, tout ce qui faisait obstacle à l'autorité susceptible du cardinal. Mais la tactique ne réussit pas. Grâce à sa clairvoyance, à sa large compréhension de l'intérêt national,

Richelieu sut rendre justice à des hommes non moins zélés pour le bien du pays que pour celui de la religion. Puis, nous devons l'avouer à la louange de Louis XIII, jamais ce prince surnommé le Juste, et très capable à l'occasion d'imposer sa volonté, n'aurait permis une offense grave ni un dommage sérieux à l'encontre d'une société religieuse qu'il aimait fort, qu'il défendit efficacement, qu'il combla de bienfaits et de témoignages d'affection. Au souverain, bien plus encore qu'au ministre, la Compagnie de Jésus doit se proclamer redevable du succès des œuvres entreprises en ce temps-là par ses enfants : une trentaine de fondations nouvelles; le progrès des établissements antérieurs; le développement des travaux apostoliques à l'intérieur du royaume; l'accroissement des missions du Canada, de Constantinople et du Levant; l'influence spirituelle sur les milieux les plus divers, sur la cour, la noblesse, le clergé, les autres ordres religieux; l'avancement des hautes études et de l'enseignement secondaire; et un certain renom de gloire acquis à la France par des Jésuites français dans le domaine des sciences, de l'érudition, des lettres et des arts.

Nous serons obligés, vu l'abondance des matières, de donner deux tomes portant le même sous-titre. A la fin du tome V, avec la mort de Louis XIII, s'achèvera la tâche qui nous était assignée. Un autre publiera les volumes suivants déjà en préparation.

BIBLIOGRAPHIE DES TOMES IV ET V

(CONTENANT LA LISTE DES DOCUMENTS ET OUVRAGES NON ENCORE CITÉS).

I. SOURCES MANUSCRITES

1° RECUEILS DE DOCUMENTS CONSERVÉS DANS LA COMPAGNIE.

Historia Missionis Canadensis.
Angliae historia.
Anglia, Epistolae Generalium.
Flandro-Belgica, Epistolae Generalium.
Germania Superior, Epistolae Generalium.
Mediolanensis, Epistolae Generalium.
Rheni inferioris provincia, Epistolae Generalium.
  Archives de la province de France, Recueil de lettres adressées au P. Petau.

2° DOCUMENTS CONSERVÉS DANS LES ARCHIVES ET BIBLIOTHÈQUES PUBLIQUES.

Paris, Bibliothèque nationale.
— mss français 3668-3670, 3677, 3678, 9758, 10708, 13893, 16150-16160, 16179, 17717, 20983, 23064.
— mss latins 9758, 13137, 13138.
— mss italiens, 64.
— fonds Dupuy, 49, 74, 378, 462, 473, 703, 767, 869.
— Vc. Colbert, 4, 46, 160, 483.
Paris, Bibliothèque Sainte-Geneviève. mss. 360, 3238.
Paris, Archives nationales : M, 211; — MM, 287, 388; — H, 1802.
Paris, Archives du Ministère des Affaires étrangères, Constantinople, correspondance, 3, 5; — Turquie, correspondance, 3, 4, 160; — Turquie, supplément 1, 2, 19.
Roma, Archivio Vaticano, Nunziatura di Francia, n. 60-87, 304, 306, 395-404, 418, 422, 442. — Nunziatura di Savoia, 58, 59. — Barberini, XXXIX.

Roma, Bibliotheca Vaticana, Barberini latino 8100, 8103, 8119, 8180, 8228, 8248.

Roma, Bibliotheca Pia, 140, 142.

Roma, Bibliotheca Corsini, 713.

Roma, Archivio di stato, Gesuit. colleg.

Turino, Archivio di Stato; Storia della reale casa, Lettere ministri; materie ecclesiastice.

Venezia, Archivio di Stato, Dispacci di Constantinopoli; Dispacci di Aleppo; Deliberazioni del Senato; Decreti del Senato.

France, Archives départementales, Ardèche, Ariège, Aube, Bouches-du-Rhône, Côtes-d'Or, Gard, Gironde, Haute-Marne, Hérault, Indre-et-Loire, Isère, Pas-de-Calais, Puy-de-Dôme, Saône-et-Loire, Tarn-et-Garonne, Vendée, Vosges, séries D, H.

France, Archives communales, Alby, Arles, Bapaume, Besançon, Chalon-sur-Saône, Charleville, Clermont-Ferrand, Chaumont, Epinal, Fréjus, Hesdin, Mâcon, Montpellier, Pamiers, Pontoise, Porrentruy, Rennes, Tours. Séries AA, BB, GG.

France, Bibliothèques municipales : Aix, Bourges, La Rochelle, Louviers.

France, Archives du grand séminaire de Viviers.

— Archives de la Visitation de Nevers.

II. SOURCES IMPRIMÉES.

1° RECUEILS DE DOCUMENTS ET OUVRAGES CONTEMPORAINS.

Apologie pour l'Université de Paris contre le discours d'un Jésuite, par une personne affectionnée au bien public (s. l., MDCXLIII, in-8°).

Autobiographie du P. Chaumonot et son complément par le P. F. Martin (Paris, 1885, in-12).

BALZAC (J. L. Guez de), Œuvres (Paris, 1665, 2 in-fol.).

BINET (Étienne), S. J., *Response aux demandes d'un grand prélat* (Pont-à-Mousson, 1625, in- 9).

BOURGUESIUS (Joannes), S. J., *De Jubilaeo societatis Jesu* (Duaci, MDCXXX, in-8°).

BOUVIN (Jean), *Le siège de la ville de Dôle* (Dôle, MDCXXXVII, in-4°).

BRESSANI (François-Joseph), S. J., *Relation abrégée de quelques missions des Pères de la Compagnie de Jésus dans la Nouvelle France*, traduction du P. Martin (Montréal, 1877, in-8°).

CAUSSIN (Nicolas), S. J., *La cour sainte... mise en sa dernière perfection et augmentée de la vie de l'auteur* (Bruxelles, MDCLXIV, 2 in-4°).

CELLOT (Louis), S. J., *De hierarchia et hierarchis libri IX* (Rouen, MDCXLI, in-fol.).

CHAMPLAIN (Samuel), *Voyages de...* (Paris, 1830, 2 in-8°).

DESCARTES (René), Œuvres, publiées par Adam et Tannery (Paris, 1898, 12 in-4°).

DINET (Jacques), *L'idée d'une belle mort dans le récit de la fin heureuse de Louis XIII* (Carayon, *Documents inédits*, XXIII, Paris, 1886, in-4°).

DUCROS (Simon), *Mémoires de Henry, dernier duc de Montmorency* (Paris, 1665, in-12).

FERRIER (Jérémie de), *Le catholique d'Estat* (Paris, 1625, in-12).

GARASSUS (Fr.), S. J., *Le Libertinage au XVIIe siècle. Mémoire inédit du P. Garassus* publié par Lachèvre (Paris, 1912, in-8°).

BIBLIOGRAPHIE.

Grotius (Hugo), *Epistolae* (Amsterdam, MDCLXXXVII, in-4°).
Guichenon (Samuel), *Histoire généalogique de la royale maison de Savoye* (Turin, 1778, 2 in-fol.).
Janssenii (Cornelii), *Episcopi Iprensis, Augustinus* (Paris, 1641, in-fol.).
Journal de Mgr *le cardinal de Richelieu qu'il a fait durant le grand orage de la cour ès annees 1630-1631* (Amsterdam, 1644, in-8°).
Lancelot (Claude), *Mémoires pour servir à la vie de Du Vergier de Hauranne, abbé de Saint-Cyran* (Cologne, 1738, 2 in-12).
Lembabe (Pierre), *Recueil des actes, titres et mémoires concernant les affaires du Clergé de France* (Paris, 1716-1750, 13 in-fol.).
Lettres de la R. M. Agnès Arnauld, publiées par Faugère (Paris, 1858, 2 in-8°).
Lettres de la Vénérable Mère Marie de l'Incarnation (Paris, 1681, in-4°).
Lettres de M. Cornelius Jansenius, evesque d'Ypres, et de quelques autres personnes à M. Jean Du Vergier de Hauranne, abbé de Saint-Ciran, avec des remarques historiques et théologiques, par François Du Vivier (Cologne, MDCCII, in-16).
Lettres de M. Vincent (de Paul) (Paris, 1882, 2 in-8°).
Malherbe (François), *Œuvres de...* (Coll. des Grands Ecrivains, Paris, 1869, 5 in-8°).
Mémoires de Mathieu Molé, publiés par de Champollion-Figeac (Société de l'Histoire de France, Paris, 1845, 2 in-8°).
Mémoires de Montchal (Rotterdam, 1718, 2 in-12).
Mémoires de Montglat (Coll. Michaud, 3° sér., t. V).
Mémoires de Montrésor (Coll. Michaud, 3° sér., t. III).
Mémoires de Gaston d'Orléans (Coll. Michaud, 2° sér., t. IX).
Mysteria politica, hoc est epistolae arcanae virorum illustrium sibi mutuo confidentium, lectu et consideratione dignae, juxta copiam Neapoli impressam (Antverpiae, 1625, in-4°).
Optati Galli de cavendo schismate... liber paraeneticus (s. l., 1640, in-4°).
Pelletier, *Apologie ou defense pour les PP. Jésuites contre les calomnies de leurs ennemis* (Paris, 1625, in-8°).
Perry (Claude), S. J., *Histoire civile et ecclésiastique, ancienne et moderne, de la ville de Chalon-sur-Saône* (Chalon, MDCLIX, in-fol.).
Pommereuse (Marie de), *Les chroniques de l'Ordre des Ursulines* (Paris, 1673, in-4°).
Quaestiones politicae quodlibeticae agitandae in majori aula Sorbonica praesidente Illmo *cardinali de Richelieu* (s. l., 1626, in-4°).
Rabardeau (Michel), S. J., *Optatus Gallus de cavendo schismate, etc., benigna manu sectus* (Paris, 1641, in-4°).
Rabbath (Antoine), S. J., *Documents inédits pour servir à l'histoire du Christianisme en Orient* (Paris, 1905-1912, 2 vol., in-8°).
Racan (Honorat de Bueil, m[is] de), *Œuvres complètes* publiées par Tenant de La Tour (Paris, 1857, 2 in-12).
Relation sur l'establissement des Filles du Saint-Sacrement (s. l. n. d. — vers 1635 — in-16).
Response au livre intitulé « Apologie pour l'Université de Paris contre le discours d'un Jesuite » (Paris, MDCLVII, in-8°).
Richer (Edmond), *Relation de ce qui s'est passé en Sorbonne* (s. l., 1629, in-8°).
Roverius (Petrus), S. J., *De vita et rebus gestis Francisci de La Rochefoucauld cardinalis, libri decem* (Paris, 1645, in-8°).
Sagard, *Histoire du Canada et voyages que les PP. Mineurs Recollets y ont faicts pour la conversion des infidelles* (Paris, 1636, in-8°).
Saint-Jure (J. B.), S. J., *Vie de M. de Renty* (Paris, 1652, in-8°).
Santarelli (Antoine), S. J., *Tractatus de Haeresi, schismate, Apostasia... et de Potestate Romani Pontificis in his delictis puniendis* (Rome, MDCXXXV, in-4°).
Seconde apologie pour l'Université de Paris contre le livre fait par un Jésuite pour response à la première apologie (Paris, 1643, in-8°).
Testament politique d'Armand du Plessis cardinal de Richelieu (Amsterdam, MDCLXXXVIII, 2 in-12).

BIBLIOGRAPHIE.

2° OUVRAGES D'AUTEURS NON CONTEMPORAINS

Aigrefeuille (Ch. d'), *Histoire de la ville de Montpellier depuis son origine jusqu'à nos temps* (Montpellier, MDCCXXXVII, 2 in-fol.).
Allanic (J.), *Histoire du collège de Vannes* (Vannes, 1902, in-8°).
Arcère (Louis-Etienne), *Histoire de la ville de La Rochelle* (Paris, 1756, 2 in-4°).
Baillet (Adrien), *Vie de Godefroy Hermant* (Amsterdam, 1717, in-12).
— *Vie d'Edmond Richer* (Liège, 1714, in-18).
Baillon (C¹ᵉ de), *Henriette Marie de France, reine d'Angleterre* (Paris, 1877, in-8°).
Barrière-Flavy (M. C.), *Histoire du collège de Pamiers de son origine à nos jours* (Foix, 1911, in-8°).
Batault (Henri), *Essai historique sur les écoles de Chalon-sur-Saône* (Chalon, 1874, in-4°).
Batiffol (Louis), *La duchesse de Chevreuse* (Paris, 1913, in-8°).
Beaune et d'Arbaumont, *Les Universités de Franche-Comté* (Dijon, 1875, in-8°).
Beauvau (M¹ˢ Henri de), *Mémoires pour servir à l'histoire de Charles IV duc de Lorraine* (Metz, 1686, in-12).
Bédu (l'Abbé), *Histoire de la ville de Bapaume* (Arras, 1866, in-8°).
Bertaut et Cussey, *L'illustre Orbandale, ou histoire ancienne et moderne de la ville de Chalon-sur-Saône* (Lyon, MDCLXII, 2 in-4°).
Besson (Joseph), *La Syrie et la Terre Sainte au XVIIᵉ siècle* (Poitiers, 1862, in-8°).
Besson (l'Abbé), *Le Testament de M. d'Ancier* (Annales Franc-Comtoises, 1868).
Blondel (Jacques Fr.), *L'architecture française* (Paris, 1732-36, 4 in-fol.).
Bonneau-Avenant (C¹ᵉ de), *La Duchesse d'Aiguillon* (Paris, 1882, in-12).
Boschet (Antoine), S. J., *Le parfait missionnaire ou la vie du P. Julien Maunoir* (Lyon, 1897, in-12).
Bouchard (Ernest), *Les de Lingendes* (Bulletin de la Société d'émulation de l'Allier, t. X, 1868).
Bougeant (Guillaume Hyacinthe), *Histoire des guerres et des négociations qui précédèrent le traité de Westphalie* (Paris, 1767, 2 in-4°).
— *Histoire du traité de Westphalie* (Paris, 1744, 3 in-4°).
Bourbon (Georges), *Notice historique sur le collège de Montauban* (s. l. n. d., in-8°).
Brémond (Henri), *Histoire littéraire du sentiment religieux en France*, t. IV, V, VI (Paris, 1920-1923, in-8°).
Brice (Germain), *Description nouvelle de la ville de Paris* (Paris, 1706, 2 in-12).
Brière (Yves de La), S. J., *Le Jansénisme et Jansénius* dans *Recherches de science religieuse*, t. VII, mai-septembre, 1916.
Broglie (Emm. de), *Saint Vincent de Paul* (Paris, 1897, in-12).
Brossard (Joseph), *Samuel Guichenon* (Bourg, 1899, in-8°).
— *Mémoires historiques de la ville de Bourg* (Bourg, 5 in-8°).
— *Les Jésuites et le collège de Bourg* (Annales de la Société d'émulation de l'Ain, 1871).
Brucker (Joseph), S. J., *Lettres inédites de Saint-Cyran* dans *Recherches de science religieuse*, t. III, année 1912.
Cardevacque (Adolphe), *Le collège des Jésuites d'Arras* (Arras, 1889, in-8°).
Chalmel (C. L.), *Histoire de Touraine* (Tours-Paris, 1841, 4 in-8°).
Charvériat (E.), *Histoire de la guerre de Trente Ans* (Paris, 1878, 2 in-8°).
Chérot (Henri), S. J., *Étude sur la vie et les œuvres du P. Le Moyne*, Paris, 1887, in-8°).
— *Trois éducations princières* (Lille, 1896, in-8°).
Compayré (M. Cl.), *Études historiques sur l'Albigeois* (Albi, 1841, in-4°).
Corson (Abbé Guillotin de), *Pouillé historique de l'Archevêché de Rennes* (Paris-Rennes, 1880-1886, in-8°).
Couasnier de Launay (Abbé E. L.), *Histoire des Hospitalières de Saint-Joseph* (Paris, 1887, 2 in-8°).
Cousin (Victor), *Madame de Hautefort* (Paris, 1856, in-8°).

Creuxius (François), *Historiae Canadensis seu Novae Franciae libri decem* (Paris, MDCCLXIV, in-4°).

Cuisine (M. de La), *Le parlement de Bourgogne depuis son origine jusqu'à sa chute* (Dijon-Paris, 1864, 3 in-8°).

Curley (Frédéric de), S. J., *Histoire de saint François Régis* (Lyon-Paris, 1893, in-8°).

Daniel (Charles), S. J., *Une vocation et une disgrâce à la cour de Louis XIII* (Paris, 1861, in-12).

Dollier de Casson (François), *Histoire de Montréal* (Montréal, 1868, in-8°).

Drevon (J. M.), *Histoire d'un collège municipal* [Bayonne] (Agen, 1889, in-12).

Dreyfus et Decelle, *Histoire du collège d'Épinal* (Épinal, 1901, in-8°).

Droz (Séraphin), *Histoire du collège de Besançon* (Besançon, 1818, 2 in-8°).

Dubédat (J.-B.), *Histoire du Parlement de Toulouse* (Paris, 1885, 2 in-8°).

Dudon (Paul), S. J., *Établissement des Jésuites à Montpellier* dans *Mélanges de littérature et d'histoire religieuses* publiés à l'occasion de Jubilé épiscopal de Mgr de Cabrières, t. II (Paris, 1899, in-8°).

Dufour et Raduet, *Le P. Monod et le cardinal de Richelieu* (Chambéry, 1878, in-8°).

— *Miolan, prison d'État* (Chambéry, 1879, in-8°).

Dupin (Elies), *Histoire ecclésiastique du XVIIe siècle* (Paris, 1714, 4 in-8°).

Dupont-Ferrier (Gustave), *Du collège de Clermont au Lycée Louis-le-Grand* (Paris, 1921, in-8°).

Fagniez (Gustave), *Le P. Joseph et Richelieu* (Paris, 1894, 2 in-8°).

Fallue (Léon), *Histoire de l'église métropolitaine et du diocèse de Rouen* (Rouen, 1863, 4 in-8°).

Fassin (Émile), *Annales du collège d'Arles* (Arles, 1901, in-8°).

Faucillon (Jean), *Le collège des Jésuites à Montpellier* (Montpellier, 1851, in-8°).

Favier (Justin), *Note sur l'éducation du jeune cardinal de Lorraine* (Mémoires de la Société d'Archéologie lorraine, 3e série, t. XVI, 1888).

Felice (Guillaume de), *Histoire des protestants de France* (Paris, 1850, in-8°).

Fliche (Paul), *Mémoires sur la vie de Marie-Félice des Ursins* (Poitiers, 1878, 2 in-8°).

Foley (Henry), S. J., *Records of the English province of the Society of Jesus* (London, 1877-1883, 7 in-8°).

Fornier (Marcellin), S. J., *Histoire des Alpes-Maritimes* (Paris, 1890, 3 in-8°).

Fouqueray (Henri), S. J., *Le P. Jean Suffren à la cour de Marie de Médicis et de Louis XIII* (Revue des questions historiques, t. LXVIII, 1900).

Froment (l'Abbé), *Hesdin, étude historique* (Arras, 1865, in-8°).

Fuzet (l'Abbé), *Les Jansénistes du XVIIe siècle* (Paris, 1876, in-8°).

Gautier (Alexandre), *Le collège de Rouen* (Paris, 1870, in-8°).

Germain (Alexandre-Charles), *La Faculté des arts et l'ancien collège de Montpellier* (Montpellier, 1882, in-4°).

Gerny (Antoine), *Abrégé de l'histoire du couvent des Frères Prêcheurs de la ville de Bourges* (Bourges, 1877, in-8°).

Gibaudet (Eugène), *Histoire de Tours* (Tours, 1873, 2 in-8°).

Goiffon (Étienne), *L'instruction publique à Nîmes* (Nîmes, 1876, in-8°).

Griselle (Eugène), *Louis XIII et Richelieu* (Paris, 1911, in-8°).

— *Profils de Jésuites du XVIIe siècle* (Paris, 1911, in-8°).

Hammer (M. de), *Histoire de l'Empire Ottoman*, trad. de l'allemand par Dochez, Paris, 1844, 3 in-8°).

Hansy (Denys de), *Notice historique sur la paroisse Saint-Paul-Saint-Louis* (Paris, 1842, in-8°).

Haussonville (Cte d'), *Histoire de la réunion de la Lorraine à la France* (Paris, 1854, in-8°).

Henrard (Paul), *Marie de Médicis dans les Pays-Bas* (Bruxelles, 1876, in-8°).

Hubault, *De politicis in Richelieu lingua latina libellis* (thèse de doctorat, S. Clodoaldi, 1856, in-8°).

Hurtaut et Magny, *Dictionnaire historique de la ville de Paris* (Paris, 1779, 4 in-8°).

Jager (Mgr), *Histoire de l'église catholique en France*, t. XVII (Paris, 1869, in-8°).

Kropf (François-Xavier), *Historia provinciae Societatis Jesu Germaniae superioris* (Augsbourg, 1754, s1t).

Labbe (Philippe), S. J., *Sacrosancta Concilia*, t. XV (Paris, 1728, in-fol.).

Labbey de Billy, *Histoire de l'Université du comté de Bourgogne* (Besançon, 1814, in-8°).

Lachèvre (Frédéric), *Un mémoire inédit du P. Garasse* (Revue de l'Histoire littéraire de France, 1911).

Lafitau (Pierre-François), *Histoire de la Constitution « Unigenitus »* (Paris, 1733, 2 in-12).

Lallemand (A.), *Les origines historiques de la ville de Vannes* (Annuaire du Morbihan, 1899).

Lavallée (Théophile), *Histoire de l'Empire Ottoman* (Paris, 1855, in-4°).

Le Bret (Henri), *Histoire de la ville de Montauban* (Montauban, 1841, 2 in-8°).
— *Récit de ce qu'a été et de ce qu'est présentement Montauban* (Montauban, 1701, in-8°).

Le Clercq (Chrétien), *Premier establissement de la Foy dans la Nouvelle France* (Paris, 1691, in-12).

Legrand (Emile), *Relation de l'establissement des Pères de la Compagnie de Jésus en Levant* (Paris, 1869, in-16).

Le Tac (Sixte), *Histoire chronologique de la Nouvelle France* (Paris, 1838, in-8°).

Longin, *Ephémérides du siège de Dôle*.

Martin (Dom Claude), *Vie de la Vénérable Mère Marie de l'Incarnation* (Paris, 1677, in-4°).

Martin (Félix), S. J., *Le P. Jean de Brébeuf* (Paris, 1877, in-12).
— *Le P. Isaac Jogues* (Paris, 1873, in-12).

Mémoires pour servir à l'histoire de Port-Royal et à la vie de la Rde Mère Angélique de Sainte-Madeleine Arnauld (Utrecht, MDCCXLII, 3 in-12).

Meunier (l'Abbé), *Histoire d'Hesdin. La paroisse* (Montreuil-sur-Mer, 1896, in-8°).

Meyer (Albert de), *Les premières controverses jansénistes en France* (Louvain, 1919, in-8°).

Mignot (Vincent), *Histoire de l'Empire Ottoman* (Paris, 1771, in-4°).

Mun (Gabriel de), *Richelieu et la maison de Savoie* (Paris, 1907, in-8°).

Prunel (Louis N.), *Sébastien Zamet, sa vie, ses œuvres* (Paris, 1912, in-8°).

Puyol (Ed.), *Edmond Richer* (Paris, 1876, 2 in-8°).

Rameau, *Le collège des Jésuites de Mâcon* (Revue de la Société littéraire de l'Ain, 1886-1889).

Rance (A. J.), *Une thèse de rhétorique au collège des Jésuites d'Arles, précédée d'un aperçu historique sur le collège d'Arles* (Marseille, 1887, in-8°).

Rapin (René), *Mémoires*, publiés par Aubineau (Paris, 1865, 3 in-8°).

Rébelliau (Louis-Alfred), *La compagnie secrète du Saint-Sacrement* (Paris, 1908, in-8°).

Regnier (Louis), *Sous Louis XIII, fragments inédits des mémoires et des lettres du P. Caussin* (Paris-Rouen, 1913, in-8°).

Renée (Amédée), *Madame de Montmorency* (Paris, 1858, in-8°).

Ricard (Mgr), *Les premiers jansénistes et Port-Royal* (Paris, 1883, in-8°).

Richard (M.), *Histoire des diocèses de Besançon et de Saint-Claude* (Besançon, 1851, 2 in-8°).

Rodocanachi (Em. Pierre), *Les derniers temps du siège de La Rochelle* (Paris, 1899, in-8°).

Sainte-Beuve, *Port-Royal* (Paris, 1860, 4 in-8°).

Saint-Pierre de Jésus (La Rde Mère), *Vie de la Rde Mère Chézard de Matel* (Fribourg, 1910, in-8°).

Saint-Sauveur (Geneviève de), *Le collège de Rennes* (Bulletin de la Soc. Archéolog. d'Ille-et-Vilaine, t. XLVI, 1919).

Schimberg (A.), *L'éducation morale de la Compagnie de Jésus en France sous l'ancien régime* (Paris, 1913, in-8°).

Séjourné (Auguste), *Histoire du Vénérable serviteur de Dieu Julien Maunoir* (Paris, Poitiers, 1895, 2 in-8°).

Strickland (Agnès), *Lives of the queens of England* (London, 1886, in-8°).

Sulte (Benjamin), *Les Canadiens français* (Québec, 1868, in-8°).

Taunton (Ethelred L.), *The history of the Jesuites in England* (London, 1901, in-8°).

Topin (Marius), *Louis XIII et Richelieu* (Paris, 1876, in-8°).
Torreilles (Ph.), *Le collège de Perpignan* (Perpignan, 1898, in-8°).
Valle (Domenico), S. J., *Il Padre Pietro Monod, consigliere di stato e istoriografo della casa di Savoia* (Turin, 1910, in-8°).
Vautrey (Louis), *Histoire du collège de Porrentruy* (Porrentruy, 1866, in-8°).
Vie de la Bienheureuse Marie de l'Incarnation par une religieuse Ursuline (Paris, 1893, in-8°).
Vie de l'Illustre serviteur de Dieu Noël Brulart de Sillery (Paris, 1843, in-12).
Zelle (Joseph), *Apôtres du Sacré-Cœur... le P. Paul de Barry* (Lille-Paris, s. d., in-16).

CHAPITRE PREMIER

LES PREMIERS LIBELLES CONTRE RICHELIEU

(1624-1626)

Sommaire. — 1. Richelieu est promu au cardinalat. — 2. Il entre au ministère; sa politique. — 3. Rôle des Jésuites dans l'affaire du mariage anglais. — 4. Choix du confesseur de Madame Henriette-Marie de France. — 5. Affaire de la Valteline. — 6. Les premiers libelles contre la politique de Richelieu faussement attribués aux Jésuites. — 7. L'*Admonitio ad regem* condamné par le prévôt de Paris et censuré par la Sorbonne. — 8. Intervention hostile de l'Université de Paris.

Sources manuscrites : I. Recueils de documents conservés dans la Compagnie : a) *Gallia, Epistolæ Generalium ad Externos*; — b) *Francia, Epistolæ Generalium*; — c) *Francia, Epistolæ ad Generalem*.
II. Roma, Bibl. Corsini, cod. 713.
III. Roma, Archivio Vaticano, Nunziatura di Francia, n. 59, 61, 409, 410; — Bibl. Pia, n. 11, 110, 113.
IV. Paris, Bibl. nationale, fr. 3285, 10703; — f. Dupuy, vol. 462.
V. Paris, Archives du Ministère des Affaires étrangères, Rome, correspondance, vol. 39.
VI. Paris, Bibliothèque de l'Institut, collection Godefroy, vol. XV.

Sources imprimées : *Mémoires de Richelieu*. — *Le Mercure françois*. — *Le Mercure Jésuite*. — Avenel, *Lettres de Richelieu*. — D'Argentré, *Collectio judiciorum*. — *Annales des soi-disans Jésuites*. — Bruce, *Domestic calendar*. — Garasse, *Récit au Vray*... Carayon, *Documents inédits*, doc. III. — *Records of English Province*, t. VII. — Rapin, *Histoire du Jansénisme*. — Griffet, *Histoire du Règne de Louis XIII*. — Baillet, *Vie de Richer*. — Bougeant, *Histoire du traité de Westphalie*. — Hanotaux, *Histoire du cardinal de Richelieu*. De Baillon, *Henriette-Marie de France*. — Houssaye, *Le Cardinal de Bérulle et le Cardinal de Richelieu; Les Carmélites de France*. — Flassan, *Histoire générale et raisonnée de la diplomatie*. — Fagniez, *Le P. Joseph et Richelieu*.

1. Dans le traité du 10 août 1620, qui scellait la réconciliation de Louis XIII avec la reine mère[1], il avait été convenu que l'on récompenserait les services de Richelieu en demandant pour lui le chapeau de cardinal. Mais, prévenu secrètement que cette nomination ne souriait point à Sa Majesté Très chrétienne, le Pape Paul V se refusa toujours aux pressantes instances du marquis de Cœuvres, ambassadeur à Rome. Ce fut seulement en 1622, après la mort du cardinal de Retz, que le roi consentit, sur la

---
1. Voir tome III, l. III, c. 2, p. 454-456.

prière de sa mère, à la promotion de l'évêque de Luçon[1]. D'après le bref adressé au prélat par Grégoire XV, le nouveau pape prétendait surtout récompenser les travaux du controversiste et du théologien, l'encourager dans la voie où il avait débuté d'une manière éclatante[2] : « Dans la lutte que nous avons à soutenir contre le prince des ténèbres, lui écrivait-il, votre science et votre piété ont été, en vos contrées, comme un glaive de salut pour abattre l'orgueil des hérétiques, et exercer une sainte vindicte parmi les peuples croyants... Or sachez que vous nous aurez comblé des preuves de votre reconnaissance si, vous montrant semblable à vous-même, vous continuez à augmenter en France la dignité de l'Église, et si vous écrasez les forces de l'hérésie sans vous laisser arrêter par aucune difficulté, en marchant avec confiance sur les aspics et les basilics. Ce sont là les grands services que l'Église romaine exige et attend de vous. Quant à nous, certain que notre espoir ne sera pas déçu, nous vous embrassons avec amour dans notre charité paternelle[3]. »

Les services espérés du nouveau cardinal n'étaient pas précisément ceux qu'il devait rendre un jour. L'évêque de Luçon revêtu de la pourpre romaine ne sera plus qu'un homme d'État moins soucieux des intérêts spirituels de l'Église que des avantages temporels de son pays.

Au début toutefois, satisfait d'une dignité longtemps ambitionnée, il ne songeait qu'à se rendre utile au Saint-Siège comme à la couronne, et donnait à la Compagnie de Jésus des marques d'une sincère affection. Répondant le 1ᵉʳ décembre aux compliments du P. Coton, il lui disait : « Mon Père, en quelque temps que vous me favorisiez des tesmoignages de vostre bonne volonté, je les recevray tousjours comme procédans d'une personne de mérite et de grande considération parmi tous les gens de bien. Celuy qu'il vous plaist me rendre présentement sur le sujet de la dignité que je dois à la bonté du Roy et de la Reine, m'est d'autant plus agréable qu'on vous réjouissant avec moy de

---

1. Hanotaux, *Histoire du cardinal de Richelieu*, t. II, p. 449 et suiv. — *Mémoires de Richelieu*, t. I, 207.
2. Outre la *Défense des principaux points de la foi*, l'évêque de Luçon avait publié pour « les chères âmes » de son diocèse une *Instruction ou catéchisme* qui eut un très gros succès, fut répandu dans toute la France et traduit dans la plupart des langues de l'Europe, voire en turc, en arabe et dans l'idiome des sauvages d'Amérique. » (De Meaux, *La Réforme et la politique française en Europe*, t. II, p. 81.)
3. Bref de Grégoire XV à Richelieu, 3 novembre 1622. (Bibl. Corsini, cod. 713, miscell., p. 53.)

l'honneur reçu, vous me promettez quand et quand l'assistance de vos prières pour m'en acquitter à la gloire de Dieu. Je vous en remercie et vous supplie de croire que la pourpre dont il a plu à Sa Sainteté de m'honorer, ne me donnera point de contentement parfait, que lorsqu'en servant l'Église et le Roy je pourray rendre à vostre Ordre en général, et à vous en particulier, des preuves du désir que j'ay d'estre, mon Père, affectionné à vous servir[1]. »

2. Marie de Médicis, ayant obtenu le chapeau pour son grand aumônier, voulut encore le faire entrer dans le conseil; mais les préventions du roi allaient lui rendre la tâche difficile. Tous les ministres à qui Louis XIII avait accordé sa confiance depuis la mort de Concini, lui avaient représenté ce prélat comme un esprit dangereux et dominateur. Aussi avait-il coutume de répondre à sa mère, lorsqu'elle vantait le zèle et les talents du cardinal : « Je le connais mieux que vous, Madame, c'est un homme d'une ambition démesurée[2]. » En 1622 le comte de Schomberg se joignit au prince de Condé et à M. de Puysieux pour faire donner la présidence du conseil au cardinal de La Rochefoucauld, « non par estime de sa personne, observe jalousement Richelieu, mais pour m'oster l'espérance de l'occuper et à la Reine l'honneur d'avoir part dans ce choix[3] ». Cependant, après la disgrâce de Sillery, le marquis de La Vieuville s'entendit avec Marie de Médicis, et tous deux convainquirent le roi d'appeler l'évêque de Luçon; mais cette fois ce fut celui-ci qui montra peu d'empressement : il prétendit que le fardeau semblait trop lourd pour sa santé délicate. « Si nonobstant ces considérations, ajoutait-il, Sa Majesté s'affermit en sa résolution, le cardinal ne peut avoir autre réplique que l'obéissance[4]. » Il se fit ainsi ordonner, au mois d'avril 1624, d'occuper une place qu'il désirait avec passion. Quelques mois plus tard, le 19 août, le marquis de La Vieuville était à son tour disgracié; Richelieu avait gagné la pleine confiance de Louis XIII; il devint l'âme du ministère et le vrai chef du conseil sous la présidence nominale du cardinal de La Rochefoucauld.

Jusqu'alors Richelieu s'était montré le partisan des Jésuites; il

---

1. Lettre de Richelieu au P. Coton, 1er décembre 1622. (Bibl. de l'Institut, col. Godefroy, vol. XV, f. 401.)
2. Griffet, *Histoire du Règne de Louis XIII*. t. I, p. 413.
3. *Mémoires de Richelieu*, t. I, p. 267.
4. *Ibidem*, p. 289.

les jugeait spécialement capables de tenir tête à l'hérésie; il les aimait d'autant plus que les protestants cachaient moins leur haine pour la Compagnie. « La bonté de Dieu est si grande, avait-il écrit un jour en s'adressant aux Calvinistes, qu'elle convertit d'ordinaire en bien tout le mal qu'on veut procurer aux siens. Vous pensez nuire aux Jésuites et vous leur servez grandement, n'y ayant personne qui ne reconnoisse que ce leur est une grande gloire d'être blâmés de la bouche même qui accuse l'Église, qui calomnie les Saints, fait injure à Jésus-Christ et rend Dieu coupable. Ce leur est véritablement chose avantageuse, nous le voyons par expérience, en ce que, outre les considérations qui les doivent faire estimer de tout le monde, beaucoup les aiment particulièrement parce que vous les haïssez[1]. »

En diverses occasions l'évêque de Luçon avait défendu les Pères avec vigueur, et ceux-ci se basant sur le passé comptaient que, parvenu au pouvoir, il ferait servir ses admirables talents non seulement à la grandeur de la France, mais encore au triomphe de la foi. Tel était en particulier l'espoir du P. Vitelleschi, quand il écrivait au nouveau ministre cette lettre de félicitations :

« Illustrissime et Révérendissime Seigneur, il est enfin arrivé l'événement désiré de tous les gens de bien et qu'ils attendaient pleins de confiance : le roi Très Chrétien a appelé Votre Seigneurie Illustrissime à siéger dans son conseil. Il convenait en effet de mettre en évidence votre rare et grande sagesse, comme un flambeau sur le chandelier, pour répandre sa lumière non dans un cercle restreint, mais dans tout le royaume. Je n'en doute pas, tous ceux qui ont à cœur le bien général se sont réjouis pour eux-mêmes et pour le royaume très chrétien; ils ont fait des vœux pour Votre Seigneurie Illustrissime, persuadés que ses conseils très éclairés donneraient un nouveau lustre à un État déjà très florissant. Quant à moi qui prévois nettement l'utilité et les avantages qui en résulteront, non seulement pour l'administration du pays, mais aussi pour le bien de l'Église et les progrès du catholicisme, je m'empresse de joindre aux félicitations de tous mes compliments et mes vœux. Je ne cesserai de demander à Dieu, dans mes prières, qu'il conserve longtemps sur cette terre un prélat qui unit à tant de sagesse une si haute piété. Je sais, en effet, avec quel zèle Votre Seigneurie embrasse tout ce qui

---

1. Richelieu, *Les principaux points de la foi catholique*... chap. IV.

touche à l'honneur de la Majesté divine, avec quelle ardeur elle poursuit l'erreur et l'impiété qu'elle a réfutées dans de très doctes ouvrages. C'est pourquoi il me semble que Dieu a voulu donner à la France une marque insigne de sa protection en élevant Votre Seigneurie à un poste brillant, où elle pourra rendre de nombreux services et travailler par des œuvres éclatantes à la sauvegarde et à l'extension de la Sainte Église. Je n'ignore pas quelle fut de tout temps sa bienveillance envers notre petite Compagnie. Je me plais aujourd'hui à lui en manifester ma profonde reconnaissance, et j'ose lui demander de vouloir bien toujours la protéger, afin qu'appuyés sur son autorité nous puissions en paix nous dépenser au service de Dieu et du prochain, dans la mesure où le permettra le nombre des sujets et l'esprit de notre institut. En attendant, je dépose humblement aux pieds de Votre Seigneurie Illustrissime, avec mon dévouement et ma soumission, les respects de cette Compagnie dont Dieu m'a confié en partie le soin. Si ces hommages ne répondent qu'imparfaitement aux mérites de Votre Seigneurie Illustrissime, du moins nous prierons Dieu, souverainement libéral, de la combler de plus en plus de ses grâces et de ses dons. — Rome, le 3 juin 1624 [1]. »

Qu'on ne s'étonne pas des termes élogieux de cette lettre. Le P. Vitelleschi se connaissait en hommes ; il avait deviné le génie de Richelieu.

Parvenu au pouvoir, le cardinal avait à choisir entre deux politiques : celle de Henri IV ou celle de Marie de Médicis : l'amitié de l'Espagne ou l'abaissement de la maison d'Autriche. Or le choix était fort délicat. Comment concilier ensemble, dans les relations extérieures, les intérêts du pays et ceux de la religion ? « Le roi d'Espagne, observe Richelieu dans ses *Mémoires*, se dit chef des catholiques, et par je ne sais quelle rencontre d'affaires et d'artifices, non par piété, se trouve en effet avoir ses intérêts le plus souvent liés avec les leurs. » Au contraire les intérêts de la France, opposés à ceux de l'Espagne, s'accordaient d'ordinaire avec ceux des États protestants. Le nouveau ministre n'hésita point ; dominé par une seule pensée, la prépondérance de la monarchie française, il reprit hardiment l'œuvre de Henri IV. Il espérait que son zèle à étouffer l'hérésie dans le royaume lui ferait pardonner l'alliance avec les protestants contre l'Autriche.

1. Lettre du P. Général au cardinal de Richelieu, 3 juin 1624. (Gallia, Epist. Gen. ad externos, t. 1013-1072.)

Imbu du principe gallican, que dans la gestion des affaires temporelles le pouvoir civil doit être soustrait à tout contrôle de l'Église, on le vit assister coup sur coup la Hollande contre l'Espagne, le Palatinat contre la Bavière, les Grisons contre les Valtelins, et fiancer une fille de France à l'héritier du trône d'Angleterre. Cette conduite, avoue un écrivain protestant, « était évidemment destinée à arrêter les progrès du catholicisme ; quoique l'alliance française fût d'une nature exclusivement politique, le protestantisme devait néanmoins en recueillir un grand profit, précisément à cause de l'union étroite des intérêts religieux et politiques [1] ».

Aussi fut-ce un scandale, et à la cour romaine, et en France, parmi ceux qui s'appelaient les *bons catholiques*. Ils flétrissaient Richelieu du nom de *catholique d'État* et lui appliquaient les paroles de l'Écriture, *Impio præbes auxilium :* « Vous prêtez secours à l'impie, vous vous joignez à ceux qui haïssent Dieu, et ainsi vous attirez sur vous-même la colère du Seigneur. » Quant à la Compagnie de Jésus, son attachement au Saint-Siège et aux doctrines romaines était trop connu pour qu'on pût se méprendre sur ses véritables sentiments. Malgré la prudente réserve commandée par les circonstances et dans laquelle elle se tint toujours, elle se vit cependant accusée d'être l'instigatrice de l'opposition faite à la politique anti-espagnole de Richelieu ; en même temps on lui attribua l'inspiration des principaux pamphlets dirigés contre les actes de son gouvernement. Nous allons dire quel fut, en fait, le rôle des Jésuites français dans les affaires épineuses de cette époque.

3. A peine Richelieu était-il entré dans le conseil, qu'on y mit en délibération le mariage de Henriette-Marie de France, troisième fille de Henri IV, avec Charles, prince de Galles, héritier présomptif du trône d'Angleterre. A vrai dire, l'idée d'une semblable alliance n'était pas nouvelle. En 1612 il avait été sérieusement question du mariage de Madame Christine, sœur du roi, avec le prince Henri, fils de Jacques Ier, puis, après sa mort, avec le prince Charles son frère [2]. En 1620, le duc de Luynes essaya de renouer des négociations pour fiancer Madame Henriette au même prince Charles ; mais alors le roi d'Angleterre et Buckingham, son favori, méditaient une alliance avec l'infante

---

1. Ranke, *Histoire de la Papauté pendant les* xvie *et* xviie *siècles*, t. IV, p. 181.
2. Voir tome III, p. 332.

d'Espagne. Après l'échec de ce projet, à la fin de janvier 1624, Jacques Ier s'étant assuré que ses avances seraient bien reçues, demanda pour le prince de Galles la main de Madame Henriette.

Dans la séance du Conseil où l'on examina le côté politique de cette union, Richelieu exposa avec une grande netteté les intérêts respectifs de l'Angleterre, de l'Espagne et de la France, et conclut en faveur de l'alliance proposée [1]. Restait la question religieuse, hérissée de difficultés presque inextricables. Il fallait obtenir, en effet, que la sœur du roi Très Chrétien pût pratiquer librement sa religion dans un pays où l'hérésie était officiellement reconnue, et qu'elle ne subît pas l'injure de voir persécuter ses sujets catholiques. Jacques Ier avait envoyé en France deux ambassadeurs extraordinaires : lord Kensington, plus tard comte de Holland, et lord Hay, comte de Carlisle. Pour s'aboucher avec eux, le roi nomma quatre commissaires : le cardinal de Richelieu, le garde des sceaux d'Aligre, le marquis de La Vieuville, surintendant des finances, et M. Loménie de La Ville-aux-Clercs, secrétaire d'État, chargé des affaires d'Angleterre. Les conférences s'ouvrirent le 3 juin (1624), à Compiègne, où se trouvait alors la Cour [2].

Les ambassadeurs de Jacques Ier déclarèrent que leur maître accorderait sans peine à la France les articles offerts à l'Espagne, à l'exception cependant de trois. Le premier regardait la liberté de conscience pour les catholiques anglais ; — le second octroyait une église publique pour les officiers de la maison de la princesse ; — le troisième portait que les enfants issus de ce mariage demeureraient, jusqu'à l'âge de douze ans, entre les mains de leur mère qui les élèverait dans sa religion. Sur les instances des commissaires français, les ambassadeurs anglais finirent par concéder ce troisième article. « La plus grande difficulté fut sur le sujet de la liberté de conscience en Angleterre, ou publique ou tolérée secrètement [3]. »

En vain les commissaires réclamèrent la liberté publique, assurant que cette concession était absolument nécessaire au roi de France pour lui servir de garant auprès du Pape, sans l'aveu duquel on ne pourrait conclure le mariage. Les ambassadeurs répondirent que le roi d'Angleterre ne pourrait accorder aux

---

[1]. *Mémoires de Richelieu*, t. I, p. 289. — Avenel, *Lettres de Richelieu*, t. VII, p. 524 et suiv.
[2]. Bruce, *Domestic calendar*, t. 1623-1625, p. 269. — Griffet, *op. cit.*, t. I, p. 421.
[3]. *Mémoires de Richelieu*, t. I, p. 292.

catholiques la liberté publique de conscience, sans violer les lois de son royaume et sans s'exposer à une révolte générale de ses sujets ; ils promirent seulement que Jacques Iᵉʳ et le prince de Galles s'engageraient par une simple lettre à traiter les catholiques aussi favorablement qu'il leur serait possible, à condition qu'on n'en parlât point dans le contrat. Richelieu résolut alors d'envoyer à Londres le marquis d'Effiat et M. de La Ville-aux-Clercs, pour négocier directement avec Sa Majesté Britannique les articles sur lesquels ses représentants n'avaient pas osé prendre une résolution. Mais déjà le mariage était décidé en principe[1].

Il restait à s'entendre avec Rome et à obtenir du Pape une dispense. Or Urbain VIII ne semblait pas enclin à l'accorder. Par deux brefs, il avait adressé à Louis XIII et à la reine mère de graves représentations à ce sujet. Le nonce, Mᵍʳ Spada, avait reçu l'ordre de s'opposer de tout son pouvoir à une alliance considérée comme funeste aux intérêts de l'Église. Dès lors on s'efforça de modifier les sentiments de Sa Sainteté. Au mois de juillet, le marquis de La Vieuville, dans un entretien avec le P. Arnoux, lui demanda s'il serait disposé à entreprendre le voyage de Rome afin d'expliquer au Pape les avantages de cette affaire matrimoniale. Le Jésuite se déclara tout prêt à rendre service, pourvu toutefois que dans ses instructions il n'y eût rien de contraire à sa conscience et à son zèle pour la réputation du roi. Apparemment le P. Arnoux n'était pas homme à mener à bien pareille négociation[2]. Le P. de Séguiran, confesseur de Sa Majesté, ne pouvait non plus, dans la circonstance, servir d'intermédiaire à Richelieu : il était d'avis — et ne l'avait pas caché au roi — que Rome exigeât toutes les conditions réclamées autrefois par la Cour d'Espagne[3]. Louis XIII, circonvenu par les subtiles raisons de son ministre, que soutenait le cardinal de La Rochefoucauld, persista dans ses vues optimistes sur l'avenir de sa sœur et dans ses dispositions conciliantes à l'égard de Jacques Iᵉʳ. On chargea le P. de Bérulle de faire valoir auprès de la cour romaine les motifs de l'utilité publique[4]. En même temps Richelieu écrivit à Mᵍʳ de Marquemont, le priant de tran-

---

1. Cf. Griffet, t. I, p. 422. — De Baillon, *Henriette-Marie de France, reine d'Angleterre*, p. 39.
2. Lettre du nonce au card. Barberini, 7 juillet 1624. (Archives. Vat., Nonz. di Francia. n. 410, f. 370, 401.)
3. Du même au même, 14 août 1624 (*Ibidem*, n. 409, f. 97-108).
4. Mémoire donné à M. de Bérulle (Bibl. nat., ms. fr. 10709, f. 210-234.)

quilliser le Souverain Pontife : le roi, disait-il, a pris toutes ses assurances relativement au salut de Madame et de ses serviteurs; il y a lieu d'espérer beaucoup de ce mariage pour le bien général du catholicisme en Angleterre. Le pape, anxieux, remit l'examen de l'affaire à une congrégation de cardinaux [1].

Entre temps, le confesseur de la reine mère travaillait de concert avec le confesseur du roi à faire prévaloir les véritables intérêts de l'Église. « Je sais, écrivait le P. Général au P. de Séguiran, que le P. Jean Suffren et vous unissez vos efforts afin que l'on tienne compte des avantages de la religion catholique. Je ne doute pas que Votre Révérence ne s'y emploie sérieusement, car je connais son esprit de charité et son zèle pour la gloire divine; il est cependant de mon devoir de lui déclarer en peu de mots combien il me plaira qu'elle s'y livre avec ardeur. Elle fera ainsi une chose très agréable à Dieu, très utile à de nombreux catholiques, dont la foi et la piété sont comprimées par la violence, et qui ne peuvent rendre à Notre-Seigneur l'honneur qu'il attend de tous les chrétiens. Ces malheureux espèrent, à l'occasion du mariage, quelque faveur divine, quelque secours, grâce à ceux dont la voix et les prudents conseils sont plus écoutés du pieux roi Louis XIII; leur espoir repose en Votre Révérence. Puissent-ils n'en être pas frustrés. Dieu ne vous a peut-être permis un si facile accès à l'oreille et au cœur de Sa Majesté Très Chrétienne, que pour promouvoir une œuvre si importante et si digne d'une âme religieuse. Je vous la recommande donc positivement et le plus fortement qu'il m'est possible [2]. »

D'Angleterre et d'Écosse les catholiques adressaient lettre sur lettre au roi de France. Ils lui exposaient leur misérable situation; ils le remerciaient de son bon vouloir et de ses efforts pour apporter quelque adoucissement à leurs maux [3]. De son côté, le P. Richard Blount, provincial de la Compagnie en Angleterre, écrivit au nonce du Saint-Siège à Paris. Dans l'incertitude des conditions qui seraient adoptées par les deux rois, il plaçait sa confiance dans la divine Providence; il mettait toutefois Mgr Spada en garde contre les interprétations captieuses qui seraient données

---

1. Lettre du nonce, 12 sept. 1624 (Archiv. Vat., Nunz. di Francia, n. 69, f. 107-122).
2. Lettre du P. Vitelleschi au P. de Séguiran, 15 juillet 1624 (Francia, Epist. Gen., t. IV).
3. De Baillon, op. cit., p. 39.

aux conventions matrimoniales, si l'on n'avait soin de les rédiger de manière à éviter toute équivoque[1].

Les articles de mariage furent signés à Paris, le 10 novembre 1624. On donnait à la princesse huit cent mille écus de dot, moyennant quoi elle renoncerait, pour elle et ses descendants, à tout héritage provenant de la couronne de France. On lui assurait, ainsi qu'à toute sa maison, le libre exercice de la religion catholique. Elle avait droit à une chapelle dans toutes les maisons royales et en quelque lieu qu'elle se trouvât. Elle aurait à sa cour, outre un évêque, son grand aumônier, vingt-huit prêtres ou religieux pour desservir ses chapelles. On lui laissait le soin d'élever ses enfants jusqu'à l'âge de treize ans, comme aussi le choix des personnes commises à leur éducation. Outre les articles généraux, lisons-nous dans le *Mercure françois*, il y en eut trois particuliers : 1° les catholiques, tant ecclésiastiques que séculiers, prisonniers depuis le dernier édit, seraient tous mis en liberté; — 2° les catholiques anglais ne seraient plus recherchés pour leur religion; — 3° ce qui se trouverait en nature des biens saisis sur les catholiques, depuis le dernier édit publié contre eux, leur serait restitué[2].

Aussitôt après la signature des articles, Jacques Ier s'empressa d'élargir un certain nombre de prisonniers, prêtres ou laïques, qui attendaient leur condamnation au bannissement ou à la mort; il fit restituer les amendes à ceux qui les avaient déjà payées, et donna l'ordre de surseoir à l'exécution des lois pénales contre les insoumis[3]. C'était l'apaisement, si l'on eût persévéré dans cette voie. Mais bientôt le P. Blount constatait une reprise des mesures violentes et se plaignait avec raison de la faiblesse du marquis d'Effiat, notre ambassadeur à Londres. « Depuis le départ de M. de La Ville-aux-Clercs, écrivait-il à Mgr Spada, on ne tient plus aucune des promesses faites en faveur de la religion. La persécution recommence et s'accroît de jour en jour. En vertu des anciennes lois de nombreux catholiques sont poursuivis pour le seul motif de religion, et plusieurs ont été jetés dans les fers : tout cela à Londres même, sous les yeux de l'ambassadeur de France, qui ne jouit d'aucune autorité, et au détriment du Roi Très

---

1. Lettre du P. Blount à Spada. (Archiv. Vat., Nunz. di Francia, n. 64, f. 17.) Cf. *Records of the english province*, t. VII, p. 64.
2. *Le Mercure françois*, t. X, an. 1624, p. 480-487. — Cf. Bruce, op. cit., t. 1623-1625, p. 387.
3. *Le Mercure françois*, t. XIII, an. 1627, p. 193-196. — A. Strickland, *Lives of Queens of England*, t. IV, p. 149. — Bruce, op. cit., t. 1623-1625, p. 419.

Chrétien, avili dans la personne de son ministre¹. » Cette coupable incurie valut au représentant de Louis XIII la bienveillance du roi d'Angleterre : Jacques Ier demanda pour le marquis d'Effiat le cordon bleu du Saint-Esprit, qui lui fut accordé l'année suivante².

4. Pendant qu'on réglait en France les conditions du mariage et qu'on délibérait à Rome sur l'opportunité de la dispense, on s'occupait à la cour de former la maison ecclésiastique de la future reine. Le cardinal de Richelieu jeta d'abord les yeux sur Duvergier de Hauranne, qu'il traitait alors en ami, et lui proposa l'office de confesseur de Madame. Vivement pressé d'accepter par le P. de Bérulle qui croyait à sa vertu, l'abbé de Saint-Cyran s'excusa, prétextant qu'il ne se sentait point propre à ce ministère. Le cardinal se montra si offensé de son refus, qu'il rompit tout commerce avec lui et ne voulut plus le voir³. Il ne réussit pas davantage près de l'évêque de Poitiers, auquel il désirait confier la charge de grand aumônier. En vain le nonce supplia le prélat, au nom de Sa Sainteté, d'accepter au moins pour quelque temps une position si délicate; Mgr de La Rocheposay, comme l'abbé de Saint-Cyran son ami, ne consentit à aucun accommodement⁴.

Les amis de la Compagnie souhaitaient qu'on choisît un Père Jésuite pour confesseur de Madame. La reine mère partageait ce sentiment, persuadée qu'on rendrait ainsi à sa fille un éminent service. On mit en avant les noms des Pères Jacques Gordon, Jean Suffren et Pierre Coton⁵. Le Conseil avait songé à la nomination de ce dernier, comme pouvant être agréable au roi d'Angleterre. Mais le P. Général avait d'autres vues : il choisit le P. Barthélemy Jacquinot, provincial de Toulouse⁶. Homme de science, de prudence et de vertu, le nouveau confesseur de Madame reçut un très cordial accueil à la cour. Les ambassadeurs anglais eurent beau déclarer que leurs instructions portaient de n'admettre

---

1. Lettre du P. Blount au nonce Spada, 12 février 1625 (Archiv. Vat., Nunz. di Francia, n. 406, f. 2).
2. Griffet, op. cit., t. I, p. 430.
3. Rapin, Histoire du Jansénisme, p. 171-173. — Lancelot, Mémoires touchant la vie de M. de Saint-Cyran, t. I, p. 38, note.
4. Lettres de Spada à Barberini, 5 déc. 1624, 14 mars 1625 (Archiv. Vat., Nunz. di Francia, n. 59, fol. 205; — n. 64, f. 135).
5. Du même au même, 26 sept. 1624 (Ibidem, n. 61, f. 491-492). Cf. Lettre du P. Coton au P. de Bérulle, 23 juin 1624 (Houssaye, Les carmélites de France, pièces justificatives, n. XV).
6. Lettre du P. Général au P. de Marquestauld, 15 juillet 1624 (Francia, Epist. Gen., t. 18). — Cl. Garasse, Récit au vray... (Carayon, Documents inédits, doc. III, p. 11).

aucun religieux de la Compagnie dans la maison de la princesse, le roi et la reine mère n'en persistèrent pas moins dans leur résolution. Marie de Médicis disait hautement qu'elle faisait de la présence des Jésuites près de sa fille une condition absolue de son consentement au mariage[1]. « Le P. Jacquinot, écrivait le nonce le 14 février 1625, a commencé à entendre les confessions de Madame et à l'instruire deux fois la semaine des principaux points de la religion catholique. Les représentants de Jacques Ier se sont plaints qu'on ait choisi un Jésuite comme confesseur, se déclarant prêts à accepter des religieux de tout autre ordre. Le roi leur a répondu qu'ils n'avaient point à s'occuper de la conduite de Madame, tant qu'elle restait en France : quand elle irait en Angleterre, lui-même et Sa Majesté Britannique s'arrangeraient entre eux sur ce point comme sur les autres[2]. » Mais Louis XIII avait compté sans les menées des diplomates anglais. Ils manœuvrèrent si bien « qu'ils gagnèrent quelques évêques et ébranlèrent l'esprit de la reine mère et de ceux qui gouvernoient son conseil[3] ». On fit aussi intervenir les amis des Jésuites, pour leur conseiller de renoncer spontanément à la mission qu'on avait voulu leur confier[4]. Mais sur qui les en décharger? Le P. Jacquinot, tout le premier, attira l'attention du nonce sur les Pères de l'Oratoire. Mgr Spada s'empressa de communiquer ce renseignement à Richelieu, en ajoutant que M. de Bérulle était vraiment un sujet de mérite et très estimé à Rome. Le cardinal se contenta de répondre que c'était en effet un homme à mettre en avant et qu'il pourrait servir l'Église dans la Grande-Bretagne[5]. Il consulta ensuite le comte de Tillières et M. de La Ville-aux-Clercs, et leur demanda s'ils ne connaissaient point à Paris, outre le P. Jacquinot, quelque personne propre à exercer la charge de confesseur de Madame. « Si vous ne pouvez prendre un Jésuite, répondit le comte de Tillières, vous ne trouverez pas mieux que Bérulle[6]. » Quelque temps après, le fondateur de l'Oratoire était désigné pour remplacer le P. Jacquinot.

1. Garasse, op. cit., p. 9.
2. Lettre du nonce à Barberini, 14 février 1625 (Archiv. Vat., Nunz. di Francia, n. 64, f. 41).
3. Garasse, l. c. Voir, à ce propos, une lettre du P. Jacquinot à Jeanne Chézard de Matel, 15 février 1625, dans la Vie de la Révérende Mère Chézard de Matel par la mère Saint-Pierre de Jésus, p. 57, note.
4. Rapin, op. cit., p. 174.
5. Lettre de Spada à Barberini, 16 février 1625 (Archiv. Vat., Nunz. di Francia, n. 64, f. 28-32).
6. Du même au même (Ibidem, f. 92-99).

Au commencement du mois de décembre 1624, Urbain VIII conformément à l'avis de la congrégation des cardinaux, se résolut en faveur du mariage; il en prévint le roi de France par un bref du 30 du même mois[1]. « Les regards du monde terrestre, aussi bien que ceux du monde spirituel, sont fixés sur vous, écrivit-il à la jeune princesse »; puis il l'exhortait à devenir l'Esther de son peuple opprimé, la Clotilde qui soumit au Christ son victorieux époux, l'Audeberge dont le mariage implanta en Angleterre la foi chrétienne[2]. Le bref de dispense fut envoyé au nonce; mais, avant de le remettre à Louis XIII, Spada devait attendre que l'article du contrat relatif à la tolérance des catholiques eût été confirmé par une déclaration publique de Jacques Ier. Le roi d'Angleterre s'en tint aux clauses secrètes, affirmant qu'il ne pouvait faire davantage[3]. Louis XIII promit solennellement qu'en tant qu'il dépendrait de lui « le contenu ez ditz articles concernant la religion seroit gardé et accomply[4] ». Madame s'engagea également, si Dieu bénissait son union, à ne mettre que des catholiques auprès de ses enfants[5]. Urbain VIII se contenta de ces promesses et ordonna de délivrer la dispense.

La solennité des fiançailles fut célébrée le jeudi 8 mai 1625, et la cérémonie du mariage le dimanche suivant dans le parvis Notre-Dame[6]. Jacques Ier étant mort le 6 avril, Madame Henriette devint, pour son malheur, reine d'Angleterre. Née le 25 novembre 1609, elle n'avait pas encore seize ans. Une carmélite, la Mère Madeleine de Saint-Joseph, l'avait préparée à la piété, et sa foi était inébranlable; mais Marie de Médicis l'avait élevée dans la frivolité et l'ignorance. Cœur tendre et généreux, esprit prompt et ouvert, l'épouse de Charles Ier allait rencontrer dans son nouveau royaume des inimitiés qu'elle ne saurait pas conjurer. Elle partit le 2 juin, sous la conduite du duc de Buckingham. Sa maison française se composait de cent-six personnes, y compris les domestiques de toutes sortes. A la tête du clergé se trouvait, en qualité de grand aumônier, Daniel du Plessis, évêque de Mende, parent de Richelieu. Le P. de Bérulle avait le titre de

---

1. Bref d'Urbain VIII à Louis XIII, 30 décembre 1624 (Bibl. de Carpentras, coll. Peiresc, t. XIII, f. 339).
2. Cf. De Baillon, op. cit., p. 45.
3. *Mémoires de Richelieu*, t. I, p. 327. — De Baillon, op. cit., p. 44, 45.
4. Déclaration du 20 mars 1625, aux Archiv. des Affaires Etrangères, citée par Houssaye, *Le P. de Bérulle et l'Oratoire*, p. 530.
5. Lettre de Madame à Urbain VIII, 6 avril 1625 (Bibl. Nat., f. Dupuy, vol. 462).
6. *Le Mercure françois*, t. XI, ann. 1625, p. 353.

confesseur ordinaire. Puis venaient quatre aumôniers, deux chapelains, deux clercs de chapelle et douze prêtres de l'Oratoire parmi lesquels le P. Achille de Harlay-Sancy, ancien ambassadeur de France à Constantinople[1]. Ce grand nombre d'ecclésiastiques devait donner de l'ombrage aux Anglais : ils les regarderont comme autant d'ennemis du protestantisme, venus dans leur pays pour y rétablir l'autorité du Pape sous la protection de la jeune reine[2]. En fait, ce mariage tout politique, voulu par Richelieu, ne servira ni la religion, ni même l'alliance anglo-française.

5. Quelques jours avant le départ de Madame Henriette, le 21 mai, le cardinal Barberini, neveu d'Urbain VIII, était arrivé à Paris en qualité de Légat. Il venait traiter avec le roi de France les affaires de la Valteline.

Étroite et fertile vallée de vingt lieues de longueur, la Valteline reliait le Milanais avec le Tyrol autrichien, et interceptait les communications des Vénitiens avec la Suisse et la France. On conçoit quel intérêt les Espagnols avaient à s'en emparer. Elle avait été cédée aux Grisons par les évêques de Coire au commencement du XVI° siècle. Mais comme les Grisons, devenus protestants, persécutaient les Valtelins restés catholiques, ceux-ci s'insurgèrent et se placèrent sous la protection de l'Espagne. Répondant à leur appel, le duc de Féria, gouverneur du Milanais, se rendit maître de toutes les places fortes de la vallée[3].

Or, la France n'avait pas moins d'intérêt que l'Espagne à se ménager un passage au nord de l'Italie ; aussi les Grisons furent-ils bien accueillis de Louis XIII, quand ils vinrent en 1620 implorer son secours contre les Valtelins révoltés. Le gouvernement français ne pouvait se dispenser d'intervenir en faveur d'anciens alliés, et il le fit sans retard. Mais, au lieu d'entreprendre une action militaire, que lui interdisaient alors les troubles intérieurs du royaume, il eut recours à la voie des négociations. Bassompierre se rendit à la cour de Madrid, afin de protester contre l'invasion de la Valteline. Par le traité du 25 avril 1621, les Espagnols promirent d'évacuer

---

1. Cf Houssaye, *Le cardinal de Bérulle et le cardinal de Richelieu*, p. 10.
2. Griffet, op. cit., t. I, p. 473.
3. *Le Mercure françois*, t. IV, an. 1620, p. 174. — G. Hanotaux, op. cit., t. II, p. 393, 401, 531, 544.

les forts dont ils s'étaient emparés, pourvu que les Grisons accordassent une amnistie générale aux Valtelins et qu'on supprimât dans le pays toutes les nouveautés préjudi...es au culte catholique. Les Jésuites purent ainsi rentr... dans leurs anciens domiciles, d'où ils avaient été exilés neuf années auparavant[1].

Au début de ce conflit qui intéressait l'équilibre européen, le pape Grégoire XV, tout en conservant une attitude impartiale entre les deux couronnes, avait réclamé une garantie efficace en faveur de la vraie religion. Il faisait à Philippe IV et à Louis XIII une obligation de conscience de ne tolérer dans la Valteline que le seul exercice du catholicisme. A cette époque, le P. Arnoux était encore confesseur de Sa Majesté Très Chrétienne. M. Corsini, nonce à Paris, reçut l'ordre de lui rappeler gravement qu'il ne devait rien épargner pour éclairer sur ce point la piété du roi[2]. Même recommandation fut faite lors de l'entrée en charge du P. de Séguiran. « Sa Sainteté, écrivait au nonce le secrétaire d'État, veut que Votre Seigneurerie suive toujours la même ligne de conduite, qu'elle remontre fortement au successeur du P. Arnoux à quels dangers la religion catholique se trouvera exposée dans la Valteline, si ce pays retourne sans condition sous le pouvoir des Grisons[3]. »

Il semble que le traité de Madrid avait donné sur ce point des garanties suffisantes; mais les Espagnols ne s'empressèrent pas de s'y conformer : loin d'évacuer la Valteline, le marquis de Fuentès conseillait à Philippe IV de s'assurer encore de Monaco et de Finale. « C'était le moyen de donner des fers à l'Italie[4]. » La France sollicitait le Pape de contraindre l'Espagne à remplir ses promesses, quand un coup de tête des Grisons vint compliquer la situation déjà fort embrouillée : ils entreprirent de recouvrer par les armes ce qu'ils avaient perdu. Grégoire XV ne vit alors de salut pour les catholiques que dans la protection de l'Espagne, et il eut recours au P. de Séguiran et au cardinal de Retz pour obtenir que la France n'exigeât pas avec trop de rigueur l'exécution du traité de Ma-

---

1. *Le Mercure françois*, t. VIII, an. 1622, p. 329. — Flassan, *op. cit.*, t. II, p. 287. — Cordara, *Hist. Soc. Jes.*, p. VI, l. VI, n. 14-18.
2. Dépêche d'Aguecchia à Corsini, 13 oct. 1621 (Archiv. Vat., Bibl. Pia, n. 145, f. 8, 9).
3. Ludovisio à Corsini, 4 juillet 1622 (*Ibidem*, n. 140, f. 67-70).
4. Bougeant, *Histoire du traité de Westphalie*, t. I, p. 107.

drid. Dans l'entretien que le P. de Séguiran eut avec le roi sur ce sujet, Louis XIII finit par lui dire « qu'à Rome ils étaient tous Espagnols ». — « Eh bien! répliquait le cardinal Ludovisio, qu'on dise si l'on veut que le Pape est Espagnol, mais qu'on avoue aussi que, comme chef de l'Église, il ne peut faire autrement[1]. »

Lorsque le chancelier, Brûlart de Sillery, prit, en 1623, la direction des affaires, le nonce écrivit à Rome que les intérêts religieux dans le pays en litige étaient de plus en plus compromis. « Le chancelier, disait-il, affectionné aux vieilles maximes de Henri IV, se propose, tout en conservant la paix en France, de tenir toujours occupé le roi Catholique, afin qu'il ne puisse songer à de nouvelles entreprises ni tenter de nouvelles acquisitions. Les motifs de conscience ont moins de force sur lui que la raison d'État. » Et il se plaignait du P. de Séguiran et du cardinal de La Rochefoucauld, auxquels il ne trouvait pas la souplesse et le dévouement désirables[2]. Faut-il s'en étonner quand Philippe IV, infidèle à sa parole, non seulement continuait de garder la Valteline, mais encore envahissait, de concert avec l'Empereur Ferdinand, une partie du pays des Grisons?

La France, Venise et la Savoie, intéressées à arrêter les progrès des deux branches de la maison d'Autriche, signèrent le 7 février 1623 un traité d'alliance offensive et défensive pour obtenir et, au besoin, imposer l'exécution du traité de Madrid. Afin de détourner l'orage prêt à fondre sur elle, l'Espagne offrit de remettre la Valteline entre les mains du Pape, jusqu'à l'entier accommodement du différend. Le nonce, d'accord avec le P. de Séguiran et l'archevêque de Tours, Bertrand d'Eschaux, favorisa cette solution[3]. Louis XIII y consentit, à condition que les forts seraient rasés et l'affaire réglée dans trois mois[4]. La mort de Grégoire XV, survenue le 8 juillet 1623, occasionna des retards, et rien n'était encore décidé quand le cardinal de Richelieu entra au ministère.

Les Valtelins, persuadés que leur sort dépendait surtout de la France, avaient résolu d'envoyer une ambassade à Louis XIII;

---

1. Ludovisio à Corsini, 18 juillet 1622 (Archiv. Vat., Bibl. Pia, n. 140, f. 74-77).
2. Corsini à Ludovisio, 26 mai 1623 (*Ibidem*, n. 142, f. 223-225).
3. Lettre du nonce à Barberini, 29 mars 1624 (Archiv. Vat., Bibl. Pia, n. 14, f. 86, 87).
4. *Le Mercure françois*, t. IX, ann. 1623, p. 66.

mais craignant que la négociation ne traînât en longueur, ils eurent recours au P. Général de la Compagnie pour obtenir plus facilement une audience du roi. Le 9 avril 1624, le P. Vitelleschi écrivit, à leur prière, la lettre suivante au P. Suffren, confesseur de la reine mère : « Les catholiques de la Valteline envoient des ambassadeurs au Roi Très Chrétien; ils comptent beaucoup sur votre bienveillance et votre charité pour mener à bien leur entreprise. Il s'agit d'une chose qui intéresse la sécurité et le progrès de la religion et la plus grande gloire de Dieu, si elle réussit comme on le désire. Je ne doute pas que le Roi Très Chrétien, à raison de sa haute piété, ne veuille favoriser la foi catholique; mais il peut arriver que son bon vouloir soit entravé par des conseils opposés. Si donc Votre Révérence peut obtenir de la reine mère, qui prend part aux délibérations importantes, qu'on ait surtout égard à l'honneur de Dieu et au bien de la religion, sa démarche sera certainement conforme à l'esprit de notre Institut et très agréable à Dieu... Je m'abstiens de toute autre recommandation, laissant tout à votre prudence et à votre charité[1]. »

Les sentiments de Vitelleschi étaient partagés en France par les *bons catholiques*. Leurs chefs firent une forte opposition à Richelieu qui dès son entrée au ministère avait pris parti pour les Grisons. A entendre Michel de Marillac, « les principaux du conseil seroient diffamés comme peu soucieux de la religion, si on s'affermissoit à vouloir conserver aux Grisons la souveraineté sur la Valteline; cela n'étoit pas juste; Dieu y étoit offensé; et il étoit à craindre que ce ne fût l'heure, que plusieurs âmes très saintes prévoyoient, de la punition de cet État, si on négligeoit les moyens que Dieu présentoit de ruiner l'hérésie[2]. »

Urbain VIII, comme Grégoire XV, avait surtout à cœur le salut des âmes. Les instructions données à Corsini furent donc renouvelées à Mgr Spada, son successeur. Puis le Pape dressa un projet de transaction d'après lequel les Espagnols auraient droit de passage par le territoire contesté quand ils en feraient la demande[3]. Le commandeur de Sillery, ambassadeur à Rome, y donna son approbation. Mais, pour Richelieu, les ménagements dus au Souverain Pontife ne balancèrent pas longtemps les intérêts du pays. Il n'hésita pas à désavouer la conduite de notre

---
1. Lettre du P. Vitelleschi au P. Suffren, 9 avril 1624 (Francia, Epist. Gen., t. IV).
2. *Mémoires de Richelieu*, t. I, p. 362.
3. *Le Mercure françois*, t. X, ann. 1624, p. 496.

COMPAGNIE DE JÉSUS. — T. IV.

ambassadeur. Le marquis de Cœuvres, député vers les Suisses et les Grisons, envahit la Valteline, le 25 novembre 1624, et s'en rendit maître en trois mois. Cela fait, le ministre de Louis XIII invita la cour de Rome à régler amiablement l'affaire avec lui. Et c'est à cette fin que le cardinal Barberini vint à Paris comme légat du Saint-Siège au mois de mai 1625[1]. Il était accompagné d'un théologien consulteur, le P. Eudaemon-Joannès, jésuite, grec de nation, très connu par de solides écrits publiés autrefois en faveur du cardinal Bellarmin contre les théologiens anglicans.

Le cardinal Barberini professait, comme le pape Urbain VIII, une haute estime pour la Compagnie de Jésus. Cependant des gens malintentionnés voulurent profiter de son séjour dans la capitale pour l'indisposer contre les Jésuites français. « Monsieur le légat, raconte le P. Garasse, ayant fait son entrée, laquelle fut aussi magnifique qu'on sçauroit imaginer, nos ennemis ne perdirent pas leur tems, car, aussitost ils tâchèrent de gagner son oreille et de blâmer nostre Compagnie. Les uns tâchoient de le divertir de nos maisons, lesquelles néantmoins il visitta et fut reçu très honorablement dans le collège[2]. Les autres lui portèrent tous les libelles diffamatoires qui avoient été composés contre nous depuis trois ou quatre ans... Il y en eut encore qui furent si étourdis que de l'intimider au sujet du P. Eudaemon-Joannès, duquel ils disoient le nom estre odieux à Paris aux gens de lettres et nommément à cet auguste Parlement, lequel ils prétendoient avoir esté offensé par un écrit dudit Père. Et M. Servin s'oublia si fort que de proposer cette affaire au parquet des Gens du Roy et former quelque sédition, pour ordonner prise de corps contre luy. Mais M. le Procureur Général le renvoya bien vertement. Le diable donc, voyant que l'entrée lui estoit fermée par cette voye, il tâcha de diffamer le Père auprès du Roy, comme l'un des plus factieux Jésuites du monde et le plus grand ennemi de son État... Le Roy l'attendoit en cette qualité et avec prévention d'esprit... mais il lui fit un accueil royal, après l'avoir ouï, et le caressa plus qu'on avoit attendu, dont ses ennemis demeurèrent chargés de honte[3]. »

Louis XIII et Richelieu se montrèrent d'autant plus prodigues d'honneurs envers le Légat, qu'ils étaient bien décidés à ne rien

---

1. *Le Mercure françois*, t. X, ann. 1624, p. 822 et suiv.; t. XI, ann. 1625, p. 185 et suiv.
2. Lettre du P. Filleau au P. Général, 19 juin 1625 (Francia, Epist. ad Gen., t. IV).
3. Garasse, *Récit au vray*... (Carayon, *op. cit.*; p. 49-50).

accorder qui pût contenter sérieusement l'Espagne. Lorsque Barberini, dans sa première audience, demanda, au nom du Pape, la restitution des forts de la Valteline, le roi répondit qu'il s'en tiendrait au traité de Madrid, et il nomma pour négocier avec le représentant du Souverain Pontife trois commissaires, parmi lesquels se trouvait le cardinal de Richelieu. Barberini, qui n'avait que vingt-quatre ans, était trop inexpérimenté pour se mesurer avec un aussi habile diplomate. Bientôt convaincu que les commissaires français ne se prêteraient à aucune transaction, il rompit brusquement les pourparlers, et le 22 septembre, sans avoir rien conclu, il quitta la capitale[1]. L'affaire ne fut réglée que l'année suivante par le traité de Monçon (5 mars 1626). Les forts devaient être remis au Pape pour les démolir ; les Valtelins rentraient sous l'obéissance des Grisons ; l'exercice de la seule religion catholique était maintenu dans la vallée, et la disposition des passages laissée à la France[2].

6. Le cardinal de Richelieu n'ignorait pas que les *bons catholiques* lui reprochaient d'employer les armes du Roi Très Chrétien à relever, dans les pays étrangers, l'hérésie qu'il combattait dans le royaume. De leur critique il n'avait nul souci[3]. Toutefois ne se faisait-il pas illusion, lorsqu'il prétendait, dans un entretien avec M⁸ʳ Spada, qu'il obtiendrait quand il le voudrait l'approbation écrite non seulement de la Sorbonne mais encore de la Compagnie de Jésus[4]? Pourquoi donc alors s'en prendre surtout aux Jésuites, quand parurent « deux méchants livres » où sa politique extérieure était violemment attaquée comme une trahison envers l'Église ?

Le premier, intitulé *Mysteria politica* était un recueil de huit lettres dans lesquelles des « personnages illustres », mais anonymes, exprimaient leur opinion sur les affaires du temps, sur les princes et leurs ministres[5]. L'auteur s'appuyait autant sur des raisons politiques que sur des principes religieux. C'était un pu-

---

1. *Le Mercure françois*, t. XI, ann. 1625, p. 852. — Cf. Griffet, *op. cit.*, t. II, p. 465, 467.
2. *Le Mercure françois*, t. XII, ann. 1626, p. 204. — Flassan, *op. cit.*, t. II, p. 329. — Bougeant, *op. cit.*, t. I, p. 110.
3. Cf. Fagniez, *op. cit.*, t. I, p. 191.
4. Lettre de Spada au card. secrétaire d'État, 23 oct. 1625 (Archiv. Vat., Nunz. di Francia, vol. LXIV, f. 379-392).
5. *Mysteria politica, hoc est Epistolæ arcanæ virorum illustrium sibi mutuo confidentium lectu et consideratione dignæ* (Anvers, 1625). Voir l'analyse de ce libelle dans *Le Mercure Jésuite*, t. I, p. 775-779.

bliciste tout dévoué à la maison d'Autriche, dont il soutenait la cause contre la France. Il reprochait à Richelieu la conclusion du mariage anglais, et le rendait responsable des malheurs que pourrait entraîner l'alliance d'une princesse catholique avec un prince protestant. Il montrait à Louis XIII que prendre les armes pour rétablir l'électeur palatin, gendre de Jacques Ier, dépossédé de ses États par le duc de Bavière, serait manquer à sa conscience et au bien de son peuple[1].

Tout le monde était convaincu que les *Mystères politiques* avaient été écrits en Allemagne, mais personne n'en connaissait le véritable auteur. Les ennemis de la Compagnie, espérant faire retomber sur les Jésuites français la mauvaise humeur de Richelieu, attribuèrent cet ouvrage au P. Jacques Keller, recteur du collège de Munich, qui possédait toute la confiance de l'électeur de Bavière. Les explications du P. Coton et du P. Suffren semblèrent dissiper tous les soupçons du cardinal ministre.

Le second libelle, intitulé *Admonitio ad Regem*, traitait le même sujet que le précédent, mais seulement du point de vue théologique. D'après le titre complet de l'ouvrage, on y démontrait brièvement mais vigoureusement, *breviter et nervose*, que la France s'était couverte de honte et de déshonneur[3]. « Le dedans du livre, déclare Richelieu dans ses *Mémoires*, étoit conforme à la fausse et calomnieuse inscription; on y déduisoit au long, avec un style envenimé, qu'assister les Hollandais contre l'Espagne, le Palatin contre Bavière, Savoie contre Gênes, Venise contre la Valteline, étoit faire la guerre directement contre les catholiques, violant tout droit divin et humain. L'auteur, parmi son discours, mêloit des injures atroces contre le cardinal qu'il appeloit le boute-feu de cette guerre, le promoteur du mariage d'Angleterre et l'auteur de la dernière ligue avec les protestants et autres mauvais catholiques[4]. »

Une telle appréciation se conçoit sous la plume de Richelieu, encore tout ému des attaques dont il avait été l'objet. Toutefois

---

1. *Le Mercure françois*, t. XI, ann. 1625, p. 34 et suiv.
2. Lettres du card. Spada, 18 juin, 19 juillet et septembre 1616. (Archiv. Vat., Nunz. di Francia, n. 400, f. 435, 436, 601.)
3. G. G. R. *Theologi ad Ludovicum XIII... regem christianissimum admonitio, fidelissime, humillime, verissime facta, ex Gallico in Latinum translata, qua breviter et nervose demonstratur Galliam foede et turpiter impium foedus inüsse et injustum bellum hoc tempore contra catholicos movisse, salvaque religione prosequi non posse.* (Augustae Francorum cum facultate cathollc. Magistrat., anno 1625).
4. *Mémoires de Richelieu*, t. I, p. 360.

l'écrivain anonyme n'avait-il pas raison lorsqu'il prétendait avoir présenté son *Admonitio ad Regem*, sinon avec « humilité », du moins avec « vérité et fidélité » ? Ce n'était pas un vulgaire pamphlétaire, recourant à de calomnieuses inventions ; c'était un théologien possédant, avec les notions d'une saine politique, la connaissance des affaires et des hommes. Son tort était de se renfermer dans le domaine de l'absolu, de gâter une thèse juste en soi par des exagérations regrettables. Partant de ce principe qu'un souverain catholique ne peut jamais favoriser l'hérésie, ni dans ses États ni au dehors, il en tirait des conséquences démesurées et ne reculait devant aucune conclusion pour peu qu'elle lui parût renfermée dans les prémisses. « De tous côtés, disait-il, on se pose bien des questions ; j'en choisis quelques-unes pour les soumettre au roi. On demande donc si un roi, allié publiquement avec des hérétiques, peut être averti par les États de son royaume ? s'il pèche mortellement en agissant de la sorte ? si par le fait seul de faire la guerre aux catholiques et de favoriser l'hérésie, il n'est pas excommunié ? si ses conseillers n'encourent pas la même peine que lui ?... si on peut lui résister par les armes ? s'il ne serait pas possible d'établir un protecteur de la religion et des faibles, quelqu'un qui régnât à côté de lui ? et qui pourrait exercer ou donner ce pouvoir ? » L'auteur ne répond pas à toutes ces questions, mais il ne cache pas qu'il serait porté à les résoudre affirmativement. Il compare, en effet, la conduite de Louis XIII à celle de Josaphat, châtié par le Seigneur pour son alliance avec Ochosias, roi idolâtre d'Israël. Il lui rappelle que Henri IV avait été assassiné par la permission de Dieu, au moment où il s'apprêtait à porter secours à des princes hérétiques contre les catholiques [1].

On le voit, l'*Admonition* du théologien anonyme attaquait des opinions patronnées par les Parlements, acceptées comme des maximes d'État par les Universités et passées depuis longtemps dans les habitudes de la politique française. Aussi l'émotion fut-elle vive à la cour et à la ville, grande l'irritation dans les régions du pouvoir. Mais quel était l'auteur de cet écrit ? Pour mieux dérouter le public, l'ouvrage se présentait comme la traduction latine d'un livre français : *Admonitio... ex Gallico in Latinum translata*. Avant de l'introduire en France, on l'avait répandu en Flandre traduit en Wallon, ce qui le fit attribuer par

---

[1]. Voir l'analyse détaillée de l'*Admonitio* dans *Le Mercure françois*, t. XI, ann 1625, p. 1071 et suiv.

quelques-uns au fameux prédicateur de la Ligue, Jean Boucher. L'archidiacre de Tournai protesta qu'il n'y était pour rien et se justifia publiquement de la calomnie [1]. D'autres l'attribuèrent à Jansénius, qui plus tard écrivit contre la France un ouvrage encore plus insultant; puis à Scioppius qui en était bien capable. « Je ne doute pas, écrivait le secrétaire d'État Phelypeaux à M. de Béthune, ambassadeur à Rome, que vous n'ayez vu par de là un meschant libelle que l'on tient avoir esté composé à Rome contre le Roy en forme de remonstrance... Ce libelle a couru par toute la France... L'on tient que l'auteur est Gaspard Scioppius, Allemand [2]. » Les ennemis de la Compagnie prétendirent que le pernicieux écrit avait été médité de concert avec la cour de Rome et les Jésuites. Les uns nommaient le P. Scribani qui se disculpa; d'autres le P. Eudaemon-Joannès [3] : ce dernier, lors de son voyage avec le cardinal Barberini n'aurait eu d'autres maximes, dans ses entretiens à Lyon, Avignon et Paris, que celles de l'*Admonitio*. « Mais ledit cardinal et tous les Jésuites, mandait de Rome Mgr de Marquemont, déchargent fort sa mémoire de ce crime, et ceux qui ont considéré ses autres compositions semblent ne recognoistre pas son style en celle-cy [4]. » Il est tout à fait faux, *falsissimo*, écrivait de son côté le cardinal secrétaire d'État, que ce Père soit l'auteur des livres incriminés [5].

Les adeptes de Théophile de Viau, trop heureux de se venger du P. Garasse, le signalèrent comme le vrai coupable. Ils espéraient le faire poursuivre pour outrages envers la France et son roi. « Souvent, raconte le vaillant polémiste, je m'entendois saluer par la ville avec ces paroles : *Admonitio ad regem*. Du Moustier, esprit enragé contre notre Compagnie, s'en alloit parcourir toutes les boutiques des libraires de la rue Saint-Jacques, demandant à haute voix si on n'avoit pas l'*Admonition* du P. Garassus contre le Roy? Ranphan, d'un autre costé, fit un sanglant libelle contre nostre Compagnie et nommément contre moy, me disant auteur de ce malheureux livre [6]. » Le P. Garasse se défendit et rencontra dans le cardinal de La Rochefoucauld, le

1. Spada à Barberini, 31 oct. 1625 (Archiv. Vat., Nunz. di Francia, n. 64, f. 458). Cf. Baillet, *Vie de Richer*, p. 341.
2. Phelypeaux à Béthune, 21 nov. 1625 (Bibl. nat., fr. 1669, f. 24).
3. Spada à Barberini, 31 oct. 1625 (Archiv. Vat., Nunz. di Francia, n. 64, f. 458).
4. Marquemont à Phelypeaux (Archiv. du min. des Aff. Étrang., Rome, corresp., t. XXXVIII, f. 431).
5. Barberini à Spada, 30 déc. 1625 (Archiv. Vat., Nunz. di Francia, n. 64, f. 696).
6. Garasse, *Récit au vray...*, p. 70.

duc de Montmorency et le procureur général Mathieu Molé, des amis qui cautionnèrent sa probité. « Le Roy, qui a sceu le vrai auteur, nous a fait enfin cette faveur de dire, en présence de plusieurs seigneurs, qu'il scavoit que ce n'estoit pas un Jésuite. Mᵍʳ le cardinal de Richelieu et Mᵍʳ le Nonce nous ont fait l'honneur de déposer le même et de dire publiquement que l'auteur de cet avorton ne fut jamais un Jésuite, ni bon ami des Jésuites[1]. »

En vain avait-on fait planer sur plusieurs religieux d'indignes soupçons, jamais on ne put avancer contre eux une accusation formelle. Cependant les accusateurs ne s'avouèrent pas vaincus : à les entendre, l'*Admonitio* ne pouvait avoir été inspirée que par l'esprit de l'Institut dont elle reflétait la doctrine, et le Souverain Pontife avait positivement affirmé qu'un Jésuite en était l'auteur. Ce bruit pénétra jusqu'à la cour de Savoie, et le P. Pierre Monod, confesseur de la Sérénissime princesse, en avertit le P. Général. Vitelleschi lui répondit, le 25 janvier 1626 : « Jamais le Souverain Pontife n'a pu affirmer cela, car il connaît le véritable auteur du libelle, lequel, je crois, n'est point non plus ignoré du Roi Très Chrétien. Votre Révérence aura donc soin de dire à qui de droit la vérité, et elle profitera de la première occasion pour montrer la fausseté des accusations dirigées contre nous, la malice des calomniateurs et le dommage que la crédulité peut causer à la réputation du prochain. Dieu, en qui repose notre espérance, fera tout servir au bien général et aussi à notre profit spirituel, si nous supportons patiemment les injustes traitements des hommes[2]. »

7. Richelieu, dès l'apparition des deux libelles, s'était bien promis de les faire condamner par l'autorité judiciaire et l'autorité religieuse. Le 30 octobre 1625, une sentence du prévôt de Paris déclara « lesdits livres pernicieux, méchants et séditieux, remplis de faux bruits, et contenant plusieurs maximes et propositions contraires à l'autorité des rois établis de Dieu et à la sûreté de leurs personnes, au repos des peuples, et tendant à les induire à rébellion sous un faux et simulé prétexte de religion ». Elle ordonnait en conséquence qu'ils seraient lacérés et brûlés en place de Grève; enjoignait à toutes personnes, de quelque qualité qu'elles fussent, d'apporter les exemplaires en leur pos-

---

1. *Ibidem*, p. 87, 88.
2. Lettre du P. Général au P. Monod, 25 janvier 1626 (Lugdun., Epist. Gen., t. IV).

session au greffe du Châtelet « pour être supprimés », et défendait « à peine de la vie », aux particuliers de « les lire et retenir », aux imprimeurs et aux libraires « de les imprimer, vendre, ni exposer [1] ».

Quelques jours après la sentence du prévôt, le 16 novembre, la Faculté de Théologie se réunit en assemblée extraordinaire au collège de Sorbonne. Sur la proposition de M. Georges Froger, syndic, on nomma une commission de huit membres, chargés d'examiner la doctrine des libelles et d'en faire un rapport à l'assemblée du 1er décembre [2].

Dans l'intervalle, le nonce intervenant auprès de quelques docteurs, leur demanda de dresser une censure en termes généraux sans spécifier ni condamner des propositions particulières: on éviterait ainsi « le risque d'offenser le Saint-Siège et de blesser les maximes de conscience les plus universelles par trop de zèle pour la défense des droits royaux [3] ». La démarche de Spada ne fut pas tout à fait inutile. Le 1er décembre, la Faculté, après avoir entendu le rapport de ses commissaires, déclara l'*Admonitio ad Regem* « entièrement exécrable et détestable, remplie de calomnies noires et d'injures atroces... et contenant beaucoup de choses contre la vraie et saine doctrine de l'Église ». Partant, elle priait et conjurait « les Révérendissimes prélats et les magistrats séculiers, par le zèle qu'ils ont à l'honneur de Dieu, à la justice, au salut du Roi et au bien général de son État, de châtier exemplairement par toutes voies justes et raisonnables ce reste survenu, après une ample vendange, de tant de malheureux assassins du passé [4] ».

Sans attendre la censure de la Sorbonne, les tenants du gallicanisme s'étaient empressés de remuer l'opinion au profit de leurs doctrines. Sous prétexte de défendre l'honneur de la France et la personne sacrée du roi, des écrivains aux gages de Richelieu saisirent l'occasion de réveiller d'anciennes querelles. En ce temps-là vivait dans la capitale un ministre converti, Jérémie Ferrier, jadis professeur de théologie calviniste à Nîmes. Catholique de nom, mais plus soucieux des prétentions de l'État que

---

1. Sentence du prévôt de Paris, 30 octobre 1625 (*Annales des soi-disans Jésuites*, t. III, p. 80, 81). Cf. *Le Mercure Jésuite*, t. I, p. 782, 784.
2. D'Argentré, *Collectio judiciorum*, t. II, P. II, p. 190.
3. De Spada à Barberini, 5 décembre 1625 (Archiv. Vat., Nunz. di Francia, n. 65, f. 575).
4. Censure de la Sorbonne, 1er déc. 1625 (D'Argentré, *Coll. Jud.*, t. II, P. II, p. 192).

des droits de l'Église, il entreprit, à la demande du cardinal, une réfutation de l'*Admonitio ad Regem*[1]. En quelques semaines il eut composé *Le Catholique d'Estat, ou discours politique des alliances du Roy Très Chrestien, contre les calomnies des ennemis de son Estat*. Le P. de Bérulle, paraît-il, approuva cette réplique quand elle lui fut remise ; même il proposa d'ajouter quelques lignes, qu'on aurait insérées de fait dans le corps de l'ouvrage[2]. Par contre le cardinal de Sourdis dénonça dans l'assemblée du clergé un livre dont le seul titre lui semblait « un sujet de scandale[3] ». Quoi qu'il en soit, tout n'était pas également estimable dans l'œuvre de Ferrier : « il picquottait ouvertement nostre Compagnie, dit le P. Garasse, et moi nommément comme si j'eusse été l'auteur de l'*Admonitio*[4] ».

Le *Catholique d'Estat* fut suivi d'une autre réfutation encore inspirée par Richelieu. Elle était due à la plume de Hay du Chastelet, maître des requêtes, avocat général au Parlement de Rennes. Sous ce titre, *Avis d'un théologien sans passion sur plusieurs libelles imprimés depuis peu en Allemagne*, l'auteur reprenait les arguments développés par Ferrier, et, comme lui, ne ménageait pas les Jésuites. D'autres publicistes prirent goût à la même besogne ; bientôt le pays se trouva inondé de réfutations, de manifestes, de pamphlets violents et passionnés. Devinant où cette campagne de plume pourrait aboutir, les huguenots eux-mêmes, par haine de la Compagnie et des doctrines romaines, se mirent à défendre dans leurs écrits le gouvernement qu'ils combattaient les armes à la main[5]. Dans l'autre camp personne n'osait plus se déclarer *bon catholique*, ni même, sans aller jusque-là, prendre seulement la défense des Jésuites, tant on craignait le courroux de Richelieu. Le sieur Pelletier eut pourtant le courage d'élever la voix en faveur des accusés et de publier pour eux une *Apologie*[6]. Loin de calmer les esprits, cet opuscule fournit un nouvel aliment de discorde. Ferrier, le considérant comme une critique dirigée contre lui, en entreprit la réfutation. Mettant hors de cause les Pères Jésuites pour s'atta-

---

1. Spada à Barberini, 31 oct. 1625 (Nunz. di Francia, n. 64, f. 438).
2. Houssaye, *Le cardinal de Bérulle et le cardinal de Richelieu*, p. 63-60.
3. *Procès-Verbaux de l'Assemblée du clergé*, séance du 24 nov. 1625.
4. Garasse, *Récit au vray...* p. 71.
5. M. Hubault dans sa thèse *De politicis in Richelium lingua latina libellis* (p. 109-117), a donné une bibliographie raisonnée des libelles écrits pour ou contre la politique de Richelieu.
6. *Apologie ou défense pour les Pères Jésuites contre les calomnies de leurs ennemis*, par le sieur Pelletier (Paris, 1626, in-8, p. 30).

quer à la seule personne de Pelletier, il l'accabla de récriminations, en lui opposant son propre dévouement à la cause du Roi, de l'État et du bien public.

Mais d'autres allaient bientôt s'en prendre aux religieux de la Compagnie. Impatiente de dire son mot, l'Université de Paris entra en lice. Tarin, son recteur, feignit de croire que le P. Pierre Coton était l'auteur véritable de l'*Apologie* parue sous le nom de Pelletier. « L'Apologie du Frère Pierre », comme il l'appelait, devint entre ses mains, grâce aux notes venimeuses dont il accompagna une nouvelle édition, un violent pamphlet contre la Compagnie. Cet ancien élève du collège de La Flèche, où il avait d'abord balayé les classes, puis servi de marmiton aux pensionnaires, fut continué, de trimestre en trimestre, un an et demi dans sa charge de Recteur de l'Université, *pro re gesta feliciter contra Jesuitas*[1]. Peu lui importait la sentence du prévôt de Paris, menaçant de peine de mort quiconque lirait ou conserverait les *Mysteria politica* et l'*Admonitio ad Regem*. Ami de l'avocat général Servin, assuré de l'appui de plusieurs membres du Parlement, il ne se contenta pas de lire l'*Admonitio*, il fit un extrait des propositions les plus dangereuses, les plus compromettantes, et les publia sous le titre : *Capita doctrinae Jesuiticae collecta et edita de mandato Illustrissimi Rectoris*. « Et pour faire le volume plus gros et plus odieux, raconte Garasse, il prit la peine de lever des registres de Paris, de Rouen et de Dijon tous les arrests qui avoient esté prononcés contre nous, au nombre de soixante-quatre, depuis l'establissement de nostre Compagnie en France, compilant tout ce qui est de plus atroce, et le faisant imprimer aux despens de l'Université. » Le roi averti par le P. de Séguiran du préjudice que pouvait causer à sa personne l'imprudente publication du Recteur, « montra de l'indignation et commanda à M. le Chancelier d'en faire justice ». D'Aligre en écrivit au lieutenant civil et lui recommanda l'affaire comme très importante au service de Sa Majesté. Or ce magistrat, « très intime du Recteur et par conséquent fort peu favorable à nostre Compagnie, se contenta d'en faire une réprimande à l'imprimeur[2] ». C'était bien mal comprendre la volonté royale et traiter bien doucement l'Université ; celle-ci cependant feignit l'indignation et, pour défendre Tarin, présenta au chancelier un mémoire contre les Jésuites, « les gens

1. Garasse, *Récit au vray...*, p. 71.
2. Garasse, p. 72.

de Clermont », comme elle disait avec dédain. Elle y soutenait que « l'exécrable libelle », d'où l'on avait extrait les *Capita doctrinae*, ne pouvait avoir pris naissance que chez eux, parce qu'il était conforme à l'esprit de leur Société. « Plût à Dieu, disaient les rédacteurs du factum, qu'ils ôtent cette opinion et fassent preuve du contraire. Quant à nous, puisqu'ils réduisent l'affaire à ce point qu'ils nous contraignent de faire voir à tout le monde que c'est d'eux et avec eux qu'il y en a qui ont tel sentiment ou font tels discours, nous soutiendrons par leurs propres écrits et livres cette cause, qui n'est point tant notre cause que celle du royaume de France et de tous les gens de bien [1]. »

En présence des passions déchaînées, la Compagnie ne crut pas devoir garder plus longtemps le silence. Les Jésuites de Paris décidèrent que, dès l'ouverture de l'Avent, les Pères prédicateurs protesteraient « avec uniformité de paroles » contre les calomnies répandues dans le public. Le premier dimanche, le P. Coton à Saint-Paul, le P. Suffren à Saint-Gervais, le P. Garasse à Saint-Merry, le P. Caussin à Saint-Louis, affirmèrent « quasi en mêmes termes » que la Compagnie de Jésus était complètement étrangère à la publication des livres incriminés, et que, loin de les approuver elle blâmait tout ce qu'ils renfermaient d'injurieux pour le roi et son ministre. Cette protestation, entendue de plus de dix mille personnes, fut bientôt connue de toute la ville, en sorte qu'aucun homme de bonne foi ne put désormais douter de l'innocence des religieux. « Ce désaveu néantmoins, ne nous servit de rien, observe le P. Garasse ; car le Recteur prit de là occasion de nous calomnier derechef et de dire publiquement que nous n'avions garde d'écrire ou d'imprimer nos sentiments, mais que nous nous contentions de les déclarer de vive voix, laquelle manière est sujette à désaveu [2]. »

L'avis était bon à suivre. A leurs protestations verbales contre les libelles, les Pères résolurent d'ajouter une protestation écrite contre le recteur de l'Université. Mais n'était-il pas à craindre que l'éclat de la publicité ne soulevât une nouvelle tempête. Et d'ailleurs à qui adresser la requête? Le Parlement la rejetterait; le corps universitaire la regarderait comme une injure à son chef; et Richelieu, que Tarin semblait défendre, ne la laisserait peut-être pas parvenir au conseil du roi. On prit donc le parti

---

1. *Mémoire de l'Université de Paris au chancelier de France* (D'Argentré, *Coll. Judic.*, t. II, p. 186).
2. Garasse, p. 73.

de présenter à « Messieurs de Sorbonne » une sorte de remontrance pour « qu'il leur plût imposer silence au recteur, si faire se pouvoit [1] ».

Elle fut rédigée par le P. Garasse, sous la forme d'un cas de conscience à résoudre par la Faculté. On demandait si le recteur n'offensait pas Dieu mortellement en persécutant les Jésuites, et si ceux-ci n'étaient pas fondés en raison d'exiger de lui une réparation d'honneur, ou, à tout le moins, de se plaindre publiquement de ses criantes injustices. Après avoir rapporté les principales attaques dirigées par Tarin contre la Compagnie, le P. Garasse disait en finissant : « S'il n'étoit question que d'endurer en notre particulier, nous baiserions les vestiges de M. le Recteur, et ferions comme saint Ignace, le grand martyr d'Antioche : nous caresserions les ours et les lions qui nous persécutent. Mais estant question d'un corps injustement outragé, et d'un sujet qui ne nous rendroit pas martyrs comme saint Ignace, mais victimes de toutes les malédictions du monde, permettez-nous qu'il nous reste quatre choses, lesquelles on ne nous sçauroit ravir sans injustice : la plume pour nous défendre modestement; la voix pour nous plaindre justement; les poulmons pour soupirer doulcement dans nos angoisses, et nos vœux pour les présenter à Dieu dévotement en faveur de ceux qui nous affligent [2]. »

Cette remontrance fut remise au Dr Froger, syndic; il la communiqua d'abord au Dr Duval et à quelques autres « gens de bien de leur corps ». Tous reconnurent qu'elle était juste et fondée, mais ils avouèrent qu'elle ne servirait qu'à surexciter davantage un homme qui se sentait soutenu par « quelque puissant ennemi » des Jésuites. Et en effet Tarin, informé de leur démarche, « invectiva cruellement contre eux et tâcha de montrer en sa harangue que la Sorbonne n'avoit aucun droit de correction sur lui : au contraire c'estoit lui qui avoit du pouvoir sur la Sorbonne, pour la convoquer quand bon lui semble [3] ». Cette conduite du Recteur détermina les Pères à porter l'affaire au conseil royal. Ils ne pouvaient sans doute compter sur le bon vouloir de Richelieu; mais ils regardaient comme un devoir de conscience de ne négliger aucun moyen de sauvegarder l'honneur de la Compagnie. Le P. Coton, de concert avec le

1. Garasse, p. 74.
2. Garasse, p. 76-112.
3. Garasse, p. 74.

P. de Séguiran, adressa donc au roi en son conseil la supplication suivante :

« Sire, comme ainsi soit que par les réitérés discours de M. le Recteur de l'Université, et par tant de libelles diffamatoires qui se crient et vendent par les rues tous les jours, on fait accroire au peuple que nostre doctrine est différente de la commune de l'Église, et notamment qu'elle enseigne d'attenter à la personne sacrée des rois, oster la puissance absolue que le ciel leur a donnée sur leurs subjects, les déposséder, et révolter les peuples contre les supérioritez établies de Dieu : horrible calomnie qui ne combat pas seulement la vérité, ains est bastante (capable) de mettre le glaive à la main des furieux et la sédition dans les âmes factieuses, qui se tiendroient par une conscience erronée assez authorisez et asseurez en leurs damnables desseins, quand ils croiroient qu'un Ordre de religieux, qui est en estime de doctrine et de vertu, approuveroit leurs attentats, quoy que très exécrables et abominables. Joinct aussi que tels libelles, remplis d'impostures, sèment la division parmy vos subjects, qui partagent leurs jugements, les uns à accuser, les autres à les excuser.

« Plaise à Vostre Majesté, comme duement informée de la vérité, défendre sous grièsves peines, tant audit Recteur qu'à tous autres, de descrier la doctrine des dits Pères en quelque manière que ce soit, et de ne dire, escrire, improuver ou publier chose aucune contre la réputation tant de leur Ordre que de leurs particulières personnes. Attendu mesmement que tous les autres princes de l'Europe, estans également intéressez en ceste leur prétendue doctrine, aucun d'eux ne s'en est formalisé jusqu'à présent; veu aussi qu'on ne les peut représenter si meschans sans taxer Vostre Majesté, vostre Conseil, vos Parlemens et plus de cent mille personnes de qualité, qui jusques à maintenant leur ont coulé l'instruction de leurs enfans, lesquels sont autant de tesmoins de leur doctrine et déportement, qui ne les doivent souffrir ains les exterminer si ce dont on les accuse estoit fondé en vérité[1]. »

A la requête des PP. Coton et Séguiran, l'Université en opposa une autre signée du Recteur, dans laquelle elle prônait la modération dont elle et les autres académies du royaume avaient toujours usé envers la personne des Jésuites, et elle se plaignait

---

1. *Le Mercure françois*, t. XI, ann. 1626, p. 80, 81.

de la manière soi-disant indigne dont ses suppôts avaient été traités dans l'*Apologie* que ces Pères avaient publiée sous le nom de Pelletier. Quant aux reproches adressés à la doctrine de leur Ordre, elle n'avait rien dit qui ne fût complètement vrai; et par conséquent « Maistre Pierre Coton et Maistre Gaspard Séguiran » avaient eu tort de soutenir le contraire; ce qu'elle offrait de faire voir, soit en présence du roi soit en la cour du Parlement, « sans invective ny passion aultre que celle qui doit estre apportée à la défense de la vérité[1] ».

Richelieu, enclin à faire retomber sur les Pères Jésuites la responsabilité des pamphlets publiés contre sa politique, ne se soucia point de leur faire rendre justice; il s'appliqua plutôt à les mortifier; il fit porter au Parlement et la supplique du Recteur et celle des PP. Coton et Séguiran, bien que cette dernière ne fût adressée qu'au roi en son conseil. Mais les choses en restèrent là pour le moment : d'autres graves conflits, d'autres libelles plus méchants firent oublier cette futile querelle.

1. *Ibidem*, p. 83.

CHAPITRE II

LES UNIVERSITÉS DE FRANCE CONTRE LES JÉSUITES
(1622-1626)

Sommaire. — 1. L'Université de Paris s'oppose à l'établissement d'un collège de la Compagnie à Pontoise. — 2. Elle empêche l'achat du collège du Mans. — 3. Vicissitudes de l'Université de Tournon. — 4. Les Universités de France se liguent contre elle. — 5. Elle est supprimée. — 6. L'Université de Paris et le collège d'Angoulême.

Sources manuscrites : I. Recueils de documents conservés dans la Compagnie : a) Francia, Epistolae Generalium ; — b) Francia, Epistolae ad Generalem ; — c) Franciae historia ; — d) Lugdunensis, Epistolae Generalium ; — e) Lugdunensis, Epistolae ad Generalem ; — f) Lugdunensis, Fundationes collegiorum ; — g) Tolosana, Epistolae ad Generalem ; — h) Tolosana, Fundationes collegiorum ; — i) Epistolae cardinalium ; — j) Acta congregationum provincialium.
II. Paris, Archives nationales, M 211 et MM 389.
III. Paris, Bibliothèque nationale, ms. fr. 6758.
IV. Archives départementales de l'Ardèche, de la Haute-Garonne, de la Charente, série D.
V. Archives communales de Pontoise, série BB.

Sources imprimées : *Le Mercure françois*. — *Annales des soi-disans Jésuites*. — *Le Mercure Jésuite*. — *Comptes rendus au Parlement*. — Le Charpentier, *Les Jésuites à Pontoise*. — Emond, *Histoire du collège Louis-le-Grand*. — Massip, *Le collège de Tournon*. — Boissonnade, *Histoire du collège d'Angoulême*. — De Massougnes, *Les Jésuites à Angoulême*. — Jourdain, *Histoire de l'Université de Paris*. — Baudel, *Histoire de l'Université de Cahors*. — Dupont-Ferrier, *Du collège de Clermont au Lycée Louis-le-Grand*.

1. L'Université de Paris, en attaquant les doctrines romaines de la Compagnie de Jésus, n'agissait-elle, comme elle l'avait prétendu, que par amour de la vérité, « sans invective ni passion » ? Il est difficile de le croire, quand on la voit déployer tant d'animosité contre sa rivale sur le terrain de la liberté d'enseignement. Au lieu d'accepter loyalement une concurrence destinée à décupler les énergies des professeurs, elle consuma ses forces en de stériles débats, afin d'entraver les progrès de collèges florissants qui faisaient trop ressortir à son gré la décadence de ses propres écoles. C'est ainsi qu'on la vit s'opposer à la fondation d'un collège à Pontoise, à l'agrandissement de celui

de Clermont à Paris, à la reconnaissance légale de l'Université de Tournon et de celle d'Angoulême.

Louis XIII, par lettres patentes du 23 septembre 1614, avait permis au cardinal de Joyeuse « de bâtir, fonder et doter suffisamment à Pontoise une maison et résidence de Jésuites... sans que toutefois lesdits religieux y pussent tenir école pour l'instruction de la jeunesse[1] ». Les habitants de la ville, heureux de la concession royale, avaient facilité l'installation des Pères et cherché à leur être agréables de toutes façons. Ils espéraient pouvoir un jour leur confier le collège fondé en 1564 par les soins de la Confrérie-aux-Clercs[2]. Le 27 janvier 1620, ils autorisèrent les échevins à « solliciter le plus fermement » possible cette faveur et à se pourvoir auprès du roi « pour obtenir des lettres de Sa Majesté ». Elles leur furent accordées le 21 mars 1621[3].

Mis au courant de toutes ces démarches, le P. Général ne se pressait point de donner son approbation. Déjà en 1604 — il le savait — l'Université de Paris s'était opposée à l'ouverture d'un collège de la Compagnie à Pontoise. N'était-il pas à craindre qu'on rencontrât les mêmes difficultés, lesquelles deviendraient peut-être une occasion de troubles pour les maisons de Paris? Sa Paternité écrivit donc au P. Armand, provincial, d'examiner sérieusement la question avec ses consulteurs et de lui transmettre leur avis, se réservant, après l'avoir reçu, d'en délibérer lui-même avec ses assistants[4].

Malgré ces hésitations et ces retards, les habitants ne renoncèrent pas à leur dessein; ils prièrent M. d'Halincourt, « leur seigneur », de solliciter en leur nom du P. Général l'approbation si ardemment désirée[5]. Devant leur insistance, appuyée par un vœu de la congrégation provinciale, Vitelleschi se détermina, non sans quelque inquiétude, à donner son consentement[6]. « Instruit par l'expérience des difficultés qu'entraînera presque nécessairement une telle mesure, nous serions porté à ne point

---

1. Voir t. III, l. II, chap. VI, p. 865. *Comptes rendus au Parlement*, t. VI, p. 235.
2. Délibération du Corps de ville, 27 mars 1618 (Archiv. comm. de Pontoise, BB, I, reg. 1608-1633). Cf. Le Charpentier, *Les Jésuites à Pontoise*, p. 10.
3. Le 18 septembre suivant de nouvelles patentes ordonnèrent l'exécution des premières (*Annales des soi-disans Jésuites*, t. II, p. 808, 809).
4. Lettres du P. Général au P. Armand, 28 déc. 1621, 12 sept. 1622 (Francia, Epist. Gen., t. IV).
5. Lettre de M. d'Halincourt au P. Général, 14 mars 1622 (Francia, Fund. coll., t. II, n. 142).
6. Acta congr. Prov., 1622. Cf. Lugdun., Fundat. colleg., t. VI, n. 122.

l'adopter, mandait-il au P. Armand. Mais puisque la congrégation provinciale le demande, je permets à Votre Révérence (si elle juge avec ses consulteurs que les inconvénients puissent être suffisamment évités), de changer la résidence en collège. J'y mets cependant une condition, c'est qu'elle signifie aux habitants de Pontoise qu'on commencera les classes seulement à l'essai, en sorte qu'il nous soit loisible de résilier le contrat et de renoncer à l'enseignement s'il doit en résulter quelques troubles [1]. »

Les difficultés prévues par le P. Vitelleschi ne tardèrent pas à surgir. L'Université de Paris résolut d'empêcher l'ouverture du collège, comme contraire à la clause précise et conditionnelle de l'admission de la Compagnie à Pontoise. Le 31 mai 1623 elle dénonça son opposition à la ville de Paris, laquelle arrêta d'intervenir en cette cause et de présenter requête au Parlement, son juge naturel. Les Pontoisiens, d'autre part, portèrent leurs réclamations au Conseil du roi; ce fut en vain : le Conseil accepta bien de retenir « le procès et différend des parties », mais par un arrêt du 3 février 1624 il débouta la ville de Pontoise de l'entérinement des lettres patentes que Sa Majesté révoqua « avec défense de s'en aider[2] ».

En 1637 les habitants, soutenus par la duchesse de Guise, renouvelèrent leur tentative; ils ne réussirent pas mieux que la première fois[3]. Il en fut de même en 1648. « Les officiers, échevins et syndic de la ville » avaient encore décidé, malgré l'abstention du procureur du roi, de confier le collège à la Compagnie[4]. Mais l'Université de Paris, de plus en plus hostile à cette entreprise, recourut au Parlement, et la cour, par arrêt du 2 juillet 1650, fit défense aux Jésuites « d'enseigner au collège et dans la ville et faux-bourgs de Pontoise, d'y tenir écoles ou études, ni même de s'ingérer audit collège dans aucune direction ni instruction, directement ou indirectement[5] ».

2. Pour empêcher le succès des Jésuites, les Universitaires semblaient n'avoir d'autres ressources que d'empêcher la fondation

---

1. Lettre du P. Général au P. Armand, 15 janvier 1623 (Francia, Epist. Gen., t. IV).
2. Requête de la ville de Paris au Parlement, juin 1623 (Annales des soi-disans Jésuites, t. II, p. 810, 811). Arrêt du conseil, 3 février 1624. (Ibidem, p. 812.) Cf. Le Mercure françois, t. X, ann. 1624, p. 403. Le Mercure Jésuite, t. I, p. 216-219.
3. Lugdun., Fundat. colleg., t. VI. p. 123.
4. Délibération du 17 juillet 1648 (Archiv. comm. de Pontoise, BB, I, f. 189).
5. Comptes rendus au Parlement, t. VI, p. 235.

ou le progrès de leurs établissements. Ce n'était pas toujours chose facile, car le roi, les ministres, les prélats, les plus puissants personnages de la noblesse ou du clergé favorisaient une œuvre dont l'utilité s'imposait. Ainsi Louis XIII, reconnaissant du service que les Pères rendaient à la jeunesse française, les aidait de tout son pouvoir. Ayant su que la dotation du collège de Paris était devenue insuffisante par suite de l'augmentation du personnel enseignant, il résolut d'y pourvoir. En 1621 il s'adressait à son grand aumônier, le cardinal de La Rochefoucauld, et le priait d'appliquer à cette maison quelques bénéfices. « L'estat de mes affaires, lui écrivait-il, ne me permettant pas d'y contribuer de mes propres moyens... j'ay appris qu'il y a plusieurs maladreries vacantes et auxquelles il n'y a, grâces à Dieu, maintenant aulcuns malades n'y aultres charges. J'ay estimé que le revenu de celle qui est près de ma ville du Mans, de celle qui est proche de Beauvais et de celle de Pompone ne sauroit estre plus utillement employé qu'à l'effect susdit. Et pour ce j'ay bien voulu vous en advertir et prier d'y donner vostre consentement et de vouloir faciliter l'union des dites maladreries au collège des Pères Jésuites[1]. »

L'exemple du roi était, peu après, suivi par l'évêque de Luçon. L'acte d'une donation qu'il fit le 8 janvier 1622, nous montre ce qu'il pensait alors de l'Ordre de saint Ignace. « Il n'est personne qui ne voie, personne qui n'admire, disait le prélat, combien le peuple catholique est redevable à la florissante Compagnie de Jésus, dont les ouvriers travaillent avec tant de succès à la vigne du Christ. Ce n'est pas sans un vif sentiment de plaisir que nous constatons surtout les fruits abondants et incroyables que la France entière recueille du collège de Clermont, placé en quelque sorte au cœur du royaume pour être dans l'Univers chrétien une source de vie et des plus purs sentiments. Touché de ces motifs, nous pensons qu'il est du plus haut intérêt pour la gloire de Dieu et l'utilité de l'Église, que nous aidions et favorisions selon nos forces la Société de Jésus. C'est pourquoi, de notre plein gré et librement, nous promettons de payer chaque année au collège de Clermont la somme de mille livres, à prendre sur quelqu'un de nos bénéfices.... jusqu'à ce que nous puissions la remplacer par un bénéfice ecclésiastique de même valeur ou par une pen-

---

1. Lettre du roi au cardinal de La Rochefoucauld, 14 oct. 1621. (Archiv. nat., ms. 241.) — Réponse du cardinal, 3 déc. (Bibl. nat., fr. 9758, f. 170).

sion équivalente. Ce que nous promettons d'exécuter volontiers dans l'espace de trois ans, en témoignage de notre sincère affection envers la dite Compagnie [1]. »

Le collège parisien regorgeant d'élèves avait aussi besoin de dilater son enceinte. La cour de Langres où les Pères s'étaient établis après avoir quitté l'hôtel de Clermont, avait son entrée sur la rue Saint-Jacques. Resserrée à gauche par le collège des Cholets, à droite par le collège de Marmoutiers et celui du Mans, elle s'étendait en profondeur jusqu'à la petite rue Sainte-Barbe. L'ensemble des bâtiments formait ainsi un carré long, fort étroit et rétréci encore à ses extrémités [2]. On conçoit le désir d'agrandissement qui hantait les Jésuites. Ils avaient commencé par acheter le long de la rue Saint-Jacques huit maisons particulières : quatre en montant, adossées aux Cholets; quatre, en descendant, adossées à Marmoutiers. Ils portèrent ensuite leurs vues sur le collège du Mans [3].

Ce collège, fondé vers 1520, devait son origine aux libéralités du cardinal Philippe de Luxembourg, évêque du Mans. Le prélat y avait institué douze bourses pour les jeunes gens pauvres de son diocèse désireux d'étudier en l'Université de Paris [4]. Mais l'enseignement y fut suspendu en 1623, à cause de l'insuffisance des revenus, et Charles de Beaumanoir de Lavardin, qui occupait alors le siège épiscopal du fondateur, permit au Principal de louer les chambres au profit de l'établissement. Les Jésuites se présentèrent pour acquéreurs; mais l'Université de Paris ayant eu vent de l'affaire, et pressentant une diminution de son influence dans la perte d'un de ses collèges, s'opposa par un acte du 12 septembre 1625 « aux entérinements et vérifications des traités et conventions faites ou à faire avec les prêtres et écoliers du collège de Clermont [5] ». Cela n'empêcha point Mgr de Beaumanoir de passer le 11 octobre avec le P. Filleau, Recteur, un contrat par lequel il cédait le collège du Mans avec toutes ses dépendances aux Jésuites. Ceux-ci s'engageaient de leur côté à acheter pour ledit seigneur évêque une maison choisie par lui dans

---

1. Acte de donation de 1.000 livres de rente, traduit sur le texte latin envoyé au P. Général. (Epistolae cardinalium). Cf. *Litterae annuae* 1622 (Franciae historia, t. III).
2. Voir tome II, p. 14, 185.
3. Emond, *Histoire du collège de Louis-le-Grand*, p. 110, 111.
4. Cf. Meindre, *Histoire de Paris*, catalogue des principaux collèges.
5. Acte d'opposition de l'Université, 12 sept. 1625. (*Le Mercure Jésuite*, t. I, p. 763.) — Cf. Dupont-Ferrier, *Du collège de Clermont au lycée Louis-le-Grand*, p. 87, 88.

la capitale, jusqu'à concurrence de trente-trois mille livres[1].

Dès qu'il eut connaissance de cet acte de vente, Tarin présenta, au nom de l'Université, une requête au Parlement : il demandait que le contrat fût déclaré nul comme préjudiciable à la fondation et contraire aux intentions des fondateurs. Deux jours après, le principal, le procureur et les boursiers du collège du Mans portaient plainte à leur tour[2]. On était à la fin d'octobre. La chambre des Vacations, en remettant l'audience au lendemain de la Saint-Martin, défendit néanmoins aux Jésuites de mettre le contrat à exécution « et de faire aucune démolition ou nouvel ouvrage, à peine de tous dépens, dommages et intérests[3] ». Les Pères et l'évêque ne jugèrent pas à propos de paraître devant une Cour dont ils n'attendaient aucune justice. Le 22 novembre ils résilièrent le contrat et firent signifier à l'Université leur désistement[4].

3. Les Jésuites n'avaient pas réussi dans leur tentative pour ouvrir un collège à Pontoise et pour agrandir celui de Clermont. Ils furent plus heureux à La Flèche : ils obtinrent que leurs élèves ne seraient plus sous la juridiction de l'Université d'Angers et ne pourraient être cités que devant le prévôt de la ville[5]. Par contre ils échouèrent à Toulouse où leur fut refusé le privilège de conférer les grades, comme ils en avaient le droit en vertu de la bulle de Jules III[6].

Mais, dans le même ordre de choses, l'affaire qui eut le plus de retentissement fut celle du collège de Tournon, lorsqu'en 1622 le roi l'autorisa par lettres patentes à donner les grades en théologie, y compris le doctorat. Un simple exposé des faits nous montrera ce qu'il faut penser du reproche d'empiétement adressé dans cette circonstance à la Compagnie de Jésus par quelques historiens.

On se souvient que ce collège, établi en 1536 par le cardinal François de Tournon, puis honoré en 1552 du titre d'Université, avait été confié aux Jésuites en 1561 avec tous ses privilèges[7].

---

1. Contrat entre les Jésuites et Charles de Beaumanoir, 11 oct. 1625 (Archiv. Nat., MM, 388, f. 256).
2. Requêtes du 22 et 24 oct. 1625 (*Le Mercure Jésuite*, t. 1, p. 764, 707).
3. Arrêt du 25 oct. 1625 (*Ibidem*, p. 258).
4. Acte de désistement des Jésuites (Archiv. nat., MM, 388, f. 258). Cf. Dupont-Ferrier, l. c.
5. Cf. De Rochemonteix, *Le collège Henry IV*, t. 1, p. 195.
6. *Ibidem*, p. 196.
7. Voir t. I, p. 288 et suiv.

En fait, l'Université de Tournon ne comprenait pas toutes les facultés. Ce n'était alors qu'une modeste école de grammaire, de philosophie et de langues, autrement dit une Faculté des Arts dont les gradués jouissaient des mêmes avantages que ceux de l'Université de Paris. On n'y vit jamais aucun professeur de médecine ou de droit. L'enseignement de la théologie n'y fut autorisé qu'en 1584[1]. Après l'édit de rétablissement de la Compagnie, Henri IV confirma les droits d'Université jadis octroyés au collège « à cause de la profession des lettres latines, grecques, hébraïques, chaldes, morale et naturelle philosophie », et il les étendit encore en permettant les leçons de métaphysique, de mathématiques et de théologie « tant scholastique que positive[2] ». Le comte Just de Tournon, ayant reçu du roi plein pouvoir, fit constater ces droits l'année suivante, et il fut convenu entre lui et le P. Richeome, provincial de Lyon, que « doresnavant on tiendroit lecture de la langue hébraïque, de mathématiques, de philosophie entière et parfaite et des autres sciences », comme dans les « grands collèges et universités de l'Institut[3] ». Un nouveau contrat fut passé à ce propos, puis soumis au P. Général, auquel on demanda son approbation[4]. Et comme la présence de nouveaux professeurs nécessitait une augmentation du revenu, le comte promit une rente annuelle de quatre mille livres, jusqu'à l'union d'un bénéfice d'égale valeur. Ce don généreux de « l'illustre et puissant Seigneur de Tournon », ajouté à plusieurs autres, lui mérita le titre de « second fondateur de l'Université[5] ».

Celle-ci, au début du XVIIe siècle, était assez florissante. « Il y avoit, dit un témoin (le chanoine Debane), environ sept cens escolliers estudiants à Tournon, la pluspart gentilshommes; non pas tant seulement des provinces voysines, mais des plus esloignées : Picards, Normands, Bretons, Champenoys, Tourangeois. Au logis où j'estois en pension... nous estions vingt escolliers, dont le plus honorable, tant à cause de sa nayssance et profession, estoit messire Françoys de Gondi, fils de feu M. le duc de Retz, abbé de Saint-Aubin et du despuis archevesque de Paris. Il y avoit aussi deux chanoynes, comtes

---

1. Histoire ms. de la fondation (Tolosan., Fundat. colleg., t. IV, n. 58).
2. Patentes de Henri IV, octobre 1603 (Archiv. de l'Ardèche, D. coll. de Tournon).
3. Lettre du comte Just au P. Général (Archiv. du coll. St-Joseph à Lyon).
4. Donation du comte de Tournon (Tolosan. fundat. colleg., t. IV, n. 61).
5. Lettre du P. Général au comte de Tournon, 25 août 1603. (Lugdun. Epist. Gen.)

de Saint-Jean de Lion, l'un appelé le comte de Cottenson, l'autre le comte de Rebe, qui est à présent archevesque de Narbonne. Il y avoit dix escolliers de Tours et les aultres estoient Auvergnats, Foresiens, et moy seul du pays de Vivarois. Il y avoit aussi dans la dite ville quantité d'escolliers Flamands, Lorrains, Allemands, Suisses, Piémontois, Milanois et Savoyards. Il y avoit aussi quatre Irlandois de fort bonne mayson et quelques Anglois. Enfin c'estoit une académie peuplée d'aussi belle jeunesse et noblesse qui fût en France[1]. »

Les troubles de la régence, suivis de la révolte du Languedoc, mirent fin à cette prospérité. La ville prit l'aspect d'une place de guerre et en subit toutes les charges. Au duc de Montmorency qui ordonnait de lever sans délai un subside de huit cents livres pour le transport des munitions, les consuls répondirent le 21 juillet 1621 : « Notre ville se trouve réduite en extresme paouvreté et nécessité, n'ayant pour lors aulcung commerce pour gaignier et profficter, le peu de profficit qu'elle souloit faire au moyen des escolliers cessant par le peu de nombre qu'il y en a depuis plusieurs années[2]. »

Jusqu'à cette époque, le collège de Tournon, quoique plusieurs fois nanti de toutes les autorisations requises pour la « profession entière » de son programme d'études et la collation de la maîtrise ès arts, n'avait joui de ces faveurs que d'une manière spéculative, à cause de l'opposition de l'Université de Toulouse[3]. Le moment semblait venu, si l'on voulait prévenir la décadence, d'exercer enfin des privilèges incontestables, et même d'en augmenter l'étendue. On résolut de profiter du passage de Louis XIII à Lyon, en 1622, pour obtenir, avec une nouvelle confirmation des prérogatives universitaires, l'autorisation de conférer les grades en théologie. Le roi donc fut informé « qu'en Vivarez, Dauphiné et Lyonnois il ne se trouvoit aucune Université où il se fist leçon de cette science, qu'au collège des Pères Jésuites de Tournon »; il comprit tout le bien que ces trois provinces pouvaient attendre d'un établissement d'où sortiraient « des personnes doctes et capables » d'être promues aux charges ecclésiastiques; et il donna, le 22 décembre, des lettres patentes, par lesquelles il main-

1. Mémoires ms. du chanoine Debane (Archiv. du Grand Séminaire de Viviers, n. 9).
2. Déclaration des consuls, 21 juillet 1621 (Archiv. dép. de l'Ardèche, Tournon, E. 204).
3. Lettre du P. Général au P. Arnoux, 20 mars 1623 (Aquitan. Espist. Gen., t. II).

tenait le programme d'études du collège, approuvait l'augmentation de ses revenus et confirmait ses privilèges universitaires en les étendant à la théologie[1].

Le P. Général apprit avec joie ce nouveau bienfait du Roi Très Chrétien, mais tout de suite, il prévit et redouta une nouvelle opposition de l'Université de Toulouse. Il pria le P. Arnoux alors présent dans cette ville de solliciter « même en son nom s'il le jugeait à propos », l'appui du premier président du Parlement dont l'autorité serait d'un grand poids dans cette affaire[2]. Les appréhensions du P. Vitelleschi parurent tout d'abord mal fondées. Dès le 9 mars 1623, les lettres patentes de Louis XIII avaient été enregistrées au Parlement de Toulouse[3].

Les Pères du collège envoyèrent alors à Rome un Mémoire pour demander au Souverain Pontife l'autorisation de graduer en théologie; « à quoi, ajoutaient-ils après l'exposé de la requête, Sa Sainteté sera d'autant plus facilement induite, qu'elle verra que ce n'est pas une nouvelle érection, mais une simple ampliation, et que ses prédécesseurs, par bulles exprès, ont concédé à nostre Compagnie d'accepter les Universités, conférer les degrés... etc., et en dernier lieu que Sa Majesté nous l'a déjà accordé[4] ». Cette instance auprès du Saint-Siège avait toutes chances de succès, mais, par suite de circonstances que nous allons rapporter, elle resta suspendue.

4. Les lettres patentes de décembre 1622, destinées à sauver de la décadence le collège de Tournon, faillirent le perdre complètement. En effet elles excitèrent la jalousie de rivaux envieux et susceptibles. L'Université de Valence, où pourtant l'on n'enseignait que le droit, avait toujours vu avec déplaisir les faveurs accordées à sa voisine. Cette fois, elle ne se contenta pas de se plaindre; elle voulut nuire directement et sollicita les Universités d'Aix, de Toulouse et de Cahors de se joindre à elle pour frapper un grand coup. La première refusa, dans une assemblée solennelle, de soutenir une lutte qu'elle déclarait incivile; mais les

---

1. Patentes du 22 décembre 1622, en faveur du collège de Tournon. (*Le Mercure françois*, t. X, ann. 1624, p. 408.)
2. Lettre du P. Général au P. Arnoux, 20 mars 1623 déjà citée.
3. Arrêt du Parlement de Toulouse, 9 mars 1623 (Archiv. de la Haute-Garonne, B, 147).
4. Requête des Jésuites de Tournon au Souverain Pontife, 1623. (Tolosan., Fundat. colleg., t. IV, n. 68.)

deux autres acceptèrent ; avec les juristes de Valence elles protestèrent contre l'enregistrement des patentes et s'opposèrent à la collation des grades par les Jésuites de Tournon[1]. Le Parlement de Toulouse, circonvenu par les adversaires de la Compagnie, n'hésita pas à rapporter son arrêt du 9 mars, sans avoir entendu la défense des religieux, et à faire inhibition au collège de Tournon (19 juillet 1623) « de prendre le nom, tiltre ni qualité d'Université, ni bailler aucunes matricules testimoniales d'Estude, ni aucuns degrez en aucune Faculté, ni aucune nomination aux bénéfices à peine de nullité, et autre arbitraire [2] ».

Mais les Jésuites ne tinrent nul compte de cet arrêt, les titres de Tournon leur paraissant indiscutables ; ils continuèrent à délivrer, conformément à leurs droits antérieurs, des lettres testimoniales d'étude en parchemin, scellées du sceau du secrétaire et signées de la main du Recteur. Par un nouvel arrêt du 11 août le Parlement de Toulouse déclara « nulles et de nul effect et valeur » les lettres expédiées, « avec inhibitions à ceux qui les avaient obtenues, de s'en aider et servir, ni prendre le nom et qualité de graduez, à peine de faux et autres peines portées par les ordonnances[3]. » Alors les Jésuites recoururent à la justice du roi ; ils se pourvurent devant le Conseil privé pour faire casser l'arrêt qui leur était défavorable et maintenir l'Université de Tournon « en la possession et jouissance des privilèges, droits et pouvoirs accordés par les lettres patentes de 1622[4] ». Effectivement, l'affaire fut évoquée, et le Conseil ordonna (15 décembre 1623) qu'en attendant le jugement, « lesdits recteur et régens de ladite Université de Tournon jouiraient des mesmes privilèges, authoritez, prééminences et libertez dont ils jouissoient auparavant les dites lettres de décembre 1622[5] ». Ce dernier arrêt, rendu sur la requête du syndic des Jésuites, fut signifié aux syndics des Universités de Toulouse, de Valence et de Cahors, assignées à comparaître dans deux mois devant le Conseil « pour, parties ouyes, leur estre faict droit ainsi que de raison[6] ».

1. Cf. Baudel, *Histoire de l'Université de Cahors*, p. 144. — Massip, op. cit., p. 81.
2. Arrêt du Parlement de Toulouse, 19 juillet 1623 (*Le Mercure Jésuite*, t. I, p. 242).
3. Arrêt du Parlement de Toulouse, 11 août 1623 (*Le Mercure Jésuite*, p. 244).
4. Requête des Jésuites au Conseil privé (Coudrette, *Histoire générale de la naissance et des progrès de la Compagnie de Jésus*, t. II, p. 190).
5. Arrêt du Conseil privé, 15 décembre 1623 (*Le Mercure françois*, t. X, p. 414).
6. *Ibidem*, p. 417.

Dans ces conjonctures, les Universitaires de Valence cherchèrent de nouveaux appuis; comme si leurs collègues de Toulouse et de Cahors ne suffisaient pas, ils requirent le concours non seulement de l'Université de Paris, mais encore de toutes les autres Universités françaises. « L'intérêt qui touche la conservation des Universités de ce royaume vous est commun et à nous, leur écrivirent-ils, et nous avons creu de notre devoir de vous donner advis d'un nouveau dessein qui s'est depuis peu formé en ces quartiers à nostre commune mine; afin que, le mal vous estant cogneu, nous puissions le prévenir à son commencement, et par bonne intelligence empescher le progrez qu'il pourroit faire. » Après avoir rappelé les lettres patentes de 1622, obtenues par les Jésuites, et tout ce qui s'était passé devant le Parlement de Toulouse et le Conseil du roi, l'Université de Valence ajoutait : « Nous ne doutons point que vous ne jugiez sainement de la conséquense qu'un tel commencement peut apporter; car ils [les Jésuites] espèrent, quand ils seront déclarez capables de faire des promotions et conférer les degrez en l'une des facultez, de le pouvoir faire en toutes, et par ce moyen leur dessein s'acheminera peu à peu à la ruine des Universitez... [Joignons donc] nostre intervention avec la vostre en la deffense de cette cause, [pour] que la postérité ne nous puisse blasmer d'avoir, par nostre connivence, laissé couler dans l'Estat une telle nouveauté, laquelle ils prétendent d'establir dans un petit lieu pour en après la faire suivre par tous leurs collèges... Vous nous obligerez grandement de nous faire part, s'il vous plaist, de vos bons avis et résolutions, lesquelles nous embrasserons avec tout l'honneur et respect qui nous sera possible [1]. »

Pareille invitation fut accueillie avec empressement par l'Université de Paris, convaincue que, si les Jésuites triomphaient, la jeunesse accourrait en foule prendre ses degrés à Tournon [2]. Puis, à son tour, elle exhorta toutes les Universités du royaume à intervenir dans une affaire intéressant la conservation de leurs communs privilèges. Bordeaux, Reims, Poitiers, Caen, Bourges, Orléans, Aix, Angers répondirent à l'appel et envoyèrent à Paris des députés [3]. Ainsi toutes les Universités de France, sauf Pau et Montpellier, confondues dans un même sentiment d'hostile

---

1. Lettre du syndic de l'Université de Valence aux Universités de France, 12 mars 1624 (Jourdain, *Histoire de l'Université de Paris*, pièces just., n. LXV).
2. *Le Mercure françois*, t. X, ann. 1624, p. 422.
3. Voir les décrets de plusieurs Universités (*Le Mercure Jésuite*, t. I, p. 749-751).

jalousie, se liguèrent contre la Compagnie de Jésus représentée par le collège de Tournon. C'était un réveil de l'antagonisme latent, mais toujours vivace, entre les écoles séculières et les congrégations religieuses[1].

Dans un *avertissement* en forme de requête, présenté au roi et à son conseil, M⁰ Fromont, député de l'Université de Valence, parlant au nom des Universités françaises, établit un parallèle entre celles-ci et les Jésuites, et dénonça les entreprises de la Compagnie comme préjudiciables aux intérêts généraux de l'État. « Les Universitez sont corps séparez, faits à pièces rapportées, de toutes professions de personnes privées, recluses et solitaires, qui n'ont aucune intelligence ni dessein que sur leurs livres, ayant renoncé à tout maniement et connoissance d'affaires. Les demandeurs, au contraire, font un corps uni, puissant et diffuz par tous les coins de la France, voire de la terre : c'est un seul esprit qui agit en plusieurs testes. Ils ne subsistent que pour eux et ne travaillent que pour s'agrandir, ne mesurant leur charité qu'à l'aune de leurs intérêts. » Les Universités, « comme filles aisnées » de la couronne, ne relèvent que de l'autorité des rois; les Jésuites ne reconnaissent d'autre supérieur que leur Général. Les Universités ont toujours combattu « pour les droits et priviléges de l'Église Gallicane »; les Jésuites ont toujours soutenu l'opinion contraire et se sont affranchis « de la puissance et juridiction des évêques ». « Si Vostre Majesté leur accorde le droit des promotions, pourquoi non pas aux Barnabites, aux Pères de l'Oratoire, à ceux de la Doctrine chrétienne, et autres qui se présentent tous les jours? voire à tous les Ordres des Mendians qui enseignent, preschent et font les mesmes fonctions?... Tous ceux-là attendent avec impatience le succez de ceste cause, pour aussitost se mettre en campagne, et par sollicitations ou importunité, comme les Jésuites, suivre la piste et le chemin qu'ils auront frayé. Que si le privilège est rendu commun, et qu'il soit loisible à tous les réguliers de promouvoir et conférer les degrez, il y aura enfin autant d'Universitez en France que de villes ou de bourgs, qui est la ruine du royaume, ainsi que les plus clairs-voyans ont jugé dès long temps. Car la

---

1. L'Université de Paris se distingua par une animosité particulière; elle ne se contenta pas de demander à intervenir au procès, elle supplia encore Sa Majesté de restreindre le nombre des collèges où les Jésuites, disait-elle, s'étaient introduits « subrepticement et nonobstant les justes oppositions des anciens collèges, Universitez, communautez et villes de France », et de leur défendre d'en établir aucun autre à l'avenir. (*Le Mercure Jésuite*, t. I, p. 249. Requête du 17 juin 1624.)

trop grande fréquence des collèges occasionne de quitter le commerce, l'exercice de l'agriculture et autres arts nécessaires à la vie et société politique, pour se précipiter aux escholes, sous l'espérance que chacun a d'accroistre et augmenter sa condition en portant une robe plus longue que d'ordinaire[1]. »

Un tel plaidoyer, où l'on mettait en avant l'intérêt public, devait nécessairement impressionner des juges, comme ceux du Conseil privé, habitués à considérer les choses du point de vue politique et dont plusieurs partageaient les idées exposées dans l'*Avertissement*.

Le P. Général avait approuvé les premières démarches par lesquelles le collège de Tournon réclamait le libre exercice de ses droits. Mais, quand il apprit la ligue formée par les Universités de France, il craignit que le débat, restreint d'abord à un seul établissement, ne prit des proportions plus vastes, et que la Compagnie elle-même ne fût inquiétée à cette occasion. Il recommanda donc au P. de Séguiran de faire en sorte qu'on ne s'occupât plus, s'il était possible, du procès de Tournon, ou du moins que le Conseil ne décidât rien qui pût nuire aux autres collèges[2]. Cette ligne de conduite était d'autant plus sage, que les Universités dans leurs requêtes ne visaient pas seulement le droit de conférer les grades, mais aussi l'étendue de l'enseignement dans les collèges déjà fondés, et jusqu'à l'existence à l'égard des futurs collèges.

Cependant la cause était trop avancée pour qu'il fût possible de reculer. On ne devait plus songer qu'à parer les coups des adversaires et à diminuer l'éclat d'un triomphe presque assuré. La veille du jugement, le 26 septembre, le syndic de l'Université de Tournon demanda et obtint des lettres en forme de requête civile contre l'arrêt du Parlement de Toulouse, afin que celui-ci remît les parties « en tel estat qu'elles estoient auparavant[3] ».

D'autre part, les Universitaires ne restèrent pas inactifs. Le recteur de l'Université de Paris était alors Mᵉ Jean Aubert, régent de rhétorique au collège de Calvi; il se distingua par une ardeur infatigable contre les Jésuites : cela lui valut l'honneur d'être maintenu dans ses fonctions deux années consécutives. Quand vint le moment décisif, il n'épargna rien pour battre en

---

1. Requête de l'Université de Valence (*Le Mercure Jésuite*, t. I, p. 701).
2. Lettre du P. Général au P. de Séguiran, 1ᵉʳ juillet 1624 (Francia, Epist. Gen., t. IV).
3. Requête du syndic de Tournon, 26 sept. 1624 (*Le Mercure françois*, t. X, ann. 1624, p. 466).

brèche le crédit de la Compagnie ; il multiplia ses visites aux juges et, en affectant la modération, il sut les gagner à ses idées [1]. Admis le 27 septembre à plaider devant le Conseil la cause des Universités de France, il parla en latin, selon l'usage, avec beaucoup de force et d'adresse ; si bien que le garde des sceaux ne put se retenir de le complimenter. Comme le Recteur avait fait allusion à la naissance du roi, dont c'était l'anniversaire, M. d'Aligre lui répondit « que les Universitez devoient espérer aussi, qu'en mesme jour qu'il avoit pleu à Dieu de donner la vie au Roy, Sa Majesté conserveroit celle des Universitez [2] ». Après une courte délibération, le Conseil refusa de casser l'arrêt du Parlement de Toulouse comme le demandaient les Jésuites, « sauf aux demandeurs, ajouta-t-il, se pourvoir par requeste civile contre ledit arrest audit Parlement [3] ».

5. Les choses ne pouvaient en rester là. Dès le lendemain, les Jésuites de Tournon présentèrent au Conseil privé une nouvelle supplique, par laquelle ils réclamaient la jouissance des droits et privilèges dont ils étaient en possession avant les lettres patentes de Louis XIII. Le Conseil ne voulut point trancher lui-même la question ; il ordonna seulement que les Recteur et Syndic de l'Université de Tournon jouiraient de leurs anciennes prérogatives, jusqu'à ce que le Parlement de Toulouse en eût arrêté autrement [4]. En attendant le jugement définitif, des *Mémoires* furent échangés entre les parties, et la lutte se poursuivit avec ardeur devant l'opinion publique.

Les Jésuites firent connaître les raisons qui militaient en leur faveur. « La profession de religieux, disaient-ils, les exclut bien de la lecture de la médecine ; mais, pour la théologie, ceste qualité leur donne plus d'advantage qu'aux séculiers, pour estre moins distraits ès affaires du monde et avoir l'esprit plus libre, à cause de la pureté de vie. Et, de faict, les grands docteurs de l'Église ont esté Religieux, comme sainct Basile, sainct Hiérosme, sainct Augustin et sainct Grégoire. Aussi, tant s'en faut que les religieux se soient introduits dans les Universitez, qu'au contraire ce sont les Religieux de sainct Benoist et de sainct Augustin

---

1. Jourdain, *op. cit.*, p. 108. Jean Aubert fut recteur du 24 mars 1623 au 23 mars 1625.
2. Réponse du chancelier au recteur de l'Université (*Le Mercure françois*, p. 446).
3. Arrêt du Conseil privé, 27 sept. 1624 (*Ibidem*, p. 447).
4. Ordonnance du Conseil privé, 28 sept. 1624 (*Le Mercure françois*, t. X, ann. 1624, p. 453).

qui ont gouverné les premières Universitez... Ce n'est chose nouvelle que les Jésuites ayent des Universitez; ils en ont au Pont-à-Mousson, à Olmus, à Gratz, à Prague, à Vienne en Autriche, à Lisbonne et en Italie ; ils ont pouvoir de bailler des degrez à ceux qui ont estudié en leurs Universitez... Et quant à celle de Tournon, il ne faut pas craindre qu'elle soit tirée en conséquence pour autre, en faveur des Pères Jésuites; d'autant qu'ils ont trouvé l'Université établie, quand ils sont entrés à Tournon, et les Bulles et Lettres patentes enregistrées au Parlement[1]. »

En ce qui concernait la lecture de la théologie à Tournon, le syndic du collège montra combien cet enseignement y était avantageux pour le royaume et pour l'Église. « 1° En toutes les Universitez de France, hors qu'en Sorbonne et celle de Toulouse, on ne fait point de lecture ni de profession de théologie, si ce n'est par quelque théologal... ou par quelque jeune docteur régent pour s'accréditer durant quelques mois... Et, où on enseigne la théologie, on se contente de lire la théologie scolastique, sans faire cas de la moralle qui est la principalle et plus nécessaire pour les curez, ny de la positive non moins nécessaire contre l'hérésie. — 2° Les Universitez de Die et d'Orange establies par les Religionnaires qui gastent et perdent le Vivarais et le Dauphiné, sont voisines de celle de Tournon ; il est donc expédient que la lecture y soit faicte de la sainte théologie, afin que les bons escoliers et docteurs qui en sortiront, puissent ramener les esprits égarés. — 3° L'établissement de cette Université et la profession de théologie feront que les sujets du Roy, qui sont contraints d'aller chercher en Avignon, à Dôle et à Chambéry et autres Universitéz étrangères, les leçons de théologie et d'y prendre leurs degrez, demeureront doresnavant en France, et les étrangers mesme seront conviés à y venir[2]. »

Ces raisons auraient dû fermer la bouche à tous les opposants; elles ne furent malheureusement pas écoutées. Les adversaires de la Compagnie ressuscitèrent, selon leur tactique habituelle, les anciennes calomnies, en imprimant un recueil de tout ce qui avait été autrefois publié contre elle. « On fit aussi courir contre les Jésuites un papier volant des raisons sur lesquelles estoit intervenu l'arrest du 27 septembre 1624[3]. » Sous prétexte de

---

1. *Mémoire des Jésuites pour l'Université de Tournon* (*Le Mercure françois*, t. X, ann. 1624, p. 402).
2. *Ibidem*, p. 402-406, passim. Cf. Mossip. *op. cit.*, p. 82.
3. *Le Mercure françois*, t. X, p. 460.

défendre les Universités de France, on s'efforçait de prouver « par les propres escrits et pièces des [Révérends Pères] qu'ils n'entreprennent pas seulement sur les droicts des Universitez, mais aussi contrarient et préjudicient grandement à l'autorité du roy, à la justice ordinaire de Sa Majesté, à la dignité et au pouvoir de Messieurs les Cardinaux, Archevêques et Évêques, aux règles et professions des autres religieux, à la jeunesse estudiant soubs eux, à ceux qui entrent en leur Société, au bien et repos des villes qui les reçoivent, à la perfection des sciences, à l'antiquité et aux commandemens de l'Église, etc., et mesme au pouvoir de Sa Sainteté[1] ». Ainsi, d'après cette énumération, il n'y avait personne, dans le royaume et sur la terre, qui n'eût à se plaindre de la Compagnie, fléau des individus, des familles et de toute institution. Les *Défenses* des Universitez de France concluaient en demandant non seulement la révocation de toutes les Lettres que les Jésuites avaient obtenues pour s'attribuer « les nom, titre, qualité, droits et privilèges des Universités », mais encore l'interdiction « à eux et à tous autres Religieux de poursuivre à l'advenir l'establissement d'aucun collège »; de plus « en ceux qu'ils ont ès villes où il n'y a Universitez, ils ne pourront doresnavant faire plus de trois classes, pour les langues latine et grecque seulement ». Ils auront ainsi, ajoutait-on, plus de loisirs [« de servir l'Église, le Roi et leur patrie, et seront d'autant plus obligez de prier Dieu, comme ils font profession[2] ».

Les Jésuites de Tournon, forts de leurs privilèges antérieurs aux lettres patentes de décembre 1622, ne se pressèrent pas de paraître devant le Parlement de Toulouse. Le P. Général, il est vrai, n'avait pas renoncé à réclamer pour la Compagnie l'exercice de tous ses droits; mais, afin de ne pas exposer l'ensemble des collèges à quelque avanie, il désirait qu'on fût assuré d'abord de l'approbation du Conseil privé[3]. Confiant en la bienveillance de celui-ci, le comte de Tournon lui présenta une requête où il demandait que le procès pendant devant le Parlement de Toulouse fût renvoyé devant une autre Cour, pour cause de suspicion légitime : en effet, il y avait des « parentés, alliances et amitiés » entre Messieurs du Parlement de Toulouse et les professeurs de l'Université de la même ville. Le Conseil reconnut le bien fondé

---

1. Défenses des Universités (*Le Mercure Jésuite*, t. I, p. 252). Cf. D'Argentré (*Collectio Judiciorum*, t. II, P. II, p. 266).
2. *Ibidem*.
3. Lettre du P. Général au P. de Séguiran, 7 oct. 1624 (Francia, Epist. Gen., t. IV).

de ce motif, évoqua lui-même l'affaire et donna aux Universités de Toulouse, de Valence et de Cahors assignation de comparaître[1].

L'Université de Paris comprit alors la nécessité, pour abattre l'ennemi commun, de réunir une seconde fois en un seul faisceau les forces de toutes les Universités françaises[2]. La plupart répondirent à l'appel par l'envoi de députés ou par des procurations au nom du recteur, M⁰ Aubert[3]. On convint en outre que la ligue universitaire ne bornerait pas son action à l'affaire présente, mais qu'elle l'étendrait à celles qui pourraient survenir sur tous les points du royaume. Bientôt, dans une réunion générale de toutes les Facultés, l'Université de Paris donnait à son Recteur « le pouvoir et le soin de conserver et défendre par toute voie due et raisonnable... les droits des Universités, suivant [les précédents arrests] du Parlement de Toulouse et du Conseil privé[4] ».

Le Recteur défendit avec une habile vigueur, non toutefois « par voie due et raisonnable », les intérêts qui lui étaient confiés. C'est sous son inspiration que fut rédigé contre le comte de Tournon un *Mémoire* dans lequel, au lieu d'exposer fidèlement les faits, on énumérait complaisamment « quinze fraudes », disait-on, auxquelles les Jésuites avaient eu recours pour perdre les Universités[5]. Eux-mêmes, concluait le *Mémoire*, ces religieux reconnaissent, en évoquant l'affaire au Conseil, que leur cause est très mauvaise, « puisqu'ils refusent pour juges ceux qui ont été leurs protecteurs et sont encore à présent leurs bienfaiteurs, plus qu'en autre ville du royaume[6] ».

Au mois de mars 1626 le Conseil allait s'occuper du procès, lorsque le comte de Tournon fit présenter des *Lettres d'État*[7] dont l'effet devait tout suspendre pour six mois. Il n'en fut pas tenu compte et, le 27 mars, le Conseil prononça un arrêt qui renvoya de nouveau les parties devant le Parlement de Toulouse. Celui-ci à son tour ordonna, le 29 août, l'exécution de son arrêt du 19 juillet 1623[8]. Ainsi se trouvèrent supprimés les titres et

---

1. Cf. Coudrette, *op. cit.*, t. II, p. 203, 204.
2. Décret du 19 juin 1625 (*Annales des soi-disans Jésuites*, t. III, p. 43).
3. Divers décrets et procurations (*Le Mercure Jésuite*, t. I, p. 734-751).
4. *Annales des soi-disans Jésuites*, p. 44.
5. *Mémoire contre le collège de Tournon* (*Annales des soi-disans Jésuites*, t. III, p. 158). Baudel en attribue la rédaction à Pierre d'Olive professeur à l'Université de Cahors (*Histoire de l'Université de Cahors*, p. 144).
6. *Annales des soi-disans....* l. c.
7. On appelait *Lettres d'État* celles que le roi accordait à tous ceux qui étaient forcés de s'absenter pour le service public.
8. Arrêt du Conseil privé, 27 mars 1626; arrêt du Parlement de Toulouse, 29 août 1626 (*Le Mercure françois*, t. XI, ann. 1626, p. 110).

privilèges d'Université accordés au collège de Tournon par les bulles des papes et les édits des rois.

Le dénouement a de quoi nous surprendre. Jusque-là le Parlement de Toulouse et le Conseil privé, s'étaient presque toujours montrés favorables à la Compagnie de Jésus. Comment donc s'expliquer qu'ils aient consenti à sacrifier les droits indéniables de l'un de ses collèges ? Une lettre du 3 septembre 1626, adressée au P. Général par le P. Pierre Lacaze, supérieur de la maison professe de Toulouse, nous donnera la solution de l'énigme. Dans les débats devant le Conseil, dit-il, la question politique domina la question scolaire. Influencés par les libelles répandus à profusion parmi le public, les conseillers et les ministres, au moins en majorité, se laissèrent persuader qu'il importait au bien de l'État de ne pas reconnaître les privilèges universitaires à une Société toute dévouée au Souverain Pontife, exempte de la juridiction des Ordinaires et obéissant à un Général étranger, que l'on s'imaginait hostile à la France. Au Parlement de Toulouse, la même préoccupation détermina la conduite d'un certain nombre de magistrats. Le premier président, les présidents et les anciens conseillers de la Grand'Chambre restèrent dévoués aux Jésuites; mais les jeunes conseillers de la Chambre des Enquêtes embrassèrent le parti des Universités. De plus, suivant un usage établi depuis plusieurs années à Toulouse, les présidents et les conseillers qui faisaient partie des Congrégations de la sainte Vierge, devaient s'abstenir de siéger dans toutes les causes concernant la Compagnie ; enfin, chose absolument nouvelle, la même abstention fut exigée, dans l'affaire présente, de tous ceux qui avaient leurs fils au pensionnat de Toulouse. Grâce à toutes ces exclusions, l'arrêt contraire aux Jésuites fut rendu à l'unanimité moins une voix[1].

Cependant l'acte de la Cour suprême du Languedoc ne consacrait pas un droit commun pour toute la France ; il ne concernait qu'un seul collège de la Compagnie, les quarante autres restant parfaitement libres de renouveler des tentatives semblables dans leur contrat avec les municipalités, en vertu des privilèges qu'ils avaient obtenus du Saint-Siège. On comprend toutefois que, devant le parti pris d'hostilité, les Jésuites n'aient montré nul empressement, qu'ils aient même retenu sur une pente dangereuse des fondateurs trop zélés. C'était sagesse, comme on le verra

1. Lettre du P. Lacaze au P. Général, 3 sept. 1626 (Tolosan., Epist. ad Gen., t. I, n. 16).

par l'affaire d'Angoulême, assez semblable à la précédente et survenue à la même époque.

6. La famille des Valois-Angoulême avait toujours protégé les lettres et les arts. Jean le Bon, frère du poète Charles d'Orléans et grand-père de François Ier, conçut le dessein d'établir une Université dans le chef-lieu de son Comté; mais il mourut avant d'avoir pu réaliser son projet. Son petit-fils François, devenu roi de France, accomplit le vœu du « bon Comte Jean » en accordant à Angoulême, par lettres patentes du mois de décembre 1516, « collège, écoles et Université en toutes facultés et sciences[1] ». Les maîtres, gradués, écoliers, bedeaux, messagers devaient y jouir de la même « juridiction, puissance et autorité, des mêmes privilèges, immunités, exceptions et franchises » que ceux des Universités de Paris, Poitiers et Toulouse. François Ier voulait ainsi récompenser « les bons services » rendus dans les guerres anglaises, « par l'une des principales clefs et frontières du royaume, du costé et endroit du duché de Guyenne ». Il était convaincu que les écoles serviraient beaucoup à la prospérité de la ville, comme « au profict et instruction des pauvres et jeunes personnages des pays circonvoisins, et à l'exaltation de la saincte foy catholique[2] ».

L'Université d'Angoulême eut à lutter dès sa naissance contre celle de Poitiers qui, redoutant une rivale, résolut de s'opposer à l'enregistrement des lettres patentes du Parlement de Paris. Sur la requête présentée le 7 mars 1517 par le procureur Deschamp, chargé de défendre les intérêts des Poitevins, l'avocat général conclut à l'audition des parties dans le délai de trois semaines. Par suite de longueurs dans la procédure, la vérification des lettres patentes n'eut lieu que les 2 avril 1549. La ville d'Angoulême, en possession de son droit, n'en avait pas encore profité, lorsque Louis XIII, par un brevet du 10 mai 1622, permit d'y établir un collège de Jésuites[3].

Un article du contrat, passé le 11 juin entre la Compagnie et la municipalité, regardait spécialement les prérogatives universitaires. Le maire et les échevins, afin d' « honorer et illustrer ledit collège », accordaient aux religieux de jouir du droit d'Université « pour lettres humaines, philosophie et théologie », con-

---

1. Voir tome III, p. 512 et suiv. — Cf. Boissonnade, *Histoire du collège et lycée d'Angoulême*, p. 3-5.
2. Lettres patentes de François Ier, décembre 1516 (Archiv. comm. d'Angoulême, AA, 5, f. 81).
3. Cf. tome III, p. 513.

cédé par les lettres patentes de François Ier, confirmé de règne en règne et nommément par Louis XIII avec, pour eux et leurs écoliers, tous les privilèges enregistrés ès cour de Parlement à Paris [1].

Peut-être cet acte n'éveilla-t-il pas tout de suite les susceptibilités de Poitiers et de Bordeaux, mais les progrès rapides du nouveau collège firent bientôt craindre à ces deux villes une concurrence plus dangereuse encore si les Jésuites s'avisaient d'user de leur droit d'Université. Les docteurs de Poitiers, dans leur décret d'union avec les universitaires de France contre les Jésuites de Tournon, attirèrent l'attention de leurs collègues parisiens sur la situation exceptionnelle du collège Saint-Louis à Angoulême [2]. Le recteur Jean Aubert s'empressa d'intéresser à à cette cause le Parlement de Paris, auquel Angoulême ressortissait, et demanda qu'on enlevât aux Jésuites de cette ville le droit d'Université concédé par les lettres patentes de 1516. Mais, à la nouvelle de cette démarche, la municipalité angoumoise protesta énergiquement, le 11 mars 1625 [3]. L'évêque et le chapitre se joignirent en cette circonstance aux maire et échevins, et tous ensemble revendiquèrent pour la ville la jouissance de son droit d'Université. Ils obtinrent au mois de juin un arrêt du Grand Conseil qui, reconnaissant la justesse de leurs réclamations, les maintenait en possession de leurs privilèges. « Quant à l'Université, y est-il dit, il a esté ordonné qu'elle sera establie et instituée en ladite ville [d'Angoulême] toutesfois et quantes, par l'advis commun desdits évêque, chapitre, maire et corps de ville, à l'exemple des autres Universitez du royaume, suivant les lettres de concession octroyées par le roy François Ier, en laquelle seront agrégez les relligieux de ladite ville et mesme les Jésuites, tout ainsy qu'ils sont aux Universitez de Poictiers et de Bourdeaux [4]. »

Cet arrêt ne découragea point les opposants. Le 18 août, Jean Tarin, successeur de Jean Aubert, présenta au Grand Conseil une requête par laquelle « les Recteur, Doyens, Procureurs et supposts de l'Université de Paris » demandaient l'annulation du contrat passé entre la municipalité d'Angoulême et les Pères de la Com-

---

1. Contrat entre la ville et les Jésuites, 11 juin 1622 (*Annales des soi-disans...*, t. II, p. 693, note).
2. Décret d'union de l'Université de Poitiers avec les Universités du royaume (*Le Mercure Jésuite*, t. I, p. 741).
3. Délibération du corps de ville, 11 mars 1625 (Archives comm. d'Angoulême, BB, 6, f. 158). — Cf. Boissonnade, *op. cit.*, p. 64, 65.
4. Arrêt du Grand Conseil, juin 1625 (Archives de la Charente, D, 7, n. 6.)

pagnie de Jésus. Ils avaient été avertis, disaient-ils, que les Jésuites « voulans s'introduire » en cette ville « pour y tenir collège et y instruire la jeunesse, avoient trouvé moyen de faire annexer à leur prétendu collège la prébende préceptoriale, et non contents de ce, auroient faict un contract par lequel supposant que ladicte ville a droict d'avoir Université, et ce en' vertu de lettres qui n'ont jamais sorti effect, ils se seroient faict céder ledict prétendu droict, et à présent sous prétexte de faire homologuer l'union de ladicte prébende, veulent faire indirectement autoriser par le Conseil la qualité d'Université qu'ils donnent injustement, sans tiltre valable, à leur dict collège, qui est une usurpation préjudiciable à toutes les Universités de France et particulièrement à celle de Paris [1] ».

Les Jésuites d'Angoulême, instruits par les mécomptes qu'éprouvait alors le collège de Tournon, se montrèrent peu soucieux de s'engager en la poursuite d'un procès dont l'issue serait d'autant plus douteuse qu'ils y interviendraient à un titre quelconque. D'ailleurs, leur serait-il jamais possible d'organiser une Université dans une ville où, comme le passé l'avait prouvé, tous les éléments de succès faisaient défaut? Ils résolurent de séparer leur cause de celle du maire et des échevins, de l'évêque et du chapitre, et de conserver peut-être ainsi à la ville le droit d'Université dans lequel elle avait été maintenue par l'arrêt du mois de juin. Dans une requête présentée au Grand Conseil le 11 septembre 1625, ils se contentèrent de protester contre les fausses allégations du Recteur de l'Université de Paris. Celui-ci, disaient-ils, « sous un prétexte imaginaire », avait supposé qu'ils voulaient s'attribuer la direction de l'Université accordée à la ville par le roi François Ier, alors qu'ils ne prétendaient « qu'à la simple administration du collège établi par le Roi (Louis XIII), consenti par l'évesque, postulé et entretenu par ladite ville ». En conséquence, le syndic de la Compagnie suppliait le Grand Conseil de lui donner acte de la déclaration suivante : « Que les Jésuites n'ont jamais entendu former ni gouverner ladite Université d'Angoulesme, ni contrevenir à l'authorité dudit sieur Recteur [2]. »

Cependant l'évêque avec le chapitre, le maire avec les échevins, conseillers et pairs de la ville, continuèrent à solliciter

---

1. Requête de l'Université de Paris au Grand Conseil, 12 août 1625 (*Le Mercure Jésuite*, t. I, p. 196).
2. Requête des Jésuites au Grand Conseil, 4 sept. 1625 (*Le Mercure Jésuite*, t. I, p. 200).

l'exécution du contrat et le maintien de leurs privilèges antérieurs. Après la plaidoirie des avocats, le Recteur Tarin demanda à être entendu ; puis les juges, n'ayant aucun égard à la requête du syndic du collège, déclarèrent le 19 septembre 1625, « nul et résolu » sur le point en litige le contrat de 1622, « sans qu'à l'advenir les maire et eschevins [pussent] prétendre droict d'Université en ladite ville d'Angoulesme[1] ». Cet arrêt peu libéral, arraché en quelque sorte au Grand Conseil par les intrigues de Tarin et consorts, froissa d'une manière très sensible l'amour-propre des Angoumois. Ce n'est pas sans raison que les historiens de la ville se firent l'écho des doléances de leurs compatriotes. Tous ceux qui ont parlé de cet arrêt « ont été unanimes pour le blâmer et pour regretter qu'on ait si à la légère lésé les intérêts de la population ». Il eut du moins un avantage : débarrasser les Jésuites de leurs ennemis qui « ayant obtenu gain de cause ne se préoccupèrent plus du collège[2] ».

Les Pères de la Compagnie, nous le savons par la déclaration du syndic d'Angoulême devant le Grand Conseil, ne tenaient pas au titre plus brillant qu'utile d'Université ; ce qu'ils désiraient avant tout c'était la confirmation de l'établissement du collège. Ils l'obtinrent de Louis XIII, en 1627, par l'entremise du maréchal de Schomberg, gouverneur de la province[3].

---

1. Arrêt, du Grand Conseil, 19 septembre 1625 (*Le Mercure françois*, t. XI, ann. 1625, p. 1009).
2. Cf. De Massougnes, *Les Jésuites d'Angoulême*, p. 69. — Boissonnade, *op. cit.*, p. 97.
3. Lettres patentes de Louis XIII, juin 1627 (Archives de la Charente, D, 1, n. 6).
Pendant ces démêlés avec l'Université, les congrégations provinciales avaient eu lieu. Parmi les *Postulata* ou vœux qu'il fut résolu de présenter au P. Général, l'un concernait la permission de donner les *Exercices spirituels* aux communautés de femmes. Vitelleschi se l'était réservée. Or, à cause du grand nombre de demandes on aurait désiré n'avoir recours qu'aux PP. Provinciaux. Le P. Général refusa : « Cette mesure, répondit-il, établie pour de justes motifs, est d'un usage commun dans la Compagnie. » On continua donc à demander la permission à Rome *toties quoties* (Acta Cong. Prov., 1625).

CHAPITRE III

UNE SUITE D'AFFAIRES DÉSAGRÉABLES

(1624-1626)

Sommaire. — 1. Vocation du jeune Favier. — 2. Les biens des collèges. — 3. Affaire des lettres du P. Arnoux. — 4. Affaire Ambroise Guyot. — 5. Le P. André Voisin et Théophile de Viau. — 6. Disgrâce du P. de Séguiran. — 7. Accueil fait par la cour au P. Jean Suffren son successeur.

Sources manuscrites : I. Recueils de Documents conservés dans la Compagnie : a) Epistolae Generalium ad externos ; — b) Francia, Epistolae Generalium ; — c) Francia, Epistolae ad Generalem ; — d) Lugdunensis, Epistolae Generalium ; — e) Lugdunensis, Epistolae ad Generalem ; — f) Franciae historia ; — g) Francia, Fundationes collegiorum.
II. Roma, Archivio Vaticano, Nunziatura di Francia, n. 60, 65, 389, 399, 401 ; — Bibl. Pia, n. 19.
III. Paris, Bibliothèque nationale, f. fr. 3669, 3677, 3678.
IV. Aix, Bibliothèque municipale, manuscrits, correspondance de Peiresc.
V. Carpentras, Bibliothèque municipale, manuscrits, collection Peiresc.

Sources imprimées : Avenel, *Lettres de Richelieu.* — *Mémoires de Richelieu.* — *Mémoires de Mathieu Molé.* — *Procès-verbaux des assemblées générales du Clergé.* — *Annales des soi-disans Jésuites.* — Garasse, *Récit au vray...* (Carayon, *Documents inédits,* doc. III). — D'Orléans, *La vie du P. Pierre Coton.* — Cordara, *Historia Societatis Jesu,* P. VI. — Asseline, *Les Antiquités et chroniques de la ville de Dieppe.* — *Mémoires chronologiques pour servir à l'Histoire de Dieppe.* — Floquet, *Histoire du Parlement de Normandie.* — Jourdain, *Histoire de l'Université de Paris.* — Prat, *Recherches sur la Compagnie de Jésus,* t. IV.

1. A l'exemple des universitaires, les autres ennemis de la Compagnie ne perdaient aucune occasion de la combattre et de la vilipender. Sans aller jusqu'à menacer son existence, ces attaques et ces calomnies particulières tendaient cependant à l'affaiblir, en tournant contre elle l'opinion ; à un moment donné, un assaut général aura d'autant plus de chances de réussite, que les esprits auront été plus prévenus, les passions plus surexcitées. Entre 1624 et 1626 survinrent plusieurs affaires désagréables qui allaient singulièrement assombrir les dernières années de la belle carrière du célèbre P. Coton.

Placé à la tête de la province de France, après avoir abandonné au P. Nicolas Vilhiès le gouvernement de celle d'Aquitaine, l'ancien confesseur de Henri IV et de Louis XIII arrivait à Paris le 24 janvier 1625. A la cour comme partout ailleurs, il rencontra l'accueil le plus bienveillant. « Le cardinal de Richelieu qui estoit enfermé dans son cabinet avec les ambassadeurs d'Angleterre, quand il lui alla rendre sa première visite, n'eut pas plus tost esté averti qu'il estoit dans son antichambre, qu'il quitta les ambassadeurs, disant qu'ils luy permettroient bien d'aller embrasser son bon ami, et il l'embrassa effectivement avec de grandes démonstrations d'amitié. Toute la cour le vint voir en foule. Le Roy et les Reynes l'allèrent entendre le jour de la Purification à Saint-Gervais, où il devoit prescher le caresme, et, à certaines gens près dont le jugement suit toujours la mauvaise volonté, il fut applaudi universellement et écouté avec avidité d'une multitude innombrable de peuple qui l'avoit toujours regardé comme un saint [1]. »

Un début aussi heureux semblait présager des jours tranquilles à ce jésuite que le peuple de Paris avait surnommé l'ange de la paix [2]. Mais la Providence en avait disposé tout autrement. Le P. Coton, dont la douceur était proverbiale, savait montrer la plus grande énergie quand il s'agissai de défendre les intérêts des âmes. S'il lui fallait par exemple protéger une vocation sincère contre les abus de l'autorité paternelle, on le voyait allier une invincible fermeté aux ménagements d'une légitime condescendance. On en trouvera la preuve dans le fait suivant que le P. Garasse nous a conservé.

Un maître des requêtes nommé Favier, avait un fils qui donnait les plus belles espérances. Le jeune homme, ayant entendu l'appel de Dieu, sollicita de son père l'autorisation d'entrer dans la Compagnie de Jésus; rebuté plusieurs fois, il résolut de suivre le conseil évangélique plutôt que d'être infidèle à Dieu : il quitta secrètement la maison familiale et se réfugia en Lorraine, au noviciat de Nancy. Mais il n'y fut pas longtemps en repos. Le père désolé, presque au désespoir, présenta requête au Parlement contre les Jésuites : ils avaient ensorcelé son fils pour mieux l'accaparer et le corrompre de leurs pernicieuses doctrines; et afin de l'engager plus avant dans les secrets de l'Ordre, « on lui avoit fait changer de nom par la substitution d'une lettre, l'appelant François Xavier au lieu de François Favier ». La Compagnie

---

1. D'Orléans, *Vie du P. Pierre Coton*, p. 188.
2. Garasse, *Récit au vray...*, p. 21.

(est-il besoin de le dire?) ne s'était point rabaissée à des moyens aussi ridicules ; le novice était allé en pleine liberté ; il n'avait été ni séquestré, ni séduit. Pour en convaincre les siens et le Parlement, le P. Provincial de France, d'acord avec celui de Champagne, le fit revenir à Paris. Aussitôt arrivé, on le conduisit chez le Procureur général, en présence duquel il fut remis à M. Favier. Et dans cette circonstance tout le monde admira « la modestie du P. Coton qui souffrit sans s'émouvoir, devant plus de cent personnes d'honneur, tous les outrages que la rage pouvoit suggérer à un père irrité ». L'enfant, de son côté, « après des difficultés merveilleuses, fondant en larmes et en sanglots, se jeta aux genoux de M. le Procureur général, et à haute voix fit vœu de vivre et de mourir jésuite ; ce qui cuida faire sortir le père des bornes de la raison. » Malgré les plus vives inst..ces, il refusa de rentrer chez ses parents et fut laissé à la disposition du P. Provincial. Celui-ci pensa que, sans mettre en danger une vocation si solide et si sincère, il pouvait condescendre quelque peu aux exigences paternelles. Il pria donc Louis XIII de confier le novice à son père pour trois semaines ; après ce laps de temps, on le laisserait libre de suivre ses désirs, s'il y avait persévéré. « Le Roy fit l'honneur à M. Favier de l'envoyer quérir, et lui commanda de traiter son fils avec toute sorte de douceur, luy donnant une entière et pleine liberté pour mettre en effet sa vocation. Le père néantmoins le tenoit fort étroitement serré dans son logis, luy faisant des indignités incroyables, jusques à luy faire déchirer sur le dos en mille lambeaux la soutane et les habits qu'il portoit. En quoy cet enfant montra des effets d'une merveilleuse générosité, demeurant jour et nuit, l'espace de quinze jours ou trois semaines, déchiré et demi-nu au cœur de l'hyver, résolu de mourir plustost que de revestir un habit séculier. »

Le délai fixé par le roi ayant expiré, le maître des requêtes n'en continuait pas moins à tenir son fils enfermé. Mais François, résolu plus que jamais de rester fidèle à Dieu, parvint à s'enfuir et revint à Nancy d'où il fut envoyé en Allemagne. M. Favier se plaignit de nouveau à Louis XIII et fatigua le Parlement de ses clameurs. Mais on ne l'écouta plus : ses indignes procédés envers l'enfant lui avaient aliéné toute sympathie[1]. Le malheureux magistrat « ne le pardonna pas aux Jésuites et, quoyque dans la suite du temps il leur rendit son amitié, ce ne fut qu'après

---

1. Garasse, *Récit au vray...*, p. 123-125.

leur avoir fait sentir des effets de sa haine, d'autant plus que les temps lui en donnèrent plus d'occasion[1]. »

2. Au dire des calomniateurs, la Compagnie, non contente de séquestrer les personnes, savait aussi accaparer les fortunes ; sous prétexte de fonder des maisons d'éducation, elle aurait acquis des richesses considérables. L'accusation, déjà réfutée maintes fois, se renouvelait alors avec insistance. Le P. de Séguiran dut en avertir le P. Coton, absent de Paris et occupé à la visite de la Province. Il lui dit que les faux bruits répandus commençaient à mal impressionner la cour. Richelieu lui-même, paraît-il, conseillait au roi de ne plus accorder de lettres patentes aux villes qui demandaient des collèges de la Compagnie. Favorable d'ailleurs à la liberté d'enseignement, le ministre n'était pourtant point d'avis de multiplier les établissements d'instruction secondaire. Il redoutait « les suites pernicieuses du demi-savoir, les atteintes souvent irrémédiables qu'il porte à la piété, au respect, à l'esprit de soumission, à tous les sentiments qui sont le lien des sociétés humaines[2] ». Dans un État bien ordonné, pensait-il, la culture littéraire ne doit pas être générale. Son idée était donc de réduire le nombre des collèges ; on la retrouve dans un curieux projet de *Règlement pour toutes les affaires du royaume*[3], rédigé vers 1625 et publié parmi ses *Lettres* ; en fait, elle ne fut jamais mise à exécution. Mais on voit comme le moment était opportun pour attaquer les établissements de la Compagnie. Ils étaient beaucoup trop riches, prétendait-on ; et l'on s'efforçait de persuader au roi de ne plus leur attribuer de secours temporels. Sans attendre son retour à Paris, le P. Coton s'empressa de détromper Louis XIII, dont on pouvait surprendre la bonne foi. Il lui écrivit de Tours le 13 juillet 1625 : « Les mesmes ennemis [de l'Église et de votre service] voulurent faire accroire au feu Roy, le grand Henry, vostre père, que nostre Compagnie estoit si

---

[1]. D'Orléans, *op. cit.*, p. 190.
[2]. Jourdain, *Histoire de l'Université de Paris*, p. 145.
 « Nous voulons, faisait-on dire au roi dans ce *Règlement*, qu'il n'y ait plus de collèges si ce n'est ès villes cy après nommées : Paris, Rouen, Amiens, Troyes, Dijon, Lyon, Tolose, Bordeaux, Poitiers, Rennes, la Flesche, Pau, qui sont en telle assiette en nostre royaume que tous ceux qu'on cognoistra particulièrement estre nez aux lettres y pourront estre commodément envoiez... Nous voulons qu'en chacune d'icelles il y ait deux collèges, l'un de séculiers et l'autre de PP. Jésuites, et à cause du grand nombre de jeunesse qui se trouve dans Paris nous voulons qu'il y en ait quatre, trois de séculiers et un de Jésuites. » (Avenel, *Lettres du card. de Richelieu*, t. II, p. 181.)

riche que nous regorgions de bénéfices; à raison de quoy je fus contraint de porter un dénombrement de tous nos biens à M. de Bellièvre, lors chancelier, à M. de Sully, surintendant général des finances, et à messieurs les Secrétaires d'Estat, faisant voir — ce que j'offre encore de faire pour le présent — que nous n'avons pas deux cents francs par homme, y comprenant vivre, vestir, librairies, sacristies, bastimens, procès, viatiques et toute autre despense, tant commune que particulière; et, touchant les bénéfices, que nous nommerions plusieurs ecclésiastiques en France dont le moindre a, lui seul, plus de bénéfices que nous tous ensemble. Et cela fut vérifié pour clore la bouche à la médisance, et sommes prêts d'en faire encore la preuve si Vostre Majesté le désire. Si nostre Compagnie, Sire, ne faisoit la guerre à Sathan et à ses supposts, nous ne serions en ces peines, et les ennemis de la vérité nous laisseroient en repos, ains diroient bien de nous et nous loueroient à Vostre Majesté. Maintenant, comme ils sont et comme nous sommes, ils ne se désisteront jamais. Aussi sera-ce un effect de sa grande bonté et de la sapience qui accompagne Louis-le-Juste, de nous prendre, s'il luy plaist, en sa protection, comme l'ont toujours faict le feu Roy, son Père, et la Reyne, sa chère et très honorée mère, et Vostre Majesté mesme, Sire, l'a fait jusqu'à présent. Sous tels auspices et ceux de la grâce de Dieu, nous continuerons, partout où il luy plaira de nous establir, d'estre ce que nous luy sommes, totalement acquis et redevables, et d'en produire les effects et les preuves, à l'endroict tant de ses propres subjects que de tous étrangers. »

A la marge de la minute de cette lettre, le P. Coton avait ajouté la note suivante : « C'est pour respondre en général aux estranges impressions que le grand favori (Richelieu sans doute) a mis despuis peu en l'esprit du Roy, *unde appareat quo et quanto versamur in periculo*, chose maintenant qui doit estre secrète. Plaise à Dieu qu'estant à Paris j'y puisse apporter quelque remède [1]. »

3. Maintenir l'existence des collèges et veiller à leur entretien, ne fut pas le seul souci du P. Coton pendant son dernier Provincialat; il eut aussi à défendre l'honneur de quelques-uns de ses

---

[1]. Lettre du P. Coton à Louis XIII, 13 juillet 1623 (Prat, *Recherches*, t. IV, p. 540).

confrères — les PP. Jean Arnoux, Ambroise Guyot, André Voisin, Gaspard de Séguiran, François Garasse — injustement poursuivis par des ennemis acharnés.

Le P. Arnoux était alors l'un des prédicateurs les plus en renom; il était recherché par un si grand nombre de prélats que le P. Général dut se réserver la disposition de sa personne [1]. Il venait de donner avec grand succès le carême de 1624 dans la cathédrale d'Orléans, lorsqu'il fut appelé pour prêcher à Paris; c'était « avec congé exprès du roi », car, malgré son éloignement de la cour, le religieux n'avait point perdu les bonnes grâces de Louis XIII [2]. Son arrivée dans la capitale, la veille de la Pentecôte, porta ombrage à plusieurs courtisans. « N'ayant rien sceu de ce voyage, quelques-uns de ceux qui gouvernoient alors, et qui estoient des plus puissants ennemis de nostre Compagnie, firent tous leurs efforts pour le renvoyer incontinent après les fêtes. Et si ce n'eust esté les prières de Madame la comtesse de Saint-Pol, on croit qu'ils en fussent venus à bout [3]. » On parvint toutefois à lui fermer l'entrée de la cour et à empêcher le roi d'aller l'entendre à Saint-Gervais, où il prêchait l'octave du Saint-Sacrement « avec un grand concours de tous les ordres, non sans estre espié dans toutes ses paroles [4] ». Le zèle du Père n'en fut pas refroidi; il ne cessa durant trois mois, d'exercer son fructueux ministère dans diverses églises et plusieurs communautés religieuses. Vers septembre, il partit pour Rome où l'invitait depuis longtemps le P. Vitelleschi [5]. Soit faveur du P. Général, soit pèlerinage de dévotion au tombeau des saints Apôtres, ce voyage d'un religieux n'avait pas en lui-même de quoi préoccuper l'opinion. Mais l'ancien confesseur du roi avait des ennemis personnels qui ne manquèrent pas de donner à l'événement des motifs odieux. « Il ne fut pas si tost parti, qu'on vit des libe" 's contre luy, comme ayant esté appelé par le Pape ou par nostre T. R. P. [Général] pour sçavoir de luy tous les secrets d'Estat, jusques aux confessions du Roy. D'autres disoient qu'estant mal content de nostre Compagnie, il alloit à Rome pour demander dispense à ses vœux, et la calomnie alla si

---

1. Cf. Cordara, *Histor. Soc. Jesu*, P. VI, l. VI, n. 93.
2. Lettre de Spada à Barberini, 7 juillet 1624 (Archiv. Vat., Nunz. di Francia, n. 401, f. 128).
3. Garasse, *Récit au vray...*, p. 2.
4. *Ibidem*.
5. Lettre de Spada, 7 juillet, déjà citée.

avant que plusieurs évesques vinrent à la maison professe pour en estre instruicts[1]. »

Pendant que ces bruits, inventés pour perdre la réputation du prédicateur, couraient le royaume, le P. Arnoux vivait à Rome dans la solitude et la pratique de ses devoirs religieux. « Il fait peu de visites, écrivait à Peiresc son correspondant romain; on le voit rarement à l'ambassade, et il refuse presque toutes les invitations du dehors[2]. » Il n'acceptait que de prêcher la parole de Dieu. Comme c'était l'année du jubilé, il parla plusieurs fois à Saint-Louis des Français et à Saint-Jean de Latran, et le public y accourait en foule, à la suite des cardinaux et des ambassadeurs[3]. Au milieu de ces travaux apostoliques, le jésuite était loin de soupçonner le nouveau complot tramé en France contre lui et dont il faillit être la victime.

Un jour, un des Pères de la maison professe de Paris reçut du Procureur général l'annonce d'une étrange nouvelle : on avait dérobé la valise du P. Arnoux pendant son voyage et on y avait découvert les pièces les plus compromettantes[4]. C'était un racontage, reposant toutefois sur un fondement bientôt connu.

Le P. Arnoux avait donné sa confiance à un jeune homme nommé Oudin; il lui écrivait souvent et lui recommandait certaines affaires concernant le service de Dieu et les intérêts de la Compagnie. « Mais, comme c'estoit chose importante et qui méritoit le secret, ils avoient convenu certains termes ordinaires dont ledit Oudin avoit la liste[5]. » Or ce malheureux, soit qu'il fût un hypocrite, soit qu'il eût succombé aux tentations, se mit à mener une vie dissolue où il perdit sa fortune; tombé ensuite gravement malade et n'ayant pas d'argent pour payer ses dettes, il résolut de battre monnaie avec les lettres du P. Arnoux. Il les fit offrir pour deux mille livres d'abord à la comtesse de Saint-Pol, puis au P. Mornac, procureur du collège de Clermont. Ne recevant de ces deux

---

1. Garasse, *op. cit.*, p. 5.
2. Garasse, *Récit au vray...*, p. 9.
3. Nous n'avons pas la lettre écrite de Rome à Peiresc, mais nous connaissons ce rapport par une lettre de lui-même à son frère, 23 février 1625 (Bibl. mun. d'Aix, correspondance de Peiresc, t. III, fol. 122).
4. Lettre du P. de Cressolles au P. René Ayrault, 27 janvier 1625 (Prat, *op. cit.*, p. 410).
5. Garasse, p. 7.

côtés aucune réponse, il vendit enfin la correspondance à un grand seigneur, ennemi mortel des Jésuites. Après l'avoir parcourue, l'acquéreur s'imaginant avoir en sa possession le moyen de les perdre, courut à Compiègne la montrer au roi. Louis XIII renvoya les lettres au chancelier, lequel en confia l'examen à MM. Le Doux et Du Chatelet, maîtres des requêtes ordinaires de l'Hôtel[1]. Tandis qu'ils remplissaient consciencieusement leurs fonctions, on répandit dans la capitale les bruits les plus absurdes, les plus invraisemblables, qui, comme il arrive d'ordinaire, n'en trouvèrent que plus de créance. Cet Oudin était un Jésuite, de ceux qu'on appelle *in-voto*, ne revêtant pas l'habit de la Compagnie, mais admis à la participation de tous ses mérites. Il était entretenu par le P. Général comme agent et correspondant; c'est lui qui recevait les lettres en latin et les traduisait en français pour les plus chers confidents de la Compagnie. Quant aux documents découverts, ils étaient excessivement graves, et pour preuves on en fit circuler de prétendus résumés, bien que les lettres du P. Arnoux n'eussent point quitté les mains des magistrats enquêteurs. On y lisait que les Jésuites délibéraient sur toutes les affaires de l'État; que le procès-verbal de ces délibérations faites à La Flèche était envoyé au P. Général; que le P. Arnoux se trouvait fort avant dans ces machinations, et que dans ses lettres en chiffres il traitait le roi avec mépris, le désignant par un zéro. Bref, dans toutes ces missives, au nombre de plus de trois cents, écrites par le P. Arnoux depuis sa disgrâce, on voyait « toute l'intrigue et l'esprit de cabale de la Société et l'effet de son gouvernement[2] ».

Le plus répandu de ces résumés avait pour titre *Mémoire contenant les principaux points des lettres que le P. Arnoux, jésuite, avoit escrites à un nommé Oudin, après qu'il fut chassé de la cour, présenté au Roy et dressé par un des commissaires députez par Sa Majesté pour veoir lesdictes lettres et informer sur le contenu en icelles*. C'était un misérable pamphlet que l'auteur, pour mieux tromper le public, présentait sous une apparence officielle. Dirigé principalement contre le P. Arnoux, il reproduisait brièvement les bruits répandus au moment de sa disgrâce, et prétendait en prouver la véracité par des extraits supposés de la correspondance

---

1. *Annales des soi-disans Jésuites*, t. III, p. 2, note.
2. *Ibidem*, p. 2-3, note.

incriminée; mais l'ensemble présentait si peu de vraisemblance que pour tout esprit réfléchi l'illusion était impossible.

Oudin mourut pendant l'enquête. Celle-ci, poursuivie avec un soin minutieux, devait révéler l'exacte vérité. Les maîtres des requêtes, Le Doux et Du Chatelet, déclarèrent en plein conseil qu'ils n'avaient trouvé dans les lettres « chose aucune digne de blasme ou qui pût estre soupçonnée contre l'Estat[1] ».

Le jésuite ne méritait qu'un reproche, celui d'avoir eu trop de confiance dans un homme qui ne s'en montra pas digne. « En somme, disait le nonce, cette intrigue ourdie par la malice humaine, la Providence divine, l'a fait tourner à la gloire de Dieu et à l'avantage de la Compagnie[2]. »

Le P. Général, de son côté, avait interrogé l'ancien confesseur du roi et bien vite reconnu l'imposture, aussi s'empressa-t-il d'exprimer à Louis XIII son intime conviction. « Rien ne me serait plus pénible, lui écrivait-il, que de voir un religieux de la Compagnie manquer de respect envers Votre Majesté, surtout s'il s'agissait du P. Arnoux, qui aurait ainsi répondu par la plus noire ingratitude à tous les bienfaits dont il a été comblé, et je ne manquerais pas de punir d'une façon exemplaire une si grande faute. Mais, grâce à Dieu, je puis le certifier, ce Père, que je connais intimement et par ses lettres et par ses entretiens, a toujours montré un profond respect, une cordiale affection envers Votre Majesté, et témoigné la plus sincère gratitude pour les faveurs reçues de sa royale munificence; ce qu'il continue de faire maintenant. Quant aux papiers récemment découverts, où il est question de Votre Majesté, les explications du Père me semblent si satisfaisantes qu'à mon avis elles méritent une entière créance, et l'obtiendront sans aucun doute de votre parfaite justice[3]. »

Le P. Coton pouvait, comme le P. Général se porter garant des bons sentiments du P. Arnoux, mais il n'eut pas à intervenir directement dans une cause où, pour faire triompher l'innocence, il suffisait de l'intégrité des magistrats. Il n'en fut pas de même dans une étrange affaire où se trouvèrent impliqués les religieux de la résidence de Dieppe.

1. Garasse, *op. cit.*, p. 7, 8.
2. Spada à Barberini, 15 mars 1625 (Archiv. Vat., Nunz. di Francia, n. 399, fol. 371).
3. Lettre du P. Vitelleschi à Louis XIII, 10 mars 1635 (Epist. Gen. ad externos, t. I).

4. Cette ville, l'un des plus ardents foyers du calvinisme, ne possédait que depuis peu une maison de la Compagnie, bien que, dans le passé, elle eût été plusieurs fois le théâtre de ses travaux apostoliques. Nous avons mentionné au cours de cette histoire les succès des PP. Antoine Possevin et Olivier Manare en 1570, et le séjour prolongé du P. Jean Gontery en 1608, sur l'ordre de Henri IV[1]. Deux ans plus tard les habitants s'assemblèrent, et même se cotisèrent, pour fonder un collège ; mais, remarque un vieil historien, « bien que le zèle de quelques-uns eût paru en l'exécution de cette entreprise, la froideur de quelques autres la fit avorter[2] ». Au mois de juin 1618, quelques Pères étant revenus évangéliser la ville, leurs partisans songèrent à les y établir en simple résidence, à titre de missionnaires. Même ainsi, on se heurtait à de fortes oppositions, quand survint une circonstance qui fit tomber les préjugés. « Comme la peste moissonnait le peuple, deux de ces Pères s'exposèrent au péril pour l'assister » ; par leur charité, leur courage « à risquer leur vie pour la conservation de celle de l'âme et du corps des Dieppois », ils gagnèrent « les cœurs et les affections de leurs ennemis ». Dès lors disparut la malveillance qui avait empêché jusque-là leur établissement[3].

La chambre de ville les admit en 1619, à la condition qu'ils ne pourraient avoir qu'une maison d'*hospice*, destinée à recevoir les missionnaires du Canada, soit à leur embarquement soit à leur retour[4]. Les Jésuites s'installèrent « rue du Bœuf, proche de l'église Saint-Jacques », dans une maison qu'ils acquirent pour quatorze mille livres, grâce à la libéralité d'un généreux bienfaiteur, Alexandre Bouchard, sieur de Caudecoste[5].

En 1625 la modeste résidence de Dieppe, dépendante du collège de Rouen, était composée de trois religieux, le P. Étienne Chapuis, le P. Ambroise Guyot et le Frère Benoit. Or, il arriva qu'au commencement de cette année, le P. Guyot fut accusé faussement du crime de lèse-majesté, enfermé dans les prisons de Rouen et enfin reconnu innocent par le Conseil du roi. L'affaire n'eut pas alors un retentissement considérable, mais elle devint,

---

1. Voir tome I, p. 545-546 ; tome III, p. 157.
2. Asseline, *Les antiquitez et chroniques de la ville de Dieppe*, t. II, p. 175.
3. Asseline, *op. cit.*, t. II, p. 202.
4. *Mémoires chronologiques pour servir à l'histoire de Dieppe*, t. II, p. 129.
5. Fondation de la maison de Dieppe (Francia, Fundat. colleg., cahier B, n. 42°).

en 1762, sous la plume du substitut du Procureur Général au Parlement de Rouen, le prétexte des plus perfides insinuations[1], renouvelées et amplifiées en 1841 par M. Floquet, dans son *Histoire du Parlement de Normandie*[2]. Le P. Garasse a raconté ce drame judiciaire tel qu'il l'avait appris du P. de Brébeuf et du P. Guyot[3]; nous suivrons donc son récit comme celui du témoin le mieux informé.

Aux environs de Dieppe, dans la paroisse d'Estran, demeurait « un meschant prestre », nommé François Martel, qui cachait sous les dehors d'une vie régulière une âme vile et criminelle. Il avait choisi pour confesseur le P. Guyot; mais, comme il l'avoua depuis, il abusait des sacrements; hypocrisie sacrilège que, dans sa candeur excessive, le jésuite n'avait point soupçonnée. Celui-ci entretenait donc avec le fourbe des relations amicales. Un jour qu'il allait le visiter « par manière de promenade » avec le Frère Benoit, il rencontra « quatre pauvres soldats espagnols qui lui demandèrent l'aumône ». Comme il n'avait point d'argent, il leur dit de l'accompagner chez « un homme de bien » où ils trouveraient quelque secours. Chemin faisant, on parla des affaires de la Valteline qui occupaient alors tous les esprits.

A la cure d'Estran la conversation reprit sur le même sujet; les Espagnols, en bons patriotes, chantèrent merveilles de leur pays et du gouvernement de leur souverain. « Plût à Dieu, s'écria le P. Guyot, que le roi de France fût aussi bien servi que celui d'Espagne! » A ce vœu d'un fidèle sujet, le curé repartit que le roi d'Espagne méritait d'être roi de France. Le Père et son compagnon relevèrent ce propos avec une indignation bien légitime, mais si vive, que François Martel, outré de dépit, résolut de se venger à la première occasion. Elle n'allait pas tarder. Peu de temps après, ce mauvais prêtre, dont on avait enfin découvert les crimes, fut arrêté avec Nicolas Galeran, son domestique et son complice, et emprisonné à la conciergerie du Parlement de Rouen. Mis à la question, il s'accusa d'une faute dont il n'était point coupable, en prétendant qu'à la suggestion du P. Guyot il était entré avec quatre Espagnols dans un complot contre le roi.

Cette délation fut aussitôt prise au sérieux par le premier président, Faucon de Ris, qui croyait avoir à se plaindre du P. de

---

1. *Comptes des Constitutions et de la Doctrine de la Société se disant de Jésus* (1762. in-12), p. 170-172.
2. Floquet, *Histoire du Parlement Normandie*, t. IV, p. 419-423.
3. Garasse, *Récit au vray...*, p. 23.

Séguiran. Il avait convoité la charge de Garde des sceaux, et quand M. d'Aligre lui fut préféré, il n'avait point caché son ressentiment contre les Jésuites, d'ailleurs bien étrangers à son échec : « ils me le payeront », s'était-il écrié. La plupart des membres du Parlement étaient, comme lui, mal disposés envers la Compagnie. Un autre président, à la nouvelle de l'accusation portée contre le P. Guyot, dit aussi : « Voilà la meilleure affaire qui se soit jamais présentée, à laquelle il faut servir le Roy. » Faucon de Ris, se sentant appuyé, n'hésita pas, sur une simple dénonciation qu'il ne prit pas soin de contrôler, à lancer un mandat d'arrêt contre les trois religieux de la résidence de Dieppe.

Pendant qu'on allait les saisir, le curé d'Estran, dont les autres crimes n'étaient que trop réels, fut condamné à être brûlé vif, et Galeran, son valet, à être pendu. Toutefois, sur le point de paraître devant Dieu, le calomniateur eut remords de son mensonge ; il le rétracta publiquement en présence de dix ou douze personnes. Sa déposition fut écrite par un greffier dans la prison. Une seconde fois, sur le lieu du supplice, interrogé « s'il persistoit dans la décharge du P. Guyot, il dit qu'oui, et qu'il le reconnoissoit pour innocent ». Le greffier prit encore acte de cette suprême rétractation, et, comme il le devait, la joignit au procès-verbal qu'il remit devant témoins au premier président. « De quoi vous mêlez-vous ? lui dit Faucon de Ris visiblement contrarié. — De ma charge, reprit l'honnête fonctionnaire ; il ne m'est pas permis d'opprimer les innocents. » Et comme le président s'apprêtait à déchirer le rapport : « Gardez-vous-en bien, lui dit le greffier, je vous l'ai remis pour le présenter à la Cour quand il sera besoin. »

Cet incident aurait dû faire réfléchir Faucon de Ris ; mais il résolut de n'en point tenir compte et commença d'instruire le procès des trois Jésuites. Bientôt le P. Chapuis fut élargi et confié à la garde du P. Honoré Nicquet, recteur du collège, pour en répondre à la première réquisition. On agit de même à l'égard du F. Benoît, et l'on ne retint que le P. Guyot. Interrogé par le premier président, le religieux avoua sans détour la rencontre avec les soldats espagnols, l'entretien sur la Valteline, la scène chez le curé Martel et le propos sur le roi d'Espagne « mieux servi que le roi de France » ; mais il ne se connaissait pas d'autres crimes. Faucon de Ris vit bien qu'il n'y avait pas dans ces faits matière à condamnation ; toutefois l'on pouvait, en poursuivant l'affaire, soulever du scandale, donner le change à la crédulité

UNE SUITE D'AFFAIRES DÉSAGRÉABLES.

publique, ameuter l'opinion contre les Jésuites : il y avait donc tout profit à garder le Père sous les verrous.

Cependant les confrères d'Ambroise Guyot ne le laissaient point sans défense. Le procureur du collège de Rouen, le P. de Brébeuf, futur missionnaire du Canada, courut à Paris informer le P. Coton, lui expliquer la trame du complot : il avait entre les mains la preuve certaine que le premier président, pour arriver à ses fins, n'avait point honte de suborner de faux témoins. Le P. Provincial, anxieux, réunit ses consulteurs. Fallait-il dénoncer l'indigne conduite de Faucon de Ris? En attaquant de front un si haut personnage, n'allait-on point s'aliéner tous les Parlements? Mieux valait peut-être s'expliquer avec lui directement, lui montrer par une démarche confidentielle qu'on n'ignorait ni ses desseins ni ses procédés. Cette tactique prévalut, et l'on choisit pour l'exécution un ancien recteur du collège de Rouen, jadis en bons termes avec Messieurs de la Cour, le P. Jean Phelippeau. Il partit en poste, le 28 janvier, avec le P. de Brébeuf, et dès son arrivée il alla saluer Faucon de Ris qu'il connaissait personnellement. Le président se tenait alors à l'écart dans une salle où se trouvaient plusieurs groupes de visiteurs. Quand il aperçut le jésuite, il devina aussitôt la raison de sa présence et fit semblant de ne pas le reconnaître. Froissé de cet accueil, Jean Phelippeau, qui avait moins de souplesse que de sang-froid, ne se laissa pas déconcerter ; avec courage il déclara le but de sa visite, affirma l'innocence du P. Guyot et protesta contre les faux témoignages qu'on s'efforçait de recueillir à Rouen et à Dieppe pour faire condamner un innocent. « Je voudrais bien, s'écria Faucon de Ris, que vous me disiez en présence de ces Messieurs ce que vous venez de me dire en particulier. » Et il s'approcha de la cheminée où tout un groupe se chauffait. « Je suis prêt, reprit le Père avec assurance, de vous maintenir en présence du roi lui-même ce que je viens de vous dire, dont je prends ces messieurs à témoins, que vous avez sollicité des personnes contre le P. Ambroise. » Et à l'appui de son reproche il exhiba plusieurs lettres signées ; puis en se retirant, il ajouta : « C'est une animosité particulière que vous couvez depuis longtemps contre le P. de Séguiran. »

Une si grande liberté de paroles ne pouvait qu'aigrir davantage le premier président. S'il ne trouva rien à répliquer, il se promit du moins de montrer par des actes son irritation. Cependant il s'aperçut bientôt que ses singulières pratiques, ébruitées par la ville, avaient ému le public. On commençait à prendre en faveur l'accusé, et en suspicion le chef de la magistrature; au sein même du Parlement il y eut quelques hommes assez courageux pour lui tenir tête. Un jour qu'on plaidait une cause importante et que les Gens du Roi étaient en retard : « Voilà ce que c'est, dit Faucon de Ris impatienté, comme le Roy est mal servi. — Et c'est pour cette parole, Monsieur, riposta le président de Saint-Aubin, que vous voulez rendre le P. Ambroise criminel de lèse-majesté. » Une autre fois, M. Nicquet, avocat général, jusque-là très contraire aux Jésuites, déclara franchement que si l'on continuait à mettre tant de passion dans l'affaire Guyot, il quitterait le Parlement et porterait plainte au Conseil du roi.

En fait, la cause fut évoquée au Conseil, grâce aux amis du P. Coton. Un huissier à la chaîne, nommé Mauroy, se rendit à Rouen et remit au premier président, le 21 février, une lettre de cachet. Aux termes de celle-ci « toutes procédures, charges et informations » faites contre le P. Ambroise Guyot seraient envoyées au roi, « et cependant ledit Père mis entre les mains de l'huissier de son Conseil, pour estre remis par luy ès mains de celuy qui sera ordonné par Sa Majesté ». Au bout de six jours seulement Mauroy revint avec les pièces du procès et en compagnie de l'accusé, qui fut donné en garde aux Pères de la maison professe. Assurés de son innocence, les Jésuites se tinrent en repos, tandis que les partisans de Faucon de Ris formaient maintes intrigues. Ils appelèrent à leur secours tous les conseillers d'État qu'ils savaient « à leur dévotion ». Quand l'affaire vint en délibération, on entendit M. Favier, maître des requêtes, encore sous le coup du chagrin causé par le départ de son fils, se répandre en amères invectives contre la Compagnie de Jésus tout entière, et lui reprocher la doctrine du tyrannicide. « A vrai dire, conclut-il, tout l'Institut est coupable, si le P. Ambroise ne l'est pas. Il y va de l'intérêt du royaume de se défaire d'un Ordre à l'occasion duquel on agite si souvent cette malheureuse question du meurtre de nos rois. »

Charles Miron, évêque d'Angers[1], n'eut pas de peine à montrer le danger d'un tel raisonnement et l'injustice de la solution proposée. « Plusieurs faibles esprits, dit-il, se persuaderont aisé-

---

1. Le manuscrit que nous avons entre les mains dit « M. d'Angers ». Le texte de M. Nisard et du P. Carayon porte faussement « M. d'Angennes ». Jacques d'Angennes, évêque de Bayeux, mourut sur le siège de cette ville. Charles Miron, évêque d'Angers, passa de ce siège sur celui de Lyon, en 1626. C'est bien de lui qu'il s'agit puisque l'auteur, qui écrivait après cette date, ajoute : « qui est aujourd'hui archevesque de Lyon ». Cf. *Gallia Christiana*, t. IV, p. 192.

ment qu'une doctrine, qu'on veut faire croire embrassée par des personnes reconnues savantes, est soutenable en elle-même; et chasser les Jésuites pour cette cause, c'est gâter nos affaires et tomber dans l'inconvénient que nous voulons éviter, surtout quand on verra que des gens savans et hommes de bien ont mieux aimé souffrir le bannissement que quitter la doctrine qu'on leur impute. Ainsi je conclus que ceux qui remuent ces questions oiseuses font un très mauvais service au roi. Je ne m'arrête pas à justifier le P. Ambroise, puisque M. Favier le reconnaît lui-même innocent, mais je dis que le meilleur service que nous puissions rendre à l'État c'est d'étouffer à jamais ce procès et cette question[1]. »

M. de Léon appuya M. d'Angers et fut suivi de messieurs de Nesmond et de Fouquet; mais ils ne parvinrent pas à ébranler la majorité du Conseil qui demandait le renvoi du procès au Parlement de Rouen. Le chancelier d'Aligre allait prononcer l'arrêt quand M. de Turquan, le rapporteur, « se leva tout en colère » et protesta que personne au monde autre que le roi ne pourrait lui arracher ce procès d'entre les mains; car il importait souverainement au service de Sa Majesté que la cause ne sortît point du Conseil et que la question de doctrine « fût étouffée à jamais[2] ».

L'examen impartial de l'affaire conduisit à l'acquittement du P. Guyot. Laissé à la disposition des supérieurs, il ne retourna point à la résidence de Dieppe[3], et fut nommé à celle de Pontoise. C'était un bon religieux que l'épreuve sanctifia, en fortifiant sa vocation. Il n'en fut pas de même du P. Voisin dont nous devons maintenant conter les malheurs.

5. Nous avons dit ailleurs, en parlant de la *Doctrine curieuse* du P. Garasse, comme quoi le Parlement de Paris avait condamné à mort le poète libertin Théophile de Viau, et comment celui-ci,

---

1. Garasse, p. 30, 31.
2. Garasse, *op. cit.*, p. 22-32.
3. En 1626 il fut sérieusement question de supprimer la résidence de Dieppe. On la conserva cependant quand on connut les raisons d'utilité et même de nécessité que fit valoir le P. Honoré Nicquet, recteur du collège de Rouen. Louis XIII en confirma l'établissement par lettres patentes du 13 juin 1627, avec défense aux Jésuites « de tenir école ny faire aucune lecture ny leçon publique ». Mais cette restriction ne fut pas maintenue dans toute sa rigueur, car dans une lettre du 11 mars 1637, le gouverneur, les maire et échevins « attestent que les Pères de la Compagnie établis à Dieppe avoient commencé à y enseigner les controverses, les cas de conscience et toutes les parties des mathématiques avec grand soin et assiduité, au contentement et satisfaction de toute la ville. » (De fondatione residentiae, Franciae historia, III, n. 40.)

échappé d'abord par la fuite, avait été de nouveau arrêté[1]. Il était depuis plusieurs mois détenu à la Conciergerie lorsqu'enfin on instruisit son procès. Ce fut très long : un an et six mois, pendant lesquels ses amis le représentèrent aux juges et au public comme une malheureuse victime des Jésuites. Lui-même dans une *Apologie* au roi se plaignit amèrement des prédicateurs, courageux censeurs de sa conduite, et particulièrement du P. André Voisin de la Compagnie de Jésus. « J'ay veu, disait-il, mes accusateurs faire en leurs sermons de longues digressions et quitter l'évangile pour prescher au peuple que j'estois athée, impie et abominable... Un homme qui fait profession de religieux, le P. Voisin, jésuite, s'est jeté dans la vengeance d'un tort qu'il n'a pas receu et s'est forgé des sujets d'offense pour avoir prétexte de me haïr. Cet homme a fait glisser dans les âmes faibles une fausse opinion de mes mœurs et de ma conscience, et prostituant l'authorité de sa robbe à l'extravagance de sa passion, il a fait éclat de toutes ses infâmes accusations contre moy... Il a pénétré tous les lieux de ses cognoissances et des miennes pour y répandre la mauvaise odeur qui avoit rendu ma réputation si odieuse[2]. »

A vrai dire, le P. André Voisin, prédicateur d'un grand zèle et animé des meilleures intentions, manquait parfois de mesure. Un jour, n'avait-il pas eu le mauvais goût de blâmer du haut de la chaire la fastueuse collation donnée par Richelieu aux ambassadeurs à l'occasion du mariage anglais, et qui n'avait pas coûté moins de quarante mille livres? Le puissant ministre ne lui pardonna jamais[3]. Assurément un homme apostolique pouvait et devait condamner au nom de la morale Théophile de Viau, ses œuvres et sa coterie; mais le P. Voisin fit plus; en dehors des fonctions sacerdotales il mena campagne pour attirer sur le prince des libertins les foudres de la justice. Sa conduite inconsidérée fut désapprouvée du P. Général, qui retarda les vœux

---

1. Voir tome III, liv. III, chap. v, n. 5, p. 566-569.
2. *Œuvres complètes de Théophile de Viau*, publiées par Ch. Alleaume, t. II, p. 237, 242). — Cf. Lachèvre, *Le procès du poete Théophile de Viau*.
3. « Cette collation, à ce que nous sceumes des ingénieux et autres officiers qui avaient charge de la dresser, coûta pour le moins quarante mille livres, en quatre articles : en confitures, en parfums, en fontaines d'eau de senteur et en feu d'artifice. Jamais Paris n'avoit veu telle magnificence... Il y eut quelques prédicateurs qui s'échauffèrent par un trop grand zèle et décrièrent puissamment cet abus et cette superfluité... Bien leur valut de n'estre pas Jésuites; car un de nos Pères s'estant avancé de dire seulement, à Saint-André-des-Arcs, que quarante ou cinquante mille francs eussent esté mieux employez à fonder un hôpital qu'à faire une collation de trois heures, en eut son congé peu de jours après et fut chassé de France » (Garasse, *Récit au vray...*, p. 51).

solennels d'un religieux si peu pénétré de l'esprit de saint Ignace[1]. Elle fournit aux partisans de Théophile un excellent moyen de défendre le poète, en accusant les Jésuites d'animosité particulière contre lui.

Au commencement du mois d'août 1625, le procès touchant à sa fin, « nos ennemis, raconte le P.-Garasse, firent tous leurs efforts pour y engager les Pères de nostre Compagnie, nommément le P. André et moi. Tous les jours on faisait entendre au Roy que nous sollicitions contre le criminel, et ceux qui taschoient de lui sauver la vie, sçavoir M. de Liancourt et M. de La Roche-Guyon, prioient publiquement les juges de n'avoir égard aux calomnies du P. Voysin qui en faisoit sa propre cause. Car, pour moi, on connut bientost que je ne m'en meslois en façon du monde, et bien m'en prit, car j'estois espié de toutes parts. Le malheur voulut que le P. Voysin, qui se confioit entièrement à quelqu'un des juges, fut par lui trahi publiquement. Car il porta en pleine chambre les écrits et les mémoires dudit Père, par lesquels il remontroit à Messieurs qu'il y alloit de la cause de Dieu et que la mort de ce malheureux seroit un sacrifice très agréable [au Seigneur][2]. »

Ce zèle intempérant produisit sur les juges un effet déplorable, et l'on entendit deux présidents s'écrier « que le P. Voysin méritoit mieux la mort que Théophile »; un autre fit observer que l'opinion des Jésuites ne devait pas prévaloir au Parlement[3]. Ainsi la situation de l'accusé s'améliorait; celle de l'accusateur devenait critique : les amis du poète résolurent de faire condamner le Jésuite. MM. de Liancourt et de La Roche-Guyon se montrèrent les plus acharnés à sa perte. « Ces jeunes seigneurs vouloient mal de mort au P. Voysin et avoient dit publiquement qu'ils lui passeroient l'épée au travers du corps en quelque lieu qu'ils le trouveroient. » En attendant, ils cherchèrent à lui ravir la réputation et l'honneur. A l'instigation de Théophile, ils l'accusèrent d'un crime infâme qui, dit le P. Garasse, « ne vint jamais en pensée à personne qu'à ce diable incarné ». Comme ils avaient accès auprès du roi, ils lui racontèrent les bruits qu'eux-mêmes répandaient à la cour. Si absurde que fût la calomnie, elle ne laissa pas d'effaroucher Louis XIII, « ennemi de toutes sortes d'or-

---

1. Lettres du P. Général au P. Armand, 15 juillet 1624; au P. Voisin, 2 décembre 1624 (Francia, Epist. Gen., t. IV).
2. Garasse, Récit au vray..., p. 52.
3. Ibidem, p. 53.

dures » ; et il s'écria indigné : « Le P. Voysin est le plus méchant homme de mon royaume. »

A peu de temps de là, le P. Coton reçut du chancelier le billet suivant : « Mon Père, je vous escris par le commandement du Roy à ce que vous ayez, la présente vue, sans délay et sans réplique, à renvoyer le P. Voysin hors de France[1]. » Pourquoi cet arrêt d'exil ? Etait-ce pour punir, sans enquête et sans jugement, une faute imaginaire ? Non pas. Au dire de M. de Béthune, il avait été dicté par Richelieu, surtout à cause de « certains propos indiscrets » que le P. Voisin s'était permis contre les profusions du favori. Celui-ci profitait du mécontentement général que le jésuite avait provoqué, pour le faire chasser de sa patrie.

Chargé d'exécuter un ordre aussi sévère, le P. Provincial chercha le moyen d'en dérober la connaissance à son subordonné. Répondant à un désir précédemment exprimé d'aller à Rome conférer avec le P. Général, il lui proposa de s'y rendre tout de suite, afin de prendre part aux fêtes du jubilé. Mais André Voisin, qui devait prêcher la station de l'Avent dans l'église Saint-Paul, déclina l'offre de son supérieur, ne voulant pas, disait-il, sacrifier une œuvre apostolique à une satisfaction personnelle. On insista : « on combattit son esprit jusques au troisième jour de septembre, auquel le P. Ignace (Armand), député procureur pour la congrégation (générale), dit publiquement qu'il ne partiroit point qu'il n'eust veu le P. Voysin à cheval. Cette parole qui lui fut rapportée par quelqu'un, lui donna un estrange martel en teste et lui fit connoistre que nos prières n'estoient que des déguisements de la volonté du Roy, de façon qu'on fut contraint de lui découvrir le secret de l'affaire ».

A cette nouvelle, le Père aurait voulu tenter une suprême démarche auprès de Louis XIII, se jeter à ses pieds pour prouver son innocence et demander justice contre ses calomniateurs. Néanmoins, sur les instances du P. Coton, il résolut d'obéir au commandement du roi et, le 4 septembre, il partit pour Rome. Les principaux amis de Théophile, Vallaux, Des Barreaux, Saint-Rémy, qui l'avaient si indignement calomnié, l'attendirent sur la route, aux environs de Lyon, dans une maison près de laquelle il devait nécessairement passer. Lorsqu'ils l'aperçurent, ils se portèrent à sa rencontre, « lui firent mille caresses d'abord et des protestations estranges d'une amitié sincère, et sur leur

---

1. Garasse, *op. cit.*, p. 60-67.

départ lui persuadèrent par leurs cajoleries d'entrer dans leur carrosse... » Là ils « lui firent mille indignités, jusques à le souffleter et lui tirer la barbe et lui donner des coups d'éperon dans le ventre, ce qu'il endura patiemment sans répondre une seule parole [1] ». Cette scène de brutalité révoltante ne montre-t-elle pas clairement que la haine seule avait aussi inspiré les outrages et la calomnie ?

Arrivé à Rome, le Père n'eut d'autre souci que de se réhabiliter aux yeux de Louis XIII. Échappant au contrôle de ses supérieurs, il multipliait ses démarches à l'ambassade de France, au Vatican et auprès des plus influents personnages. En vain le P. Général voulut-il, pour le ramener à l'observation de la règle, l'envoyer dans quelque résidence où sa vocation courrait moins de dangers. Urbain VIII, prévenu en sa faveur, le retint à Rome. Ce que voyant, le P. Vitelleschi crut devoir avertir notre ambassadeur. « Il m'envoya, écrit celui-ci, le P. Balthazar, assistant de France, lequel me vint trouver... me dist que le P. de Séguiran lui avoit fait sçavoir que l'intention du Roy estoit que, pour certains propos que (le P. Voisin) avoit tenus assez indiscrètement, Sa Majesté n'avoit point agréable qu'il demeurast en France et que peut-estre le voudroit-elle aussi peu ici. De quoi il m'advertissoit, afin que j'advisasse le tempérament que j'y voudrois prendre ; qui sera de parler au Pape sur ce subject à la première occasion que je le verray, afin de pénétrer en quoy Sa Sainteté a besoin du service dudict Père, et, selon ce que j'apprendray, je me gouverneray en ce subject, soit à le laisser icy jusques à ce que j'aye receu quelque commandement du Roy, ou bien à m'employer que dès maintenant Sa Sainteté le laisse aller[2]. » De France, le ministre d'État répondit à M. de Béthune : « Ce que le P. Balthazar vous a dit du P. Des Voisins (sic) est véritable. L'on parlera au P. Coton et au P. de Séguiran pour le faire retirer de Rome. De votre part vous y pourrez donner les mains, mais en sorte que cet ordre semble plus tost venir de ses supérieurs que de vostre poursuite[3]. »

Le religieux, obligé de quitter Rome, ne se rendit pas au collège de Porrentruy où il était envoyé. Espérant toujours recouvrer l'estime du roi, il vint se cacher dans les environs de

---

1. Garasse, p. 68, 69.
2. Lettre de M. de Béthune à Phélypeaux, 17 déc. 1625 (Bibl. nat., f. fr. 3677, f. 177).
3. Phélypeaux à Béthune, 14 janvier 1626. (Bibl. nat., f. fr. 3669, f. 52.)

Paris. Grâce à l'intervention de quelques amis il put se concilier la bienveillance du chancelier, et celui-ci pria Sa Majesté de lui permettre de rentrer à la maison professe. « C'est moi, répondit Louis XIII, qui ai commandé au P. Provincial de le faire sortir du royaume, et je l'ai fait à bon escient; et aujourd'hui qu'il refuse d'obéir à mes ordres et à ceux de son Général, je devrais le laisser retourner à Paris! Non, je n'y consentirai jamais[1]. »

Malgré un refus si catégorique, le P. Voisin persévéra dans son projet. Il vint à Paris où il logea, selon les uns chez M. de Modènes, selon les autres, chez un président de ses amis; mais il échoua dans ses tentatives, comme nous l'apprend le P. Le Jeune. « Après avoir icy demeuré trois ou quatre jours, et escrit diverses lettres sans lieu ny datte, il a faict prier la Reyne Mère d'obtenir du Roy qu'il se vinst jetter à ses pieds, ou pour se justifier ou pour luy demander pardon, s'il avoit offencé en quelque chose, avec promesse de le mieux servir cy après. La Reyne Mère en parla au Roy qui respondit qu'il ne le vouloit point voir; et tout cela s'est passé si secrettement que nous n'avons rien sçeu que quelques jours après... On ne sçait où il est, ny ce qu'il a faict du despuis[2]. »

Invité par le P. Général à se retirer au collège de Chambéry, le malheureux dévoyé promit d'obéir et n'eut pas le courage de tenir sa promesse. Nous ne le suivrons pas dans sa vie errante. A Lyon il séjourna plusieurs semaines au couvent des Carmes[3]. Venu ensuite dans Avignon, il n'écouta point le pro-légat qui l'exhortait à se soumettre[4]. Il se montra même insensible aux avances charitables et paternelles de ses supérieurs. Devant ce scandale public, le P. Vitelleschi se vit contraint de menacer d'une peine sévère le religieux infidèle[5]. Sur son ordre, le P. Etienne Charlet, Provincial de Lyon, enjoignit au P. Voisin, au nom de la sainte obéissance, de se rendre au collège de Chambéry avant quatre jours, sous peine d'excommunication *ipso facto*[6]. Les supérieurs ne demandaient qu'un signe de repentir pour ouvrir leurs bras à l'enfant prodigue; ils n'eurent point ce

---

1. Lettres du P. Ignace Armand et du P. Jacques Bertrix au P. Général, 7 mai 1626 (Franciae, Epist. ad Gen., t. IV).
2. Lettre du P. Le Jeune au P. Provincial de Lyon, 26 mars 1626 (Franciae historia, t. II).
3. Lettre du P. Général au P. Dominique de Jésus, 11 août 1626 (Epist. Gen. ad Extern., t. 1618-1673).
4. Lettre du P. Et. Guyon au P. Général, 4 nov. 1626 (Lugdun., Epist. ad Gen., t. II).
5. Lettre du P. Général au P. Charlet, 22 sept. 1626 (Lugdun., Epist. Gen., t. II).
6. *Præceptum datum a P. Charlet*, 21 oct. 1626 (Lugdun., Epist. ad Gen., t. II).

bonheur. André Voisin se soumit à l'injonction du P. Provincial, mais il ne changea ni de sentiments ni de conduite. Aveuglé par l'orgueil, l'infortuné n'aspirait qu'à retourner à Paris et ne tenait aucun compte des prescriptions de la règle[1]. Le voyant incorrigible, le P. Général lui permit, suivant son désir, de passer à un autre ordre religieux[2].

6. Richelieu s'était montré bien dur à l'égard du P. Voisin, pour quelques paroles de critique; il allait bientôt sacrifier un autre jésuite, coupable de n'être pas assez souple à ses volontés. Le confesseur du roi exerçait depuis quatre ans une charge délicate qu'il n'avait point recherchée. Par sa réserve, son intégrité, sa vertu, il s'y conduisait de façon à mériter les éloges du nonce et du Souverain Pontife[3]. Mais, s'il évitait d'empiéter à la cour sur les droits de personne, il ne renonçait pas pourtant à aucune des prérogatives inhérentes à ses fonctions. Or, ce qui était chez lui simple accomplissement du devoir, fut taxé d'orgueil par les malveillants. Un trait montrera la puérilité de leurs griefs.

Louis XIII, comme Henri IV, avait toujours pendant la messe son confesseur auprès de lui. M⁛ʳ de L'Aubespine, évêque d'Orléans, froissé de voir un religieux à cette place d'honneur, prétendit que c'était faire outrage à la dignité des prélats, à qui seuls appartenait de se tenir aux côtés du roi pendant l'office divin. Sur ses plaintes, Sa Majesté décida que désormais le confesseur se placerait parmi les aumôniers. Le P. de Séguiran n'avait fait que suivre la coutume de ses prédécesseurs. Il déclara qu'il « seroit bien marri de ne pas rendre aux Seigneurs prélats l'honneur et le respect qui leur est dû[4] ». Le bruit courut cependant qu'il avait prétendu à la préséance sur les évêques et les princes de l'Eglise. Intéressés dans la question, les cardinaux de La Rochefoucauld et Richelieu le défendirent : cette imputation, dirent-ils, était pure calomnie[5].

Quant à Louis XIII, il avait exprimé plusieurs fois au P. Général la satisfaction avec laquelle il recourait aux lumières d'un

---

1. Lettres du P. Général au P. Filleau et au P. Suffren, 25 juillet 1628 (Francia, Epist. Gen., t. IV).
2. Lettre du P. Général au P. Binet, 1ᵉʳ déc. 1629 (Lugdun., Epist. Gen., t. II).
3. Lettre de Corsini au card. Ludovisto, 21 janvier 1623 (Archiv. Vat., Bibl. Pia, n. 143, f. 17, 18). Du même au même, 23 février 1624 (Archiv. Vat., Nunz. di Francia, n. 60, f. 66-68). De Spada à Ludovisio, 9 mai 1624 (Ibidem, n. 405, 239)
4. Procès-verbaux des Assemblées générales du Clergé, t. II, p. 543.
5. Ibidem.

religieux du plus grand mérite[1]. Il en fallut, en effet, au P. de Séguiran pour se maintenir plusieurs années en dépit des intrigues qui se déclarèrent dès le début. Richelieu, en parvenant au pouvoir, lui montra d'abord beaucoup de bienveillance ; mais quand il eut constaté l'esprit d'hostilité régnant contre lui à la cour, il ne fit rien pour s'y opposer. Cela s'explique. Le jésuite, dans l'exercice de ses fonctions, ne prenait conseil que de sa conscience ; il ne savait point flatter les puissants, ni capter leurs faveurs par d'adroits témoignages d'admiration. Or le ministre de Louis XIII préférait les hommes disposés à approuver ses actes. Pour les indépendants il n'avait que froideur, en attendant l'occasion de les éloigner sans éclat. Il fallait à son absolutisme un entourage de serviteurs complaisants ; le P. de Séguiran n'en était point ; son éloignement fut résolu. Mais par qui le remplacer? Choisirait-on encore un jésuite? L'affaire des libelles *Mysteria politica* et *Admonitio ad Regem* avait indisposé Richelieu contre la Compagnie ; les désagréables aventures des PP. Arnoux, Guyot et Voisin avaient encore augmenté les préventions contre elle à la cour. Par ailleurs l'Oratoire était vu d'un œil favorable, depuis que le P. de Bérulle avait gagné les bonnes grâces du ministre en assurant par son habileté le mariage de Henriette de France avec le roi d'Angleterre. On songea donc d'abord à prendre le successeur de Séguiran parmi les Oratoriens. « Les Jésuites, écrivait le sieur de Valavez à Peiresc, sont ici en fort mauvais prédicament, tant à cause des lettres du P. Arnoux que de la déposition de ce malheureux prêtre (François Martel), comme aussi parce que le cardinal ne les ayme point à cause du livre qui a esté fait à Rome contre luy. On parle de donner au Roy pour confesseur le P. Chanteloube, de ceux de l'Oratoire... Je ne scay si cela se pourra faire [2]... »

En effet deux obstacles s'opposaient à la réalisation de ce dessein : la conduite irréprochable du P. de Séguiran, qui ne donnait aucune prise à la critique [3] ; la volonté formelle du roi qui tenait à garder son confesseur. Quels moyens employer pour prévenir l'esprit de Louis XIII et le détacher d'un religieux estimé? La calomnie ne pouvant atteindre la personne du confesseur,

---

1. On le sait par une réponse du P. Général (10 mars 1625) à une lettre élogieuse de Louis XIII (Epist. Gen. ad diversos, t. I).

2. Lettre de Valavez à Peiresc (Bibl. de Carpentras, mss. coll. Peiresc, t. 48, f. 389, 390). Le nonce parle aussi du projet de choisir un Oratorien (Lettre du 2 janv. 1626, Archiv. Vat., Nunz. di Francia, n. 63, f. 35).

3. Lettre du P. Général à Mgr Frémyot, 28 déc. 1624 (Gallia, Epist. Gen., t. IV).

on lui reprocha une attitude trop raide, une direction trop étroite. Pendant plusieurs mois on ne cessa de parler sur ce ton ; si bien qu'à la fin le roi, sans rien perdre de son estime pour le P. de Séguiran, sembla désirer un autre confesseur. L'intrigue ne réussit toutefois qu'à moitié. Le cardinal de La Rochefoucauld, grand aumônier, intervint fort opportunément ; avant qu'on eût proposé le P. de Chanteloube ou tout autre, il engagea Sa Majesté à se mettre sous la direction du P. Suffren, déjà confesseur de la reine mère. Louis XIII agréa ce choix et s'y arrêta si résolument que rien dans la suite ne put le faire changer d'avis [1]. Néanmoins il fallait obtenir aussi le consentement de Marie de Médicis et du jésuite lui-même.

« Le vingt-uniesme jour de décembre, raconte Garasse, le Roy après une délibération de six mois se résolut de se défaire du P. Séguiran et de substituer le P. Suffren à sa place. Il appela pour ce sujet M. le cardinal de La Rochefoucauld et lui déclara son dessein avec commandement exprès de le faire sçavoir à la Reine sa mère, ce qu'il fit avec M. le Cardinal de Richelieu. Car tous deux allant trouver la Reine mère dans sa chambre lui firent entendre la volonté du Roy son fils. A quoi d'abord la Reine, comme si elle n'eust rien sceu de l'affaire,... pria Messieurs les Cardinaux de ne passer outre, jusqu'à ce qu'elle eust parlé au Roy. Mais M. le Cardinal de Richelieu la pria de ne rien remuer et d'acquiescer à la volonté du Roy, d'autant que c'estoit une affaire vuidée, qu'elle pourroit aigrir l'esprit de son fils qui avoit résolu ce changement depuis le jour de la Pentecôte (7 juin), jurant par le feu que voilà, se tournant du costé de la cheminée, qu'il avoit empesché le coup et lutté contre l'esprit du Roy l'espace d'un demy an tout entier. La Reine trouva grande difficulté à consentir à ce changement, croyant d'abord que le Roy lui voulust oster le P. Suffren. Mais quand elle entendit que la volonté du Roy n'estoit pas de la priver dudit Père, elle montra une grande facilité, les priant néanmoins de ne le faire pas sçavoir à nos Pères jusques à ce qu'elle eust parlé au Roy pour lui faire entendre ses raisons.

« Comme ils estoient sur ces contestations, le Roy survint dans la chambre de la Reine mère et voyant quelque dispute entre elle et les cardinaux, il lui dit d'abord : « Madame, c'en est fait ; j'ai « résolu de prendre le P. Suffren. — A quoi la Reine lui dit

---

1. Avvisi del nunzio, 26 déc. 1625 (Archiv. Vat., Nunz. di Francia, n. 399, f. 458).

premièrement : « Sire, je ne sçais si vous ne comptez pas sans
« l'hoste. Car je m'asseure qu'il ne voudra pas. Le Roy lui repartit :
« J'ai bien préveu cela ; mais je lui ferai commander par son
« Supérieur. — Mais quoy, dit la Reine, Sire, n'avez-vous point
« songé à ce qu'on pourra dire, et faire courir le bruict que c'est
« une de mes inventions et que je vous ai donné le P. Suffren
« pour sçavoir l'estat de vostre concience. Il n'est peut-être pas
« expédient que vous et moy ayons un mesme confesseur. » Le
Roy ne répondit rien à cela sinon qu'il y avoit bien pensé et qu'il
avoit déclaré sa volonté à Mgr le Cardinal de La Rochefoucauld et
qu'il n'en vouloit plus entendre parler[1]. »

Le grand aumônier, de retour à Sainte-Geniève, dépêcha un
carrosse au P. Cotou, le priant de le venir trouver sur les six
heures du soir. Le P. Provincial, occupé à la préparation de son
sermon du lendemain, s'excusa par lettre et décida d'envoyer à
sa place deux Pères dont l'un était le P. Lallemant que le cardinal
avait connu à Rome. Tous deux furent aimablement reçus;
cependant Mgr de La Rochefoucauld ne voulut point leur faire
de communication de vive voix; il se contenta de leur remettre
pour le P. Coton un pli cacheté, dans lequel il lui déclarait la
volonté royale et lui racontait ce qui s'était passé chez la reine. Il
était de sept à huit heures quand les Pères revinrent à la maison
professe. Le P. Provincial causait avec le P. de Séguiran dans la
salle de récréation. Après avoir lu le billet, il continua son entretien avec une grande tranquillité sans laisser paraître la moindre
émotion ; puis, au son de la cloche, il se rendit à la chapelle pour
la récitation des litanies. Quand elles furent terminées, il recommanda aux prières de la communauté une affaire importante, et
se retira, selon sa coutume, devant le Saint-Sacrement où il
demeura plus longtemps qu'à l'ordinaire.

Le lendemain, de bon matin, « il s'en alla trouver le R. P. Séguiran dans sa chambre et luy dit d'abord : Mon Révérend Père,
je viens vous donner une nouvelle, laquelle peut-estre vous estonnera. » Le P. de Séguiran l'interrompant : « N'est-ce pas, mon
Père, que je ne suis plus confesseur du Roy? — C'est cela mesme,
reprit le P. Coton. — A ces paroles le R. P. Séguiran se tournant
vers son oratoire, commença à haulte voix le *Te Deum laudamus*.
De quoy le R. P. Coton demeura estonné et grandement édifié. »
Après quelques réflexions sur l'état présent des affaires, le

---

[1]. Garasse, *Récit au vray...*, p. 112-114.

P. Provincial dit qu'il était résolu, « devant que passer oultre », à voir le roi et à lui faire entendre le préjudice que pourrait lui causer ce changement. Mais le P. de Séguiran l'en dissuada, « d'autant, dit-il, mon Père, que la chose est faicte et qu'il n'y a plus de remède[1] ».

Ensemble ils allèrent chez le P. Suffren qui, ne songeant « à rien moins », préparait tranquillement sa prédication pour Saint-Gervais. A la vue des deux Pères, il eut un soudain saisissement. Le P. Provincial lui ayant annoncé la décision du roi et lu le billet du grand aumônier, il se défendit longuement de porter un si lourd fardeau, jusqu'à se jeter aux pieds de son supérieur qu'il suppliait par ces paroles : *Si quid potes, adjuva nos*. « Mon Père, lui répondit le P. de Séguiran, il est temps de se sacrifier pour la Compagnie ; il faut absolument accepter cette charge, ou voir périr la Compagnie en France. » Le P. Suffren se résigna. « La seule consolation que j'aye en cette affaire, dit-il, est que je ne vivrai plus guères, et que je verrai d'autant plus tost Nostre Seigneur ; car il est impossible que je puisse durer longtemps en cet estat[2]. »

Dans ces scènes, si bien décrites par un contemporain, on ne sait ce qu'il faut le plus admirer ou du joyeux empressement avec lequel le P. de Séguiran abandonna un poste d'honneur, ou de la vive répugnance que le P. Suffren mit à l'accepter. Le premier prit congé de son royal pénitent par une lettre qu'il adressa au grand aumônier. Il le priait de remercier de sa part Sa Majesté de l'avoir déchargé d'un office dont il s'était toujours jugé très indigne ; de lui faire agréer ses excuses pour les fautes qu'il avait pu commettre dans une charge si difficile ; de lui demander en quel lieu il devait se retirer ; d'invoquer sa libéralité pour le paiement des gages de quelques serviteurs[3]. Le lendemain à la messe, le roi ayant reçu du cardinal de La Rochefoucauld la lettre du P. de Séguiran, la lut et la relut avec une si vive émotion, que l'archevêque de Tours et l'évêque d'Auxerre s'en aperçurent et s'approchèrent pour en demander la cause. « Le P. Séguiran, leur dit-il, est un très bon homme et très bon religieux : je n'ai aucun mécontentement de luy ; je veux qu'il soit payé jusques au dernier sol et qu'il se retire où il voudra : je m'en remets au Provincial. Au reste, il a tort de me demander

1. Garasse, p. 115, 116.
2. *Ibidem*, p. 117.
3. Garasse, p. 117.

pardon; car il m'a toujours servi très fidèllement. » Puis il chargea les deux prélats de lui rapporter ces paroles comme témoignage de son entière satisfaction[1].

Le P. de Séguiran avait aussi écrit au P. Vitelleschi, et lui avait dit toute sa joie d'être déchargé d'un emploi si délicat et si redoutable. Le P. Général voyant qu'il considérait son apparente disgrâce comme un nouveau bienfait de la bonté divine, le félicita de ses religieuses dispositions. « Mais, ajoutait-il, je veux surtout remercier Votre Révérence de la manière dont elle s'est acquittée de son emploi, ne s'épargnant aucune peine pour la consolation du roi Très Chrétien, le bien général du royaume et aussi de la Compagnie. Je lui suis vivement reconnaissant du soin avec lequel elle a traité les affaires confiées à sa prudence et à sa charité. De nombreux collèges et moi en particulier lui devons les plus grandes obligations; aussi est-ce en mon nom et au nom de toute la Compagnie que je veux la remercier encore une fois de sa sollicitude et de ses labeurs. Puisse le divin distributeur des grâces la combler de ses dons et de ses consolations[2]. »

7. Le 29 décembre le P. Suffron se rendit au Louvre pour se présenter au roi et savoir ses volontés; il en fut très favorablement accueilli. Louis XIII lui dit que, « se fiant à sa prud'hommie », il avait depuis longtemps formé le dessein de le prendre pour confesseur, et qu'ayant su de la Reine mère « le contentement qu'elle avait de ses entretiens », il avait résolu de lui remettre sa conscience entre les mains. Car, répéta-t-il à trois reprises, « je veux me sauver, à quelque prix que ce soit ». Puis il ajouta : « Au reste, je ne veux point vous obliger d'assister tous les jours à ma messe; il suffira que vous veniez me voir une fois la semaine et, quand j'aurai besoin de vous extraordinairement, je vous envoyerai un carrosse. Assurez tous vos Pères que je n'ai nul mécontentement du P. Séguiran ni d'aucun de la Comp..., et qu'en toutes les accusations qu'on me fera de vos Pères je m'esclairciray avec vous. » Puis il le congédia « avec de très bonnes paroles, luy redisant souvent : Ayez soin de mon âme, car je me veux sauver[3] ».

1. *Ibidem*, p. 117, 118.
2. Lettre du P. Vitelleschi au P. de Séguiran, 26 juin 1626 (Francia, Epist. Gen., t. IV).
3. Garasse, p. 118, 119.

UNE SUITE D'AFFAIRES DÉSAGRÉABLES.

Marie de Médicis se réjouit beaucoup du changement de confesseur : elle savait que le P. Suffren ne donnait pas la moindre prise aux calomnies portées contre ses frères en religion. Pour exprimer son contentement elle dit un jour « qu'il n'estoit pas comme les autres Jésuites et que tout en iroit mieux ». Cet éloge blessa un des seigneurs présents, lequel nourrissait de tout autres sentiments à l'égard de la Compagnie. « Madame, reprit-il, je vous respondrai sur ce point par le narré d'une histoire qui est arrivée ces jours passés. Je pris dernièrement dans une de mes maisons une nichée de louveteaux, et une dame, qui a bien l'honneur d'estre connue de Vostre Majesté, estant entrée dans ma salle où j'avois faict porter ces louveteaux, me pria de luy en donner un. Je luy présentai toute la nichée ; et elle, faisant estat de se contenter d'un seul, les considéra tous fort attentivement, en prenant tantost l'un, tantost l'autre, et enfin, après les avoir tous regardez entre les deux yeux, elle les jetta par dépit, disant : qu'ils estoient tous louveteaux et tous enfants d'une louve, et que le meilleur ne valoit rien[1]. » Ce mordant apologue montre bien de quelle haine certains courtisans poursuivaient les Jésuites. Ils s'empressèrent de le raconter au roi qui le lendemain le rapporta au P. Suffren.

Ceux qui fréquentaient le plus la personne de Louis XIII eurent recours à toutes sortes d'artifices pour le détourner de son nouveau confesseur, le représentant comme un homme scrupuleux, d'une sévérité outrée et « si farouche qu'au moindre péché véniel il imposait des jeûnes et des disciplines pour pénitence[2] ». Le jour même où Sa Majesté devait se confesser au Père pour la première fois, le 24 décembre, veille de Noël, des gens mal intentionnés allèrent par tout le Louvre racontant « que le Roy n'avoit pu dormir de la nuict pour l'appréhension d'approcher le P. Suffren, et qu'il n'y avoit pas d'apparence de le tenir dans cette servitude et gehenne d'esprit ». Au grand déplaisir de ces intrigants, le roi se releva du tribunal de la pénitence si satisfait, si consolé, qu'il se rendit aussitôt près de la reine mère « pour lui déclarer son contentement, disant à haulte voix que jamais il n'en avoit reçeu de pareil de ses confessions, et qu'il esperoit toujours aller de mieux en mieux[3] ».

---

1. Garasse, op. cit., p. 120.
2. Lettre du nonce au cardinal secrétaire d'État 2 janvier 1626 (Archiv. Nat., Nunz. di Francia, n. 65, fol. 35).
3. Garasse, p. 121.

Tous les bons serviteurs de Louis XIII faisaient l'éloge du nouveau confesseur. Notre ambassadeur à Rome, le comte de Béthune, écrivait : « L'on ne pouvoit faire un meilleur choix que du bon P. Suffren, estant, selon mon sens et par la connoissance que j'ai eue de lui six mois durant, un des meilleurs et moins intéressés religieux que je connoisse[1]. »

Richelieu n'en avait pas une idée moins avantageuse : il le représente dans ses *Mémoires* comme un « personnage de grande piété et simplicité, éloigné de menées et d'artifices[2] ». Toutefois l'humble religieux n'allait-il pas, justement par sa vertu et son mérite, acquérir sur l'esprit de Louis XIII un ascendant capable de gêner l'influence du premier ministre ? A raison même de sa charge, ne se croirait-il pas obligé à donner au roi des conseils qui dérangeraient les plans d'une certaine politique peu embarrassée de scrupules ? Préoccupé de cette crainte, le cardinal eut l'idée de faire la leçon au jésuite et lui écrivit en ces termes :

« Ayant pleu au roy faire choix de vostre personne pour estre son confesseur, l'affection que je porte à vostre ordre et la cognoissance que j'ay du bien que vous pouvez faire en servant, comme vous ferez, Sa Majesté en cette charge, me faict désirer que vous la remplissiez en tant d'années qu'il plaira à Dieu de vous laisser au monde. C'est ce qui faict que m'asseurant que vous ferez quelque cas de mes avis sur le procédé que vous avez à tenir en cette condition nouvelle... je vous toucherai un mot par la présente de ce que je juge nécessaire, tant pour vostre conduite que pour l'honneur et maintien de vostre Compagnie, que j'ay tousjours aimée.

« Ne vous meslez donc point, je vous prie, des affaires d'Estat, parce qu'outre qu'elles ne sont point de vostre charge, n'en cognoissant point les suites, il vous seroit impossible d'en porter un jugement certain.

« N'allez chez le Roy que lorsqu'on vous y appellera, afin que, ne rendant point vostre personne commune et ordinaire, ce que vous désirez pour le bien soit de plus grande considération.

« Ne parlez d'aucune des affaires du tiers et du quart qui intéressent les séculiers ; non seulement parce que vous n'êtes pas establi pour cela, mais d'autant que vous seriez accablé, ne pouvant parler pour tous ceux qui en vous recherchant vous détourneroient des devoirs de vostre profession.

---

1. Lettre de Béthune à Phélypeaux, s. d., 1620 (Bibl. nat., f. fr. 3678, . 21).
2. *Mémoires de Richelieu*, t. I, l. VIII, p. 171).

« N'ayez point l'ambition de disposer des évêchés et des abbayes, estant chose qui doit dépendre immédiatement du Roy, ainsi que toutes les autres grâces; à moins que vous ne seussiez quelques raisons qui vous obligeassent en conscience de parler pour empescher que les grandes charges de l'Église fussent remplies par des personnes indignes de les posséder.

« N'employez en vos sermons que trois quarts d'heure au plus, afin que dans l'attention que les moins dévots ont accoutumé de donner pour peu de temps, les bonnes âmes reçoivent les bonnes instructions que vous voudrez leur donner.

« Pour ce qui est de vostre Ordre, embrassez peu les affaires qui le concernent; et quand il sera nécessaire d'en parler, laissez-le faire à d'autres de la Compagnie, afin que chacun voie que vostre Ordre désire plustost obtenir du roy ce qu'il demande par justice que par le respect deu à son confesseur.

« Faites que vos Pères se rendent soumis en ce qui se doit aux Ordinaires qui sont les puissances légitimes establies par l'Église.

« Qu'ils ne donnent point de jalousie aux autres religieux, qui estant plus anciens, portent d'autant plus impatiemment d'estre traités par les vostres comme s'ils estoient inférieurs. Que non seulement vos Pères ne s'efforcent pas d'establir des collèges aux lieux où ils trouvent de la résistance, mais mesme qu'ils n'aillent pas partout où ils sont appelés. Qu'aux lieux où ils sont déjà establis, ils se contentent de prescher, confesser, catéchiser et instruire la jeunesse sans prendre cognoissance des villes (sic), des particuliers et des secrets des familles.

« Faites que désormais vos Pères ne poursuivent plus d'unions de bénéfices à leurs collèges; car outre que c'est pervertir l'intention des fondateurs, ce grand soin qu'ils ont de bien fonder leurs maisons leur attire l'envie et fait dire qu'ils s'attendent moins que les autres religieux à la providence divine.

« Que vos supérieurs prennent soigneusement garde, je vous prie, qu'aucuns de vostre Compagnie ne fassent imprimer des livres contenant de mauvaises maximes contre les justes règles des Estats; voire qu'ils s'abstiennent d'en mettre en avant aucune qui puisse estre prise en mauvais sens.

« Tout cela estant, le roy continuera à avoir de vous la satisfaction que vostre réputation luy a desja donnée, vous maintiendra, ainsy que vostre Ordre, en la créance en laquelle il doit désirer d'estre dans le monde, et vous acquerra de plus en plus de louange de la bouche mesme de ceux qui vous voudroient mal; qui est ce que je sais que vous méprisez, mais pourtant nécessaire pour le bien de vostre Compagnie[1]. »

Cette lettre est à rapprocher de celle que M. de Luynes écrivait en 1621 au P. de Séguiran : le duc laissait au confesseur du roi pleine liberté ; le cardinal le charge d'entraves. Pourtant si quelqu'un n'avait pas besoin de ces instructions méticuleuses, c'était assurément le P. Suffren, dont la conduite irréprochable à la cour avait donné depuis longtemps des garanties suffisantes. Mais n'est-ce point sa seule qualité de jésuite qui offusque et met en défiance Richelieu? Sous la forme embarrassée des avis, ou plutôt des ordres, on devine qu'il n'est pas loin d'admettre les défauts reprochés à la Compagnie de Jésus par ses ennemis; il semble croire qu'elle cherche à se rendre indépendante de la hiérarchie ecclésiastique et à enrichir ses collèges par l'union de gros bénéfices ; qu'elle méprise les autres familles religieuses et se plaît aux intrigues politiques. S'il a encore quelque estime pour elle, il paraît bien refroidi dans son affection; il désire qu'elle ne s'accroisse plus, qu'elle recule devant le moindre obstacle et refuse même les établissements qu'on lui offrira.

Quant aux recommandations légitimes, pas besoin n'était de les appuyer sur les motifs de la prudence humaine. Le P. Suffren entendait au fond du cœur une voix plus impérieuse : celle de la conscience éclairée par les prescriptions de l'Institut et dirigée par des principes surnaturels. « Dans la place que j'ai été forcé d'occuper par obéissance à l'ordre de Dieu, disait-il au P. Général, j'ai résolu de conserver une conduite telle qu'elle ne puisse offrir quoi que ce soit de contraire à la modestie, à la simplicité, à la pauvreté religieuse. C'est la règle que j'ai toujours suivie, à la grande satisfaction du roi, de la reine et de toute la cour, depuis onze ans que j'y suis, et je ne m'en départirai certainement point. Car, ainsi que j'ai eu l'honneur de vous l'écrire, je ne vois ni motifs ni nécessité de changer. Je crois au contraire qu'il importe plus que jamais à la gloire de Dieu, à l'édification du prochain, à l'honneur de la Compagnie, de conserver jusqu'à la fin la même manière de vivre. J'espère donc que Votre Paternité voudra bien, dans sa bonté, m'accorder les grâces que je lui ai demandées et que je lui demande encore, afin que, si les fonctions de confesseur du roi doivent bientôt passer de mes mains dans celles d'un religieux d'un autre Ordre, comme le bruit s'en est

---

1. Lettre de Richelieu au P. Suffren, janvier 1626 (Avenel, *Lettres du cardinal de Richelieu*, t. II, p. 155, 156).

répandu, tous soient obligés d'avouer qu'il n'y a rien de changé dans ma manière de vivre, et qu'ils ne puissent rien trouver à y reprendre [1]. »

La fin de cette lettre nous apprend que dans certain milieu on n'avait point encore renoncé au projet d'enlever aux Jésuites la direction de la conscience royale. Mais Louis XIII s'attacha tellement à son nouveau confesseur, qu'il ne voulut plus entendre parler de changement [2]. Et le P. Suffren, encouragé par le P. Général [3], mit tout son soin à remplir dignement ses délicates fonctions.

1. Lettre du P. Suffren au P. Général, 15 février 1626 (Prat, op. cit., t. IV, p. 573).
2. Lettre du Nonce au cardinal secrétaire d'État, 3 janvier 1626 (Archiv. Vat., Nunz. di Francia, n. 65, f. 35).
3. Lettres du P. Général au P. Suffren, 26 janvier et 23 février 1626 (Francia, Epist. Gen., t. IV).

CHAPITRE IV

ATTAQUES CONTRE LE P. GARASSE
(1625-1626)

Sommaire. — 1. On cherche à compromettre le P. Coton. — 2. Le Prieur Ogier attaque la *Doctrine Curieuse*. Garasse répond par son *Apologie*. — 3. Bruit fait autour de cet ouvrage. — 4. Publication de la *Somme Théologique*. Perfidies critiques de Saint-Cyran. — 5. Un libelle contre Richelieu faussement attribué à Garasse. — 6. La *Somme Théologique* est censurée en Sorbonne.

Sources manuscrites : I. Recueils de documents conservés dans la Compagnie : — a) Francia, Epistolae Generalium ; — b) Franciae Epistolae ; — c) Aquitania, Epistolae Generalium.
II. Roma, Archivio Vaticano, Nunziatura di Francia, n. 305, 328.
III. Poitiers, Bibliothèque municipale, mss. de Dom Fonteneau.

Sources imprimées : Garasse, S. J., *Récit au vray...* (Carayon, *Documents inédits*, doc. III) ; *Apologie de François Garassus... pour son livre contre les athéistes et libertins de nostre siècle* ; *Responce du sieur Hydaspe au sieur de Balzac*. — Ogier, *Jugement et censure de la Doctrine curieuse de François Garasse*. — *Le Mercure françois*, t. XII. — D'Argentré, *Collectio judiciorum*. — Balzac, *Œuvres*, t. I. — Racan, *Œuvres* t. I. — Malherbe, *Œuvres complètes*, t. I. — Rapin, S. J., *Histoire du Jansénisme*. — Lavherte, *Un Mémoire inédit du P. Garasse* (*Revue de l'Histoire littéraire de France*, 1911). — Nisard, *Les Gladiateurs de la république des lettres*.

1. Les incidents pénibles de 1625 semblaient présager une levée générale de boucliers contre la Compagnie. L'an 1626 ne s'ouvrit pas sous de meilleurs auspices. Le P. Coton tout le premier faillit être victime d'une attaque perfide. Chaque année, la fête de la Circoncision se célébrait solennellement à la maison professe de Paris. Le roi, par égard pour son nouveau confesseur, s'y rendit le 1ᵉʳ janvier, afin d'assister aux vêpres et au sermon. Le P. Le Jeune, orateur distingué de la province de Lyon, prêcha sur la royauté de Jésus-Christ de façon à mériter les éloges de Louis XIII[1]. Après la cérémonie, tandis que Sa Majesté s'entretenait avec le P. Coton, quelques courtisans s'approchèrent et l'un d'eux, le duc de La Roche-Guyon, désirant surprendre le

---

[1]. Garasse, *Récit au vray...* (Carayon, *Doc. inéd.*, doc. III, p. 121).

P. Provincial dans ses paroles, lui posa à brûle-pourpoint ce cas de conscience [1] : « Un criminel de lèse-majesté est-il obligé d'avouer son crime quand il n'y a ni preuve ni témoin. » C'était entamer indirectement la question du tyrannicide. L'archevêque de Tours et l'évêque d'Auxerre, présents à l'entretien, éventèrent le piège et firent signe au jésuite d'esquiver la réponse; mais un docteur de Sorbonne, M. de Né, curé de Saint-Germain-l'Auxerrois, intervint et engagea le P. Coton dans la dispute. Il répondit qu'en général « un homme n'est point obligé de coopérer à sa mort; néanmoins que le crime pourroit estre tel, si énorme et si préjudiciable au public, qu'il seroit tenu de l'advouer ». Le curé de Saint-Germain s'éleva fortement contre cette doctrine prétendant « qu'elle estoit hérétique et contraire au sentiment de la Sorbonne ». Pour mettre fin à une discussion de plus en plus orageuse, le roi pria le P. Coton d'exposer par écrit son sentiment et de le montrer au grand aumônier. « Le P. Guérin, casuiste de la maison professe, fut employé pour déduire le cas, ce qu'il fit avec beaucoup d'adresse; et nos Pères l'ayant communiqué à M. le cardinal de La Rochefoucauld suivant le commandement qui en avoit esté faict, ledit sieur de Né écrivit une dispute très scandaleuse là-dessus, par laquelle il taschoit de montrer que nos auteurs, et notamment Suarez et Lessius, avoient enseigné une doctrine très pernicieuse à la Sacrée personne de nos Roys [2]. »

On ne sait ce qui serait advenu si la question eût été portée devant la Sorbonne et le Parlement, toujours hostiles à la Compagnie. Mais le procureur général supprima de sa propre autorité l'écrit du curé de Saint-Germain, et justifia les Jésuites devant le roi, en lui expliquant la doctrine de leurs théologiens.

Richelieu n'était point intervenu dans cette affaire; néanmoins tous les yeux étaient tournés vers lui pour saisir au moindre signe son opinion. Le P. Provincial sut à propos gagner sa faveur en lui demandant la permission, qu'il accorda volontiers, d'imprimer à part, sous le titre de *Défense de la Compagnie de Jésus par M⁹ʳ le cardinal de Richelieu*, quelques extraits de son livre contre les ministres de Charenton. Cette opportune publication déjoua les ruses des adversaires. Comment ressusciter de vieilles querelles

---

1. Avvisi del Nunzio, 10 janvier 1626 (Archiv. Vat., Nunz. di Francia, n. 399, f. 269-270).
2. Garasse, op. cit., p. 131-133.

contre une Compagnie que le tout-puissant ministre paraissait protéger ouvertement [1] ?

2. Cependant une polémique toute récente leur fournissait des armes, sinon contre tout l'Ordre de saint Ignace, au moins contre l'un de ses membres les plus zélés, le P. François Garasse.
Depuis la reprise du procès de Théophile (mars 1624) l'animosité grandissait dans un certain clan contre l'auteur de la *Doctrine curieuse des Beaux Esprits*. Il s'agissait de sauver la tête du poëte licencieux. MM. de Liancourt, de La Roche-Guyon et Montmorency dans la noblesse, les Pasquier dans la bourgeoisie, surent établir un courant favorable au prisonnier, en menant des attaques furieuses contre Garasse et son livre, témoins à charge dont il fallait détruire l'autorité à tout prix. Chose étrange, ils furent suivis dans leur assaut par un ecclésiastique, François Ogier, prieur commendataire de Chomeil. On ne sait trop quelle mouche le piqua. Visant à la réputation d'homme de lettres, il avait des relations assez intimes avec les beaux esprits et vivait en bons termes avec les fils d'Étienne Pasquier ; se crut-il atteint par les traits lancés contre eux ; céda-t-il à leurs instances, ou bien, désireux de mettre la main à la plume, vit-il une chance de succès dans l'audace même de se mesurer avec un polémiste fameux? Poussé sans doute par tous ces motifs à la fois, il publia *Jugement et censure de la Doctrine curieuse*. Dès l'épître dédicatoire « Aux RR. PP. Jésuites » il déverse son venin. « Garasse, dit-il, mieux pourvu des conditions nécessaires à un poëte satyrique et à un farceur, que non pas des qualitez convenables à un docteur catholique, a fait depuis naguère un livre qui porte un tiltre spécieux d'escrit contre les athées, et qui, à parler sincèrement et comme devant Dieu, est un cloaque d'impiété et une sentine de profanations, un ramas de bouffonneries et de contes facétieux, une satyre de malignité et de mesdisance contre infinis gens de bien et de mérite [2]. » Faire croire que la *Doctrine curieuse* est un odieux libelle, tel est donc le but du prieur Ogier. Pour y parvenir tous les moyens lui semblent honnêtes : mensonges, insinuations, calomnies; on l'entendra reprocher à un excellent religieux de se livrer lui-même aux vices qu'il combat dans les autres.

---

1. Avvisi del Nontio, 10 janvier 1626 (Archiv. vat., Nunz. di Francia, n. 398, f. 369-370).
2. *Jugement et censure de la Doctrine curieuse de François Garasse*, Epistre aux RR. PP. Jésuites.

Ce fut à Poitiers, où il s'était retiré sur l'ordre de ses supérieurs aussitôt après la publication hâtive de la *Doctrine curieuse*, que le P. François Garasse connut les attaques dont il était l'objet. Tout d'abord celles des jeunes libertins et des Pasquier l'émurent, moins pour son propre honneur que pour leur effet probable sur les juges de Théophile. Craignant donc que le procureur général ne se laissât influencer, il crut bon de lui adresser le 14 novembre (1623) un mémoire apologétique. « Monsieur, écrivait-il dans la lettre d'envoi à Mathieu Molé, je vous demande pardon, si j'ose prendre la hardiesse d'interrompre vos sérieuses occupations pour vous prier de jeter les yeux sur cette apologie... Je l'ay jugée nécessaire pour dissiper, sous l'authorité de vostre nom, les calomnies qui se sont formées contre moy depuis la publication de mon livre. Je suis obligé de faire voir que les maximes de mon livre ne sont pas de mon invention et que Théophile est abandonné aux impiétés par la déposition de ses propres escriptz, quand vous n'auriez d'autres preuves de ses athéismes et vilainies. Ceux qui me suscitent les accusations, que vous prendrés s'il vous plaist la peyne de voir, sont les enfants de feu M. Pasquier qui ont imprimé de moy choses horribles. Permettez-moi, s'il vous plaist, que je défende mon innocence sans les offencer, et que me mettant à l'abri de vostre authorité je fasse voir à tout le monde que je suis, Monsieur, vostre très humble serviteur. De Poitiers, 14 novembre 1623[1]. »

A cette date le jésuite devait encore ignorer la *Censure* du prieur Ogier répandue dans Paris au mois d'octobre. Quand il en eut pris connaissance, il ne voulut point rester sous le coup des calomnies lancées par un personnage dont la condition pouvait en imposer. Augmentant donc et refondant son mémoire à Mathieu Molé, il fit paraître à la fin de décembre *Apologie de François Garassus pour son livre contre les athéistes et libertins de nostre siècle*.

« Je confesse, écrit-il au début, que j'ay balancé longtemps en mon esprit la résolution que je viens de prendre touchant cette response apologétique, et n'eût été le commandement exprès de l'Apostre qui m'enjoint de rendre mon ministère honorable, de peur que la parole de Dieu n'en soit méprisée, assurément j'eûs penché du costé du silence dans lequel j'eûs trouvé du soulagement et du mérite; mais, puisqu'il a plu à mes ennemis m'envier le repos de mes études particuliers (sic) par les efforts et les secousses

---

[1]. Lettre du P. Garasse à M. Molé, publiée par Lachèvre (*Un mémoire inédit du P. Garrassus*, dans *Revue de l'Histoire littéraire de France*, 1911, p. 900 et suiv.).

violentes qu'ils ont donnés à la robe que je porte et à la fonction que j'exerce, ils m'ont ravi les moyens de me taire. Si je crie doncques, je proteste que ce n'est ny par la violence de la douleur que je sens, ny par l'excès de l'injustice qui m'est faite, mais par le juste ressentiment du tort qu'on a fait à mon ministère[1]. »

Après avoir montré combien il était inconvenant pour un ecclésiastique de se faire le défenseur des libertins et d'accabler d'injures un religieux qui combattait leur immoralité, Garasse examine tour à tour les griefs articulés contre sa conduite et se livre. En des pages alertes, il flagelle impitoyablement le censeur de la *Doctrine curieuse*, lui renvoyant avec esprit ses reproches de méchanceté, d'indécence et de bouffonnerie. « Je proteste, déclarait-il en finissant, que comme voicy la première apologie qui sort de ma plume, aussy sera-t-elle la dernière pour actions et affaires personnelles[2]. » Puis, tendant la main à son adversaire et lui pardonnant de bon cœur : « Vivons en paix, disait-il, c'est ce que je lui demande; vivons en gens de bien, c'est ce que nous devons faire; vivons en bons ecclésiastiques, c'est ce que tout le monde attend de nous; vivons en bons amys, c'est ce qu'il doit procurer et que je ne luy refuseray jamais[3]. »

Ce dernier appel fut entendu, dès que de graves et honorables personnages s'entremirent pour amener une réconciliation entre les deux auteurs. Garasse le premier écrivit une lettre d'estime à son adversaire, qui répondit sur le même ton[4]. Après la publication de ces lettres de part et d'autre, le jésuite fit encore paraître, sous le pseudonyme de Guay, un *Nouveau jugement de ce qui a été dit et écrit pour et contre le livre de la Doctrine curieuse*; il y affirmait que le prieur de Chomeil avait rétracté sa *Censure*[5].

3. Quelle fut, dans la Compagnie de Jésus et dans le public, l'impression produite par l'*Apologie de François Garassus*? La première édition (de Poitiers, décembre 1629) désola le P. Général. Avec raison il déplorait la méthode excessive et violente de l'auteur. « Que Dieu pardonne à nos Pères du collège de Poitiers qui ont laissé paraître ce livre, nouveau

1. *Apologie de François Garrassus*, adresse aux lecteurs.
2. Garasse, *Apologie*, p. 357.
3. *Ibidem*, chap. xxII, fin.
4. *Lettre du P. François Garassus à M. Ogier, touchant réconciliation, et Réponse du sieur Ogier sur le mesme sujet.*
5. Niceron, *Mémoires*..., t. XXXI, p. 385.

sujet de sollicitude pour moi », écrivait-il le 12 janvier 1624 au Recteur du collège de Clermont[1]. Sur cette remarque, ou de leur propre initiative, les supérieurs supprimèrent la plus grande partie des exemplaires, tandis qu'une seconde édition se préparait à Paris. C'est la seule que nous connaissions et par suite nous ignorons en quoi elle différait de la première[2]. Sans doute les passages les plus vifs contre le prieur Ogier avaient disparu.

Pour éviter dans l'avenir de pareils écarts, le P. Général ordonna au P. Garasse (et cette fois en vertu de la sainte obéissance) de ne plus faire imprimer aucun ouvrage sans l'avoir envoyé à Rome et obtenu de là même l'autorisation[3]. Toutefois il apprit avec bonheur le succès de l'*Apologie* et ses heureux résultats : l'apaisement de la tempête soulevée par la *Doctrine curieuse* et la réconciliation de l'auteur avec Ogier[4].

Pendant la querelle, le célèbre Guez de Balzac, jadis élève de Garasse, avait pris parti pour le prieur : il critiquait vivement le style trop négligé de son ancien maître. Mais le jésuite ne se laissa pas faire. Dans la *Response du sieur Hydaspe au sieur de Balzac*, il se permit de signaler à celui-ci ses propres défauts : le culte exagéré de la forme, le ton emphatique, la lenteur et la minutie dans la composition. « Toutes vos lettres, lui disait-il, ne sont qu'un pressis de mélancholie noire et d'une gloire magnifique qui approche de bien près du frénétique. Vos périodes sont des périodes lunatiques; vos locutions sont des ampoules; vos virgules sont des rodomontades; vos interponctuations sont des menaces... Vous faites une fièvre de vostre estude, et, quand vous composez, on peut dire que vous êtes ou dans le frisson ou dans la chaleur, jamais dans l'esgalité et le tempérament d'un homme sain[5]. »

A ces coups droits, portés d'une main un peu lourde, Balzac ne répondit point; il crut plus sage et plus respectueux de subir en silence les reproches d'un vieux professeur, et même de rentrer dans ses bonnes grâces.

Cependant il existait un parti qui ne devait jamais par-

1. Lettre de Vitelleschi au P. Villeau, 12 janvier 1624 (Francia, Epist. Gen., t. IV).
2. Cf. Sommervogel, *op. cit.*, t. III, col. 1189, n. 15.
3. Lettre de Vitelleschi à Garasse, 12 février 1624 (Francia, Epist. Gen., t. IV).
4. De même au P. de Marquestauld, 9 avril 1624 (*Ibidem*).
5. *Response du sieur Hydaspe au sieur de Balzac*, p. 7, 8.

donner à Garasse ses vigoureuses ripostes. La rude correction infligée dans l'*Apologie* à Etienne Pasquier réveilla l'animosité de ses enfants. Ils pressèrent un avocat de réhabiliter la mémoire du grand homme. La réponse d'Antoine Remy, publiée d'abord sous le titre de *Deffense pour Estienne Pasquier*, parut ensuite sous celui d'*Anti-Garasse*. C'est une misérable parodie de *Recherches des Recherches* où le jésuite avait si bien disséqué le mortel ennemi de son Ordre[1]. Le voyant si mal défendu, François Garasse ne se donna pas la peine de répliquer. Quant aux attaques personnelles, il avait promis de ne plus les relever, et il tint parole. « Qu'ils parlent, qu'ils escrivent, qu'ils invectivent contre moi, avait-il dit de ses calomniateurs dans son *Apologie,* qu'ils esvantent leur colère, qu'ils remplissent le monde de libelles, qu'ils profanent mon nom... ils n'auront jamais autre response de moy que celle de Sophonie : *Pax, pax, pax, a facie Domini, quia juxta est dies Domini magnus*[2]. »

4. Aussi bien Garasse n'avait entendu guerroyer que pour la défense de la foi. Sa campagne, on ne peut le nier, mit le désarroi dans le camp des libertins; elle contribua dans une certaine mesure à la condamnation de leur coryphée. Par un arrêt du 1ᵉʳ septembre 1625, le Parlement prononça contre le poète Théophile de Viau une sentence de bannissement. Peine légère au gré de plusieurs : le rapporteur de l'affaire, Guillaume des Landes, et d'autres magistrats intègres l'avaient jugé digne de mort; mais « la cabale du duc de Montmorency, secondé de la fleur de toute la jeunesse, fut si forte... qu'on trouva moyen de faire passer son procès pour une entreprise des Jésuites », et de capter ainsi l'indulgence du Parlement « auquel ils étaient odieux[3] ».

Quoi qu'il en soit, l'œuvre apologétique du P. Garasse n'était pas achevée. En publiant *La Doctrine curieuse des beaux esprits,* où il combattait les maximes de l'athéisme, il avait promis de la faire suivre d'une seconde partie : l'exposé de la doctrine chrétienne. Il s'y mit au commencement de l'année 1624. Mais aucun dogme n'ayant été respecté par les incrédules, il

---

1. Voir tome III, p. 565, 566.
2. *Apologie de François Garassus*, p. 357-359.
3. Rapin, *Histoire du Jansénisme*, p. 190-193. Au dire du même auteur, « Guillaume des Landes tomba malade d'une si grande injustice faite à son rapport » (p. 193).

fut nécessairement amené à écrire un traité complet. Pendant près de deux ans il s'occupa de ce vaste ouvrage qui parut à la fin de 1625.

La somme théologique des vérités capitales de la religion chrétienne était dédiée au cardinal de Richelieu, et divisée en trois tomes comprenant chacun trois livres. Dans le premier tome, l'auteur traitait de l'athéisme, de Dieu, de Jésus-Christ; dans le deuxième, de l'homme, de l'âme raisonnable, de l'état de l'âme séparée; dans le troisième, de l'Église, des vertus et des vices, du monde et de son gouvernement.

S'adressant aux gens du monde, il écrivit en français, s'éloigna le plus possible de la forme scolastique, et préféra les procédés littéraires à la sécheresse du raisonnement. S'il cite les auteurs grecs ou latins, c'est en sa propre langue; il appuie ses preuves de récits historiques, développe sa pensée par des images ou des comparaisons, et termine chaque livre, parfois même les chapitres, par de courtes élévations à Dieu, des prières à Notre-Seigneur, aux anges, à la Vierge Marie.

Mieux écrit que la *Doctrine curieuse*, l'ouvrage, gâté par les défauts de l'époque, n'est assurément pas un modèle de bon goût; mais il ne mérite point tous les reproches que lui adressent de confiance beaucoup d'écrivains qui ne l'ont pas lu. Il n'avait pas encore vu le jour, que les beaux esprits ou les libres penseurs d'alors parlaient déjà de le déférer à la congrégation de l'*Index*. Garasse les raillait sans amertume. « Ceux qui se sont obligés d'en porter les nouvelles à Rome auront une bonne commodité cette année (celle de jubilé); car ils pourront y gagner l'indulgence plénière de leurs autres fautes, et pardon pour celle-ci qui n'est pas des plus grosses [1]. »

Au surplus, de précieux encouragements le consolaient et le soutenaient. Des littérateurs en vogue, Jacques Sirmond, Malherbe, Racan, Balzac, auxquels il avait communiqué des feuilles de son manuscrit, ne lui ménageaient pas les éloges. Malherbe par exemple défiait ainsi les détracteurs du livre en préparation :

> Esprits qui cherchez à mesdire,
> Adressez-vous en d'autres lieux :
> Ceste œuvre est une œuvre de Dieu
> Garasse n'a fait que l'escrire [2].

---

1. *La Somme théologique*, advertissements, n. XVI.
2. *Œuvres complètes de Malherbe* (Collection des Grands Ecrivains), t. I, p. 266.

Non moins hyperbolique, Balzac rangeait le jésuite « parmi les Pères des derniers siècles[1] ». Et Racan arguait des beautés de son livre pour prouver l'immortalité de l'âme contre les impies :

> Brutal escholier d'Espicure...
> . . . .
> Quand tu vois les doctes merveilles
> Qu'a fait naistre en ses longues veilles
> Ce grand ornement de nos jours,
> Peux-tu croire, esprit infidelle,
> Que tant d'admirables discours
> Soient partis d'une âme mortelle[2]?

Toutefois, quand il s'agit de doctrine, les témoignages des plus grands littérateurs ont peu de poids. Il nous faut avoir l'avis des juges compétents. Or, la *Somme théologique,* soumise par parties à des théologiens romains et à deux des principaux membres de la Sorbonne reçut leur complète approbation. Celle des docteurs Froger et de Montereul était formulée en ces termes : « Nous soubssignés, docteurs régens en la Faculté de Théologie de Paris, certifions avoir lu et sérieusement examiné trois livres de la *Somme Théologique...* auxquels nous n'avons trouvé chose qui ne soit conforme à la doctrine que tient l'Église catholique; au contraire, nous le *(sic)* jugeons très digne d'être mis en lumière pour servir d'antidote contre les impiétés des athées et libertins de ce temps[3] . »

Est-ce à dire qu'il ne se trouvât rien à reprendre dans cet ouvrage? Non assurément. Garasse, dit le P. Rapin, « n'avait pas l'esprit aussi exact que demandait cette étendue de capacité dont il avait la réputation;... il se méprenait quelquefois dans les citations qu'il faisait ;... il avait lu les auteurs anciens avec trop de rapidité, mêlant leurs sentiments aux siens.... donnant souvent leurs pensées pour les siennes[4] ». Ajoutons qu'il publia la *Somme* sans l'avoir corrigée assez sérieusement. Un plus grand souci de l'exactitude, une vérification attentive des textes lui aurait fait éviter bien des fautes. Dans certains traités on remarque

---

1. Lettre de Balzac au R. P. Garasse, s. d. (*Œuvres de Balzac,* Paris, 1665, t. I, p. 106).
2. *Epigramme pour mettre au commencement du livre du P. Garasse contre les impies.* (*Œuvres de Racan,* publiées par Tenant de La Tour, t. I, p. 226.)
3. Approbation des docteurs Froger et de Montereul (Prat, *Recherches,* t. IV, p. 698).
4. Rapin, *Histoire du Jansénisme,* p. 189.

d'importants *errata* que les esprits mal tournés se garderaient bien d'attribuer aux typographes; de même, certaines manières de parler, toutes nouvelles et à double entente, risquaient fort de n'être pas prises dans le sens de l'auteur. « Bonne veine[1] » pour Duvergier de Hauranne. Non content de tirer bon parti des fautes réelles, l'abbé de Saint-Cyran, prodige de mauvaise foi, entreprit, à l'instigation de Jansénius, de travestir l'œuvre de Garasse. Rien n'est plus facile que de défigurer la pensée d'un écrivain en isolant ses phrases de leur contexte. Saint-Cyran fit subir cette torture à la *Somme théologique*. Puis, avant même de livrer à l'imprimeur sa perfide censure, il en répandit à Paris parmi ses adeptes les passages les plus méchants. Dès qu'il les connut, le jésuite se récria : « Toute la vengeance que je désire de celuy ou de ceux qui ont diffamé et desmembré mes propositions, est qu'ils sçachent que je les désavoue pour miennes en l'estat qu'ils les ont publiées, et que si j'avois autant d'heures à perdre comme ils en perdent à l'examen de mes escrits, il n'y a livre au monde, quelque saint qu'il puisse estre, dans lequel retranchant, adjoustant, substituant, changeant, biaisant le sens, comme ils font dans ma *Somme*, je ne trouvasse autant d'hérésies comme Épiphane et Théodoret en ont recognu et desfaict par leurs doctes volumes. L'animosité des Aristarques me faict croire que si je faisois imprimer le symbole des apostres on y trouveroit des hérésies à centaines[2]. »

Cependant, divulguées par les fils de Pasquier et les amis de Théophile, les critiques acerbes de Saint-Cyran faisaient leur chemin au préjudice de la Compagnie; elles parvinrent jusqu'à Rome et le P. Général s'en émut. Bientôt le P. Coton reçut l'ordre de soumettre à une nouvelle revision la doctrine incriminée. Il en chargea un homme de science solide, de jugement sûr, le P. Jean Suffren; et celui-ci après un examen consciencieux pouvait écrire au P. Vitelleschi : « J'ai lu les propositions erronées et scandaleuses que quelqu'un avait extraites de la *Somme Théologique* du P. Garasse, et qu'il allait livrer à l'impression. Je les ai confrontées avec le contexte de l'auteur. J'avoue qu'il y a en celui-ci certaines propositions qui, à première vue, paraissent hardies. Cependant si on les considère avec la rigueur de l'École, toutes, ou

---

1. *Ibidem.*
2. Garasse. *L'abus découvert en la censure prétendue des textes de l'Ecriture Sainte et des propositions de théologie tirées par un censeur anonyme de la Somme théologique du P. François Garassus.*

à peu près toutes, peuvent se défendre; et les conséquences qu'on a voulu en tirer sont, pour la plupart, ou ridicules ou fausses ou frivoles. *Quidquid recipitur, ad modum recipientis recipitur.* Mais celui qui a recueilli ces propositions et qui en a déduit ces conséquences est mal affectionné envers le P. Garasse ; il n'est donc pas étonnant qu'il ait vu des fautes où il n'y en a point [1]. »

Cette juste appréciation était bien faite pour tranquilliser le P. Général; mais il était écrit que la personnalité de Garasse donnerait plus d'un souci aux Supérieurs. Tandis qu'on attaquait l'orthodoxie de sa doctrine, parut un libelle qui le fit soupçonner de révolte contre le pouvoir.

5. Les *Quaestiones politicae* étaient une sanglante satire du cardinal ministre et de sa politique. Elle n'avait que quelques pages ; l'auteur anonyme, partisan de l'Espagne, y résumait tous ses griefs en soixante et onze questions, souvent injurieuses, parfois très impertinentes. Qu'on en juge.

« N'est-il pas expédient, au milieu des affaires, de lire quelquefois les sept psaumes de la pénitence ?

« N'est-il pas une lumière de l'Église celui qui a allumé la guerre contre tous les défenseurs de l'Église, et n'a-t-il pas accompli ces évangéliques paroles de la Sainte Écriture : *Erat lucerna ardens et lucens?*

« Peut-il y avoir un homme qui ne soit ni chair ni poisson (ni catholique ni huguenot) ? Et si un tel homme venait à mourir, où irait-il ?

« Si Robert, docteur de Paris et fondateur de l'ancienne Sorbonne, venait à ressusciter, ne prêcherait-il pas en cour sur ce texte de saint Luc : *Juda, osculo Filium hominis tradis ?*

« Parce que les paroles de l'Écriture sont un peu obscures, Judas Iscariote n'a-t-il point été cardinal sous le pontificat de Jésus-Christ?

« Les cardinaux sont-ils obligés de croire qu'il y a un enfer pour eux? Comment y seront-ils reçus par Cerbère sur le seuil, en courtisans ou en soldats, ou de l'une et l'autre sorte ?

« Ne seront-ils pas tenus d'y travailler à une alliance entre l'eau et le feu, le froid et le chaud ?

---

[1]. Lettre du P. Suffren au P. Général, 18 février 1626 (dans Prat, *Recherches*, t. VI, p. 15).

« N'y a-t-il pas espoir qu'ils parviennent aussi à établir la paix entre Dieu et Bélial ?

« Judas fut-il docteur en théologie, en droit civil, ou en droit canon, ou rien de tout cela? En enfer attise-t-il le feu de la discorde parmi les diables, ou ménage-t-il entre eux des alliances, ou fait-il l'un et l'autre ?

« Pourquoi l'Illutrissime Seigneur cardinal officie-t-il pontificalement avec bottes et éperons ? N'a-t-il pas appris cela dans les leçons du docteur Richer ?

« Où, quand et comment sera enseveli l'Illustrissime Seigneur? Qui suivra ses funérailles? Lèguera-t-il en mourant ses biens à la Sorbonne, et quels sont-ils ? Un bréviaire ou un glaive ? Un chapeau rouge ou un casque ? Et où peindra-t-on le bréviaire ? sur le sol, parce qu'il l'a foulé aux pieds ? ou devant ses yeux pour qu'il commence à le lire [1] ?... »

Les autres questions n'étaient pas moins offensantes ; quelques-unes ne respectaient ni les infirmités ni la vie privée de Richelieu. Traité en disciple de Machiavel, le cardinal montra une irritation proche de la fureur. Toutes les blessures faites à son amour-propre par l'*Admonitio ad Reyem* s'étant rouvertes, il eut le tort de ne pas contenir son ressentiment; il alla jusqu'à jurer la mort du coupable s'il le trouvait. Et que ne fit-il pas pour cela? « Moyens indignes et hommes infâmes [2] », tout lui fut bon. Ses informateurs cherchèrent d'abord parmi les polémistes du temps. Le nom de Garasse s'offrit à eux et les ennemis des Jésuites s'ingénièrent à confirmer leurs soupçons. D'ailleurs il ne fut pas difficile de le faire partager à Richelieu. Voulut-il obtenir des aveux en feignant la conviction? voulut-il simplement se venger sur quelqu'un d'une offense impunie [3] ? nous l'ignorons ; mais nous savons qu'il usa de procédés inexcusables. Laissons Garasse lui-même nous en faire le récit.

« Environ le 20° de janvier [1626] fut apporté d'Allemagne un livret de quinze ou seize pages *Quaestiones politicae quodlibeticae...* Ce livret, très ingénieux et plein de venin, portoit le nom de M. de Bassompierre en ces termes: *Bassompetroeus vidit et approbavit*. De deux copies seules qui furent portées dans Paris,

---

1. *Quaestiones politicae, quodlibeticae; agitandae in majori aula Sorbonica, diebus saturnalibus, mane et vespere, praesidente illustrissimo cardinali de Richelieu sive de Rupella, anno 1626; cum facultate superiorum ; Bassompetroeus vidit et approbavit.*
2. Nisard, *Les Gladiateurs de la République des lettres,* t. II, p. 361.
3. Lettre du P. de La Tour au P. Gén., 15 janvier 1626 (Franciae Epist., t. I, f. 45).

l'une fut donnée à M. de Metz à l'issue du Louvre, et l'autre à M. le Lieutenant civil, lequel l'ayant leu la fit voir à M. le Cardinal de Richelieu, qui d'abord montra des ressentiments incroyables et fit toutes les diligences pour sçavoir d'où et de quelles mains venoit cet escrit. Buon, libraire, homme très honorable pour sa qualité et ami de notre Compagnie, sçachant toutes les inquiétudes de M. le Cardinal, le fut trouver pour luy faire entendre que c'estoit luy qui avait receu le paquet, lequel lui avoit esté envoyé de Nancy. M. le Cardinal voulut s'esclaircir de cette affaire, et pour cet effect il appela le facteur du messager de Nancy pour sçavoir de luy la vérité, lequel avoua franchement qu'il avoit apporté ledit paquet à M. Buon; et enquis plus outre d'où il l'avoit pris, respondit qu'on l'avoit jetté par la fenestre de la chambre basse, suivant le style ordinaire usité entre les messagers de France. Ces deux copies desquelles j'ay parlé, en firent esclore un millier dans huit ou dix jours, n'y ayant bon esprit dans Paris qui n'en voulût avoir copie escrite à la main, à quelque prix que ce fust.

« Nos ennemis ne laissèrent point écouler cette occasion, mais taschèrent de persuader à M. le Cardinal qu'il venoit de ma veine et de ma plume. Les principaux calomniateurs furent ceux qui ont esté cy-devant nommés, sçavoir : Favereau, Laffemas, Du Moustier, Saint-Rémy, Villiers et Saint-Germain, lesquels gagnèrent tellement la créance de M. le Cardinal et de ses domestiques, qu'on m'accusoit publiquement d'avoir composé, ou du moins donné des mémoires pour la composition dudit livret.

« Nos Pères, ayant appris les effects estranges que cette calomnie avoit opéré dans l'esprit du Roy et de M. le Cardinal, furent d'advis que j'allasse trouver mondit Seigneur le Cardinal pour luy faire entendre mon innocence; ce que je fis le 26 de janvier. Car l'ayant salué dans Chaillot sur le poinct qu'il sortoit pour ouyr messe dans l'église des Pères Minimes, je luy protestay que le bruit que ses domestiques faisoient courir estoit grandement préjudiciable et contraire à la protestation que je faisois publiquement d'estre son très humble serviteur. A ces paroles M. le Cardinal me prenant par la main me dit avec un accent plein de colère : « Ne dites point, mon Père, que ce sont mes domestiques; « car plus de cinquante personnes d'honneur m'ont assuré « qu'homme du monde ne peut avoir faict ce livre que vous « seul ». Sur quoy me trouvant estonné d'abord et prenant de nouvelles forces de mon innocence, je luy donnay pour ostage ma part de paradis, et je luy juray mon salut que j'estois injustement calomnié. Ce jurement prononcé avec grande force, en présence de plus de cinquante personnes d'honneur, désabusa l'esprit de M. le Cardinal, en sorte que me prenant par la main : « Ha, mon Père, je le crois et n'en veux point « d'autre preuve; mais quiconque soit, qu'il s'asseure que « pour les interests du Roy, j'en sçauray bien tirer justice; car, « pour ce qui me touche, je le pardonne volontiers et de bon « cœur. »

« J'adjoutay, pour une entière justification, que, grâces à Dieu, je n'avois pas perdu le sens commun depuis deux mois, auquel temps je luy avois dédié ma *Somme de théologie*, taschant de reconnoistre son mérite en termes très honnorables. Il répartit : « Je le crois, mon Père, et n'en soyez plus en peine. » Néantmoins, l'après-dinée mesme de ce 26 de janvier, nous apprismes, par le rapport de M. le Président de Lamoignon, que l'esprit de M. le Cardinal estoit si fort prévenu de cette créance que, tacitement et sous-main, il faisoit faire des enquestes par Laffemas et Favereau, qui se portoit en qualité de dénonciateur; ce qui fut cause que le lendemain 27, le P. Cotton, par l'advis de ses consulteurs, trouva bon de me faire jurer sur les saints Évangiles et sur la part de mon salut, de luy dire si, directement ou indirectement, j'avois contribué à la composition de ce libelle. Je juray derechef, estant à genoux devant le P. Cotton, mon Provincial, et les principaux Pères de la maison et du collège, que j'estois entièrement innocent et terminay mon jurement par ces paroles, tenant la main sur le canon de la messe : *Ita Deus me adjuvet et haec sancta Evangelia.*

« Cela fait, le P. Cotton et le P. de Séguiran partirent pour aller à Chaillot trouver M. le Cardinal et luy donner toutes les asseurances que la Religion et la prudence humaine peuvent donner en ce cas. M. le Cardinal dit froidement qu'il estoit marry de la peine qu'ils avoient pris, et que j'avois tort de me mettre en peine, après l'asseurance qu'il m'avoit donnée le jour devant; quiconque fust, au reste, l'auteur de ce livret, qu'il s'en repentiroit. Nos Pères luy dirent derechef qu'ils mettroient la main au feu pour soutenir mon innocence. Le P. Séguiran luy ayant dit qu'il vouloit estre bruslé pour moy, M. le Cardinal se déclara plus qu'il n'avoit faict, luy disant : « Mon Père, je vous conseille de « respondre pour vous mesme. » Le P. Cotton ajouta : « *In me* « *sit ista maledictio.* Car ou il est innocent, ou il est le plus

« méchant homme du monde, ce que nous n'avons pas recogneu
« jusques à présent. »

« L'après-dinée du mesme jour 27, en plein conseil, M. le Cardinal produisit ce libelle, et dit hautement qu'il sçavoit de bonne part que j'estois innocent, et que c'estoit une calomnie de nos ennemis, laquelle estant descouverte méritoit d'estre chastiée exemplairement. Ce tesmoignage deschargea nostre Compagnie, estant donné en présence du Roy par la bouche de celuy qui se sentoit le plus intéressé. On ne laissoit pas néantmoins d'assurer publiquement que, le lendemain 28, mon livre devoit estre bruslé par la main du bourreau, en la cour du Palais. Laffemas et Favereau faisoient des assemblées dans la maison de Saint-Germain, ausquelles on examinoit tous mes livres pour en tirer quelque conformité du style; et en effet ils portèrent à M. le Cardinal un papier dans lequel il y avoit vingt-cinq ou trente conformitez prétendues, la plus part si honteuses et ridicules, que mondict Seigneur ne jugea pas à propos de les faire voir à personne, et si ne laissoit pas néantmoins d'asseoir son jugement par une préoccupation funeste, disant à tous nos Pères qui le voioient que j'avois tort et faisois déshonneur à nostre Compagnie; que je me perdrois, s'ils n'y prenoient garde, et mettrois nostre Société en peine.

« Favereau et Laffemas passèrent bien plus avant. Car ayant trouvé le moyen de retirer quelques feuilles escrites de ma main, ils contrefirent mon caractère et escrivirent une lettre en mon nom à un imprimeur de Venise, par laquelle je le priois de m'envoyer une centaine des [questions] politiques que j'avois faictes, luy recommandant sur toutes choses le secret. Ayant dressé et minutté cette lettre, ils la portèrent à M. le Cardinal, qui la montra au P. Cotton, pour sçavoir si c'estoit mon caractère. A quoi le Père repartit que, sur sa part de Paradis, c'estoit une pure calomnie et une fausseté digne de mort, luy protestant, au reste, de m'envoyer le lendemain avec des papiers escrits de ma main, pour descouvrir la vérité du faict. J'y fus trois ou quatre fois, mais en vain, car jamais je ne sceus aborder mondit Seigneur le Cardinal, pour luy faire entendre l'imposteure de mes ennemis.

« Le Roy cependant et la Reine disoient que c'estoit moy qui avois composé ce libelle. Ce que le P. Suffren ayant appris par le rapport de ceux qui hantoient plus franchement la Cour et la Reine mère, résolut de faire ses plaintes au Roy. Et en effet, la veille de la Chandeleur, devant que de confesser le Roy, il se jetta à ses pieds luy disant : « Sire, je demande à Vostre « Majesté protection et justice, de la part de nos Pères qui sont plus « persécutez et opprimez maintenant qu'ils n'ont esté du temps « mesme du feu Roy vostre père de glorieuse mémoire, quand « il n'estoit pas encore dans le giron de l'Eglise catholique. » A ces paroles, le Roy se mit en action et dit au P. Suffren d'une voix puissante : « Si vous estes affligez, vous le méritez bien. Car « pourquoy est-ce que le P. Garassus escrit contre moy et contre « M. le Cardinal de Richelieu[1]? »

« Le P. Suffren cuida pasmer à ces paroles, et prenant des forces de nostre innocence, il dit au Roy : « Si le P. Garassus a « escrit ce livre, je veux estre chastié pour luy et subir toutes « les rigueurs de justice. Je prie Vostre Majesté de se souvenir « de ce qu'elle m'a promis, quand j'entray en cette charge : « qu'aux accusations qu'on feroit contre nous, elle garderoit une « oreille à nostre innocence, pour s'esclaircir avec moy. — Mais « quoy, dit le Roy, ce n'est donc pas le P. Garassus qui a faict « ce livre ? Cependant Laffemas me l'a juré. »

« Le Père ne laissa pas écouler l'occasion pour luy faire entendre les qualitez de Laffemas, qui avoit esté déclaré infame par arrest, luy remonstrant que Sa Majesté estoit obligée en conscience de fermer les oreilles tant à Laffemas qu'à Du Moustier et autres semblables, qui font triomphe de calomnier nostre Compagnie et luy rendre de mauvais offices. Il promit au Père qu'il n'en croiroit rien plus, et que désormais il ne se laisseroit pas prévenir à Laffemas. La Reine régnante nous fit la mesme faveur d'en parler à Sa Majesté et de luy faire entendre que c'estoient des ennemis de nostre Compagnie qui probablement avoient composé ce livre pour nous rendre odieux, et qu'il n'y a point d'apparence qu'un homme qui dit la messe chaque jour ait mis la main à un si méchant ouvrage.

« Si dans la Cour du Roy nous estions persécutez à l'occasion de ce libelle, nos affaires n'estoient pas en meilleur ordre dans la Cour du Parlement. Car ce livre ayant esté bruslé par arrest des Chambres assemblées, M. Servin, qui avoit sur le cœur la mémoire du *Banquet des Sages*[2], invectiva furieusement contre moy, suscitant les esprits des juges à un décret de prise de corps. Après sa harangue, un des plus anciens conseillers ecclésias-

---

1. Cf. Lettre du P. Suffren, 29 janvier 1626 (Francisc Epist., t. I, f. 49).
2. Ouvrage satirique de Garasse, voir t. III, p. 565.

tiques, se levant en colère, jura le nom de Dieu que j'en mourrois, s'il estoit un de mes juges. M. le Président d'Osembray et M. Deslandes, Doyen de la Cour, s'opposèrent fortement à la conjuration de Servin, me donnant advis de tout ce qui s'estoit passé, le troisième jour de février, auquel jour je receus sur le tard advis de me sauver la nuict suivante, d'autant que la brigue de Servin estoit si forte que, le lendemain quatrième de février, l'on debvoit asseurément décréter prise de corps contre moy, et me mettre en la Conciergerie.

« Nos Pères, devant que de rien déterminer, trouvèrent bon d'envoyer le P. Tacon chez M. le Procureur Général, pour prendre son conseil. Le Père y fut sur les huict heures du soir, et ayant faict entendre à mondit Seigneur le Procureur Général l'advertissement qu'on nous avoit donné, il conseilla à nos Pères de ne rien changer pour cette nuict, d'autant, luy dit-il, « que
« le dessein de vos ennemis seroit de donner l'espouvante au
« P. Garassus et le rendre criminel par son absence. Au reste,
« dites-luy de ma part qu'il n'aye point de peur, pour ce qu'en
« tout cas on ne peut décréter prise de corps contre luy que
« sur les conclusions des Gens du Roy, ou sur les plaintes de
« M. le Cardinal de Richelieu, s'il se rend partie. Or, quoy
« qu'il puisse arriver, je luy en donneray advis quatre heures
« devant pour le moins, et en quatre heures, dit-il, on fait bien
« de la besogne. »

« Le bruit courut cependant par toute la ville de Paris que j'estois dans la Conciergerie, prest d'estre mené en Grève, opinion qui s'échauffa si fort dans l'esprit de la populace, que plus de mille personnes accoururent, qui au Palais, qui vers la Grève, qui dans nostre maison, pour voir s'il estoit véritable. Deux princes, sur cette rumeur, envoyèrent à Saint-Louis, pour me prier de me sauver en leur hostel, et ce bruit ayant esté porté dans l'assemblée du Clergé, on s'apperceut, au discours et au visage de plusieurs Évesques, [d'] un ressentiment et [d'] une affection bien différente. Les uns en triomphoient comme d'une chose faicte, et les autres en tesmoignoient de l'affliction. En suite de ces opinions, M. le Cardinal et ses domestiques, ou ceux qui luy pensoient faire plaisir, n'ont laissé couler aucune occasion, durant le caresme passé, de calomnier et d'affliger nos Pères, syndiquant leurs prédications, leur imposant des choses honteuses, leur envoyant, en chaire de vérité, des épigrammes impudiques, après l'*Ave Maria*, les coudoyant et heurtant dans l'estomach à l'issue de la chaire, les trompétant et injuriant par les rues avec des atrocités non pareilles.

« L'un de ceux qui s'est porté le plus ardemment contre nous, a esté cet homme de néant, nommé Tarin, Recteur de l'Université; lequel, comme j'ay dit, de pauvre garçon ballieur (balayeur) de classes de La Flesche, et fils d'un meunier de Rochefort en Anjou, ayant esté promeu à cette charge, a tasché par ses ingratitudes d'effacer toutes les obligations qu'il nous a, prattiquant et mesnageant tous les sujets imaginables pour nous perdre. Celuy-cy donc, se présentant le jour de la Chandeleur devant le Roy, pour luy donner le cierge, suivant la coutume, se fit accompagner d'une trentaine des plus factieux de l'Université ; et, après avoir dit quatre ou cinq mots à la louange du Roy, qui est le thème de semblables actions, il se jetta comme tout forcené à genoux devant Sa Majesté, luy disant : « Sire, je
« suis icy de la part des Universitez de France, pour vous dire que
« ce sont les Jésuites qui ont composé les livres intitulez : *Admo-*
« *nitio ad Regem* et *Quaestiones politicae*. Nous nous présentons à
« Vostre Majesté, Sire, en qualité de dénonciateurs pour descharger
« nostre conscience. » A ces paroles, le Roy l'interrompit disant :
« Je suis bien ayse du soin que vous avés du salut de mon
« Estat et de ma vie; passez outre. » Ces paroles assommèrent si fort d'estonnement l'esprit de ce jeune garçon, qu'il ne sceut jamais dire autre chose, si ce n'est : « O ciel! O terre! » et s'égara si loing qu'il appresta à rire à toute l'assistance qui estoit très belle et très honorable[1]. »

Les ennemis de la Compagnie n'ayant pas réussi dans leurs projets contre le P. Garasse, incriminèrent un jésuite d'Allemagne, comme ils l'avaient fait autrefois pour l'*Admonitio ad Regem*. Richelieu, sans contrôler la vérité de leurs assertions, se laissa persuader. « Il y a trois jours, écrivait le P. Suffren au mois de juillet 1626, le cardinal s'est plaint devant moi de la conduite d'un des Nôtres à son égard. Je l'ai défendu comme j'ai pu, en disant que personne parmi nous n'était capable d'une si noire ingratitude; mais je ne crois pas avoir complètement dissipé ses soupçons. Prions Dieu de l'éclairer afin qu'il comprenne combien la Compagnie lui est toute dévouée. S'il ne nous conserve pas son affection, nous devons nous attendre à toutes sortes de désagréments[2]. »

1. Garasse, *Récit au vray...*, p. 120-138.
2. Lettre du P. Suffren au P. Général, 25 juillet 1626 (Franciae Epist., t. I, n. 63).

En fait, Richelieu ne cessera d'estimer les Jésuites, mais il saura bien leur faire sentir parfois sa rancune de ne trouver parmi eux aucun admirateur attitré de sa politique.

6. Tandis qu'on menait grand bruit contre la Compagnie de Jésus au sujet des *Quaestiones politicae*, Saint-Cyran compilait dans l'ombre et publiait *La somme des fautes et faussetés capitales contenues en la Somme théologique du P. François Garasse*. Elle ne comprenait pas moins de trois volumes in-quarto, plus ennuyeux et malhonnêtes que nuisibles. Il fallut des coups plus forts et partis de plus haut pour ruiner le livre du Jésuite. Au mois de février (1626), Jean Tarin, Recteur de l'Université, le dénonçait à la Sorbonne et en sollicitait la censure. Le P. Garasse persuadé que la liste des propositions prétendues fautives avait été dressée par le Docteur Filesac, se préparait à écrire contre lui; mais il en fut détourné par le P. Général [1] : à quoi bon jeter de l'huile sur le feu ?

Le 2 mars la Faculté confiait à plusieurs de ses membres l'examen de l'ouvrage. Le 2 mai elle entendit leur rapport et, à une forte majorité, déclara que la *Somme théologique* méritait une censure [2] ; mais les docteurs qui l'avaient approuvée demandèrent le temps de préparer leur défense : un mois leur fut d'abord accordé, puis le délai fut prorogé jusqu'au 1ᵉʳ juillet. A cette date, les réguliers qui se trouvaient en grand nombre dans l'assemblée firent décider à la pluralité des voix qu'on attendrait encore un mois ou deux afin que l'auteur pût « de sa franche volonté » rétracter ce qu'il avait écrit « avec trop peu de piété, de vérité et de modestie ». Enfin le 1ᵉʳ septembre, la Faculté, après avoir obtenu du Parlement un arrêt qui éliminait de l'assemblée la plupart des « Docteurs religieux ou mendians [3] », jugea que le livre du P. Garasse devait être condamné comme contenant « plusieurs propositions hérétiques, erronées, scandaleuses, téméraires, et plusieurs passages de l'Écriture Sainte et des Saints Pères mal cités, corrompus et détournés de leur vrai sens, et des bouffonneries sans nombre, indignes d'être écrites et lues par des chrétiens et des théologiens [4] ».

1. Lettre du P. Général au P. Armand, 14 juillet 1626; au P. de La Tour, 28 juillet 1626; au P. Garasse, 14 juillet, 26 août 1626. (Franciae Epist., t. IV).
2. Lettre de M. Lambert, 2 mai 1626 (Archiv. Vat., Nunz. di Francia, n. 395, f. 254).
3. Arrêt du 1ᵉʳ août 1626 (*Le Mercure françois*, t. XII, 1626, p. 526-527).
4. *Censure de la Somme théologique* (D'Argentré, Collect. judic., t. II, P. II, p. 220 et suiv.).

Revue et confirmée le 16 du même mois, cette censure était injuste. En effet les propositions taxées d'erreur ou de scandale présentaient bien un sens condamnable, si elles étaient considérées isolément; mais, rapprochées du contexte, elles étaient au contraire susceptibles d'une favorable explication. La Sorbonne, avec un parti pris évident (puisqu'elle récusa en cette circonstance les Docteurs réguliers), ne les envisagea que de la première manière : elle agit avec la même mauvaise foi que Saint-Cyran.

Le P. Garasse n'avait pas attendu à Paris la décision de la Sorbonne; il s'était retiré de son plein gré à Bordeaux, loin des avanies que ses adversaires, Des Barreaux et consorts, cherchaient à lui susciter dans les rues et jusques dans les églises. Il trouva auprès de nobles et inébranlables amitiés le dédommagement de tant d'injures, mais ce qui soutint surtout son courage, ce fut la conscience de n'avoir combattu que pour la cause de Jésus-Christ. Revenu dans la province d'Aquitaine à laquelle il appartenait par sa naissance, il se consacra tout entier au ministère apostolique. Les dernières années de sa vie ont été marquées par un dévouement, une intrépidité que les historiens les moins bienveillants ont été forcés de reconnaître [1].

Dans l'intervalle de ses prédications, il rédigea quelques-uns de ses souvenirs : *Récit au vray des persécutions soulevées contre les Pères de la Compagnie de Jésus dans la ville de Paris, l'an 1624, 1625 et 1626, fait par le R. P. François Garasse, qui en souffrit une bonne partie*. Cette relation, à laquelle nous avons fait de larges emprunts, est écrite dans un style original, nerveux, animé non par la passion, mais par l'horreur du vice, l'amour de la vertu et le zèle de la vérité. Pour l'époque c'est un écrit très français : on oublie vite le manque de goût et de mesure quand on est entraîné par le mouvement de la pensée, la vivacité de l'expression et l'éloquence d'une âme convaincue. Garasse n'avait pas la prétention d'être un styliste, ni même un littérateur; il ne voulait être qu'un apôtre. Il n'écrivait pas pour plaire, mais pour combattre l'impiété ou défendre l'innocence. Il est un narrateur véridique et sincère : nous pouvons le croire quand il

---

[1]. En 1630 il se dévoua au service des pestiférés à Bordeaux; l'année suivante, étant à Poitiers, quand le fléau y sévit, il se fit enfermer avec les mourants pour leur procurer les secours de la religion; il gagna auprès d'eux la terrible maladie et succomba le 14 juin dans d'admirables sentiments d'humilité. La ville décida de graver sur son tombeau une inscription attestant sa mort héroïque (Bibl. mun. de Poitiers, mss. de Dom Fonteneau, XXXII, 268).

rapporte des événements dont il a été le témoin, parfois même l'un des acteurs ou l'une des victimes. Aussi le mettrons-nous encore à contribution dans l'exposé des faits qui vont suivre: les détails caractéristiques dont est plein son récit, éclaireront d'un jour plus vif les témoignages d'autres contemporains, étrangers à la Compagnie.

CHAPITRE V

LA QUESTION DES RÉGULIERS A L'ASSEMBLÉE GÉNÉRALE DU CLERGÉ

(1620-1626)

Sommaire. — 1. La question des Réguliers. — 2. Innovation de l'évêque d'Orléans. — 3. Difficultés des Jésuites avec l'évêque de Poitiers. — 4. La question des privilèges en Sorbonne; à Paris; dans le diocèses de Langres. — 5. L'évêque de Séez et les Jésuites d'Alençon. — 6. Assemblée de 1625; plaintes de Guillaume Le Prestre, évêque de Quimper. — 7. L'Assemblée soutient le curé de la Boussac contre les Jésuites. — 8. Un livre du P. Etienne Binet pour la défense des privilèges. — 9. *Déclaration* de l'évêque de Chartres, ou *Règlement* contre les Réguliers. — 10. Conduite étrange de l'Assemblée. — 11. Comment la *Déclaration* est accueillie à Rome. — 12. Condamnation par l'Assemblée de 1625 de deux libelles faussement attribués aux Jésuites. — 13. Ingérence du Parlement. — 14. Résistance du clergé et rôle de Richelieu.

Sources manuscrites : I. Recueils de Documents conservés dans la Compagnie : — a) Franciae historia; — b) Francia, Epistolae generalium; — c) Aquitania, Epistolae Generallum.
II. Archives de la province de Paris; papiers Rolland.
III. Archives de la province de Lyon.
IV. Rome. Archivio Vaticano, Nunziatura di Francia, n. 63, 64, 65, 403, 406.
V. Paris, Bibliothèque nationale, f. Dupuy, LXXIV; — mss. fr. 8577.

Sources imprimées : *Le Mercure françois*, ann. 1625, 1626. — *Le Mercure Jésuite*. — Garasse, *Récit au vray*... (dans Carayon, *Doc. inéd.*, III). — *Mémoires de Richelieu*. — Bentivoglio, *Nunziatura di Francia*. — *Histoire du syndic... de Richer*. — Collection des procès-verbaux des assemblées générales du clergé, t. II. — Et. Binet, S. J., *Response aux demandes d'un grand prélat*. — D'Argentré, *Collectio Judiciorum*. — *Annales des soi-disans Jésuites*. — Rapin, *Histoire du Jansénisme*. — D'Avrigny, *Mémoires chronologiques et dogmatiques*. — Vittorio Siri, *Memorie recondite*. — Cordara, *Historia Societatis Jesu*, P. VI. — Fuzet, *Les Jansénistes au XVII° siècle*. — Puyol, *Edmond Richer*. — Prat, *Recherches*, t. IV. — Fierville, *Histoire du collège de Quimper*. — Delfour, *Les Jésuites à Poitiers*.

1. Nous sommes arrivés à une époque où le gallicanisme devient de plus en plus agissant. L'autorité pontificale, d'abord contestée dans l'ordre politique, l'est aussi maintenant dans l'ordre religieux par ceux-là mêmes qui, aux États Généraux de 1614, l'avaient soutenue avec ardeur contre les audaces du Tiers État[1]. Edmond Richer peut se consoler de la condamnation du

---

1. Voir tome III, p. 340 et s.

Libellus[1], en voyant adhérer à ses théories schismatiques la plupart des curés de Paris et des docteurs de la Sorbonne. Dans cette France qui se croyait unie avec Rome, l'opposition gallicane se glisse partout; bientôt elle va se manifester bruyamment par une attaque générale contre les privilèges des Réguliers.

A vrai dire, depuis le XIIIe siècle, la magistrature et le clergé avaient souvent cherché querelle aux Ordres mendiants. Plus tard, les décisions du concile de Trente ne parvinrent pas à empêcher les disputes entre les Ordinaires et les Religieux. Des conflits de juridiction s'élevaient à tout propos. Si encore on avait plaidé en cour de Rome. Mais non; les Parlements s'étant arrogé le droit de contrôler les actes du clergé, on vit des prélats chercher auprès des cours séculières un appui pour leur opposition à des privilèges accordés par le vicaire de Jésus-Christ.

2. Les Papes avaient, entre autres, donné aux Religieux le pouvoir d'entendre les confessions en tout temps de l'année. En laissant aux fidèles la liberté de choisir un confesseur, ils voulaient les attirer en plus grand nombre au sacrement de pénitence. « Or, écrivait le nonce Bentivoglio le 5 juin 1619, il y a en France des évêques et des curés, surtout des curés de Paris, qui prétendent que ni les moines ni les Pères Jésuites ne peuvent entendre les confessions ni administrer la sainte communion aux jours des fêtes principales[2]. » Pourtant la question avait été tranchée une fois déjà en 1592, lors du démêlé entre les curés de Douay et les religieux de divers Ordres. Un bref de Clément VIII avait condamné les prétentions des premiers et confirmé les privilèges des seconds, en leur recommandant d'en user avec respect et modération[3]. A Paris, sous Henri de Gondi, cardinal de Retz, les réclamations des curés furent vaines : le prélat, conseillé par le nonce, ne les écouta point[4]. Mais il n'en fut pas de même à Orléans.

Au printemps de 1619, l'évêque, Gabriel de L'Aubespine, « déclara aux PP. Jésuites et autres Réguliers de sa ville épiscopale qu'ils auraient à s'abstenir de confesser et donner la communion, huit jours avant et huit jours après la Pentecôte, et

---

1. Voir tome III, p. 295 et s.
2. Lettre de Bentivoglio au secrétaire d'État, 5 juin 1619 (*Nunziatura di Francia*, t. III, p. 347).
3. Bref du 22 décembre 1592 (D'Avrigny, *Mémoires chronologiques...*, t. I, p. 360).
4. Voir plus haut.

comme les Pères de la Compagnie représentèrent que, vu leurs privilèges, cette prohibition ne pouvait les atteindre, l'évêque la leur fit signifier juridiquement par voie de notaire. Il écrivit ensuite aux députés du clergé, alors réunis à Paris, pour les prier de l'aider dans une cause qui leur était commune et de s'efforcer, à l'occasion de cette assemblée, de maintenir aux prélats et aux curés leur autorité et leur juridiction. » En apprenant cette nouvelle au cardinal secrétaire d'État, Bentiviglio ajoutait : « Les députés ont embrassé, dit-on, cette affaire avec chaleur; ils attendent pour la traiter que les cardinaux soient présents, afin d'entendre leurs avis; au reste les Jésuites ont accédé à l'ordre de l'évêque d'Orléans [1]. »

C'était de leur part un acte de condescendance, et nullement une renonciation à des privilèges qu'ils n'avaient pas le droit d'abandonner. Le P. Général et le P. Charlet, alors provincial de France, comptaient tenir ferme dans une affaire intéressant la liberté du ministère apostolique [2]. Mais la vivacité et l'impressionnabilité de Mgr de L'Aubespine réclamaient des ménagements. « Il ne faut pas l'irriter, mandait Bentivoglio à Borghèse, car d'une nature très ardente, il est homme à porter tout à l'extrême, ne serait-ce que pour avoir la satisfaction de faire parler de ses nouveautés. Il s'est déjà calmé un peu, et, comme il est mobile et changeant, on peut espérer qu'une autre fois il se montrera plus favorable aux religieux [3]. » De fait, l'évêque d'Orléans, revenu à des sentiments plus modérés, ne renouvela pas son ordonnance à l'occasion de la Toussaint; en conséquence le nonce s'abstint de lui communiquer un bref comminatoire par lequel le Souverain Pontife condamnait ses mesures antérieures [4].

Cependant l'innovation de Mgr de L'Aubespine, alors que certains exaltés parlaient déjà de convoquer un concile national en faveur des curés contre les Religieux, effraya les cardinaux de Retz et de La Rochefoucauld. Afin de prévenir le retour de semblables nouveautés, ils jugèrent indispensable l'intervention simultanée du Pape et du roi : le Souverain Pontife presserait Louis XIII d'interposer son autorité auprès des évêques les plus exigeants, en les laissant libres de soumettre leurs griefs au Saint-Siège. Résolution fut prise d'agir en ce sens [5]. Nous ne

1. Bentivoglio à Borghèse, lettre déjà citée.
2. Lettre du P. Général au P. Charlet, 15 juillet 1619 (Francia, Epist. Gén., t. III).
3. Bentivoglio à Borghèse, 20 nov. 1619 (*Nunziatura di Francia*, t. III, p. 620).
4. Du même au même, 21 nov. 1619 (*Ibidem*, p. 624).
5. Bentivoglio à Borghèse, 22 sept. 1619 (*op. cit.*, p. 520).

savons trop ce qui s'ensuivit, mais nous constatons au contraire que le cas de l'évêque d'Orléans ne resta point isolé. A Poitiers, à Langres, à Alençon, à Quimper, à Rennes et ailleurs les Jésuites eurent maille à partir avec l'Ordinaire.

3. Henri-Louis Chasteignier de La Rocheposay, depuis sa nomination à l'évêché de Poitiers, en 1611, s'était toujours montré favorable aux Pères de la Compagnie. Grâce en partie à sa bienveillance, deux prieurés avaient été unis au collège Sainte-Marthe [1]. Rien n'était encore venu troubler la bonne harmonie et les études prospéraient sous le gouvernement du P. Lespaulard, quand Mgr de La Rocheposay s'avisa de choisir comme grand vicaire Duvergier de Hauranne, auquel il céda l'abbaye de Saint-Cyran en Brenne. Ami de Jansénius, « esprit inquiet, présomptueux, farouche, se communiquant peu, et fort particulier en toutes ses manières [2] », Duvergier, nous le savons, n'aimait point les fils de saint Ignace. Hardi et entreprenant, il gouverna l'évêque et le diocèse, exerçant son influence au profit de son ambition et de ses antipathies. Bientôt les curés poitevins, endoctrinés par lui, se montrèrent « moins préoccupés du salut des âmes que de l'affluence des fidèles aux messes des Jésuites [3] ». Un capucin, le P. Athanase, donna dans ces jalousies. Très goûté du peuple, il déclare, pendant le carême de 1620, du haut de la chaire de Saint-Porchaire, qu'il y a obligation de précepte « d'assister de trois dimanches l'un, pour le moins, à la messe de paroisse [4] », et cite à l'appui de sa doctrine certain décret d'un concile provincial de Bordeaux. Les fidèles s'étonnent, s'alarment du nouveau joug dont ils sont menacés, se répandent en plaintes dans la ville et viennent en foule au collège des Jésuites pour les consulter. Le P. Viguier, qui enseignait alors les cas de conscience, fut chargé par le P. Recteur de réfuter la doctrine étroite du capucin. Il le fit en dictant un petit traité qui ne permettait pas de réplique [5]. Aussitôt Duvergier de représenter à l'évêque que c'en est fait de son autorité s'il ne soutient les prétendus droits de la paroisse. Mgr de La Rocheposay entre complètement dans ces

---

1. Hist. ms. du collège de Poitiers (Archiv. de la Prov. de France, papiers du président Rolland d'Erceville).
2. Rapin, Hist. du Jansénisme, p. 80.
3. Fuzet, Les Jansénistes au XVIIe siècle, p. 73.
4. Le Mercure Jésuite, t. 1, p. 2.
5. Rapin, op. cit., p. 71.

vues et, le 30 mars, quatrième dimanche de carême, il publie l'ordonnance suivante :

« Estans advertis du trouble qu'on apporte depuis quelques jours aux consciences de plusieurs personnes, sur l'obligation que chacun a de fréquenter son église parochiale, et désirans y remédier par le pouvoir de nostre charge, nous déclarons et ordonnons que le décret du dernier concile de Bourdeaux sur ce sujet sera entièrement observé, duquel la teneur s'ensuit : « Que
« les curez ayent à dénoncer à leurs paroissiens cet ancien décret
« de l'Église par lequel tous ceux-là sont excommuniez qui par
« trois dimanches suivans et continuels n'assisteront à la messe
« parochiale, que les confesseurs soyent soigneux d'interroger
« leurs pénitents s'ils ont délinqué en cet endroit, leur proposant
« devant les yeux la gravité du péché, afin qu'ils ayent à s'en
« garder à l'avenir[1]. »

Cette ordonnance adressée au Métropolitain fut soumise à l'examen d'une commission et confirmée le 10 avril. Le cardinal de Sourdis, lui aussi, excommuniait les contrevenants et défendait à toutes personnes de discuter la question[2].

On fit alors courir toutes sortes de bruits au sujet des propos tenus par les Jésuites, soit entre eux, soit avec les membres de la Congrégation de la Sainte Vierge; on citait même leurs paroles : « Ceux qui estoient assemblés à ce synode (de Bordeaux) estoient des ignorans... Ce n'est pas aux évesques à décider la question présente... Le concile de Bourdeaux n'a pas esté approuvé par le Pape... Ce que le Pape en a dit ne se doit pas entendre comme Monsieur de Poitiers l'explique... L'interprétation françoise faite par les mesmes évesques synodaux ne respond pas à leur original latin, etc.[3]... » Sans s'informer de l'exactitude de ces dires, Mgr de La Rocheposay décida de supprimer le cours de cas de conscience et les assemblées de la Congrégation[4] dont faisaient partie plusieurs magistrats du Présidial; puis il chargea son grand vicaire d'aller signifier la double suppression aux Jésuites. Duvergier choisit mal son temps ; rencontré et reconnu à la porte du collège par la foule des élèves sortant de classes, il fut traité peu respec-

1. *Ordonnance de l'évêque de Poitiers*, 30 mars 1620 (*Annales des soi-disans Jésuites*, t. II, p. 669). — Cf. *Le Mercure Jésuite*, t. I, p. 2.
2. *Confirmation de cette ordonnance*, par le cardinal de Sourdis (Ravenez, op. cit., p. 402).
3. *Le Mercure Jésuite*, t. I, p. 31, 32.
4. *Ordonnance supprimant la congrégation* (*Annales des soi-disans...*, t. II, p. 670).

tueusement. Quant aux Pères, ils promirent d'obéir. Mais l'évêque ne se contenta point de leur bon vouloir pour l'avenir; il exigea des excuses pour le passé et une rétractation publique. Puis, afin de venger l'insulte faite à son grand vicaire par leurs élèves, il leur défendit d'exercer aucun ministère auprès des moniales de la ville[1]. A cette nouvelle, Mme l'Abbesse de Sainte-Croix, Charlotte Flandrine de Nassau, fit observer au prélat qu'à l'égard de son monastère « telle interdiction laissait quelque tache après elle ». Est-ce qu'elle-même ou ses filles « donnoyent scandale à la maison des Pères, ou les Pères à la sienne? Elle vouloit estre éclairée de ce doute afin d'en faire faire la punition requise ». — « Lui fut répliqué par Monsieur l'évesque que rien ne le mouvoit que le seul nom de Jésuites; qu'il vouloit les ranger aux termes de leur restablissement et à l'observation des saincts décrets et recognoissance de sa juridiction ordinaire, sans avoir recours à l'extraordinaire, contre les libertez de l'Église Gallicane [2]. » Devant une explication si naïvement claire, l'abbesse s'inclina; mais sachant à quoi s'en tenir, elle adressa des lettres de plainte à ses amis de la cour. Elle ne pouvait, disait-elle, maintenir l'ordre et la discipline dans son monastère sans le secours des Jésuites; elle priait donc le roi de lui accorder sa protection[3]. Un conseiller d'État vint à Poitiers et recueillit les dépositions des parties. Il était à peine de retour dans la capitale, que l'évêque reçut une lettre de cachet par laquelle Louis XIII lui ordonnait de rétablir les choses dans l'état où elles étaient, de laisser les Jésuites exercer leurs fonctions dans les maisons religieuses et surtout dans l'abbaye de Sainte-Croix; enfin de ne rien innover en matière de religion dans une province si gâtée par le protestantisme[4].

La lettre du roi ne parlait pas de la Congrégation de la Sainte Vierge. C'est que Monseigneur, à la requête des Pères et sur la communication des bulles et statuts de cette pieuse société, avait levé son interdit; cela, il est vrai, à des conditions excessives : ainsi aucun nouveau membre ne pourrait être reçu désormais sans son consentement, et il se réservait le droit, si bon lui semblait, de les obliger à faire en sa présence leur acte de consécration[5].

1. Rapin, op. cit., p. 71, 72.
2. Le Mercure Jésuite, t. I, p. 4, 9.
3. Rapin, p. 72.
4. Rapin, p. 73. — Cf. Delfour, Les Jésuites à Poitiers, p. 41, 42.
5. Ordonnance de Mgr de La Rocheposay sur la Congrégation, 25 mai 1620 (Annales des soi-disans..., t. II, p. 671).

Durant tout le démêlé, le P. Général n'avait cessé d'exhorter les Pères au respect et à la déférence envers l'évêque[1]. Il écrivit au cardinal de Sourdis, pour le prier de prendre la défense de religieux dont la doctrine était conforme à l'opinion commune des théologiens[2]. Mais, par ailleurs, il blâma la conduite de ses subordonnés sur plusieurs points : on avait manqué de prudence en intervenant les premiers dans une affaire relevant de l'évêque diocésain, et l'on n'aurait pas dû accepter, même tacitement, les conditions imposées aux congréganistes. Il y avait là une grave atteinte aux privilèges de la Compagnie, et mieux eût valu dissoudre la Congrégation; il fallait donc s'efforcer de lui rendre son indépendance primitive[3]. C'est du reste ce qui arriva peu de temps après, lorsque l'évêque de Poitiers se fut rendu compte par lui-même de la bonne édification que cette confrérie pieuse et charitable donnait à toute la ville[4].

5. Cette querelle apaisée, d'autres n'avaient pas tardé à surgir.

Au commencement de 1622, un docteur curé de Paris se plaignit, dans une assemblée de Sorbonne, de quelques religieux qui, disait-il, excitaient le peuple à délaisser les paroisses. D'autres dénoncèrent à ce sujet certain livre d'un Cordelier, Emmanuel Rodrigue, contenant plusieurs exagérations touchant les droits des Réguliers. Six mois plus tard, sur le rapport des commissaires chargés d'examiner l'ouvrage, la Faculté se disposait à le condamner[5]; mais le Dr André Duval, devinant tout le parti que les Richéristes pourraient tirer de la censure, s'y opposa énergiquement. Il pressa l'assemblée de ne rien faire « au mépris et en haine du Pape », si bien qu'on décida de ne point passer outre sans savoir la volonté du roi. Les cardinaux de La Rochefoucauld et de Sourdis jugèrent alors que le plus pressé était d'obliger les Richéristes à se démasquer; on leur demanderait donc de souscrire aux deux articles suivants : « 1° Le Pape, comme pape, peut faire des loix qui obligent en conscience tous et chacun des fidèles chrétiens; — 2° il peut donner des privilèges aux religieux pour

---

1. Lettres aux PP. Arnoux, Suffren, Lespaulard (Francia et Aquitania, Epist. Gen.).
2. Lettres du P. Général au cardinal de Sourdis, 20 juin 1620 (Gallia, Epist. Gen. ad externos, f. 1613-1672).
3. Lettres au P. Suffren, 25 juillet 1620, au P. Lespaulard, 27 oct. 1620 (Aquitan., Epist. Gen., t. II).
4. Cordara, *Hist. Soc. Jesu*, P. VI, lib. V, n. 60.
5. Lettre du nonce au card. Ludovisio, 8 juin 1622 (Archiv. Vat., Nunz. di Francia, n. 38, fol. 312). — Cf. D'Argentré, *Coll. Judiciorum*, t. II, P. II, p. 132, 134.

entendre les confessions par tous les diocèses¹. » Richelieu, proviseur de Sorbonne, s'efforça en vain d'obtenir de Richer et de ses adhérents la signature de ces deux propositions, qui tiennent cependant à l'essence même de la discipline et de la foi. L'ancien syndic prétendit défendre par son refus « l'indépendance de l'autorité souveraine, les libertés et immunités du royaume et la vieille doctrine de la Sorbonne² ». Il présenta dans ce sens une requête au Conseil d'État, sans avoir honte de recourir à un tribunal séculier contre l'action de ses supérieurs ecclésiastiques. Et l'on vit un évêque, Jean de Vieux-Pont, le récompenser de son zèle en lui confiant un canonicat vacant dans la cathédrale de Meaux³. Deux ans après, ce sera toute une assemblée de prélats qui s'emparera des théories de Richer pour leur donner droit de cité en France. D'ici là notons encore quelque manifestation du gallicanisme épiscopal.

En 1623 l'archevêque de Paris, Jean François de Gondi, voulut défendre à tous les religieux de son diocèse de confesser pendant la Semaine Sainte et l'octave de Pâques. Le nonce et les cardinaux de Sourdis et de La Rochefoucauld, d'accord pour s'élever contre pareille interdiction, en référèrent à Rome. Quoique la mesure ne dût être appliquée qu'une seule fois dans l'année, le Saint-Père maintint les droits des religieux: l'archevêque se soumit⁴.

Quelques mois plus tard, le 16 septembre, Sébastien Zamet, évêque de Langres, défendait aux habitants de Chaumont de se confesser et de communier ailleurs que dans l'église paroissiale, depuis les Rameaux jusqu'à la Quasimodo « sans une permission particulière du doyen et des chanoines, curez de ladite église⁵. » Est-il vrai que les Jésuites de Chaumont se soient conformés à l'ordonnance épiscopale? *Le Mercure françois* l'affirme⁶; il se trompe. Les Pères du collège ne la connurent que le 24 mars 1624, dimanche de la Passion, où elle fut lue au prône de l'église paroissiale, et dès le jeudi suivant ils firent signifier aux chanoines par un notaire apostolique

---

1. *Histoire du syndicat d'Edmond Richer*, p. 343, 344.
2. *Hist. du syndicat*, p. 357, 360.
3. *Ibidem*, p. 368.
4. Lettre du nonce au card. Ludovisio, 28 avril 1623 (Archiv. Vat., Nonz. di Francia, n. 63, fol. 242-243).
5. Ordonnance de l'évêque de Langres, 16 sept. 1623 (Archiv. comm. de Chaumont, B. 12).
6. *Le Mercure françois*, t. X, n. 1624, p. 809.

leur appel en cour de Rome, déclarant « se maintenir, et leur dit collège, en leurs dits privilèges ».

Dans une supplique à la Sacrée Congrégation, les Jésuites avaient demandé : « 1° Si une fois approuvés pour les confessions ils avaient besoin pour les entendre, même celles des infirmes, d'une nouvelle autorisation des curés, dans quelque temps de l'année que ce fût, même dans le temps pascal? — 2° S'ils pouvaient donner la communion à toute sorte de personnes, aussi en quelque temps que ce fût de l'année, excepté seulement le jour de Pâques? — 3° S'ils étaient tenus ou non d'observer la dite défense de l'évêque de Langres¹. »

La sacrée Congrégation répondit, à la première question négativement, à la seconde affirmativement, et à la troisième que « la défense de l'évêque de Langres ne devait point être observée² ».

En agissant comme il avait fait, Sébastien Zamet avait cédé à l'importunité des chanoines de Chaumont; cependant il avait laissé les Jésuites confesser au temps de Pâques comme à l'ordinaire³. Dès qu'il eut reçu la déclaration de Rome, il s'empressa de révoquer son ordonnance de 1623 par un acte public qui témoigne assez de son humble soumission au Saint-Siège⁴.

3. L'évêque de Séez, Jacques Camus, dans une circonstance semblable, montra moins de docilité. Nous avons dit, au tome III, avec quel peu d'empressement il avait permis aux Jésuites de s'établir dans la petite ville d'Alençon⁵. Leur collège était à peine ouvert que, sous l'influence d'un curé de sa ville épiscopale, membre de l'Oratoire⁶, il prit contre eux une attitude hostile. Sans dire pourquoi, il leur défendit d'exercer dans leur chapelle aucune des fonctions du ministère, de prêcher, de confesser, de donner la communion, et même, aux jours des fêtes principales, de dire la messe⁷. En vain le

---

1. *Acte d'appel des Jésuites* (*Annales des soi-disans...*, t. III, p. 24, note). Cf. *Histoire séculaire du collège* (Bibl. mun. de Chaumont, mss. 7).
2. *Réponse de la Sacrée Congrégation* (*Le Mercure françois*, p. 814, 815).
3. *Lettre du P. Général au P. Armand*, 18 août 1624 (Franciæ, Epist. Gen., t. IV).
4. *Déclaration de l'évêque de Langres*, 22 sept. 1624 (*Le Mercure françois*, p. 814, 815).
5. Tome III, p. 529, 530.
6. Cf. Houssaye, *Le P. de Bérulle et l'Oratoire*, p. 601.
7. *Litterae annuae 1624* (Franciae historia, t. III, n. 52).

P. Jean-Baptiste de Saint-Jure s'efforça de lui persuader combien cette interdiction, contraire à la discipline du concile de Trente et aux privilèges de l'Institut, nuirait au bien des âmes, seul but du nouveau collège d'Alençon; en vain la reine mère et le cardinal de Richelieu joignirent leurs remontrances à celles du P. Recteur; Jacques Camus, loin de céder, exigea l'exécution rigoureuse de ses ordres. Le nonce du Saint-Siège, Ottavio Corsini, qui tenait l'évêque de Séez pour un homme de vertu, ne put s'empêcher de lui manifester sa surprise. Après lui avoir rappelé pour quels sages motifs les Papes ont accordé aux Réguliers, entre autres privilèges, celui de confesser en tout temps, il ajoutait : « En restreignant le nombre des confesseurs vous restreignez aussi la liberté des pénitents... En refusant à des religieux l'usage de leurs privilèges vous troublerez la paix, car, seuls les Souverains Pontifes qui les ont accordés sont maîtres de les réformer; et il ne peut venir à l'idée de Votre Seigneurie Éminentissime que ces privilèges soient sans valeur. » Et Corsini, rappelant que l'année précédente l'archevêque de Paris avait reçu un blâme du Pape pour avoir voulu retirer leurs pouvoirs aux Réguliers à l'occasion des fêtes pascales, suppliait l'évêque de Séez de répondre aux intentions de Sa Sainteté, et de ne point priver toute l'année une petite ville, comme Alençon, du secours spirituel de quelques Jésuites[1].

Ces considérations, ces prières adressées par le représentant direct et autorisé du Saint-Siège n'eurent aucun effet. Non seulement Jacques Camus ne voulut rien changer à ses décisions, mais bientôt il les aggrava par un mandement dans lequel il déclarait excommuniés les prêtres qui entendraient les confessions et les fidèles qui se confesseraient hors de l'église paroissiale ou sans l'autorisation du curé[2]. Sujet de scandale pour les uns, de moquerie pour les autres, l'excommunication du prélat, même en supposant sa validité, n'atteignait point les habitants d'un faubourg d'Alençon, celui de Monsort, situé dans le diocèse du Mans. Ils continuèrent donc à fréquenter le collège, Charles de Beaumanoir, leur évêque, ayant donné aux Pères pleins pouvoirs; mais parmi eux se glissaient des fidèles des autres quartiers sans que les

---

1. Lettre de Corsini à Jacques Camus, 29 déc. 1623 (Bibl. nat., f. Dupuy, t. LXXIV, f. 84).
2. *Litterae annuae mss.* (Franciae historia, t. III, n. 50).

corfesseurs puissent toujours les reconnaître. M⁰ʳ Camus, s'apercevant un peu tard que son autorité était compromise, laissa faire[1]; puis de vives réclamations s'étant élevées de toutes parts, il finit par permettre aux Jésuites de confesser ses diocésains dans la chapelle du collège, excepté quatre fois dans l'année, la veille et le jour des solennités principales, où ils pourraient entendre les confessions dans les paroisses[2].

Un grand pas était fait; mais on ne pouvait en rester là. Le P. Provincial n'avait pas le droit de renoncer à des privilèges accordés par le Saint-Siège en faveur, non des religieux, mais des fidèles. Il profita de sa visite, pendant l'été de 1625, pour écrire à l'évêque de Séez une lettre pleine de déférence et de fermeté. Après avoir signalé, dans les restrictions apportées au ministère de ses subordonnés, leur caractère d'innovation, puisqu'elles étaient contraires à la discipline du concile de Trente et à la pratique universelle de l'Église, il suppliait le prélat d'en reconnaître les désastreuses conséquences.

« Telle restriction, disait-il, par nous approuvée devant ou contre le jugement du Saint-Siège, révoqueroit en doute toutes les absolutions que jusques à présent on a données à tels jours, pour ne rien dire de l'espèce d'infamie que porte avec soy l'interdit d'une église ou d'une chapelle de temps en temps... A bien dire, telle restriction nouvelle semble ne dénoter autre chose sinon que le Saint-Siège a erré, ou du moins a eu tort d'exempter les Religieux et de leur conférer le pouvoir et les privilèges qu'ils ont, non pour eux, n'en ayant que la peine, mais pour ayder au salut des âmes, en servant messieurs les évesques et soulageant les curez qui sont occupez au baptême, mariage, extresme-onction, sépulture, visitation des malades, et au service de leur église. Répréhension qui n'a esté faicte par un aucun concile œcuménique et qu'il est malaysé de faire sans offenser le pasteur universel de l'Église, lequel tenant la place de Saint Pierre, a intendance et juridiction sur toutes les ouailles de Jésus-Christ sans exception. »

Rappelant ensuite l'humble remontrance adressée au Saint-Siège sur le même sujet par le synode provincial de Bordeaux, il suppliait le prélat de laisser les Pères d'Alençon exercer librement leur ministère jusqu'à la décision du Souverain Pontife; « autrement, ajoutait-il, ce seroit prévenir son jugement, vous en com-

1. Notice sur le collège d'Alençon (Archiv. prov. de Lyon).
2. Ibidem. Cf. Prat. Recherches, t. IV, p. 650.

mandant, nous en obéissant. Que si vous estimez de ne le pouvoir faire, octroyez-moi du moins que j'attende la response de nostre Père Général, sans l'autorité et consentement duquel je ne puis contrevenir à ce qui se pratique en nostre Compagnie par toute l'estendue de la terre. » En finissant, le P. Coton faisait appel à la « piété et prudence singulière » de l'évêque, à son zèle pour « la gloire de Dieu, et le salut des âmes », et protestait de sa très humble obéissance pour tout ce qui n'était pas contraire au devoir de sa charge [1].

Il faut croire que Mgr Camus se laissa convaincre, car désormais nous ne trouverons plus aucune trace de dissentiments entre lui et les Jésuites. Mais toutes ces réconciliations particulières ne changeaient rien aux tendances gallicanes de l'épiscopat. Le concile provincial tenu à Bordeaux en 1624 sembla donner raison aux adversaires des Réguliers : il renouvela les règlements de celui de 1583 qui restreignait leurs privilèges ; il défendit de bâtir des monastères, des églises ou des collèges sans la permission de l'Ordinaire ; il frappa de censure les prédicateurs qui parleraient contre l'obligation d'assister à la messe paroissiale un dimanche au moins sur trois ; il prétendit qu'en 1622 le Pape Grégoire XV avait défendu aux Réguliers de prêcher et de confesser sans l'approbation et la permission de l'Ordinaire [2]. Or, comme le P. Général le fit observer au P. Charles de La Tour, la bulle de Grégoire XV ne limitait les pouvoirs des Réguliers que par rapport aux confessions des religieuses, et cela ne regardait aucunement la Compagnie puisqu'elle s'interdit elle-même l'exercice ordinaire de ce ministère. « D'ailleurs, ajoutait Vitelleschi, il est certain par la déclaration de la Sacrée Congrégation des cardinaux, qui a suivi cette Bulle [3], que nos privilèges n'ont point été atteints et que les Nôtres une fois approuvés peuvent entendre les confessions comme auparavant [4]. » Et le P. Général ne cessait de recommander aux Supérieurs de veiller avec soin à la conservation des privilèges de la Compagnie. « Ils nous ont été accordés par les Souverains Pontifes ; nous ne devons ni ne pouvons les abandonner ou en faire peu de cas, puisqu'il s'agit de l'autorité même du Saint-Siège. Si

---

1. Lettre du P. Coton à Jacques Camus, 24 août 1625 (Franciae historia, t. III, n. 57).
2. Labbe, *Sacrosancta Concilia*, t. XV. — Cf. *Le Mercure François*, t. X, an. 1624, p. 648.
3. *Declarationes Sacr. Congr. Concilii super Const. S. D. N. Gregorii Papae XV de Exemptorum privilegiis* (*Le Mercure François*, t. XI, an. 1625, p. 692-698).
4. Lettre de Vitelleschi au P. de La Tour, 1er déc. 1627 (Franciae Epist. Gen., t. IV).

donc on nous signifie de modifier nos usages, nous devons répondre avec modestie que nous ne pouvons y consentir sans la volonté formelle du Pape[1]. »

En effet l'heure était venue d'une humble mais inébranlable résistance. « On entendoit sourdement, dit un contemporain, des menées contre les Réguliers et les privilégiés, et des propositions aucunement scandaleuses contre toute la Moinnerie (car c'est ainsi qu'ils parlent des Ordres religieux) laquelle, à leur dire, il falloit réformer et contenir en son devoir[2]. »

6. Beaucoup pensaient alors que la prochaine Assemblée générale du clergé y pourvoirait. Elle s'ouvrit au mois de mai 1625. A en juger par divers incidents particuliers ou locaux, il semble bien que bon nombre des députés s'y rendirent avec l'intention de se prêter aux mesures rigoureuses que les plus exaltés proposeraient; nul doute que plusieurs prélats influents y apportèrent l'intention très arrêtée d'y faire triompher leurs prétentions gallicanes. S'il faut en croire le P. Garasse, le plan d'attaque contre les Religieux aurait été concerté « le propre jour de Saint-Thomas, 1624, entre deux Évêques des plus puissans de toute la France qui se rencontrèrent à Notre-Dame des Ardillières sous prétexte d'une neuvaine[3]... Ces deux Évêques demeurèrent dix jours chez les Pères de l'Oratoire, traitant de leurs affaires. Et comme je preschois l'avent à Saumur, je découvris une partie de leur dessein et en donnai avis au P. Séguiran, lequel estoit alors à la cour. Durant cette neuvaine ils ne laissèrent pas de traiter avec moi fort familièrement, ne perdirent aucuns de mes sermons; et, les fêtes de Noël estant venues, l'un d'eux agréa que je lui quittasse la chaire. Car en effet c'est un des Évêques qui s'en acquitte le mieux et le plus dignement de la France.

« Le R. P. Séguiran prévoyant le danger de cette assemblée, fit en sorte avec M. le Cardinal de La Rochefoucauld que le Roy commandât à M. le Chancelier de la convoquer à Montargis et de l'éloigner de Paris, pour éviter toutes les ligues et factions des esprits remuans. Aussitôt, un des Évêques que j'ai nommés s'ap-

---

1. Lettres du p. Vitelleschi au P. Niquet, 8 sept. 1625 (Ibidem); au P. de Séguiran, 8 déc. 1624 (Ibidem).
2. Garasse, Récit au vray... (Carayon, op. cit., p. 42).
3. Il s'agit sans doute de Léonor d'Estampes, évêque de Chartres, et de Gabriel de L'Aubespine, évêque d'Orléans, appelés à jouer un rôle important dans l'assemblée de 1625.

perceut de la ruse et en jetta le blasme sur le P. Séguiran ; s'en vint nous voir à nostre maison professe, pour nous prier d'oster ceste fantaisie, disoit-il, de l'esprit dudit Père, qui s'attireroit par ce moyen la haine de tous les Évêques de France. Séguiran se laissa aller aux prières qu'on lui en fit de dehors, car dedans il n'en fut jamais importuné par nos Pères[1]. »

L'Assemblée se tint donc à Paris et s'ouvrit au couvent des Grands Augustins, le 23 mai 1625[2]. Parmi ses travaux nous ne retiendrons que les discussions relatives à la question des Réguliers et aux affaires de la Compagnie.

La campagne contre les religieux s'ouvrit par l'examen des démêlés du D' Louytre, doyen de Nantes, avec Mgr René de Rieux, évêque de Saint-Pol-de-Léon, au sujet des Carmélites[3]. Le docteur, subdélégué des cardinaux de La Valette et de La Rochefoucauld dans l'affaire du Carmel, avait menacé de jeter l'interdit sur la maison épiscopale du prélat, si les Carmélites de Morlaix, réfugiées dans le diocèse de Saint-Pol à cause de la contagion, refusaient de reconnaître M. de Bérulle comme visiteur. L'Assemblée déclara « abusif, nul et de nul effet » tout ce qu'avait fait le doyen de Nantes[4].

A partir de ce moment il n'y eut presque plus de séance où quelque prélat ne vint récriminer contre telle communauté, telle abbaye, tel religieux de son diocèse. A entendre ces plaintes, on aurait dit l'exécution d'un plan combiné d'avance pour provoquer l'Assemblée à des actes de répression. Pourtant, combien la plupart étaient injustes ou mesquines !

Le 17 juin, Guillaume Le Prestre, évêque de Quimper, porta une accusation contre les Jésuites de cette ville ; mais elle ne fut discutée que le surlendemain, lorsque l'évêque de Chartres, Léonor d'Estampes, présenta un rapport sur cette affaire. En voici la substance : « Les Jésuites s'étant, en 1620, tumultuairement et par la faveur du peuple, introduits dans la ville de Quimper, auroient disposé le mesme peuple à demander avec importunité audit Seigneur Evesque son consentement pour leur establissement » ; et le prélat, « pour éviter quelque désordre, auroit esté contraint de le leur accorder, à condition toutefois que cela ne pourroit apporter aucun préjudice à ses droits ny

---

1. Garasse, *op. cit.*, p. 42.
2. *Le Mercure françois*, t. XV, p. 631.
3. Voir tome III, p. 571 et suiv.
4. *Le Mercure françois*, p. 641 et suiv.

à son chapitre, soit pour le spirituel soit pour le temporel¹ ».

Le récit que nous avons fait, sur pièces authentiques, de la fondation de Quimper, au tome III de cette Histoire², nous dispense de relever les erreurs contenues dans ce préambule. Il est certain que Mgr Le Prestre, quels que fussent les motifs déterminants de sa conduite, avait donné un très libre consentement à l'érection du collège. Il n'est pas moins vrai que les Jésuites en promettant de respecter les droits de l'évêque et du chapitre entendaient bien que la Compagnie serait à son tour acceptée avec ses conditions ordinaires d'existence. Il en fut du reste ainsi pendant plusieurs années. De 1620 à 1625 les Pères purent exercer le ministère en Cornouaille et dans la ville épiscopale sans aucune récrimination de la part de personne. Le 1er janvier 1624, Guillaume Le Prestre, en témoignage de sa bienveillance, avait même voulu présider dans la chapelle de la Compagnie les solennités du saint Nom de Jésus. Le matin il y célébra la messe en présence d'une foule nombreuse; et comme le local était trop étroit pour contenir les fidèles, il leur donna rendez-vous pour le soir à la cathédrale. Là, il leur adressa sur le mystère du jour un sermon auquel il mêla les louanges de la Compagnie, se félicitant du bien que les disciples de saint Ignace opéraient dans son diocèse. Durant tout le cours de cette année ses sentiments ne se démentirent point, et non plus ne languit le zèle des Jésuites à lui donner satisfaction³.

Dans les premiers mois de 1625 il modifia soudain son attitude. Les Pères avaient-ils donc changé de conduite? Nullement. Leurs œuvres devenaient plus fructueuses que jamais : les classes étaient suivies par de nombreux élèves ; grâce aux congrégations de la sainte Vierge, l'esprit de piété se répandait dans toutes les classes de la population ; les communions, de plus en plus fréquentes dans toutes les églises, en étaient un signe évident. Mais des fidèles de tout âge et de toute condition assistaient avec assiduité aux exercices de dévotion dans la chapelle du collège, et les curés de la ville craignirent de voir diminuer leur propre influence. Alléguant qu'ils avaient charge d'âmes et que c'était à eux de les diriger, ils se plaignirent à l'évêque de ce que les Pères leur enlevaient leurs ouailles. C'est alors seulement que

---

1. *Rapport de l'évêque de Chartres* (*Collect. des procès-verbaux des ass. gén. du clergé*, t. II, p. 507 et suiv.).

2 Voir tome III, p. 496 et suiv.

3. *Litterae annuae 1624 mss. collegii corisopitensis* (Franciæ histor., t. III, n. 52).

Mgr Le Prestre crut s'apercevoir que les Jésuites empiétaient sur ses droits, et rendit contre eux une ordonnance qu'il essaya de justifier dans l'Assemblée du clergé[1]. Leur reprochant, nous dit le rapport de Léonor d'Estampes, d'avoir exercé le ministère sans avoir été examinés ni approuvés par lui, et sans lui avoir exhibé leurs privilèges, il leur fit défense, le 27 mars 1625, « d'entendre les confessions et de donner la communion depuis le dimanche des Rameaux jusqu'au dimanche de Quasimodo inclusivement »; en outre il déclarait « rebelles et excommuniés, suivant la teneur du canon *Omnis utriusque sexus*, tous ceux qui n'obéiraient pas ponctuellement[2] ».

Cette ordonnance, poursuit le rapport « ayant esté signifié à Léon Le Fèvre, vice-recteur [du collège], il y auroit fait response avec évident mépris de la dignité et autorité dudit Seigneur Evesque ». C'est grave; mais, par bonheur, on nous donne les termes de cette réponse que voici : « Les Jésuites avoient juridiction de Sa Sainteté qui avoit pouvoir universel sur tout le monde; depuis quatre ans ils avoient exercé [le ministère] dans ladite ville, à la vue et sans opposition dudit Seigneur Evesque; quant aux privilèges, qu'ils sont prests à les montrer et qu'ils se trouvent au droit commun des privilèges; et pour le canon *Omnis utriusque sexus*, qu'il ne deffend aux privilégiés d'entendre les confessions au temps de Pâques, non plus qu'aux évesques et à Sa Sainteté, qui ne sont curez immédiats ni propres prestres [des paroissiens], et le peuvent par eux-mêmes et leurs délégués; [enfin les Jésuites de Quimper n'avoient pu] contrevenir aux conditions de leur établissement, n'en ayant admis d'autres que ce que la Compagnie pratique par toute la France sans contredit[3]. » Réponse parfaite, où l'on chercherait en vain la

---

1. *Collect. des procès-verbaux*, l. c.
2. Ce fameux canon du quatrième concile de Latran (an 1215, sous Innocent III) est ainsi conçu : « *Omnis utriusque sexus Christi fidelis, cum ad annos discretionis pervenerit, omnia peccata sua solus confiteatur fideliter, saltem semel in anno, proprio sacerdoti. Si quis autem voluerit, justa de causa, confiteri alteno sacerdoti, licentiam potius postulet a proprio sacerdote, cum aliter ipse non possit illum absolvere aut ligare.* » Par le mot *proprius sacerdos* le concile n'entend pas seulement le curé mais encore l'évêque et le vicaire de Jésus-Christ. Or, si le pape et l'évêque sont le « *propre prêtre* » il est clair qu'on remplit d'obligation imposée en s'adressant à ceux à qui il leur a plu de confier pour tous les temps de l'année l'usage de la puissance des clés, dont ils sont les premiers dépositaires. Aussi le V° concile de Latran (sous Léon X) déclare-t-il que les prêtres réguliers pourront absoudre librement et licitement ceux qui se présenteront à eux et que les fidèles qu'ils auront confessés, satisfont au canon *Utriusque sexus*. (D'Avrigny, *op. cit.*, t. I, p. 843 et suiv.)
3. Rapport de Léonor d'Estampes (*Coll. des procès-verbaux*... l. c.).

moindre trace de mépris; si elle blessa l'évêque de Quimper c'est qu'elle était sans réplique. Mais à qui la faute?

Guillaume Le Prestre reprochait encore aux Jésuites de soumettre aux mesures disciplinaires, en usage dans les collèges, les élèves ecclésiastiques sur lesquels il avait seul le droit de correction ; puis d'avoir choisi pour la construction des nouveaux bâtiments un lieu comprenant, disait-il, « le tiers de la ville [1] ». Ici l'exagération est évidente; quant à l'ensemble du grief, il a besoin d'explication.

Conformément aux lettres patentes du roi, la ville de Quimper avait acheté pour bâtir le collège quelques maisons et des jardins[2]. Mgr Le Prestre prétendit que l'emplacement choisi ne pouvait être accordé par le conseil de ville, attendu que lui seul, en qualité de seigneur féodal de Quimper, avait droit d'en jouir et d'en disposer. A la requête du chapitre, les juges des Régaires[3] défendirent aux Jésuites de démolir ni de bâtir dans le fief épiscopal « à peine de cinq cents livres d'amende pour tous les maçons et ouvriers qui y contreviendroient. » Mais il intervint une décision toute contraire du Présidial, interdisant aux chanoines de poursuivre leur opposition. Ce tribunal permit en même temps de déblayer l'emplacement et de faire les préparatifs des bâtisses, sauf à donner ensuite une indemnité au prélat. Celui-ci appela de cette sentence au Parlement de Rennes « attendu, disait-il, que le Présidial formé de la meilleure partie des habitans, était inhabile à connaître de la question ». Plusieurs fois le Parlement se prononça contre l'évêque[4]. Alors Guillaume Le Prestre se plaignit de l'injustice des arrêts, sous prétexte que la plupart des conseillers, appartenant à la Congrégation de la Sainte-Vierge et ayant leurs enfants sous la direction des Jésuites, étaient plus disposés en leur faveur[5]. En somme la ville se trouvait seule en cause dans ces démêlés, et l'évêque attribuait tout aux Jésuites.

Comme conclusion de son rapport, Léonor d'Estampes demandait à l'Assemblée, au nom de Mgr Le Prestre :

1° Qu'elle s'entendit avec le Pape sur la confection d'un Rè-

---

1. Cf. Fierville, *op. cit.*, p. 20.
2. Achats des 11, 12, 13 juin et 5 sept. 1624 et 27 mars 1625 (Archives du Finistère, D. 6).
3. Terme employé en Bretagne pour désigner la juridiction temporelle des évêques.
4. Arrêt du Parlement de Rennes, 2 juin 1625 (Archiv. du Finistère, D. 6.)
5. Cf. Fierville, *op. cit.*, p. 20-26.

glement afin que « les Exempts et particulièrement les Jésuites puissent être réduits aux termes du droit commun »; et qu'elle en fît un article des remontrances à soumettre au roi.

2° Qu'attendu les « habitudes » que Jésuites et Quimpérois ont au Parlement de Rennes, il plût « à Messeigneurs de l'Assemblée se joindre avec le suppliant » pour lui faire obtenir « une évocation de toutes affaires dudit Parlement de Rennes au Parlement de Paris ou au Grand-Conseil. »

3° Qu'il fût défendu aux Jésuites de Quimper de soumettre leurs élèves ecclésiastiques aux mesures disciplinaires communes à tous les autres [1].

L'Assemblée adopta gravement ces conclusions, mais remit à s'en expliquer dans une séance ultérieure où l'on convoquerait, vu l'importance de la matière, tous les prélats présents à Paris. Le 9 juillet, l'évêque de Chartres ayant relu devant eux son rapport sur les plaintes de Guillaume Le Prestre, l'Assemblée décida qu'il serait pourvu par des règlements généraux « aux prétendues exemptions des Jésuites et de tous autres Moines et Religieux ». Puis elle ordonna la comparution du P. Provincial pour rendre compte de la conduite de ses subordonnés [2]. Le P. Coton ne se trouvait pas à Paris, et le P. de Marguestauld, supérieur de la maison professe, était retenu au lit par la fièvre. Ce fut le P. Ignace Armand qui se présenta, pendant la séance du 21 juillet.

Il dit qu'en l'absence de ses supérieurs « il estoit venu pour assurer l'Assemblée que ceux de la Compagnie ne s'escarteront jamais de l'honneur et du respect qu'ils doivent aux prélats, et que ses supérieurs n'avoueront [n'approuveront] jamais ce qui sera fait au contraire.

« Enquis s'il vouloit avouer [ou désavouer] la response du Vice-Recteur de Quimper, laquelle a esté lue mot à mot, a dit qu'il n'étoit que particulier religieux, et qu'il en communiqueroit avec ses supérieurs, ne devant entrer en dispute sur cette question. A quoy M⁺ le Président a reparti que la présente Assemblée ne s'offroit pas de disputer; qu'elle ne faisoit qu'ordonner et décider, et partant qu'il eût à prendre un certain temps dans lequel il eût à faire foy, de la part de ses supérieurs, de l'aveu ou désaveu de la response à luy lue; au deffaut de ce, l'Assemblée prononcera, ainsi que la gravité du fait le requiert.

1. Rapport de l'évêque de Chartres (*Collect. des procès-verbaux*, l. c.).
2. *Ibidem*. Cf. *Annales des soi-disans Jésuites*, t. III, p. 30-32.

« Ledit religieux Ignace a dit ne pouvoir prendre ce temps déterminé, ne dépendant point de luy. Quoy fait, il s'est retiré [1]. »
On ne le revit plus.

Guillaume Le Prestre, pour soutenir ses droits temporels, adressa au roi une requête où il demandait qu'il plût à Sa Majesté, sans avoir égard aux arrêts du Parlement de Bretagne ni à la sentence du Présidial, « ordonner que les Jésuites ne pourront prendre aucune place dans la ville, que du consentement dudit sieur Evesque ». Le Conseil privé, par arrêt du 25 août 1625 « renvoya la requête en la cour du Parlement de Rennes pour estre fait droit aux parties sur l'appel interjeté [2] ». L'affaire ne s'arrangea pas de si tôt. Enfin au mois de mars 1626, à la suite d'une transaction, les habitants consentirent à payer, pour les droits seigneuriaux de l'évêque, une indemnité de seize cents livres [3]. Mais revenons à l'Assemblée du clergé.

7. Le 19 juillet elle avait entendu les plaintes de M. Vincent Charnassé, curé de La Boussac, au diocèse de Dol, contre les Jésuites de Rennes, et les ayant prises en considération, avait chargé l'archevêque de Bourges et l'évêque de Maillezais de faire un rapport. De quoi s'agissait-il donc ?

Dans les limites de la commune de La Boussac était situé le prieuré de Sainte-Marie de Brégay (ou Bregain), uni au collège de Rennes par Paul V, à la charge pour les Jésuites de desservir l'église[4]. Devenus par le fait curés primitifs de la paroisse, ils entendaient y exercer les fonctions sacerdotales. C'était leur droit et même leur devoir ; pourtant, vers 1622, Vincent Charnassé, soutenu par son évêque, Antoine Revol, entreprit de s'y opposer. Débouté de ses prétentions par le Présidial de Rennes il en appela au Parlement qui d'abord lui donna raison ; puis, revenant sur son premier jugement, la Cour, par deux arrêts, reconnut les titres incontestables des Jésuites, leur permit de saisir le temporel du curé et les maintint en possession de « célébrer la grand-messe, faire l'office divin et toutes les fonctions curiales

1. Extraits des procès-verbaux de l'Assemblée du clergé (*Annales des soi-disans Jésuites*, t. III, p. 70, 71).
2. Requête de G. Le Prestre au roi (*Annales des soi-disans...*, t. III, p. 39).
3. L'évêque de Quimper, comme seigneur de fief, aurait voulu qu'on mit ses armes « tant en pierre qu'en bosse et sur les vitres » dans l'église et autres lieux. Les habitants refusèrent disant que la supériorité appartenait au roi à cause de la concession de l'octroi faite à la ville pour la construction et l'entretien du collège ; et plus tard les armes du roi furent seules posées (Fierville, p. 27, 28).
4. *Acta Sanctae Sedis*, p. 237, n. 82.

en l'église de La Boussac aux quatre fêtes solennelles de l'année, avec défense au sieur Charnassé de les y troubler à l'avenir¹ ».

C'est alors que le curé, désireux de faire casser les arrêts rendus contre lui, résolut de recourir à l'Assemblée générale du clergé. Là, il était sûr de recevoir satisfaction. Dans la séance du 5 août, présidée par le cardinal de Sourdis, elle ordonna, sur es conclusions de l'évêque de Maillezais qu'on accorderait à M. Vincent Charnassé cent cinquante livres pour frais de procédure et que le clergé se joindrait « avec le dit recteur de La Boussac pour poursuivre au conseil du Roy la cassation desdits arrests et tout ce qui s'en est suivi », et pour obtenir évocation au même conseil « de tous les procès et différends mus et à mouvoir » entre lui et les Jésuites. Après quoi, on chargea les agents généraux du clergé « d'en faire les poursuites et diligences nécessaires, en attendant que l'assemblée eût dressé un règlement sur cette matière². »

8. L'annonce d'un *règlement général*, pour remédier à ce qu'on appelait les abus des Réguliers, revenait comme un refrain dans toutes les décisions prises à leur sujet. L'évêque de Chartres avait été chargé de le formuler ; on l'attendait avec impatience. D'ailleurs les travaux de l'Assemblée préoccupaient alors tous les esprits. Le P. Etienne Binet, provincial de Champagne, étant venu à Paris et s'y étant rencontré avec l'évêque de Langres qui l'appréciait fort, tous deux s'entretinrent de la question du jour. Sébastien Zamet, « enrôlé dans l'Oratoire », se montrait peu favorable aux privilèges, mais animé d'un zèle sincère il était disposé à entendre raison. Le Père lui avoua franchement sa pensée et ses craintes : si l'Assemblée n'y prenait garde, les opinions qui semblaient y triompher la mèneraient à des mesures injustes et illégales. M. de Langres, ébranlé sinon convaincu, « le pria de proposer les inconvénients qu'il s'imaginoit et de dresser l'état de la question³ ». La chose avait trop d'importance pour que le P. Binet, malgré ses autres occupations, reculât devant ce travail. Il fit paraître, sous le pseudonyme de François de Fontaine, la *Response aux demandes d'un grand prélat touchant la hiérarchie de l'Église, et la juste défense des Privilégiés et des Réguliers*.

1. Arrêts du 1ᵉʳ juillet 1623 et 18 mai 1624 (*Annales des soi-disans...*, t. III, p. 63).
2. Extraits des procès-verbaux (*Annales des soi-disans...*, t. III, p. 70-71).
3. Garasse, S. J., *Récit au vray...*, p. 45, 46.

Définissant la hiérarchie, d'après saint Thomas, l'ensemble des pasteurs et des fidèles subordonnés à un chef unique[1], l'auteur montre que les religieux, comme tels, ne peuvent la troubler. « Les Papes et les conciles, disait-il, tiennent que les évêques et les curez succèdent aux apostres et aux disciples de Jésus-Christ; cela est très vray; mais aussi il est vray que les papes et les conciles ont employé les religieux et les ont comme insérez dans ceste hiérarchie, comme font les Roys qui, outre la milice ordinaire et qui va aux despens du Roy, ont des cornettes blanches où s'assemblent les volontaires, qui sont bien souvent les premiers aux coups, et moyennant qu'ils facent bon devoir et soient soubs l'authorité du Roy, tout le monde les loue, les ayme et les admire. Outre ceux qui de droit sont obligez de procurer le salut des âmes, Dieu et son vicaire en terre ont des troupes d'élite qu'ils envoyent au secours, et, pour mieux s'acquitter de leur charge, ils leur donnent des privilèges et des armes pour combattre l'enfer, les péchez et les malheurs qui accablent les âmes. Ce n'est donc pas troubler la hiérarchie, mais la secourir, vivre et mourir pour son service...

« Les premiers honneurs doivent être rendus aux évêques et les seconds aux curez; cela est hors de dispute. Ce que les religieux demandent ce n'est ny grandeur ny honneur, ny revenu, ny séance, ny rien qui esclate; ils ne demandent que suer sang et eau: travailler jour et nuit; servir et consoler tout le monde; prescher, confesser, visiter hospitaux et prisons; on ne doit donc pas appeler cela troubler la hiérarchie. L'Église orientale n'a jamais eu cette créance, veu qu'aujourd'hui même on n'y fait quasi ny patriarche, ny archevesque, ny évesque sinon les Religieux de l'Ordre de saint Basile[2]. »

Et à ce propos le P. Binet rapporte un mot du saint évêque de Genève, dont le clergé de France poursuivait alors la béatification. « Un jour, raconte-t-il, que j'avois l'honneur de discourir avec luy et que je luy touchois en discours familier cette corde, il me dit avec sa sérénité angélique: « Je ne scay où ces messieurs vont forger cette hiérarchie et où ils vont imaginer ces distinctions: quand il leur plaira, je leur montreray que les religieux sont une des plus importantes pièces de la vraye hiérarchie de l'Église; et y a tel qui fait semblant de vouloir battre seulement les religieux, qui voudroit avoir abattu les évêques et le Pape

---

1. E. Binet, S. J., *Response aux demandes d'un grand prélat...*, p. 108.
2. E. Binet, S. J., *Response aux demandes d'un grand prélat...*, p. 87, 88, 93, 94.

mesme. Vivons, dit-il, hélas! vivons et servons-nous de ceux que le bon Dieu nous envoye ; quand nous serions encore dix fois autant que nous sommes, certes, nous ne serions pas encore la moitié de ce qu'il faudrait, tant il est vray que *totus mundus est in maligno positus*[1]. »

Pourquoi donc en effet, contrairement à l'esprit de l'Évangile se priver du secours des Religieux ? Aurait-on quelque chose à leur reprocher ? Ici, le P. Binet examine successivement tous les griefs tant de fois rebattus : « Les religieux sont trop attachés au Pape et se voudroient rendre plus puissants que les evesques » ; ils font déserter les paroisses et attirent tout à eux; ils abusent de leurs privilèges, se font trop indépendants des Ordinaires « et quasi insolents » ; ils méprisent les ecclésiastiques et messieurs les curés et empiètent sur eux ; ils ne suivent pas les maximes du royaume ; « ils remplissent les meilleures chaires et se rendent comme de petits souverains[2] ». Ces reproches n'étaient pas nouveaux; on les avait faits aux Ordres les mieux disciplinés, aux religieux les plus édifiants. Le P. Binet montre qu'ils sont injustes qu'on s'en prévaut comme de motifs illusoires, que sous prétexte de combattre les abus des privilèges, on cherche à supprimer les privilèges mêmes. « Ce qui est fort à peser, Messeigneurs, c'est qu'on n'attaque pas en cecy les Réguliers seulement, mais l'autorité du Saint-Siège ; mais l'unité de l'Eglise (car tout cecy aboutir à un grand partage); mais les conciles généraux, saints canonisés, la doctrine générale de l'Eglise, reçue de l'Univers et pratiquée par tant de siècles ; et tout cecy pour point d'honneur et de pouvoir, et pour un sujet que tant de grands cardinaux bien sages, tant de saints et vénérables vieillards avoient blanchi dans le gouvernement de l'Eglise n'ont jamais voulu remuer[3]. »

Afin d'apaiser l'orage et de calmer les esprits, le P. aurait voulu que le cardinal de La Rochefoucauld « avec qu'autre qui lui ressemblât » fût choisi pour arbitre du différend. « Car il y a moyen, ajoutait-il, de trouver un bon accord, et à Messeigneurs les prélats et à messieurs les curez plus neurs qu'ils n'en désirent, et laissant aussi aux religieux liberté de jouir de leurs droits[4]. »

1. *Ibidem*, p. 79, 80.
2. *Ibidem*, p. 12, 130-180.
3. *Ibidem*, p. 252, 253.
4. *Ibidem*.

L'ouvrage du jésuite fut traduit en toutes les langues. Quant au moyen de conciliation qu'il avait proposé, l'Assemblée ne le goûta point ; elle ne voulait d'autre arrangement que la renonciation des Religieux à leurs privilèges. « Un des premiers archevêques de France, raconte le P. Garasse, voyant qu'on ne pouvoit nous fléchir, nous porta cette parole de la part de l'Assemblée, que nous vinssions à renoncer franchement et librement aux privilèges ultramontains, et qu'ils nous promettoient que, pour un privilège, ils nous en donneroient quatre, et qu'en effet nous serions évesques dans leurs diocèses. Il porta cette parole à un homme qui le renvoya bien vitement et lui fit voir qu'elle tendoit manifestement à un schisme et estoit très scandaleuse. On avançoit de semblables discours qui n'estoient que des avants-courriers d'une rébellion, et on entendit un des principaux Richéristes dire publiquement que si la corde se rompoit, on verroit bientôt le Pape et les Jésuites confinez au-delà des Monts[1]. »

L'inutile démarche tentée auprès du Provincial de la Compagnie de Jésus fut probablement renouvelée auprès des supérieurs d'autres Ordres ; mais tous durent répondre qu'ils ne pouvaient renoncer à des privilèges accordés par les Souverains Pontifes et qu'ils ne reconnaissaient point aux évêques le droit de modifier l'œuvre du Saint-Siège. Aussi bien, la plupart des membres de l'Assemblée n'avaient pas non plus, croyons-nous, cette prétention-là ; ils n'apercevaient pas la tendance au schisme que cachait leur hostilité à l'état religieux, et nous verrons bientôt que, tout en désirant la suppression des privilèges, ils n'oseront rien faire sans le consentement du Souverain Pontife.

9. Leurs visées furent nettement formulées par Léonor d'Estampes, dans le *Règlement* si souvent annoncé qu'il lut enfin à la séance du 7 août. On le discuta aux mois de septembre et d'octobre. Il avait pour titre : *Déclaration de l'Assemblée générale du clergé de France sur les entreprises des Réguliers et autres personnes exemptes, contre l'autorité épiscopale, sous prétexte de leurs exemptions et privilèges*[2].

Dans cette *Déclaration*, les prétendues « entreprises des Réguliers » étaient tout simplement l'usage des droits à eux conférés

---

1. Garasse, *Récit au vray...*, p. 40.
2. *Le Mercure françois*, p. 710 et suiv.

par les Papes ; toutes les restrictions apportées à l'encontre par certains évêques, et dont nous avons parlé plus haut, étaient consacrées; d'autres, ni moins rigoureuses ni plus légitimes, étaient proposées comme règle à suivre dans l'avenir. En un mot, on bouleversait l'organisation et les statuts des Ordres religieux; oubliant, ou feignant d'ignorer, que les Réguliers sont dans la pensée du Saint-Siège les auxiliaires de l'Église, on voulait en faire les auxiliaires du clergé hiérarchisé sur place.

La prétention était de conséquence; et sans doute Léonor d'Estampes le voyait, car en finissant il soumettait son œuvre à l'approbation du Souverain Pontife.

Dès qu'il connut la *Déclaration*, le nonce, M⁰ʳ Spada, s'en émut; il pria le cardinal de Sourdis d'user de toute son influence pour qu'elle ne fût pas publiée. L'archevêque de Bordeaux lui promit qu'elle ne le serait point avant l'envoi d'une députation à Rome. « Du reste, ajouta-t-il, j'ai eu soin d'y faire apposer la formule : sauf le bon plaisir de Sa Sainteté. » — Précaution vaine, repartit le nonce, puisque déjà on est en train d'envoyer la *Déclaration* à tous les évêques et d'en presser l'exécution. François de Sourdis eut beau renouveler sa promesse, il laissa le nonce peu rassuré. « Je doute fort qu'il réussisse, écrivait Spada au cardinal Barberini; de mon côté je n'ai pas manqué d'agir discrètement auprès des évêques bien affectionnés au Saint-Siège; tous regardent la chose comme très difficile; nous connaîtrons bientôt le dénouement [1]. »

Les démarches du nonce ne restèrent pas infructueuses, car dans la première séance du 20 octobre l'Assemblée prit la résolution suivante : « Sur ce que M⁰ʳ le cardinal [de Sourdis] a remontré que le Règlement fait pour tenir en devoir les Réguliers... devoit estre présenté à Nostre Saint-Père, pour estre autorisé et approuvé par son très grave jugement avant d'estre divulgué et publié · et qu'estant, comme il est, conforme aux saints Décrets et à l'usage et pratique de ce royaume, duquel Sa Sainteté cognoit les nécessités et besoins, il ne doutoit pas que non seulement Elle l'agréeroit mais le loueroit; délibération prise, d'une commune voix a esté ordonné qu'il seroit escrit à Sa Sainteté avec toute soumission et respect;... cependant que ledit Règlement ne seroit envoyé, ny publié, ny divulgué et que Messeigneurs les évesques de Chartres et de Valence iroient de la part de l'As-

---

[1]. Spada à Barberini, 14 oct. 1625 (Arch. Vat., Nunz. di Francia, n. 64, f. 420-424).

semblée en assurer Mᵍʳ le Nonce et le supplier d'y vouloir joindre ses bons offices¹. »

Dans la seconde séance du même jour, l'évêque de Chartres donna lecture de la lettre qu'il avait été chargé d'écrire au Saint-Père. Après un bel éloge du Souverain Pontificat, après des louanges bien méritées à l'adresse d'Urbain VIII, l'auteur traçait avec plus d'art que d'exactitude un tableau peu loyal des prétendus désastres causés par les privilèges des Réguliers². A Rome, heureusement, on n'était pas dupe ; on ne se faisait pas illusion sur le but que poursuivait l'Assemblée. Aussi le cardinal Barberini, écrivant au nonce, approuvait-il sans réserve ses instances auprès du cardinal de Sourdis, et lui recommandait-il à nouveau de s'opposer de tout son pouvoir à la publication du Règlement, « acte si peu respectueux envers le Saint-Siège et qui entraînerait les plus déplorables conséquences ». « Au reste, lui disait-il, Votre Seigneurie peut assurer les évêques que Sa Sainteté leur donnera toute satisfaction convenable et plus qu'ils ne pensent peut-être³. »

10. Personne ne doutait que la Compagnie de Jésus ne fût particulièrement visée par la fameuse *Déclaration*. En effet, il s'y trouvait deux articles qu'on ne pouvait appliquer à d'autres qu'à ses propres membres. D'après le premier, aucun évêque ne donnerait plus les ordres sacrés ni les dimissoires à aucun religieux qui n'eût déjà fait vœu solennel de pauvreté. D'après le second, toutes les fois qu'un religieux sortirait de son Ordre une « pension congrue et suffisante pour l'entretien de sa vie » serait levée par l'évêque sur la maison dont il serait parti.

« Là-dessus, rapporte Garasse, comme six Evesques ou Archevesques nous fussent venus voir tous ensemble dans la maison professe, entre lesquels estoient les deux de Saumur qui désiroient fort justifier leurs règlements et nous faire croire qu'ils ne touchoient en façon du monde nostre Compagnie, mais seulement un tas de Cordeliers vagabonds qui souleuoient un grand scandale dans l'Eglise de Dieu, nous leur fîmes avouer que ces deux articles que je viens de cotter ne visoient que contre nostre Compagnie, et que le dernier avoit esté suggéré à Messieurs les Eves-

---

1. Procès-verbal ms., 1ʳᵉ séance du 20 octobre.
2. Procès-verbal ms., 2ᵉ séance du 20 octobre.
3. Lettre de Spada à Barberini, 24 octᵇ. 1625 (Archiv. Vat., Nunz. di Francia, v. 406, f. 319-321).

ques par un homme assez connu, sorti de chez nous, comme l'un d'eux nous confessa franchement[1]. »

Mais pourquoi ces démarches des prélats auprès des Jésuites? C'est que déjà le P. Provincial, les supérieurs locaux, le P. Binet, d'autres encore avaient montré par leurs actes et leurs écrits l'incompétence de l'Assemblée dans une matière réservée au Saint-Siège, et leur ferme intention d'en appeler à Rome. Si l'on pouvait les tranquilliser, empêcher leurs protestations, leur faire croire que l'entreprise est sans portée, combien cela faciliterait la réussite! Car ce que les évêques, eux, veulent demander au Pape, ce n'est pas à proprement parler un jugement, mais la simple « confirmation du règlement concerté contre les prétendues exemptions des Réguliers »; et ils entendent solliciter cette confirmation, non par devoir, mais par « convenance et bienséance[2] », et aussi par tactique, « pour étouffer les plaintes de certains intéressés qui cherchent à se détacher de l'obéissance qu'ils doivent aux seigneurs prélats establis par le Fils de Dieu pour connoistre, ordonner et disposer en son Eglise, sous la direction et souverain gouvernement du chef visible séant à Rome, l'autorité duquel les prétendus Réguliers font mal à propos servir à leur intérêt[3] ».

Ainsi, après avoir supprimé en pratique les privilèges accordés et de tout temps maintenus aux Religieux par les Papes, on demandait au Pontife régnant tout autre chose encore que son approbation, sa connivence. Etait-ce audace ou naïveté? Sans doute, dans cette conduite assez incohérente, il y avait surtout de l'hésitation. Les membres de l'Assemblée, résolus pour la plupart de restreindre les privilèges, n'étaient pas tous également imbus des préjugés gallicans. Les plus sages retenaient les plus emportés. Ceux-ci persuadés au fond de l'illégalité de leur œuvre, auraient voulu forcer en quelque sorte la main au Souverain Pontife. On en a une preuve dans leur peu de loyauté: en dépit de toutes les résolutions inscrites aux procès-verbaux des séances,

---

1. Garasse, *Récit au vray*, p. 41, 45.
2. Voici le texte du procès-verbal (séance du 24 octobre) : « Sur ce qui a esté remonstré qu'il estoit nécessaire pour tirer un fruit certain du règlement qui avoit esté concerté contre les prétendues exemptions des Réguliers, de faire députation expresse de quelqu'un des seigneurs Prélats devers Sa Saincteté, pour en poursuivre la confirmation, estant convenable et bienséant de rendre en cette rencontre l'obéissance qui est due au chef visible de l'Eglise, l'aveu et l'approbation duquel servira de sceau très assuré pour obtenir les effets espérés et pour étouffer les plaintes, etc... » (Procès-verbal ms. de l'Assemblée de 1625.)
3. *Ibidem*.

ils laissèrent, avant tout recours à Rome, divulguer le texte de la *Déclaration*. Dès le 10 octobre elle avait été envoyée, au moins manuscrite, dans plusieurs provinces ecclésiastiques avec une lettre très ferme, invitant les archevêques et évêques à la faire exécuter dans leurs diocèses[1]. Et quand, le 5 novembre, on revient sur la question, l'Assemblée, il est vrai, proteste que « lesdits règlements ne seront distribués par ordre et ne seront pris en exécution, que premièrement ils n'ayent esté approuvés par Sa Sainteté »; mais en même temps elle avoue qu'ils sont « imprimés et divulgués », et ne prétend nullement « empescher que ceux qui par curiosité les voudront avoir en puissent prendre de l'imprimeur ou d'ailleurs[2] ».

On serait tenté de croire à une comédie. Tout ce que l'on peut dire à la décharge de l'Assemblée, c'est que le secrétaire, Richard, prieur de Lansac, avait agi à son insu, et que rien jusque-là ne s'était fait officiellement. Il avait encore en sa possession, au mois de novembre, cent vingt-cinq exemplaires de la *Déclaration* signés de lui, qu'il consentit à remettre le 6 du même mois entre les mains du nonce. M⁹ʳ Spada, en écrivant à Rome ces derniers renseignements, reconnaisssait que « beaucoup de copies avaient été déjà divulguées », mais pas « au nom de l'Assemblée[3] ».

11. L'évêque de Chartres avait été désigné pour porter à Rome, avec le texte de la *Déclaration*, une lettre collective des députés du clergé sollicitant l'adhésion du Saint-Père. Avant son départ, le nonce lui signala le mauvais effet que produirait à la cour pontificale la vue d'un texte imprimé. Il serait aussi préférable, ajouta-t-il, de remplacer le titre de *Déclaration* par celui de *Supplique*; enfin, dans la lettre à Urbain VIII, il conviendrait de présenter le règlement comme un simple projet, en évitant surtout d'exprimer le déplaisir que ressentirait l'Assemblée s'il n'était pas approuvé[4]. Léonor d'Estampes promit de tenir compte de ces observations; mais, à ce moment même (il l'ignorait comme le nonce) son voyage n'avait plus aucune raison

---

1. « Lettre à messieurs les archevesques et évesques de ce royaume pour empescher et prévenir lesdites entreprises des Réguliers... » (*Le Mercure françois*, t. XI, p. 715).
2. Procès-verbal ms., séance du 5 nov. 1625.
3. Lettre de Spada, 7 nov. 1625 (Archiv. Vat., Nunz. di Francia, n. 69, f. 490, 491).
4. *Ibidem*.

d'être. Déjà un exemplaire imprimé de la *Déclaration* était parvenu à Rome, et Urbain VIII en manifesta tout de suite un très vif mécontentement.

Le 5 novembre notre ambassadeur, M. de Béthune, écrivait au secrétaire d'Etat Phelypeaux : « Vous sçaurez que le Pape m'a faict de grandes plainctes de la *Déclaration* qui a esté faicte par l'Assemblée du clergé contre les Réguliers, m'ayant dit jusque-là Sa Saincteté que l'Evesque de Spalatro [Marc-Antoine de Dominis] avoit commencé en ceste façon sa désobéissance à l'Eglise. Avant de délibérer sur les abus reprochés aux Religieux, les prélats devoient en parler au Roy et le supplier d'en faire escrire à Sa Saincteté ; ils devoient observer le respect qui a esté toujours rendu au Saint-Siège.., parler au Nonce et lui faire entendre leurs plainctes, devant que d'en donner connaissance au public, comme on a faict. De tout cela Sa Saincteté accuse particulièrement M. le cardinal de Sourdis. M'ayant adjousté à ce que dessus qu'Elle est toute preste, non pas de députer des Italiens pour aller informer dans les diocèses,... mais telles personnes que Sa Majesté luy voudra nommer[1]. »

Les justes réprimandes du Saint-Père durent être aussitôt communiquées aux principaux membres de l'Assemblée : on peut croire qu'elles refroidirent leurs ardeurs gallicanes. Profitant de la circonstance, Mgr Spada sut manœuvrer avec tant d'à propos que, conformément au désir d'Urbain VIII, la *Déclaration* contre les Réguliers resta sans effet. « Mais, écrivait le nonce à Barberini, cette suspension sera-t-elle de longue durée? Je n'en suis pas certain, et j'attendrai d'en être bien assuré pour vous mieux renseigner. J'en dois dire autant d'une censure qu'on vient de décréter contre l'*Admonitio ad Regem* et qui me paraît indigne d'une si grande Assemblée. Je me demande comment je pourrai y apporter quelque remède[2]. » Spada faisait allusion à une nouvelle affaire qui nous touche très particulièrement.

12. La censure des libelles anonymes *Mysteria politica* et *Admonitio ad Regem*[3], faussement attribués à des Jésuites, ne causa pas moins de soucis aux députés du clergé que leur entreprise contre les Ordres religieux. Les discussions qu'elle souleva

---

1. Lettre de Béthune à Phelypeaux, 5 décembre 1625 (Bibl. nat., mss. fr., 3677, f. 175).
2. Lettre de Spada à Barberini, 2 janvier 1626 (Archiv. Vat., Nunz. di Francia, n. 65, f. 27, 73).
3. Voir plus haut, chap. I, n. 6 et 7, p. 19-26.

sur les doctrines romaines furent comme un prélude de la grande bataille qui se livrera bientôt autour du livre du P. Santarelli. Il nous est donc nécessaire d'entrer ici dans quelques détails.

La Faculté de Théologie avait prié l'Assemblée de 1625 de ne pas se dissoudre sans avoir condamné les deux audacieux libelles « vieux restes des doctrines parricides ». Dans la séance du 7 novembre, quelques prélats ayant dénoncé l'*Admonitio ad Regem*, on chargea aussitôt Léonor d'Estampes de l'examiner. Quelques jours plus tard l'évêque de Chartres en faisait son rapport, et on lui commandait de rédiger une *Déclaration et Censure* au nom du clergé. A cette nouvelle, le nonce alla trouver plusieurs évêques dociles à ses conseils et leur demanda que la censure projetée fût conçue en termes très généraux, comme l'avait été celle de la Sorbonne. Mais une telle réserve ne pouvait plaire au rapporteur : il s'attacha beaucoup moins à censurer les libelles qu'à établir les principes du régalisme. D'après un procès-verbal qu'on devait renier plus tard, son travail, lu en français dans la séance du 29 novembre, y aurait été approuvé, sauf « certains points », et on aurait convié l'auteur « pour donner plus de cours et d'autorité à ladite censure de la vouloir mettre en latin et la faire imprimer[1] ».

L'évêque obéit, et sa traduction, peu « rigoureuse » puisqu'il avoue « s'être attaché non pas aux mots mais aux choses », parut imprimée, avec la date du 13 décembre 1625, sous ce titre : *Cardinalium, Archiepiscoporum, Episcoporum cæterorumque qui ex Universis Regni provinciis ecclesiasticis comitiis interfuerunt, de anonymis quibusdam et famosis libellis sententia* (Jugement des cardinaux, archevêques, évêques et autres qui se sont trouvés en l'assemblée ecclésiastique de toutes les provinces du Royaume, sur des libelles diffamatoires sans nom d'auteur)[2].

Sans doute le texte de ce *Jugement* reflétait et résumait les idées que Léonor d'Estampes avait émises dans son rapport du 29 novembre, mais n'ayant pas été soumis à la connaissance de l'Assemblée, celle-ci ne peut être en rigueur tenue responsable de toutes les erreurs qu'il renferme. Et il y en a de fort graves.

Entendons d'abord l'évêque de Chartres nous déclarer « sans fard, sans adulation et médisance, ce que la Religion enseigne touchant l'authorité des Roys ». « Il est donc à scavoir, dit-il,

---

1. Extraits des procès-verbaux de l'Ass. du clergé. (*Annales des soi-disans...*, t. III, p. 88).
2. *Le Mercure françois*, t. XI, p. 1063 et suiv.

qu'outre l'universel consentement des peuples et des nations, les prophètes annoncent, les Apostres confirment et les Martyrs confessent que les Roys sont ordonnez de Dieu, et non cela seulement, mais qu'eux-mesmes sont Dieux.... non par essence, mais par participation; non par nature, mais par grâce; non pour toujours, mais pour certain temps, comme estans les vrays lieutenans du Dieu Tout-Puissant, et qui, par l'imitation de sa divine Majesté, représentent ici-bas son image. »

Après cet hymne emphatique à l'omnipotence royale, le prélat courtisan ose avancer les propositions suivantes : « Le Roy a en sa disposition la vie et la mort de tous ses sujets. — Chacun de ceux-ci est obligé d'employer tout son pouvoir pour amplifier l'Estat dans lequel il est né, principalement parce que Dieu l'a ainsi ordonné. — Encore qu'un prince ravisse nos biens et qu'il nous oste nostre liberté, qu'il nous surcharge et nous fasse tout le mal que Dieu annonçoit à ceux qui luy demandèrent un Roy, nonobstant tout cela, il faut obéyr au Prince pour fascheux qu'il puisse estre... Et s'il persécute la Religion, s'il a les armes à la main, s'il expose les fidelles au martyre; néantmoins, si nous voulons obéyr à l'Escriture, il vaut mieux remporter une victoire céleste par l'effusion de nostre sang que de souiller la renommée de la patience des Chrestiens, en luy résistant l'épée au poing. » Quant aux alliances avec les hérétiques, il ne faut, dit-il, répondre qu'un mot : « C'est que le Roy a faict l'alliance parce qu'il l'a voulu; qu'il a entrepris la guerre parce qu'il estoit juste et raisonnable, ou pour mieux dire qu'une telle guerre est juste parce qu'il l'a entreprise [1]. »

Jamais peut-être le gallicanisme politique ne s'était exprimé avec autant d'audace. Ces maximes parlementaires que le Tiers-État aurait voulu faire déclarer loi fondamentale du royaume, un évêque les érigeait en dogme de foi. C'était dépasser toute mesure. Le nonce effrayé réclama. Sur ses remontrances, la majorité de l'Assemblée s'empressa de désavouer Léonor d'Estampes et ses complices [2]. Puis, afin de décliner toute participation à une œuvre schismatique, elle résolut, le 12 janvier 1626, sur la proposition du cardinal de La Valette, de publier une nouvelle censure, portant la simple condamnation des libelles sans aucun exposé de doctrine. Séance tenante l'évêque d'Angers, Charles Miron, rédigea

---

1. Censure des libelles, 13 décembre 1625, par Léonor d'Estampes (*Le Mercure français*, p. 1072).
2. Vittorio Siri, *Memorie recondite*, t. VI, p. 51, 52.

un texte très court, mais tout à fait suffisant. L'*Admonitio ad regem* et les *Mysteria politica* étaient condamnés « comme contenant plusieurs choses fausses, téméraires, scandaleuses, séditieuses, contre l'utilité, la tranquillité et la prospérité du Royaume, et contre la personne du Roy, son autorité et son conseil [1] ».

13. Loin d'apaiser les esprits, cet acte, très correct, ne fit que les exciter. Le Parlement avait adopté l'œuvre de l'évêque de Chartres. Quand l'avocat général, Louis Servin, apprit que l'Assemblée s'apprêtait à la renier, il dénonça dans un violent réquisitoire les « menées factieuses » du nonce, qu'il désignait par la méprisante qualification d'étranger; et la Cour, par arrêt du 21 janvier 1626, ordonna « que le Procureur général auroit commission pour informer desdites menées, séductions et subornations ». En même temps, elle défendait « à toutes personnes de s'assembler » pour remettre en question la censure de Léonor d'Estampes « et d'en publier aucune autre, sous les peines portées contre les criminels de lèze-majesté [2] ».

Cet arrêt était à peine connu du public, que parut également la censure dressée par Charles Miron, la seule officiellement admise par l'Assemblée. Aussitôt, à l'instigation de Louis Servin, nouvel arrêt du Parlement, irrité qu'on méprisât ses ordres : « La Cour a ordonné et ordonne que ledit arrest du 21 janvier dernier sera exécuté selon sa forme et teneur. Fait défenses à toutes personnes d'y contrevenir sous les peines y contenues; a cassé, revoqué et annullé comme attentat les actes des délibérations des gens dudit clergé, si aucuns ont esté faits au préjudice dudit arrest; leur fait inhibition et défenses de plus s'assembler, publier, n'y faire imprimer aucunes délibérations contraires à celle par eux faicte le 13 décembre dernier, sous les peines portées par ledict arrest [3]. »

Le Parlement avait-il donc l'espoir d'intimider les évêques? En ce cas il se trompait. Son ingérence souleva leur indignation. Ils convinrent, le 19 février, de convoquer tous les prélats, non députés, présents à Paris, afin de « concerter les moyens qui se pourroient prendre pour tirer raison dudit arrest [4] ». Le lendemain, on décida d'envoyer au chancelier une députation de trois

---

1. *Censure du 13 décembre* (*Le Mercure françois*, p. 1078-1082).
2. Arrêt du 21 janvier 1626 (D'Argentré, *Coll. Jud.*, t. II, P. II, p. 199).
3. Arrêt du 18 février 1626 (*Annales des soi-disans Jésuites*, t. III, p. 92).
4. Extrait des procès-verbaux des Ass. du clergé, séance du 19 février (*Annales des soi-disans...*, p. 90).

évêques, qui demanderaient l'évocation de l'affaire au Conseil privé, ou, si besoin était, iraient jusqu'au roi lui présenter de très humbles remontrances contre l'acte inqualifiable du Parlement. La réponse du chancelier fut dilatoire, et l'Assemblée parvenue au terme de son mandat dut se dissoudre le 22 février. Auparavant, elle eut soin de supprimer dans le procès-verbal ce qui avait trait au *Jugement* de Léonor d'Estampes [1].

14. Mais les évêques étaient toujours un peu honteux de ce factum, imprimé ailleurs et sous leur nom. Ils recoururent au cardinal de La Rochefoucauld qui, ne faisant pas partie de l'Assemblée, en avait cependant suivi avec anxiété tous les débats. Avec lui ils avisèrent au moyen de sauvegarder l'honneur du clergé [2]. Les 26 et 27 février, tous les prélats et députés présents à Paris se réunirent à l'abbaye Sainte-Geneviève et signèrent une protestation ainsi conçue : « Nous soussignés, Cardinaux, Archevesques, Evesques, et autres ecclésiastiques, tant députés de l'Assemblée générale du clergé naguères tenue à Paris, qu'autres prélats trouvés de présent audit Paris et à la suite de la cour, déclarons à tous qu'il appartiendra qu'encore que nous détestions et condamnions deux certains libelles latins publiés contre l'honneur et l'autorité du Roy et le repos de son Estat,... et approuvions toute la censure faite par ladite assemblée, y lue et approuvée le 12 de janvier dernier signée de Mgr le Cardinal de La Valette y présidant, et Richard, secrétaire, pour l'envoyer dans tous les diocèses ; néanmoins nous ne pouvons approuver un certain discours latin, publié sous le titre de *Jugement des cardinaux*, etc... daté du 13 décembre 1625. En désavouons et improuvons respectivement la publication et impression, comme faits sans charge ni pouvoir de ladite Assemblée, ni de nous ; et ledit libelle n'ayant jamais été lu ni vu dans ladite Assemblée, ni par aucun de nous que depuis ladite publication, nonobstant certain acte prétendu, signé dudit Richard sur l'un des exemplaires imprimés, et les arrêts aussi donnés par surprise sur ce sujet, les 21 de janvier dernier et 18 du présent mois. Fait en l'Assemblée tenue à Sainte-Geneviève les 26 et 27 février 1626 [3]. »

1. Lettre de Spada à Barberini, 27 févr. 1626 (Archiv. Vat., Nunz. di Francia, n. 65, f. 109).
2. *Ibidem*, f. 109 v, 110.
3. *Déclaration des évêques et membres de l'Assemblée* (*Annales des soi-disans...*, III, p. 93).

Quand il s'agit de souscrire à cette déclaration, les évêques de Chartres, de Soissons et d'Avranches se séparèrent de leurs collègues; ils mirent du moins comme condition à leur signature que les autres signataires adhéreraient aux trois propositions suivantes : « 1° Pour quelque cause et occasion que ce puisse estre, il n'est permis de se rebeller et prendre les armes contre le Roy. — 2° Tous subjects doivent obéyr au Roy, et personne ne les peut dispenser du serment de fidélité. — 3° Le Roy ne peut estre déposé par quelque puissance que ce soit, ni sous quelque prétexte et occasion que ce puisse estre[1]. »

Il ne fut tenu aucun compte de leurs exigences, et l'évêque de Chartres soutenu par le Parlement s'entêta dans son refus. On ne sait ce qui serait arrivé, si Richelieu n'avait entrepris de le ramener à de meilleurs sentiments. Ce fut difficile, « car il estoit question de faire rétracter un homme constitué en dignité,... appuyé de personnes puissantes qui eussent bien voulu que la dispute fût allée plus avant ». Enfin « moitié par douceur, moitié par autorité[2] » le cardinal « obligea » Léonor d'Estampes à signer une demi-rétractation : « Nous soussigné, évêque de Chartres, déclarons qu'en la déclaration que nous avons faite par le commandement du clergé, pour réfuter et condamner les livres *Admonitio ad Regem* et *Mysteria politica*, souscrite de nous en date du 13 décembre[3] dernier, nous n'avons eu autre intention que de suivre la doctrine qui a toujours été tenue en ce royaume tant pour la sûreté de la personne de nos roys que de leur État, sans avoir voulu ni entendu en aucune façon condamner ni l'opinion contraire ni aucune autre d'hérésie. Fait à Paris, ce 27 février 1626. L. d'Estampes, évêque de Chartres[4]. »

C'était une médiocre satisfaction donnée aux autres prélats; ils s'en contentèrent. Le Parlement, lui, la regarda comme une trahison. Dans son dépit, il cassa par un arrêt du 3 mars les délibérations de l'Assemblée de Sainte-Geneviève, défendit aux évêques présents à Paris de se réunir de nouveau, et leur enjoignit, sous peine de saisie de leur temporel, de se retirer dans quinze jours en leurs diocèses[5]. Ce troisième arrêt fut signifié le 7 mars à

---

1. *Déclaration des évêques de Chartres et de Soissons*, 26 février 1626 (*Le Mercure françois*, t. XI, ann. 1626, p. 195, 196).
2. *Mémoires de Richelieu*, t. I, p. 367.
3. On trouve « 3 décembre » dans les *Mémoires de Richelieu*, mais l'erreur est évidente.
4. *Mémoires de Richelieu*, t. I, p. 367.
5. *Arrêt du 3 mars 1626* (*Annales des soi-disans...*, t. III, p. 96).

l'archevêque d'Auch, M#r de Trapes, chez lequel se trouvaient réunis six archevêques, vingt évêques et plusieurs ecclésiastiques du second ordre. C'était la cause de la religion qui était en jeu ; il importait de ne pas laisser un tribunal laïque empiéter sur la liberté des jugements épiscopaux. L'archevêque d'Auch soutint énergiquement avec l'évêque d'Angers les droits sacrés de l'Église. Il répondit aux envoyés du Parlement « en présence et par l'aveu de tous » :

« Messieurs du Parlement de Paris n'ont aucune autorité sur le clergé de France que nous représentons et qui ne relève que du roy. Leurs arrêts sont un attentat intolérable contre l'honneur de Dieu et l'autorité de Sa Majesté, et par conséquent tendant à la subversion de la Religion et de l'État. Les prélats ont pouvoir et obligation, de droit divin et humain, de s'assembler pour les affaires de l'Église quand les occasions le requièrent. Ils sont assemblés à présent pour résoudre certaines questions urgentes et surtout pour aviser à ce qu'ils peuvent et doivent faire afin d'obtenir du roy la cassation des arrêts dont il s'agit, comme préjudiciables à l'autorité de l'Église et de Sa Majesté, faire défendre aux dits du Parlement d'en donner de semblables à l'avenir, et détromper les peuples de la créance qu'ils pourraient y avoir au préjudice du salut de leurs âmes et du respect dû à la religion[1]. »

Cette réponse jeta quelque désarroi parmi les membres du Parlement. Cependant deux jours après, le 6 mars, il déclara dans un quatrième arrêt, rendu par dix-sept voix contre quinze, ladite réponse « nulle, impérieuse, calomnieuse, tendant à la destruction des lois fondamentales de l'État » ; en même temps il décrétait d'ajournement l'archevêque d'Auch et l'évêque d'Angers, et ordonnait la saisie de leur temporel[2]. Le roi étant absent, la reine mère défendit au Parlement d'exécuter son arrêt avant le retour de Sa Majesté. Dans l'intervalle, Richelieu intervint de nouveau. « Il falloit, dit-il, empêcher le schisme, réunir le clergé, maintenir l'autorité de l'Église, et ne pas violer celle du Parlement qui, en beaucoup d'occasions importantes, est nécessaire à la manutention de l'État. Le cardinal intéressé en ces deux corps par la dignité qu'il a en l'Église et par la qualité de premier ministre, sans blesser les droits d'aucune des parties, par un sage tempérament, les mit d'ac-

---

1. *Déclaration de l'archevêque d'Auch* (Jager, *Histoire de l'Église catholique en France*, t. XVI, p. 417). — Cf. Puyol, *Edmond Richer*, t. II, p. 264, 305.
2. *Arrêt du 6 mars 1626* (*Annales des soi-disans...*, t. III, p. 99).

cord. Il conseilla au roi d'évoquer à sa propre personne la connoissance de cette affaire; ce qui fut fait par arrêt du Conseil... A quoi le Parlement ne déférant pas absolument comme il eût dû, le cardinal crut devoir conseiller au Roi... grande douceur et force tout ensemble... [Sa Majesté] envoya quérir quelques-uns du Parlement qu'elle reprit de leur faute; puis messieurs du clergé, auxquels elle dit qu'elle les maintiendroit toujours en leurs immunités, n'approuvoit pas les arrêts du Parlement contre eux, mais aussi qu'ils se devoient abstenir en leurs réponses de termes qui piquassent cette compagnie[1]. »

Le cardinal de La Rochefoucauld entreprit alors de justifier la conduite de l'épiscopat français, dans un ouvrage adressé au roi et intitulé *Raisons pour le désaveu fait par les évêques de ce royaume d'un livret publié avec le titre : « Jugement des cardinaux, archevêques, etc...*[2] » L'auteur montre que cet écrit est marqué au sceau du schisme : on y retrouve les principes erronés de l'article présenté par le Tiers aux États Généraux de 1614 et la doctrine qui a fait condamner le serment de fidélité exigé des catholiques par le roi d'Angleterre; encore celui-ci ne prétendait-il établir qu'un point de police et de discipline, tandis que l'évêque de Chartres présentait ses maximes comme autant d'articles de foi[3].

On croit généralement (et la chose est très vraisemblable) que l'ouvrage, paru sous le nom du cardinal de La Rochefoucauld, avait été composé par le P. Jésuite Jean Phélippeau[4]. Richer prit la plume pour le réfuter en exposant à nouveau ses opinions hétérodoxes[5]. Toutes ces disputes le ravissaient, et l'on raconte qu'à la vue des succès régalistes et gallicans dans le domaine religieux et politique, il s'écria un jour avec orgueil : « *Nunc vivit mea doctrina* (Ma doctrine est pleine de vie)[6]. » Peut-être avait-il raison, si l'on en juge par les colères qu'un ouvrage venu de Rome déchaînait en ce moment-là même sur les Pères de la Compagnie de Jésus.

---

1. *Mémoires de Richelieu*, t. I, p. 367.
2. Lettre de Spada à Barberini, 10 nov. 1626 (Archiv. Vat., Nunz. di Francia, v. 403, f. 693, 694).
3. D'Avrigny, *op. cit.*, t. I, p. 388.
4. Cf. Sommervogel, *Bibl. de la Cie de Jésus*, t. VI, c. 674, n. 1.
5. L'ouvrage de Richer avait pour titre *Considérations sur un livre intitulé « Raisons pour le désaveu... » mis en lumière sous le nom de Mgr François cardinal de La Rochefoucauld, contre les vrais schismatiques de ce temps, par Thimothée, François catholique*, 1628. — Cf. Baillet, *La Vie d'Edmond Richer*, p. 353. — Le Long, *Bibl. histor.*, n. 28, 665 et suiv.
6. Pujol, *op. cit.*, t. II, p. 269.

CHAPITRE VI

L'AFFAIRE DU LIVRE DE SANTARELLI DEVANT LE PARLEMENT.
(1626)

Sommaire : 1. Craintes des Jésuites français à l'apparition du livre de Santarelli. — 2. Aperçu de l'ouvrage. — 3. Il est examiné par le D' Filesac; sentiments de Richelieu. — 4. Réquisitoire d'Omer Talon; le livre est condamné au feu; l'existence de la Compagnie en France est menacée. — 5. Démarches inutiles du P. Coton à la cour. — 6. Le P. Provincial et les Supérieurs de Paris comparaissent devant le Parlement. — 7. Rôle du nonce; regrets du Pape et du P. Général. — 8. Richelieu intervient. — 9. Consultation des Jésuites au sujet de la déclaration à signer. — 10. La déclaration est portée au roi; résistance du Parlement. — 11. Mort et obsèques du P. Coton.

Sources manuscrites : I. Recueils de Documents conservés dans la Compagnie : a) Franciae historia; — b) Franciae Epistolae; — c) Epistolae P. Cotoni; — d) Œuvres et Épreuves.
II. Roma, Archivio Vaticano, Nunziatura di Francia, n. 66, 406.
III. Paris, Archives nationales, M. 211.
IV. Paris, Bibliothèque nationale, mss. français, 3678.

Sources imprimées. Mémoires de Richelieu. — D'Argentré, Collectio judiciorum. — Carayon, S. J., Récit au vray (Garasse), Doc. inédits, d. III. — Annales des soi-disans Jésuites — Roverius, De vita Patris P. Cotoni. — D'Orléans, La Vie du P. Pierre Coton. — Ivat, Recherches, t. IV, V. — Fayard, Aperçu historique sur le Parlement de Paris. — Puyol, Edmond Richer.

1. Le 6 février 1626, le libraire Sébastien Cramoisy, l'un des mieux achalandés de la rue Saint-Jacques, recevait de Rome un envoi de récentes publications parmi lesquelles six exemplaires d'un livre du jésuite italien Antoine Santarelli : *Tractatus de Haeresi, Schismate, Apostasia, sollicitatione in sacramento paenitentiae, et de potestate Romani Pontificis in his delictis puniendis.* Le paquet était à peine déballé, que le P. Georges de La Tour entra dans le magasin pour affaires. Il aperçut l'un des volumes, l'ouvrit, parcourut la table des matières et soupçonna qu'il pouvait y avoir « là-dedans quelques propositions mal digérées et scandaleuses pour le temps[1] ». Par prudence il retint les six exemplaires : on devait les envoyer le jour même à la maison professe.

On n'en porta que cinq. Un docteur de Sorbonne, survenant

---
1. Garasse, *Récit au vray...*, p. 139.

dans le magasin peu après le P. de La Tour, avait remarqué l'ouvrage et obtenu du frère de M. Cramoisy d'emprunter un exemplaire pour l'étudier à loisir. Les autres, aussitôt arrivés rue Saint-Antoine furent distribués à cinq théologiens qui les examinèrent sans retard. Ils reconnurent de suite à la manière dont procédait l'auteur, et surtout aux sujets scabreux traités dans les chapitres xxx et xxxi, tout le parti que des gens mal intentionnés sauraient tirer d'un pareil livre. Aussi le P. Coton, mis au courant, n'eut-il plus de repos qu'il n'eût recouvré le sixième exemplaire. La chose semblait aisée, car celui qui le détenait avait un frère jésuite, M⁰ La Mothe, étudiant en théologie au collège de Clermont. Le soir même celui-ci reçut l'ordre de faire tous ses efforts pour remettre la maison professe en possession de son bien. Le lendemain donc le jeune religieux « s'en va trouver son frère qui actuellement estoit sur la lecture des deux chapitres (les plus dangereux), et le voyant, il s'escria : « Hélas, mon frère, je sçais bien ce qui
« vous amène icy. Voilà un livre qui est capable de vous
« ruiner entièrement. — C'est pour cela, dit Maistre La
« Mothe, que je viens vous conjurer au nom de Dieu de me
« donner ce livre, afin que jamais plus il n'en soit parlé.
« — A la bonne heure; le voilà, de très bon cœur, avec les
« extraits et mémoires que j'en avois faict pour les faire voir
« à vostre Provincial. D'une chose suis-je marry seulement,
« c'est que ce matin, comme je le lisois, est entré dans mon
« estude un Docteur de Sorbonne, des plus animés contre
« vostre Compagnie, qui ne manquera pas de vous susciter
« là-dessus quelques querelles¹. »

Cet adversaire, en effet, avait eu le temps de noter plusieurs passages, et vingt-quatre heures ne s'étaient pas écoulées que des copies s'en répandirent dans l'Université, au Parlement et jusqu'à la Cour. « Nos ennemis s'en alloient à centaine dans les boutiques des libraires, demandant : *Antonius Santarellus, De Omnipotentia Pontificis*. »

Il fallait arrêter cet esclandre. Mais que faire? Les Pères résolurent de consulter un ami puissant et dévoué, le procureur général Mathieu Molé. « Ce bon seigneur nous dit que le Roy avoit sceu la diligence que nous avions apportée pour retirer les exemplaires et qu'il nous en avoit loués; qu'à son advis nous ne

1. Garasse, *Récit au vray...*, p. 140.

debvions craindre ny pis ny mieux que ce qui estoit arrivé aux livres de Mariana, Bellarmin et autres qui avoient traité les mêmes matières; qu'assurément le livre seroit bruslé par arrest et que toute la querelle s'assoupiroit dans ses cendres. » Sans partager cet optimisme, les Pères attendirent les événements qui ne tardèrent point. L'ouvrage étant introuvable à Paris, un président de la grand'chambre, très hostile aux Jésuites, dépêcha un exprès à Lyon où il se vendait depuis quelque temps sans avoir choqué personne; huit jours plus tard le magistrat recevait le fameux traité et on confiait l'examen au docteur Filesac, un émule de Richer, un docile serviteur de Richelieu, un homme tout acquis aux doctrines gallicanes[1].

2. Mais quel était donc ce livre incendiaire et capable de faire bannir de France la Compagnie de Jésus? Le *Tractatus de haeresi*, etc… était le premier volume d'une somme de théologie morale qui, dans le projet de Santarelli, comprendrait toute l'explication du décalogue. A propos du premier commandement, l'auteur traitait de l'hérésie, du schisme, de l'apostasie et de la puissance du Pape, successeur de saint Pierre. Sur ce dernier point il suivait la doctrine, à la fois si logique et si conciliante, admise par Bellarmin et les théologiens du Saint-Siège. Dans le plan divin tout est subordonné à la fin surnaturelle; — or saint Pierre et ses successeurs ont reçu de Jésus-Christ la charge de conduire les hommes à cette fin; — donc ils ont dans les matières spirituelles un pouvoir direct et immédiat, et, en vertu de celui-ci, mais indirectement, un pouvoir, suprême aussi, dans les matières temporelles relatives à la fin dernière[2].

Comment et de quel droit un roi chrétien pourrait-il se soustraire à la juridiction du représentant de Dieu? « Au souverain pontife a été concédé le pouvoir le plus étendu de lier et de délier tous les chrétiens, quels qu'ils soient[3] »; — donc il peut diriger et critiquer la conduite des princes, les empêcher de faire des lois contraires au bien des âmes, les punir de peines ecclésiastiques, les excommunier, les déposer, délier leurs peuples du serment de fidélité[4]. D'ailleurs, « n'est-ce pas une obligation pour un peuple chrétien de repousser un prince infidèle ou héré-

---

1. Garasse, p. 141.
2. Cf. Bellarmin, *De Rom. Pont.*, 5, 7. Op. t. II, p. 157.
3. Bellarmin, *De potestate Papae*, 3. Op. t. XII, p. 16.
4. Bellarmin, *De Rom. Pont.*, 7. Op. t. II, p. 159.

tique qui s'efforcerait d'entraîner ses sujets dans l'hérésie ou l'infidélité? Or, c'est au Pape, chargé de veiller aux intérêts de la religion, de décider si un roi est, ou non, coupable d'un tel crime; c'est donc à lui de décider si le prince doit être, ou non, dépossédé de son trône[1]. »

Ces théories devaient soulever la colère des régaliens mais elles étaient alors admises des meilleurs canonistes. C'est pourquoi le livre du P. Santarelli fut approuvé sans réserves par les réviseurs romains. D'abord par ceux du P. Général, qui eurent cependant le tort d'oublier ou de négliger la recommandation faite autrefois de ne plus toucher aux questions irritantes : s'ils avaient été plus prudents, ils auraient obligé l'auteur à émettre simplement le principe du pouvoir des clés sans entrer dans le détail de toutes les conséquences. Mais ces réviseurs vivaient dans un pays où l'on regardait comme un avantage pour les rois d'être sujets du Pape; ne sont-ils pas excusables de n'avoir pas songé à la mentalité peu orthodoxe de certains milieux français...? Au surplus, en sortant de leurs mains, le *Tractatus de Haeresi* passerait à celles du Vice-Gérant de Rome et recevrait l'estampille du Maître du Sacré Palais. Ce dernier ne donna l'*Imprimatur* que sur l'approbation de deux docteurs; et il pouvait le faire sans crainte après ce témoignage élogieux du P. Vincent Candido, professeur de théologie, de l'Ordre de saint Dominique. « J'ai lu avec la plus grande attention le *Traité de l'Hérésie, du Schisme*, etc. du très révérend P. Antoine Santarelli, dans lequel je n'ai rien trouvé qui soit contraire à la sainte foi ou aux bonnes mœurs. Bien plus, cet ouvrage me paraît être plein d'érudition et fait avec une remarquable intelligence. Toutes les choses y sont éclaircies et prouvées par des raisons tirées de la théologie et de l'un et l'autre droit; et l'auteur y appuie très à propos sa propre doctrine sur l'autorité d'illustres écrivains et sur des sentiments d'un grand poids. C'est pourquoi je juge que ce livre est très digne de voir le jour pour le bien et l'avantage d'un grand nombre[2]. »

Assurément le P. Dominicain ne pouvait se douter que certaines opinions, sur l'étendue du pouvoir pontifical, allaient offusquer, dans le royaume très chrétien, des parlementaires, des docteurs de Sorbonne et même le cardinal ministre.

---

1. *Ibidem.* Cf. J. de La Servière, *La théologie de Bellarmin*, p. 131 et suivantes.
2. *Tractatus de Haeresi, Schismate... approbatio R. P. Vincentii Candidi*, Romae, 16 Januarii 1625.

3. En examinant le *Tractatus de Haeresi*, le docteur Filesac ne se proposait d'autre but que de fournir au Parlement des armes contre la Compagnie de Jésus. Les extraits qu'il en fit ne donnaient point une idée juste de l'ouvrage. C'était des propositions isolées, dont la rigueur était adoucie dans le contexte par des explications préalables. En voici plusieurs.

« Le Pape a sur les princes une puissance de direction, donc il en a une de correction; vu qu'il ne peut avoir celle-là sans celle-ci, pourquoi donc ne pourra-t-il corriger et punir les princes méchants par censures ecclésiastiques?

« Pour raison de foi, ou pour quelque grand péché, et fort connu, si l'Empereur ou le Roi est incorrigible, le Pape peut le déposer.

« Le Pape peut avertir les rois de leurs devoirs et les chastier. Il a été dit à saint Pierre et à ses successeurs : Pais mes brebis. Or, c'est le propre du pasteur de chastier ses ouailles de la peine qu'on juge plus supportable. Donc, si pour le bien public il échoit quelquefois que la prudence et la raison dictent qu'il faille chastier le prince désobéissant et incorrigible par peines temporelles, voire le priver du royaume, le Pape peut imposer ces peines, vu que les princes sont du bercail de l'Église[1]. »

Telles sont quelques-unes des prétendues erreurs trouvées par Filesac dans le livre de Santarelli. Elles excitèrent au plus haut point la fureur de Servin et consorts au Parlement, de Tarin et de ses adeptes dans l'Université. Elles provoquèrent aussi l'irritation de Richelieu. « Ces maximes, lit-on dans ses *Mémoires*, sont capables de ruiner toute l'Église de Dieu à laquelle les puissances temporelles doivent être soumises par amour, qui est la soumission de la grâce, non par force et contrainte, qui est la soumission de l'enfer[2]. Il y auroit peu d'assurance dans les États si elles avoient lieu. Qui est le prince à qui on ne puisse faussement imputer des crimes, plus facilement de l'insuffisance à gouverner, et davantage encore de la négligence à s'en acquitter comme il doit? Qui seroit le juge de ces choses? Qui les considéreroit sans passion et sans intérêt? Ce ne seroit pas le Pape qui est prince temporel et n'a pas tellement renoncé aux grandeurs de la terre qu'il y soit indifférent. Il n'y a que Dieu seul qui puisse être juge; aussi les

---

[1]. Propositions extraites du livre de Sanctarel (*Annales des soi-disans Jésuites*, t. III, p. 150, 151).

[2]. Il y a là un sophisme évident et de mauvaise foi. Mariana, Bellarmin, Suarez, Santarelli ont toujours entendu que le Pape n'userait de contrainte que si les autres moyens ne suffisaient pas.

rois ne pèchent-ils qu'envers lui, à qui seul appartient la connaissance de leurs actions... Il est probable que le Pape établiroit mieux son autorité légitime, s'il arrêtoit le cours des écrivains qui ne lui prescrivent point de bornes, d'autant que cela donne lieu à beaucoup de gens mal affectionnés au Saint-Siège de ravaler sa puissance au delà de ce qu'elle doit être en effet[1]. »

Maintenant que nous connaissons les sentiments de Richelieu, nous comprendrons mieux son rôle dans toute cette affaire. Quant aux « gens mal affectionnés au Saint-Siège », ils étaient toujours prêts à s'en prendre d'abord à la Compagnie de Jésus. On a vu déjà, dans diverses rencontres, à quelles extrémités pouvait les entraîner leur passion : où les mènera-t-elle, s'ils la sentent partagée par le favori du roi ?

4. Servin n'eut pas plus tôt reçu les extraits de Filesac qu'il se proposa de s'en servir avec éclat dès la première occasion. Louis XIII s'étant rendu au Parlement, le 6 mars, pour la vérification de quelques édits, l'avocat général, selon la coutume, dut le haranguer. « Tout le monde attendoit avec une extrême impatience qu'il tombât sur les Jésuites : ce devoit estre le bel endroit (du discours) ; mais il y fut à peine qu'on cessa de l'entendre[2]. » Sa langue embarrassée brouillait les mots ; tout à coup, frappé d'apoplexie, il tombait aux pieds du procureur général. L'émotion fut grande de voir, à l'ouverture de ce débat, l'ennemi mortel des Jésuites foudroyé sans avoir le temps de se reconnaître ni de donner un signe de repentance[3].

On put croire un instant que cette mort tragique refroidirait l'ardeur de la poursuite. Il n'en fut rien. Dès le lendemain, les procédures furent reprises par Omer Talon, le successeur d'office de Servin. Les Jésuites avaient le droit de compter sur sa bienveillance : il était leur obligé et avait promis au P. Sirmond de leur montrer un jour les effets de sa gratitude. Mais sa première harangue les déçut et leur fit presque regretter son prédécesseur. « Il enchérit sur les mémoires et sur l'inimitié de M. Servin si odieusement, que M. le Procureur Général fut obligé de le tirer par la robbe deux ou trois fois. Il rapporta non seulement tout ce qui s'estoit faict contre nostre Compagnie depuis l'an 1575, mais aussi les plus furieuses calomnies que nous ayons souffertes en

---

1. *Mémoires de Richelieu*, t. I, p. 368.
2. D'Orléans, *La Vie du P. Pierre Coton*, p. 205.
3. Garasse, *Récit au vray...*, p. 142.

toute l'Europe depuis nostre naissance, faisant à tout propos la lecture de ce qu'il pensoit estre le plus propre pour animer l'esprit des juges contre nous... Et en effet le fruit de son plaidoyer fut un grand et général effarouchement de la Cour, et disait-on publiquement que Servin, en l'espace de vint-cinq ans, n'avoit pas tant endommagé nostre honneur que M. Talon dans une matinée[1]. »

Sa réputation de « grand justicier » donnait encore un surcroît d'autorité à ses paroles ; aussi, sur ses conclusions passionnées, le Parlement décida-t-il, dans la séance du 13 mars, que le livre de Santarelli serait « lacéré, fustigé et bruslé par la main du bourreau dans la cour du Palais ». Mise en goût par cette première flétrissure, la rage des magistrats s'acharna sur les victimes. « Quelques juges fort animez conclurent que l'exécution se feroit dans la seconde basse-cour de la maison professe, tous nos Pères présents. D'autres estoient d'advis de le faire brusler à la fontaine de Birague qui est justement au milieu de la rue Saint-Antoine, tout au-devant de nostre église. Néantmoins un des Présidents qui ne nous a jamais monstré beaucoup d'affection, détourna le coup par une chrestienne et puissante considération, pour ce que nous estions au commencement du jubilé et que nostre église estant nommée la seconde pour les pardons, il y auroit un abord incroyable de peuple qui recevroit du scandale de cette action, au lieu de gagner les indulgences, lesquelles seroient grandement décréditées. Cette mesme raison animoit quelques autres à pousser plus avant, et l'affluence du peuple servoit de motif à leur passion et à leur animosité, [car] ils ne demandoient autre chose que nostre abaissement et confusion. L'affaire alla si avant, qu'on mit en délibération d'interdire nostre église, ou de prier Mgr de Paris d'en nommer ou d'en substituer une autre pour la visitte des pardons affin qu'on eust le moyen de faire l'exécution dans nostre basse-cour sans scandale. On revint néantmoins à la première résolution, quelque chaleur que M. le premier Président tesmoignât du contraire, et le livre fut bruslé... dans la cour du Palais avec une affluence incroyable du peuple [2]. »

Cet autodafé ne pouvait satisfaire ceux qui rêvaient la ruine même des Jésuites, et sur-le-champ ils proposèrent contre eux d'autres peines. « La première fut de nous interdire les chaires de la prédication, qui eust esté un affront insupportable, pour ce

1. Garasse, p. 142.
2. Garasse, p. 148, 149.

que c'estoit sur le milieu du caresme et que nous tenions les meilleures chaires tant de la ville que de l'Université. La seconde fut de fermer le collège de Clermont, ou à tout le moins de nous interdire la lecture des haultes classes, retenant seulement la grammaire. La troisième fut de nous deffendre toutes les confessions d'hommes et de femmes de quelque estat et qualité qu'elles fussent. A ce point M. Deslandes, doyen de la cour, nostre unique support en la grand'chambre, s'enleva tout transporté de colère et dit avec un courage merveilleux: « Messieurs, à quoi pensons-« nous? Nous avons entrepris de nous faire moquer de nous par « toute la chrestienté, car si nous desffendons aux Jésuites les con-« fessions d'hommes et de femmes de quelque condition qu'ils « soient, il faut que nous déffendions au Roy et à la Reine mère de « se confesser au P. Suffren et que nous leur nommions un con-« fesseur [1]. »

5. On avait rarement vu de séance aussi orageuse que celle du 13 mars 1626, « ny si grande affluence de peuple, ny entendu à la chambre du conseil un si grand bruit de juges. » Il était deux heures de l'après-midi quand elle prit fin. Le P. Garasse revenait alors de Saint-Merry où il prêchait le carême; sur le Pont-au-Double, il rencontra le carrosse de M. de Lamoignon, un des plus insignes amis de la Compagnie, qui se dirigeait à toutes brides vers la maison professe. « Mon Père, lui dit le Président d'une voix tremblante, tout est perdu à l'heure que je parle ; on fait brusler le livre de Santarelly et demain on doit donner l'arrest de vostre bannissement. Je m'en vais trouver le P. Cotton pour luy porter ceste fascheuse nouvelle et consulter avec vos Pères ce que nous avons à faire. » Le P. Provincial ayant réuni sa consulte, on décida que lui-même irait, accompagné des PP. Jean Suffren et Ignace Armand, se jeter aux pieds de Louis XIII et implorer sa protection. Par malheur, ceux qui « avoient suscité ceste bourrasque » avaient aussi prévu la démarche des Pères et trouvé moyen d'éloigner le roi; il venait de partir pour la chasse et ne reviendrait que dans deux jours. Alors le P. Provincial demanda audience à la reine mère et la pria de commander au premier président de surseoir à toute nouvelle délibération jusqu'au retour de Sa Majesté. « Marie de Médicis, écrit le P. Coton, y eût volontiers consenti, mais monsieur le chancelier, qui

---

1. Garasse, p. 149, 150.

cependant ne nous est pas hostile, l'en détourna[1]. » Le désir de plaire à Richelieu avait sans doute éteint chez Marillac tout sentiment de justice et de commisération. Car, dans les dessous de cette affaire, on trouve partout la main du cardinal. Désireux de tenir Rome en respect et de rendre populaires les doctrines régaliennes, il n'était point fâché des rigueurs et des excès du Parlement; il lui lâchait la bride contre les Jésuites, tandis qu'il paralysait le bon vouloir du roi et de la reine à leur égard. Les sachant très utiles et les estimant, il ne cherchait point leur ruine, mais leur humiliation, leur docilité, leur soumission, peut-être leur reconnaissance, et au moment propice il saura se donner l'avantage d'arrêter la persécution.

6. Revenus du Louvre à la maison professe, les Pères reçurent un ordre du Parlement qui citait les supérieurs des maisons de Paris et sept des plus anciens profès, à comparaître le lendemain devant la cour « pour leur faire remonstrance et leur prononcer l'arrest ». Cette convocation, raconte le P. Garasse, « estoit une finesse de deux présidents, lesquels s'estant imaginez que le P. Sirmond, le P. Mérat et moy n'estions pas de l'advis de Santarelly, serions pour désavouer publiquement sa doctrine en pleine chambre du conseil, et que par ce moyen on pourroit former un schisme dans nostre Compagnie. Mais, grâces à Dieu, ils ne purent trouver d'ouverture pour découdre et deschirer nostre robbe[2]. »

Au lieu de signifier la citation par un huissier suivant l'usage, le procureur général l'avait fait connaître aux Pères par un substitut, chargé de les prévenir que la comparution de tous les personnages désignés n'était pas obligatoire : il fut donc résolu, sur cet avis, que seuls les supérieurs de Paris se rendraient au Parlement.

Le lendemain 14 mars, le P. Coton, provincial de France, le P. Filleau, recteur du collège de Clermont, le P. Brossault, recteur du noviciat, le P. Ignace Armand, remplaçant le P. de La Tour, supérieur de la maison professe, empêché par la maladie, arrivèrent au palais vers 9 heures du matin. Accueillis par six huissiers, il furent conduits à la chambre du conseil, à travers une foule de curieux qui par sa contenance leur témoigna res-

---

1. Lettre du P. Coton au P. Général, 16 mars 1626 (Epist. P. Cotoni).
2. Garasse, p. 153.

pect, sympathie et intérêt. Il n'en fut pas même des juges, le P. Coton nous l'apprend. « Entrés dans la salle où se trouve la première chambre, nous restâmes debout, la tête découverte devant les magistrats qui ne répondirent par aucun salut au nôtre, pas même par une légère inclination de tête[1]. »

Le premier président, M. de Verdun, leur reprocha d'arriver en retard et en si petit nombre. Mathieu Molé les excusa : il leur avait fixé l'heure lui-même et les avait prévenus que la présence des supérieurs suffirait. Ensuite il fut procédé à l'interrogatoire. Beaucoup d'historiens l'on reproduit d'après *Le Mercure françois*. Or le P. Garasse en nie l'authenticité. Les rédacteurs du *Mercure*, dit-il, « ont dressé tout un procès-verbal des demandes de M. le président et des responses du P. Cotton, auquel je puis dire en conscience qu'il n'y a pas un seul article de véritable[2] ». De nos jours, M. Fayard ne parle pas autrement. « Cet interrogatoire n'a rien d'authentique ; nous l'avons vainement recherché et fait rechercher dans les registres et les minutes du Parlement de Paris déposés aux Archives nationales[3]. » Tenons-nous-en donc à la relation du P. Provincial, la complétant par quelques détails empruntés à celle du P. Garasse, identique quant au fond.

Le premier président demanda d'abord au P. Provincial quel était son nom, ses fonctions : n'était-il pas supérieur des Jésuites de France, et les Pères qui l'accompagnaient, supérieurs des maisons de Paris? Le Père, après s'être nommé, dit qu'il n'avait point sous sa juridiction tous les Jésuites du royaume mais seulement ceux de la province de France ; il indiqua ensuite les noms et les titres de ses trois confrères. Après quoi, d'un ton grave, M. de Verdun s'adressa au quatre Pères conjointement.

« Mes Pères, la Cour a désiré que vous prissiez la peine de venir icy pour vous faire entendre sa volonté à l'occasion d'un livre de Santarelly, religieux de vostre Compagnie. Vous estes grands dans le monde, mes Pères ; vous gouvernez la plus grande et la meilleure partie de l'univers ; vous commandez dans les chaires ; vous disposez des consciences ; vous moulez la jeunesse à vostre gré, et qui plus est vous avez l'oreille quasi de tous les princes[4]. La cour s'estonne fort de ce que, depuis quelques

1. Lettre du P. Coton au P. Général, 14 mars 1626 (Franciæ historia, t. III, n. 100).
2. Garasse, p. 153.
3. Fayard, *Aperçu historique sur le parlement de Paris*, t. II, p. 66.
4. Le P. Coton aurait pu interrompre le président sur cette phrase : le fait d'avoir l'oreille de tous les princes prouve que ceux-ci n'en voulaient point à la Compagnie d'admettre le pouvoir indirect du pape dans les affaires temporelles.

années, plusieurs méchants livres estant sortis au jour contre l'autorité du Roy, nostre Souverain, vous n'avez jamais déclaré vostre sentiment en faveur du prince naturel. — Toute la France est témoin, repartit le P. Coton, que, depuis une vingtaine d'années qu'il a plu au roi de nous rappeler par édit, nous n'avons publié aucun livre sans témoigner notre singulière affection au service de Sa Majesté. — Il n'est pas question de cela, reprit le premier président, mais de combattre par raisons les fausses maximes du livre de Santarelly et de quelques autres semblables, qui assujettissent mal à propos la couronne du Roy au Saint-Siège de Rome[1]. La Cour désire savoir de vous :

« 1° Quel est votre sentiment, au sujet du pouvoir du Souverain Pontife sur les rois;

« 2° Pourquoi vous avez si longtemps différé de satisfaire à l'arrêt de 1611 et à celui de 1614, qui vous ordonnaient de présenter à la Cour, dans l'espace de six mois, une nouvelle ratification du décret qu'avoit porté votre Général (Aquaviva), quand il s'agissait du livre de Mariana;

« 3° Pourquoi, lorsque tant de vos Pères écrivent en faveur de la doctrine qu'on appelle indirecte, contraire aux lois fondamentales du Royaume, aucun d'entre vous n'a écrit, ni prêché dans le sens opposé. Répondez à ces questions. »

« Je répondis à la première, rapporte le P. Coton, que nous n'avions d'autre sentiment que celui des Universités catholiques.

« A la seconde, que Votre Paternité avait confirmé le décret de son prédécesseur touchant la dangereuse doctrine (du tyrannicide);

« A la troisième, que nous avions jugé plus à propos de garder le silence sur ces questions, puisque, en les traitant, il nous aurait fallu combattre le torrent des docteurs, même saint Thomas, saint Bernard, Gerson et beaucoup d'autres auteurs étrangers et français, ce qui aurait été difficile; et parce que, si nous avions combattu l'opinion contraire, qui est la plus commune, la nôtre aurait aussi été condamnée par les écoles d'Italie, d'Espagne et d'Allemagne, et que nous aurions eu, dans cette cause, plus d'adversaires que de partisans. C'est pourquoi, nous avions pensé qu'il valait mieux étouffer cette controverse, d'autant plus que nous avons un Roi qui n'est ni un tyran, ni un usurpateur, les seuls dont parlent Santarelli et les autres; en sorte

---

1. Garasse, *op. cit.*, p. 155-151.

que ceux qui, sous ce rapport, feignent de craindre quelque triste accident, semblent faire injure à notre souverain. »

« Le premier président, reprenant la parole, ajouta : Vous avez vu dans quels périls nous ont jetés les libelles diffamatoires intitulés : *Mysteria politica, Admonitio ad Regem, Quaestiones quodlibeticae*; pourquoi donc, vous qui êtes instruits et éloquents, n'écrivez-vous pas dans un sens contraire? — Nous répondîmes, que nous écririons toutes les fois que nous pourrions le faire à propos. — Il ne s'agit pas d'attendre, réplique le premier président; il vous faut écrire; et de plus, vous allez signer de suite les quatre propositions dont le greffier de la cour va donner lecture. Lisez, greffier, à haute et intelligible voix[1]. »

Le greffier lut alors les quatre propositions qui suivent :
« 1° Que le Roy ne tient son Roiaume que de Dieu et de son espée. — 2° Que le Roy ne recognoit aucun supérieur en son Roiaume, que Dieu seul. — 3° Que le Pape ne peut mettre le Roy et son Roiaume en interdit, et dispenser ses subjets du serment de fidélité qu'ils luy doivent, pour quelque cause et occasion que ce soit. — 4° Que le Pape n'a aucune puissance, ni directe ni indirecte, médiate ni immédiate, coactive ni directive, sur le Roy, pour quelque cause et occasion que ce soit[2]. »

« Voilà, dit le premier président à la fin de la lecture, les propositions auxquelles vous devez souscrire. Vous obtiendrez, en outre, de votre Père Général, qu'il censure et condamne le livre de Santarelli. » — « Je lui répondis, rapporte le P. Coton, que ces propositions exigeaient un mûr examen et que, au premier énoncé, elles présentaient deux choses impossibles : la première, que notre Père Général condamnât ce qu'avait approuvé le Maître du Sacré Palais, puisque, s'il le faisait, il provoquerait sur lui les rigueurs de l'Inquisition; la seconde, que la proposition où il était dit que le Pape ne peut pas excommunier le Roi était injurieuse au Roi lui-même, qu'elle le mettait, pour ainsi parler, en dehors du bercail de Jésus-Christ et de la communion des fidèles, à laquelle préside le Souverain Pontife, Vicaire de Notre-Seigneur Jésus-Christ et successeur de saint Pierre[3]. »

Le P. Provincial s'arrêta sur ce dernier trait qui ne fut pas sans produire quelque émotion; puis, au nom de ses confrères,

---

1. Relation du P. Coton (Franc. Hist. Prov., t. III, n. 100).
2. Articles proposés aux Jésuites (Œuvres et épreuves, n. 37 *bis*).
3. Relation du P. Coton déjà citée.

il pria la cour de vouloir bien leur remettre les propositions par écrit et leur accorder le temps de se concerter dans une salle voisine. Il fut fait droit à leur demande, et on les rappela au bout d'un quart d'heure. Tous avaient décidé qu'ils ne pouvaient souscrire des propositions contraires à une doctrine autorisée et généralement enseignée dans l'Église, et ils étaient convenus de la déclaration suivante qu'ils remirent au premier président. « Nous supplions très humblement la Cour d'avoir pour agréable que nous ne tenions ni signions autre chose touchant ces quatre articles que ce que tiendront et signeront les Prélats, les Universités et les autres Ordres religieux antérieurs au nôtre : car c'est tout ce que nous pouvons[1]. »

M. de Verdun ordonna aux Pères de se retirer quelque temps, pendant que les magistrats délibéreraient sur leur déclaration. Celle-ci était sage, habile et humble tout à la fois. Sur le point en litige, les Jésuites ne prétendaient point penser mieux que les théologiens des autres familles religieuses et des autres corps savants. Or n'avait-on pas vu, même en France, des évêques et des prêtres séculiers suivre la doctrine de Santarelli; n'avait-on pas entendu le cardinal du Perron la soutenir aux derniers États Généraux? Pourquoi donc alors exiger des seuls Jésuites la promesse de n'admettre que l'enseignement contraire? Le raisonnement était juste, sans réplique : il embarrassa et froissa les juges. Ils se persuadèrent, dit Garasse, qu'en parlant de se ranger à l'avis des évêques nos Pères faisaient allusion « aux animosités présentes de la Cour et du Clergé, où journellement on ne voyoit autre chose que des excommunications des Prélats contre le Parlement et des arrêts du Parlement contre les Prélats. La Cour donc s'imagina que c'estoit une espèce de moquerie, à laquelle pourtant il est certain que nos Pères n'avoient pas songé. » La délibération se ressentit de la mauvaise humeur des magistrats. Quelques-uns, entre autres le président de Mesmes, voulaient qu'on retînt prisonniers le P. Coton et le P. Armand; mais d'autres objectèrent le ridicule d'une mesure si odieuse, si injustifiée; de part et d'autre on s'échauffa si fort, que le premier président leva brusquement la séance et renvoya la conclusion à un autre jour. Les Pères furent congédiés vers 1 heure de l'après-midi[2].

---

1. Déclaration des supérieurs de Paris (Œuvres et épreuves, n. 37 *bis*).
2. Garasse, p. 159-161.

7. Dans la soirée, le P. Provincial se rendit auprès du nonce pour lui rapporter les événements et aviser avec lui. Spada se montra très réservé; il témoigna sa peine du discrédit où se trouvaient les Jésuites; il donna des conseils de modération; mais il aurait cru manquer à son rôle en intervenant comme représentant du Saint-Siège dans une affaire où celui-ci n'était pas intéressé directement et où il serait redoutable de provoquer le dépit de Richelieu. Le cardinal secrétaire d'État lui recommandait de soutenir la cause des Pères « avec cette prudence que demandent des matières si délicates, dans lesquelles souvent il vaut mieux se taire que parler[1] ». « Votre Seigneurie illustrissime n'a d'autre attitude à prendre que celle de directeur, sans employer le nom, ni la personne, ni l'autorité du Saint-Père, comme elle a fait très sagement jusqu'ici[2]. »

Quant au pape Urbain VIII, son impression nous est connue par la correspondance du cardinal Barberini. « A la première nouvelle que Sa Sainteté eut par vos lettres de la commotion qu'avait causée à Paris la doctrine contenue dans les chapitres XXX et XXXI du traité *de Haeresi*, elle jugea, par le souvenir de ce qui était arrivé autrefois, de tout le mal qui pouvait en résulter. Elle se plaignit amèrement de nos écrivains et particulièrement des Pères de la Compagnie à qui les Souverains Pontifes ont si souvent recommandé de ne pas agiter ces questions de l'autorité pontificale, qui, vraies et catholiques en principe, trouvèrent cependant toujours en fait une grande résistance, et qui, traitées sans autre besoin que d'en faire parade devant le public, ne servent qu'à exciter les susceptibilités jalouses des princes, à les irriter contre le pouvoir des papes et à les prévenir contre eux au détriment de l'infaillible vérité... Sa Sainteté a chargé le cardinal Magalotti de faire de sévères reproches au P. Général pour avoir laissé imprimer cet ouvrage[3]. »

Notre ambassadeur à Rome, M. de Béthune, aurait voulu du Pape une protestation formelle et publique. Dans une lettre à Richelieu, il disait au sujet du livre condamné : « J'en ay parlé au Pape, luy remonstrant que sa puissance spirituelle ne s'augmenteroit point par tels écrits, et que néantmoins il en pourroit naistre plusieurs inconvénients et scandales dangereux. Mais il ne se porte

---

1. Lettre de Barberini à Spada, 20 février 1626 (Archiv. Vat., Nonz. di Francia, n. 406, f. 488).
2. Du même au même, avril 1626 (*ibidem*).
3. Lettre de Barberini à Spada, avril 1626, déjà citée.

[pas] jusques icy, quelques remonstrances que je luy aye faites, à en faire décret ni deffense générale..., [il veut bien seulement] deffendre, comme il a faict, au Maistre du Sacré Palais, qui a la charge de donner permission d'imprimer, de ne point souffrir ny permettre d'ore en avant que tels livres, qui toucheront en quelque façon que ce puisse estre ceste matière de la puissance des Papes sur les Roys et leurs royaumes, paraissent en public[1]. »

Dans une autre lettre à M. Phelypeaux, l'ambassadeur disait les regrets et les décisions du P. Vitelleschi. « Le P. Général des Jésuites, auquel j'ai parlé du nouveau livre, m'a tesmoigné un très grand sentiment qu'il ait esté mis en lumière, estant un homme advisé et le plus sage politique avec qui j'aye jamais traité. Car, pour y estre sa permission, ce n'est pas à dire qu'il ayt eu connoissance de la doctrine qu'il contenoit; ce manquement estant arrivé par la relation de ceux auxquels il avoit donné charge d'examiner les livres... ne pouvant pas fournir à les lire par luimesmo... Ledit Général, pour tesmoigner son affection en ce qui peut satisfaire le Roy, et le désir qu'il a de luy complaire, m'a dit qu'il avoit escrit partout aux supérieurs de sa Compagnie d'acheter et de retirer autant d'exemplaires qui se trouveroient de ce livre, en les supprimant. Et non content de cet expédient et de la preuve qu'il m'a rendue de son desplaisir en ce rencontre inespéré et imprévu, il tesmoigne aussi sa douleur par des lettres de soumission qu'il escrit au Roy, à la Reyne mère, à M. le cardinal de Richelieu et aux MM. les cardinaux qui sont présentement en France[2]. »

Ainsi, d'après les lettres que nous venons de citer, on blâmait sévèrement à Rome, comme inopportune, la publication du *Traité de l'Hérésie*, etc., mais on ne niait pas pour cela la juridiction spirituelle absolue du Pape sur les rois comme sur les peuples, ni sa puissance indirecte sur les souverains dans l'ordre temporel. Quand donc le P. Général fit réimprimer l'ouvrage du P. Santarelli sans les deux chapitres incriminés, il n'entendait pas du tout renoncer aux « principes vrais et catholiques; » il voulait seulement écarter une pierre de scandale[3].

8. Cependant toutes ces mesures tardives ne pouvaient amé-

---

1. Lettre de M. de Béthune à Richelieu, mai 1626 (Bibl. nat., ms. fr., 3678, f. 35).
2. Béthune à Phelypeaux, 9 avril 1626 (Bibl. nat., *Ibid.*, fol. 40).
3. Barberini à Spada. °. avril 1626 (Archiv. Vat., Nunz. di Francia, n. 406, f. 108-172).

liorer la situation des Jésuites français. Pour les soustraire au péril imminent, le P. Coton ne comptait plus que sur Louis XIII. Ayant appris son retour le samedi soir (14 mars), il résolut de se trouver le lendemain à sa messe et ensuite l'informer de tout. « Il salua le Roy, dit le P. Garasse, mais ne receut pas l'accueil ordinaire de Sa Majesté, laquelle se deffit de luy le plus tost qu'elle peut, ce qui redoubla son affliction[1]. » Tout semblait désespéré. Ce fut le moment que Richelieu choisit pour se poser en conciliateur. Le Parlement tramait la perte des Jésuites ; lui, désirait seulement les brider, après les avoir humiliés. « On vouloit, a-t-il écrit dans ses *Mémoires*, leur défendre de plus enseigner et ouvrir leurs écoles, ou les chasser même de France. Le cardinal dit au Roy qu'il y a certains abus qu'on abolit plus aisément en les tolérant qu'en les voulant détruire ouvertement ; bien qu'aucunes fois on sache des opinions très mauvaises, il est dangereux de s'y opposer, principalement quand elles sont colorées du prétexte de la religion ;... il étoit bon que Sa Majesté louât le Parlement de l'action qu'il avoit faicte en faisant brûler le livre et empêchant que telle pernicieuse doctrine n'eût cours en ce royaume ; mais il falloit mettre ordre qu'ils ne passassent jusqu'au point qui pouvoit être aussi préjudiciable à son service comme leur action y avoit été utile[2]. » Il fut donc décidé dans le Conseil que le roi ordonnerait au Parlement par une lettre de cachet, de surseoir à l'affaire des Jésuites ; en même temps on proposerait à ceux-ci des conditions qui donneraient à la Cour une satisfaction raisonnable[3].

Le lundi 16 mars, le P. Coton, déjà souffrant, voulut prêcher à Saint-Paul comme à l'ordinaire ; au retour il fut obligé de se mettre au lit. Vers le milieu de la journée un gentilhomme vint, de la part de Louis XIII, l'inviter à se rendre au Louvre ; mais, quand il vit son état, il ne lui permit pas de se lever, affirmant que le roi serait désolé d'exposer ses jours. Alors le Père se contenta de dicter au P. Hertrix, son socius, un billet dans lequel il disait en substance « que s'il y alloit du service de Sa Majesté, il n'y avoit fiebvre qui le peust empescher de se porter à l'accomplissement de ses volontés ». Puis, il envoya au Louvre, à sa place, le P. Ignace Armand et le P. Charles de La Tour, supérieur de la maison professe[4].

1. Garasse, p. 102.
2. *Mémoires de Richelieu*, t. I, p. 368.
3. Lettre de Spada à Barberini, 17 mars 1626 (Archiv. Vat., Nunz. di Francia, n. 63, fol. 61-63).
4. Garasse, p. 163.

« Introduit dans le conseil, raconte le P. Armand, j'excusai d'abord le P. Provincial et j'ajoutai qu'il m'avait chargé de recevoir les ordres qu'on lui aurait donnés. Sur le commandement du Roi le cardinal m'adressa la parole et me dit : « Vous n'ignorez « pas, mon Père, les plaintes qu'a soulevées dans le Parlement « le livre de Santarelli ; vous avez été appelé ici pour apprendre « que Sa Majesté veut protéger la Compagnie. Mais, au point « où en sont les choses, il est absolument nécessaire de donner « quelque satisfaction à la Cour, qui ne pense à rien moins qu'à « vous expulser du royaume. Or, êtes-vous prêts à désapprouver « la mauvaise doctrine contenue dans ce livre, pernicieuse aux « Rois et aux Royaumes ? » et il ajouta beaucoup de choses semblables.

« Ayant consenti à cette demande, on nous pria de nous retirer jusqu'à ce qu'on eût libellé les articles qu'on voulait nous faire signer. Puis on nous rappela, et le roi me remit entre les mains la formule et la déclaration projetée. Elle contenait les trois points suivants : 1° Nous désapprouverions la mauvaise doctrine contenue dans le livre susdit contre la personne des rois et des princes, et contre leurs États qu'ils ne tiennent que de Dieu et qu'ils possèdent indépendamment de tout autre ; — 2° nous souscririons la censure du même livre qui pourrait être faite par le Clergé ou par la Sorbonne ; — 3° nous professerions sur cette matière la doctrine que les évêques de France, l'Université et la Sorbonne enseigneraient communément [1]. »

Le P. Armand représenta humblement au Conseil que le P. de La Tour et lui ne pouvaient prendre aucune détermination sans avoir consulté leur Père Provincial. « A la bonne heure, répondit froidement Richelieu, mais je vous advise de la part du roy qu'il faut signer cela, ou faire état de sortir du royaume ; non que le roy vous chasse, mais il laissera faire la Cour du Parlement... Il suffira que six ou sept (de vos Pères) signent le désadveu, au plus une douzaine [2]. »

Ce désaveu était bien différent de celui que le Parlement avait exigé et que pas un catholique, à l'exemple du P. Coton, n'aurait pu signer à cause de certaines expressions schismatiques. Il demandait toutefois à être examiné soigneusement, afin de savoir jusqu'à quel point la conscience des signataires pourrait être engagée.

1. Lettre du P. Armand au P. Général, 20 mars 1626 (Francia, Epist. ad Gen., t. I).
2. Garasse, p. 164.

9. Les principaux Pères de la maison professe et les théologiens du collège de Clermont se réunirent avec les consulteurs de province, pour délibérer sur les propositions que le P. Armand avait rapportées du Louvre. L'heure était grave. Il s'agissait de l'honneur de la Compagnie, de sa ruine ou de son maintien dans le royaume. Il fallait échapper au couperet sans s'avilir. On pressa donc chacun des articles, on le tourna dans tous les sens de façon à l'entendre, à l'interpréter, à l'admettre dans celui-là seulement qui ne blesserait point la vérité catholique.

1er Article : « Désapprouver la mauvaise doctrine contenue dans le livre de Santarelli contre la personne des rois et des princes, et contre leurs États, qu'ils ne tiennent que de Dieu et possèdent indépendamment de tout autre. » Les Pères jugèrent qu'on pouvait en conscience signer la première partie; non pas que les conclusions de Santarelli fussent fausses, mais, pour l'époque et certains pays, elles étaient dangereuses, irritantes; donc leur exposé était nuisible et capable de troubler la tranquillité publique. Quant à la seconde partie, on décida qu'elle pouvait être admise dans son sens obvie, car il est vrai que les rois sont des princes souverains, ne tenant leur puissance d'aucun autre et ne reconnaissant point de supérieur temporel.

2e Article : « Souscrire la censure du livre de Santarelli qui pourrait être faite par le Clergé ou par la Sorbonne. » — Si la censure émanait du Clergé, on pouvait raisonnablement ne rien craindre. Aux États Généraux de 1614, en s'opposant à l'article proposé par le Tiers comme loi fondamentale du royaume, et tout récemment encore, à l'Assemblée générale de 1625, en désavouant les théories de l'évêque de Chartres, le Clergé français s'était montré suffisamment attaché à la chaire de Saint-Pierre et à l'enseignement de l'Église. Mais si la censure émanait de la Sorbonne, n'avait-on pas tout à craindre de certains docteurs dont les tendances schismatiques étaient connues? Il est vrai; par contre, les docteurs orthodoxes ne manquaient pas non plus, Isambert, Duval, Reverdy et plusieurs autres universellement estimés. En outre, dans le texte proposé, il apparaît qu'on aurait le choix de signer ou la censure du Clergé ou celle de la Sorbonne; or on avait tout lieu d'attendre du premier un jugement acceptable. Néanmoins plusieurs Pères flairaient un piège : on les entraîna en leur rappelant l'axiome *nemo praesumitur malus nisi probetur;* on pouvait en effet supposer que la formule dressée par Richelieu dans un but de conciliation ne cachait point d'embûches.

3° Article : « Les Jésuites professeraient la doctrine que les évêques, l'Université et la Sorbonne enseignent communément. » Cette phrase ne peut avoir qu'un sens : quand sur un point de doctrine il y aurait unanimité entre les évêques, les Universités et la Sorbonne, les Jésuites suivraient. Nos théologiens pensèrent qu'on pouvait s'y obliger sans se compromettre ; cet engagement restant d'ailleurs subordonné à la clause convenue, et toujours sous-entendue en pareil cas, *salvo Ecclesiae judicio*[1].

La consultation terminée, on rédigea la déclaration suivante : « Nous soussignés, déclarons que nous désavouons et détestons la mauvaise doctrine contenue dans le livre de Sanctarellus, en ce qui concerne la personne des Rois, leur autorité et leurs États, et que nous reconnaissons que Leurs Majestés relèvent indépendamment de Dieu ; sommes prêts d'épandre nostre sang et exposer notre vie en toutes occasions pour la confirmation de cette vérité ; promettant de souscrire à la Censure qui pourra être faite de cette pernicieuse doctrine par le Clergé ou la Sorbonne, et ne professer jamais opinions ni doctrines contraires à celle qui sera tenue en cette matière par le Clergé, les Universités du Royaume et la Sorbonne[2]. »

Le P. Armand porta cette formule au P. Coton qui l'approuva et signa le premier. Au moment de souscrire à leur tour, plusieurs des autres Pères, malgré les considérations exposées ci-dessus, hésitèrent et même furent sur le point de refuser. Ils aimeraient mieux, disaient-ils, sortir du royaume que de signer des propositions pouvant paraître contraires à l'enseignement de l'Église. Alors, raconte un témoin, le P. Armand « nous pria de ne faire aucune difficulté, et nous dit par deux fois les larmes aux yeux : *Cedendum est tempori, Patres mei*. Ne donnons point cette affliction à nostre R. P. Provincial qui a signé le premier ; et, après

---

1. Sur cette discussion théologique des Pères de Paris, voir Garasse, p. 160-168, Prat, *Recherches*, t. IV, p. 759-765. Le P. Prat donne en note le texte d'une consultation de nos théologiens de Rome sur le même sujet ; on peut y constater que leur jugement fut conforme à celui des Parisiens.

2. Nous donnons cette déclaration d'après d'Argentré (t. II, p. II, p. 206), les *Annales des soi-disans Jésuites* (t. III, p. 153) et les *Mémoires de Richelieu* (t. XVII) ; cependant plusieurs phrases nous surprennent un peu, par exemple cette promesse de répandre son sang qu'on ne demandait point... ; — « leurs majestés relèvent indépendamment de Dieu », etc. Le sens de cette déclaration, dans Garasse, est très atténué : « Nous recognoissons que le Roy *ne tient le temporel de ses Estats* que de Dieu seul. »

tout, souvenons-nous de Venise[1]. Si nous sortons une fois de France, nous n'y rentrerons jamais plus, et le service de Dieu en décherra visiblement. » De leur côté, les théologiens du collège de Clermont ajoutèrent que, pour éviter les maux dont on était menacé, on pouvait signer, *quia erat timor cadens in constantem virum*, pourvu qu'on réservât les droits du Pape et du P. Général. Tous alors se résignèrent, mais en protestant que s'ils apposaient leurs noms c'est qu'ils croyaient les propositions véritables dans tel sens déterminé[2].

10. « L'acte estant faict authentiquement et en forme, autant qu'il se pouvoit, le P. Tacon, Procureur des Provinces, fut député pour aller porter nostre signature au Roy, qui l'attendoit avec impatience, mettant à tout propos la teste à la fenestre, pour voir s'il découvriroit quelque Jésuite. Et enfin ayant veu le P. Tacon et son compagnon qui entroient dans le Louvre, il se tourna vers la Reine sa mère et s'escria : « Les voicy, madame, les voicy », et donna deux pistoles à celuy qui lui en apporta la nouvelle le premier. Le Père donnant ce papier à M. le cardinal de Richelieu suivant sa commission, le Roy y accourut aussy tost pour le lire entre ses mains. Et aprez avoir parcouru les noms de ceux qui avoient signé, il dit tout hault : Je les connois tous excepté deux. — Incontinent aprez il monta à cheval, laissant la commission, et chargea M. de La Ville-aux-Clercs de porter nostre signature le lendemain à la Cour du Parlement avec expresse deffense de passer oultre[3]. »

Richelieu prétend à tort dans ses *Mémoires* « que la Cour se contenta de la déclaration du 16 mars », et qu'il « empêcha ainsi la ruine des Jésuites[4] ». Le Parlement était trop animé contre la Compagnie de Jésus pour cesser aussitôt ses procédures. Lorsque le 17 mars, M. de La Ville-aux-Clercs leur signifia l'ordre de Sa Majesté, les magistrats, ne tenant aucun compte de la soumission des Pères ni de la « défense expresse » du roi, refusèrent d'abandonner l'affaire dont ils étaient saisis : ils prononcèrent, séance tenante, un arrêt plus sévère que le précédent : 1° Les Jésuites devaient désavouer l'*Admonitio ad Regem* « en mesmes termes »

---

1. Chassés de Venise en 1606, dans les circonstances que nous avons vues (t. III, p. 217-219), les Jésuites n'y purent rentrer qu'en 1657.
2. Garasse, p. 165, 169.
3. Garasse, p. 169, 170.
4. *Mémoires de Richelieu*, t. I, p. 369.

que la censure qui en avait été faite par la Sorbonne, et « bailler acte » qu'ils détestaient le livre de Santarelli; — 2° Le Provincial de France commanderait aux autres Provinciaux du royaume de faire signer la censure par les principaux Pères de chaque maison: — 3° Il chargerait deux Pères d'exposer, l'un en français et l'autre en latin, le sentiment de la Compagnie touchant la doctrine de Santarelli; lequel écrit serait au bout de huit jours déposé au greffe du Palais. « Autrement et à faute de ce faire dans ledit temps, et iceluy passé, sera procédé à l'encontre d'eux comme criminels de lèze-majesté et perturbateurs du repos public. Et sera le présent arrest signifié au Provincial de ceste ville de Paris, à ce qu'il ait à y satisfaire [1]. »

Dans l'après-midi du même jour, le président Des Landes et le procureur général Mathieu Molé firent connaître aux Jésuites la teneur de l'arrêt, les engageant à prendre les mesures convenables avant qu'il leur soit signifié. « Nous priasmes M. le Procureur Général, raconte le P. Garasse, de remonstrer à la Cour les deux articles suivants. Le premier, qu'il n'estoit point à la puissance du Provincial de France de commander aux autres Provinciaux. Le second, qu'il estoit hors de son pouvoir d'assigner deux hommes qui peussent en si peu de temps traicter et approfondir une matière de si grande importance, et que nous jugions que la Cour nous avoit donné trop peu de temps pour escrire, veu nommément que ceux qui le pouvoient faire avec quelque honneur estoient occupés ou à leur prédication du caresme ou à leur leçon de théologie. » Mathieu Molé se chargea bien volontiers de porter cette réclamation à la Cour qui y fit droit. Elle accepta que « sans user du terme de commandement » le Provincial de France s'employât seulement à faire signer le désaveu par les autres Provinciaux; puis « elle donna terme de trois semaines ou environ » pour exposer en français et en latin la doctrine de la Compagnie [2].

Au milieu de ces événements la maladie du P. Coton avait empiré. Six des principaux médecins de Paris, réunis en consultation, venaient de déclarer qu'elle était mortelle et qu'il ne vivrait pas plus de huit ou dix jours. Recueillant ce qui lui restait de force, le P. Provincial écrivit encore au P. Vitelleschi, le 18 mars, pour lui apprendre les nouvelles exigences du Par-

---

1. Arrêt du 17 mars 1626 (Archiv. nat., M. 241). — Cf. D'Argentré, t. II, p. II, p. 206.
2. Garasse, p. 180.

lement. « Maintenant, ajoutait-il, nous attendons que l'arrêt nous soit officiellement signifié. Il n'y a aucune difficulté sur le premier article parce que le libelle *Admonitio ad Regem* est un danger et un grand scandale aux yeux du Clergé et de l'Université qui l'ont condamné pour cette raison... Quant à l'obligation d'écrire dans un autre sens [que le P. Santarelli], nous la remplirons avec le secours de Dieu, de manière à satisfaire le roi et le Parlement sans rien céder des droits du Souverain Pontife... Votre Paternité verra combien il a fallu que la Providence nous assistât pour que les sentences *ab irato* du Parlement aient abouti à ces deux ou trois points; autrement nous aurions été certainement exilés de France[2]. »

Sur les cinq heures du soir, le même jour, un huissier se présenta à la maison professe pour signifier au P. Coton l'arrêt du 17 mars. Deux des médecins du roi étaient alors dans la chambre du malade. Le Père les pria de lui permettre de se lever « affin d'entendre avec décence l'arrest de la Cour ». Ils n'y voulurent point consentir, et lui permirent seulement de se mettre sur son séant avec la soutane sur les épaules. L'huissier étant entré demanda pardon au vénérable religieux de la pénible mission qu'il était obligé de remplir, et durant « un quart d'heure ou environ » fit lecture de l'arrêt renfermant les exigences énoncées plus haut. Quand il vint à la clause finale « ou autrement il sera procédé contre eux comme criminels de lèze-majesté », on vit le P. Coton « sangloter et soupirer profondément ».

« L'huissier ayant faict sa charge, luy demanda s'il avait quelque chose à respondre; et luy ayant respondu en ces propres termes : « Nous obéirons à la Cour et exécuterons l'arrest selon la volonté du Roy », l'huissier, qui tenait sa plume pour escrire, dit tout bas à un de nos Pères : « Priez le P. Cotton de ne rien
« respondre mais de faire seulement un geste, et qu'on me laisse
« faire le surplus; car assurément la Cour gloseroit sur sa res-
« ponse quelle qu'elle fust. » Le conseil fut trouvé très bon et comme venant d'un amy particulier de nostre Compagnie. Le Père donc ayant respondu par quelques gestes et congédié l'huissier le plus honnestement qu'il luy fut possible, dit, en présence des médecins, les larmes aux yeux : « Hélas! faut-il que je meuro
« comme criminel de lèze-majesté et perturbateur du repos public

---

1. Lettre du P. Coton au P. Général, 18 mars 1626 (Epistolae P. P¹ Cotoni, citée par Prat, t. V, p. 471).
2. Garasse, p. 182, 183.

COMPAGNIE DE JÉSUS. — T. IV. 11

« aprez avoir servy deux Roys de France, l'espace de vingt ans,
« avec tant de fidélité¹! »

11. Profondément atteint dans ses affections les plus intimes par le dernier arrêt du Parlement, le P. Provincial passa la nuit du 18 au 19 mars dans une agitation fébrile qui, sans doute, précipita sa fin. Vers minuit, ayant remarqué l'altération de ses traits, le frère infirmier lui recommanda de se tenir en repos et de penser à Dieu. Ces derniers mots le frappèrent. « Eh quoi ! mon frère, lui dit-il, suis-je proche de la mort? » — L'infirmier avoua qu'il lui donnait à peine quelques heures de vie. Aussitôt le malade fit appeler le P. Bertrix auquel il se confessa à genoux. Ensuite il s'occupa de remplir les derniers devoirs de sa charge. Il manda près de lui le P. François Tacon et le P. Ignace Armand. Au premier il recommanda « d'un sens fort rassis » toutes les affaires temporelles de la Compagnie en France. Puis, s'adressant au second, il lui dit : « Mon Père, puisque Dieu m'appelle en cet estat et au fort de nos affaires, je vous remets la province entre les mains, l'ayant reçue de vous, et vous déclare, s'il vous plaist, Provincial, jusques à ce que autrement en soit ordonné par nostre R. P. Général. » Le P. Armand, tout en larmes, objecta son grand âge. « Mon Père, reprit le P. Coton d'une manière pressante, vous voyez l'affliction en laquelle je meurs. Je vous prie, ne l'augmentez pas par votre refus. » Ces paroles décidèrent le P. Armand, auquel le malade demanda aussitôt sa bénédiction. Le vice-provincial s'excusa disant que c'était au supérieur de bénir l'inférieur. « Souvenez-vous, mon Père, repartit le P. Coton que j'ay esté vostre disciple et en cette qualité ne me refusez pas ce que je vous demande. » Le P. Armand s'exécuta, puis à son tour le P. Provincial voulut bien donner à toute la communauté sa dernière bénédiction.

A partir de cet instant, il ne pensa plus qu'aux intérêts de son âme. Il bénissait Dieu de ses souffrances et lui offrait le sacrifice de sa vie. Vers quatre heures du matin, se rappelant que c'était le jour de saint Joseph, il voulut le sanctifier par la prière et demanda au P. Bertrix de réciter les matines de la fête avec lui, mais, après le second nocturne, ses forces le trahirent et il dut s'arrêter. Vers 5 heures du matin, il fit introduire dans sa chambre les frères coadjuteurs et les novices venus comme d'ordinaire à

---

1. Garasse, p. 191.

la maison Saint-Louis pour le service des messes. Il leur dit que depuis de longues années il désirait mourir en la fête de saint Joseph et que ses vœux allaient être exaucés; ne pouvant avoir la consolation de célébrer le saint sacrifice pour se préparer « au grand voyage », il les priait au nom de Notre Seigneur d'y assister eux-mêmes et d'y communier à ses intentions.

« Après la communion de nos frères on lui apporta le saint Sacrement. » Au son de la clochette annonçant l'approche du prêtre, il se leva et se mit à genoux sur le plancher. A l'entrée de Notre Seigneur, il le salua par ces mots de l'Evangile : « *Unde hoc mihi ut veniat Dominus meus ad me?* » Il le reçut avec une dévotion angélique, et demeura près d'un demi quart d'heure, toujours à genoux, soutenu sur les bras de deux religieux. Porté ensuite sur son lit, il demanda l'Extrême-Onction. La cérémonie n'était pas achevée, que poussant deux profonds soupirs il rendit son âme à Dieu.

Il était environ 6 heures du matin, et l'église de la maison professe, en ce temps du jubilé, se trouvait remplie de fidèles. Comme on se mit à tendre les autels en noir, ils apprirent bientôt la mort du serviteur de Dieu. On exposa le corps revêtu des ornements sacerdotaux, d'abord dans une chapelle latérale; puis pour permettre à la foule d'en approcher plus facilement, on dut le transporter dans la sacristie. Il y eut alors affluence de personnes pieuses qui voulaient lui baiser les pieds ou faire toucher à sa dépouille divers objets.

Dans les autres églises de la capitale, lorsque les prédicateurs du carême recommandèrent à leur auditoire l'âme du jésuite défunt, « on entendit des sanglots et des mouvements estranges qui furent des tesmoignages irréprochables de la vertu de ce saint homme ». D'ailleurs la nouvelle du grand deuil de la Compagnie ne tarda pas à être connue de toute la ville, et le peuple accourut de tous les quartiers vers l'église Saint-Louis.

« Il y eust, depuis midy jusqu'à sept heures du soir, le plus grand concours qui se soit veu de mémoire d'homme. On veit bientost les portes et les fenestres enlevées de leurs gons, les armoires rompues et tout comme au pillage. Il n'y avoit rien qui peust résister aux ondées, je ne dis pas d'une simple populace, mais des seigneurs et dames qui remplissoient nos trois basses cours, nostre sacristie et une partie de nostre jardin... Nos Pères du collège et du noviciat trouvèrent une grande résistance à nos portes, pour ce que les rues de Saint-Antoine et de Saint-Paul estoient ou pleines de monde ou embarrassées de carosses. Plusieurs personnes de qualité disoient que le concours n'avoit pas été plus grand aux honneurs du feu Roy Henri IV. »

Vers les six heures du soir, on voulut transférer la bière découverte de la sacristie dans le chœur, avant de réciter l'office. L'honneur de porter les précieux restes échut aux PP. Ignace Armand, vice-provincial, Charles de La Tour, supérieur de la maison professe, Jean Suffren, confesseur du roi et de la reine mère, et François Garasse. L'encombrement rendait leur tâche bien difficile; ils firent signe à deux frères coadjuteurs de les aider : aussitôt plusieurs gentilshommes se présentèrent, trop heureux de rendre ce dernier devoir au serviteur de Dieu.

Autour du catafalque les religieux commencèrent à psalmodier l'office des morts, mais « on ne s'y entendoit pas, tant estoit grand le bruit de ceux qui se pressoient pour approcher, et tant il y avoit de gens dans cette grande assemblée qui donnoient des marques éclatantes d'une forte et vive douleur ». Sur la fin de l'office, un tumulte extraordinaire attira les regards vers l'entrée de l'église. C'était l'archevêque de Paris qui à l'aide de ses domestiques essayait de se frayer un passage au milieu de la foule. Retiré à sa campagne de Saint-Cloud quand il apprit la mort du religieux son ami, il était accouru en toute hâte à la maison professe; à travers la multitude, qui n'avait point trouvé place dans le sanctuaire, il se faufila comme il put et arriva, son rochet tout déchiré, près du cercueil au moment où l'on commençait l'absoute. « Se tournant de touts costez, il imposa silence, et prenant l'encensoir fit trois fois le tour du corps, puis l'alla baiser au front, et revenant à ses pieds luy dit les oraisons qui restoient de l'office, et de ses propres mains le voulut mettre en terre[1]. » La fosse avait été creusée devant l'autel du côté de l'épître[2]; après l'avoir bénite, l'archevêque y jeta la première poignée de terre et les nobles personnages dont il était entouré suivirent son exemple.

Pendant plusieurs jours, on eut de la peine à contenter toutes les personnes qui réclamaient un souvenir. Princes et prélats, dames et seigneurs de la cour, bourgeois ou gens du peuple, demandaient quelque objet qui eût appartenu ou touché au célèbre jésuite. La reine mère obtint la médaille de son chapelet;

---

1. Garasse, p. 191-194. — Cf. d'Orléans, op. cit., p. 220, 222.
2. Le corps du P. Coton fut plus tard, sur la demande de son frère, transporté dans l'église du collège de Roanne (D'Orléans, p. 312).

Mme de Guercheville, son reliquaire; on envoya son bréviaire à Mgr de L'Aubespine. Tout ce qu'on put ainsi distribuer fut reçu comme des reliques.

Longtemps on n'entendit que louanges et bénédictions à la mémoire du confesseur de Henri IV et de Louis XIII. En témoignant ses regrets, le roi déclara qu'il le croyait bien haut dans le ciel. Le cardinal de La Rochefoucauld, qui l'avait vu de près à la cour, l'appelait un homme sans reproche et d'une intégrité de vie inaltérable[1]. A la nouvelle de son trépas, l'évêque d'Orléans disait : « Je ne sais qui, de la Compagnie, de l'Église ou de la France a la plus large part à une si grande perte. Je puis assurer du moins que le P. Coton, d'une innocence et d'une douceur admirables, était digne de l'amour de tous les hommes[2]. » Le P. de Bérulle avait remarqué en lui trois indices de la plus haute perfection, « une union continuelle avec Dieu, une douceur que rien n'aigrissait et une si grande égalité de vie qu'il n'avoit jamais paru un moment différent de luy-mesme[3] ». Le garde des sceaux, Marillac, louait surtout sa probité et la droiture inflexible de son cœur[4]. Au dire d'André du Saussay, évêque de Bethléem, confident de François de Sales, le saint prélat professait pour le P. Coton une affectueuse estime, et en toute rencontre il parlait de lui avec sympathie et vénération[5].

1. D'Orléans, *op. cit.*, p. 222, 223.
2. Roverius, *De vita P. Cotoni*, lib. II, c. 13.
3. D'Orléans, p. 223.
4. *Ibidem.*
5. Roverius, *l. c.*

CHAPITRE VII

LE LIVRE DE SANTARELLI EN SORBONNE

(1626-1627)

Sommaire : 1. Les Jésuites se soumettent autant qu'ils peuvent à l'arrêt du 17 mars. — 2. Réaction en leur faveur. — 3. Projet d'une Déclaration touchant la souveraineté des rois. — 4. Jugement sur la conduite des Jésuites français dans l'affaire Santarelli. — 5. Le *Tractatus de Haeresi* est dénoncé à la Sorbonne. — 6. Censure de cet ouvrage. — 7. Protestation du nonce ; mécontentement du Pape. — 8. Richelieu se décide à intervenir. — 9. Il obtient la soumission de la Sorbonne et brise les résistances de l'Université. — 10. Ses difficultés avec le Parlement. — 11. Direction du P. Général et incidents relatifs à la Compagnie pendant l'affaire de la censure.

Sources Manuscrites : I. Recueils de documents conservés dans la Compagnie : a) Franciae historia, t. III. — b) Franciae Epistolae. — c) Franciae Epistolae Generalium. — d) Campaniae historia.
II. Roma, Archivio Vaticano, Nunziatura di Francia, n. 65, 66, 393, 404, 406, 418, 420, 422, 443.
III. Paris, Archives du ministère des Affaires Etrangères, Rome, correspondance, vol. XXXIX, et Supplément, vol. IV.
IV. Paris, Biblioth. nationale, mss. français, 3658, 3670; mss. italiens, 61 ; mss. latins, 9758.

Sources imprimées : *Le Mercure français*, t. XII. — *Mémoires de Richelieu*. — Garasse, *Récit au roy* (dans Carayon, *Documents inédits*, doc. III). — Richer, *Relation véritable de ce qui s'est passé en Sorbonne*. — D'Argentré, *Collectio judiciorum*. — Jourdain, *Histoire de l'Université de Paris*. — Puyol, *Edmond Richer*. — Houssaye, *Le Cardinal de Bérulle et le Cardinal de Richelieu*. — Prat, *Recherches sur la Compagnie de Jésus*, t. IV, V.

1. Le P. Coton était à peine descendu dans la tombe, que son successeur devait s'occuper de satisfaire au dernier arrêt du Parlement. On se rappelle qu'à la date du 17 mars la cour avait donné aux Pères trois jours « pour bailler acte » qu'ils souscrivaient à la censure de la Faculté de Théologie contre l'*Admonitio ad Regem* et désavouaient la doctrine de Santarelli. Le délai expirait donc le 20 mars. Ce jour-là, le P. François Tacon remit au procureur général, de la part des Jésuites de Paris, une nouvelle déclaration portant les signatures des mêmes religieux qui avaient signé la première. Elle était ainsi conçue : « Nous sous-

signés, Religieux de la Compagnie de Jésus, souscrivons en tout et partout, comme si cela étoit inséré mot à mot, à la censure d'un libelle qui a pour titre *Admonitio ad Regem*, laquelle a été faite par nos très sages Maîtres Messieurs les docteurs en Théologie de la Faculté de Paris... *Item*, Comme il y a dans le livre d'Antoine Sanctarel intitulé *de Haeresi apostasia et schismate*, lequel a été condamné depuis peu par la Cour du Parlement, quantité de choses scandaleuses, séditieuses, qui tendent au renversement des États, à retirer les sujets de l'obéissance due aux Rois, aux Princes et aux Souverains, touchent leurs États et mettent même leurs personnes en grand danger et péril, nous les improuvons pareillement, rejettons et condamnons[1]. »

Par cette déclaration très explicite et passablement ampoulée se trouvait exécutée la première partie de l'arrêt du 17 mars. Mais il exigeait en outre qu'au bout de deux mois le P. Provincial de France rapportât au greffe de la Cour pareil acte signé des quatre autres Provinciaux, des Recteurs et de six des plus anciens Pères de chacun des collèges que la Compagnie avait dans le royaume. Or, par suite du décès du P. Coton, la province de France n'avait plus officiellement de supérieur, et le P. Armand « jugea fort à propos, dit Garasse, qu'il ne debvoit pas prendre la qualité de vice-provincial pour ne s'embarrasser point dans ces affaires et avoir [prétexte] de représenter que, nous estant sans supérieur et sans chef, tout ce que nous ferions seroit subject à désaveu. En effet, au nom du P. François Tacon, procureur de nos Provinces, nous présentasmes requeste à la Cour à ce qu'il lui pleust nous donner un peu de répit jusqu'à ce que nous eussions response de nostre P. Général, veu que c'est à lui seul de nommer les Provinciaux que nous n'eslisons pas capitulairement comme les autres Ordres[2]. » Tant de *répit* fut laissé aux Jésuites, qu'en fait on signa plus tard dans les seules villes du ressort du Parlement de Paris, et encore conditionnellement[3].

Ces deux points réglés, restait une troisième exigence de l'arrêt, la plus difficile à satisfaire : publier en français et en latin un exposé de la doctrine contraire à celle de Santarelli. Les Jésuites jugèrent ne pouvoir aller jusque-là. C'eût été agir contre leur conscience; ils aimaient mieux se retirer sans éclat du royaume;

---

1. Déclaration des Jésuites touchant les livres *Admonitio* et *de Sanctarel*. (D'Argentré, *Collectio Judiciorum*, t. II, P. II, p. 207.)
2. Garasse, *op. cit.*, p. 204.
3. Mémoire du P. Binet sur cette affaire (Campaniae historia, t. III, n. 9).

le P. Suffren le déclara au cardinal de Richelieu et à la reine mère[1]. « Si les magistrats, écrivait le P. de La Tour, veulent absolument nous contraindre à parler du pouvoir de déposer les rois qu'ils refusent de reconnaître au Pape, nous dirons franchement qu'il est impossible de le nier puisqu'il a toujours été reconnu dans l'Église. Dieu nous aidera; quelque chose qui arrive à ses serviteurs, il le fera tourner à leur bien[2]. »

2. La protection divine, en effet, pouvait seule tirer les Jésuites de ce mauvais pas; elle ne se fit pas attendre. On remarqua bientôt dans les hautes régions du pouvoir une réaction favorable. Richelieu, sollicité par le P. Armand, se montra disposé à retenir l'animosité des parlementaires. Marie de Médicis promit au P. Suffren son concours et sa protection. Le roi témoigna une particulière bienveillance : comme le P. Armand lui remettait une lettre du P. Général et le suppliait de ne pas permettre que le Parlement forçât la Compagnie à s'exiler, il « répondit avec émotion qu'il y pourvoiroit tout de bon », et il prit à témoin de sa promesse le cardinal de La Rochefoucauld, présent à l'entretien[3].

Les Jésuites et leur amis attribuaient ce revirement à l'intercession du P. Coton que des âmes privilégiées, Marie Teyssonnier à Valence, la mère Colombe du Saint-Esprit à Tulle, la mère de Matel à Roanne, croyaient déjà en possession de la félicité éternelle[4]. « Je crois que les prières du défunct ont esté exaucées, écrivait le P. Lejeune au P. Provincial de Lyon, car hier, jour de Nostre-Dame [25 mars], le Roy s'estant communié promit d'évaquer tout à soy. Et de faict, après le disné, il manda quérir son Procureur général et luy commanda que le Parlement ne traitast aucunement aujourd'huy de nostre affaire. Et ce matin le Roy a commencé de faire ses stations pour gaigner le jubilé, et a visité cinq églises à pied, quoyque fort éloignées, et a esté à huit heures en la nostre de Sainct-Louys, et après avoir faict sa prière a dict au P. Ignace [Armand] et au P. Jean Suffren qu'à onze heures il assembleroit son conseil pour nostre affaire. A onze heures du matin, la Reyne régnante a aussi esté à pied en nostre esglise avec toute sa suitte, et après sa prière, qui a esté

1. Lettre du P. Armand au P. Général, 26 mars 1626 (Prat, *Recherches*, t. V, p. 475).
2. Lettre du P. de La Tour, 9 avril 1626 (Franc. Hist. Prov., t. III, n. 89).
3. Lettre du P. Armand, 26 mars, déjà citée.
4. Cf. Prat, *Recherches*, t. IV, p. 813.

d'une petite demy-heure, a tesmoigné à nos Pères un très grand ressentiment de nos affaires et de la mort du P. Cotton, et a dict que si cela dépendoit d'elle, elle y mestroit bientost ordre, mais que le Roy y travailloit en son conseil. Sur les quatre heures du soir la Reyne Mère est venue, mais en carrosse, ne le pouvant aucunement faire à pied. Monsieur le cardinal de La Valette s'y est trouvé et Monsieur l'Archevesque de Paris qui y a donné la bénédiction. Et au sortir de l'Esglise, la Reyne Mère a dict à nos Pères que le Roy en son conseil avoit fort travaillé pour nous à onze heures du matin ; et ce soir Monsieur le cardinal de La Rochefoucauld, qui s'est grandement employé pour nous, nous a mandé que nous ne fussions plus en peyne, que tout estoit accommodé et que le Roy avoit remédié à tout, mais nous ne savons pas encore en quelle façon[1]. » Une lettre postérieure du P. Armand au P. Général nous apprend que Louis XIII ordonna au Premier Président, M. de Verdun, d'avertir la Cour de ne plus rien remuer contre les Jésuites[2].

Le mardi de Pâques, le cardinal de Richelieu, accompagné d'un brillant cortège de seigneurs, vint lui aussi à la maison professe pour gagner les indulgences. Reçu à la porte de l'église par le P. Ignace Armand, il fut conduit jusqu'au pied du maître-autel où, après avoir pris les ornements sacrés, il célébra le Saint Sacrifice. Son action de grâces terminée, il alla sur la tombe du P. Coton, « montrant de gestes et de paroles le ressentiment qu'il avoit de sa mort ». Tous les gentilshommes de son entourage prirent cette visite pour un bon augure[3] ». Il répondit en effet au P. Armand, qui lui recommandait la Compagnie, que Sa Majesté avoit déjà ordonné au Parlement de ne plus s'occuper du livre de Santarelli et qu'elle le lui commanderoit encore.

Les magistrats se voyant abandonnés de Richelieu pensèrent qu'ils n'avaient plus qu'à obéir, et bientôt M. de Verdun allait assurer le roi de leur parfaite soumission[4].

3. Le P. Garasse rapporte au contraire que « la Cour ne s'adoucit en façon aucune »; et il ajoute : « Le propre jour assigné par l'arrest nous fûmes sommés de représenter au greffe la déclaration que nous avions faicte touchant la souveraineté des

---

1. Lettre du P. Lejeune au P. Charlet, 26 mars 1626 (Franciae historia, t. I, n. 65).
2. Lettre du P. Armand au P. Général, 9 avril 1626 (Ibidem, n. 83).
3. Garasse, p. 300.
4. Lettre du P. Armand au P. Général, 27 avril 1626 (Prat, t. V, p. 479).

Roys¹. » Écrivant plusieurs années après l'événement, l'auteur du *Récit au vray* a eu ici un défaut de mémoire. Un exposé doctrinal, portant le titre de *Déclaration des Jésuites de Paris touchant la Souveraineté des Papes et des Roys*, fut bien rédigé en français et traduit ensuite en latin, mais jamais il ne fut présenté au Parlement, ainsi qu'il ressort de plusieurs lettres du P. Armand au P. Général. « Comme nous avions lieu de douter, lui écrivait-il le 16 avril, que le Parlement voulût obéir aux injonctions du roi, nous tenions prête notre rédaction pour la présenter si l'on venait à l'exiger. Jusqu'à présent on ne nous a rien demandé et il y a cependant trois jours que le terme du délai a expiré. On nous donne même l'espoir qu'on ne nous la demandera pas². » Même note à la date du 7 mai : « Le dépôt de la déclaration n'a pas été réclamé³. » Et dans une dépêche du 28 mai, le secrétaire d'État Phelypeaux mandait à M. de Béthune : « Les Pères Jésuites ayant faict quelque difficulté, la Cour ne les en a pas pressés davantage⁴. »

Aussi bien, à en juger par le texte que nous a conservé Garasse, la *Déclaration* des Jésuites parisiens n'aurait pu contenter le Parlement. On n'y avait rien cédé des droits du Souverain Pontife, comme le P. Coton, la veille de sa mort, l'avait promis au P. Général. C'était un exposé de principes, touchant les rapports entre l'Église et l'État, la juridiction du Vicaire de Jésus-Christ et la souveraineté du roi. Mais on n'indiquait point les limites où ces deux puissances se rencontraient, et on omettait les cas particuliers où la première doit s'exercer sur la seconde en vertu de la subordination du temporel au spirituel; par suite, il n'était point parlé de la déposition des rois, ni de la dispense du serment de fidélité.

« Ponctuellement examinée jusqu'à une virgule⁵ » par quinze théologiens Jésuites, cette déclaration fut approuvée sans réserve par le cardinal de La Rochefoucauld, André Duval et plusieurs autres docteurs de Sorbonne. Le nonce du Saint-Siège assura « qu'on en seroit satisfait à Rome⁶ ».

5. Les Jésuites français étaient donc tirés de l'embarras où

---

1. Garasse, p. 206.
2. Lettre du P. Armand au P. Général, 16 avril 1626 (Franciae Epist., t. I).
3. Lettre du même au même, 7 mai (ibidem).
4. Phelypeaux à Béthune, 28 mai 1626 (Bibl. nat., fr. 3070, f. 25).
5. Garasse, op. cit., p. 224.
6. Garasse, p. 227.

les avait jetés la publication malencontreuse de leur confrère italien. Mais était-ce à leur honneur? Leur refus de ne point combattre la doctrine de Santarelli, dans ce qu'elle avait de plus contraire au gallicanisme politique, nous permettra de mieux apprécier l'ensemble de leur conduite.

M. l'abbé Puyol, auteur d'une vie d'*Edmond Richer*, leur reproche de n'avoir pas été « à la taille de ces énergiques religieux qui préféraient être expulsés de France en 1593[1], et de Venise en 1606[2] plutôt que de reconnaître des faits par lesquels la puissance pontificale était blessée ». Et il ajoute : « La forte lignée des enfants de saint Ignace, la puissante sève espagnole avait fait place à une nouvelle postérité qui, en se nationalisant, exerçait peut-être une plus grande influence, mais en même temps perdait quelque chose de la vigueur originelle[3]. »

Ce jugement nous paraît sévère. M. Puyol a vu, dans la *Déclaration* signée par les Jésuites le 16 mars 1626, plus que ceux-ci ont prétendu y mettre, plus qu'ils y ont mis réellement. Le Parlement, lui, ne s'y est pas trompé; de là son arrêt du 17 mars. Rappelons la situation à cette date : les Jésuites ont désavoué le livre de Santarelli comme détestable et scandaleux (entendez, vu l'état des esprits en France); ils ont reconnu que les rois relèvent indépendamment de Dieu (entendez, quant au temporel); ils ont promis de souscrire à la censure que formulerait le clergé ou la Sorbonne. Mais tout cela aux yeux des juges n'est qu'une échappatoire. Oui ou non, disent-ils aux Jésuites, admettez-vous le pouvoir indirect du Pape sur le temporel du Roi? Si oui, vos désaveux n'ont aucune portée; si non, exposez la doctrine contraire dans un écrit français et latin. Or à cette dernière injonction les religieux répondent : plutôt sortir du royaume que de refuser au Pape un pouvoir qui est une conséquence inéluctable de sa suprématie spirituelle. Et là-dessus Richelieu, trop théologien pour ne pas, à part soi, donner tort au Parlement, arrête la procédure. Ainsi les Jésuites sont sauvés, sans avoir en rien blessé la puissance pontificale.

Ce qu'on peut leur reprocher c'est, le 16 mars, une déclaration équivoque. Mais en face de l'expulsion imminente et du détriment qu'en éprouveraient leurs œuvres et même la reli-

---

1. L'arrêt d'expulsion est du 29 décembre 1594.
2. L'arrêt de bannissement est du 14 juin 1606.
3. Puyol, *Edmond Richer*, t. II, p. 280.

gion en France, ils sont excusables d'avoir saisi la planche de salut qu'on leur tendait, d'avoir recouru à des expédients qui, sans ternir l'honneur, aidaient à gagner du temps et pouvaient apaiser les ennemis. Ce qu'on peut encore leur reprocher, c'est d'avoir, justement par l'équivoque, fait un semblant de concession. Et où ne va-t-on pas quand on entre dans cette voie? Peu à peu le virus gallican va s'infiltrer dans les esprits, et un jour viendra où les Pères français, non plus sous le coup de la persécution mais en pleine faveur, signeront la regrettable déclaration du 24 mars 1713.

Tel est notre jugement, à quatre siècles de distance. Disons quel fut celui de Rome au lendemain même de la tourmente.

Voyant les choses de haut et indépendamment des circonstances particulières, Urbain VIII, d'ailleurs tout disposé à soutenir la Compagnie, se montra très mécontent de la conduite des Pères; il désapprouvait surtout leur engagement de souscrire à la future censure de la Sorbonne. « Votre Seigneurie Illustrissime, écrivait au nonce le cardinal Barberini, fera entendre aux principaux d'entre eux à quel notable danger ils se sont par là exposés. Quant à la manière d'apaiser la tempête et de recouvrer leur crédit, Sa Sainteté a fait savoir au P. Général qu'on se garde bien d'employer des moyens qui devraient, à l'évident dommage de la Compagnie, être réprouvés par le jugement infaillible du Saint-Siège[1]. » Le Souverain Pontife blâmait aussi l'édition expurgée du livre de Santarelli, et recommandait au nonce d'en empêcher la diffusion.

Le P. Général de son côté aurait désiré qu'on ne prît aucun parti avant d'avoir reçu une direction de Rome. Mais à cela le P. Suffren répliquait que le Parlement n'avait pas laissé le temps d'agir avec une pareille lenteur; et, le 26 mars, il écrivait au P. Assistant : « Je ne doute pas que peut-être, à Rome, on n'ait jugé que nous nous sommes trop précipités à souscrire ce que le Roy demandoit, et à censurer Santarelli comme le Parlement l'ordonnoit; mais, comme j'escrivis par mes dernières, qui eusse veu la furie de nos ennemis, l'abbattement de nos amis, l'évident danger où nous nous trouvions ou de quitter la France ou, pour le moins, de quitter le collège de Clermont, et d'ailleurs l'impossibilité d'obtenir du delay, les impressions qu'on avoit donné au Roy contre nous, etc., eusse jugé que ce que en saine

---

1. Lettre de Barberini à Spada, 21 avril 1626 (Archiv. Vat., Nunz. di Francia, n. 65, f. 153, 154).

conscience et sans offense de Dieu nous pouvions dire ou escrire, le devions plus tost faire que nous mettre en ce danger, et tiens assuré que N. R. P. Général et Votre Révérence aiant veu nostre déclaration ne trouveroient rien à redire, sinon qu'on n'a pas attendu response de Rome et des aultres provinciaux ; mais quel moïen ? Le Roy ne nous avait baillé que vingt-quatre heures, et le Parlement trois jours, et si précisément qu'on ne nous en rabatit pas une heure. La Providence de Dieu, qui a envoyé Votre Révérence à Rome, a voulu qu'elle aie expérimenté en France quelque chose semblable, mais je l'assure que l'affaire estoit bien réduit en d'aultres extrémités plus grandes que de son temps.

« Je recognois bien, par une lettre que N. R. P. Général m'a escrit du 15 avril et m'a esté renduee par M. le cardinal nonce, qu'il ne désiroit aucunement qu'avant que nous eussions sa response on déclarât le sentiment de nos Pères en telle matière ; mais je crois que Votre Révérence nous défendra comme ses enfants, car à Dieu ne plaise que nous aions eu la moindre pensée de désobéir ou de mescontenter Sa Paternité. J'attends en bonne dévotion le sentiment de Votre Révérence en nostre procéder, affin que, si quelque aultre occasion arrivoit, nous seachions comme il faut faire, et n'auray jamais difficulté à obéir, quoi qu'il en arrive, à l'exemple de Celuy *qui ne perderet obedientiam perdidit vitam*[1]. »

5. Il importait, en effet, d'être préparé à tout événement, car on était toujours menacé de cette censure du livre de Santarelli à laquelle on avait promis de souscrire. Ce fut la Sorbonne qui se chargea de la dresser.

Encouragée par les parlementaires, la fraction gallicane de la Faculté de Théologie entreprit de faire condamner la doctrine du jésuite italien comme fausse et hérétique. Il ne s'agit plus, comme au Parlement, d'humilier un ordre religieux dévoué au Pape : l'attaque est dirigée contre le Saint-Siège lui-même. C'est la seconde phase de l'affaire Santarelli ; nous y retrouverons encore l'influence de Richelieu. Cette doctrine du pouvoir indirect, que beaucoup de français considèrent comme catholique, il ne lui déplaît pas de la voir condamnée par un jugement doctrinal. Ne pouvant le demander à l'Assemblée du clergé qui n'est pas

---

1. Lettre du P. Suffren au P. Charlet, 26 mars 1626 (*P. Petri Cotoni vita*).

réunie, il laisse la Sorbonne la formuler, quitte à réprimer les excès de son zèle au moment voulu.

Edmond Richer nous a transmis une *Relation véritable* de la lutte alors engagée entre docteurs gallicans et docteurs ultramontains [1]. Nous la résumerons en la contrôlant par la correspondance du nonce avec le cardinal Barberini, et celle des Jésuites avec leur Général.

La plupart des docteurs séculiers brûlaient de profiter de la circonstance pour affirmer leurs opinions. « Il étoit temps, disaient-ils, d'empêcher le cours et les effets d'une doctrine tant préjudiciable à l'Église et au salut des âmes ; qui avoit donné un titre spécieux à la Ligue, mis tout le Royaume de France, voire toute l'Europe, en confusion, causé la mort de plusieurs millions de chrétiens et le parricide des deux derniers de nos rois... » Doctrine pernicieuse, qui « induit de soi et porte imperceptiblement les esprits à des abominables entreprises, non seulement d'attenter à la vie des rois et princes souverains,... mais aussi à renverser les États et puissances politiques que Dieu a établis en souveraineté, pour y durer tant que l'Église durera, c'est-à-dire jusqu'à la consommation des siècles [2] ».

Cet état d'esprit en Sorbonne favorisait les desseins de Richelieu. Cependant on ne pouvait rien entreprendre sans l'assentiment du syndic Froger, théologien animé des meilleures intentions à l'égard du Saint-Siège. On lui députa Filesac, son ancien professeur, dont l'âge et l'autorité lui en imposèrent, et, bientôt gagné, il requit le Docteur Roguenant, doyen de la Faculté, de convoquer pour le 16 mars une assemblée dans laquelle on procéderait à l'examen du *Traité de l'hérésie* [3].

Le syndic avait à peine cédé qu'il le regretta. Dans la soirée du 15, ayant communiqué sa résolution au Dr Duval, celui-ci le blâma vivement : « Il n'auroit pas dû promouvoir cette affaire ; il avoit tout gâté ; cela alloit plus loin qu'il ne voyoit... Et sur ce [Duval] lui représenta tant de chose, qu'il lui fit changer d'avis [4]. » Mais il était trop tard pour contremander l'assemblée. Le lendemain donc, en la salle de la Sorbonne, quarante et un docteurs se trouvaient réunis ; dans le nombre, pas plus de trois réguliers : les autres étaient occupés à des stations de carême en province.

---

1. Richer, *Relation véritable de ce qui s'est passé en Sorbonne les 15 de mars, 1er d'avril, 2 de mai 1626, le 2 de janvier et 1er de février 1627*.
2. *Relation véritable*, p. 10.
3. Spada à Barberini, 17 mars 1626 (Archiv. Vat., Nunz. di Francia, n. 66, f. 63).
4. *Relation véritable*, p. 2.

En qualité de syndic, Froger exposa le motif de la convocation, puis il ajouta aussitôt que, réflexion faite, il lui semblait dangereux de délibérer sur une matière aussi grave sans en avoir reçu l'aveu de l'autorité ecclésiastique, et qu'on ferait bien de s'en tenir là. Mais le doyen, ami de Richer, fut d'un avis contraire ; la Faculté s'y rangea, et tout de suite elle nomma une commission pour examiner le livre de Santarelli et en faire un rapport à la prochaine assemblée.

Afin d'éclairer les docteurs chargés de ce soin, les Jésuites jugèrent à propos de leur faire parvenir par l'entremise du roi et du chancelier quelques courtes observations.

« Plaise au Roy de faire voir à Messieurs de la Sorbonne et à ceux qui examinent ce livre et en doivent faire un extrait : 1° S'il n'est pas vray qu'en tout le livre dont il est question il n'est nullement parlé du Roy en particulier. — 2° S'il n'est pas vray que tout le traité de la puissance du Pape regarde autant l'Empereur, le Roy d'Espagne, celuy de Pologne et tous les princes souverains, tant d'Allemagne et d'Italie que le Roy. — 3° S'il n'est pas vray qu'après avoir traité de la déposition des Roys au chapitre XXX, il traitte aussi de celle du Pape mesme au suivant. — 4° S'il n'est pas vray que la mesme matière fut agitée aux derniers Estats Généraux et que feu Monsieur le cardinal du Perron a faict imprimer sa harangue, laquelle contient la mesme doctrine et faict voir que saint Thomas et grand nombre de docteurs de la Faculté de Paris l'ont enseignée et imprimée dans leurs œuvres. — 5° S'il n'est pas vray qu'en ce cas il faut aussi... défendre la lecture de tous les auteurs qui soustiennent la mesme opinion. — 6° S'il n'est pas vray que c'est faire injure signalée à Sa Majesté de dire que le livre est plus à craindre pour luy (*sic*) que pour les autres souverains, comme s'il avoit rien approchant des qualités d'un tyran, d'un usurpateur et d'un prince mal conditionné ; attendu que l'auteur ne parle que de ceux-là. — 7° S'il n'est pas vray qu'il vaut mieux faire comme les autres souverains, et comme il fut faict aux Estats Généraux du Royaume, qui est d'estouffer et supprimer cette prétendue doctrine plus tost que de l'éventer et publier davantage par contestations, attendu que la thèse est une opinion et que l'Eglise n'a rien décidé là-dessus[1]. »

---

1. « Observations à Messieurs de la Sorbonne » (Franciae historia, t. III, n. 70, sans date).

6. Ce dernier conseil qui s'adressait plus spécialement à Louis XIII ne fut pas suivi, et les commissaires ne tinrent aucun compte de ces sages observations, si toutefois elles leur furent communiquées. Le 1er avril, ils donnèrent lecture de leur rapport dans lequel ils s'étaient appliqués à faire ressortir ce que le livre contenait de plus fort sur les relations des deux puissances [1]. Ils conclurent qu'une telle doctrine devait être condamnée comme « nouvelle, fausse, erronée et contraire à la parole de Dieu ; rendant la dignité du Souverain Pontife odieuse, ouvrant le chemin au schisme, dérogeant à l'autorité souveraine des rois qui ne dépend que de Dieu seul ; empêchant la conversion des princes infidèles et hérétiques ; troublant la paix publique ; renversant les royaumes, les États et les républiques ; détournant les sujets de l'obéissance qu'ils doivent à leurs souverains et les induisant à des factions, rébellions et attentats à la vie de leurs princes [2] ».

Les partisans des doctrines romaines, Duval, Mauclerc, Isambert, Le Clerc, Froger demandèrent en vain qu'on se contentât d'une censure générale, comme on avait fait pour l'*Admonitio*, censure qui justement « avoit été bien reçue de tout le monde, même du Saint Père [3] ». L'avis contraire prévalut ; il fut décidé, à la majorité, que la doctrine de Santarelli serait condamnée selon la formule proposée par les rapporteurs. On nomma une commission pour rédiger un texte auquel on donnerait ensuite une approbation définitive. Averti de ce qui se passait, le cardinal Spada sortit enfin de sa réserve et prit auprès du gouvernement une attitude énergique. Il écrivit le soir même à Richelieu. « Monseigneur, nous voici plongés dans le plus grand embarras qui fut jamais ; nous voici à la veille d'un schisme, au serment d'Angleterre. Si Votre Seigneurie Illustrissime n'y met la main et ne se déclare ouvertement, si elle n'y remédie pas avant demain matin, il ne sera plus temps. M. Filesac a amené le syndic de la Sorbonne à une réunion extraordinaire. On a nommé un petit nombre d'examinateurs, et parmi ce peu beaucoup de Richéristes. Sur un simple et premier rapport le coup a été porté, et demain matin en une nouvelle assemblée extraordinaire on se propose d'ordonner la publication de ce qui s'est fait. Bon ! ..! Est-ce donc avec cette précipitation et tous ces ma-

---

1. « Relation de ce qui s'est passé en Sorbonne, le 1er avril » (Archiv. Vat., Nunz. di Francia, n. 420, f. 27).
2. Rapport de la commission des docteurs touchant le livre de Santarelli. (D'Argentré, *Coll. Judic.*, t. II, P. II, p. 210.)
3. *Relation véritable*, p. 7.

nèges que doivent se décider des points de doctrine de cette importance? Est-ce ainsi qu'on prétend donner le coup mortel au Saint-Siège, dans un temps où le proviseur de la Sorbonne est un cardinal de Richelieu? Et c'est un Filesac, connu pour la créature de Sa Seigneurie Illustrissime, qui a le front de s'en faire le promoteur sans craindre de nuire à la réputation du cardinal. Un cardinal du Perron a eu le courage, en présence de tous les États, de défendre les droits de l'Église apostolique aux applaudissements de tout le royaume, et aujourd'hui on n'entend parler de la cause de Dieu qu'avec des gémissements par ceux qui ne peuvent l'aider autrement que par des gémissements. Je supplie humblement Votre Seigneurie Illustrissime d'ôter le masque de honte à tous les gens de bien, et de donner de si bons ordres que demain il ne se parle de rien à la Sorbonne. Je pense qu'il n'est ni du service de Dieu, ni de celui du Roi, qu'étant aussi juste et aussi pieux qu'il est, il se commette sous ses yeux ces impiétés et qu'on fasse croire ce qui n'est pas[1]... »

Il est probable que Richelieu ne donna aucun ordre. Dans l'assemblée du samedi 4 avril, après la lecture du projet de censure, quelques docteurs des plus considérés, tels que Duval et Isambert, supplièrent leurs collègues d'adoucir les qualifications trop sévères, de supprimer les expressions « erronée » et « contraire à la parole de Dieu ». La censure, vivement appuyée par Richer et Filesac, fut approuvée dans les termes où elle avait été proposée[2].

Le nonce, très contrarié, s'efforça encore d'obtenir une intervention du gouvernement; mais les docteurs, avoue Richelieu, étaient « soutenus par la Cour qui croyoit, en les défendant, maintenir l'autorité royale[3]. » Spada, se doutant qui les appuyait, se rendit au Louvre. Reçu par Marie de Médicis, il lui déclara que le cardinal ministre s'était nui considérablement en cette affaire, et qu'on en parlerait à son désavantage dans tous les pays étrangers. La reine répondit qu'après tout le mal qu'on avait déjà débité sur son compte, ses ennemis pouvaient difficilement oser davantage. « Ce peut être vrai pour la France, repartit le nonce, mais non pour les autres royaumes. A Rome surtout, j'ai rendu jusqu'à ce jour au cardinal de fort bons offices, hormis en cette

---

1. Lettre de Spada à Richelieu, 1ᵉʳ avril 1626 (Bibl. nat., ms. Italien, 64, f. 25). Cf. Houssaye, *Le cardinal de Bérulle et le cardinal de Richelieu*, p. 140, 141.
2. Censure du livre de Santarelli (D'Argentré, *Coll. Judic.*, t. II, P. II, p. 211).
3. *Mémoires de Richelieu*, p. 431.

affaire dont l'importance ne me permet pas de me taire[1]. »

La censure, présentée d'abord au roi et au chancelier qui en exprimèrent leur contentement, fut ensuite imprimée en latin et en français et mise en vente le lundi 6 avril. Au dire de Richer « la Faculté de Théologie et les docteurs de Paris furent lors grandement loués et bénits par les bons serviteurs de Dieu et du Roi et par ceux qui aimoient l'honneur, la tranquillité et le repos de la France[2] ». L'Université de Paris tint, le 25 avril, une assemblée extraordinaire; elle y décréta « qu'on devoit grandement louer la sacrée Faculté de Théologie d'avoir jugé si sainement, pieusement et religieusement, et d'avoir, si à propos pour l'état de la chrétienté et principalement de la France, relevé la lumière de l'ancienne et véritable doctrine, imité la vertu de leurs anciens, et fait chose très digne de la profession qu'ils font de défendre la vérité ». Par le même décret, il fut ordonné que la censure serait conservée dans les archives universitaires et lue tous les ans publiquement à la procession générale du mois d'octobre[3]. Les Universités de Toulouse, de Valence, de Bordeaux, de Poitiers, de Bourges, de Caen et plusieurs autres condamnèrent aussi le livre de Santarelli et ordonnèrent que la censure de Sorbonne serait inscrite dans leurs registres[4].

Gallicans et Parlementaires triomphaient; quelques-uns même prédisaient déjà la chute prochaine des Jésuites. Mais tel n'était point le plan de Richelieu. On le vit bien, quand l'Université présenta requête à la Cour pour obtenir l'enregistrement de son décret. Tout en remerciant le Recteur, Tarin, de son zèle pour les droits de la royauté, Louis XIII, à l'instigation du cardinal ministre, lui intima l'ordre de cesser toute démarche auprès du Parlement. « D'autant, lui mandait-il, que cela ne pourroit sinon rembraser une division que j'ai éteinte, qui paroissoit entre vous et les Pères Jésuites, [lesquels] ont désapprouvé ledit livre comme méchant et pernicieux, et que le bien de mes affaires ne comporte point des partialitez dans ce Royaume[5]. » Bien plus, craignant que Tarin « pressé par aucuns à qui toutes choses nouvelles plaisent », ne déférât pas à ses commande-

---

1. Diario del card. Spada, 5 avril 1626 (Archiv. Vat., Nunz. di Franc a, n. 422).
2. Relation véritable, p. 164.
3. Decret de l'Université, 20 avril 1626 (D'Argentré, Coll. Judic., t. II, P. II, p. 218).
4. D'Argentré, p. 220.
5. Lettre du roi au Recteur de l'Université, 2 mai 1626. (D'Argentré, Coll. Judic., p. 220).

ments, le roi écrivit le 3 mai au premier Président, M. de Verdun, le chargeant de veiller à l'exécution de sa volonté. « En cas, lui disait-il, que ce remède [l'ordre donné au Recteur] soit trop faible, ce sera à vous à en prendre un tel sur-le-champ, que j'aye le contentement que je m'en promets[1]. » Quelques audacieux conseillaient à Tarin de passer outre, sous prétexte que la lettre du roi n'était pas revêtue du grand sceau; mais ils ne furent pas suivis par la majorité[2].

7. Dans le coup porté aux doctrines romaines par la Sorbonne, le cardinal Spada n'avait pas eu de peine à reconnaître la main cachée de Richelieu. Aussi ne fut-il pas dupe de ses hypocrites excuses, lorsque le ministre lui envoya le P. de Bérulle pour lui exprimer ses regrets de n'avoir pu empêcher la censure et lui faire entendre que le roi était circonvenu par des gens qui le remplissaient de craintes et de soupçons. Le nonce, outré de cette duplicité, se plaignit amèrement de la conduite de Richelieu : « Il se pique, dit-il à Bérulle, de faire le bon Français près de la personne du roi quand les intérêts de Rome et du Pape sont en jeu, mais il manque à faire le bon catholique ou ne le fait que peu rondement et par manière d'acquit. A la vérité, je l'estime et le tiens pour homme de tête, de ressources et d'un grand crédit; cependant qu'il le sache, je ne cesserai de faire retentir partout mes reproches, jusqu'à ce qu'il m'ait donné sujet d'attendre de sa part un remède prompt et sérieux[3]. »

A Rome, le Pape et les cardinaux étaient sous le coup d'une émotion non moins vive, dont nous retrouvons l'écho dans la correspondance du cardinal de Marquemont. « Le roy très chrétien, fils aîné de l'Église, n'est donc plus dans la bergerie d'icelle, puisqu'on ne veult pas qu'il recognoisse le Pape pour

---

1. Copie de la lettre du roi à M. de Verdun, 3 mai 1626 (Archiv. Vat., Nunz. di Francia, n. 304, f. 515, 516).
2. Cf. Jourdain, *Hist. de l'Université de Paris*, p. 111.
3. Spada à Barberini. Plus tard Richelieu fera retomber ses torts sur le P. de Bérulle (Bibl. nat., f. Italien, 64, fol. 43). Le 23 octobre 1631 le P. Reynaud écrivait au P. Charlet : « Hier le P. Monod parlant à Fontainebleau à Mgr le cardinal de Richelieu ouyt de lui ces paroles : On m'a voulu charger d'avoir voulu mettre mal la Compagnie lors de l'affaire de Santarelly. Cela n'est point. Ce fust le cardinal de Bérulle qui feit toute cette trame et avoit conclu vostre exclusion de toute la France, de quoy je vous feray voir les mémoires. » (Bibl. nat., f. latin, 9759, fol. 149.) Bérulle, mort en 1629, ne pouvait se défendre contre ces accusations qui ne sont nullement prouvées. Au contraire, son élévation au cardinalat au mois d'août 1627, peu après le dénouement de l'affaire Santarelli, prouve que le Pape n'avait rien vu à lui reprocher dans ces circonstances si graves pour le Saint-Siège. Cf. Houssaye, *op. cit.*, p. 174 et suiv.

son pasteur¹ », s'écria Urbain VIII ; et il alla jusqu'à dire que la censure de Sorbonne « étoit de telle qualité, que d'une façon ou d'une autre il étoit nécessaire qu'il en apparût quelque réparation, qu'il en faudroit parler en une congrégation de bon nombre de cardinaux ou en plein consistoire, et, si cela ne suffisoit pas, qu'il faudroit assembler un concile² ». Cette censure, écrivait encore Marquemont à Richelieu, « n'a pas moins scandalisé la cour de Rome que le livre de Santarelli n'a irrité la France. Le cardinal Magalotti a dit à M. l'Ambassadeur que cette occurrence a plus touché et affligé le Pape que ne fist la prise des forts de la Valteline, et certes j'ay moi-mesme ouy Sa Sainteté en public, dans sa congrégation du Saint-Office, et en particulier dans sa chambre, en parler avec beaucoup de douleur et de sentiment... Il est quasi impossible... qu'il ne se fasse quelque rupture à nos liaisons, si l'on n'apporte quelque lénitif à ces aigreurs³. »

De telles remontrances firent comprendre à Richelieu que la Faculté de Théologie, dépassant toute mesure, avait notoirement blessé l'autorité du Saint-Siége. « Par cette censure, avoue-t-il dans ses *Mémoires*, [les docteurs de Sorbonne] condamnoient comme hérétiques beaucoup de propositions ensemble, de l'avis desquelles (sic) plusieurs et la plupart des docteurs de l'Église ont été, et aucuns saints et doctes personnages sont maintenant. Et si bien cette opinion (de Santarelli) est mauvaise et non recevable en France, il est permis de n'être pas d'une opinion sans condamner l'autre d'hérésie, qui diviserait la robe de Jésus-Christ qui est son Église⁴. »

Ajoutons que le cardinal ministre n'avait nulle envie de se brouiller avec la cour de Rome ni avec les bons catholiques de France. Il va donc reprendre le rôle de pacificateur qu'il a déjà rempli l'année précédente entre le Parlement et le Clergé ; il y sera aidé par les disputes qui régnaient au sein de la Sorbonne depuis la censure de Santarelli.

8. A peine avait-elle été publiée que les docteurs ultramontains, Duval, Mauclerc, Poulet, Isambert, Reverdy, protestèrent contre l'audace des Richéristes. Ils dirent avec raison que la

1. Lettre du cardinal de Marquemont à Louis XIII, avril 1626 (Bibl. nat., fr. 3668, f. 51).
2. Lettre du cardinal de Marquemont à Louis XIII, 6 mai 1626 (Archiv. des Aff. Etrang., Rome, Corresp., t. XXXIX, p. 5).
3. Du même à Richelieu, 7 mai 1626 (Ibidem, p. 9).
4. *Mémoires de Richelieu*, t. I, p. 434.

Faculté, « surprise par la violence et l'astuce de quelques-uns avoit violé les lois de sa discipline intérieure »; ils aimaient mieux mourir, déclaraient-ils, que souscrire à une censure contraire aux conciles œcuméniques et injurieuse au Saint-Siège[1]. Résolus ou de la faire révoquer ou d'en adoucir les termes, ils tentèrent, par des instances amicales, d'amener leurs confrères gallicans à comprendre la gravité de l'offense faite au Pape et à la religion. N'y réussissant point, ils songèrent encore à organiser une contre-assemblée; mais les docteurs mendiants reculèrent, et le Prieur des Augustins refusa une salle pour la réunion[2]. Dans l'assemblée de la Sorbonne du 2 mai, la majorité des docteurs protestèrent violemment contre ceux qui voulaient revenir sur la censure. Alors Mauclerc menaça d'en appeler à l'autorité supérieure et, passant aux actes, se rendit au Louvre avec ses amis. Là, le D' Duval fit entendre à Marie de Médicis « qu'il estoit prêt, avec la meilleure partie de son collège, d'espancher son sang ou sortir du royaume plus tost que de souscrire à la censure de Santarelly[3] ».

Après cette démarche, raconte le P. Garasse, « nous veimes un grand changement aux affaires de leurs Majestés et de la cour. Car M. de Marillac, à présent garde des sceaux, dit courageusement à la Reine mère qu'il n'estoit pas temps de faire des martyrs, et qu'il valoit mieux estouffer ces semences de division[4] ». Richelieu de son côté fit savoir au cardinal Spada qu'il était décidé à intervenir en qualité de Proviseur de Sorbonne. « Le Pape, dit-il, a fort à cœur la révocation de la censure... Je veux lui donner cette satisfaction sans que les gens du Parlement puissent crier contre moi sur cet article[5]. » Mais il se contenta d'abord d'amuser le nonce et la cour de Rome par des négociations dont le P. de Bérulle devint le principal agent. Son idée était que la Sorbonne dressât une nouvelle censure en termes généraux, sans condamner aucune proposition particulière. Pour y parvenir, il fallait d'abord qu'un certain nombre de docteurs lui adressassent une lettre dans laquelle ils se plaindraient de la façon dont on avait procédé la première fois. Le P. de Bérulle, chargé de la rédiger, obtint en très peu de jours vingt-quatre

---

1. *Ibidem*. Lettre de Duval au nonce, 1ᵉʳ juillet 1626 (Archiv. Vat., Nunz. di Francia, n. 420, f. 107).
2. Cf. Puyol, *op. cit.*, t. II, p. 310, note 3.
3. Garasse, p. 229, 230.
4. *Ibidem*.
5. Levassor, *Histoire de Louis XIII*, l. XXIV.

signatures; encore avait-il cru plus prudent de ne demander leur adhésion qu'à un petit nombre de religieux[1].

Le cardinal ministre n'avait pas encore jeté les yeux sur cette pétition, que parut un arrêt du Conseil qui prétendait résoudre toutes les difficultés[2]. L'affaire de la censure s'était compliquée, en effet, de la question des docteurs réguliers dont le Parlement voulait restreindre le nombre des voix pour les décisions concernant la doctrine[3]. Donc, par l'arrêt du 18 juillet, le roi, désirant en finir avec toutes ces discussions, évoqua la cause à sa personne, défendit au Parlement de s'immiscer dans les affaires de la Faculté, et commanda au syndic de celle-ci d'expédier au Conseil toutes les pièces relatives à la condamnation de Santarelli et à l'admission des Réguliers[4].

Le Parlement, ne tenant aucun compte de la volonté royale, décida que de très humbles remontrances seraient adressées à Sa Majesté et continua de délibérer sur la présence des docteurs réguliers aux Assemblées de la Sorbonne; il arrêta même, le 24 juillet, que les Supérieurs des quatre Ordres mendiants ne pourraient envoyer plus de deux Religieux de chaque couvent « pour assister et avoir voix délibérative aux dites assemblées[5] ». Malgré cette défense les Réguliers, s'autorisant des lettres du roi, vinrent en grand nombre à l'assemblée du mois d'août. Deux députés du Parlement se rendirent en Sorbonne pour vérifier le fait, et, à la suite de leur procès-verbal, l'arrêt défavorable aux Ordres mendiants fut maintenu et confirmé dans toute sa rigueur[6]. Alors, fatigué de cette obstruction, le nonce fit entendre les plus vives plaintes; il représenta au ministre que ce démêlé irritant traînait depuis six mois, au grand scandale du public : il était temps d'exécuter les promesses dont Son Éminence s'était montrée prodigue, il fallait en finir et qu'on n'en parlât plus. Richelieu répondit que satisfaction serait donnée au Saint-Siège[7].

De fait, le 1er novembre, Louis XIII signa un arrêt de son Conseil dans lequel, rappelant celui du 18 juillet, il en ordonnait

---

1. Spada à Barberini, 25 avril 1626 (Bibl. nat., f. Italien, 64, fol. 68, 69. — Doléances des docteurs (Archiv. Vat., Nunz. di Francia, n. 420, fol. 148-155).
2. Lettre du P. Général au P. Binet, 18 mai 1626 (Francia, Epist. Gen., t. IV).
3. Spada à Barberini, 15 juillet 1626 (Archiv. Vat., Nunz. di Francia, n. 66, f. 117).
4. Arrêt du Conseil, 18 juillet 1626 (Le Mercure français, t. XII, an. 1626, p. 530).
5. Arrêt du Parlement, 24 juillet 1626 (D'Argentré, Coll. Judic., t. II, P. II, p. 223).
6. Lettre de Mauclerc à Louystre, 14 août 1626 (Archiv. Vat., Nunz. di Francia, n. 420, f. 196, 197). — Cf. Mémoires de Richelieu, t. I, p. 433.
7. Spada à Barberini, 30 juillet 1626 (Archiv. Vat., Nunz. di Francia, n. 403, f. 407, 408).

l'exécution, sans avoir égard à l'arrêt du Parlement rendu le 24 du même mois. Il défendait en outre à tous ses sujets « de quelque profession, qualité et condition qu'ils fussent, de composer, traiter, ni disputer de l'affirmative ou négative des propositions concernant le pouvoir et l'autorité souveraine de Sa Majesté et des autres rois et souverains..., à peine d'être punis comme séditieux et perturbateurs du repos public[1]. » Cet arrêt fut signifié à la Faculté dans l'assemblée du 1ᵉʳ décembre.

Désagréable à l'Université, à la Sorbonne et à la magistrature, l'intervention du roi ne fit que les exciter à la résistance. Deux cas d'insoumission se produisirent aussitôt.

L'arrêt du 2 novembre maintenait aux docteurs réguliers le droit de participer aux assemblées de la Faculté : or, les docteurs séculiers refusèrent de l'enregistrer, sous prétexte que le Parlement avait donné une décision contradictoire[2]. — L'arrêt du 2 novembre défendait à qui que ce fût de traiter les questions relatives aux deux puissances : or, le recteur de l'Université prit l'occasion d'une thèse du dominicain Testefort pour rappeler et condamner la doctrine qui attribue aux Papes un pouvoir indirect ou direct sur le temporel des rois[3]. Les évêques présents à Paris s'élevèrent contre l'usurpation du recteur, auquel il n'appartenait nullement de trancher une question de théologie[4]. Au surplus c'était trop de désobéissance, l'autorité du roi se trouvait compromise, et dans son entourage on conseillait la répression. Le maréchal de Schomberg était d'avis « de se débarrasser de ces pédants qui chaque jour mettaient aux prises Sa Majesté avec le Pape ». Le P. de Bérulle disait que l'exil de Filesac et d'un de ses collègues, durant trois mois, produirait plus d'effet que dix arrêts[5]. D'autres proposaient les châtiments les plus sévères. Mais Richelieu avait un autre dessein : aborder de front les insoumis, forcer la Sorbonne, l'Université, le Parlement à s'incliner devant les volontés royales.

9. Il dompta en premier lieu la Faculté de théologie. Le 2 janvier 1627, Philippe de Cospéan, évêque de Nantes, se rendit à l'assemblée, porteur d'une lettre de cachet. Le roi y ordonnait

---

1. Arrêt du conseil privé, 2 novembre 1626 (D'Argentré, *Coll. Judic.*, p. 233).
2. Lettre du nonce à Louis XIII, janvier 1627 (Archiv. Vat., Nunz. di Francia, n. 404, f. 11-13).
3. Condamnation de la thèse de Testefort (D'Argentré, *op. cit.*, p. 233).
4. *Mémoires de Richelieu*, t. I, p. 431.
5. Houssaye, *op. cit.*, p. 169.

aux docteurs, dans les termes les plus impératifs, d'enregistrer l'arrêt du Conseil concernant les Ordres mendiants et de cesser toute contestation relative au livre de Santarelli[1]. La Faculté conclut d'une voix unanime que l'arrêt du 2 novembre serait enregistré. Quant au livre incriminé, l'évêque de Nantes déclara que le roi tenait à savoir si la majorité des docteurs acceptait ou rejetait la censure du 2 avril 1626. Après en avoir délibéré dans la plus grande agitation, la Faculté décida unanimement que l'ouvrage du jésuite devait être condamné comme mauvais et pernicieux ; mais dix-huit docteurs seulement persistèrent à maintenir la première censure, cinquante refusèrent d'en reconnaître la validité et sollicitèrent l'autorisation d'en dresser une autre[2]. Instruit de cette délibération et du désaveu de la censure, le Pape commanda au nonce de s'opposer à toute censure nouvelle[3]. Quoi qu'il en dût advenir, la Sorbonne était soumise.

Richelieu ne ménagea pas davantage l'Université : une déclaration royale annula en termes sévères le décret du Recteur Mazure condamnant la thèse de Testefort[4]. L'humiliation n'abattit point Mazure, qui s'imagina relever son crédit en se disculpant lui-même devant Louis XIII. Le 5 janvier, il se rend au Louvre en habit de cérémonie et suivi des Facultés qui remplissent tout le cabinet du roi[5]. « Sire, lui dit-il, votre Université... est grandement traversée et affligée, pour vous avoir servi fidèlement. On veut... donner cours à cette damnable et pernicieuse doctrine qui a enfanté la Ligue... Nous sommes ignominieusement notés et persécutés pour avoir soutenu que vous êtes souverain et ne pouvez être déposé. Sire, le mal est si grand et s'augmente si fort, qu'il n'y a que Votre Majesté seule qui puisse y remédier ; et les menaces et violences qu'on nous fait nous réduisent jusqu'au point de demander votre protection. Et afin que toute la France connoisse que ce que nous vous disons est véritable, et que la postérité sache que nous vous avons rendu tous les devoirs de notre fidélité, nous vous supplions, Sire, que nous soyons jugés

---

1. Lettre du roi à la Sorbonne, 2 janvier 1627 (*Le Mercure françois*, t. XII, an. 1627, p. 19).
2. Compte rendu de la séance de Sorbonne, 2 janvier 1627 (Archiv. Vat., Nunz. di Francia, n. 420, f. 373). — Procès-verbal de l'évêque de Nantes (*Ibidem*, n. 418, f. 126-128). Cf. *Le Mercure françois*, p. 21 ; *Mémoires de Richelieu*, t. I, p. 434.
3. *Summario della narratione diaria... sul fatto de la censura contro libro d'Antonio Santarello* (Archiv. Vat., Nunz. di Francia, n. 404, f. 161-215).
4. Déclaration annulant le décret du recteur contre la thèse de Testefort (*Le Mercure françois*, t. XII, an. 1627, p. 14).
5. *Ibidem*, p. 26. — Cf. D'Avrigny, *Mémoires chronologiques*, t. I, p. 411.

en votre Parlement, où sont ceux que nous a donnez pour juges naturels Votre Majesté en son avènement à la couronne, ainsi que vos prédécesseurs[1]. » Le roi se contenta de répondre : « Je vous remercie de l'affection et du soin que vous avez pour moi; mais je ne trouve pas bon que vous vous mesliez de ce qui touche la Foy : c'est à faire aux docteurs. Mon Garde des Sceaux vous dira le reste. » Le Recteur fut malmené par M. de Marillac. « Vous avez fait, lui dit-il, un décret que vous ne pouviez pas faire, vostre profession n'estant point de théologie, et l'avez basti sur un faux fondement, disant que la thèse [de Testefort] avoit été condamnée par la Sorbonne, ce qui n'est point. » Une discussion s'étant engagée, le Garde des Sceaux interrompit Mazure et lui imposa silence « de la part du Roy ». En vain le Recteur supplia Louis XIII de lui permettre de parler, Sa Majesté lui répondit : « C'est assez[2]. » L'Université dut se résoudre, jusqu'à nouvel ordre, à ne plus censurer les œuvres des théologiens.

10. Le Parlement n'allait pas être aussi facile à soumettre. Il lui parut que la Sorbonne, en révoquant la censure du *Traité de l'Hérésie*, avait porté atteinte à ses propres arrêts contre le même ouvrage. C'est pourquoi, le 4 janvier, il blâma cette révocation, la déclara « une entreprise contre l'autorité du Roy, la sûreté de sa personne et de son Estat » et ordonna que la censure des 1er et 4 avril 1626 seroit enregistrée au greffe de la Faculté de théologie « pour y avoir recours quand besoin seroit ». En outre, il défendit à toutes personnes de quelque état et qualité qu'elles fussent d'écrire ou mettre en dispute aucune proposition contraire à ladite censure, à peine de crime de lèse-majesté. A cette audacieuse provocation le roi répondit, le 13 janvier, en donnant une *Déclaration* par laquelle il interdisait à la Faculté de traiter, en quelque sorte et manière que ce fût, l'affaire de Santarelli; de publier aucun acte de ses délibérations précédentes sur ce sujet; de n'en délivrer aucun extrait ou copie, sans sa permission expresse, à peine de nullité et désobéissance et d'encourir son indignation. Mais le Parlement ne fit aucun cas de la Déclaration royale; revenant à la charge, il ordonna, le 25 janvier, que son arrêt du 4 seroit exécuté selon

---

1. Harangue du Recteur Mazure (*Le Mercure françois*, p. 25).
2. *Le Mercure françois*, p. 26-29.

sa forme et teneur, avec défense à toute personne d'y contrevenir sous peine de punition exemplaire [1].

Ainsi les magistrats de la cour suprême, sous prétexte de défendre l'indépendance du roi, résistaient ouvertement à ses ordres. Le 29 janvier, un nouvel arrêt du Conseil leur fit « expresses inhibitions et deffenses de connaître de cette affaire », et chargea « les sieurs cardinaux, prélats et autres que Sa Majesté députeroit » de décider « en quels termes seroit conçue la censure de la pernicieuse et détestable doctrine contenue au livre de Santarelli [2] ». Le Parlement ne céda pas tout de suite ; il résolut, le 1ᵉʳ février, de faire des remontrances au roi, et désigna le président Le Jay pour se rendre avec quatre conseillers à la Sorbonne où l'on préparait, disait-on, une déclaration contraire à la censure primitive [3]. En effet, la Faculté de Théologie, fort embarrassée au milieu d'ordres contradictoires, tenait alors une assemblée ordinaire ; elle venait de conclure qu'elle se soumettrait aux injonctions du roi, lorsque survinrent les députés du Parlement. Le Jay déclara qu'il était envoyé par la Cour pour relever le courage de ceux qui défendaient les droits du pouvoir royal ; il promit à Filesac et aux Richéristes l'assistance des magistrats, et menaça au contraire de leur ressentiment le Dʳ Duval et les ultramontains. Mais ces derniers ripostèrent qu'en dépit du Parlement, et contre lui, ils soutiendraient jusqu'au bout la doctrine de l'Église. Sa mission remplie, Le Jay se retira emportant l'original de la conclusion prise au début de l'assemblée [4].

A la nouvelle de cette démarche, Louis XIII pensa qu'il ne pouvait plus longtemps laisser de telles bravades impunies. Il manda au Louvre le premier président, le président Le Jay, les gens du roi et les conseillers qui avaient été députés en Sorbonne. Là, en présence des cardinaux de Richelieu et de La Rochefoucauld, du garde des sceaux, de Marillac, et du maréchal de Schomberg, il leur dit : « Je vous commande, et sous peine d'encourir mon indignation, de ne plus vous mêler des affaires de la Sorbonne. Si vous continuez de vous y ingérer, je vous ferai voir qui est le maître de vous ou de moi. » Richelieu

---

1. Déclaration du Roy aux Doyen, Syndic et Docteurs de la Faculté de Théologie, du 13 janvier 1627 (D'Argentré, p. 250, 251). — Arrêt du Parlement du 25 janvier (Ibidem, p. 251).
2. Arrêt du Parlement, 1ᵉʳ février 1627 (D'Argentré, p. 252).
3. Procès-verbal du président Le Jay (D'Argentré, Coll. Judic., p. 253).
4. Arrêt du Conseil, 29 janvier 1627 (Le Mercure françois, p. 31).

prenant ensuite la parole, motiva et adoucit les reproches de Sa Majesté. « Il faudroit, dit-il, être fort mauvais théologien pour ne pas connoître que le Roy ne relève sa couronne et le temporel de son Estat que de Dieu seul. Mais il faudroit bien l'estre aussy pour ne sçavoir pas que le Roy ne peut, ni par l'autorité qu'il a donnée à ses Parlemens, ni par celle qui réside en sa personne, ni par le pouvoir que la Sorbonne a du Saint-Siège, faire ou prononcer un article de foy, s'il n'a premièrement esté déclaré tel par l'Église en ses conciles œcuméniques. Il n'y a point de docte théologien, de bon sujet ni d'homme de bien qui puisse ne tenir pas les propositions de Sanctarel pour méchantes et abominables. Elles sont téméraires, scandaleuses..., perturbatives du repos des États et donnent grande occasion d'envie contre le Saint-Siège... En cette considération il est non seulement juste, mais nécessaire, d'empescher le cours d'un si pernicieux livre, non seulement en le faisant brusler... mais en outre par la voye de l'Église, en le faisant condamner par une censure authentique, seule capable de calmer beaucoup d'esprits. Le Roy a toujours eu cette pensée, et Sa Majesté est fidèle témoin que ceux qui ont l'honneur de la servir en ses conseils n'ont jamais eu d'autres sentimens. Mais on a estimé qu'il faloit parvenir à cette fin par une voye innocente, et non telle qu'elle mit la personne du Roy en plus grave péril que celui qu'on veut éviter... Le Roy attend une censure de Rome, qui fera d'autant plus d'effet qu'elle viendra d'une part que beaucoup tiennent partie en cause. Si Sa Majesté ne la reçoit, elle en procurera une en son royaume, qui puisse être soutenue par tout le monde et qui édifie toute la chrétienté au lieu de la diviser[1]. »

Ce langage ferme, mais mesuré, brisa les dernières résistances des magistrats. Désormais le dénouement de l'affaire Santarelli ne dépendra plus que de Richelieu. Quand, fidèle à sa promesse, il voulut presser en cour de Rome la condamnation de l'ouvrage, le nonce lui fit entendre que le Pape ne serait pas disposé à tenter une entreprise qui avait soulevé déjà tant de difficultés[2]. Par ailleurs les Richéristes ne se souciaient nullement de se soumettre au Saint-Office. Un instant le cardinal ministre eut le dessein de recourir à l'assemblée du clergé ; mais il l'abandonna

1. « Ce que M. le cardinal de Richelieu a dit devant le Roy en février 1627 » (D'Argentré, p. 255, 256).
2. Lettre de Barberini à Spada, 23 février 1627 (Archiv. Vat., Nunz. di Francia, n. 406, f. 887-891). — Bref d'Urbain VIII à Richelieu, 23 février 1627 (Archiv. des Affaires Étrangères, Rome, supplément, t. IV, f. 125).

bientôt, et l'on crut qu'il se résignait au *statu quo*. Loin de là ; s'étant souvenu qu'il était proviseur de Sorbonne, il manifesta un jour l'intention de se rendre avec plusieurs évêques à l'assemblée des docteurs afin d'y dresser une nouvelle censure [1]. Ce fut une surprise générale, et le nonce s'employa, suivant ses instructions [2], à parer le coup. Il fit partager les vues du Pape au cardinal de La Rochefoucauld et à l'archevêque de Paris, et ceux-ci trouvèrent de si graves raisons pour convaincre Richelieu, qu'il renonça tout de bon à son projet [3]. Dès lors, l'affaire Santarelli passa dans le domaine de l'histoire.

11. Afin de ne pas interrompre le récit de la seconde phase, nous avons omis plusieurs incidents particuliers à la Compagnie de Jésus. Et d'abord quelle avait été l'attitude du P. Général dès la première menace d'une censure? Redoutant qu'elle ne fût une source de tracasseries pour les Jésuites français, il s'était empressé de les recommander à la reine mère ; il leur avait ensuite tracé la conduite à tenir, dans la circulaire suivante adressée aux cinq provinciaux :

« Bien que Votre Révérence et les autres Pères attachent une grande importance à l'affaire présente, très grave en effet, non seulement pour la Compagnie mais encore pour l'Église et la cause de Dieu, cependant le devoir de ma charge et le souci de répondre aux intentions du Souverain Pontife m'obligent à vous donner quelques avis.

« Avant tout que les Nôtres n'écrivent, ne signent et n'impriment absolument rien désormais sur la question qui s'agite ; car le Saint Père a ajouté de vive voix l'autorité de sa recommandation au décret et à l'ordre très sévères que je vous ai dernièrement envoyés. Le roi Très Chrétien et les autres ne trouveront pas mauvais que par respect pour la volonté du Souverain Pontife, nous nous imposions un silence absolu dans une affaire qui est la sienne. S'ils demandent notre sentiment ou s'ils craignent que cette doctrine soit un danger pour le royaume, nous irons tous, et vous les premiers, nous jeter aux pieds du vicaire de Jésus-Christ pour le supplier au nom de sa sollicitude paternelle pour la

---

1. Lettre de Spada à Barberini, 9 avril 1627 (Archiv. Vat., Nunz. di Francia, n. 404, f. 320).
2. Lettres de Barberini à Spada, 23 février et 9 mars 1627 (*Ibidem*, n. 406, f. 887 et 938).
3. Spada à Barberini, 22 février 1627 (Bibl. nat., italien, 64, f. 211). — Cf. Houssaye, *op. cit.*, p. 172, 173.

France, de lui accorder tout ce qui n'est pas incompatible avec sa dignité, et nous nous tiendrons disposés à tout souffrir plutôt que de ne pas obtempérer aux désirs de Sa Sainteté.

« Quant à ce qui concerne directement la censure de la Sorbonne, les Nôtres ne se laisseront engager par aucun motif à y souscrire, quand même il faudrait supporter de nouvelles et plus terribles tempêtes pour rester fidèles à la vérité et à l'obéissance due au Souverain Pontife. Mais, puisque cette affaire importe à l'honneur de la France et à la dignité de la Sorbonne elle-même, les Nôtres s'efforceront de tout leur pouvoir, auprès de ceux qui sont susceptibles d'une pareille démarche, de les porter à renier et à révoquer cette censure, laquelle du reste est blâmée, nous dit-on, ou du moins désapprouvée par la partie la plus saine et la plus nombreuse des Sorbonistes.

« Enfin il est très juste et tout à fait nécessaire que les Nôtres suivent en tout la direction de l'Illustrissime Nonce du Saint-Siège, et recourent aussi dans leurs difficultés à la prudence et à la coopération du cardinal de La Rochefoucauld et de nos autres protecteurs, si recommandables par leur sagesse et leur piété. Car, comme ces seigneurs sont conduits par la pensée de la gloire de Dieu, leurs avis et leurs lumières peuvent être d'un grand secours pour mener les choses à la fin désirée. Dieu nous assistera du haut du ciel et fera tourner les épreuves à notre plus grand bien [1]. »

Nous avons vu que malgré les menées perfides de leurs ennemis les Jésuites ne furent point enveloppés dans la nouvelle tempête. Pendant qu'elle faisait rage autour d'eux, ils jouirent d'un calme auquel depuis longtemps ils n'étaient plus accoutumés. « Nous sommes en paix, écrivait le 8 mai 1626 le P. Charles de La Tour au P. Général; il ne nous reste plus de la tourmente passée que la réputation de notre fidélité à la doctrine reçue dans l'Église de Dieu. Nous rendons d'infinies actions de grâce à la miséricorde du Seigneur pour tant et de si grands bienfaits et nous reconnaissons que nous en sommes redevables aux prières de Votre Paternité et de toute la Compagnie [2]. »

A la fin de juillet un incident faillit soulever les haines toujours en éveil. « Comme nous estions, raconte Garasse, dans les dou-

---

1. Lettre du P. Vitelleschi aux PP. Provinciaux, 5 mai 1626 (Francia, Epist. Gen., t. IV).
2. Lettre du P. de La Tour au P. Vitelleschi, 8 mai 1626 (Franciae historia, t. III, n. 90).

cours de la sécurité, Mgr l'évesque de Belley¹, par trop d'affection, cuida renouveler les playes qui commençoient à se fermer d'elles-mêmes. Car ayant esté prié de prescher le jour de saint Ignace dans nostre église de la maison professe, il le fit avec plus de passion et de véhémence que nous ne l'eussions désiré, prenant pour son thème les paroles de saint Luc, chapitre XXI, *Cum audieritis praelia et seditiones, nolite terreri*; et il rendit raison pourquoy, preschant à la feste d'un confesseur, il avoit choisy les paroles que l'Église a coutume d'appliquer aux Martyrs, d'autant, disoit-il, que les Jésuites en ce temps sont de vrays martyrs et leurs ennemis de vrays tyrans et de vrays persécuteurs; et puis se tournant devers la chapelle de nos saincts, qui garde les os du feu P. Cotton, il apostropha ce grand serviteur de Dieu avec des paroles si pleines de véhémence, qu'on n'entendoit en son auditoire que larmes et sanglots, et l'appela cinq ou six fois glorieux martyr et deffenseur de l'authorité de l'Église. Ces paroles ne pleurent pas à tout son auditoire, car il y en eut qui s'en allèrent immédiatement aprez souslever l'esprit des juges. Ce qu'ils firent avec tant d'efficace, que le lendemain, premier jour d'aoust, il y eust arrest contre Mgr l'évesque de Belley et commandement au Gardien du grand couvent des Cordeliers, où il debvoit prescher le jour suivant, de luy fermer la chaire de son église². »

Grâce à la bienveillance de Louis XIII, l'affaire n'eut aucune suite fâcheuse pour la Compagnie. Peu de temps après, le Souverain Pontife s'étant plaint à M. de Béthune « de quelques propos et lettres escrites inconsidérément par un docteur de Sorbonne », le roi fit observer à son ambassadeur qu'il fallait « plus tost rire que se piquer » de pareilles choses. « Ce que je suis moy-mesme obligé de practiquer, ajoutait-il, à l'endroit de gens de mesme cathégorie que le zèle a porté, en preschant à Paris, dans des méditations et exhortations extravagantes et qui pourroient estre dites séditieuses et factieuses, n'estoit que les déportemens de telles gens sont recogneus bons et sincères d'ailleurs. Ainsy est-il raisonnable, si en de telles occasions j'apporte une grande patience, que le Pape excuse par charité ces indiscrétions³. »

---

1. Jean-Pierre Camus, le disciple et l'ami de saint François de Sales.
2. Garasse, *op. cit.*, p. 231-233. Les lettres du nonce au cardinal Barberini et celles des PP. Armand et Suffren au P. Général confirment les détails donnés par Garasse.
3. Lettre de Louis XIII à M. de Béthune, 23 août 1626 (Bibl. nat., franç., 3670, f. 88).

CHAPITRE VIII

LES FONDATIONS DE 1624 A 1630

Sommaire : 1. Nouvelle et infructueuse tentative d'établissement dans la ville de Troyes. — 2. Fondation du collège d'Albi. — 3. Une maison professe à Bordeaux. — 4. La résidence de Saint-Mihiel. — 5. Établissement d'un collège à Montpellier. — 6. La résidence de Marennes. — 7. A Langres les Pères quittent leur résidence et prennent la direction du collège. — 8. Fondation du collège de La Rochelle. — 9. Rétablissement des Jésuites au collège de Pamiers. — 10. Fondation du collège de Vannes.

Sources manuscrites : I. Recueils de documents conservés dans la Compagnie : a) Aquitania, Epistolae Generalium — b) Aquitania, Epistolae ad Generalem ; — c) Campania, Epistolae Generalium ; — d) Francia, Epistolae Generalium ; — e) Tolosana, Epistolae Generalium ; — f) Aquitaniae historia ; — g) Campaniae historia ; — h) Franciae historia ; — i) Tolosanae historia ; — j) Aquitania, Fundationes collegiorum ; — k) Campania, Fundationes collegiorum ; — l) Francia, Fundationes collegiorum — m) Tolosana, Fundationes collegiorum ; — n) Gallia, Epistolae Generalium ad externos ; — o) Epistolae Principum. — p) Epistolae Episcoporum ; — q) Variae Facultates.
II. Paris, Bibliothèque de l'Institut, collect. Godefroy.
III. Archives communales de Troyes, Albi, Montpellier, Pamiers.
IV. Archives départementales du Tarn, de la Gironde, de la Meuse, de Meurthe-et-Moselle, de l'Hérault, de la Haute Marne, de l'Ariège.
V. Archives diocésaines de Bordeaux.
VI. Bibliothèque municipale de La Rochelle.

Sources imprimées : *Le Mercure français.* — Carrez, S. J., *Catalogi provinciae Campaniae.* — *Comptes rendus au Parlement.* — Cordara, *Historia Societatis Jesu*, P. VI. — Grosley, *Mémoires pour servir à l'Histoire des Pères Jésuites.* — Compayré, *Études historiques sur l'Albigeois.* — Rolland, *Histoire littéraire de la ville d'Albi.* — De Laubrussel, *La vie du P. Charles de Lorraine.* — Dudon, *Établissement des Jésuites à Montpellier*, dans *Mélanges de Littérature et d'histoire religieuse.* — Degrefeuille, *Histoire de la ville de Montpellier.* — Vaucillon, *Le collège des Jésuites à Montpellier.* — Germain, *La Faculté des Arts et l'ancien collège de Montpellier.* — Tabaraud, *Histoire du cardinal de Bérulle.* — Prunel, *Sébastien Zamet.* — Arcère, *Histoire de la ville de La Rochelle.* — De Lahondès, *Annales de Pamiers.* — Lallemand, *Les origines historiques de la ville de Vannes*, dans *Annuaire du Morbihan*, 1892. — Allanic, *Histoire du collège de Vannes.* — *Revue de l'enseignement secondaire*, t. XI. — L. Guiraud, *Études sur la Réforme à Montpellier.*

1. La Compagnie de Jésus prit peu de développement dans le royaume durant les cinq premières années du ministère de Richelieu : un collège dans Albi, une maison professe à Bordeaux et une résidence à Saint-Mihiel, tel est le bilan de ses fondations entre 1624 et 1629. Elle essaye de nouveau de s'établir à Troyes, mais sans plus de succès qu'autrefois. Cet échec mérite pourtant

notre attention, car il fit du bruit dans son temps et n'a pas toujours été présenté d'une façon complète et impartiale.

Nous avons dit déjà comment, en 1603 et en 1611, l'influence prépondérante des Pithou avait fermé aux Jésuites l'entrée de cette ville[1]. La mort de François Pithou, loin de faciliter les choses, vint plutôt les compliquer. Par son testament du 25 novembre 1617 il avait légué sa maison à la municipalité pour y fonder un collège, à la condition expresse que les Jésuites n'y seraient point admis[2]. Mais les héritiers du défunt ayant protesté contre ce legs, les échevins ne purent s'entendre avec l'exécuteur testamentaire. L'évêque, René de Breslay, et le chanoine Jacques Nivelle profitèrent de la brouille pour appeler à Troyes quelques religieux de la Compagnie, en attendant la possibilité de les introduire comme instituteurs de la jeunesse[3]. En 1619, le P. Christophe Nevelet s'installa dans la maison du chanoine, et il y demeura deux ans, occupé aux fonctions du ministère, malgré les réclamations des magistrats municipaux[4]. Il fut remplacé en 1621 par les PP. Imbert Boët et Pierre Le Camus[5]. Le 2 juin de la même année, Jacques Nivelle légua aux Jésuites tous ses biens meubles et immeubles; confiant dans un meilleur avenir, il demandait qu'on instituât en son nom les deux petites classes du futur collège[6]. A ce moment les animosités contre les Pères s'étant un peu calmées, leurs amis et eux-mêmes s'imaginèrent que la municipalité ne s'opposerait plus à un établissement régulier; ils sollicitèrent donc de Louis XIII une autorisation qui leur fut octroyée par un brevet du 30 janvier 1623[7]. Quand le P. de Séguiran le présenta au garde des sceaux, celui-ci fit des objections; se rappelant l'opposition des habitants en 1611, il représenta au roi qu'il serait bon de les consulter. Or, une assemblée consulaire, tenue à cet effet, décida d'envoyer à Paris une députation, laquelle supplierait humblement Sa Majesté, « pour l'utilité de ladite ville et obvier à la désunion de ses habitans..., qu'il lui plust les vouloir dispenser dudit establis-

---

1. Voir tome III, p. 371 et suiv.
2. Testament de François Pithou, 20 novembre 1617 (Archiv. comm., Délib. A. 30, f. 232).
3. *Le Mercure françois*, t. X, ann. 1624, p. 406-409. — Grosley, *Mémoires pour servir à l'histoire des RR. PP. Jésuites*, p. 82.
4. Lettre du P. Général au P. Nevelet, 2 nov. 1619 (Campan., Epist. Gen., t. I).
5. De même au P. Jean Bouvet, 6 août 1622 (Ibidem).
6. Grosley, *Mémoires pour servir...*, p. 91.
7. Brevet du roi permettant aux Jésuites d'établir une résidence à Troyes (Bibl. de l'Institut, Coll. Godefroy, t. XV, f. 122).

sement. » Les députés obtinrent ce qu'ils désiraient. Le P. de Séguiran leur ayant demandé au moins la concession d'un simple *hospice* ou pied à terre pour les Pères de passage, ils répondirent « qu'ils n'avoient point charge de consentir à cela [1] ».

Sur les entrefaites, Jacques Nivelle tomba gravement malade; se sentant près de sa fin, il dicta un nouveau testament par lequel révoquant le précédent et supprimant la clause relative à la fondation de deux petites classes, il laissait aux Jésuites tous les biens qu'il possédait aux villages de Feuges, Aubeterre et Montsuzain, ses livres, ornements d'église et argenterie, plus deux mille livres pour acheter une maison à Troyes s'ils parvenaient à s'y établir; sinon, ladite somme serait employée autrement à leur profit. Suivaient divers legs à sa famille et à des œuvres charitables. Enfin il instituait, comme exécuteurs de ses volontés, son frère, Jean Nivelle, et M. Louis Nevelet, archidiacre et chanoine de l'église de Troyes. Il mourut pieusement dans les premiers jours de l'année 1624.

Deux mois avant son décès, les Jésuites avaient quitté sa maison, où ils recevaient l'hospitalité, et s'étaient logés dans le voisinage du prieuré Saint-Quentin : ils craignaient en effet qu'on leur reprochât d'avoir influencé le testateur. Mais malgré cette précaution, les héritiers naturels attaquèrent le testament : les Pères, disaient-ils, « avaient tellement pratiqué leur parent, qu'ils s'étaient rendus maîtres de sa maison et de ses volontés sans que ledict Nivelle osast contredire ». Pour avoir la paix, on consentit à une transaction par laquelle les héritiers rentrèrent en possession d'une partie des domaines, rentes et vaisselle d'argent du défunt[2].

Cependant l'installation des Jésuites dans une maison de louage avait jeté l'alarme parmi leurs adversaires. Le 10 octobre 1623, une assemblée de l'échevinage dénia aux PP. Marguenat et Fagot le droit d'avoir une demeure particulière : c'était une innovation, un établissement déguisé, dont on les préviendrait de « se départir ». A la remontrance qui leur fut adressée, les Jésuites répondirent que leur domicile n'était destiné qu'aux religieux de passage à Troyes ou qui viendraient y séjourner pour des prédications; ils proposèrent de donner là-dessus telle déclaration

---

1. Grosley, *Mémoires pour servir*, p. 95 et suiv. Voir Archiv. comm., Délibération consulaires, A. 30, fol. 269, 270.
2. Grosley, *Mémoires...*, p. 118-121. — Carrez, *Catalogi Provinciae Campaniae*, t. I, p. XLIII.

qu'on voudrait, et ils ajoutèrent qu'ils avaient un brevet du roi, en vertu duquel ils continueraient d'occuper leur maison [1].

Devant cette légitime résistance, les maire et échevins envoyèrent une nouvelle députation à Sa Majesté, la priant « de les vouloir décharger de l'establissement et demeure des Jésuites ». Le roi assura les députés de ses bonnes intentions; mais le Conseil, persuadé que l'opposition venait de ceux qui occupaient les principales charges, refusa de donner le moindre arrêt, « affin qu'il ne parût pas que les Jésuites eussent esté chassés [2] ». A de nouvelles sommations du maire, qui feignait de craindre « que la continuation de leur séjour n'eschauffât les esprits du peuple », les Pères répondirent par une fin de non-recevoir : ils étaient venus, déclarèrent-ils, appelés par M⁹ʳ l'évêque, approuvés par les arrêts du Conseil privé du 10 novembre 1617 et de la Cour de Parlement du 14 janvier 1620, et le roi, par brevet du 30 janvier 1623, leur avait permis de s'établir dans la ville; ils ne pouvaient donc en sortir, à moins qu'on leur montrât par écrit la volonté de Louis XIII; mais alors « ils protestaient d'obéir incessamment et sans difficultés [3] ».

Une démarche fut tentée auprès de l'évêque, auquel on demanda d'engager les Pères à la soumission. Mandés par M⁹ʳ de Breslay, les religieux promirent de quitter leur maison, « s'il lui plaisoit de les loger près de sa personne ». De plus, ils déclarèrent par écrit, le 18 janvier 1624, qu'ils ne s'établiraient jamais à Troyes « par collège, esglise, communauté, résidence ou hospice ny autrement » sans l'autorisation du roi et consentement des trois ordres de la ville. Tout cela ne pouvait satisfaire les opposants. Ils remontrèrent, dans une assemblée de l'échevinage, « qu'il n'estoit point à propos de recevoir les dites offres, parce que, les Jésuites se retirant à l'éveschó, c'estoit la même chose que leur demeure en la maison qu'ils avoient louée ». On résolut donc de recourir à Sa Majesté, pour avoir « là-dessus sa volonté et commandement par escript [4] ».

Le conseiller d'État Jacques Vignier, petit-fils de Nicolas Vignier, ancien compagnon d'exil des Pithou, fut chargé par Louis XIII de s'informer sur les lieux des véritables dispositions de la ville. Dès son arrivée à Troyes, il fut circonvenu par les

---

1. Délibérations du 10 octobre 1623 (Archiv. comm., A. 31, f. 1 et suiv.).
2. Délibération du 6 décembre 1623 (Archiv. comm., A. 31, f. 1-7).
3. Délibération du 15 janvier 1624 (Ibidem, f. 39).
4. Grosley, Mémoires..., p. 146-147.

adversaires des Jésuites¹. On provoqua quelques attroupements dans les rues, et Vignier, dans son rapport au Conseil, ne manqua pas de signaler comme une manifestation de la volonté populaire les cris de quelques gens sans aveu, payés pour la circonstance². Puis les meneurs, afin d'atteindre plus sûrement leur but, engagèrent le maire à se rendre en personne à la cour pour supplier Sa Majesté de rétablir la paix dans la ville³. A son retour, le 4 juin, il put annoncer à l'échevinage que le roi lui avait exprimé sa volonté en ces termes : « Je ne veux pas qu'il y ait collège ni maison des Pères Jésuites en ma ville de Troyes, mais pourra l'évesque en avoir un ou deux, si bon luy semble, à sa suite pendant son séjour en la ville pour l'assister en ses fonctions spirituelles⁴. »

Cette solution était conforme, on le voit, aux offres faites par les Jésuites le 14 janvier. Ils ne firent aucune résistance comme ils l'avaient promis, et remirent au maire les clés de leur demeure. Mais on leur demanda en outre de « se retirer doucement de la ville, crainte que leur présence, au jour de l'assemblée générale des Estats et mestiers, ne causast quelques rumeurs parmi le peuple⁵ ». Ce prétexte n'était pas sérieux ; il montrait assez l'hostilité insurmontable des échevins. C'est pourquoi les Jésuites ne profitèrent point de la permission qu'ils avaient de se réfugier à l'évêché ; ils préférèrent sortir d'une ville où ils rencontraient tant d'obstacles⁶. Pourtant ce n'était pas sans l'espoir de s'y établir un jour : « Nous comptons pour cela sur la Providence, écrivait le P. Général au P. Recteur de Châlons. » Et il donna l'ordre de conserver soigneusement le mobilier destiné au futur collège, et de réserver les rentes provenant de la donation de Jacques Nivelle⁷.

2. Le journal du temps, *Le Mercure françois*, après avoir raconté les incidents qui précèdent, ajoute : « Nous verrons cy-après plusieurs villes qui ne ressemblent pas à celle de Troyes, lesquelles recherchèrent et recourent les Pères Jésuites et leur firent bastir de beaux collèges⁸. » Et parmi elles, il cite la ville d'Albi.

1. Délibération du 19 mai 1624 (Archiv comm., A. 31, f. 27, 28).
2. Grosley, p. 159.
3. Délibération du 22 mai (Archiv. comm., A. 31, f. 29).
4. Délibération du 4 juin (*Ibidem*, f. 29ᵛ, 30).
5. Grosley, p. 163.
6. Délibération du mois de juin 1624 (Archiv. comm., A. 31, fol. 31).
7. Lettre du P. Général au P. Paul Duez, 2 nov. (Campan. Epist. Gen. t. I).
8. *Le Mercure françois*, t. X, an. 1624, p. 409.

Le P. Cordara, dans son *Histoire de la Compagnie de Jésus*, place la fondation d'Albi en 1623 [1]. Ce n'est pas tout à fait exact : quelques classes avaient été ouvertes un an plus tôt, au mois d'octobre; mais sans doute notre vieil historien a surtout tenu compte du moment où le collège devint complet par l'adjonction des humanités et de la rhétorique.

Quoi qu'il en soit, les Jésuites étaient connus et désirés de la population albigeoise depuis la fin du xvi° siècle. Le cardinal Laurent Strozzi, évêque d'Albi de 1561 à 1567, les avait introduits dans son diocèse, et le P. Auger, après avoir prêché en 1571 dans la ville épiscopale, y laissa une si bonne odeur de savoir et de piété que les consuls projetèrent de « planter » dans leurs murs « une pépinière de la Compagnie de Jésus [2] ». Ce dessein, dont on retrouve les traces de temps à autre dans les délibérations de l'échevinage, resta de longues années sans exécution [3]. Cependant rien n'était négligé pour le faire réussir. Quand Alphonse d'Elbène fut nommé à l'évêché d'Albi (1580), les magistrats lui firent connaître les vœux de la population et le prièrent de leur prêter son appui [4]. Né à Lyon, d'une famille originaire de Florence, le nouveau prélat était un savant, un ami des lettres et des études historiques auxquelles il consacrait ses loisirs. Il approuva et encouragea la fondation d'un collège de Jésuites, car, disait-il, « il n'y a meilleur moyen d'empêcher que la peste de l'hérésie ne pullule dedans la ville, que de bien endoctriner la jeunesse... comme ont accoustumé de faire ceux de ceste Compagnie [5] ». Et il promettait pour sa part une rente de douze cents livres. Lorsqu'en 1598 il fit son entrée dans sa ville épiscopale, la Compagnie de Jésus, frappée par les arrêts du Parlement de Paris, pouvait difficilement ouvrir de nouveaux collèges. Il fallut donc se contenter d'envoyer à Albi des prédicateurs. Les PP. Richard, Séverin, Galtier vinrent y prêcher des stations d'avent et de carême [6]. Après l'édit de rétablissement, les consuls, toujours d'accord avec l'évêque, renouvelèrent souvent dans leurs délibérations le projet de confier aux Jésuites leur collège Sainte-Gemme, mais au milieu

---

1. Cordara, *Histor. Soc. Jesu*, P. VI, lib. IX, n. 157.
2. Supplique des consuls à l'évêque, 5 oct. 1571 (Archiv. comm., GG. 81).
3. Délibérations des 23 et 27 mai 1583, 1er mars 1585 (*Ibidem*, BB. 23, fol. 31, 32; fol. 74, 75).
4. Compayré, *Études historiques sur l'Albigeois*, p. 103, 105.
5. Lettre d'Alphonse d'Elbène aux consuls, 1590, citée par Compayré, p. 105, note.
6. Lettres des PP. Alexandro Georges et Jacques Gordon aux consuls, 15 oct. et 11 nov. 1601 (Archiv. comm., GG. 81).

des troubles continuels qui désolaient le Languedoc et dont la ville d'Albi eut beaucoup à souffrir, il fallut toujours remettre à plus tard une entreprise objet de tous les vœux. Elle resta donc en suspens jusqu'à l'année 1623. A cette époque, le premier président du Parlement de Toulouse, M. Le Mazuyer, offrit ses services aux consuls pour la faire aboutir. Par son entremise les députés de la ville entrèrent en négociations avec le P. Barthélemy Jacquinot[1], provincial de Toulouse, et au mois de mai un contrat de fondation était signé dans le palais épiscopal et en présence de Mgr Alphonse d'Elbène II, successeur de son oncle depuis 1608. Il fut résolu de débuter par deux classes de grammaire, avec quinze cents livres de revenus; on ajouterait les humanités, la rhétorique, et une classe de philosophie à mesure que la rente annuelle monterait à deux mille deux cent cinquante, trois mille et quatre mille livres. En plus, il serait loisible aux Pères de recevoir les dons de l'évêque, du clergé ou des particuliers; ils seraient « exempts de toute garde de nuit et jour tant aux portes qu'aux murailles, comme aussi de tout droit d'entrée et de toute imposition ordinaire et extraordinaire ». Quant au local, l'ancien collège Sainte-Gemme serait abandonné; on le remplacerait par plusieurs maisons qu'on achèterait jusqu'à concurrence de douze mille livres[2].

Le P. Vitelleschi donna son approbation[3], et le président Le Mazuyer obtint facilement le placet du roi (2 août 1623)[4]. A leur arrivée, le 8 octobre, les Jésuites furent installés dans les maisons qu'on leur avait aménagées et dont plusieurs dépendaient de la maladrerie Saint-Lazare[5]. Trois classes furent ouvertes au mois de novembre, sous la direction du P. Jérôme de Saint-Albin. C'était l'époque du renouvellement des magistrats municipaux. Les anciens, avant de quitter leur charge, inscrivirent dans les annales consulaires une spéciale recommandation de continuer l'œuvre commencée. « Dieu veuille, disaient-ils, que cette introduction de si Révérends Pères soit remarquée comme un fidelle tesmoin de nos sainctes affections, et entre si avant dans le cœur de nos successeurs qu'ils ayent de bonnes volontés pour poursuivre l'entier

---

1. Délibérations des 18 mars, 27 mars, 3 et 4 avril 1623 (Archiv. comm., BB. 63, fol. 8, 9).
2. Contrat de fondation, 19 mai 1623 (Archiv. comm., AA. 10, fol. 331-334).
3. Lettre du P. Général au P. Jacquinot, 14 août 1623 (Tolos. Epist. Gen., t. I; — Variae facultates, fol. 111).
4. Brevet du roi, 2 août 1623 (Archiv. du Tarn, D. 2, fol. 5).
5. Contrat de fondation, 19 mai 1623 (Archiv. comm., AA. 10, fol. 331 et suiv.).

establissement du collège gouverné par des maistres Jésuites. Plaise à Dieu que les assidous soins que nous y avons apportés fort volontiers servent de fondement stable et immuable au bien et progrès de toute notre jeunesse albigeoise[1]. » Les nouveaux consuls se montrèrent dignes de leurs devanciers. Grâce à une augmentation de revenus on put ouvrir, dès la rentrée de 1624, les classes d'humanités et de rhétorique[2]. La classe de philosophie ne put être créée qu'en 1642; après quoi le P. Général conféra aux consuls d'Albi les titres et privilèges de fondateurs[3].

3. Tandis que la province de Toulouse s'enrichissait ainsi d'un établissement scolaire, celle d'Aquitaine jetait à Bordeaux les fondements d'une maison professe. Depuis quinze ans elle était vivement désirée par les Supérieurs; même on avait été sur le point d'aboutir en 1610. A cette époque, un riche marchand avait commencé de bâtir près de Sainte-Colombe une magnifique église, destinée à servir de paroisse; mais il mourut, laissant la construction inachevée. L'archevêque résolut de la donner à la Compagnie avec ses dépendances[4], pour l'érection d'une maison professe que Louis XIII autorisa[5]. L'année suivante un des principaux conseillers du Parlement de Bordeaux, très riche et sans enfants, promit un legs de vingt mille écus à la même intention[6]. Il semblait qu'on n'avait plus qu'à mettre la main à l'œuvre, quand toutes les espérances s'évanouirent comme un rêve. Le cardinal de Sourdis, brouillé avec les Jésuites au sujet de la résidence de Saint-Macaire, leur retira passagèrement ses faveurs, et le généreux magistrat, on ne sait pour quel motif, révoqua son testament[7]. Mais les Supérieurs de la Compagnie ne furent point détournés par ces déboires d'une entreprise qu'ils jugeaient nécessaire; ils devaient un jour réussir, grâce à l'appui et aux libéralités de plusieurs nobles personnages.

En 1623 un président au Parlement de Bordeaux, Jacques Le Comte, céda aux Jésuites une maison qu'il avait acquise au prix

---

1. Testament consulaire de 1623 (dans Rolland, *Histoire littéraire de la ville d'Albi*, appendice, n. 4).
2. Litterae ann., mss. 1625 (Tolosan., Histor. prov., 1593-1649, n. 15). L'augmentation du revenu provenait de l'union que l'évêque avait faite du prieuré de Saint-Affrique (*Ibidem*).
3. Lettres testimoniales du P. Vitelleschi, 28 juin 1644 (Variae facultates, f. 114).
4. Don du bâtiment de Ste-Colombe aux Jésuites, 7 mars 1610 (Archiv. diocésaines, C. I, manuscrit de Berteau, p. 921-923).
5. Patentes du roi, 7 mars 1610 (Archiv. de la Gironde, Jésuites, H. (82).
6. *Histoire de l'establissement de la maison professe de Bordeaux* (*Ibidem*).
7. *Ibidem*.

de dix-sept mille livres¹. Peu après, un ami tout dévoué, Jean Jaubert de Barrault, évêque de Bazas, donna une forte somme « pour l'achat de places et autres choses nécessaires au logement des religieux² ». On allait s'installer, quand des gens malintentionnés firent opposition auprès des autorités de la ville et du gouverneur de la province. Le duc d'Épernon, d'ordinaire si bienveillant, représenta aux Supérieurs « qu'il ne pouvoit souffrir qu'une maison religieuse fust bastie si proche du chasteau et citadelle de la ville, telle qu'estoit la nostre, et qu'ainsi il prioit nos Pères de se pourvoir ailleurs³ ». On attendit un peu, dans l'espoir que les opposants reviendraient à des sentiments plus équitables, et l'on multiplia les démarches pour éclairer le gouverneur. Elles n'obtinrent aucun succès et il fallut bien obéir.

Voyant l'embarras des Jésuites, le premier président, Marc-Antoine de Gourgues, offrit et vendit aux Supérieurs sa maison paternelle, plus centrale que la précédente⁴. Plusieurs immeubles voisins furent achetés dans la rue Saint-James, et Jacques de Gourgues, aumônier du roi, donna une maison qu'il possédait dans la même rue. On ne dépensa pas moins de soixante-treize mille livres pour l'acquisition de bâtiments et de terrains destinés à la maison professe et à son église. Les libéralités de bienfaiteurs restés inconnus permirent d'en payer tout de suite une partie⁵. L'aménagement se fit sans retard. Toutes les mesures étaient déjà prises pour l'arrivée prochaine des Pères; le cardinal de Sourdis avait obtenu du P. Général que la chapelle fût placée sous le vocable de Saint François Xavier, et il avait fixé l'époque de la bénédiction solennelle. Trois jours avant la date convenue, les autorités civiles enjoignirent au P. Provincial de ne pas ouvrir la maison professe. Les motifs de cette défense ne sont point donnés par les documents qui relatent le fait; nous savons seulement que le président de Gourgues et le cardinal de Sourdis employèrent toute leur influence à dissiper les prétextes, à démasquer les calomnies, la mauvaise foi des opposants. La défense fut levée, et, le 11 novembre 1624, eut lieu l'inauguration de la chapelle⁶, avec grande

1. Donatio inter vivos domûs pro professis (Aquitan., fond. colleg., I, n. 90).
2. *Histoire de l'establissement...*
3. *Ibidem.*
4. Annales provinciae Aquitaniae, 1624, professorum domûs initia. (Aquitan. historia, n. 24).
5. *Ibidem* et *Mémoire touchant l'establissement de la maison professe* (Archives prov. de France).
6. Il s'agit évidemment d'une chapelle provisoire. On voit par les Lettres annuelles que la première pierre de l'église Saint-François-Xavier fut posée le 10 novem-

affluence du peuple, de la bourgeoisie et de la noblesse. Le Parlement tout entier avait accompagné son premier président dont il partageait la joie et la bienveillance. L'archevêque après avoir célébré le saint sacrifice, prononça un discours de circonstance où après s'être étendu sur les louanges de la Compagnie de Jésus, il invita les fidèles à fréquenter le nouveau temple et à ne pas laisser dans le besoin les religieux qui s'y dévoueraient au bien des âmes[1]. Cet éloquent appel à la charité trouva de l'écho dans tous les cœurs. Parmi les insignes bienfaiteurs de la nouvelle maison, l'ancienne histoire manuscrite mentionne Jean Jaubert de Barrault et le président de Gourgues. Le premier devenu archevêque d'Arles fit un legs de quatre mille livres, donna sa bibliothèque, estimée cinq mille écus et « pour gage dernier de son immortelle affection, voulut estre enterré dans nostre église ». Le second, déjà fondateur du noviciat de Bordeaux, « tesmoigna grande satisfaction de ce que le domicile de ses parentz et le lieu de sa naissance nous servoit de retraite, et il estoit de volonté de le donner gratuitement, si les cohéritiers de sa famille n'y eussent apporté quelque obstacle. Dame Olive de Lestonnac, son épouse [lui] ayant survescu et imitant ses exemples, a suppléé à ce qu'il n'a peu exécuter, ayant légué par son testament la somme de quarante mille livres pour estre employée au bastiment de l'église et de la maison professe[2] ».

Le P. Général avait désigné pour premier supérieur, ou *préposé*, le P. Jacques de Moussy, ancien provincial d'Aquitaine; mais celui-ci, de santé précaire, dut être bientôt déchargé de ses fonctions. A l'automne 1625 arriva de Rome, pour le remplacer, le P. Charles de Lorraine[3].

Prince d'une illustre maison et ancien évêque de Verdun[4], Charles de Lorraine venait de faire profession au collège Romain, un an seulement après ses premiers vœux; il avait demandé, comme une faveur, la régence d'une petite classe de grammaire, puis convoité les périls des missions lointaines. Ces deux grâces lui furent refusées : le P. Vitelleschi pensa que son nom, ses aptitudes, ses vertus le rendraient plus utile à la tête de la nou-

bre 1663, et le sanctuaire ouvert aux fidèles le 24 mai 1678; il semble que cette église était bâtie sur l'emplacement de la maison du maire (majoris domus) achetée en 1662.
1. *Professorum domûs initia*, annales 1624.
2. *Histoire de l'establissement...*
3. Lettres du P. Général au P. de Moussy, 14 janvier et 8 septembre 1625 (Aquitan., Epist. Gen., t. II).
4. Voir tome III, liv. III, c. II, n. 9, p. 480. — De Laubrussel, *La vie du Père Charles de Lorraine*, p. 182-186.

velle maison professe de Bordeaux. En annonçant sa nomination, le P. Charlet, assistant de France, écrivait : « Il est doué de trois grands talents : de gouverner, de prescher, de converser. Le premier s'est vu dans la conduite pleine d'une prudence toute spirituelle qui, ayant paru dès le noviciat, nous a fait naître de belles espérances de ce qu'on peut se promettre de son gouvernement. Le second paroissoit avant son entrée dans la Compagnie, quand il faisoit l'apostre dans son évesché; et dernièrement encore il fit une prédication à Saint-Louis avec grande satisfaction de ses auditeurs, particulièrement de M. le Cardinal de Savoye, de M. le Cardinal Bentivoglio et de M. nostre ambassadeur. Pour le talent de la conversation, il est si aimable qu'il a ravi le cœur de tous les nostres sans réserve d'un seul. Plusieurs proposoient de le retenir ici; mais nous avons jugé qu'il commenceroit mieux en France, pour le salut des âmes et pour la gloire de Dieu [1]. »

A Bordeaux, Charles de Lorraine ne démentit point les promesses de ses débuts dans la vie religieuse. Sa noble simplicité, la distinction de ses manières, l'égalité de son caractère lui gagnaient toutes les sympathies; ses subordonnés le vénéraient, les personnes du dehors recherchaient ses entretiens : plusieurs conversions furent le fruit de son exquise charité. Député à Rome en 1628 par la congrégation provinciale d'Aquitaine, il se retira quelques jours au noviciat de Saint-André pour s'y retremper dans l'esprit de sa vocation. C'est là que pressé intérieurement de s'unir à Dieu par des liens plus étroits, il obtint du P. Général d'ajouter à ses obligations de profès deux autres vœux qu'il prononça le 8 décembre. « Moy, Charles de Lorraine, de la Compagnie de Jésus, je voue et promets en l'honneur de la Très Sainte Trinité de toujours chercher la plus grande gloire de Dieu en toutes choses graves et de quelque importance... De plus, je fais vœu de défendre jusqu'à l'effusion de mon sang l'Immaculée Conception de la Bienheureuse Vierge Marie, ma très douce mère [2]... » Ce désir intense de la perfection, cet amour si pur de Dieu ne pouvaient aller sans une charité ardente pour le prochain, et, quand deux ans plus tard la peste décimera la population de Bordeaux, on verra le Supérieur de la maison professe ambitionner l'honneur de sacrifier sa vie au chevet des mourants [3]. La biographie de l'illustre et saint religieux a été publiée au XVIII° siècle. Nous ne

---

1. Lettre du P. Charlet au provincial d'Aquitaine (De Laubrussel, *op. cit.*, p. 192).
2. Laubrussel, *op. cit.*, p. 212.
3. Laubrussel, *op. cit.*, p. 216.

pouvons y insister davantage ; il nous faut poursuivre le récit des nouvelles fondations.

4. En 1626, la province de Champagne s'accrut d'une petite résidence à Saint-Mihiel. Cette ville peu importante était pourtant le siège d'un parlement, auquel ressortissaient plusieurs maisons de la Compagnie ; de là, pour les Pères procureurs, la nécessité d'y faire de fréquents voyages et séjours afin de défendre les intérêts qui leur étaient confiés. Or, le P. Vitelleschi ne voyait pas sans inquiétude des religieux vivre ainsi en dehors de la communauté ; il recommanda au P. Bouvet, Provincial, de remédier le plus tôt possible aux inconvénients d'une pareille situation[1].

L'an 1623 une excellente occasion se présenta. Un jeune homme du pays, Jean Beltemps, étant entré au noviciat, ses parents, riches marchands de Saint-Mihiel, « lui laissèrent tous leurs biens (environ cent six mille quatre cents francs barrois) avec plein pouvoir d'en disposer pour la fondation d'une résidence » en cette ville[2]. Avant de prononcer ses premiers vœux, le jeune novice donna tout de suite aux supérieurs soixante mille francs dont ils profitèrent aussitôt[3]. Une maison fut achetée et agrandie. Le 18 septembre 1625, le duc de Lorraine autorisa le nouvel établissement et amortit tous les fonds de terre qui lui étaient destinés, mais imposa comme condition, qu'il ne serait jamais collège[4]. Tel était aussi le désir des Supérieurs de la Compagnie : la résidence de Saint-Mihiel dépendrait de l'Université de Pont-à-Mousson. Au mois de février 1626, l'installation étant achevée, le P. Recteur, Philippe Plumeret, vint célébrer la première messe dans la chapelle[5]. A la fin de l'année, la communauté, dont le P. Nicolas Aubertin avait été nommé supérieur, comprenait cinq religieux : trois Pères et deux Frères coadjuteurs, sans parler des Pères Procureurs que leurs affaires appelaient dans la petite ville où ils séjournaient parfois longtemps[6].

1. « Prima informatio de acceptatione domûs Sammiellanae » (Campan. Fundat. Colleg., t. III, n. 114).
2. *Annales de la maison de la Compagnie à Saint-Mihiel (Archiv. de la Meuse, H. Jésuites de Saint-Mihiel).
3. « Secunda informatio de acceptatione domûs » (Camp. Fundat. coll., t. III, n. 113). — Cf. Carrez. Catalogi Pror. camp., t. II, p. XLIII.
4. *Annales de la maison. Cf. Carrez, p. XLIV. — « Prima informatio » déjà citée.
5. Ibidem.
6. Lettre du P. Général au P. Binet, 30 déc. 1626 (Camp., Epist. Gen., t. I). Litt. ann. mss. 1626 (Camp. historia, n. 10).

Très bien accueillis dès le début, les Jésuites ne tardèrent pas à jouir d'une grande considération et, malgré leur petit nombre, à recueillir des fruits abondants. On les désirait dans les bourgades environnantes, et quand ils pouvaient s'y rendre on les recevait « comme les envoyés du ciel[1] ». Aussi les supérieurs songèrent-ils sérieusement à multiplier les ouvriers sur une terre aussi bien préparée, en mettant à Saint-Mihiel le Troisième An de la province[2]. Le P. Vitelleschi, d'abord opposé, se laissa ensuite convaincre[3]. De fait, on ne passa jamais à l'exécution, bien qu'on eût obtenu, le 6 juillet 1628, les lettres patentes du duc de Lorraine[4].

C'était alors Charles IV, auquel à cette époque le P. Général se voyait contraint de refuser une faveur ardemment désirée. Depuis plusieurs années ce prince et son frère, François II, poussés par quelques-uns de leurs conseillers qui supportaient impatiemment le joug de l'étranger, demandaient au premier supérieur des Jésuites la formation d'une nouvelle province, dite de Lorraine[5] : elle serait gouvernée par un religieux originaire du pays; elle engloberait toutes les maisons de la Compagnie situées dans la Lorraine, le Barrois et le comté de Bourgogne, de plus les collèges de Metz et de Verdun[6] et encore, s'il le fallait, les collèges allemands de Hagdenau, de Molsheim et de Bockenheim, établis non loin de la frontière[7]. Tel était le plan proposé, et Leurs Altesses en poursuivaient avec insistance la réalisation. Mais le P. Général y voyait les plus graves inconvénients : c'eût été désorganiser la province de Champagne et par contre-coup toutes les autres, et mécontenter les habitants de plusieurs contrées; les villes de Metz et de Verdun appartenaient à la France; le comté de Bourgogne dépendait des Pays-Bas; quant à empiéter sur l'Allemagne, ce serait très peu pratique « à cause des humeurs et façons de vivre si différentes[8] »; enfin, céder aux caprices des ducs de Lorraine était créer un précédent sur lequel ceux de Bavière, de Savoie,

---

1. « Informatio de admittenda domo probationis Sammielli » (Campan. historia, n. 111).
2. *Ibidem*.
3. Lettre du P. Général au P. Jean Fourier, 30 mai 1628 (Campan., Epist. Gen., t. I).
4. Patentes du 6 juillet 1628 (Archiv. de Meurthe-et-Moselle, B. 103, f. 95).
5. Lettre du P. Binet au P. Général 14 déc. 1626 (Campan., Epist. ad Gen., t. I, n. 70).
6. Lettre du duc François à M. Virion, son agent à Rome, 22 mai 1626 (Archives de Meurthe-et-Moselle, H. 1629).
7. Lettres du duc François et du duc Charles, 29 juin 1629 (*Ibidem*); du duc François, 21 juin 1630 (*Ibidem*).
8. Mémoire du P. Binet « fait par le commandement de Mgr le duc François » (Campan. Histor., t. III, n. 3).

de Parme et le grand-duc de Toscane pourraient un jour s'appuyer[1]. Vitelleschi, désolé de blesser des princes qui, suivant la tradition de leur famille, s'étaient toujours montrés des protecteurs et des bienfaiteurs insignes, ne crut pas cependant pouvoir leur sacrifier les intérêts de la Compagnie[2]. Ce refus lui attira d'amères récriminations[3], et les rapports du duc Charles avec les Jésuites furent quelque temps très tendus[4]. Peu à peu tout s'apaisa, et Leurs Altesses finirent par renoncer à leur entreprise.

5. Durant les deux années qui suivirent la fondation de Saint-Mihiel, les annales de la Compagnie ne mentionnent aucun nouvel établissement. C'est qu'alors les circonstances n'étaient point favorables. En 1627 les esprits se trouvaient encore sous le coup de la profonde émotion produite dans toutes les Universités du royaume par la censure du livre de Santarelli; en 1628 le siège de La Rochelle faisait l'objet de toutes les préoccupations. Et puis Richelieu, nous l'avons vu, était plutôt opposé à la multiplicité des collèges. Durant les quatre premières années de son ministère, aucun ne fut érigé. Plus tard seulement, quand il eut terrassé par les armes le parti protestant, il comprit que son triomphe ne serait ni complet ni durable, s'il ne parvenait à les ramener par la persuasion à la foi de leurs pères; or, pour atteindre ce but, rien n'était plus efficace que la fondation de collèges catholiques dans des villes comme La Rochelle, Montauban, Montpellier, Nîmes, longtemps infectées du venin de l'hérésie.

La jeunesse de Montpellier fut confiée aux soins des Jésuites en 1629. A dire vrai, les religieux de la Compagnie étaient connus dans cette ville depuis longtemps; il y étaient venus à diverses époques[5] et s'y étaient fait respecter malgré l'opposition des calvinistes. Qu'il nous suffise de rappeler le succès de plusieurs missionnaires en l'an 1600, les conversions opérées par les PP. Raymond des Etroits et Richard Corberon de 1603 à 1605[6],

1. Cordara, *Histor. Soc. Jesu*, p. VI, l. XVII, n. 207, 208.
2. Lettres du P. Général au P. Bertignon, 21 mars 1631, au P. Javel, 25 août 1632 (Campan., Epist. Gen., t. I).
3. Lettre du duc François à Virion, 6 février 1632 (Archiv. de Meurthe-et-Moselle, H. 1629); — lettre du duc Charles à Vitelleschi, 18 sept. 1632 (Epistol. Principum, t. VI).
4. Lettre du P. Général au P. Jean Fourier, 13 janvier 1633 (Campan., Epist. Gen., t. I).
5. Voir Registres des Délibérations du chapitre de 1600 à 1605. (Archiv. de l'Hérault, G.
6. *Litterae annuae* 1605. Cf. L. Guiraud, *Etudes sur la Réforme à Montpellier*, t. I, p. 610-611.

les controverses du P. Henri Adam en 1606 et 1607 [1]. A force de voir et d'entendre les disciples de saint Ignace, les hérétiques les comprirent mieux et se mirent à les traiter avec bonne grâce. En 1608, le P. Léonard Patornay remporta sur les ministres des victoires doctrinales qui lui valurent l'estime et la considération de l'Université. Dès lors il fut convié tantôt à des séances de la Faculté de médecine et contraint d'y occuper la première place ; tantôt à des « disputes de chaire », à la Faculté de droit, où les concurrents l'appelaient « Révérend Père » et se déclaraient très honorés de sa présence [2]. Le P. Bernard Galtier, en 1609, eut la joie de recevoir quarante abjurations ; il s'était tellement attaché les catholiques que ceux-ci à son départ témoignèrent hautement leur peine d'avoir à sa place l'année suivante un autre prédicateur [3].

Après la mort de Henri IV les calvinistes, jusque-là comprimés par sa main puissante, relevèrent la tête, et les consuls de Montpellier sentirent se ranimer leur vieille haine contre les Jésuites. Nous avons raconté plus haut l'opposition que le P. Jacques George rencontra dans cette ville [4], devenue l'un des plus ardents foyers de la rébellion contre le pouvoir royal. Il ne fallut rien moins que toute l'autorité de Richelieu pour la réduire à l'obéissance et y établir la Compagnie de Jésus.

Montpellier, siège d'un évêché, possédait une Chambre des Comptes et aussi, depuis le XIIIe siècle, une Université comprenant les Facultés de théologie, de droit, de médecine et des arts [5]. Longtemps, des maîtres gagés par la ville enseignèrent les belles-lettres dans l'École-mage ; mais, à partir de 1562, les troubles civils et religieux interrompirent les études ; l'École-mage fut transformée en hôpital. « La jeunesse, licenciée et débordée », se livrait à beaucoup de « scandales », lorsqu'en 1596 Henri IV chargea les consuls « de faire remettre et restablir le collège qui jadis solloit estre en sa ville de Montpellier ». Le bon roi le dota d'une crue de douze deniers imposée sur le sel débité dans la province de Languedoc [6]. C'était un revenu, assez modique, de

---

1. Cf. Chossat, *Les Jésuites à Avignon*, p. 207 — Dudon, *Établissement des Jésuites à Montpellier* dans *Mélanges de littérature et d'histoire religieuses*, t. II, p. 323 et suiv. — L. Guiraud, op. cit., p. 611-613.
2. Dudon, op. cit., p. 238. — L. Guiraud, op. cit., p. 621-625.
3. *Litterae annuae* 1609. Cf. L. Guiraud, op. cit., p. 628-629.
4. Voir t. III, p. 540.
5. Degrefeuille, *Histoire de la ville de Montpellier*, t. II, p. 340.
6. Patentes de Henri IV pour le rétablissement du collège de Montpellier (Archives

deux mille quatre cents livres ; mais, par le fait — et la chose est à retenir — le nouvel établissement sera désormais considéré comme de fondation royale. Il s'appellera le *collège des Humanités*; il sera administré par huit notables, quatre protestants et quatre catholiques, sous le contrôle du conseil municipal; il sera dirigé par un principal protestant, mais le reste du personnel sera miparti [1]; enfin un jour viendra où le corps professoral aura le privilège de conférer la maîtrise ès arts [2]. Comme local, après quelques années d'installation provisoire, les consuls choisirent dans l'île de Cézelly un immeuble jadis légué à la ville. Le premier principal fut Isaac Casaubon [3]. La divergence des deux religions, qui tendaient sans cesse à prévaloir l'une sur l'autre parmi les habitants, nuisait beaucoup aux études. Au point de vue de la formation morale, les parents catholiques étaient loin d'avoir confiance en des maîtres dépendant d'un principal calviniste et choisis par une municipalité où l'esprit de la réforme dominait. Aussi voyons-nous bientôt les évêques entrer en lutte pour soutenir les intérêts de leurs ouailles et préserver de l'erreur les âmes des enfants. En 1604, un accord, plus tard approuvé par le roi, est passé entre le Conseil de ville et M⁹ʳ Jean de Granier. Il est convenu que le prélat présidera toutes les délibérations des huit administrateurs; qu'il verra et approuvera la liste des livres mis entre les mains des élèves; qu'aucun auteur « ne sera lu qui puisse offenser l'une ou l'autre religion [4] ». Pierre de Fenouillet, compatriote et ami de saint François de Sales, nommé en 1608 à l'évêché de Montpellier, résolut de maintenir et même d'étendre les droits de son prédécesseur [5]. A deux reprises il obtient des lettres patentes affirmant son autorité sur le collège. Nomination des professeurs et collation des grades lui appartiennent, et quand la municipalité lui résiste, il sait trouver un appui contre elle dans le Parlement de Toulouse [6]. Visant à catholiciser l'enseigne-

---

de l'Hérault, Jésuites, collège royal). — Cf. Faucillon, *Le collège des Jésuites de Montpellier*, p. 5.

1. *Ibidem*.

2. Patentes de Henri IV donnant pouvoir de conférer le grade de maître ès arts, novembre 1607 (Archives de l'Hérault, collège royal). Cf. Germain, *La Faculté des Arts et l'ancien collège de Montpellier*, p. 27.

3. Dudon, *op. cit.*, p. 212, 213. — L. Guiraud, *op. cit.*, p. 487.

4. Accord entre l'évêque et le conseil de ville, 11 oct. 1604 (Archiv. comm., GG.).

6. Patentes de mai 1610 approuvant l'accord de 1604 (Archiv. comm., Grand Thalamus, t. II, p. 373), et patentes confirmatives, août 1613 citées par Dudon, *op. cit.*, *Notes et Documents*, p. 237, 238.

5. Arrêts du Parlement en faveur de Fenouillet pour la direction du collège,

ment, il rêve déjà de le confier aux Jésuites; il tâche donc de les fixer à Montpellier, et après la prise de la ville par Louis XIII, en 1622, il parle de les y établir en résidence.

Le P. Vitelleschi donna son consentement[1]; toutefois, durant quelques années on se contenta d'une mission dépendant du collège de Béziers. Grâce au zèle des PP. Jacques George et Alexandre Regourd, elle suffit à inspirer aux catholiques le plus vif désir d'avoir des Jésuites pour instruire leurs enfants[2]. On entama donc des négociations; mais elles furent lentes : le projet n'était pas en faveur auprès des consuls, et l'insuffisance des revenus effrayait les supérieurs de la Compagnie. Après la soumission du Languedoc, en 1629, les circonstances devinrent plus favorables. Aux élections consulaires du mois de mars, la ville élut six consuls catholiques et, en première ligne, François Ranchin, chancelier de la Faculté de médecine, un nouveau converti[3]. Au mois de juin, Privas tombait au pouvoir des troupes royales, et Fenouillet rencontrant Louis XIII dans Alais obtenait sans peine l'autorisation de mettre les Jésuites au *collège des Humanités*. Par brevet du 16 juillet 1629, le roi le leur octroyait « avec ses revenus, dépendances, privilèges et exemptions ». En même temps Sa Majesté « mandait au sieur Evesque de tenir la main audit establissement, et ordonnait aux consuls et tous autres qu'il appartiendrait d'exécuter au plus tôt sa présente volonté[4] ».

Fenouillet, sans perdre de temps, profita de la présence de Richelieu à Montpellier pour installer les Jésuites. Il fallait cependant ménager l'opinion du Conseil de ville où les idées calvinistes dominaient toujours. Le premier consul, Ranchin, le convoque le 20 juillet; il donne communication du Brevet que les Pères lui ont remis : ceux-ci, ajoute-t-il, ont la permission de l'évêque, et, « moyennant l'acquiescement du Conseil, Richelieu leur a promis de les établir avant son départ suivant l'ordre du roi ». Après en avoir délibéré, le Conseil répond « que si le cardinal veut établir les Jésuites au collège, il ne donnerait aucune

---

16 juillet 1615 et 12 février 1618 (Archiv. de l'Hérault, Jésuites, collège royal). Cf. L. Guiraud, *op. cit.*, p. 748.

1. Lettre du P. Général au P. Barthélémy Jacquinot, 26 déc. 1623 (Tolos., Epist. Gen., t. I).
2. Lettres du P. Général au P. J. George, 23 février 1626, au P. Regourd, 19 oct. 1627 (*Ibidem*). — Lettre du card. de La Rochefoucauld à Fenouillet, 20 mai 1625 (Bibl. de Ste-Geneviève, ms. 3038, f. 391). Cf. Guiraud, *op. cit.*, p. 791, note 1.
3. Fauclllon, *op. cit.*, p. 2 et suiv.
4. Brevet pour l'établissement des Jésuites au collège, 16 juillet 1629 (Archiv. de l'Hérault, Jésuites).

adhésion, mais ne prétendait pas mettre empeschement, ni non plus rien payer dans le cas où les Pères demanderaient des fonds pour les premiers frais d'installation, ou si les revenus de la crue devenaient insuffisants[1] ».

Puisque le collège était de fondation royale et que l'évêque avait le choix du personnel, Fenouillet pouvait regarder comme une simple formalité la délibération du Conseil. Elle n'était pas terminée qu'il conduisit les PP. Carrel et de Sainte-Colombe dans l'île de Cézelly, leur fit prendre possession des bâtiments scolaires, signifia aux anciens maîtres « qu'ils n'avoient plus rien à prétendre » et dressa un procès-verbal en bonne forme[2].

Quelques jours plus tard une épidémie violente se déclarait à Montpellier. Beaucoup d'habitants s'enfuirent; Ranchin et Fenouillet restèrent à leur poste. Pendant dix mois ce fut une effrayante mortalité[3]. Les Jésuites ne purent ouvrir leurs cours qu'au mois d'octobre 1630[4].

N'ayant fait aucun contrat ni débattu aucune condition, ils se trouvèrent bientôt dans la gêne. Louis XIII vint à leur secours. En confirmant son brevet par des lettres patentes, données au camp de Maurienne (juillet 1630), il leur permit « d'accepter tous legs, donations et fondations qui leur ont esté ou seroient faictes à l'advenir[5] ». Par autres patentes du 2 août 1632, il augmenta de deux mille quatre cents livres le revenu primitif[6]. D'ailleurs le zèle et les utiles travaux des religieux les recommandèrent bientôt à la bienveillance du public; les premiers froissements ressentis par la municipalité s'adoucirent et disparurent. « Nos Pères, dit une ancienne relation manuscrite, exercèrent dès l'abord leurs fonctions avec succès; on vit un grand nombre de conversions; les sacrements furent fréquentés, et tout ce qu'il y a de grand et de considérable dans la ville s'attacha si fort à nous qu'ils nous ont conservé depuis l'amour et l'estime dont ils nous honorèrent dès le commencement[7]. »

Comme preuves de cet attachement nous mentionnerons, en 1631, un don du Conseil de ville de « soixante douzaines d'ais »

---

1. Délibération du Conseil de ville, 20 juillet 1629 (Archiv. comm., BB, t. 1625-1633).
2. Faucillon, op. cit., p. 9, 10.
3. Voir Registres du chapitre, 14 août 1629 (Archiv. de l'Hérault, Registres capitulaires).
4. Cf. Dudon, op. cit., p. 233.
5. Patentes de juillet 1630 (Archiv. de l'Hérault, Registre des Trésoriers, 1631).
6. Patentes du 2 août 1632 (Archiv. de l'Hérault, Jésuites).
7. Notice sur le coll. de Montpellier (Lugdun. Hist. Prov., t. I, n. 4).

pour la réparation du collège[1]; en 1639, l'abandon par l'évêque d'un fief noble, contigu aux bâtiments et estimé deux mille cinq cents livres[2]; en 1643, une rente annuelle de cent écus accordée par le diocèse[3]; en 1644, la remise « des lods et ventes » dus au roi qui voulut à cette occasion prendre le titre de fondateur[4].

Avec l'évêque Fenouillet, le cardinal de Richelieu avait été l'un des principaux promoteurs de l'établissement des Jésuites à Montpellier. Dès que le P. Général connut son rôle prépondérant, il s'empressa de l'en remercier[5]. « Ce signalé service, lui écrivait-il, ne me permet pas d'attendre plus longtemps pour exprimer à Votre Seigneurie Éminentissime, au nom de tous, nos sentimens de profonde soumission et d'affectueuse reconnaissance. Parmi les nombreuses obligations dont la postérité conservera un éternel souvenir, il faut mentionner en première ligne le soin avec lequel Votre Seigneurie s'efforce d'accroître les progrès de la religion catholique[6]. » Richelieu n'était point fâché qu'on reconnût à Rome son zèle à combattre le protestantisme dans le royaume très chrétien. Sans doute faut-il attribuer à ses bonnes dispositions le nouvel élan donné alors aux œuvres de la Compagnie de Jésus. Rien qu'en l'année 1630 on compte cinq nouvelles fondations : une résidence à Marennes, et quatre collèges, Langres, La Rochelle, Pamiers et Vannes[7].

6. Les débuts de Marennes nous montreront la façon dont s'établissait à cette époque une résidence suivant l'esprit des Constitutions.

Témoin des fruits de salut que les missionnaires du collège de

1. Délibération du 8 mars 1631 (Arch. v. comm., BB, 1635-1639).
2. « État des contrats et dates d'acquisition du collège » (Archiv. de l'Hérault, Jésuites). Cf. Fouillon, op. cit., p. 19.
3. Don d'une rente de cent écus par le diocèse (Archiv. de l'Hérault, Jésuites).
4. Don de lods et ventes par le roi (Ibidem).
5. Un peu avant, Vitelleschi avait aussi envoyé une lettre de remerciements à l'évêque (Voir Dudon, op. cit., Documents, n. X).
6. Lettre du P. Général à Richelieu, 12 nov. 1629 (Epist. Gen. ad externos, t. 1013-1073).
7. La même année 1630 un collège fut encore fondé par François II de Lorraine à Bockenheim ou Bouquenon, ville principale du comté de Sarr-Werden que le duc venait de recouvrer. Les classes furent inaugurées en 1631 sous la direction du P. Nicolas Fagot de la province de Champagne, avec un personnel très mélangé; ainsi, sans parler des frères coadjuteurs, il y avait deux religieux de la province Gallo-Belge, deux de la Germanie Supérieure, deux de la Germanie Inférieure et deux de Champagne; mais, dès la fin de l'année, le nouvel établissement ayant été annexé à la province de Germanie Supérieure, il ne s'y trouvait plus que des Pères allemands; c'est pourquoi il n'appartient pas à notre histoire.

Saintes produisaient dans la contrée, une pieuse femme, Mlle de Capus, veuve de Jacques de Bryan, résolut de leur donner toute facilité d'avoir un centre de ministères dans la petite ville de Marennes « sans estre à charge à aucun des habitans ». A cet effet elle légua aux religieux tous les biens qu'elle possédait en Saintonge : quelques rentes et quelques aires de marais salants « situés en la paroisse de Saint-Just et autres lieux [1] ». Après sa mort, arrivée en octobre 1628, les exécuteurs testamentaires signifièrent le legs aux Jésuites de Saintes, et le P. Provincial d'Aquitaine accepta la donation sous le bon plaisir du P. Général. Informé des clauses du testament, Vitelleschi répondit qu'on devait louer le dessein de la fondatrice, mais que, gardien de l'intégrité de l'Institut, il ne pouvait approuver certaines conditions[2]. « Puisque Votre Révérence, écrivait-il au P. Provincial, m'assure que Mlle de Capus n'a jamais eu la pensée de nous demander rien d'opposer aux Constitutions, je vous envoie toutes les indications nécessaires pour rédiger un nouveau contrat[3]. »

Le 11 janvier 1630 les PP. Ignace Malescot, provincial, et Bernadin Sicard, fondé de pouvoir du P. Recteur de Saintes, se rendirent au bourg de Saint-Just où fut passé dans la maison de Mr Durand, l'un des exécuteurs testamentaires, un nouvel acte de donation par lequel le collège de Saintes était mis « en pleine, réelle et actuelle possession » de tous les biens dont avait joui la testatrice sans aucune réserve. « Et ce, affin que au bourg de Marennes, comme le plus grand et le plus notable, il y aye une rézidence desdits Révérends Pères qui soit somée comme ung membre dudict collège de Xainctes et despende entièrement de la direction du Recteur dudict collège; à laquelle rézidence puissent estre nourris et entretenus autant de Pères que le revenu desdits marais le pourra permettre, suivant ce qu'il sera jugé et advisé par ledit R. P. Provincial et ses successeurs. » Ce nouveau contrat prévoyait aussi le cas où l'augmentation des revenus permettrait de changer la rézidence en collège ou en maison de probation, et il fut convenu que dès lors l'établissement serait autonome[4].

A peine installés à Marennes, les missionnaires répondirent

---

1. « Contractus emendatus circa residentiam Marennensem » (Aquitan. Fund. coll., t. II, n. 93). On appelait *aire* le petit bassin carré d'un marais salant.
2. Nous n'avons point retrouvé le testament de Mlle de Capus et ne connaissons pas les clauses que ne pouvait admettre le P. Général.
3. Lettre du P. Général au P. Malescot, 22 mars 1629 (Aquitan. Epist. Gen., t. II).
4. « Contractus emendatus... ».

aux intentions de la fondatrice de manière à mériter les éloges du P. Général[1]. Ils eurent néanmoins à subir diverses contrariétés tant de la part des hérétiques que de celle de certains catholiques qui auraient préféré d'autres religieux. Cependant la majorité de la population leur était favorable. Une famille influente du pays voulut même construire à ses frais une chapelle en l'honneur de la Sainte Vierge[2]. Bientôt le P. Provincial d'Aquitaine songeait à mettre dans la petite ville un Troisième An de probation[3]. Au mois de février 1633, « à l'instante prière et requeste des habitants », on obtenait lettres patentes de Louis XIII : « Permettons et accordons auxdits Pères Jésuites d'avoir une maison et demeure audit lieu de Marennes comme le plus propre et commode (des Iles adjacentes du Brouage) pour instruire les habitants d'icelles en la vraye religion, piété et bonnes mœurs, vaquer à la conversion des dévoyés et y faire les exercices ordinaires à ceux de leur profession. » Le roi permettait en outre d'accepter jusqu'à six mille livres de revenu annuel en biens d'Église ou autres[4]. Cette même année le noviciat de Bordeaux ne pouvant contenir tous les Pères appelés à faire leur troisième probation, quelques-uns furent envoyés à Marennes avec un Père instructeur[5]. Malheureusement on n'en avait point fini avec les obstacles matériels; à cause des difficultés soulevées par les héritiers de Mr de Capus, la maison de Marennes ne tarda pas à se trouver dans une situation très embarrassante. L'union d'un prieuré, accordé en 1633 par l'évêque, Jacques Raoul[6], permit de tenir bon quelque temps. Deux ans plus tard, dans l'impossibilité de suffire à l'entretien d'un nombreux personnel, Marennes redevenait simple résidence dépendante du collège de Saintes[7].

7. Par contre, dans la province de Champagne, à Langres, en 1630, les Pères abandonnèrent leur résidence pour prendre

---

1. Lettres du P. Général au P. Provincial, 7 sept. et 7 décemb. 1630 (Aquitan., Epist. Gen., t. II).
2. Litt. ann. mss. (Aquitaniae Historia, n. 43).
3. Lettre du P. Arnaud Bohyre au P. Général, 10 février 1632 (Aquitan., Epist. ad Gen., t. II, n. 3).
4. Patentes de Louis XIII, février 1633 (Archiv. de la Gironde, H. 59, f. 43).
5. Lettres du P. Général au P. Bohyre, 15 juillet 1633; au P. Pierre de Gualès, 5 oct. 1633; au P. Guillaume Anginot, 10 mars 1634 (Aquitan., Epist. Gen., t. II).
6. Lettres d'union, par Jacques Raoul, du prieuré St-Barthélemy de Lalande, 22 avril 1635 (Archiv. de la Gironde, H. 59, fol. 253).
7. Acta congr. provincial. Aquitan., 1636. — Catalogi Prov. Aquitan., 1637.

la direction du collège municipal. La chose n'alla pas sans difficultés. Nous avons dit déjà, au tome III, comment l'évêque, Sébastien Zamet, avait dû remettre à plus tard l'exécution d'un dessein qu'il jugeait très utile au bien de son diocèse[1]. Dans la ville, dans le chapitre et parmi les autorités locales, les esprits étaient assez divisés à l'égard des Jésuites; aussi l'opposition releva-t-elle la tête, quand on apprit que le prélat s'employait de nouveau à leur confier l'instruction de la jeunesse. Parmi les biens qui devaient former leur dotation se trouvait le prieuré de Tronchoy, uni à la résidence de Langres en 1623 par Urbain VIII[2]. En consentant à cette union, évêque et chapitre avaient spécifié qu'elle était faite en vue du futur collège[3]. Or, voici qu'en 1626 quelques chanoines mécontents interjetèrent appel comme d'abus; en même temps un certain nombre de notables présentèrent requête à la cour contre les projets de Sébastien Zamet; les officiers du siège royal, de l'élection et du grenier à sel intervinrent dans le même sens auprès du conseil royal et allaient jusqu'à demander l'expulsion, dans les vingt-quatre heures, des Jésuites domiciliés à Langres[4].

Cependant les Pères ayant pour eux, avec l'évêque, la meilleure partie du chapitre et de la ville, obtinrent en 1627 des lettres patentes les autorisant à s'établir au collège. Sur ce, nouvel obstacle. Quand on présenta les patentes au garde des sceaux, M. de Marillac sollicité par un Père de l'Oratoire refusa de les sceller; il fallut, pour obtenir les formalités nécessaires, lui promettre que les Jésuites abandonneraient aux Oratoriens l'enseignement de la théologie[5].

Ayant en main toutes les pièces requises, l'évêque et les religieux de la Compagnie attendirent cependant une occasion favorable pour s'en servir. Justement, le 25 août 1628, expi-

1. Voir tome III, l. III, c. III, n. 6, p. 507 et suiv.
2. Ibidem...
3. Acte du 24 mars 1620 cité dans les Comptes rendus au Parlement, t. VI, p. 176.
4. Cf. Comptes rendus au Parlement, p. 176, 177.
5. Lettre du P. Laguille au P. Jouvancy, lui donnant un aperçu historique de la fondation, 10 août 1700 (Francia Historia, t. III, n. 32, f. 257, 258). — Lettre du P. Général au P. Suffren, 12 août 1629 (Francia Epist. Gen., t. IV). Dans cette affaire M. de Marillac était pour les Pères de l'Oratoire qui ne manquaient pas de partisans à Langres; quant à M. de Bérulle, il ne voulut pas intervenir « dans la crainte de se heurter à Richelieu », mais il n'aurait pas demandé mieux que d'évincer les Jésuites. Voir sa lettre à Marillac (Tabaraud, Hist. du cardinal de Bérulle, t. I, p. 117). — Prunel, Sébastien Zamet, p. 94.

rait le bail fait avec l'ancien principal. Ce-jour-là donc, Mⁱʳ Zamet et les chanoines, de concert avec le maire et les échevins, résolurent de mettre les Jésuites à la tête du collège. Dès le lendemain, malgré une ordonnance contraire du gouverneur de la ville, injonction était faite au principal de quitter les lieux. Il y eut contestation et l'affaire fut portée au Parlement. Deux arrêts de la Cour, l'un du 7 décembre 1628 et l'autre du 8 février 1629, accordèrent au principal et aux régents une prolongation de charge pour une année « pendant lequel temps lesdits évêque, chapitre, maire et échevins pourront se pourvoir de personnes capables pour la direction du collège[1] ». A ce moment, le parti contraire aux Jésuites renouvela ses menées et même adressa au roi une pétition où l'on disait que ces religieux n'étaient nullement utiles[2]. Or, l'ensemble de la population pensait tout autrement. Nous en avons la preuve d'abord dans les nouvelles lettres patentes octroyées par le roi au mois de mai 1630. Louis XIII y déclare positivement avoir été sollicité par ses « chers et bien aimés les doyen, chanoines et chapitre, maire et échevins, bourgeois et habitants de sa ville de Langres »; ce sont eux qui ont prié Sa Majesté de donner « le soing et direction de leur collège aux Pères de la Compagnie de Jésus... afin d'y restablir en son entier la discipline scolastique et empescher les désordres que la licence des précepteurs y a souventefois introduits[3] ». Mais, pour connaître les vraies dispositions des habitants, il faut surtout considérer l'accueil qu'ils firent aux nouveaux maîtres. Les lettres patentes étaient à peine remises aux officiers du siège royal, que ceux-ci les enregistraient sans la moindre objection, et le 28 mai, avec le consentement du conseil municipal, Étienne Voinchet, lieutenant civil, mit les PP. Jean Fourier, provincial, Antoine Prévostet, supérieur de la résidence, et plusieurs autres en possession du collège, de la maison préceptoriale et du prieuré de Saint-Gengoulph. Au collège, raconte le procès-verbal, étaient « présens un grand nombre de personnes, jusques à quatre ou cinq cents, lesquels avec acclamation de joye ont remercié le Roy du dict establissement, et avec le

---

1. *Comptes rendus au Parlement*, p. 177.
2. Voir cette lettre dans Prancl, *op. cit.*, p. 93.
3. Patentes de mai 1630 (Archiv. de la Haute-Marne, D. 16, à la suite du procès-verbal de l'installation des Jésuites).

corps de ladite ville presté consentement à iceluy avec toute modestie et alégresse, ayant les escoliers et autres assistants, en signe de resjouissance, crié Vive le Roy à plusieurs et diverses fois ». La cloche du collège sonna à toute volée « pour advertir un chacun de ladicte prise de possession », et aussitô' il y eut « grande affluence de notables habitans, ecclésiastiques, officiers de police et autres [personnes] de toute qualité ». Cette foule suivit le lieutenant civil et les Pères à la maison préceptoriale et au prieuré de Saint-Gengoulph; dans l'église elle chanta le *Te Deum;* « et il n'y a eu aucune réclamation faicte ou empeschement formé, ains plusieurs grandes exclamations de joye, de Vive le Roy, réitérées par un long temps à diverses reprises[1] ».

A lire ce procès-verbal on a l'impression que l'opposition aux Jésuites avait été le fait d'une minorité : la foule les désirait, et maintenant exaucée elle manifeste bien haut sa sympathie.

D'après un contrat passé avec la ville, les Pères devaient enseigner le latin et le grec dans les trois classes déjà existantes, et ils auraient les revenus, biens et bâtiments du collège. Le chapitre accorda la jouissance de la prébende préceptoriale, et la municipalité promit une rente de cent cinquante livres. Si le revenu total, y compris celui du Tronchoy, montait à deux mille quatre cents livres on ajouterait une quatrième classe, puis une cinquième pour une augmentation de mille livres[2]. Elles furent, de fait, instituées dans la suite, et en 1663 une donation particulière permit de fonder une classe de philosophie[3].

Se trouvant mal logés dans l'ancien collège, les Jésuites le vendirent et s'établirent dans une de ses dépendances, le prieuré de Saint-Gengoulph[4], où ils firent quelques constructions. Mais ce local, situé à une extrémité de la ville, n'était guère favorable à l'exercice du ministère; aussi chercha-t-on bientôt à s'en débarrasser. En 1653 il fut acquis par les religieuses Visitandines, et l'on acheta dans le plus beau quartier de Langres une maison vulgairement appelée le *Grand-Poville*. C'est là que sera bâti, et restera désormais, le collège de la Compagnie de Jésus. Pour

---

1. Procès-verbal de l'installation, 28 mai 1630 (Archiv. de la Haute-Marne, D. 16).
2. *Comptes rendus au Parlement*, t. VI, p. 172-173.
3. Un sieur Cornefert légua à cette intention quatre mille cinq cents livres. (*Ibidem.*)
4. Le prieuré de Saint-Gengoulph avait été uni au collège en 1609, par conséquent avant l'introduction des Pères, mais en leur faveur, sous l'épiscopat de Charles d'Escars (*Comptes rendus*, p. 175).

apprendre à la postérité qu'il tenait lieu de l'ancien, on placera les armes de la ville au-dessus de la porte de la chapelle et au-dessus du maître-autel[1].

Dans les premières années, et jusqu'à l'entrée en possession du prieuré du Tronchoy, la situation financière fut assez pénible. Mais ensuite on moissonna dans la joie ce qu'on avait semé dans les larmes; si bien que le P. Laguille, écrivant au P. Jouvancy au commencement du XVIIIe siècle, pouvait dire : « Il y a peu de collèges dont l'établissement ait été plus traversé que celui de Langres, mais il y a, à présent, peu de villes où nous soyons plus aimés et où nos ministères soient mieux reçus[2]. »

8. A La Rochelle, au contraire, les débuts furent très faciles. L'initiative de Richelieu[3], la volonté expresse du roi, les instances des catholiques ouvrirent les voies à la Compagnie.

Après avoir réduit par un siège célèbre la citadelle du calvinisme, Louis XIII, de retour à Paris, signait, le 18 novembre 1628, le brevet qui suit : « Considérant le fruit que les Pères Jésuites peuvent faire en la ville de La Rochelle pour la conversion des âmes, Sa Majesté leur a accordé le lieu nommé Saint-Michel, appartenances et deppendances... pour s'y establir, et veut que dès à présent ils en prennent possession, déclarant Sadite Majesté que si elle désiroit establir un collège dans ladite ville, elle leur en donneroit la direction[4]. »

En vertu de l'acte royal, le P. Ignace Malescot, provincial d'Aquitaine, et le P. Jean de La Renaudie furent mis en possession de la maison Saint-Michel par Joachim Corisay, doyen de l'église cathédrale de Saintes[5]. On y mit d'abord une simple mission sous la dépendance directe du P. Provincial, car on espérait l'érection prochaine d'un collège[6]. En attendant, le P. Général recommandait d'y envoyer « des hommes d'une insigne modestie, brûlants de zèle, des ouvriers infatigables qui, vivant au milieu des hérétiques, les attireraient doucement à la religion par l'éclat de leurs vertus[7]. »

1. *Comptes rendus...*, p. 171.
2. Lettre du P. Laguille, déjà citée.
3. Lettre du P. Général au card. de Richelieu, 2 nov. 1628 (Gallia, Epist. Gen. ad Externos, t. 1613-1672). Du même au même, 24 janvier 1629 (*Ibidem*).
4. Brevet du 18 nov. 1628 (Aquitan., Fundat. colleg., t. II, n. 92). Voir Recueil du P. Jaillot, de l'Oratoire, Bibl. de La Rochelle, ms. 133, f. 11.
5. Arcère, *Histoire de la ville de La Rochelle*, t. II, p. 509.
6. Lettre du P. Général au P. Rousseau, 16 mai 1629 (Aquitan., Epist. Gen., t. II).
7. Du même au P. Malescot, 24 février 1629 (*Ibidem*).

L'exercice du culte ayant été rétabli à La Rochelle, les catholiques revinrent dans la ville en grand nombre, mais ils ne savaient à qui confier l'éducation de leurs enfants. Ils se plaignirent au roi de n'avoir pu « les rappeler jusqu'icy, pour n'avoir moyen de les instruire ». « Les supplians, ajoutaient-ils, ont recours à Vostre Majesté, afin qu'il Luy plaise establir un collège, luy continuer le revenu cy-devant affecté pour ceux qui en avoient la charge, et le pourvoir de précepteurs qui, avec la doctrine, donnent les impressions d'une vraye piété. » Puis, faisant allusion au brevet du 18 novembre 1628, ils réclamaient formellement les Pères Jésuites, « ayant desjà esprouvé en ville l'utilité de leurs travaux en l'instruction du peuple et conversion des Ames, et s'asseurant qu'à l'advenir leurs soins en l'éducation de la jeunesse seroient utiles à ceste province[1]. » Les supérieurs de la Compagnie[2], Louis XIII et Richelieu étaient trop d'accord sur ce point pour que les choses traînassent en longueur. Par lettres patentes du mois de décembre 1629, le roi « ayant agréé et receu avec plaisir l'advis » du cardinal ministre, donna aux Jésuites les bâtiments et les revenus de l'ancien collège et pourvut par une dotation de deux mille livres de rente annuelle à l'entretien des professeurs[3].

Deux mois plus tard, le 14 février 1630, les religieux de la Compagnie, abandonnant aux Récollets la maison Saint-Michel, se transportèrent au collège[4]. Le lendemain eut lieu l'inauguration solennelle des classes. Le gouverneur par intérim de la ville et de la province[5], le chef de la magistrature de l'Aunis, les principales autorités civiles et militaires y assistaient. Le professeur chargé du discours d'usage prit pour sujet « La Rénovation de La Rochelle ». C'était l'œuvre de l'avenir, et le nouveau collège devait y contribuer. Sous le premier Recteur, le P. du Tertre,

1. Requête des catholiques, 1629 (Aquitan., fund. coll., t. II, n. 95).
2. Lettre du P. Général au P. Jean Suffren, 20 déc. 1629 (Francia, Epist. Gen., t. IV). Du même au P. Malescot, 30 déc. 1629 (Aquitan. Epist. Gen., t. II).
3. Patentes du roi, décembre 1629 (Aquitan., Fund. coll., t. II, n. 96). Voir Bibl. de La Rochelle, ms. 308, fol. 33-36.
4 Arcère, *Histoire de La Rochelle*, t. II, p. 509. Le collège de La Rochelle ayant été bâti sur un fond appartenant aux religieux de Saint-François, ceux-ci après le transfert des Jésuites, en revendiquèrent la possession, bien que le roi les eût indemnisés par le don de Saint-Michel. Les syndics de la ville soutinrent le droit des Jésuites et en 1635 un arrêt du Conseil termina le conflit en leur faveur. (Voir Arcère, tome II, p. 520. Bibliothèque de La Rochelle, ms. 287, f. 1-3 ; — ms. 308, f. 37, 40, 41).
5. Le gouverneur de La Rochelle et du pays d'Aunis n'était plus Toiras (nommé en 1626, puis démissionnaire), et ce n'était pas encore Richelieu nommé le 12 décembre 1630. Nous ignorons quel fut l'intérimaire.

les débuts furent modestes. Déjà cependant bon nombre d'enfants de familles hérétiques fréquentaient les cours. Durant le carême on prêcha dans la chapelle tous les vendredis sur la Sainte Eucharistie, et deux autres fois la semaine sur des matières controversées. Mais le local était beaucoup trop petit pour l'affluence des auditeurs; ce que voyant, les Pères de l'Oratoire offrirent spontanément leur église de Sainte-Marguerite, et la foule avide de la parole de Dieu s'y pressait nombreuse. Plusieurs conversions furent le fruit de ce premier apostolat. On remarqua entre autres celle d'un capitaine, gentilhomme de bonne maison, qui voulut donner un témoignage public de sa reconnaissance aux religieux de la Compagnie. Il fit son abjuration solennelle en présence de toutes les notabilités de la ville, et quand il eut achevé sa formule il la remit aussitôt à un Père Jésuite en disant : « Voilà, mon Père, l'acte de ma profession de foi, car c'est à vous, après Dieu, que je dois mon entrée dans le sein de l'Église[1]. »

A mesure que les Pères étaient mieux connus, ils étaient plus appréciés. La magnifique fête qu'ils offrirent à la reine, le 21 novembre 1632, acheva de leur gagner les Rochelois. « Ils firent dresser un beau théâtre dedans la cour de leur collège, raconte un témoin. Leur intention estoit d'ouvrir les jeux à une heure de relevée ; [mais] la Reyne ne s'y rendant qu'à quatre heures du soir obligea d'exhiber ceste action aux flambeaux, qui la fit bien plus agréable et plus illustre. D'abord Sa Majesté fut saluée par dix-huict députés de différentes nations, chascun d'eux vestus à sa mode, et qui parloient autant de langues naturelles. Rare entreprise et bien fort intriquée (sic), mais qui se rendit aisément à la main de ces Pères, d'autant que l'océan leur fait présent, de jour en jour, de force jeunesse estrangère, laquelle peut s'instruire à leurs leçons de tous les endroits de la terre... La suite fut des victoires du Roy qui s'y représentèrent sous le nom de l'*Hercule Gaulois*, conformément au dessain des arcs de triomphe. Sur la fin des actes, cette jeunesse florissante — la pluspart composée de gentilshommes escholiers — fit triompher son grand héros dans un superbe chariot orné de toutes sortes de trophées, tiré par des lyons, et, en le convoyant, cria mille Vive le Roy, et autant de Vive la Reyne qui en sortit bien satisfaite.

« Voilà sommairement comme le Collège Royal conjoignit ses

---

1. Collegii Rupellani Initia (Aquitaniae historia, n. 45).

devoirs à ceux de la ville dont il fait à présent un membre fort considérable [1]. »

Le ton de ce récit, dû à la plume de David de Fos, avocat au Présidial, montre assez que La Rochelle, naguère si calviniste, était déjà fière de son collège catholique : or il n'avait que deux ans d'existence. Les méthodes d'enseignement, l'apostolat au dehors, l'érection d'une congrégation de la Sainte Vierge, bientôt florissante, contribuaient plus que tout le reste à faire aimer la Compagnie de Jésus. Le zèle et la prudence des missionnaires, leur dévouement désintéressé au bien commun dissipaient tous les préjugés [2]. Sous le gouvernement du P. Mautas, successeur du P. du Tertre, il fallut songer à de nouvelles constructions. L'on commença par l'église, pour laquelle le roi et le cardinal se montrèrent très généreux, car ils désiraient son prompt achèvement. Elle fut consacrée, le 8 août 1638, sous le vocable de la Sainte Vierge, par l'évêque de Saintes [3].

Avec le souvenir de la munificence royale nous devons rappeler le nom d'un autre illustre bienfaiteur, M. de Villemontey, maître des requêtes : il pourvut si libéralement à l'entretien des religieux, que le P. Général lui envoya des lettres de participation aux mérites de la Compagnie [4].

9. Parmi les fondations de l'année 1630 nous avons signalé celle de Pamiers. Ce nom doit évoquer dans l'esprit du lecteur le souvenir des origines de la Compagnie de Jésus en France. Pamiers fut la seconde ville du royaume à posséder un collège de Jésuites ; mais il ne subsista que peu de temps : ouvert en 1559, il tombait en 1562, avec ses bâtiments et ses revenus, au pouvoir des réformés, devenus maîtres de la ville. Des démarches faites en 1567 pour le rétablir restèrent sans résultat [5]. Mais les catholiques du pays ne désespéraient pas de sa restauration, et nous voyons l'un d'entre eux, Jehan de Soubreville, léguer une partie de sa fortune, l'importante métairie de Pégulhé, pour l'entretien et l'ameublement des Pères Jésuites, quand ils auraient repris

---

1. *Relation de ce qui s'est passé à l'entrée de la Reyne en la ville de La Rochelle au mois de novembre mil six cent trente-deux*. (Bibl. de La Rochelle, Imprimés, n. 3289).
2. Lettre du P. Général au P. Sicard, 8 mars 1631 (Aquitan., Epist. Gen., t. II).
3. Arcère, *Hist. de La Rochelle*, t. II, p. 510.
4. Lettres du P. Général au P. Mautas, 28 juillet, 19 nov. 1633 (Aquitan., Epist. Gen., t. II).
5. Voir tome I, p. 269-287.

possession du collège[1]. De leur côté, les évêques qui succédèrent à Robert de Pelgé, mort en 1579, se montrèrent toujours favorables à la Compagnie. Sous l'épiscopat de Bertrand de Barrau, le Conseil d'État, faisant droit à la requête des catholiques contre les prétentions des syndics réformés, décide, le 7 janvier 1602, « que les fruits de la metterie de Pégulhé seront régis et administrés par iceux bourgeois catholiques de la ville choisis par le sieur évesque »; puis, prévoyant le rétablissement du collège, il ordonne dès à présent que « ladite metterie demeurera aux Jésuites selon l'intention de Jehan de Soubreville[2] ».

Joseph d'Esparbès, qui remplaça Bertrand de Barrau sur le siège de Pamiers, aima si sincèrement la Compagnie qu'il sollicita du Souverain Pontife la faveur d'entrer au noviciat. La mort l'empêcha d'exécuter son dessein; mais avant d'expirer, à Toulouse, le 5 décembre 1625, il prononça ses vœux de dévotion, tout consolé par la pensée qu'au jour de la Résurrection il aurait sa place marquée parmi les enfants de saint Ignace[3].

Son successeur, Henri de Sponde, filleul de Henri IV, était un converti : il avait retrouvé la foi en lisant les ouvrages de Du Perron et de Bellarmin. Dans un voyage à Rome en 1600 il reçut la prêtrise, fit la connaissance de Baronius et conçut dès lors le projet de faire un abrégé de ses *Annales* qui parut en 1612. Nommé à l'évêché de Pamiers par Louis XIII au commencement de 1626, et sacré à Rome par le cardinal de Marquemont, il revint en France et fit son entrée dans sa ville épiscopale le 23 mai 1627[4]. Ému des ravages causés par l'hérésie dans son diocèse, il appela les Jésuites à son secours et les établit d'abord près de lui comme missionnaires, puis il résolut de les employer à l'instruction de la jeunesse. Appuyé par le P. Racapé, supérieur de la mission, il pria le P. Lacaze, provincial de Toulouse, de lui envoyer quelques professeurs. Mais on ne pouvait rouvrir le collège sans l'autorisation du P. Général. Pour l'obtenir, on lui fit entrevoir la possibilité d'une dotation suffisante : les revenus de Pégulhé montaient à 900 livres; Henri de Sponde, le chapitre et la ville donnaient déjà 700 livres aux PP. Missionnaires; l'évêque de Mirepoix avait l'intention d'unir un bénéfice d'environ

---

1. Testament de Jean de Soubreville, 8 août 1574 (Archiv. comm., case 8).
2. Arrêt du conseil, 7 janvier 1602 (Archives de l'Ariège, H, Jésuites).
3. Cordara, *Historia Soc. Jesu*, p. VI, l. X, n. 98. Cf. *Gallia Christiana*, t. II, p. 569.
4. *Gallia Christiana*, t. XIII, p. 171. — Niceron, op. cit., t. XI, p. 16. — Hurter, op. cit., t. I, p. 854.

800 livres, et l'on espérait un secours annuel des États de la province; au total on arriverait à 3.000 livres environ [1].

Avec cet avenir un peu vague en perspective, les Jésuites furent rétablis au collège de Pamiers l'an 1630, par un arrêt du Conseil, donné le 8 septembre à la requête de l'évêque, du chapitre et des consuls [2]. Il n'était que temps pour la jeunesse, car les réformés n'étaient jamais parvenus à réorganiser l'enseignement. Les bâtiments scolaires n'avaient pas été mieux soignés que les élèves. A peine les Pères eurent-ils ouvert deux classes, le 18 octobre, qu'ils éprouvèrent les plus grands embarras. La maison ne comprenait que trois chambres, peu de mobilier et aucun livre [3]. La chapelle avait été mise en un tel état qu'on fut obligé de célébrer les offices « dans l'écurie où M. de Rohan tenait ses chevaux [4] ». Les ressources sur lesquelles on avait compté faisaient défaut. L'évêque s'était retiré à Paris où il s'occupait de ses travaux historiques, et les administrateurs de la métairie de Pégulhé employaient à leur propre usage les revenus destinés au collège [5]. En attendant de pouvoir mettre ordre à tout cela, on s'ingénia pour entretenir trois régents chargés de cinq classes. Le P. Général voulut qu'en plus il y eût toujours un missionnaire prêt à répondre aux besoins spirituels de la population [6]. Plus tard seulement, grâce à de libérales donations, le collège de Pamiers, sorti des difficultés matérielles, atteindra son plein développement.

10. A l'époque qui nous occupe, la catholique Bretagne n'avait encore que deux collèges de la Compagnie : l'un à Rennes, l'autre à Quimper. Un troisième fut fondé à Vannes durant l'année 1630.

L'ancienne capitale des Vénètes avait joui dans le passé d'une certaine importance; les ducs de Bretagne y résidaient, et ce fut dans ses murs que les États du pays sanctionnèrent la réunion de la province à la France (1532). Vers la fin du XVIe siècle elle perdit son Parlement au profit de Rennes, sa rivale (1562). Pour ce qui concerne l'instruction publique, il paraît qu'elle n'eut

---

1. Lettre du P. Lacaze au P. Général, 2 juin 1630 (Tolos., Fundat. colleg., t. I, n. 39). Cf. Cordara, Hist. Soc. Jesu, P. VI, l. XV, n. 85.
2. Arrêt du conseil, 8 sept. 1630 (Archiv. comm., collège, n. 1).
3. Cordara, l. c. — Lettre du P. Général au P. Martin, 15 juillet 1633; au P. Martin, 15 juillet 1633; au P. Racapé, 12 janvier 1634 (Tolos., Epist. Gen., t. I).
4. Lahondès, Annales de Pamiers, t. II, p. 154, note.
5. Lettre du P. Général au P. Racapé, 4 déc. 1636 (Tolos., Epist. Gen., t. I).
6. Du même au même, 7 mai 1634 (ibidem).

longtemps que de petites écoles. En 1574 seulement elle décida la construction d'un collège pour l'enseignement des « bonnes lettres ». Noble homme Jean Briçon, sieur du Pé, donna le terrain ; René d'Aradon, chevalier de l'ordre du roi, céda une maison voisine avec ses dépendances[1]. Quatre ans plus tard, la bâtisse étant achevée, le nouvel établissement prenait le nom de Saint-Yves, et l'évêque, Louis de La Haye, très zélé ami des lettres, lui unissait les dîmes des paroisses de Quistinic et de Saint-Avé et du vicariat d'Arzon[2].

Le personnel devait comprendre un principal, cinq régents, et deux économes, l'un chanoine, l'autre laïc. Mais les « bons régents et pédagogues » étaient rares sans doute, car en 1580 nous voyons Jacques Fabry, sénéchal de Vannes, se plaindre que « la jeunesse est mal instruite et enseignée[3] ». En 1593, désireux d'avoir de bons maîtres, l'évêque Georges d'Aradon, successeur de Louis de La Haye, proposa le collège Saint-Yves au P. Aquaviva : il y allait, lui disait-il, de l'intérêt non seulement du diocèse, mais de toute la province[4]. Avant même que les Supérieurs de la Compagnie aient pu prendre ce projet en considération, il dut être abandonné ; en effet, les guerres de la Ligue forcèrent les habitants de Vannes à se réfugier dans l'enceinte des murs, en dehors de laquelle se trouvait le collège[5]. Après l'entrée de Henri IV dans Paris survint le bannissement des Jésuites, et l'institution Saint-Yves continua de végéter sous des maîtres incapables.

Cependant la prospérité des collèges de Rennes et de Quimper ne pouvait manquer d'inspirer aux Vannetais la résolution d'appeler la Compagnie de Jésus. En 1622, des pourparlers sont engagés avec les Supérieurs[6] ; mais, par suite de divergences de vues, les négociations traînent jusqu'en 1629[7]. Le 7 mai de cette année, l'évêque, Sébastien de Rosmadec, donne son approbation à l'établissement des Jésuites « moyennant que les habitants de Vannes l'aient pour agréable et que par assemblée publique et général consentement ils approuvent ladite installation[8] ». Le même

---

1. Sur les origines du collège de Vannes, voir Lallemand, *Annuaire du Morbihan*, 1899, *Collège de Vannes*, p. 181 et suiv. — *Revue de l'enseignement secondaire*, t. XI, 1889, p. 393 et suiv. — Allanic, *Histoire du collège de Vannes*, p. 7 et suiv.
2. *Prima Institutio collegii* (Francia, Fund. colleg., t. II, n. 126).
3. Ordonnance du 24 août 1580 citée par Lallemand, *op. cit.*, p. 186.
4. Lettre de G. d'Aradon au P. Aquaviva, 20 juillet 1593 (Epist. Episcop.).
5. Lallemand, *op. cit.*, p. 187.
6. *Informatio de collegio* (Francia, Fundat. colleg., t. II, 160).
7. *Litterae annuae* mss. 1031.
8. Lallemand, *op. cit.*, p. 188. — Allanic, *op. cit.*, p. 13. — *Revue de l'enseignement secondaire*, t. XI, p. 395.

jour une assemblée de la communauté présidée par le duc de Brissac, lieutenant général pour le roi au gouvernement de Bretagne, arrêtait les conditions du futur contrat [1]. Au mois d'août de l'année suivante furent obtenues les patentes royales [2], et le P. Dinet, recteur du collège de Rennes, vint à Vannes pour prendre possession de Saint-Yves et régler les derniers arrangements. Outre la somme de dix-huit mille livres pour des constructions nécessaires et une autre de deux mille pour l'ameublement, la ville devait fournir une rente annuelle de deux mille cent quarante livres, provenant : quinze cents, des dîmes des deux paroisses annexées; cent quarante, de la prébende préceptoriale, et cinq cents, des deniers de l'octroi. La Compagnie promit d'instituer quatre classes ; une de rhétorique, une d'humanités et deux de grammaire [3].

Aussitôt après la signature du contrat, on fit réparer les anciens bâtiments et construire seize chambres pour les Pères; on acheta plusieurs maisons contiguës et jardins voisins ; on ferma la cour et l'enclos. Le tout fut aménagé avec tant de diligence, que quatre classes purent ouvrir avant la fin de 1630. L'inauguration faillit être troublée par une dispute de préséance entre l'évêque et le président du présidial, mais tout finit par s'arranger à l'amiable et le collège, favorisé par les trois ordres de la ville, fut fréquenté dès le début par un bon nombre d'élèves [4]. Deux ans ne s'étaient pas écoulés que, sur l'initiative de Henry Colombel, sieur de Kercado, la ville, décidant d'avoir une cinquième classe, augmentait de deux cents livres le revenu annuel [5].

De 1635 à 1610 le collège de Vannes devint de plus en plus florissant, sous le gouvernement des Pères Barthélemy Vimont, Jean de La Cour et Nicolas de Sainte-Geneviève. En 1636 il comptait déjà quatre cents élèves. Dans la suite ce chiffre s'éleva jusqu'à douze cents, lorsque de nouvelles donations permirent d'ajouter aux classes de lettres un cours de philosophie et un autre de théologie morale [6].

---

1. Délibération du conseil, 7 mai 1629 (Archives du Morbihan, D. liasse non numérotée). Cf. Lallemand, op. cit., p. 188.
2. Patentes du roi pour l'établissement du collège de Vannes, août 1630 (Francia, Fundat. colleg., t. II, n. 131).
3. Praecipui contractus articuli (Francia, Fundat. colleg., t. II, n. 132).
4. Litterae annuae collegii Venetensis, 1631 (Ibidem, n. 131).
5. Acte pour l'établissement d'une cinquième classe, 31 janvier 1635 (Archiv. du Morbihan, D).
6. Ils furent fondés par des personnes pieuses dont les noms sont restés inconnus. Quand le collège eut toutes les classes susdites, la ville payait annuellement

Parmi les bienfaiteurs de Saint-Yves il faut placer au au premier rang le roi Louis XIII. Pour témoigner aux Jésuites de Vannes sa vive « satisfaction du grand soing qu'ils apportent en l'instruction de la jeunesse », il leur donna, au mois d'août 1634, son parc de Lestrenic[1]. Située à moins d'une lieue de Vannes, sur la route de Nantes, cette propriété était environnée de murs et contenait environs six hectares. La proximité de la mer, la solitude, les bois d'alentour, l'avaient prédestinée à devenir la maison de campagne du collège.

L'exemple du roi suscita de nombreux imitateurs : qui, donnait une terre ; qui, constituait une rente, et toujours en vue d'aider les Jésuites dans leur apostolat[2]. Ainsi, le 5 novembre 1636, Laurent Le Moyne, sieur de Saint-Julien, et Olive Tenier sa femme, désirant « participer aux prières et mérites de la Compagnie de Jésus et donner moyen aux Pères, d'exercer leurs fonctions au salut des âmes », transportèrent au collège Saint-Yves la propriété et jouissance de la maison dite de Toulboulon près de Pontivy. Ils demandaient seulement au P. Général d'agréer que le revenu fût employé aux frais d'une mission donnée par les Pères de Vannes « quinze jours ou environ par chascun an audict Pontivy, et huit jours ou environ en la ville de Rohan[3] ». Il y eut d'autres fondations de ce genre, et les religieux de la Compagnie ne rendirent pas moins de service à la Basse Bretagne par la prédication que par l'enseignement.

2300 livres, outre les dîmes des paroisses de Saint-Avé et de Quistinic et des prieurés d'Arzon et d'Ambon. Ce dernier fut annexé par bulle du pape Innocent XII, du 11 décembre 1691. Cf. Lallemand, op. cit., p. 191, 196.
1. Donation par le roi du parc de Lestrenic (Archives du Morbihan, D.).
2. Voir « État des titres du collège » (Archives du Morbihan, D.).
3. Donation de la maison de Toulboulon (Ibidem, liasse 4).

CHAPITRE IX

QUELQUES ÉVÉNEMENTS DE LA VIE DES ANCIENS COLLÈGES

(1623-1630)

Sommaire : 1. A Metz, fête en l'honneur de la duchesse de La Valette. — 2. Solennités scolaires au collège de Paris. — 3. L'évêque de Toul soutient un acte public à l'Université de Pont-à-Mousson. — 4. Prétentions des juristes de cette Université. — 5. Différend entre les Jésuites d'Angoulême et l'évêque Antoine de La Rochefoucauld. — 6. Susceptibilité du Parlement d'Aix en Provence. — 7. Querelle avec le gouverneur de La Flèche au sujet d'un droit de pêche. — 8. Une mutinerie d'écoliers au collège de Rennes. — 9. Les Jésuites gênés dans l'usage de leurs droits par les Universités. — 10. Bienfaits et exigences du prince de Condé à Bourges. — 11. Construction de nouvelles églises en province et dans la capitale. — 12. Incident auquel donna lieu la pose de la première pierre du pensionnat au collège de Clermont. — 13. L'église du noviciat de Paris. — 14. Heureuse fin de deux insignes bienfaiteurs.

Sources manuscrites : I. Recueils de documents conservés dans la Compagnie : a) Francia, Epistolae Generalium; — b) Francia, Epistolae ad Generalem; — c) Franciae historia; — d) Campaniae historia; — e) Lugdunensis historia.
II. Archives de la province de Paris, papiers du président Rolland.
III. Paris, Archives nationales, H. 1802.
IV. Paris, Bibliothèque de l'Arsenal, mss. 4118, n. 13.
V. Rennes, Archives du Parlement.
VI. Archives départementales de la Sarthe, de l'Allier, du Cher.
VII. Archives communales de Dôle.

Sources imprimées : *Le Mercure français*. — D'Argentré, *Collectio judiciorum*. — Garasse *Récit au vray* (Carayon, Doc. inéd., III. — Abram, *Histoire de l'Université de Pont-à-Mousson*. — Méchin, *Annales du collège Royal Bourbon d'Aix*. — *Comptes-rendus au Parlement*, t. VI, VII. — Viansson-Ponté, *Les Jésuites à Metz*. — Carayon, *Histoire des Congrégations de la Sainte Vierge*. — E. Martin, *L'Université de Pont-à-Mousson*. — Favier, *Note sur l'éducation d'un jeune cardinal de Lorraine*. — De Massougnes, *Les Jésuites à Angoulême*. — Eulassonnade, *Histoire du collège et lycée d'Angoulême*. — Clère, *Histoire de l'École de La Flèche*. — Semery, *La Flèche au XVIIe siècle*. — De Montzey, *Histoire de La Flèche*. — De Rochemonteix, *Le collège Henri IV de La Flèche*. — Fornier, *Histoire des Alpes-Maritimes*. — Raynal, *Histoire du Berry*. — D'Aumale, *Histoire des princes de Condé*. — Pigamol de La Force, *Description de Paris*. — Charvet, *Étienne Martellange*. — Blondel, *L'Architecture française*. — Germain Brice, *Description nouvelle de la Ville de Paris*. — Hurtaut et Magny, *Dictionnaire historique de la Ville de Paris*. — De Ménorval, *Les Jésuites de la rue Saint-Antoine*. — Emond, *Histoire du collège Louis-le-Grand*. — D. de La Rozerie, *Notice sur un recueil de plans d'édifices construits par les architectes jésuites*.

1. Après le récit des nouvelles fondations, il nous faut relater les faits les plus saillants de l'histoire des anciens collèges

durant les six premières années du ministère de Richelieu.

En 1624 le duc de La Vallette, fils du duc d'Épernon, résolut, à l'occasion de son mariage, de faire une entrée solennelle dans la ville de Metz dont il était gouverneur. Il y amenait sa jeune femme, Gabrielle de Bourbon, fille de Henri IV et de la marquise de Verneuil. La vieille cité se mit en frais pour procurer à ses illustres hôtes une réception brillante, et le collège fut appelé à y contribuer. Le 19 avril le maître-échevin, Jean-Baptiste de Villers, ayant assemblé les trois Ordres, on chargea une commission de prendre les mesures convenables. Sans s'arrêter à aucun projet « les sieurs commis trouvèrent bon de s'adresser aux Pères Jésuites comme à ceux dont les inventions ès-semblables subjects avaient paru avec satisfaction dans toute la France ». Les Pères tinrent à honneur de témoigner, en cette occasion, leur reconnaissance envers ceux à qui « après Dieu et Sa Majesté » ils devaient leur établissement dans la ville. « De plusieurs desseins qu'ils dressèrent à la hâte, on choisit le plus facile : un *Combat d'honneur concerté par les quatre éléments*. Ceux-ci, sous la forme de divinités païennes, devaient rivaliser à qui recevrait le mieux la duchesse, et lui adresser un compliment lorsqu'elle passerait au milieu de leurs palais enchantés, construits à l'entrée de la ville, entre la cathédrale et la porte Saint-Thibaut [1].

Sur tout le parcours, les maisons étaient tendues de magnifiques tapisseries, ou ornées de fleurs et de verdure. Onze compagnies d'infanterie et trois corps de cavalerie formaient la haie.

Devant la fontaine Saint-Nicolas un arc de triomphe très élevé représentait le temple de Neptune. Le Dieu de l'Onde fit danser les naïades au chant des sirènes nageant dans l'eau. Un peu plus loin se trouvaient rangés quatre cents enfants, divisés en quatre compagnies. « Ils étaient couverts de soie, satin, taffetas ou aultre belle matière, le tout conforme aux livrées de Madame, blanc et bleu; le panache incarnat, blanc et bleu; l'escarpin blanc; les bas incarnadins; les armes grandement reluisantes... » Chaque capitaine de compagnie vint faire un compliment à la princesse.

A l'entrée de la place Royale, second arc de triomphe : le palais de la Terre. La déesse Flore, accompagnée de nymphes,

---

1. *Combat d'honneur concerté par les IIII éléments, pour l'heureuse entrée de Madame la duchesse de La Valette en la ville Metz*. C'est une relation des fêtes, due probablement au P. Motet (Cf. Sommervogel, *op. cit.*, t. V, col. 1636). Voir Viansson-Ponté, *Les Jésuites à Metz*, p. 27, 28, et note 1».

parsemait le sol de fleurs ; le dieu Pan venait lui offrir ses hommages; les sylvains et les satyres marchaient en cadence au son d'un concert exécuté par les muses.

Au bas de Fournirue se dressait le palais de l'Air. Zéphir, Eurus et les autres messagers du dieu dansaient, tandis que des rossignols artificiels faisaient entendre un chant mélodieux.

Sur la place Saint-Étienne on trouvait le palais du Feu, haut de cent pieds. A l'entour, des hommes armés de torches en forme de lettres flamboyantes, traçaient en marchant des devises et des anagrammes à l'honneur de la duchesse.

De là on la conduisait à la cathédrale où un *Te Deum* fut chanté ; puis on gagna en bon ordre l'hôtel du gouverneur.

Le 25 août, dans la grande salle du palais, les élèves jouèrent *Philis retrouvée* ou *Pastorale des Nymphes d'Austrasie sur l'heureuse entrée et séjour de Madame la duchesse de La Valette en la ville de Metz*. Parmi les acteurs, on remarquait Bernard de Nogaret, proche parent du duc d'Épernon. Tous s'acquittèrent habilement de leur rôle. « Les enfants de Metz, dit un chroniqueur, ont prouvé en cette occasion qu'ils sont aussi bien nés pour l'olive que pour la palme, ayant autant d'adresse et de bienséance aux exercices et gentillesses de la paix que de courage aux effets du champ de bataille [1]. »

2. Le mariage du duc de La Valette avec Gabrielle de Bourbon avait été ménagé par le frère de celle-ci, Henri de Bourbon, évêque nommé de Metz. Ce jeune prélat fréquentait alors les cours du collège de Clermont, avec un autre fils légitimé de Henri IV, le comte de Moret. Tous deux se signalaient par leur piété et leur savoir. Le premier était membre de la congrégation des pensionnaires depuis 1621 ; le second devint en 1623 préfet de la congrégation des externes [2].

L'évêque de Metz avait déjà défendu brillamment des thèses de philosophie, de physique et d'astronomie [3], lorsqu'il soutint, en 1625, un acte public de théologie sur les traités *De Deo uno et trino*, et *De Verbo Incarnato*. « Quasi toute la cour, raconte le P. Garasse, le dissuadoit de faire ses réponses chez nous, mais de faire cet honneur à la Sorbonne, auquel cas il n'y auroit pas de peine d'y amener le Roy... Ce brave prince se résolut ou de

---

1. *Combat d'honneur...*, cité par Viansson-Ponté, *op. cit.*, p. 28, 29 et note 10.
2. Carayon, *Histoire abrégée des congrégations*, p. 139.
3. Lettre du P. Général au P. Filleau, 4 oct. 1621 (Francia, Epist. Gen., t. IV).

ne point répondre, ou de faire cet honneur à ses maîtres [1]. » Il avait doublement raison, et l'on ne s'explique guère la défiance des courtisans. Ne savaient-ils pas que Louis XIII se plaisait à honorer de sa présence les solennités scolaires du collège de Clermont? Sa Majesté avait elle-même présidé la dernière distribution des prix, dont elle avait daigné faire les frais, et s'était vivement intéressée à la tragédie de *Maurice* jouée par les élèves [2].

Le roi accepta donc avec plaisir l'invitation du jeune prince qui lui avait dédié ses thèses. Les gravures du placard imprimé reproduisaient des scènes d'un dessin admirable. Louis XIII était assis sur un char de triomphe, traîné par quatre chevaux vus de front. Tout autour se déployait une guirlande de petits médaillons, supportés par des génies et représentant les principales villes fortes de la France.

La dispute eut lieu le jour de l'Épiphanie 1625, devant « la plus royale et illustre assemblée qui entrât jamais au collège de Clermont [3] ». Aux côtés du roi avait pris place toute la cour; les ambassadeurs des puissances étrangères; le nonce du Saint-Siège; les cardinaux de La Rochefoucauld et de Richelieu; un grand nombre d'archevêques et d'évêques; les présidents de toutes les chambres de justice; les chevaliers de l'Ordre du Saint-Esprit; une foule de docteurs des quatre Facultés; bref tout ce que la capitale comptait de personnages distingués. On remarqua que Louis XIII suivait la dispute avec la plus grande attention; plusieurs fois, de la main, il fit taire les chuchotements indiscrets de son entourage un peu mondain; il pria les évêques d'argumenter, voulut que tous parlassent latin et que la discussion ne sortît point des formes ordinaires de l'école. Dans l'attaque comme dans la riposte, elle fut digne de l'honorable assistance [4].

Trois semaines plus tard, le 27 janvier, dimanche de la Septuagésime, le roi revint au collège de Clermont avec le même appareil pour assister encore à un tournoi presque semblable. Le comte de Moret allait soutenir ses thèses *De Universa philosophia*. On vit cette fois l'évêque de Metz argumenter contre son frère, et tous deux faire assaut de subtilité, de talent et de bonne grâce. A la grande joie de Louis XIII, un gentilhomme de sa suite,

---

1. Garasse, *Récit au vray*... (Carayon, *Doc. inéd.*, III, p. 20).
2. Litterae ann. 1625 (Franciae historia, t. III, n. 31, 32).
3. Garasse, *l. c.*
4. *Ibidem.*

connu pour bien manier l'épée, voulut montrer qu'il savait aussi manier le syllogisme ; il s'en tira fort dextrement, et à l'issue de la séance, Sa Majesté, ravie de son savoir, l'honorait d'une charge vacante.

Reconduits jusqu'à la porte du collège à travers la cour des élèves ornée d'un arc de triomphe, le roi et les seigneurs ne cachaient point leur satisfaction : jamais on n'avait vu, même dans l'Université de Paris, dispute plus habilement conduite devant plus magnifique auditoire[1].

3. L'année suivante (1626) l'Université de Pont-à-Mousson célébra une fête littéraire non moins solennelle. Le prince Nicolas-François de Lorraine, évêque et comte de Toul, venait de terminer son cours de philosophie, pendant lequel il avait donné à ses condisciples l'exemple du travail et de l'assiduité. Le 24 février, il soutint un acte public en présence de François II son père, de Charles IV son frère, de la cour ducale, des Facultés en costume et des notabilités du pays. Le prince ayant satisfait à l'attente générale, le doyen de la Faculté de Théologie demanda « pour l'illustrissime et très digne candidat » la collation des grades académiques. Alors le chancelier le proclama successivement bachelier, licencié, docteur ès arts et en philosophie, et lui remit tous les insignes de sa nouvelle dignité : l'anneau, le livre, le bonnet carré, surmonté d'une touffe de soie bleue, et le manteau violet à bordure rouge. Le prince fit ensuite sa profession de foi, agenouillé devant le Recteur, et promit sur les Évangiles de garder toujours la religion catholique[2].

En 1627 l'évêque de Toul se disposait à subir la *tentative* sur les vertus théologales et le sacrement de pénitence. Déjà l'on imprimait à Anvers « avec un grand luxe de gravure » les thèses qu'il avait dédiées au pape Urbain VIII, lorsque, le 8 septembre, des lettres de Rome annoncèrent sa nomination au cardinalat[3]. Il ne pouvait plus, revêtu de la pourpre romaine, descendre dans la lice, ni suivre les cours ordinaires pour achever sa théologie. Deux Jésuites lui donnèrent des leçons particu-

---

1. Litterae ann. 1625. (Franciae historia, t. III, n. 54, 55). *Le Mercure françois*, t. X, an. 1625, p. 878.
2. Abram, *Histoire de l'Université de Pont-à-Mousson*, p. 481-483. — E. Martin, *L'Université de Pont-à-Mousson*, p. 93.
3. Favier, *Note sur l'éducation d'un jeune cardinal de Lorraine* (dans *Mémoires de la Société d'Archéologie Lorraine*, 3ᵉ série, t. XVI, 1888, p. 107.

lières[1]. En reconnaissance, il voulut, cette année-là, faire comme *agonothète* les frais de la distribution des prix du collège[2]. Lorsqu'en 1629 il quitta l'Université, où il avait étudié pendant sept ans avec les plus beaux succès, il fut salué avant son départ par de touchants adieux. Ses condisciples le complimentèrent en quarante langues, tant anciennes que modernes, et jouèrent en son honneur un drame intitulé *Justinien, premier patriarche de Venise*. L'auteur, bien inspiré d'offrir un si beau modèle au jeune cardinal, avait su mêler à la louange « une leçon très efficace[3] ».

5. Mais tout n'était pas fêtes où événements heureux dans la vie extérieure des collèges. Quelques-uns subirent vers ce temps-là des difficultés ou des tracasseries venant de causes diverses.

A l'Université de Pont-à-Mousson, les idées d'indépendance dont étaient imbus les professeurs de droit menaçaient toujours de troubler la paix. Longtemps assoupies, elles se réveillèrent sous le rectorat du P. Philippe Nicaud. Les étudiants Allemands imaginèrent de se grouper en *Nation*, et demandèrent au duc Henri II de leur accorder cette faveur. C'était une innovation dangereuse, et le P. Recteur ne manquait pas de bonnes raisons pour s'y opposer[4]. La requête des juristes avait été renvoyée au conservateur, Antoine de Lenoncourt, primat de Lorraine. Il vint au Pont, et essaya de régler paisiblement l'affaire en convoquant au collège le conseil de l'Université. Mais les professeurs de droit refusèrent de s'y rendre, ne voulant pas tenir séance chez les Jésuites. Le primat dut se retirer sans avoir apaisé le conflit. Il fallait pourtant prendre une décision. Mandé à Nancy par le duc de Lorraine, le P. Nicaud combattit auprès de Son Altesse les prétentions des étudiants. Il rappela l'exemple de Cujas et de Grégoire de Toulouse, l'un et l'autre opposés aux *Nations* dans des circonstances toutes semblables : céder aux Allemands serait créer un précédent dont s'autoriseraient les autres étrangers ; bientôt il ne serait plus possible de maintenir la tranquillité dans la ville. Le duc n'osa rien résoudre avant d'avoir examiné les usages des autres universités ; mais son enquête ne fut pas longue. Les Allemands ayant insisté pour

---

1. Abram, *op. cit.*, p. 488. — Martin, *op. cit.*, p. 205.
2. Martin, *op. cit.*, p. 305.
3. Abram, *op. cit.*, p. 489.
4. Nous avons vu qu'à Pont-à-Mousson, le Recteur du collège des Jésuites était en même temps Recteur de toute l'Université.

avoir une réponse favorable, il leur déclara ne vouloir plus entendre parler d'une mesure qui tendrait à distinguer les étrangers de ses autres sujets.

Irrités de ce refus, les juristes n'attendirent que l'occasion de témoigner leur mauvaise humeur. Elle se présenta au mois de février 1624, quand Blaise Jacquot fut nommé professeur et doyen de la Faculté de droit. Le Recteur ayant voulu le soumettre, avant son entrée en charge, aux cérémonies d'usage, ses collègues feignirent de croire qu'on lui demandait un serment d'obéissance, et protestèrent contre une formalité qu'on n'avait jamais exigée d'eux-mêmes et contraire, disaient-ils, aux statuts de la Faculté. Blaise Jacquot se présenta quand même à la profession de foi et reçut du Recteur la permission d'enseigner, avec défense toutefois de commencer ses cours tant que Son Altesse n'aurait pas statué sur le nouveau conflit.

Henri II, après en avoir délibéré dans son conseil, ordonna le 12 mai que tous les professeurs, juristes et autres, avant d'entrer en charge, feraient la profession de foi conformément à la bulle de Sixte-Quint, et « prendraient acte du Recteur ». Comme le notaire de l'Université avait négligé de tenir les procès-verbaux des cérémonies précédentes, le P. Nicaud convoqua le 19 janvier 1625 tous les professeurs de droit et de médecine, sauf Blaise Jacquot, pour régulariser leur situation. Tous se soumirent et la paix un instant troublée se trouva ainsi rétablie[1].

5. Un collège qui ne sortait d'un embarras que pour tomber dans un autre, fut celui d'Angoulême. Nous avons raconté, tout à ses débuts, ses difficultés avec l'évêque, Antoine de La Rochefoucauld, puis avec l'Université de Paris[2]. Cette seconde querelle n'était pas finie que l'évêque en suscitait une autre. D'ailleurs, depuis les premiers démêlés, et bien qu'il eût promis de protéger désormais les Jésuites, il n'avait cessé de les tracasser de toutes manières. Ainsi leur défendait-il de confesser les habitants de la ville ou de prêcher au dehors sans avoir « chaque fois au préalable » demandé son autorisation et la permission du curé de la paroisse; il en vint jusqu'à leur interdire tout ministère hors de leur collège, et là encore ne devaient-ils l'exercer que pour leurs seuls élèves[3]. Longtemps les Pères obéirent sans mur-

---

1. E. Martin, *op. cit.*, p. 90-92.
2. Voir tome III, p. 512 et suiv., et plus haut, chap. ii, n. 6.
3. A. de Massougnes, *Les Jésuites d'Angoulême*, p. 61.

murer, mais ils ne crurent pas devoir céder aux exigences épiscopales dans le conflit survenu lors de la construction de leur église.

La chapelle provisoire, « un petit méchant trou où les écoliers ne pouvaient se ranger », étant devenue insuffisante, les Jésuites commencèrent à élever un nouvel édifice, et pour emplacement ils choisirent, sur les terrains acquis par eux, une ancienne salle de déclamation et une partie de la « place en chaume » qui s'étendait au devant du collège, en face des écuries de l'évêché. Comme les palefreniers de Monseigneur avaient la singulière habitude de conduire là le fumier de ses chevaux par une ruelle voisine, le maire, pour accommoder les religieux, fit clore cette issue. *Inde irae*. Prétextant que l'endroit choisi n'était pas convenable, Antoine de La Rochefoucauld enjoignit aux Pères, sous peine d'excommunication, de cesser leur entreprise; il se gardait bien d'expliquer le véritable motif de sa défense, et pour envenimer l'affaire soulevait une question de droit canonique. A son ordonnance, signifiée le 24 septembre 1624, les Jésuites d'Angoulême répondirent dès le lendemain par un acte d'appel à l'archevêque de Bordeaux, et suspendirent les travaux de construction, en attendant la conclusion du procès en cours avec l'Université de Paris. Ils les reprirent à la fin de 1625[1]. Sur quoi, le 23 janvier 1626, nouvelle ordonnance de l'évêque, dont il ne fut tenu aucun compte. Une troisième, signifiée le 30 du même mois, ne produisit pas plus d'effet; mais cette fois les Pères rédigèrent de « Très humbles remonstrances à Monseigneur le Révérendissime Evesque d'Angoulesme ». Appuyés sur les privilèges reçus du Saint-Siège, ils affirmaient avec modération leur droit de bâtir des églises ou oratoires dans l'intérieur de leurs établissements, d'y ériger des autels et d'y célébrer la messe avec l'approbation de leur Provincial; ils déclaraient toutefois ne vouloir user de ces privilèges sans le « bon aveu » de l'autorité diocésaine.

« Nous ne désirons rien tant, disaient-ils au prélat, que de vous servir et condescendre, en tout ce que nous pourrons raisonnablement, à vos volontés, comme nous l'avons fait voir au fait des confessions, prédications et autres fonctions de la Compagnie que vous nous avez interdites hors de nostre chapelle. Nous prétendons tant seulement par là vous faire voir ce qui est de nos droits, afin qu'il vous plaise nous estre d'autant plus doux et favorable, que nous sommes retenus à user d'eux pour vostre considération

---

1. *Comptes rendus au Parlement de Paris*, t. VI, p. 265.

et respect. » Et comme l'évêque les avait menacés d'excommunication, ils ajoutaient : « Nous ne croyons pas, Monseigneur, que vous veuilliez aller à cette extrémité, à Dieu ne plaise. Vous agréerez plus tost, s'il vous plait, par les considérations susdites, que nous nous servions de nostre édifice pour une chapelle à y dire la messe, en attendant que Dieu nous ait donné la commodité de bastir ailleurs... C'est la très humble prière que vous font par cet escrit, de Vostre Seigneurie Révérendissime, les très humbles et très fidèles [serviteurs] en Jésus-Christ, les religieux de la Compagnie de Jésus du collège Saint-Louys d'Angoulesme[1]. »

Ce n'est pas là, croyons-nous, le langage de gens insoumis et intraitables. L'historien du *Collège et lycée d'Angoulême* est donc mal venu de reprocher aux Jésuites, dans cette circonstance, leur « ton hardi et même hautain, la fierté d'un Ordre qui se savait indépendant de la juridiction épiscopale et qui aimait à le faire sentir[2] ».

Les « Très humbles remonstrances » auraient dû convaincre l'évêque ; elles ne servirent qu'à l'irriter davantage. Sous prétexte que des copies couraient dans le public et pouvaient « l'abuser », il fit rédiger une requête où l'on s'efforçait de réfuter les allégations des Pères, comme contraires à leur admission dans le royaume et à l'édit de leur rétablissement. Sur les conclusions de son promoteur « que les Jésuites ne pouvaient s'aider de leurs privilèges », l'évêque rendit, le 12 février 1626, une ordonnance par laquelle il défendait aux religieux du collège « de bâtir église, ni convertir en église le bâtiment naguère parachevé, ni d'y ériger aucun autel, comme pareillement de ne publier ni soutenir qu'ils peuvent [le faire] sans la licence des évêques, pour autant que cela est rempli d'impiété et d'horreur ». En cas de contravention, il excommuniait lesdits Jésuites et interdisait ledit lieu et prétendue église. Il prescrivit en même temps aux curés et aux prédicateurs de publier sa sentence au prône des messes paroissiales, pendant trois dimanches consécutifs, et de lui « en rapporter les certificats[3] ».

Le 14 février, forts de leur bon droit, les Jésuites en appelèrent de la sentence épiscopale au cardinal de Sourdis, par un acte qui fut signifié au promoteur le même jour. Que si « nonobstant

---

1. « Très humbles remonstrances... » citées par Massougnes, p. 62, 63. Cf. *Le Mercure françois*, t. XII, ann. 1626, p. 140.
2. Boissonnade, *Hist. du collège et du lycée d'Angoulême*, p. 60.
3. *Le Mercure françois*, t. XII, ann. 1616, p. 162, 163. — *Comptes rendus au Parlement*, t. VI, p. 165.

ledit appel, lui disaient-ils, vous voulussiez passer outre au mépris de l'autorité dudit seigneur cardinal, comme vous avez ci-devant fait, vous déclarent lesdits Jésuites qu'ils sont appelans desdites inhibitions et de tout ce qui se pourroit faire en suite d'icelles à N. S. P. le Pape, où ils protestent de se pourvoir, toutes fois et quantes, tant contre vous que contre ledit seigneur évesque et tous autres, vous enjoignant, de l'autorité du Saint-Siège, faire sçavoir lesdites appellations et le contenu en ces présentes à icelui seigneur évesque, afin qu'il n'en puisse prétendre cause d'ignorance[1]. »

En même temps, afin d'éclairer l'opinion, les Jésuites publièrent une *Apologie* où, s'autorisant du droit canon et des décrets des conciles, ils déniaient toute valeur à la sentence épiscopale. Dans son ordonnance, Antoine de La Rochefoucauld s'était plaint « d'une certaine remontrance » portant que les Pères n'entendaient pas demander sa permission pour bâtir. — « Cette remontrance, répond l'*Apologie*, ne porte pas cela, mais tout le contraire, puisque par elle-même nous vous demandons, sur la fin, expressément permission avec très humbles prières. » Dans la même ordonnance, l'évêque avait invoqué l'autorité du roi. — « Mais quand bien même, répliquent les Jésuites, le roi voudroit que nous fussions sujets aux évesques en tous cas raisonnables, veut-il pour cela que contre toute raison nous soyons oppressés par aucuns d'eux ou qu'on nous traite ici autrement qu'en tous les autres lieux de son royaume, où nous avons l'exercice libre de toutes nos fonctions?... Nous avons obéi, Monseigneur, avec beaucoup d'incommodité trois ans et plus, en tout ce que nous avons pu, sans alléguer nos droits et privilèges : au fait des confessions hors du collège, nous avons toujours demandé congé aux curés, outre votre approbation, pour ce que vous l'avez ainsi voulu ; pour les prédications, vous avez désiré qu'on demandât congé *toties quoties*, nous l'avons fait ; vous les avez défendues entièrement, nous avons cessé du tout. Et ainsi des catéchismes, missions et autres fonctions que vous nous avez refusées... Parmi les payens ou barbares, on nous permet d'ériger des autels, de prêcher, de faire le service divin en tout lieu, et dans une ville catholique, chez nous-mêmes, dans notre sol, cela nous est dénié. Le Roi entend-il cela, je vous prie? et l'édit de notre restablissement en dit-il mot? »

---

1. *Comptes rendus au Parlement*, t. VI, p. 266.

Les religieux démasquaient ensuite le prétexte ridicule de l'opposition du prélat. « Vostre censure est nulle, parce que vous faites du juge en vostre propre cause, s'agissant ici de nostre chapelle et du fumier de vos écuries : *Nemo sibi judex esse potest*... Mais qui sera le juge qui nous blasme d'avoir basty en la nécessité où nous sommes, aux déspens de la ville et des aumosnes des gens de bien, une chapelle à faire le service divin en un lieu le plus commode que nous ayons, tout entièrement nostre, distant de vos estables (écuries), une grande place entre deux, et selon le jugement de tous, assez décent et convenable? Vous seul estes d'advis contraire, Monseigneur[1] ».

L'*Apologie* se terminait, ainsi que les « Remontrances », par une protestation de soumission à l'évêque et non pas, comme le dit M. Boissonnade, « par un refus d'obéissance[2] ».

On ne sait pas au juste comment se termina ce ridicule conflit. Sans doute Antoine de La Rochefoucauld comprit que sa cause, assez mauvaise, n'était soutenue par personne. De leur côté les Jésuites ayant persévéré dans leur légitime dessein, n'y furent plus contrariés: l'apaisement se fit et la chapelle, objet des debats, fut ouverte au culte. Mais jusqu'à la mort du prélat, les relations restèrent froides entre l'évêché et la Compagnie.

6. Partout, suivant le désir du P. Général, les Jésuites s'efforçaient de donner l'exemple de la soumission à l'autorité ecclésiastique comme à l'autorité civile. Mais la malveillance les observait de si près, interprétait si faussement leurs intentions, qu'elle trouvait encore à redire aux actes les plus inoffensifs. Un fait entre beaucoup d'autres.

C'était là coutume au collège d'Aix en Provence, comme dans toutes les autres maisons de la Compagnie, d'honorer particulièrement le saint fondateur le jour de sa fête, en exposant son image au-dessus du maître-autel. Or, à Aix, cette place était occupée d'ordinaire par un tableau de saint Louis. Il sembla scandaleux à certains esprits mal tournés que le portrait du saint roi fut caché, même un jour, par celui de saint Ignace. Le 30 juillet 1627, M° Decormis, avocat général au Parlement, ne dédaigna point de venir à l'église pour inspecter les préparatifs de la décoration et, « quoy que rien ne pareust encore parce que le treillis estoit tendu, se doubta que l'on mettroit saint Ignace couvrant

---

1. *Le Mercure françois*, l. c., p. 180, 181.
2. Boissonnade, *Histoire du collège et lycée d'Angoulême*, p. 63.

saint Louys ». Il demanda le P. Recteur et lui fit des observations. Le P. Claude Suffren tenait à ne froisser personne ; il promit donc que le grand tableau du saint roi resterait en vue ; du moins, s'il devait être caché on en placerait un autre plus petit au-dessus de celui du Bienheureux Père. Puis, Me Decormis insistant, il « promit tout à fait que le tableau de saint Ignace ne seroit point devant celuy de saint Louys ».

« Nonobstant tout cela, ledit sieur advocat ne laissa pas d'aller proposer l'affaire à la cour. » On la mit sérieusement en délibération, et furent « plusieurs choses dites là-dessus, entre autres... qu'il ne fesoit point beau voir qu'un Espagnol tournast le dos à un saint Louys et à un Roy de France ». Sur les conclusions du procureur général, la chambre des vacations fit « défense au Recteur du collège et autres ayant charge dans l'église d'iceluy, d'oster ni changer de sa place ordinaire l'image et portrait de saint Louys qui est au maistre-autel, pour quelque cause et prétexte que ce soit, à peine de saisie de tous les revenus et gages établis pour l'entretien dudit collège, et autres arbitraires ».

Vers 10 heures du matin un huissier se présenta au collège Royal-Bourbon pour intimer l'arrêt. Le P. Recteur répondit qu'il « estoit prest pour obéir à la Cour, mais qu'elle eust esgard aux autres églises, et à Aix et ailleurs, qu'on ne faisoit aucune difficulté, le jour des festes des Saints particuliers, de mettre sur l'image du mestre-authel le tableau du Saint dont on faisoit la feste, et que dans Paris mesme, en la présence du Roy, qui ne manque point d'aller à nostre église tous les ans le jour de saint Ignace quand il est dans Paris, on couvroit le tableau de saint Louys, pour y mettre dessus celuy de saint Ignace. Et que de plus la Cour n'avoit point eu occasion de faire arrest, puisqu'au seul signe de l'Advocat général susdit, il s'estoit porté à condescendre à sa volonté, ayant commandé au sacristain de lesser l'image de saint Louys en sa veue ordinaire, et loger ailleurs le tableau de saint Ignace.

« Nonobstant ces responses, on obéit à l'arrest qui, estant sceu par toute la ville, feut cause que le lendemain y eut meilleure compagnie tout le long du jour, parce qu'on venoit voir comme quoy les deux images estoient disposées[1]. »

Tel est, au vrai, le récit de cet incident, présenté par un auteur du XVIIIe siècle comme un exemple de l'insupportable ambition

---

1. Méchin, *Annales du collège Royal Bourbon d'Aix*, t. I, p. 43, 44.

des Jésuites[1]. N'est-ce pas plutôt une nouvelle preuve que les actions les plus innocentes ne sauraient trouver grâce auprès des esprits prévenus? De là, dans l'histoire impartiale, la nécessité de remettre en lumière certains faits qui par eux-mêmes n'auraient qu'une bien minime importance.

7. C'est le cas pour le différend survenu, en 1630, entre le collège de La Flèche et le gouverneur de cette ville. Tous les historiens du lieu l'ont rapporté, mais pas toujours sous son véritable aspect[2]. Il sera facile de rectifier leurs nombreuses inexactitudes à l'aide des procès-verbaux de l'affaire conservés à la Bibliothèque de l'Arsenal.

A la mort de Guillaume Fouquet, marquis de La Varenne, son fils, René de La Varenne, baron de Sainte-Suzanne, lui succéda dans le gouvernement de La Flèche. Autant le père avait montré d'affectueux empressement à favoriser les Jésuites, autant le fils déploya de zèle ingénieux à les tracasser. Contrairement aux dernières volontés paternelles, il refusa de leur payer une somme de douze mille livres qu'il avait été chargé de leur remettre pour l'achèvement de leur église; bientôt, sous prétexte de revendiquer un privilège illusoire, il passait à l'hostilité ouverte et brutale. Voici à quelle occasion.

En vertu d'une autorisation donnée à son père par Henri IV, M. de La Varenne avait le droit de pêcher dans les fossés de La Flèche; il prétendit l'exercer même dans ceux qui traversaient la propriété des Pères. Les religieux protestèrent, exhibant leurs titres formels : eux seuls, par suite de la cession du domaine royal, avaient le droit de pêche dans les douves du collège[3].

Un jour — le 18 mars 1630 — un de leurs domestiques y ayant pris du poisson, le gouverneur le lui fit enlever par son maître d'hôtel et lui défendit « à peine des étrivières » de jamais recommencer. Averti, le P. Procureur courut chez M. de La Varenne; mais en vain lui remontra-t-il doucement l'injustice de ses procédés. « Si je n'ai pas la justice pour moi, répliqua le marquis,

---

1. *Annales de la Société des soi-disans Jésuites*, t. III, p. 373, n. 1.
2. Clère, *Histoire de l'École de La Flèche*. — Sémery, *La Flèche au XVIIe siècle*. — Ch. de Montzey, *Histoire de La Flèche*. — Marchant de Burbure, *Essais historiques sur la ville et le collège de La Flèche*.
3. Mémoires et titre touchant le droit de pêche attaqué par M. de La Varenne (Archives de la Sarthe, D., l. f. 12).

j'aurai la force; je pêcherai dans les douves quand bon me semblera, et je défends aux Jésuites d'y pêcher[1]. »

Trois semaines après, le 6 avril, ses serviteurs viennent y tendre des engins. Le Frère cuisinier les aperçoit; homme « un peu extravagant et mal assuré de son esprit », il se fâche, lance des pierres et blesse l'un des pêcheurs, qui trouvent prudent de se retirer. Mais le soir même, ils reparaissent. Alors le P. Ministre, en barque, s'approche d'eux, leur enjoint au nom du roi de s'en aller, et, « par advis de conseil, pour maintenir les droits » du collège, il coupe quelques mailles de leurs filets.

En usant de ces moyens les Jésuites avaient suivi le conseil des « gens de justice »; ils ne tarderont pas à s'en repentir. Le 9 avril, le gouverneur lui-même, à la tête d'une troupe armée « de bastons à feu, de piques et de pertuisanes », s'apprête à surveiller de loin ses pêcheurs, et à leur prêter main-forte s'il le faut. Les Pères sont inquiets. De la part du Recteur, Claude Noirel, le professeur d'Écriture Sainte et un autre se rendent à l'hôtel de ville, pour demander protection contre les sévices dont on les menace « sous prétexte de pesche dans les fossez ». Aussitôt le maire et les échevins vont trouver le gouverneur; ils le supplient « d'empescher qu'il se commist violence en la personne ou biens desdits Pères ». — Je n'ai point cette intention, répond La Varenne; mais je veux pêcher devant leur maison comme c'est mon droit; à deux reprises ils ont repoussé mes gens; cette fois « je me tiendrai près en personne avec mes hommes » et vous pouvez « assurer les Jésuites qu'ils ne souffriront aucun tort ».

Les officiers municipaux portèrent « ces paroles de sûreté » au collège. Mais les Religieux, connaissant le caractère emporté du marquis, avaient, disaient-ils, « justes raisons d'appréhender ». Ils prièrent donc les maire et échevins de rester auprès d'eux « et estre présens pour empescher qu'il ne leur fust faict désordre ». Les magistrats acceptèrent et n'eurent pas à attendre longtemps. Comme ils se dirigeaient vers le mur d'enceinte, les domestiques du gouverneur commençaient à jeter leurs filets dans les douves. A une centaine de pas se tenait M. de La Varenne, entouré d'hommes armés. Debout sur la muraille le procureur du roi, Charles Marsollier sommait au nom de la loi les pêcheurs de se retirer. N'étant

---

1. Pour ce récit nous suivons les procès-verbaux de l'hôtel de ville « touchant le différend d'entre les Jésuites de La Flèche et M. de La Varenne » (Bibl. de l'Arsenal, mss. 4118) et le Mémoire manuscrit d'un P. Jésuite conservé à La Flèche. Cf. de Rochemonteix, op. cit., t. I, p. 169 et 283.

pas obéi, il conseille aux Jésuites « de laisser sortir leurs eschol-
liers pensionnaires et faire donner sur les dicts domestiques et
pescheurs ». Les Pères refusent « crainte de séditions ». Se tournant alors vers les officiers municipaux, M° Marsellier leur dit
« qu'il faut faire prendre les armes aux habitans pour défendre
les droits du collège contre les prétentions du gouverneur ». A
quoi le maire s'empresse de répondre qu'il ne consentirait point,
pour cette affaire, à une rébellion. A bout de moyens, le procureur du roi se tira de son rôle quelque peu ridicule en dressant
un procès-verbal « qu'il enverrait au roi », et en menaçant les
pêcheurs de prison. Ceux-ci n'en continuèrent pas moins « la dicte
pêche à laquelle s'opposèrent les dicts Pères Jésuites par un acte
qu'ils firent dresser par un notaire ». Là-dessus les deux partis
se replièrent en bon ordre.

Mais le litige demeurait et les choses ne pouvaient que s'envenimer. En effet, le jour suivant, les Pères apprirent de personnes
« d'honneur et dignes de foi qu'on avoit de mauvais desseings sur
le collège » ; le marquis avait convoqué « plusieurs tant bouchers
que aultres personnes du dehors de la ville... avec armes, picqs
et aultres ferrements ». Le P. Recteur s'exagéra peut-être le danger ; toujours est-il qu'il fit fermer les portes de la maison et de
l'église, et ordonna de suspendre les cours. Ce fut cause d'un
grand émoi dans la petite ville où habitaient de nombreux externes : les uns prenant parti pour les Jésuites et les autres pour le
gouverneur, on pouvait craindre de graves désordres. Le jeudi
11 avril les officiers municipaux exigèrent du P. Recteur la réou-
verture des classes : « J'y consens volontiers, leur répondit-il, mais
à la condition que vous prendrez sous votre sauvegarde nos personnes et nos biens. » Le maire assura qu'il empêcherait toutes voies
de fait, et les externes furent admis aux cours dès le lendemain [1].

Le bruit de cette querelle étant venu à Paris, les courtisans
n'épargnèrent point les quolibets au gouverneur de La Flèche.
« On riait de ce bon marquis de La Varenne qui n'avait osé aller
au siège de La Rochelle et qui avait été hardiment et en homme
intrépide assiéger le collège ; pendant que la noblesse de France
servait vaillamment Sa Majesté sur les champs de bataille, lui
alloit à la guerre des grenouilles [2]. » Le Conseil d'État, auquel le

---

1. Procès-verbaux déjà cités. Cf. Sémery, *op. cit.*, p. 18. — De Montzey, *op. cit.*, p. 62.
2. Mémoire manuscrit d'un Père Jésuite, déjà cité. Cf. De Rochemonteix, *op. cit.*, I, p. 172.

P. Noirel avait porté plainte, envoya un maître des requêtes pour procéder à une information. Instruit du résultat de l'enquête, Louis XIII fit savoir au gouverneur, par une lettre de cachet, qu'on avait trouvé ses procédés fort blâmables, et qu'il eût à cesser ses violences contre les Jésuites. En même temps le marquis d'Effiat, le duc de Montbazon et le prince de Condé s'entremettaient pour apaiser le différend. Peine perdue : ni la lettre du roi, ni les moqueries de la cour, ni les conseils d'amis ne parvinrent à calmer René de La Varenne. Il ne s'apaisa qu'en 1634, lorsque les Jésuites désirant avoir la paix, lui offrirent, pour l'abandon de son prétendu droit de pêche, une somme de mille écus. Il les accepta sans se faire prier. C'est là sans doute qu'il voulait en venir [1].

8. On sait qu'au XVII° siècle la turbulence de la gent écolière n'était pas le moindre souci des directeurs de collège. Les Pères de la Compagnie de Jésus, malgré leur vigilance et leur discipline, ne parvenaient pas toujours à éviter les abus résultant surtout du grand nombre des élèves. Ceux-ci, presque tous externes et disséminés dans différents quartiers, échappaient aisément au contrôle des maîtres et pouvaient préparer dans l'ombre des avanies inattendues.

Le collège de Rennes comptait en 1620 plus de quinze cents jeunes gens de tout âge et de toute provenance, depuis les classes de grammaire jusqu'au cours de théologie [2]. Or, il prit un jour fantaisie à quelques paresseux de machiner une petite révolte contre l'autorité scolaire. Ils se plaignaient de ne pas avoir assez de congés, et résolurent d'obtenir de vive force la suppression de certaines classes. Un jeudi matin, le 3 mai 1620, les rebelles, au nombre de sept, se rendirent au collège précédés d'un fifre et de deux tambours. Le principal meneur, Jean Josset « moine de haute stature, presque point de barbe, habillé de noir..., parut le premier devant la porte, l'espée nue et proférant des blasphèmes exécrables ». Les autres se rangèrent autour de lui, dégainèrent et, à son exemple se mirent « à frapper indifféremment ceux de leurs camarades qui se présentaient pour entrer ». Les Pères ayant voulu intervenir, Josset « avec menaces et juremens » leva son arme sur le professeur de logique. Cependant les bons élèves

1. De Montzey, l. c.
2. Ce nombre augmenta encore dans la suite, variant de 2.500 à 3.000 (Cf. Guillotin de Corson, Pouillé historique de l'Archevêché de Rennes, t. III, p. 439).

s'efforçaient de franchir le seuil ; il s'ensuivit une bagarre dans laquelle trois jeunes écoliers des classes de grammaire furent blessés. Après ce bel exploit, nos mutins se retirèrent satisfaits de leur manifestation, et sans trop penser à ses suites. Plusieurs, pour la circonstance, s'étaient quelque peu déguisés ; mais leurs maîtres les avaient tous reconnus. En portant plainte au procureur général, le P. Recteur put lui donner leur nom, leur signalement et l'adresse de leur domicile [1].

Dès le 8 mai, l'avocat général Busnel prit contre eux des conclusions et demanda qu'ils fussent amenés par deux huissiers devant le P. Recteur pour recevoir un juste châtiment. Le lendemain, la Cour rendit un arrêt par lequel elle confiait au sénéchal l'arrestation des coupables [2]. Nous ignorons la peine qu'ils subirent ; mais nous voyons que, pour empêcher toute récidive, le sénéchal multiplia les visites domiciliaires, saisit « les espées, poignards et aultres armes », interdit aux étudiants d'en avoir et d'en porter, et aux maîtres de pensions de leur en souffrir, les rendant responsables de tous les méfaits que leurs jeunes hôtes pourraient commettre à main armée [3].

Dans la suite on ne trouve plus l'intervention de la police dans de semblables affaires et l'on peut croire que cette grave mutinerie fut un cas isolé.

9. Nous avons signalé tout à l'heure la prospérité du collège de Rennes. Dans d'autres villes encore, la Compagnie prenait de nouveaux accroissements. A Tulle [4], à Chaumont [5], à Embrun [6], à Charleville [7], à Moulins [8], à Reims [9], on augmentait le nombre des classes. A Paris, en 1630, au collège de Clermont, la classe de cinquième était tellement fréquentée, que les Pères résolurent de la diviser en deux sections après Pâques. Le recteur de l'Université ayant appris ce projet, s'en émut. Il alla se plaindre au premier président du Parlement : si on laisse

---

1. Mémoire du P. Recteur (Archives du Parlement ; minutes de la grand'chambre).
2. Conclusion de l'avocat général et arrêt de la Cour, 8 et 9 mai 1639 (Ibidem).
3. Ibidem. Cf. Parfouru, Une mutinerie d'Écoliers (Annales de Bretagne, t. IX, p. 543-594). Voir aussi G. de Saint-Sauveur, Le collège de Rennes (Bulletin de la Société archéologique d'Ille-et-Vilaine, t. XLVI), p. 178, 179).
4. Cordara, Histor. Soc. Jesu, P. VI, L. X, n. 109.
5. Litt. ann. mss. 1624 (Campaniæ historia, n. 27).
6. Fornier, Histoire des Alpes-Maritimes, t. II, p. 630.
7. Litt. ann. mss. 1627 (Campaniæ historia, n. 11).
8. Archiv. de l'Allier, D. 9. Cf. Bouchard, Hist. du coll. de Moulins.
9. Fondation d'un cours de théologie par François Bruslart (Archiv. de la Marne, D. 108).

faire les Jésuites, dit-il, bientôt ils auront deux collèges dans une seule maison. M. de Champigny répondit qu'en tous cas on saurait bien les forcer à l'observation des lois : *Si quid Jesuitae contra jus et leges attentant, eos coercebimus*[1]. Vraiment, les lois du royaume n'avaient rien à voir ici; il s'agissait d'un règlement intérieur, et les Pères étaient parfaitement libres de prendre une mesure très favorable aux progrès des élèves. Devant l'opposition de l'Université, soutenue par le Parlement, ils y renoncèrent.

Ainsi la menace de mesquines tracasseries paralysait les plus louables efforts ou empêchait l'usage de droits incontestables.

A Pau, les Jésuites auraient pu, d'après les patentes royales, enseigner la philosophie et la théologie, conférer les grades, jouir de tous les privilèges de l'ancienne Université d'Orthez. Ils s'en abstinrent dans la crainte de voir leur collège de Pau exposé aux mêmes vicissitudes que celui de Tournon, contre lequel s'étaient liguées toutes les Universités du royaume[2]. Mais le Parlement de Navarre n'approuva point leur timidité; par un décret du 24 juillet 1629, il leur ordonna de conférer les diplômes de baccalauréat, de licence et de doctorat aux élèves dûment examinés[3]. Pourquoi, en effet, leur disait-on, obliger les étudiants béarnais à émigrer dans les Universités voisines, quand, de par la volonté royale, le collège de Pau avait les prérogatives universitaires? Toutefois la Cour ne prétendait rien imposer que sous le bon plaisir de Louis XIII. De son côté le P. Vitelleschi, auquel le P. Provincial en avait référé, ne voulut donner aucune autorisation avant de bien connaître les anciens statuts de l'Université d'Orthez et les intentions de Sa Majesté[4]. En fait, et sans doute pour éviter les éclats de la jalousie, aucune décision ne fut

---

1. Decretum Universitatis de Jesuitis, 17 avril 1630 (D'Argentré, *Coll. Judic.*, t. II, P. II, p. 312).
2. Nous avons raconté plus haut les difficultés du collège de Tournon. Ajoutons, pour être complet, que dans plusieurs autres villes les Jésuites eurent des différends avec les Universités locales, auxquelles leurs collèges étaient incorporés. Ainsi, à Avignon, pour divers motifs (Chossat, *op. cit.*, p. 389 et suiv.); ainsi à Reims où la validité de l'acte d'agrégation fut longtemps contestée (Cauly, *op. cit.*, p. 324 et suiv.; — Varin, *Archiv. législat.*, II, p. 618 et suiv.); à Dôle quand le collège, devenu de plein exercice eût été uni à l'Université; celle-ci se réserva le droit de présider les examens et de conférer les grades; mais elle en profita pour mettre obstacle aux disputes publiques et traiter les élèves des Pères avec une partialité manifeste : de là, longue querelle qui ne cessa qu'en 1691, lors du transfert de l'Université à Besançon (Cf. Archives comm. de Dôle, n. 1474, requêtes et plaintes des Jésuites; — *Les Universités de Franche-Comté*, p. cxxxvi-cxxxviii. — Feuvrier, *Le collège de l'Arc*, p. 49 et suiv.).
3. Decretum supremae curiae Navarrensis, 24 juillet 1629 (Aquitan. hist., n. 43).
4. Lettre du P. Général au P. Malescot, 8 janvier 1630 (Aquitan. Epist., t. II).

prise. Du moins, nous ne voyons nulle part qu'on ait continué les négociations au sujet de la collation des grades. Les annales de la Province d'Aquitaine nous ont seulement conservé le souvenir d'un brillant tournoi théologique auquel assistèrent trois évêques et un grand nombre de membres du Parlement. Il fut suivi de la conversion du Président Gassion qui, après avoir abjuré l'erreur, retira son fils des mains des hérétiques pour le confier aux Pères de la Compagnie [1].

10. Il arrivait parfois que des ennuis étaient causés aux Jésuites par les plus insignes bienfaiteurs de leurs maisons. Ainsi, à Bourges, eurent-ils quelque peine à satisfaire pleinement le prince de Condé.

Henri II de Bourbon, gouverneur du Berry et du Bourbonnais, duc et pair de Châteauroux, avait manifesté l'intention d'ériger dans cette petite ville un collège de la Compagnie auquel il destinait quatre mille livres de revenu [2]. Les supérieurs lui représentèrent le tort que ce nouvel établissement ferait à celui de Bourges. Ne serait-il pas préférable d'assigner à ce dernier les fonds disponibles « afin de le rendre parfait et accomply en qualité de grand collège selon la forme » de l'Institut [3] ? Le prince accueillit favorablement la proposition ; non seulement il consentit à augmenter de quatre mille livres la dotation de Bourges, il y joignit encore un don de douze mille livres pour la construction des bâtiments. Par un contrat passé le 10 juin 1625, le P. Jean Foissey, recteur, promit d'ajouter à l'enseignement des lettres et de la philosophie celui de la théologie, de l'Écriture Sainte et de l'hébreu [4]. Le 25 octobre suivant, le prince et les notabilités de la ville assistaient à l'inauguration solennelle des cours.

« Je veux, avait dit le gouverneur du Berry, défendre et protéger la Compagnie de Jésus comme si j'en étais le général. » Et il tint parole. Il eut d'abord à la secourir dans un démêlé avec l'Université de Bourges. Celle-ci, contrariée de l'importance acquise au collège par l'admission du haut enseignement, ne tarda pas à manifester sa mauvaise humeur. Depuis 1575,

---

1. Annales prov. Aquitaniae, 1630 (Aquitan. hist., n. 15).
2. Projet d'établissement à Châteauroux (Archiv. du Cher, D. 32). — D'Aumale, *Histoire des princes de Condé*, t. III, p. 144, 145.
3. Francia, Fundat. colleg., t. I, n. 98. — *Comptes rendus au Parlement*, t. VII, p. 148. — Raynal, *Histoire du Berry*, t. III, p. 461.
4. Contrat du 10 juin 1625 (Francia, Fundat. colleg., t. I, n. 85).

date de l'incorporation du collège, le P. Recteur « comme représentant le décanat de la Faculté des Arts » avait coutume de prêter serment entre les mains du Recteur de l'Université. Cette formalité à laquelle on s'était soumis jusqu'alors, le P. Foissey avait volontairement omis de la remplir. L'Université en prit prétexte pour refuser les grades aux philosophes de Sainte-Marie. Quand arriva le moment des examens, elle décida « qu'on ne pouvait passer outre à la maîtrise des arts » et nomma des députés pour expliquer à « Monseigneur le prince » les motifs de cette mesure [1]. Les Jésuites, de leur côté, ayant exposé leurs raisons, Condé trancha en leur faveur : on convint que désormais le Recteur du collège serait exempté du serment [2].

L'harmonie semblait donc parfaite entre les Pères et le gouverneur du Berry, quand un léger incident menaça de la troubler. Le contrat du 16 juin formulait plusieurs conditions opposées à l'Institut. Le P. Vitelleschi refusa de le ratifier s'il n'était pas corrigé. « Mieux vaut, disait-il, renoncer à tous les avantages offerts que d'enfreindre un seul point des Constitutions. » Il ne pouvait approuver l'obligation civile d'enseigner la théologie et de donner deux missions perpétuelles, non plus que la clause finale par laquelle les Pères seraient déchus de tous leurs droits, s'ils négligeaient quelqu'une des conditions du contrat [3]. Il signalait en outre quelques formules surannées, par exemple la présentation d'un « homme vivant et mourant [4] », et quelques expressions dérogeant à l'usage, comme celle de « Société du nom de Jésus ». Mais ces derniers défauts, ainsi que le faisait observer le P. Foissey, devaient être attribués au style du notaire public. Quant au droit de main-morte, Condé y renonçait tout en conservant la fiction [5].

Quoi qu'il en soit le P. Général insistait pour qu'on remédiât du moins au vice essentiel du contrat, et afin de tranquilliser M. le Prince sur les intentions de la Compagnie, il imposait au Recteur et à ses successeurs, au nom de l'obéissance religieuse,

---

1. Plaintes du Recteur de l'Université, 19 juillet 1625 (Archiv. de la Prov. de Paris, Papiers du Président Rolland). Cf. Archives du Cher, B, 1637.
2. Lettre du P. Grandamy au P. Général, 9 janvier 1630 (Francia, Epist. ad Gen., t. I, n. 45).
3. « Notanda in contractu Bituricensi » (Francia, Fundat. colleg., t. I, n. 92, 93).
4. Coutume féodale destinée à conserver au suzerain ses droits sur le fief qui lui échappait en passant à une communauté; celle-ci ne mourant point, le seigneur n'aurait pu autrement exercer les droits auxquels donnait lieu l'ouverture de la succession.
5. Lettre du P. Foissey au P. Général, 8 janvier 1626 (Francia, Epist. ad Gen., t. I, n. 44).

l'obligation d'enseigner au collège la théologie et la langue hébraïque, et d'envoyer chaque année des missionnaires évangéliser Châteauroux et les environs [1]. La mort du P. Coton, survenue au moment des pourparlers, ne permit pas d'apporter immédiatement au contrat les modifications désirables. Le nouveau Provincial, le P. Filleau, trouva M. le Prince très conciliant sur les points principaux, mais moins bien disposé sur les secondaires [2]. Pour faciliter les choses on envoya de Rome une formule se rapprochant le plus possible du projet primitif [3], et, le 16 octobre 1627, un nouveau contrat fut passé à Bourges entre les Pères du collège Sainte-Marie et le prince de Condé.

Après l'indication des seigneuries, terres et fermes d'où proviendrait la rente annuelle de quatre mille livres, venait l'énoncé des clauses dont plusieurs sont à remarquer :

1° Cette cession étant faite en vue de rendre le collège de Bourges parfait et accompli, on y lira, à l'instar des collèges de Lyon Tournon, Avignon et autres lieux « toutes les mesmes facultés et sciences ». En outre, le P. Général ordonnera aux supérieurs d'envoyer chaque année en temps convenable quelques Pères, approuvés de l'Ordinaire, pour faire des missions tant à Châteauroux qu'aux lieux circonvoisins, « selon la forme et Institut de ladite Compagnie ».

2° De plus, les Pères moyennant la somme de douze mille livres que Monseigneur leur a payée comptant, seront tenus de construire « dans deux ans, ou plus tost si faire se peut », un corps de logis où ils seront « tenus de loger Monseigneur le duc d'Anguien et autres enfants de mondict seigneur le prince, si aucuns en naissent, tant qu'il plaira audict seigneur les tenir au collège pour y estudier ».

3° A l'endroit le plus apparent des constructions nouvelles « seront apposées les armes » de Condé, et aussi une plaque de marbre sur laquelle sera faite mention sommaire, en grosses lettres d'or, de ses libéralités et munificences « afin que chascun recognoisse qu'il est insigne bienfaiteur desdits Pères ».

4° A l'ouverture annuelle des classes, à laquelle seront invités « mondit Seigneur le Prince, messeigneurs ses enfants et descen-

---

1. « Institutio Theologiae et linguae hebraïcae, 8 mars 1626 (Variae Facultates pro variis collegiis. — « Fundatio missionum pro oppido Castri-Rodulphi », 9 mars 1626 (Ibidem).
2. Lettre du P. Filleau au P. Général, 26 sept. 1626 (Francia, Epist. ad Gen., t. I, n. 69).
3. Lettre du P. Général au P. Foissey, 30 juin 1626 (Francia, Epist. Gen., t. IV).

dans d'eux » on fera « mention honorable par quelque beau discours des dites libéralités et bienfaits », pour en rafraîchir la mémoire au public et aux auditeurs.

5° Si les Pères viennent « à manquer et défaillir d'entretenir le collège en ladite forme et qualité... » ils seront « privés de la jouissance des choses cy-dessus » et Monseigneur le prince en pourra autrement disposer. Toutefois en cas de cessation, ils ne seront point tenus à la restitution ni de la somme de douze mille livres employées à la construction des bâtiments, « ny des interêts d'icelle ».

6° Et devront les Pères Jésuites « faire approuver le présent contrat par leur Révérendissime Père Général et délivrer à mondict Seigneur les actes de ladite approbation dedans six mois[1] ».

Bien que ce contrat ne fût pas tout à fait conforme au projet envoyé de Rome, le P. Vitelleschi le ratifia ; mais dans ses patentes il eut soin d'exclure en termes formels toute obligation civile pour les ministères de l'Institut[2]. Cette restriction irrita le prince de Condé. Ne parvenant pas à le calmer, le P. Recteur eut l'imprudence de lui promettre d'obtenir dans trois mois une nouvelle approbation qui le satisferait pleinement[3]. Or, le maintien de la restriction paraissait un devoir de conscience au P. Général. Loin d'y renoncer, il recommanda au P. Filleau de faire tout le possible pour amener le prince à ne rien exiger de contraire aux Constitutions[4]. Un expédient fut alors imaginé : le notaire qui avait dressé le contrat, accepterait au nom du prince les lettres d'approbation du Général portant la restriction, mais il se contenterait de faire mention de ces lettres à la suite du contrat en ne citant que les premiers mots et la date[5]. Vitelleschi agréa la solution proposée, pourvu que le notaire reçût du prince, en présence de témoins, le pouvoir d'accepter les patentes d'approbation, puisqu'il n'avait aucune autorité pour le faire de lui-même[6].

Ainsi se termina en 1631 cet incident qui avait duré plusieurs

1. Contrat du 16 octobre 1627 (Francia, Fundat. colleg., t. I, n. 98).
2. Patentes du P. Général, 7 février 1628 (Gallia, Variae Facultates, p. 49). Lettre du P. Général au P. Filleau, 27 janvier 1628 (Francia, Epist. Gen., t. IV).
3. Lettre du P. Filleau au P. Général, 25 janvier 1630 (Francia, Epist. ad Gen., t. I, n. 81).
4. Lettre du P. Général au P. Filleau, 25 mars 1630 (Francia, Epist. Gen., t. IV).
5. « Notanda in contractu Bituricensi » (Francia, Fundat. colleg. t. I, n. 90).
6. Lettre du P. Général au P. Jacquinot, 3 janvier 1631 (Francia, Epist. Gen., t. IV).

années. D'ailleurs on n'eut point à regretter d'avoir établi l'enseignement supérieur au collège de Bourges : il y prit une grande mportance ; les cours étaient suivis par un nombre considérable d'auditeurs, au milieu desquels on voyait de temps en temps d'illustres personnages et le gouverneur du Berry lui-même.

11. A part les quelques difficultés mentionnées ci-dessus, les collèges et maisons de la Compagnie poursuivaient leur œuvre bienfaisante, dans tout le royaume, avec une tranquille prospérité. De généreuses aumônes permettent alors la construction de nombreuses églises. Celles du noviciat de Rouen, des collèges d'Eu, de Limoges et de Reims s'achèvent ; celle du collège de Sens est commencée ; celle de Mauriac est ouverte au culte, on pose la première pierre à Rennes [1], à Béziers, à Auch, à Aurillac, à Carpentras, à Chaumont.

L'église de Chambéry s'élevait peu à peu, quand le 14 février 1627 un violent incendie détruisit une partie du collège. On découvrit le lendemain que le sinistre ne pouvait venir que d'une main criminelle restée inconnue. Mais, dans cette pénible circonstance, les Jésuites purent éprouver combien leur dévouement à la jeunesse leur avait gagné de solides sympathies : sénateurs, religieux, bourgeois, artisans, tous se firent un devoir de leur porter secours [2]. Le premier étage, où se trouvaient les chambres des Pères avait été le plus endommagé : de tous côtés on leur offrit en ville des logements. Les classes n'ayant pas été détruites, il n'y eut pas d'interruption dans les études. Le duc de Savoie, Charles-Emmanuel, que le P. Général avait déclaré fondateur en 1612, se chargea de reconstruire tout le collège [3].

A Paris, rue Saint-Antoine, l'ancien « hostel d'Anville » et la modeste chapelle aménagée en 1580 par les soins du cardinal de Bourbon [4] ne suffisaient plus depuis longtemps au développement des œuvres de la maison professe. Les Pères achetèrent quelques maisons voisines, sur l'emplacement desquelles ils proje-

---

1. Sur la construction de l'église de Rennes, voir G. de Saint-Sauveur, *op. cit.*, p. 7 et suiv.
2. Lettre du président du Sénat au Prince Thomas, gouverneur de Savoie, 15 février 1627 (Lugdun. historia, t. I, n. 54).
3. « Narré de l'embrazement du collège de Chambéry » (Lugdun., Fundat. colleg., t. II, n. 138). Note du P. L. Michaelis sur les dons de Charles-Emmanuel (*Ibidem*, n. 149).
4. Voir tome II, p. 36, 37 ; Piganiol de La Force, *Description de Paris*, t. II, p. 35 et suiv.

taient de construire une église[1]. Mais il fallait des fonds. Parmi les donateurs signalons Louis XIII, heureux de montrer sa reconnaissance « envers un Ordre qui lui fournissoit des guides dans la voie du salut [2] ». Sa Majesté décida qu'on prendrait chaque année deux mille livres sur l'Abbaye de la Couronne, récemment unie au collège de Clermont, et deux mille autres sur le trésor royal[3].

A la suite de la Congrégation provinciale de 1625, le procureur délégué à Rome présenta au P. Vitelleschi deux plans de la future église. Le P. Général approuva tout d'abord l'idée d'une nouvelle construction ; quant aux plans, il se réserva de donner plus tard son avis : il entendait qu'on fît grand et beau. « Ce que nous voulons surtout, dit-il, c'est que l'église soit digne de saint Louis à qui elle est dédiée, digne du roi Très Chrétien qui lui assigne des revenus, digne d'une ville si grande et si populeuse. Aussi désirons-nous, autant qu'il sera possible et que l'emplacement le permettra, qu'elle ne soit pas notablement moins vaste que celle du Gesù de Rome[4]. » Sur les plans proposés elle avait seulement trente perches de longueur, un quart de moins qu'à Rome ; le P. Général aurait désiré qu'elle en eût trente-cinq. Il exhorta les Pères à compter sur le secours de la Providence « qui ne fait point défaut aux œuvres entreprises pour la gloire de Dieu et le salut des âmes[5] ». Dans une lettre du 30 décembre 1626, il permit au P. Filleau, provincial, d'appeler à Paris le Frère Martellange, architecte en renom, et de lui adjoindre un compagnon pour surveiller les travaux[6].

Au mois de mars 1627 tout était prêt pour la pose de la première pierre. « Le dimanche 7, rapporte un témoin, le Roy s'estant confessé et communié, vint ouïr les vespres et la prédication en nostre église, et après cela mit la première pierre au fondement de la future. Il tesmoigna pendant l'action une grande piété, ayant toujours demeuré la teste nue tout le temps que

---

1. De Ménorval, *Les Jésuites de la rue Saint-Antoine*, p. 52, 53.
2. Orous, *Histoire ecclésiastique de la cour de France*, t. II, p. 382.
3. Litt. ann. mss. 1635 (Franciae historia, t. III, n. 53, 55). Ce fut vers cette époque (11 août 1626) que les Pères de la maison professe acquirent une maison de campagne appelée la *Folie-Regnault*, à laquelle ils donnèrent le nom de *Mont-Louis*. Elle fut connue plus tard sous le nom de *Maison du P. Lachaize*, mais il est inexact que Louis XIV en ait fait don à son confesseur. Quand le P. de La Chaize commença à remplir cette charge il y avait près de cinquante ans que les Jésuites étaient propriétaires de la villa. Cf. *Comptes rendus du Parlement*, VI, 51.
4. Acta congr. prov., 1625.
5. *Ibidem.*
6. Lettre du P. Général au P. Filleau, 30 déc. 1626 (Francia Epist. Gen., t. IV).

Monseigneur l'Archevesque fit les cérémonies qui durèrent près de trois quarts d'heure. Quoy que le temps fût fort fascheux, le froid grand avec des frimats de neige et grésil, chacun demeura fort satisfaict de l'action. Le Roy mesme mit les quatre médailles au quatre coings de la table de marbre qui est enchâssée entre les deux pierres fondamentales, et avec une truelle d'argent au manche d'ébène print le mortier fort dextrement et de bonne grâce, et le deschargea sur les jointures de la pierre et du marbre [1]. »

Les historiens se partagent au sujet du plan de l'église, les uns l'attribuant au Frère Martellange, les autres au P. François Derand. Tous les deux, selon Piganiol de La Force, auraient dressé chacun leur projet. Martellange, dit-il « qui étoit habile architecte, s'étoit proposé dans son dessein d'imiter l'église de Jésus de Rome, qui a été bâtie par le fameux Vignole, et qui est une des plus belles qu'il y ait en Italie. Le P. Derand au contraire n'avoit copié que lui-même, et malheureusement les Jésuites préférèrent son dessein à celui de Martellange [2] ».

Le biographe de ce dernier, M. Charvet, est du même avis. « On ne trouve pas dans cette œuvre, observe-t-il, la simplicité qui caractérise les ouvrages de notre artiste et qui devint un défaut aux yeux des Pères qui attachaient en ce moment à l'éclat une importance telle qu'ils le confondaient presque toujours avec le bon goût. Le P. Derand a dû être influencé par la façade de l'église Saint-Gervais et Saint-Protais avec laquelle on trouve plus d'une analogie... Il ne serait pas impossible néanmoins que Martellange, en sa qualité de religieux d'un Ordre où l'obéissance et l'humilité sont poussées à l'extrême, ait fourni des détails, des dessins et même la surveillance qu'on était en droit d'exiger de lui. Ce serait à cette circonstance qu'on aurait pu lui attribuer d'être aussi l'auteur de la composition [3]. »

Et M. Charvet ajoute que, faute de preuves écrites, il en est réduit à des conjectures. Plus heureux que lui, nous pouvons donner le mot de l'énigme grâce à un recueil de plans conservés à Quimper où il avait été apporté en 1667 par le Frère coadjuteur Charles Turmel. Sur l'un des dessins de cette collection nous trouvons la note suivante dont nous respectons le style :

---

1. Lettre du P. Tacon au P. Procureur général de la Compagnie, 10 mars 1627 (Francia, Fundat. colleg., t. I, n. 9).
2. Piganiol de La Force, op. cit., t. IV, p. 372.
3. Charvet, *Étienne Martellange*, p. 207, 209.

« Le plan et élévation de l'Église de Saint-Louys de la rue Saint-Anthoine, à Paris, premièrement planté et eslevé jusques aux impostes par l'ordre du Frère Martellange, continué par le P. Derand et achevé de conduire par Frère Turmel, dont la première messe fut dite par le cardinal de Richelieu, le Roy et toute la cour y assistant, 1642[1]. »

Cette note, très probablement de Turmel, établit clairement la part respective des trois architectes de la Compagnie dans la construction de l'église actuelle Saint-Paul-Saint-Louis[2]. Le plus habile et le plus justement célèbre des trois[3] était Martellange. Si les supérieurs lui avaient laissé une complète indépendance, sans doute il aurait su éviter les défauts remarqués par tous les connaisseurs dans cet édifice, qui n'en reste pas moins un « alliage très intéressant d'art français et d'art italien[4] ». Pour quel motif n'a-t-il pas seul « conduit » les travaux jusqu'à leur entier achèvement, nous l'ignorons. Une lettre que lui écrivait le 15 septembre 1628 le P. Général nous apprend qu'il s'était plaint en haut lieu des modifications apportées à son plan primitif, et Vitelleschi, un peu surpris lui-même de ces changements, l'encourageait à la patience, source de tant de mérites[5]. Aussi bien cet artiste réputé n'avait point perdu l'estime des supérieurs, et bientôt, à Paris même, ils le choisiront comme architecte d'une autre église.

---

1. Voir Bourde de La Rogerie, *Notice sur un recueil de plans d'édifices construits par les architectes de la Compagnie de Jésus, 1607-1672.* (Mémoire lu à la réunion des Sociétés des Beaux Arts des départements, tenue à Paris le 7 avril 1904).

2. L'exactitude des détails donnés par Turmel est confirmée par les catalogues de la Compagnie. Nous y voyons en effet que François Derand vint à la maison professe en 1630 et y resta plusieurs années avec le titre de *praefectus fabricae*. En 1638 c'est Charles Turmel, venant de Blois qui prend ce titre.

3. Nous avons déjà donné une courte biographie de Martellange (Tome III, p. 100). — François Derand, né dans les Vosges en 1591, entra dans la Compagnie à Rome en 1611 et mourut en 1644. Après avoir été professeur de grammaire, fait ses études de théologie et professé les mathématiques au collège, il s'occupa d'architecture à partir de 1623; il se livrait en même temps au ministère de la confession et était un directeur très zélé et très goûté. Étant tombé malade il fut appelé à Agde par l'évêque de cette ville, son ami, et y mourut. Sur ses talents et ses travaux voir Charvet (*Étienne Martellange*, passim).

Charles Turmel, né à Quimper en 1597, entra dans la Compagnie en 1623. On le voit de bonne heure appliqué aux travaux d'architecture, d'abord comme *socius praefecti fabricae* en 1627 au collège de Rouen; puis bientôt il est lui-même *praefectus fabricae* à Orléans, à Blois, à Paris, à Vannes. Enfin à Quimper, depuis 1667, il est *architectus*; c'est là qu'il mourut à l'âge de quatre-vingts ans, dont cinquante-quatre passés dans la Compagnie. On y avait admiré son application au travail et sa piété.

4. Marcel Reymond, *L'art de la contre-réforme* dans la *Revue des Deux-Mondes*, LXXXIe année, t. IV, p. 47 et suiv.).

5. Lettre du P. Général au Fr. Martellange, 14 sept. 1628 (Francia, Epist. Gen., t. IV).

12. Il semble toutefois qu'il n'eut aucune part dans la reconstruction alors entreprise du collège de Clermont. Les anciens bâtiments, « fort vieils et caducqs », étaient devenus trop étroits et très incommodes. Obligé d'abattre et de rebâtir par parties, on résolut de commencer par l'habitation des pensionnaires[1]; et ce fut, croyons-nous, sur les plans d'Augustin Guillain, architecte de la ville[2]. On ne s'expliquerait guère autrement sa présence à la pose de la première pierre.

Elle devait avoir lieu le 8 août 1628. Quelques jours auparavant le P. Ignace Armand et plusieurs autres Pères se présentaient au Bureau de la Ville et invitaient le prévôt des marchands et les échevins à mettre eux-mêmes la pierre fondamentale du nouvel édifice. Le prévôt leur répondit « qu'ils estoient les biens venus, que la ville estoit disposée de satisfaire officieusement à leur désir tant par la considération de leur mérite particulier, que par ce qu'elle doibt au grand exercice des bonnes lettres qui se faict audict collège; pour ce leur promet de le visiter mardy prochain, sans cérémony néantmoings et sans archers, ce qu'elle n'entreprend jamais sans lettres du roy[3] ».

Au jour convenu, le prévôt des marchands, Nicolas de Bailleul; les échevins, Pierre Parfait, Denis Maillet et Augustin Le Roux; le procureur du roi, Gabriel Payen; le secrétaire de la mairie Guillaume Clément, et le receveur de la ville, Charles Le Ber, se rendaient « en carrosses » au collège où plusieurs d'entre eux avaient leurs enfants. Reçus solennellement et « avec grandes exclamations de joye par une multitude d'escoliers tant grands que petits », puis conduits par les Pères « au lieu et endroit qui estoit préparé », ils posèrent la première pierre suivant les formalités d'usage, la truelle et le marteau d'argent leur étant présentés par l'architecte Guillain. Sur cette pierre fondamentale ils placèrent une plaque de marbre noir portant leurs noms en lettres d'or; puis ils mirent par-dessus quatre des médailles gravées à cette occasion et représentant d'un côté le portrait du roi, de l'autre les armes de la ville avec diverses inscriptions. « Et

---

1. Lettres du P. Général au P. Filleau et au P. Armand, 21 mars 1628 (*Ibidem*).
2. Emond, *Histoire du collège Louis-le-Grand*, p. 114.
3. Procès-verbal de la pose de la première pierre des bâtiments du collège de Clermont (Registres du Bureau de la ville de Paris, 13 août 1625-14 août 1628, Archives nat., H. 1802, f. 622).

ce pendant y avoit une musique doulce, et tous les escoliers ont recommencé à crier *Vivat*. »

La cérémonie achevée, ces messieurs furent menés dans la grande cour du collège, et là complimentés par quelques-uns des élèves « vestus en mariniers très gentilz, chascun ung aviron en la main ». On les conduisit enfin à la grande salle où leur fut servie « une collation, après laquelle se sont présentés deux jeunes escoliers qui ont récitez plusieurs vers françois sur le subject des vielz bastiments et de la réparation d'iceulx, et aussy à la louange de la ville. Ce faict, messieurs de la ville s'en sont retournés avec remerciements de part et d'aultre[1]. »

Assurément, des deux côtés on avait bien fait les choses. Mais la fête allait avoir un lendemain inattendu.

L'Université fut froissée de tant de marques de faveur; d'autant plus qu'on publiait de tous côtés « que messieurs de la ville étaient devenus les patrons de Clermont et avaient payé aux Jésuites une somme de 10.000 livres pour les aider à rebâtir leur collège[2] ». Donc le lendemain de la cérémonie, le Recteur de l'Université, Nicolas Le Maistre, convoqua une assemblée extraordinaire au collège de Beauvais pour consulter ses collègues sur la conduite à tenir dans une si grave circonstance. On convint qu'il fallait avant tout porter plainte au prévôt des marchands, et ensuite recourir au Parlement si les réponses de la municipalité ne paraissaient pas satisfaisantes. Le 11 août, le Recteur accompagné des « doyens, procureurs, suppôts et bedeaux portant masses » se rendit à la Chambre de Ville. Introduit auprès du prévôt et des échevins, il leur exprima ses amers regrets et ses vives appréhensions. Ne doit-on pas craindre, dit-il, que les Jésuites fiers d'une telle marque de bienveillance, ne viennent à « s'en prévaloir contre l'Université » et à faire croire que leur collège, auquel « cette ville s'est opposée dès l'année 1564, est maintenant authorisé par adveu public d'icelle, voire mesme fondé et basty de ses deniers[3] »?

Nicolas de Bailleul ne se laissa point troubler par ces doléances trop intéressées; il répondit « que la ville les prenait

---

1. *Ibidem*, f. 622v-623.
2. Jourdain, *Histoire de l'Université de Paris*, p. 123.
3. Procès-verbal... de la réquisition du recteur de l'Université (Registres du Bureau de la ville de Paris, Archiv. Nat., H. 1802, f. 624 v-625).

en bonne part », même elle était contente que le Recteur « se soit venu esclaircir d'un tel faict, qui s'est passé tout aultrement qu'on ne lui a faict entendre, et auquel ladicte Université n'a reçu aucun préjudice ». En effet, le prévôt et les échevins avaient assisté à la pose de la première pierre « sans marque du magistrat et par un simple office de particuliers;... ce qui s'est passé en cette occasion a été sans aucune intention de préjudicier aux droicts de l'Université;... la ville sçait ce qui luy est deub et luy départira toujours très volontiers affection et protection pour seconder ses bons desseins¹ ». On en resta là, le Recteur ayant bien voulu se contenter de ces assurances; mais il se livra sans doute « à de tristes réflexions sur les progrès rapides que les Jésuites avaient faits en quelques années dans les rangs de la bourgeoisie parisienne² ».

13. Leur noviciat de Paris n'était pas moins florissant que leur collège, et là aussi on commença en 1630 la construction d'une église. Élevée grâce à la munificence de François Sublet des Noyers, elle sera placée sous le vocable de saint François Xavier, l'apôtre des Indes. La première pierre fut posée le 30 avril par le prince Henri de Bourbon, évêque de Metz et abbé de Saint-Germain. Le Frère Martellange en avait dressé le plan, et cette fois obtint du P. Général « l'autorisation formelle de faire tout ce qu'il jugerait à propos sans avoir à suivre les ordres de personne³ ».

Bien légitime exigence, car, dans aucun art, la liberté de conception et l'unité de direction ne sont aussi nécessaires qu'en architecture. Livré à lui-même, Martellange construisit un monument dont les auteurs contemporains ont vanté les formes régulières et les proportions élégantes. Grâce aux descriptions et aux dessins qu'ils ont laissés de cette église, aujourd'hui disparue, il est facile de nous en faire une idée⁴.

Elle était petite. A l'intérieur elle avait seize toises de lon-

---

1. *Ibidem.*
2. Jourdain, *op. cit.*, p. 123.
3. Germain Brice, *Description nouvelle de la ville de Paris*, t. II, p. 303. Bien que Martellange fût complètement le maître, nous voyons dans le catalogue 1631-32, où il porte le titre d'architecte, qu'il eut cette année-là sous ses ordres le Frère Turmel comme *praefectus operarum*. Ce dernier, nous l'avons dit, emporta plus tard à Quimper plusieurs dessins de son maître entre autres le plan de l'église du noviciat de Paris : ce ... ait ce plan, quelque peu modifié et alourdi, que les Jésuites de Quimper auraient fait adopter par cette ville pour l'église de leur collège (B. de La Rogerie, *op. cit.*, p. 17).
4. L'église du noviciat de Paris avait son entrée rue du Pot-de-Fer (rue Bona-

gueur sur sept toises deux pieds[1] de largeur « dans œuvre », et sept toises quatre pieds de hauteur « sous clef ». Deux murs de refend déterminaient une nef continue large de vingt-sept pieds, et laissaient à droite et à gauche deux espaces pour chapelles de cinq pieds, surmontées de tribunes. La nef proprement dite, longue de six toises, n'avait que deux arcades; ensuite une croisée en bras de croix reprenait, sur une longueur de cinq toises, toute la largeur de l'édifice; puis venait le chœur avec une seule arcade, et enfin une abside demi-circulaire où était situé le retable de l'autel. Deux escaliers à tour ronde s'ouvraient dans le prolongement des petits bas-côtés[2].

Le portail était décoré des deux ordres dorique et ionique. Sur la frise on lisait l'inscription : Sancto Francisco Xaverio Sacrum (S. Franc. Xaver. S.).

L'ordre dorique régnait seul au dedans de l'édifice. Les sculptures des métopes représentaient des objets servant aux cérémonies liturgiques. Sur la frise on voyait alterner les lettres S. F. et F. S. entrelacées; initiales qui rappelaient Saint François, patron de l'église, et François Sublet, son fondateur. « A ce propos, dit l'auteur de la *Description de Paris*, je dois remarquer qu'on ne peut donner trop de louanges à la reconnaissance des Jésuites envers ce bienfaiteur. Non seulement ses armes sont à la clef de la voûte, on les rencontre encore à d'autres endroits et lorsqu'on y pense le moins. Qui est-ce, par exemple, qui s'aviserait de les aller chercher sur la balustrade qui renferme le Sanctuaire? elles y sont cependant, et quand on regarde de près on voit sur les pilastres à hauteur d'appuy, qui en retiennent les travées, le *pal bretessé d'or, maçonné de sable, chargé d'une vergette de même*, qui dans un *champ d'azur* composent les armes des Sublet[3]. »

14. Nous ne pouvons oublier, en terminant ce chapitre, de rappeler la mémoire de deux insignes bienfaiteurs qui par un privilège très rare obtinrent de finir leur vie dans des communautés de Jésuites.

---

partie actuelle); sa façade occupait le milieu de l'établissement, limité de ce côté par les rues Mézières et Honoré-Chevalier.

1. La toise valait 6 pieds (1 m. 949), le pied à peu près le tiers d'un mètre (0 m. 324).
2. Blondel, *Architecture française*, t. II, p. 10 et suiv. — Charvet, op. cit., p. 97-99.
3. Piganiol de La Force, *Description de Paris*, t. VI, p. 355-359. — Cf. Hurtaut et Magny, *Dictionnaire historique de la ville de Paris*, t. III, p. 657. — On trouvera dans les mêmes auteurs le détail de l'ornementation et des embellissements successifs de cette église.

Arnauld de Borret, conseiller au Parlement de Toulouse, avait largement contribué à la construction de l'église du noviciat dans cette ville, donné au collège deux propriétés rurales et fondé une chaire de théologie[1]. Magistrat intègre, il s'était montré pendant vingt-huit ans si constamment juste dans l'exercice de ses fonctions qu'on le surnommait « la loi vivante[2] ». Marié à Marie de Guibert de Costa (ou de La Coste) et connaissant l'attrait de celle-ci pour la vie religieuse, il avait abdiqué ses droits d'époux par un billet daté du 15 novembre 1605 et remis au P. Jésuite Charles de Chezel. Peu après il émettait le vœu de chasteté entre les mains des Vicaires généraux, et Marie de Costa entrait au monastère de Sainte-Catherine de Toulouse, fondation nouvelle à laquelle il avait activement participé[3]. Lui-même, depuis lors, vécut comme un véritable religieux; puis, à l'âge de soixante ans, il demanda aux Supérieurs de la Compagnie la faveur d'être admis à titre d'hôte perpétuel dans une de leurs maisons, offrant à ce propos mille écus pour le collège de Toulouse[4]. Ce fut là qu'on le reçut d'abord, en 1614[5]. Dans la suite il vint habiter au noviciat où il mourut, en 1624, après avoir fait l'admiration de tous par sa piété, son renoncement et sa ponctualité[6].

Quelques années plus tard, en 1628, mourut au collège d'Avignon M. Louis Beau, chanoine des Doms, protonotaire apostolique et vicaire général du diocèse. Guéri d'une maladie grave par l'intercession de saint Ignace et de la Sainte Vierge, il avait fait de grandes largesses aux Pères, construit à ses frais un escalier monumental, une vaste bibliothèque, et résigné en faveur du collège le prieuré de Caderousse. Vers la fin de sa vie, il voulut se retirer dans une maison de la Compagnie pour se préparer à la mort. On lui permit de prononcer les vœux simples de religion le 3 septembre 1621, et sept ans après il rendit son âme à Dieu, laissant au collège trois cents écus de rente et ses livres dont les Pères avaient l'usage depuis longtemps[7].

---

1. « Informatio de D° Borret ». (Roma, Archiv. di Stato, Gesuit. colleg. pacco 244). — Lettre du P. Général à M. de Borret, 8 mars 1605 (Aquitan, Epist. Gen., t. I). Le P. Poussines avait laissé une vie manuscrite, probablement perdue, de M. de Borret.
2. Cordara, Hist. Soc. Jesu, P. VI, l. IX, n. 122.
3. Communication de M⁽ˡˡᵉ⁾ M. Th. Porte, de Toulouse. Cf. Année dominicaine (nouvelle édition, septembre, p. 52).
4. « Informatio »... déjà citée.
5. Lettre du P. Houzon au P. Général, 30 mars 1614 (Tolos., Epist. Gen.).
6. Cordara, l. c.
7. Chossat, Les Jésuites et leurs œuvres à Avignon, p. 217.

CHAPITRE X

LES TRAVAUX APOSTOLIQUES ET SCIENTIFIQUES
DE 1624 A 1630

Sommaire : 1. Résidences et maisons de mission. — 2. Prédicateurs célèbres. — 3. Les missions intérieures. — 4. La controverse. — 5. L'apostolat de la plume. Les érudits. — 6. Les écrivains ascétiques. — 7. Les historiens. — 8. Les littérateurs. — 9. Les Jésuites victimes de la charité. — 10. La part prise par la Compagnie aux progrès des congrégations religieuses. Débuts de l'ordre du Verbe Incarné. — 11. Établissement des Visitandines à Paray. Développement de la congrégation des Filles de Notre-Dame. Mort de Mᵐᵉ de Sainte-Beuve. — 12. Fondation des Prêtres de la Mission.

Sources manuscrites : I. Recueils de Documents conservés dans la Compagnie : a) Acta congregationum provincialium; — b) Catalogi; — c) Francia, Epistolae Generalium; — d) Campania, Epistolae Generalium; — e) Lugdunensis, Epistolae Generalium; — f) Gallia, Epistolae Generalium ad Externos; — g) Epistolae Generalium ad diversos; — h) Aquitaniae historia; — i) Campania, Fondationes collegiorum.
II. Roma, Archivio Vaticano, Nunziatura di Francia, n. 59, 399.
III. Paris, Bibliothèque Sainte-Geneviève, ms. 3238.
IV. Paris, Bibliothèque de l'Institut, collection Godefroy.
V. Bourges, Bibliothèque municipale, Journal de Lelarge.

Sources imprimées : *Mémoires de Richelieu*. — Avenel, *Lettres du cardinal de Richelieu*. — *Le Mercure françois*. — Garasse, *Récit au vray...* (dans Carayon, *Doc. inédits*, III). — Cordara, *Historia Soc. Jesu*, P. IV. — Rosweius, *De vita Patris P. Cotoni*. — Abram, *Histoire de l'Université de Pont-à-Mousson*. — Alegambe, *Heroes et victimae*. — Sadasi, *Annus dierum memorabilium*. — Mechin, *Annales du collège royal Bourbon d'Aix*. — Vorier, *Histoire des Alpes-Maritimes*. — Sommervogel, *Bibliothèque de la Compagnie de Jésus*. — Niceron, *Mémoires pour servir à l'histoire des hommes illustres*. — De Leymont, *Madame de Saint-Beuve*. — Zeller, *Le P. Paul de Barry*. — Houssaye, *M. de Bérulle et les Carmélites de France; Le cardinal de Bérulle et le cardinal de Richelieu*. — Chatellain, *Le P. Denis Petau*. — H. Brémond, *Histoire du sentiment religieux en France*. — Raynal, *Histoire du Berry*. — *Vie de la R. Mère Chézard de Matel*, par la Mère de Saint-Pierre de Jésus. — Chossat, *Les Jésuites et leurs œuvres à Avignon*. — De Guilhermy, *Ménologe de l'Assistance de France*. — Em. de Broglie, *Saint Vincent de Paul*. — M. de Pomereuse, *Chroniques de l'ordre des Ursulines*.

1. A mesure que s'étendait le champ ouvert aux œuvres de la Compagnie, nous l'avons vue, pour faciliter ses travaux apostoliques, créer sous le nom de résidences certains domiciles dont ne parle point l'Institut. Comme rien n'avait été réglé officiellement à ce sujet, il fallait chaque fois recourir au P. Général, et la forme de ces établissements restait en quelque sorte indéterminée. En 1628

l'assemblée provinciale de Lyon demanda des éclaircissements au P. Vitelleschi. « Les Pères de la Congrégation, disait un des *postulata*, désirent savoir de Votre Paternité si les domiciles vulgairement appelés résidences, bien que ce nom ne se trouve pas dans les Constitutions, peuvent être établis avec des revenus et durer perpétuellement ; en quoi ils diffèrent des collèges et des maisons professes ; quelles règles enfin doivent présider à l'érection et à la conservation de ces établissements où résident un petit nombre des Nôtres, spécialement appliqués à procurer le salut des âmes[1]. »

« Il y a deux sortes de résidences, répondit en substance le P. Général. Les unes sont considérées comme un commencement de collège parce qu'on a l'espérance de les transformer un jour en maisons d'enseignement ; sans cela, elles ne pourraient avoir de revenus. Les autres sont membres des collèges dont elles dépendent : par exemple la résidence de Tusculum relativement au collège Romain, et la résidence de Pontoise relativement au collège de Clermont à Paris. Ces résidences, membres de collèges, peuvent être perpétuelles, mais elles ne peuvent administrer les biens attribués pour elles à ces collèges. En dehors de ces deux catégories on ne saurait admettre de résidences avec des revenus ; car d'après l'Institut, les collèges seuls et les maisons de probation peuvent en avoir. Quant au mode d'érection de ces domiciles stables, il dépend de plusieurs circonstances, d'abord des ressources qui sont offertes, mais surtout des fruits qu'ils sont destinés à produire[2]. »

Outre les résidences composées d'un certain nombre de Pères sous l'autorité d'un supérieur, la Compagnie établissait parfois des maisons de mission, dans lesquelles demeuraient temporairement ou pendant toute l'année un ou deux prêtres avec un compagnon. Ces maisons ne devaient pas avoir de revenus perpétuels ; aussi le P. Vitelleschi blâma-t-il sévèrement certains abus qui s'étaient introduits sur ce point dans la province de Lyon ; il protesta qu'il ne les aurait jamais permis si on l'avait consulté. Le P. Provincial reçut l'ordre de résilier les contrats et de tout ramener à la forme de l'Institut[3].

Les maisons de mission et les résidences, de même que les collèges et les maisons professes, étaient autant de centres d'où rayonnaient de nombreux apôtres dont le P. Général ne cessait

---

1. Acta congr. Prov., 1628.
2. Acta congr. Prov., Respons. ad postul.
3. *Ibidem.*

d'encourager le ministère « comme très utile, agréable à Dieu, cher à la Compagnie depuis sa naissance et abondant en fruit de salut, si l'on observait exactement les règles des missionnaires[1] ».

2. Parmi les prédicateurs en vogue dans la période de 1624 à 1630 nous citerons quelques noms des plus connus. C'est d'abord le P. Coton, qui parcourt en apôtre la province d'Aquitaine dont il avait l'administration. Nous le trouvons en 1624 prêchant avec succès le carême à Poitiers, puis l'octave du Saint-Sacrement à Fontenay-le-Comte. « Le P. Coton, écrivait un magistrat de cette ville, nous a presché l'octave de la Feste-Dieu avec un méritoire applaudissement et un fruit inestimable pour l'Église catholique[2]. » De Fontenay le provincial d'Aquitaine se rendit près de La Rochelle, au Fort-Louis, où commandait le brave capitaine Arnaud que, deux ans auparavant, il avait converti. Les instructions qu'il donna aux soldats de la garnison produisirent les plus heureux résultats. Il ne pouvait, comme jésuite, songer à exercer son zèle dans La Rochelle même, alors boulevard de l'hérésie ; il voulut du moins avoir la consolation d'y célébrer les saints mystères. Le capitaine Arnaud transmit son désir aux Oratoriens, en les priant d'obtenir de la municipalité que le P. Coton pût leur faire visite et dire la messe dans leur église. Le conseil de ville se montra dans cette circonstance plus condescendant qu'il ne l'avait été autrefois à l'égard du P. de Séguiran[3] envoyé par Henri IV. Considérant que le P. Coton ne demandait qu'à rendre visite à des amis, il conclut dans une de ses délibérations qu'il fallait le recevoir. Le maire et les échevins allèrent à sa rencontre, ouvrirent par exception la porte depuis longtemps condamnée, du côté du Fort-Louis, accueillirent le religieux avec honneur et le conduisirent à la maison de l'Oratoire ; ils lui envoyèrent même des présents comme cela se pratique d'ordinaire à l'arrivée des grands personnages. Le Père répondit à ces prévenances avec sa distinction naturelle, une noble simplicité qui charma tout le monde. On parla beaucoup, à La Rochelle et ailleurs, de la réception brillante faite à l'illustre ami de Henri IV par les magistrats huguenots ; mais on se perdit en conjectures

---

1. *Ibidem.*
2. Lettre de M. Besly à Dupuy, 17 juin 1624 (Bibl. de l'Institut, coll. Godefroy, carton 269, f. 212).
3. Voir tome III, p. 158

sur leurs véritables intentions. Laissons-leur le mérite d'avoir uniquement fait preuve de tact, de bon goût et de tolérance[1].

Dans le cours de ses visites provinciales le P. Coton eut l'occasion de revoir le Béarn ; il remarqua, non sans étonnement, que partout, et dans la ville de Pau spécialement, les calvinistes ne craignaient point d'encourir la colère de leurs ministres en traitant avec égard les religieux de la Compagnie et en leur confiant leurs enfants[2].

Après avoir quitté la province d'Aquitaine pour gouverner celle de France, le P. Coton se fit entendre plusieurs fois dans la capitale. « Il commença ses prédications de cette année 1625, dit le P. Garasse, par la fête de la Purification, dans Saint-Gervais, suivant la coutume de Paris, parce que les prédicateurs de carême prennent possession de leur chaire à tel jour. Le Roy, les Reynes, Monsieur et toute la cour y fut. » La station fut suivie « avec un grand concours, tant que la petitesse du lieu le put permettre[3]. » — « Je ne saurois vous dire, écrivait le nonce au P. Général, toute l'édification, tout le contentement qu'ont procuré à cette ville pendant le présent carême les prédications du fameux P. Coton qui nous ont empêché de sentir aussi vivement l'absence du P. Arnoux[4]. » L'année suivante l'éminent orateur commençait à Saint-Paul son trente et unième ou trente-deuxième carême, mais nous savons que la mort ne lui permit pas de l'achever[5].

Le P. Garasse dont le talent d'écrivain était assez discuté, se voyait très recherché comme prédicateur à cause de son caractère tout personnel et si original. Il prêche l'avent à Saint-Merry et le carême à Saint-Etienne-du-Mont en 1625, et, quelque temps avant son retour dans l'Aquitaine, sa province, le carême à Saint-Sulpice en 1626[6]. Les chroniques des Ursulines nous ont aussi conservé le souvenir d'un de ses sermons donné à Paris dans leur communauté pour l'inauguration de la chapelle des Saintes-Reliques. Mme de Sainte-Beuve l'avait invité à parler sur le culte des Saints. « Il prêcha un admirable discours où il dépeignit ce lieu comme un petit paradis terrestre, en sorte qu'il laissa

---

1. Relation du Socius du P. Coton, citée par Prat, *Recherches*, t. IV, p. 406-408.
2. *Historia Soc. Jesu*, P. VI, l. IX, n. 133.
3. Garasse, *Récit au vray...*, p. 32-34.
4. Lettre du nonce au P. Général, 15 mars 1625 (Archiv. Vat., Nunz. di Francia, n. 899, fol. 371).
5. Voir plus haut, p. 162 et s.
6. *Récit au vray*, p. 79, 151.

toute la maison dans le plus vif désir d'en jouir au plus tost[1]. »

Avec les PP. Coton et Garasse, les PP. Suffren, de Séguiran, Voysin, Le Jeune occupaient les meilleures chaires de la capitale, tandis que les cathédrales des grandes villes de France se disputaient les PP. Rollin, Jacquinot, Arnoux et plusieurs autres. Sur un théâtre moins éclatant, le P. Paul de Barry avait le mérite et la consolation de ramener à la foi les habitants de la petite ville de Paray. Quand il y vint en 1626 annoncer la parole de Dieu « on y comptait à peine douze familles demeurées fidèles à l'Église ». Tel fut le triomphe de son apostolat, qu'il fit renaître dans la population la vie catholique et même le désir de la vie parfaite[2].

Le P. Nicolas Caussin, littérateur distingué, n'eut pas moins de réputation comme orateur. A deux reprises, en 1624 et en 1628 il avait été désigné pour prêcher à la cour de Belgique, mais chaque fois il protesta de son peu d'attrait pour un emploi si brillant, et malgré les instances de l'Archiduc, il obtint de rester en France avec la liberté de s'employer à de plus humbles ministères[3].

3. A la prédication se rattache l'œuvre des missions intérieures. Grâce aux recommandations du P. Général, elle reçut alors dans les cinq provinces françaises une nouvelle impulsion. Jamais les Pères n'avaient laissé languir un apostolat aussi important; ils s'y consacrèrent de 1624 à 1630 avec une activité extraordinaire. Les circonstances d'ailleurs réclamaient ce redoublement de zèle. En effet les victoires de Louis XIII sur les huguenots avaient eu pour conséquence le rétablissement du culte catholique dans tout le midi. C'était le moment de faire entendre dans les contrées les plus infectées d'hérésie les enseignements de la religion et d'y détruire les abus implantés par les ministres de Calvin. Dès l'année 1622, des missions, dites royales parce qu'elles étaient fondées par le roi, avaient été établies dans la

---

1. Cf. De Leymont, *Madame de Sainte-Beuve*, p. 282, 283. Cette chapelle construite aux frais de Mme de Sainte-Beuve était attenante à l'église des Ursulines sur laquelle elle prenait jour par deux fenêtres; placée dans la clôture, elle était réservée aux habitantes du monastère.
2. Zeller, *Le P. Paul de Barry*, p. 27 et suiv. Cf. *Ménologe de l'Assist. de France*, t. II, p. 101.
3. Lettre du P. Général au P. Caussin, 14 juin 1624 (Francia, Epist. Gen., t. IV). Lettre du P. Général au P. Filleau, 28 juillet 1629 (*Ibidem*, t. V).

province d'Aquitaine, à Bergerac, à Puymirol, à Clérac, à Duras, à Nérac, à Condom, à Tonneins, à Château-Jaloux et à Langogne. Toutes dépendirent d'abord du collège d'Agen, lequel y employait dix Pères, deux scolastiques et deux frères coadjuteurs. L'année suivante la mission de Bergerac fut affectée au collège de Périgueux et celle de Château-Jaloux au collège de Bordeaux, tandis que celui de Tulle était chargé de fournir des missionnaires à Beaulieu, dans le Limousin. En 1624 une nouvelle mission fut établie à Sainte-Foy par le collège de Bordeaux, et la résidence d'Orthez devint une simple mission dépendante du collège de Pau[1].

Le zèle apostolique des Pères fut plus d'une fois secondé par d'éclatants prodiges, et bientôt tout changea de face. La connaissance et la pratique des devoirs religieux remplaça partout les désordres que le calvinisme avait introduits. Cette transformation fut si rapide et si complète qu'on la regardait comme un miracle de la grâce. L'œuvre de régénération une fois accomplie, les missionnaires ne l'abandonnaient pas aux vicissitudes du temps. Afin d'en conserver les fruits, ils associaient dans de pieuses confréries les personnes les plus ferventes de la contrée. Le but n'était pas seulement d'accomplir certains actes de dévotion surérogatoire ; on devait encore visiter les malades, secourir les pauvres et, par le bon exemple, porter le prochain aux vertus chrétiennes. La *Confrérie de la charité*, établie à Nérac en 1624, peut être regardée comme le type de ces groupements d'élites[2]. L'apostolat, si prospère dans la province d'Aquitaine, n'était pas moins fécond dans les autres contrées méridionales où se trouvaient plusieurs centres hérétiques. Outre les anciennes missions de Gray, de Bourg, de Montélimar, de Die, d'Uzès, de Salins, de Pontarlier, de Paray, de Fréjus, dans la province de Lyon, de nouvelles missions furent établies à Chabons, à Pilles, à Nyons en 1624 ; à Nîmes et au Buis en 1625 ; à Arles, dans la vallée d'Aoste, à Saint-Paul-Trois-Châteaux, en 1626 ; à Evian, à Baume, à La Mure en 1627 ; dans la vallée de Pragela en 1630[3]. Les missions de Sommières et d'Annonay dans la province de Toulouse existaient depuis 1622, et celle de Lectoure depuis

---

1. Aquitaniae Prov. annales 1625-1627. Aquitaniae catalogi.
2. Cordara, *Hist. Soc. Jesu*, P. IV, l. IX, n. 133 et suiv. C'etait une société de femmes pieuses qui s'engageaient à secourir les indigents et à servir les malades dans les hôpitaux.
3. Catalogi prov. Lugdunensis.

1623. La mission de Privas fut créée en 1624; celles de l'Isle et de Montauban en 1627, celle de Pamiers en 1628[1].

Durant la même période nous ne trouvons dans la province de Champagne qu'une nouvelle mission, celle de Vezeline, établie en 1624 et supprimée trois ans après[2]. Signalons aussi des excursions apostoliques plusieurs fois l'année, à Noyars, imposées par le P. Général aux Jésuites d'Auxerre, à la suite d'une donation de cinq cents livres faite au collège de cette ville par François de Selles, sieur de Montot, « trésorier général de la maison et des finances de Madame la Comtesse de Soyssons[3] ».

Dans la province de France on commença en 1630 à préparer les missions bretonnes dont nous aurons à parler plus tard. Avant de les entreprendre il était nécessaire d'avoir des religieux possédant la langue du pays. Au P. Guillaume Thomas qui lui avait remontré l'avantage d'admettre au noviciat des jeunes gens parlant breton, le P. Général répondait le 30 avril : « J'ai déjà recommandé cette affaire au P. Provincial et je viens d'apprendre qu'on s'en occupe. Il serait en effet très utile que les habitants de cette contrée pussent recourir pour leur consolation à quelques-uns de nos Pères, qui les entendraient au tribunal de la pénitence et seraient leurs guides dans les chemins de la vie chrétienne. Pour vous qui comprenez le breton, je loue le zèle avec lequel vous instruisez les âmes et les dirigez dans la voie de Dieu ; en travaillant ainsi au bien du prochain, vous acquerrez de grands mérites[4]. »

4. Dans leurs prédications les Pères de la Compagnie s'en tenaient d'ordinaire à l'exposition de la doctrine chrétienne et à la réfutation des erreurs calvinistes. Néanmoins ils durent plus d'une fois combattre directement les ministres qui voyaient avec peine diminuer le nombre de leurs adhérents. A la tête des controversistes d'alors nous rencontrons encore le P. Coton. Il écrivait de Bordeaux au P. de Bérulle le 23 juin 1624 : « Je dois faire une solennelle dispute à Pau avec M. Charles, ministre d'Orthiez que l'on tient habile homme, et quasi toute la noblesse du païs en attend l'yssue pour se catholicizer : [ce] qui me faict vous supplier très instamment d'appliquer quelques messes

---

1. Catalogi prov. Tolosanae.
2. Diverses lettres à ce sujet 1624-1626 (Campan., Epist. Gen., t. II).
3. Donation du 13 octobre 1629 (Campan. fund. colleg., t. I, n. 3).
4. Lettre du P. Général au P. Guillaume Thomas, 30 avril 1630 (Francia. Epist Gen., t. V).

à cette fin et de m'obtenir quelques communions générales des deux monastères de votre obéissance à Paris, *tanquam pro re magni momenti ad Dei gloriam*, sans spécifier autre chose sinon que cela aussi me regarde [1]. » Nous dirons en peu de mots l'occasion et les circonstances de cette dispute.

Durant une de ses visites au collège de Pau, lorsqu'il était provincial d'Aquitaine, le P. Coton avait entrepris, à la prière du Parlement, une série de conférences religieuses dans la principale église de la ville. Un grand nombre de protestants se pressèrent autour de la chaire, confondus avec les catholiques. Plusieurs reconnurent la vérité qu'ils embrassèrent immédiatement; d'autres, bien que convaincus, préférèrent pour divers motifs différer quelque peu leur abjuration. Parmi ces derniers se trouvait une dame de haute naissance qui craignait qu'on attribuât sa conversion à un entraînement irréfléchi. Un mois après le départ du P. Provincial, elle résolut d'organiser chez elle, entre les docteurs des deux religions, des conférences contradictoires auxquelles elle invita le ministre d'Orthez et le P. Coton. Celui-ci promit d'être fidèle au rendez-vous. Le ministre avait pris le même engagement, mais quand il sut quel serait son antagoniste, il se dédit alléguant pour excuse que la conférence n'avait pas l'approbation de ses collègues. La noble dame comprit que les ministres n'avaient point confiance en la bonté de leur cause, et il suffit de quelques instructions particulières du P. Coton pour la décider sans plus de retard à se déclarer catholique [2].

Le P. Alexandre Regourd n'était pas moins habile dans la controverse, ni moins redouté des ministres. Nous avons raconté sa célèbre dispute avec Chamier au château de Lectoure et les conversions qui en furent le couronnement [3]. En 1625 il remporta encore un brillant succès dans une conférence qu'il eut à Béziers en présence du duc de Montmorency, gouverneur du Languedoc, et de toute sa suite. Trente-six hérétiques ébranlés par la force et la clarté de ses arguments, abandonnèrent la religion de Calvin [4].

Nous retrouvons le même Père luttant victorieusement en 1626 contre le ministre La Faye à Beaulieu et à Saintes. Ce fut le gouverneur de cette dernière ville qui les mit aux prises. Le comte

---

1. Lettre du P. Coton au P. de Bérulle, 23 juin 1623 (Archiv. nat., M. 284, publiée par Houssaye, *Les Carmélites de France*, p. 112).
2. Roverius, *De Vita P. Petri Cotoni*, liv. III, c. vi).
3. Voir tome III, p. 559 et suiv.
4. Cordara, *Hist. Soc. Jesu*, P. VI, l. X, n. 91.

de Parabère avait conçu quelques doutes sur les croyances hétérodoxes dans lesquelles il avait été élevé; âme droite et sincère il voulut s'instruire, et s'adressant à l'évêque diocésain, Michel Raoul, il le pria d'autoriser une dispute entre un docteur catholique et un ministre réformé. Regourd et La Faye furent choisis. Au jour indiqué une foule nombreuse envahit le lieu de la conférence. On n'attendait plus que le signal de l'attaque, quand on vit tout à coup le champion des huguenots se retirer discrètement de l'assemblée où il ne reparut plus. Le champion des catholiques, maître du terrain, prit la parole, expliqua le sujet de la controverse, exposa la doctrine orthodoxe et réfuta celle de Calvin. La fuite du ministre et l'éloquence du Père triomphèrent des dernières hésitations du gouverneur : il se convertit sur-le-champ avec toute sa famille[1].

L'année suivante le P. Regourd, toujours intrépide, forçait le ministre Ruvanel à une honteuse retraite[2], puis, au mois de juillet 1629, il engageait à Paris, contre le ministre Mestrézat une nouvelle lutte qui eut, à l'époque, un grand retentissement.

C'était pendant une absence de Richelieu, alors avec le roi dans le Languedoc. Plusieurs personnes « plus zélées que prudentes » espérant quelques bons résultats d'une conférence publique sur des matières de controverse, imaginèrent d'en instituer une dans la capitale, et, à l'insu de l'archevêque, obtinrent de Marie de Médicis l'autorisation nécessaire. De leur propre initiative elles choisirent le lieu de la réunion, le ministre qui devait parler et le jésuite qui devait répondre; après quoi, la dispute commença, présidée par les hommes les plus distingués, tels que M. de La Force et le commandeur de La Porte, oncle de Richelieu[3].

Douze jours durant, les discussions se poursuivirent au grand scandale des esprits timorés. A côté de ceux-ci, de graves et prudents personnages ne voyaient pas sans appréhension la publicité d'un débat doctrinal, sur l'opportunité duquel l'autorité ecclésiastique n'avait pas même été pressentie. Les uns parlaient de recourir au Parlement ou de réclamer une défense formelle de la reine; l'archevêque songeait à venir en personne, avec la crosse, interdire solennellement la discussion. Plus

---

1. *Ibidem*, n. 101.
2. Piaget, *op. cit.*, p. 578.
3. D'après une lettre du card. de La Rochefoucauld au P. Général cette conférence, au début, n'aurait pas été publique, mais la réputation du jésuite y attira beaucoup de monde (Lettre du 2 août 1629, Bibl. Ste-Geneviève, ms. 3238, f. 211, 212).

calmes, le cardinal de La Valette et les évêques d'Orléans et de Chartres s'entendaient avec le P. de Bérulle « pour terminer la conférence sans éclat¹. » Elle n'avait déjà fait que trop de bruit, et quand Richelieu en fut informé il témoigna son mécontentement par cette lettre adressée de Pézenas à M. de Rancé. « Aïant appris comme la reyne, par brevet, permit une conférence entre un jésuite et un ministre, et qu'en suite cette action a fait un tel esclat dans Paris que toute la ville en a esté scandalisée, je ne puis que je ne vous en tesmoigne estre étonné comment la reyne, dont la prudence est cogneue à un chacun, s'est en cela laissée surprendre². »

Coïncidence piquante : à l'heure même où le cardinal écrivait ces lignes, on réimprimait chez Cramoisy *Les Principaux points de la foi... défendue... contre les quatre ministres de Charenton*. Or, dans ce livre paru en 1617, Richelieu alors évêque de Luçon, préconisait les conférences publiques avec les protestants, ne désirant rien plus, disait-il « que rencontrer les occasions de remporter à l'avantage de la vérité de nouvelles dépouilles sur leurs erreurs ». Ainsi ce qu'avait approuvé l'évêque, le cardinal le blâmait. Où donc était l'opinion juste? Dans le livre ou dans la lettre? Peut-être l'expérience des affaires avait-elle appris au cardinal ministre quelque chose que M. de Luçon ignorait.

A Rome, on était plus frappé des inconvénients que des avantages de ces controverses publiques. Le 8 septembre 1629, le P. Général écrivant au P. Regourd, lui marquait un vif déplaisir de sa dispute avec Mestrézat. « Les hommes sages, disait-il, savent par expérience que ces conférences, le plus souvent inutiles, sont parfois dangereuses pour le bien de la religion ; aussi sont-elles condamnées par le Souverain Pontife. S'il venait à connaître ce qui s'est passé à Paris, il ne manquerait pas de me faire appeler pour s'en plaindre³. » Le P. Vitelleschi craignait que les adversaires de la Compagnie ne profitassent de quelque imprudence pour lui susciter des querelles. Il fut bientôt rassuré par le cardinal de La Rochefoucauld et M. de Sillery qui louèrent comme il convenait le zèle du P. Regourd et le fruit, non seulement de ses prédications, mais encore de ses conférences avec les hérétiques⁴. Le célèbre controversiste était même tellement

---
1. Houssaye. *Le Cardinal de Bérulle et le Cardinal de Richelieu*, p. 458, 459.
2. Lettre de Richelieu à M. de Rancé, 30 juillet 1629 (Avenel, *op. cit.*, t. III, p. 394).
3. Lettre du P. Général au P. Regourd, 8 sept. 1629 (Francia, Epist. Gen., t. V).
4. Lettre du cardinal de La Rochefoucauld au P. Général, 2 août 1629 (Bibl. de

apprécié de plusieurs personnages, qu'ils obtinrent, par l'entremise de l'ambassadeur français à Rome, la prolongation de son séjour à Paris[1].

Outre les disputes publiques que nous venons de signaler, nous trouvons encore la trace de plusieurs autres, mais sans en connaître les détails. Ainsi, en 1624, nous voyons le P. Audebert aux prises avec le ministre Pierre, de Salette ; en 1626, le P. Martincourt se mesure avec le ministre Vinay, à Annonay ; en 1630, le P. Hevin avec le ministre de Castel[2]. Le P. Cordara mentionne encore, sans nommer les combattants, trois disputes qui eurent lieu, à Pau, en 1625, à Florensac et à Gignac en 1626[3].

De nombreuses conversions, même de ministres, venaient encourager et récompenser les travaux des missionnaires. Qu'il nous suffise de rappeler ce qui se passa en 1628 dans la petite ville hérétique d'Aubenas. Après l'entrée de François d'Ornano, frère du défunt maréchal, et la destitution des magistrats calvinistes, les Jésuites du collège prêchèrent une grande mission. Six Pères étaient continuellement occupés à instruire, à confesser, à absoudre ces âmes jusqu'alors rebelles à la grâce. En moins de trois semaines, deux cent cinquante familles abjurèrent[4]. La plupart de ces hérétiques, regardés comme les plus opiniâtres du pays, « avouaient librement, dit Richelieu, qu'ils avaient désiré une telle occasion de se réduire, les uns depuis six ans, les autres depuis dix, voire quelques-uns depuis trente ; tant les respects humains, bien que petits et faibles en considération des choses divines et de notre salut, sont quelquefois puissants et quasi nécessaires pour notre conversion[5]. »

5. Tandis que missionnaires et controversistes se livraient à de fructueux travaux, les écrivains de la Compagnie ne chômaient pas.

Le P. Fronton du Duc venait de mettre la dernière main à son grand ouvrage, la *Bibliothèque gréco-latine des anciens Pères* et

---

S¹⁰-Geneviève, ms. 3238, f. 211, 212). Lettres du P. Général au card. de La Valette, 23 sept. 1629, à M. de Sillery, 8 janvier 1630 (Gallia, Epist. Gen. ad Externos, 1613-1672).

1. Lettre du P. Général au P. Filleau, 31 août 1630 (Francia, Epist. Gen., t. V).
2. Sommervogel, op. cit., t. IV, c. 260. — Plaget, op. cit., p. 578.
3. Cordara, *Hist. Soc. Jesu*, P. VI, l. X, n. 105 ; l. XI, n. 152.
4. Cordara, *Ibidem*, l. XIII, n. 110. — Cf. Mazon, *Chronique religieuse du viel Aubenas*, p. 60.
5. *Mémoires de Richelieu*, édit. Michaud, t. I, p. 496.

des auteurs ecclésiastiques[1], lorsqu'il fut surpris par la mort, à l'âge de soixante-dix ans (1624). *Le Mercure françois* lui consacra un article très élogieux et non moins mérité[2]. Dans l'espace de vingt ans le savant jésuite exhuma des manuscrits, ou revit en les enrichissant de précieuses notes, les œuvres de saint Jean Chrysostome, de saint Grégoire de Nysse, de saint Jean Damascène, de Théodore Balsamon, de Nicéphore Callisto, de saint Ignace martyr, de Jean Moschus, et les opuscules de plus de cinquante auteurs grecs jusqu'alors très peu connus. Amis ou adversaires, hérétiques ou catholiques, se plaisaient à reconnaître sa science et ses talents, et lui-même gagnait les sympathies de tous par la largeur de son esprit et la douceur de son caractère. Dans ce religieux on ne savait quoi le plus admirer, de l'assiduité au travail ou de l'amour de la prière : il y persévéra jusqu'à la mort malgré de cruelles infirmités[3]. Le P. Labbe n'a pas hésité à inscrire son nom dans le catalogue des plus saints personnages de France au XVIIᵉ siècle[4].

Égal en érudition à Fronton du Duc, peut-être même le dépassant, le P. Jacques Sirmond acheva de publier en 1629 les *Anciens conciles de la Gaule* (Concilia antiqua Galliae), c'est-à-dire les actes de ces grandes assemblées auxquelles assistaient les chefs militaires et politiques de la nation avec les évêques qui ont fait la France. Cette collection, qui commence au temps de l'empereur Constantin et finit à peu près avec le Xᵉ siècle, forme trois volumes; à la fin de chacun on trouve des notes très estimées[5]. La réputation que Sirmond s'était acquise par ses œuvres variées était universelle. Les premiers écrivains de son temps, à quelque parti qu'ils appartinssent, les Baronius et les Bellarmin comme les Grotius et les Saumaise, ne lui ménagèrent point leurs témoignages d'admiration. Quand le cardinal Barberini, grand ami des lettres, voulut en 1626 placer dans sa bibliothèque les portraits des savants qu'il appréciait le plus, il fit demander celui du P. Sirmond. « Nous ne pouvons refuser cela à un si grand prince dont nous avons tant de fois éprouvé la bienveillance », écrivit

---

1. *Bibliotheca veterum Patrum seu Auctorum ecclesiasticorum.* Cf. Sommervogel, op. cit., t. III, col. 241.
2. *Le Mercure françois*, t. X, ann. 1624, p. 780 et suiv.
3. Francia, Biog. defunct. — Abram, *Histoire de l'Université de Pont-à-Mousson*, p. 110, 117. — Baronius, *Annales Eccles.*, t. IX, p. 70.
4. Labbe, *L'année sainte des catholiques*, p. 123 et suiv. — Cf. Niceron, t. XXXVIII, p. 103 et suiv. — *Le Mercure françois*, t. X, p. 781.
5. Cf. Sommervogel, op. cit., t. VII, col. 1293.

le P. Général au P. Armand; et il lui recommanda de faire peindre un portrait, à l'insu, si possible, de l'intéressé, et de l'envoyer à Rome[1].

Le Pape Urbain VIII considérant les grands services qu'un tel homme pouvait rendre à l'Église, souhaita l'avoir auprès de sa personne, mais, ne voulant point paraître imposer sa volonté, il eut recours à l'intermédiaire du cardinal Barberini. Informé par ce dernier du désir du Souverain Pontife, Vitelleschi écrivit au P. Sirmond en lui exprimant la consolation qu'il aurait lui-même de sa venue à Rome et l'espoir que sa santé ne s'opposerait pas à l'exécution de ce dessein[2]. L'humble religieux, tout en se déclarant soumis aux moindres volontés de son supérieur, lui représenta les inconvénients d'un si long voyage et d'un séjour à l'étranger pour un vieillard septuagénaire, et surtout la difficulté de continuer au loin ses travaux. Ces raisons ne parurent pas suffisantes au cardinal qui insista de nouveau, en faisant valoir les avantages qu'offraient aux savants les riches trésors de la ville éternelle[3]. Mais Louis XIII ne voulut pas souffrir qu'on lui ravît un homme qui faisait tant d'honneur à son royaume. Il demanda au P. Général que Sirmond ne quittât pas la France, et tous s'inclinèrent devant sa volonté souveraine. « Non seulement le P. Sirmond, répondit Vitelleschi, mais la Compagnie tout entière est plus entre les mains de Votre Majesté très chrétienne qu'entre les miennes; elle peut donc disposer de tous les religieux selon son bon plaisir. Puisqu'elle a daigné m'honorer de son commandement, c'est pour moi un devoir d'obéir avec une cordiale affection[4]. »

Pendant qu'Urbain VIII réclamait à Rome la présence du P. Sirmond, Philippe IV, roi d'Espagne, demandait un autre jésuite français, le P. Petau, comme professeur d'histoire, pour le collège impérial de Madrid récemment fondé. Dans une lettre au P. Général, il annonçait son intention d'écrire, s'il le fallait, au roi de France[5]. Vitelleschi ne voulut prendre aucune décision avant d'avoir consulté le principal intéressé; il lui transmit donc la demande et, sans rien lui imposer, se contenta de rappeler les motifs qu'on avait de ne point répondre par un refus à un si

---

1. Lettre du P. Général au P. Armand, 15 déc. 1628 (Francia, Epist. Gen., t. IV).
2. Lettre du P. Général au P. Sirmond, 21 janvier 1629 (Francia, Epist. Gen., t. V).
3. Du même au même, 18 mai 1629 (Ibidem).
4. Du même à Louis XIII, 6 octobre 1629 (Epist. Gen. ad diversos, t. I).
5. Mémoires de Niceron, t. XXXVIII, p. 113.

puissant protecteur; cependant il lui laissait toute liberté d'agir comme bon lui semblerait [1]. « Quelle n'est pas votre délicatesse pour moi, répondit le P. Petau, de désirer connaître mon avis dans une matière où c'était votre droit de décider par vous-même. Je ne saurais vous exprimer combien j'en suis touché, d'autant plus que vous me faites juge de mon sort en m'ordonnant de vous dire sincèrement et librement les obstacles qui pourraient s'opposer au dessein du roi catholique [2]. » Après avoir exposé avec franchise que sa santé délabrée le rendait incapable de faire le voyage d'Espagne et de supporter les chaleurs accablantes du pays, il ajoutait : « Je m'abandonne à la sollicitude de Votre Paternité. Quoi que vous décidiez, je le regarderai comme l'expression de la volonté de Dieu, et je ferai en sorte de l'exécuter généreusement, avec promptitude et avec joie. » Le P. Général n'insista pas. « Je savais, écrivit-il au P. Petau, que l'état de votre santé ne vous permettrait pas d'accéder au désir du roi catholique; mais il vous avait demandé nommément et avec insistance. Je devais, pour reconnaître sa bienveillance à notre égard, mettre tous mes soins à la satisfaire. J'accepte vos légitimes excuses, si bien motivées; il ne faut nullement exposer une santé précaire que vous saurez encore employer fructueusement, comme par le passé, à l'honneur de la Compagnie [3]. » Un jésuite Portugais, le P. François Macedo fut nommé professeur d'histoire à Madrid, et Denis Petau put continuer de se livrer en France à la composition et à la publication de ses importants travaux.

En 1627 il avait mis à jour son fameux livre *De Doctrina temporum*. Expliquant le titre, dans la dédicace au cardinal de Richelieu, il s'exprimait ainsi : « Saint Augustin, au livre XI° de ses *Confessions*, disserte savamment sur la nature du temps, ce qui ne l'empêche pas d'avouer ensuite, au livre XXV., son ignorance à ce sujet. Qu'est-ce que le temps? écrit-il. Si personne ne me le demande, je le sais; mais si on m'interroge, je reste à court d'explications... Il ne s'agit pas dans cet ouvrage d'étudier le temps en lui-même, mais dans ses rapports avec l'existence des hommes et des peuples, et d'en faire sortir cette science particulière que nous appelons *la science des temps* [4]. »

En pareille matière, avant l'apparition du livre du P. Petau,

---

1. Lettre du P. Général au P. Petau, 23 janvier 1629 (Francia, Epist. Gen., t. V).
2. Lettre du P. Petau au P. Général, citée par Chatellain, *Le P. Denis Petau*, p. 215-217.
3. Lettre du P. Général au P. Petau, 19 avril 1629 (Francia, Epist. Gen., t. V)
4. D. Petau, *De Doctrina temporum*, dédicace, au début.

le *De emendatione temporum* de Scaliger faisait autorité; aussi l'orgueilleux protestant se vantait-il d'avoir dit le dernier mot. « On pourra bien ajouter ou retrancher à mes écrits, on pourra s'en servir avec une méthode nouvelle; mais la doctrine qu'ils renferment est tellement sûre qu'on n'y pourra rien innover. Comme Archytas de Tarente mit le premier les principes géométriques dans la science mécanique, ainsi les ai-je mis le premier dans la science des temps[1]. » Telle était, en effet, l'opinion reçue au début du xvii° siècle. Protestants et catholiques, tous, pleins d'admiration pour la science chronologique de Scaliger, le considéraient « comme un génie incapable de se tromper, ou dont les erreurs ne pouvaient être aperçues ni corrigées que par lui-même[2] ». Le P. Petau dissipa ce préjugé, en réfutant un ouvrage surfait et en posant la base d'une chronologie universelle.

L'écrivain protestant n'avait point de méthode; il s'exprimait d'une façon peu claire, et, pour déguiser ce défaut, il avertissait ses lecteurs « de n'approcher point s'ils n'étaient initiés à toutes les sciences et à tous les arts libéraux[3] ». Petau, helléniste, hébraïsant, latiniste consommé, théologien éminent, historien surtout et même astronome, prit un malin plaisir, avant de montrer les fautes de Scaliger, à remanier le texte même de celui-ci en exprimant les mêmes idées sous une forme beaucoup plus intelligible, en sorte que désormais pour bien entendre le protestant il faudra recourir d'abord au jésuite. On a reproché à ce dernier d'avoir traité son adversaire « sans merci ». Mais Scaliger n'avait jamais eu de pitié pour personne : il subissait maintenant la peine du talion.

La chronologie de Petau ne pouvait être, vu l'époque, le dernier mot de la science; elle prouve du moins, par le long crédit dont elle a joui, la supériorité de l'esprit qui l'avait conçue.

La *Doctrine des temps* se compose de trois parties. La première, uniquement spéculative et base de tout l'ouvrage, traite de la science d'ordonner et de disposer les temps selon les règles de l'astronomie. La seconde, application des principes précédents à l'histoire, roule tout entière sur les moyens de fixer à des temps déterminés les événements les plus importants. La troisième est une chronologie de tous les faits historiques, depuis le commencement du monde jusqu'à l'an 533 après Jésus-Christ.

1. Cf. Chatellain, *Le P. Denis Petau*, p. 200.
2. Niceron, *op. cit.*, t. XXXVII, p. 110.
3. Chatellain, *op. cit.*, p. 201.

L'impatience de l'imprimeur à l'approche de la Foire de Francfort, ne permit pas à l'auteur de conduire plus loin son travail[1]. Cette *chronique de l'histoire*, comme l'appelle le P. Oudin, ne renferme que des faits et des dates ; mais elle n'en est pas moins, au dire des savants, un véritable chef-d'œuvre qui a servi de base à d'innombrables édifices. Jean Albert Fabricius, célèbre professeur d'éloquence à Hambourg, regrettait que personne ne l'eût continué jusqu'à nos temps avec la même exactitude et en suivant la même méthode. « Denis Petau, disait-il, a écrit de merveilleuses pages, et, bien qu'il s'acharne trop violemment après son adversaire, il a conquis l'immortalité dans son livre de *La Doctrine des Temps*[2]. »

Nous pourrions multiplier les élogieux témoignages rendus à l'auteur par des protestants, enthousiastes de Scaliger ; nous nous contenterons d'invoquer celui d'un calviniste français, Alexandre Morus, ennemi déclaré des Jésuites. « Il faut nécessairement, écrivait-il, compter Denis Petau parmi les princes de la chronologie. Comment ne pas admirer le multiple génie de cet homme, son érudition qui embrasse tant de choses à la fois, sa façon de s'exprimer qui est si latine et si harmonieuse ? Notre admiration va si loin que nous le suivons souvent de préférence à Scaliger[3]. » On peut juger, par cette appréciation d'un huguenot, ce que dut être celle des catholiques. « Denis Petau, écrivait le cardinal Noris, est le plus laborieux des hommes et, en fait de science chronologique, non seulement personne en notre siècle n'est son égal, mais personne n'approche de lui[4]. »

Pourtant quelques Pères de la Compagnie trouvèrent à redire à une page importante du magistral ouvrage : ils reprochèrent à l'auteur d'avoir abandonné, sur l'année de la naissance de Jésus-Christ, le sentiment de Baronius, qu'ils s'imaginaient être celui de l'Église. Or le P. Petau, esprit large et indépendant que le prestige d'un grand nom ne pouvait arrêter devant une conclusion logiquement tirée de données scientifiques, était en même temps plein de soumission à l'autorité infaillible de l'Église romaine. Il s'empressa donc de publier une lettre de justification, où il montrait que son opinion n'étant point en désaccord avec l'enseignement catholique, il était libre de l'admettre et de

---

1. D. Petau, *De Doctrina temporum*, note à la fin de la troisième partie.
2. Cité par Niceron, *op. cit.*, p. 109, 111.
3. *Ibidem*, p. 111.
4. Cité par Chatellain, p. 208.

la soutenir. Aussi bien, un soin extrême de ne rien avancer de suspect aux yeux de la foi apparaît dans toute son œuvre et fut constamment la règle de sa conduite [1].

En 1630 Denis Petau publia les *Œuvres de l'empereur Julien*, dont l'impression commencée en 1628 fut quelque temps interrompue. On alarma en effet sa conscience : cette publication n'allait-elle pas autoriser les écrits d'un apostat, ennemi acharné de la religion chrétienne ? Mais, pour le rassurer, les savants qui s'intéressaient à l'ouvrage annoncé, firent agir les cardinaux Barberini et de Bagni dans le jugement desquels il avait toute confiance. Sur leurs instances, il consentit à terminer l'édition [2]; toutefois il ne mit point son nom en tête du livre, et dans la préface il reprochait à quelques éditeurs précédents d'avoir donné trop de louanges à l'empereur apostat.

Vers la même époque le P. Jean Lorin, professeur d'Écriture Sainte au collège romain, continuait les publications qu'il avait autrefois entreprises au collège de Clermont. Les juges les moins favorables à la Compagnie ont été forcés de rendre hommage à cet interprète des Saintes Lettres ; ils ont loué son vaste savoir, sa connaissance des langues anciennes, son esprit de sage critique. Profitant de l'influence que lui avait acquise partout sa science de l'Écriture, il s'employa de tout son pouvoir à propager en Italie, en France, en Espagne, la dévotion à l'Immaculée Conception de Marie. Ce fut sur son conseil que l'Université de Dôle se fit une loi d'obliger tous ses docteurs au serment de défendre jusqu'à la mort ce glorieux privilège de la Mère de Dieu [3].

6. Dans le domaine de l'ascétisme comme dans celui de l'érudition, la Compagnie avait alors plusieurs écrivains marquants et encore connus de nos jours. Le P. Étienne Binet, condisciple de François de Sales au collège de Clermont et plus tard lié d'une constante amitié avec le saint évêque de Genève, a laissé de nombreux écrits qui, sinon pour la perfection du style, au moins pour l'ensemble de la direction spirituelle, rappellent ceux du grand docteur [4]. Entre 1624 et 1630 il ne publia pas moins de

---

1. Ibidem.
2. Lettre de Bagni à Barberini, 1ᵉʳ mars 1630 (Archiv. Vat., Nunc. di Francia, n. 72, f. 59). — Niceron, p. 115. — Châtellain, p. 221, 222.
3. Cf. Courcier, *Maria negotium omnium sæculorum*, p. 405. — Drews, *Fasti Soc. Jesu*, 26 mars, p. 117. *Ménologe de l'Assistance de France*, t. I, p. 405.
4. H. Brémond, *Histoire du sentiment religieux en France*, t. I, p. 129 et suiv.

dix-sept opuscules. Signalons entre autres : *De l'estat heureux et malheureux des âmes souffrantes en purgatoire* (1626). — *Consolation des âmes désolées et qui sont dans les aridités et abandonnemens* (1626). — *L'ineffable miséricorde de Dieu à la conversion du bon larron* (1627). — *Le riche sauvé par la porte dorée du ciel, et les motifs sacrés et grande puissance de l'aumosne* (1627). — *Remède souverain contre la peste et la mort soudaine, avec des prières d'où les âmes dévotes peuvent tirer une très douce consolation et spirituelle récréation, tant durant la contagion qu'en toute autre affliction ou maladie* (1628-1629)[1].

Binet avait « de très beaux talents d'écrivain.., beaucoup d'esprit et de sens, un tour persuasif, une imagination somptueuse[2] »; mais, emporté par sa faconde, il se perd quelquefois dans un verbiage puéril ou de mauvais goût. Quand il sait se modérer, sa verve pittoresque nous charme et nous émeut; il excelle dans le symbolisme. Pour le fond de sa doctrine, nous pouvons nous en tenir à l'opinion de sainte Jeanne de Chantal. « Je n'ai jamais ouï, dit-elle, un esprit plus conforme en solide dévotion à celui de Monseigneur (François de Sales), en la conférence particulière des choses de Dieu[3]. »

Le P. Nicolas Caussin avait déjà composé *Le Triomphe de la piété à la gloire des armes du Roy*, lorsqu'il entreprit d'écrire *La Cour sainte ou l'institution chrestienne des grands, avec les exemples de ceux qui dans les cours ont fleuri en saincteté*. Le premier volume, publié en 1624, eut une seconde édition en 1625; le second, approuvé en 1627 ne parut qu'en 1629, et le troisième en 1631. S'il s'y trouve des fautes de style et de goût excusables à cette époque, elles sont bien rachetées par la solidité du fond, les qualités du développement, la vigueur et la richesse de l'expression. Aussi ce bel ouvrage, réédité quatorze fois en France du vivant de l'auteur, fut-il bientôt traduit dans toutes les langues de l'Europe[4].

Le P. François Poiré était Père spirituel au collège de Pont-à-Mousson, quand il publia en 1630 *La triple couronne de la Bienheureuse Vierge Mère de Dieu*. Ce livre, fruit d'immenses recherches poursuivies avec une infatigable persévérance au milieu des occupations les plus variées, est considéré depuis près de trois

---

1. Sommervogel, t. I, col. 1495-1499.
2. Brémond, p. 131, 132.
3. *Lettres de sainte Jeanne de Chantal*, t. II, p. 14.
4. Sommervogel, t. II, col. 906.

siècles comme un des principaux monuments élevés à la gloire de Marie. Il offre, selon l'expression de Dom Guéranger, « un résumé substantiel de ce que les siècles ont produit de plus magnifique et de plus lumineux sur la reine du ciel et de la terre [1] ». Le style en a vieilli, mais il reste savoureux, tout imprégné de poésie et de piété. Notons encore, pour terminer cette revue de l'ascétisme, nécessairement incomplète [2], deux excellents ouvrages, l'un du P. Barthélemy Jacquinot, *Adresse chrétienne pour vivre selon Dieu dans le monde* (1628) [3], et l'autre du P. Louis Richeome, *La Guerre spirituelle entre l'âme raisonnable et les trois ennemis d'icelle* (1627) [4].

7. Les Pères Baiole, Salian, Solier et Bertrix sont, de 1624 à 1630, les représentants de l'histoire dans la Compagnie de Jésus.

Le P. Jean-Jérôme Baiole voulut écrire le livre d'or des congrégations de la Sainte Vierge. Réunissant donc tous les traits les plus édifiants consignés dans les annales des collèges il composa un volume qui parut en 1624 sous le titre : *Annales Congregationis Sanctissimae Virginis Mariae collecti ex Annalibus Societatis Jesu* [5].

La même année le P. Jacques Salian donna le sixième et dernier volume des *Annales de l'Ancien Testament*, depuis la création du monde jusqu'à la naissance de Jésus-Christ. Cet ouvrage, d'une érudition immense, comprend, outre la vie intérieure du peuple de Dieu, le tableau complet de ses relations avec tous les peuples de l'antiquité. L'auteur le destinait à servir d'introduction aux *Annales ecclésiastiques* de Baronius. Afin de le conduire à sa perfection, il eut la patience de le retoucher et de le transcrire jusqu'à six fois tout entier de sa propre main. Au dire des juges autorisés, les *Annales* du P. Salian « semblent écrites avec la plume des saints docteurs [6] ».

En 1627 le P. François Sollier, déjà connu par divers ouvrages ascétiques traduits de l'italien et de l'espagnol, avait commencé la publication de l'*Histoire ecclésiastique des îles et royaumes du Japon*. Au mois de juin 1628 il terminait son manuscrit par ces mots : « Je finis la seconde décade de mon Histoire Japonaise... à

---

1. Dom Guéranger, *La triple couronne*, préface, p. vi.
2. Nous reviendrons plus longuement sur ce sujet au tome V, chap. viii.
3. Sommervogel, t. IV, col. 720, tome VI, col. 1828.
4. Sommervogel, t. I, col. 786.
5. Abram, *op. cit.*, p. 279.
6. De Guilhermy, *Ménologe de l'Assistance de France*, t. I, p. 117.

la gloire de Dieu qui m'a donné, et à la louange de la Reyne des Vierges et à l'honneur des saints Ignace et Xavier qui m'ont obtenu les forces de le conduire à ce point, le soixante-dixième an de mon âge. » Il mourut quatre mois après, dans la résidence de Saint-Macaire près de Bordeaux. Le Père chargé d'achever l'impression de l'ouvrage y ajoutait quelques lignes à la louange du laborieux vieillard : « Les lecteurs, disait-il, lui ont cette obligation d'y voir clair maintenant dans l'Histoire du Japon, si fort embrouillée avant qu'il y eust mis la main, qu'on y connaissoit aucun ordre; la peine qu'il a prise pour le public mérite que la postérité qui jouira de ses travaux en conserve et honore la mémoire [1]. »

En 1630 un autre ouvrage historique d'un Jésuite fit quelque bruit au Parlement de Rouen. Le 27 septembre, la Chambre des Vacations interdisait la vente d'une *Table Chronologique* publiée sous le nom d'un sieur Tanquerel, et citait celui-ci à comparaître devant la cour pour avoir rangé parmi les hérétiques un avocat du Parlement de Paris, Pierre de Cugnières, qui, sous Philippe de Valois, « avoit soutenu les droits du Roy contre les abus et entreprises de la juridiction ecclésiastique ». Ce sont les termes de l'arrêt [2]. Or le véritable auteur, comme le déclara l'accusé, était le P. Jacques Bertrix, recteur du collège de Rouen. Le 20 décembre, après un violent réquisitoire de l'avocat général, Le Guerchois, contre « certains esprits desguisez, contraires au droict commun et mal affectionnez à la France », le Parlement condamna la *Table Chronologique* comme « escripte en plusieurs endroicts contre la vérité de l'histoire, contre les lois et bonnes maximes de l'Estat », et ordonna « que les planches et caractères en seroient rompus [3] ». Toutefois l'arrêt ne dit mot des Jésuites dénoncés par l'avocat général. Tanquerel et l'imprimeur en furent quittes pour de légères amendes.

8. Après l'histoire voici la poésie, représentée par les PP. Collot, de Lidel et Le Moyne.

Le P. Louis Collot, successeur des PP. Petau et Caussin dans la chaire de rhétorique au collège de La Flèche, donna au public en 1630 un recueil de ses œuvres poétiques, contenant trois tragédies : *Adrien, Sapor, Chosroès*; une tragi-comédie, *Les Reve-*

---

1. Abram, *op. cit.* p. 115, 116.
2. *Le Mercure françois*, t. XVI, ann. 1630, p. 551-553.
3. *Ibidem*, p. 55o. Cf. *Annales des soi-disans Jésuites*, t. III, p. 368; — Floquet *Histoire du Parlement de Normandie*, t. IV, p. 423 et suiv.

nants, et quelques opuscules [1]. Rotrou, grand imitateur d'Euripide, de Plaute et de Sénèque, ne dédaigna point d'imiter aussi le P. Cellot auquel il est redevable de deux de ses chefs-d'œuvre : il a pris le sujet et les personnages de son *Chosroès* dans celui du jésuite [2]; pour son *Saint-Genêt*, la pièce la plus romantique qu'on puisse imaginer, il a puisé largement dans l'*Adrien*, abrégeant les trop longues tirades, mais prenant les principales scènes, les personnages avec leurs noms, les plus beaux vers et les plus beaux traits qu'il se contenta de traduire [3].

Le P. Claude de Lidel, régent de rhétorique à Rouen et à Paris, publia un poème sur la *Prise de La Rochelle*, et une tragédie, *Arsace*, qui fut jouée sur le théâtre du collège de Clermont au mois d'août 1630. A Rouen, il avait compté au nombre de ses élèves Pierre Corneille [4]. Lorsque plus tard il lui offrit son beau traité sur la théologie mystique des saints [5], le grand poète remercia son ancien maître en lui adressant, comme témoignage de reconnaissante affection, six stances de dix vers. Retenons seulement la dernière qui résume toute la pièce :

> Je fus ton disciple, et peut-être
> Que l'heureux éclat de mes vers
> Éblouit assez l'univers
> Pour faire peu de honte au maître ;
> Par une plus sainte leçon
> Tu m'apprends de quelle façon
> Au vice on doit faire la guerre.
> Puissé-je en user encore mieux,
> Et comme je te dois ma gloire sur la terre,
> Puissé-je te devoir un jour celle des cieux [6].

Plus connu que de Lidel, Pierre Le Moyne naissait alors à la célébrité. Abandonnant la composition latine que l'on cultivait avec soin dans les collèges de la Compagnie, il s'adonna de bonne

---

1. Sommervogel, t. II, col. 948.
2. Chardon, *Vie de Rotrou*, p. 174, 175.
3. E. Deschanel, *Le romantisme des classiques*, p. 269.
4. Probablement en 1620-1621 ; Corneille avait alors dix-neuf ans. Parmi les prix remportés par le futur auteur dramatique on remarque celui que lui valut une traduction en vers d'un morceau de la *Pharsale*. Cf. *Œuvres de Corneille*, édit. Régnier, t. I, p. xx. — Aubé, *Le Lycée de Rouen*, p. 183, 187.
5. *La Théologie des saints, où sont représentés les Mistères et les Merveilles de la Grâce*. Cf. Sommervogel, t. IV, col. 1807, 1808.
6. En tête de la *Théologie des saints*, a été réimprimé par *Le Mercure*, décembre 1727, p. 2894. Cf. *Œuvres de Corneille* (Édit. Régnier, t. X, r. 230).

heure à la poésie française. Il avait commencé, en 1626, ses études de théologie à Pont-à-Mousson, quand il fut obligé, pour un motif accidentel, de les interrompre. C'est à Reims, où il avait été envoyé, qu'il publia en 1629 *Les Triomphes de Louis le Juste*, recueil de pièces diverses, chansons, stances, épigrammes, sonnets, odes, élégies, églogues. Une des odes *Sur la conservation de l'isle de Rhé* avait déjà paru en 1627 [1]. Le recueil complet, qui portait l'imprimatur du P. Fourier, provincial de Champagne, attira l'attention du P. Vitelleschi. Craignant que l'inclination du P. Le Moyne pour la poésie ne le détournât de travaux plus sérieux, il fit recommander au Recteur de Pont-à-Mousson de veiller à ce que le jeune religieux ne se livrât pas à la versification au détriment de ses études [2].

Signalons encore parmi les écrivains de la même époque, les PP. Jean Leurechon, Bulenger et Viger.

Le P. Jean Leurechon, dont nous avons raconté la vocation si éprouvée, est l'auteur des *Récréations mathématiques*. Cet ouvrage qui obtint une certaine vogue et eut plusieurs éditions, est un recueil « de problèmes plaisans et facétieux d'arithmétique, géométrie, astrologie, optique, perspective, mécanique, chymie, et autres rares et curieux secrets [3] ».

Le P. Jules-César Bulenger, le polémiste qui releva avec tant de succès les erreurs de Duplessis-Mornay touchant l'Eucharistie [4], publia en 1627 divers travaux sur les antiquités romaines, commencés lorsqu'il était professeur à l'Université de Pise [5].

Le P. François Viger, helléniste distingué, traduisit en latin la *Préparation évangélique* d'Eusèbe, et composa un traité des *Principaux idiotismes de la langue grecque* [6].

On voit par cette esquisse rapide que, depuis les humbles études de philologie jusqu'aux plus hautes spéculations de la science, les Jésuites ne restaient étrangers à aucun développement de l'esprit humain.

---

1. Sommervogel, t. V, col. 1326, 1327.
2. Lettre du P. Général au P. Fourier, 12 nov. 1629 (Campan., Epist. Gen., t. I).
3. Sommervogel, t. IV, col. 1756-1757.
4. Voir t. II, p. 588.
5. Ce n'est pas comme Jésuite que Bulenger fut professeur à Pise : après avoir passé douze ans dans la Compagnie, il l'avait quittée sur sa demande. Il y rentra en 1620, favorablement accueilli par le P. Général. Savant homme, quelque d'idées un peu bizarres, il racheta si bien son inconstance par l'exemple d'une vie parfaitement régulière que les supérieurs l'admirent à la profession ; il mourut à Cahors en 1628 (Abram, *op. cit.*, p. 162-165).
6. Sommervogel, t. VIII, col. 712, 713.

9. Un livre publié par le P. Jean Grillot et intitulé *Lyon affligé de contagion, ou Narré de ce qui s'est passé de plus mémorable en ceste ville depuis le mois d'aoust 1628 jusques au mois d'octobre 1629*[1], nous amène à parler des victimes que la Compagnie de Jésus fournit au fléau qui de 1628 à 1630 ravagea le centre et le midi de la France. Dans cet espace de trois ans, la seule province de Lyon donna au ciel une glorieuse phalange de quatre-vingts martyrs de la charité[2].

« L'indignation divine, lisons-nous dans une relation contemporaine, s'est fait puissamment ressentir avec des effets prodigieux en ce royaume de France, cette année 1628, et singulièrement en la ville de Lyon, laquelle a expérimenté aux despens de la vie de plus de soixante mille personnes, combien Dieu est terrible en la vengeance qu'il prend de nos péchez[3]. » On attribuait généralement la contagion au passage des troupes conduites en Piémont par le marquis d'Uxelles. Le 8 aoust quelques cas de peste furent signalés à La Guillotière ; dans les premiers jours de septembre le fléau régnait sur toute la ville. Les châteaux de la noblesse voisine, les pittoresques maisons de campagne où la bourgeoisie avait cru lui échapper, les villages si salubres qui couronnent les coteaux du Lyonnais furent visités comme les vieilles et étroites rues de la cité[4].

Tous ceux qui avaient pu trouver un asile au dehors, s'étaient enfuis. Les Pères Capucins, Récollets, Minimes, Carmes, se partagèrent les quartiers de la ville et les hôpitaux pour assister les malades. « Les religieux de la Compagnie se mêlèrent à tous ces bons Pères pour enfler leur trouppe et prendre part à leur honorable exercice... Pour furieux qu'aye esté le mal on n'a jamais interrompu és églises des Jésuites les exercices ordinaires de ceste Compagnie, mesmement des sermons les jours de dimanche et de feste, et les tribunaux estoient toujours remplis de dix ou douze confesseurs qui recevoient tous ceux qui s'y présentoient. Davantage les supérieurs et pères anciens ne faisoient nulle difficulté d'aller au Bruteau, d'entendre du rempart les malades, de faire des sermons et exhortations en la cour de

---

1. Sommervogel, t. III, col. 1839.
2. Cf. Alegambe, *Heroes et victimae charitatis*. — Raynaud, *De Martyrio per pestem ad martyrium improprium et proprium vulgare comparato, disquisitio theologica*.
3. Relation de la contagion de Lyon (*Le Mercure françois*, t. XV, an. 1628, p. 35 et suiv.
4. Relation déjà citée, p. 35, 36.

Sainct-Laurens, de confesser ceux qui alloient à l'hospital et aux cabanes; les mesmes visitoient tous les jours les monastères des filles religieuses, partie pour dire la messe à celles qui n'avoient point de prestre, partie pour les consoler, et les assister¹. »

Sept de ces héros de la charité, dont le P. Théophile Raynaud a conservé les noms, tombèrent victimes de l'épidémie. Nous citerons parmi eux le P. François Bouton, ancien missionnaire de Constantinople, où il avait souffert une longue et dure captivité². Sentant approcher sa dernière heure, il se traîna au pied du lit d'un de ses compagnons, le P. Ignace Pompone, qui lui-même était au plus mal. Après lui avoir admininistré les derniers sacrements, il s'étendit à ses côtés en le priant de lui rendre le même service. Il alla peu après recevoir au ciel la récompense de ses travaux³.

Ce fut également au mois d'août 1628 que la peste éclata dans la ville de Bourges. Plus de six mille habitants prirent la fuite. Le maire et les échevins ne désertèrent pas leur poste; mais il ne resta qu'un seul conseiller au présidial, avec deux membres du clergé et un professeur de l'Université. Quatre religieux de la Compagnie et quatre Capucins furent presque seuls à confesser et à consoler les mourants. Deux des Jésuites, le P. Barace et son compagnon succombèrent; les deux autres survécurent. A la suite des prières publiques ordonnées par le maire et d'un vœu fait à Notre-Dame de Liesse, la maladie disparut complètement au mois de décembre: elle avait fait près de cinq mille victimes⁴.

La même année mourut à Rennes au service des pestiférés le Frère scolastique Claude Roussel. Pour obtenir de son supérieur la faveur de les secourir, il s'était engagé par vœu à plusieurs pratiques de dévotion en l'honneur de la Très Sainte Vierge. Sa demande ayant été exaucée, il prodigua aux malades du grand hôpital les plus tendres soins pendant quatre jours, après lesquels, terrassé par l'épidémie, il expira plein de joie, à peine âgé de vingt-huit ans⁵.

---

1. Relation déjà citée, p. 85, 86.
2. Voir t. III, p. 614, 617, 625.
3. Alegambe, op. cit., p. 276. — Cordara, op. cit., t. XIII, n. 117. — *Ménologe de l'Assit. de France*, t. II, p. 403.
4. Délibérations du conseil de ville (Archives comm. BB. 17, f. 164, 173, 174, 230). Journal de Lelarge (Bibl. mun. de Bourges, mss. f. 6-18). Cf. Raynal, *Histoire du Berry*, t. IV, p. 278.
5. Alegambe, p. 278. — *Ménologe*, II, 854.

Le Frère Jacques Vasserot, coadjuteur du collège de Carpentras, eut le même bonheur, le 26 décembre 1628. Dès l'apparition de la peste, il avait sollicité la grâce d'exposer sa vie au service des mourants. Après avoir fait une confession générale, il s'enferma dans l'hôpital, où, durant plusieurs semaines, il dut remplacer les médecins, tous emportés par la violence du mal, et prodiguer presque seul aux malades les consolations de l'âme et les soulagements du corps. Atteint une première fois de contagion, il échappa comme par miracle et reprit avec une nouvelle ardeur son œuvre de dévouement. Une rechute l'emporta le lendemain de Noël, quand l'épidémie était déjà sur son déclin[1]. Sept autres religieux du même collège tombèrent victimes de leur charité[2].

L'historien du collège d'Aurillac nous rapporte comment, en cette même année, les Cordeliers et les Jésuites, secondant le premier magistrat de la ville, relevaient les courages abattus, soignaient les malades, enterraient les morts[3]. Le P. Jean-François Martincourt avait été au premier rang de ces braves. On nous saura gré de reproduire ici la lettre par laquelle il demandait au P. Provincial la permission de se sacrifier.

« Dieu, provoqué par les péchés spécialement du misérable pécheur qui escrit ce mot, a affligé notre Aurillac, deux personnes estans mortes en deux diverses maisons, cette première nuit et matin de la Visitation de la Vierge (2 juillet). Et bien que j'estime qu'il y a plus d'appréhension que de mal, toutesfois tout est en effroy, et on croit et craint que le mal sera plus grand. Estant inutile en la Compagnie et homme de néant, et d'ailleurs par mes péchés cause du mal, je prie et demande à Votre Révérence que de justice je m'expose. Si Votre Révérence l'accorde à d'autres, ce sera charité, mais pour moi ce sera suivant le démérite de mes péchés et comme la vengeance divine le requiert. Et si Dieu se sert de ce moyen pour me donner le ciel, ce sera un excès de sa miséricorde. J'en prie Votre Révérence par le sang de Celui qui, comme je l'espère, lui suggérera de me l'octroyer. Certainement, s'il faut avoir peu d'appréhension, en ce cas j'assure Votre Révérence, soit don de Dieu, soit mon estourdissement, que je n'en ay point du tout. Et de bonne volonté à servir en ceste extrémité,

---

1. Cordara, *op. cit.*, l. XIII, n. 123. — Alegambe, p. 270. — *Ménologe*, t. II, p. 618.
2. *Ménologe*, t. I, p. 11.
3. Bouquier, *Notice sur le collège d'Aurillac*, p. 23. Cf. Archives comm. d'Aurillac, BB. registres des délibérations (1617-1640), f. 130, 135.

j'en sens plus que je n'en mérite. Plaise à Dieu me l'augmenter et que je puisse vivre et mourir pour Celuy qui est mort pour nous. Par lequel, au saint sacrifice, comme j'offre à son Père ma vie et ma mort, l'unissant à son offrande, ainsi ès mains de Votre Révérence, je luy résigne la mort de ce tronc inutile, mais sec et propre à brusler ès feux de sa justice éternelle. Je conjure Votre Révérence par luy-mesme m'ayder à changer ces peines ès services d'une expiation, et je la prie y joindre sa bénédiction paternelle [1]. »

Une supplique si humble méritait d'être exaucée. Ce fut avec une joie toute surnaturelle que le P. Martincourt se jeta au milieu de la fournaise qui consumait tant de malheureux. Il y dépensa sans réserve durant quelques semaines les trésors de son ardente charité, puis dévoré lui-même par le mal impitoyable, il accueillit courageusement, les yeux sur le crucifix, la mort qu'il avait ambitionnée[2].

A Tournon, dans des circonstances analogues, dix Pères du collège avaient offert leurs services au consulat. L'un d'eux, le P. Pierre Fournel, succomba bientôt à la peine[3].

L'année 1629 ne fut pas moins féconde que la précédente en actions héroïques. L'épidémie ayant reparu en Dauphiné, les Jésuites allèrent comme de coutume au-devant de la mort. Le P. Pierre Brun ne craignit pas de s'aventurer au milieu des villes et des bourgs les plus éprouvés. Il était dans la petite ville de Thoin quand il se sentit frappé mortellement en recevant la confession d'un malade abandonné. Il succomba quelques jours après, heureux de donner sa vie pour le prochain[4].

Au mois d'avril la peste éclata dans Béziers. Le P. Claude de Sainte-Colombe, qui y prêchait le carême, s'offrit aussitôt pour porter secours aux victimes du fléau. Les échevins, loin d'accéder à son désir, l'obligèrent à se réfugier dans un village éloigné de quelques milles. Bientôt la contagion s'étendit jusqu'au lieu de sa retraite, et le Père, heureux de se sacrifier, prodigua jour et nuit aux malades tous les soins de l'âme et du corps. Il mourut lui-même du mal qu'il avait affronté par dévouement[5].

---

1. Lettre du P. Martincourt au P. Général (Tolosanae prov. necrologium).
2. Alegambe, p. 272. — Cordara, l. XIII, n. 112.
3. Nadasi, Annus dier. memorab., 1 nov. — Ménologe, II, 457.
4. Cordara, l. XIV, n. 122.
5. Nadasi, p. 250. — Cordara, l. XIV, n. 124. — Ménologe, II, 457.

Au mois de juillet ce fut le tour de la ville d'Avignon. Un Père et un Frère coadjuteur, envoyés au secours des pestiférés, trouvèrent auprès d'eux une mort glorieuse. Deux autres Pères et deux Frères les remplacèrent; au bout de quelques mois ces derniers succombaient, mais les deux prêtres purent remplir leur héroïque mission jusqu'à la fin de l'épidémie. En moins d'une année la ville avait perdu six mille habitants. Tant que dura la contagion, les Pères se tinrent à la disposition des pénitents dans l'église du collège restée ouverte. Le P. Antoine Fournier y prit le germe du mal, et fut la cinquième victime. Un autre Père du collège organisa les secours contre le fléau, à Uzès, où tous les ministres avaient abandonné leur poste. Sa mort édifiante contribua grandement à la conversion des hérétiques de la ville[1].

A Aix en Provence, la peste s'était déclarée le 31 juillet. Là encore les Jésuites se dévouèrent sans merci. Fauris de Saint-Vincent les cite en tête des religieux « qui en cette occasion se distinguèrent le plus[2] ». Trois Frères coadjuteurs, un novice scolastique et deux Pères moururent à leur poste de combat. Parmi ces derniers nous devons mentionner Elzéar d'Oraison, fils aîné du comte de Boulbon. Sa famille l'avait pressé de se réfugier près d'elle et de se soustraire ainsi au fléau; mais l'intrépide apôtre, sourd à la voix de ses proches, se jeta au plus fort du danger, dans les huttes de Saint-Eutrope, où gisaient les pauvres de la campagne décimés par la peste et la famine. Il tomba au champ d'honneur[3]. Quelques jours plus tard succombait à son tour le recteur du collège, le P. Jacques Isnard, dont saint François de Sales disait : « Il est non seulement docte religieux, mais encore tout spirituel et tout de Dieu[4]. » Il fut très regretté de la ville et de la province où il jouissait d'une grande réputation de sainteté[5]. Le P. Jean Loyre, atteint de la contagion dans les infirmeries organisées au couvent des Minimes, resta plusieurs semaines entre la vie et la mort. A peine guéri, il vola de nouveau avec un grand courage au secours des pestiférés de Marseille. Là encore Dieu le préserva, et il revint à Aix « vic-

1. Chossal, *Les Jésuites et leurs œuvres à Avignon*, p. 233-234.
2. Guillibert, *Le collège royal Bourbon d'Aix*, p. 45.
3. Cordara, t. XIV, n. 119. — Alegambe, p. 280. — *Ménologe*, t. II, p. 479.
4. *Vies des premières religieuses de la Visitation*, t. I, p. 332.
5. Cordara, t. XIV, n. 118. — Alegambe, p. 280. — *Ménologe*, t. II, p. 531. — Méchin, *Annales du collège royal Bourbon d'Aix*, t. I, p. 59-60.

torieux du mal et plus glorieux (encore) des ses bonnes œuvres. »
Le F. Philippe Le Fort, coadjuteur de la résidence de Marseille,
fut aussi respecté du fléau bien qu'il l'affrontât toujours avec
une rare intrépidité[1].

Vienne en Dauphiné fut témoin de l'héroïque dévouement
du P. Pierre Richard. Depuis longtemps déjà il avait fait
l'apprentissage de la charité envers les pauvres et les malades de
la ville qu'il ne cessait de visiter. Quand la peste s'abattit sur
eux, celui qu'ils n'appelaient plus autrement que leur père
s'employa généreusement à les secourir et perdit la vie dans
l'accomplissement de son périlleux ministère. Tous le pleurè-
rent, et les consuls de Vienne, louant bien haut son zèle, promirent au P. Général de reporter sur le collège le témoignage
de leur reconnaissance[2].

En l'année 1630 le fléau sévissait encore dans le midi de la
France, et le dévouement des Jésuites ne se ralentissait point.
Parmi les nouvelles victimes, nous nommerons tout d'abord le
P. Louis Bouillet, missionnaire à Montélimar depuis plusieurs
années. A l'apparition de la peste, il confia le soin des villages
à son compagnon et se chargea seul de la ville, d'où s'étaient
enfuis tous ceux qui auraient pu la soulager. Chaque jour,
après la célébration du saint sacrifice, il parcourait les rues, le
crucifix à la main, baptisant les enfants, administrant les morts,
mendiant pour les religieuses cloîtrées, relevant par ses paroles
et son exemple la population abattue. Mais tant de fatigues
et la violence de l'épidémie vinrent à bout de sa vaillance.
Quand il tomba, la ville entière « parut frappée en sa personne ».
Il expira le 16 février, en pressant sur sa poitrine le crucifix qui
l'avait soutenu dans tous les combats[3].

Avec la peste, la famine avait visité la ville de Chambéry,
et ces deux fléaux entraînaient à leur suite des misères sans
nombre. Le P. Louis de Serres, recteur du collège, se multiplia pour venir en aide à tant d'infortunes. Grâce aux aumônes recueillies de porte en porte, il fit distribuer durant
six mois des secours à six cents pauvres. Confiant dans la Providence, il avait donné l'ordre de ne rien refuser à personne.

---

1. Soullier, *Les Jésuites à Marseille*, p. 12.
2. Lettre des consuls au P. Général, 28 janvier 1630 (Lugdun., Epist. ad Gen., n. 69). — Lettres du P. Assistant et du P. Général aux consuls, 19 et 30 avril 1630 (Archiv. comm. de Vienne, GG. 56). Cf. Cordara, l. XIV, n. 119. — Alegambe, p. 270. — *Ménologe*, t. II, p. 379.
3. Cordara, l. XIV, n. 120. — Alegambe, p. 284. — *Ménologe*, t. I, p. 233.

Plusieurs de ses subordonnés avaient déjà payé de leur vie leur dévouement aux malades, quand lui-même, le 9 juillet, partagea leur sort et leur gloire[1].

Le P. Forier, dans son *Histoire des Alpes-Maritimes*, nous montre les Jésuites du collège d'Embrun se prodiguant au chevet des moribonds et trépassant tour à tour, tandis que le Père Recteur, seul survivant mais malade, « servait en l'église Notre-Dame de chappelain et de tout[2] ». Il employa au soulagement des nécessiteux « non seulement la pension des Jésuites défunts, mais, au-dessus de la rente annuelle, plus de mille escus dont le collège se trouva pour les années suivantes endebté d'autant[3] ».

Dès l'apparition du fléau à Bordeaux, le P. Charles de Lorraine, bien que souffrant, était allé s'offrir aux autorités de la ville; mais les magistrats n'eurent garde d'accepter sa demande; ils se contentèrent de l'inscrire sur leurs registres pour servir de témoignage à la postérité[4]. Le supérieur de la maison professe dut même, sur l'ordre du P. Provincial, se retirer quelques mois à Saint-Macaire afin d'y rétablir ses forces défaillantes. Plusieurs autres Pères se disputèrent le poste de péril et d'honneur; l'un d'entre eux y mourut, le P. Bernard Cibot, qui fut inhumé dans l'hospice Saint-Michel, théâtre de ses exploits[5].

Nous avons signalé les principales victimes de la charité dont nos annales et les histoires locales nous ont conservé le souvenir. D'autres succombèrent. Nombreux furent ceux qui, après s'être dévoués, n'eurent pas la consolation de cueillir la palme du martyre, objet de leur ambition. « Dieu, écrivait le P. Général au Recteur de Rodez, les a réservés pour de nouveaux travaux, afin d'augmenter le mérite de leur sacrifice[6]. »

10. Pour compléter le tableau de l'apostolat des Jésuites français à cette époque, il nous reste à dire la part prise par quelques-uns d'entre eux à la fondation ou aux progrès des congrégations religieuses.

---

1. Litterae annuae (Lugdun. hist., t. I, n. 59, 60).
2. Forier, *Histoire des Alpes-Maritimes*, t. II, p. 660-661.
3. Ibidem.
4. Laubrussel, *La Vie du P. Charles de Lorraine*, p. 210.
5. Litterae annuae 1630 (Aquitan. Historia, n. 45). Cf. Laforest, *Limoges au XVIIe siècle*, p. 193.
6. Lettre du P. Général au P. Jean Lebret, 8 mars 1631 (Tolosan. Epist. Gen., t. I).

Au temps où la Compagnie de Jésus établissait un collège à Roanne, vivait dans cette ville une jeune fille, Jeanne Chézard de Matel, que Dieu élevait peu à peu aux derniers sommets mystiques[1]. Dès l'année 1619, quand elle n'avait que vingt-trois ans, Notre-Seigneur lui présageait déjà son rôle de fondatrice d'un ordre nouveau, dans des visions mystérieuses dont alors elle ne comprenait pas toujours le sens[2]. Prévenue de grâces singulières (don de contemplation infuse, oraison de quiétude, extases), Jeanne avait besoin de directeurs éclairés : Dieu lui en donna dans la personne de plusieurs Jésuites. Le P. Coton venait souvent à Roanne. Un jour elle entra par hasard dans un confessionnal où il se trouvait. « Les paroles suavement ardentes » du vénérable religieux répondirent si bien aux dispositions de son âme, qu'elle la lui dévoila tout entière. « J'avoue, dit-elle, qu'il a été le premier Père auquel j'ai déclaré les miséricordes de Dieu envers moi. Sa douceur était un bon hameçon : elle donnait aux âmes les plus craintives la confiance de s'ouvrir à lui[3]. »

Dans la suite, elle fut longtemps dirigée par des Pères de la Compagnie. Tour à tour les PP. Antoine Parot, Jean de Villars, Philippe de Meaux, Nicolas Dupont, Barthélemy Jacquinot, la guidèrent dans les voies de la perfection. Le dernier surtout fut pour elle « juge en dernier ressort de toutes les questions capitales[4]. » Il l'avait examinée avec soin et l'avait rassurée en lui déclarant que Dieu était bien l'auteur de tout ce qui se passait en elle. Une des premières questions qu'elle lui soumit fut celle de ses aspirations à la vie du cloître. Il lui fit à ce sujet une réponse où paraît, avec une rare prudence, comme une vue prophétique de l'avenir. « Après avoir demandé lumière à Notre Seigneur pour vous conseiller selon son bon plaisir, je me sens pressé de vous dire que ce ne serait pas votre mieux d'être enfermé dans un cloître. L'état où les fréquentes visites de Dieu vous mettent requiert une condition saintement libre... Les grâces extraordinaires que vous recevez demandent une vocation extraordinaire, laquelle, si vous êtes bien humble, vous sera

---

1. *Vie de la Révérende Mère Chézard de Matel, fondatrice de l'Ordre du Verbe Incarné et du Saint-Sacrement*, par la Mère Saint-Pierre de Jésus, supérieure du monastère de Lyon. Cet ouvrage, bien documenté, a été écrit d'après les manuscrits originaux, à savoir la Vie autographe de la Mère de Matel et le Recueil manuscrit de la Mère de Béry, sa contemporaine.
2. Vie autogr., c. XXII. — *Vie de la R. M. de Matel*, p. 53.
3. Vie autogr., c. CLXX.
4. *Vie de la R. M. de Matel*, p. 57. — Sur le mysticisme de la Mère de Matel, voir Brémond, op. cit., t. VI, p. 207 et suiv.

manifestée en son temps. Vous travaillerez presque pour vous seule, si vous allez prendre le voile quelque part, et il me semble que Dieu vous destine à aider le prochain. Donc, mon conseil est qu'attendant ce qu'il plaira au saint Amour de faire de vous, vous continuiez de le servir fidèlement dans l'état où vous êtes, sans anxieusement penser à autre chose et, faisant ainsi, l'heure viendra où vous verrez à découvert ce que vous devez entreprendre[1]. » L'avenir allait montrer l'opportunité de cette décision.

Ce fut encore le P. Jacquinot qui trancha (et certes au gré du Divin Maître) la question de la communion fréquente. Dans une apparition, Notre Seigneur, après avoir encouragé la jeune fille, avait ajouté : « Dis à ton confesseur que je veux que tu me reçoives tous les jours[2]. » Le P. de Villars, auquel Jeanne s'adressait alors, hésita; mais le P. Jacquinot consulté donna aussitôt toute permission. Combien il avait ainsi répondu au désir du Sacré Cœur, Jésus lui-même daigna le déclarer à sa servante dans une de ses premières communions quotidiennes. « J'ai béni, dit-il, et bénirai ce Père de ce qu'il a connu ta faim et qu'il y a pourvu. Je le délivrerai de ses ennemis aux jours mauvais en récompense de sa charité[3]. » Touchante parole, précieuse assurance donnée aux apôtres de la communion fréquente.

Ceci se passait au mois d'août 1620. A partir de ce moment Notre Seigneur multiplie ses faveurs; de plus en plus clairement, il manifeste à cette âme privilégiée son grand dessein sur elle.

« Je t'ai destinée à instituer un ordre sous mon Nom et qui honorera ma Personne, incarnée pour l'amour des hommes. De même que j'ai choisi le bienheureux Ignace pour instituer une compagnie d'hommes sous mon Nom, je t'ai choisie pour instituer une congrégation de filles[4]. » Puis, dans des visions successives, le but, le plan, le caractère du futur Institut se précisent. Le 15 janvier 1625, pendant qu'elle assiste à la messe du P. Coton, Jeanne de Matel connaît par révélation le costume que devront porter ses religieuses : la robe blanche et le manteau rouge. Un peu plus tard, étant en oraison dans l'église du collège, elle voit une couronne d'épines au milieu de laquelle était marqué le saint nom de Jésus au-dessus d'un cœur percé de trois clous et

---

1. *Vie de la R. M. de Matel*, p. 58, 59.
2. Vie autogr., c. xxxiii.
3. Vie autogr., c. xxxiv.
4. Vie autogr., c. xxxv. — *Vie de la R. M. de Matel*, p. 63.

renfermant ces mots : *Amor meus*. Et Notre Seigneur lui dit de faire mettre sur le scapulaire de ses fidèles épouses ce qu'elle a vu dans cette vision[1]. Puis il la pressait de se mettre à l'œuvre.

Mis au courant de ces faits surnaturels, le P. Jacquinot fut d'avis qu'on ne devait pas attendre davantage. Quittant donc la maison paternelle, Jeanne, avec deux compagnes, Catherine Fleurin et Marie Figent s'installa d'abord dans une maison appartenant à M. de Chenevoux. Cinquante écus composaient tout leur avoir. Ainsi naissait dans le dénûment l'ordre du Verbe Incarné. La Providence lui vint en aide. Bientôt une pieuse veuve, Mme Claude Bernard, très instruite, très adroite et douée d'un véritable talent pour élever la jeunesse, s'adjoignit à la nouvelle communauté ; grâce à cette recrue on put commencer à recevoir des pensionnaires[2].

Avant même de quitter le monde, Jeanne de Matel avait dressé un plan de Constitutions. Aussitôt réunies, elle et ses filles les observèrent avec une édifiante exactitude. En 1627, profitant du jubilé accordé par Urbain VIII, la fondatrice, sur l'initiative du P. Dupont, se rendit à Lyon pour demander à l'archevêque l'approbation canonique. Charles Miron fit examiner la requête par le R. P. Morin de l'Oratoire ; et celui-ci ayant donné un avis très favorable, le prélat, persuadé « que ce dessein était de Dieu », approuva la congrégation pour Roanne[3]. Ce n'était là que les modestes débuts de l'Ordre du Verbe Incarné. Son développement, entravé par de longues et humiliantes contradictions, ne fut pas rapide. Le raconter nous entraînerait loin de notre sujet. Quelques mots seulement sur le rôle des Jésuites et l'appui qu'ils donnèrent à la Mère de Matel en diverses occasions.

Ce furent deux Pères de la Compagnie, Antoine Millieu et Charles Maillan, qui lui conseillèrent de s'établir à Lyon. Elle travailla près d'un an avec succès à la fondation d'un monastère en cette ville ; mais, premier contre-temps, la mort soudaine de l'archevêque et l'apparition de la peste arrêtèrent son entreprise[4]. A la fin de l'année 1628, appelée par les PP. Arnoux et Jacquinot pour un établissement dans la capitale du royaume, elle se rendit à Paris : là, ceux qui avaient été jusqu'alors ses meilleurs soutiens, durent tout-à-coup l'abandonner. Elle venait de faire

---

1. Vie autogr., c. XLIII. — *Vie*, p. 87.
2. *Vie de la R. M. de Matel*, p. 92, 100.
3. *Ibidem*, p. 108.
4. *Ibidem*, p. 110-120.

une retraite avec le P. de Lingendes, quand arriva aux Jésuites des trois maisons de Paris la défense formelle du P. Général de s'occuper d'elle et de son œuvre. Que s'était-il donc passé? Son séjour dans la capitale, la renommée de sa vertu, le bruit de ses projets avaient alarmé Mme de Sainte-Beuve, toute brûlante de zèle pour la prospérité des Ursulines. Celles-ci n'auraient-elles pas à souffrir de l'établissement d'un nouvel ordre, semblable au leur dans son but et ses moyens? Fondatrice du noviciat du faubourg Saint-Germain, Mme de Sainte-Beuve était toute puissante sur certains Jésuites parisiens; elle se plaignit aux plus influents d'une personne qui prétendait établir une compagnie de Jésuitesses, capable de ruiner tous les monastères de France. Ces Pères, à leur tour, se plaignirent au P. Général des innovations de la Mère de Matel et du P. Jacquinot. Or, à ce moment même, on s'occupait à Rome de la suppression d'un ordre de Jésuitesses créé depuis près d'un siècle par deux Anglaises. Vitelleschi pensa que l'heure était mal choisie de le ressusciter, et immédiatement il envoya la défense dont nous avons parlé [1].

Le P. Général fut obéi. Pendant trois mois, la Mère de Matel, logée chez la duchesse de La Roche-Guyon [2], resta sans relations avec ses anciens directeurs. Sur l'avis du P. Jacquinot, alors supérieur de la maison professe, elle s'était adressée à un Père Carme. Cependant ses amis travaillaient à dénouer une intrigue déraisonnable et fondée sur un malentendu. Le P. de Lingendes écrivit à Rome : « Elle ne songe nullement à fonder un ordre de Jésuitesses : elle a toujours été trop docile à nos avis, et si elle avait eu jamais pareille pensée, nous aurions su l'en détourner. Son dessein n'est point non plus de nuire aux autres religieuses; elle veut seulement unir sa barque à la leur, pour conduire plus aisément et en plus grand nombre les personnes de son sexe au port assuré de la religion. C'est un nouveau pilote qui se joint à tant d'autres afin de faciliter le passage. » Puis ayant montré le caractère surnaturel de sa mission, son éminente vertu, la sainteté de son entreprise, il concluait : « Voilà, mon Révérend Père, celle que vous nous ordonnez d'abandonner. Le public, témoin de la conduite que nous avons tenue jusqu'à présent, n'est-il pas en droit d'insulter à l'œuvre de Dieu, et avons-nous raison d'autoriser un tel scandale [3]? » Cette lettre modifia du tout au tout le sen-

---

1. *Vie de la R. M. de Matel*, p. 129 et suiv.
2. Sur la part prise par la duchesse de La Roche-Guyon, voir *Vie...*, passim.
3. *Vie de la R. M. de Matel*, p. 136.

timent du P. Général; il laissa aux Pères de Paris pleine liberté de s'occuper d'une œuvre évidemment utile à la gloire de Dieu. L'orage apaisé, plusieurs personnes de distinction et de piété s'unirent à eux et aux Oratoriens pour obtenir du Saint-Siège une bulle d'érection. Les cardinaux Cajetan et Bentivoglio ayant examiné la formule du nouvel Institut, l'approuvèrent, ainsi que le nom de *Verbe Incarné* qu'ils reconnurent conforme à son but[1]. La bulle donnée en 1629 ne sera exécutée que dix ans plus tard, après bien des difficultés.

11. S'il est bon de favoriser les religions nouvelles, quand il est évident que leurs fondateurs sont conduits par l'esprit de Dieu, à plus forte raison convient-il aux hommes apostoliques de propager les ordres qui ont déjà fait leurs preuves dans la milice de l'Église. Les Jésuites ne négligèrent jamais ce moyen si pratique de travailler à la gloire de Notre-Seigneur. Ainsi en 1626, un des principaux missionnaires du temps, le P. Paul de Barry, après avoir converti, comme nous l'avons vu, la population de Paray par ses ardentes prédications, songea-t-il à établir au milieu d'elle une communauté religieuse qui, en prêchant d'exemple, la maintiendrait dans la ferveur chrétienne. Comme on lui demandait de désigner lui-même l'ordre le plus capable de répondre à ce dessein, il conseilla d'appeler les filles de saint François de Sales. Le divin Maître montra combien ce choix lui était agréable, car le jour même de l'inauguration de ce monastère, où la Bienheureuse Marguerite Marie devait plus tard recevoir les confidences du Sacré-Cœur, « le P. de Barry, miné par la fièvre, fut subitement guéri pendant le sermon qu'il prêchait pour cette belle fête[2] ».

L'Ordre de Notre-Dame, fondé pour l'instruction des jeunes filles par le P. Jean de Bordes et la bienheureuse Jeanne de Lestonnac, se développait alors rapidement. De nouvelles maisons s'élevaient presque partout où la Compagnie de Jésus possédait des collèges. C'est ainsi que nous voyons cette congrégation s'établir, sans doute avec le concours des Pères, à Tournon en 1624; à Aurillac en 1625; à Rodez, à Pau et à Saintes en 1626; à Alençon en 1628; à Toulouse en 1630[3].

---

1. *Ibidem*, p. 140 et suiv.
2. Cf. Daniel, *Hist. de la B. Marguerite Marie*, ch. vi, p. 63 et suiv. — *Ménologe*, t. II, p. 101.
3. Mercier, *La Bienheureuse de Lestonnac*, p. 205 et suiv. Voir aussi du même auteur, *La Vénérable Jeanne de Lestonnac*, p. 538.

Les Jésuites de Paris n'avaient cessé d'exercer leur ministère auprès des Ursulines de cette ville[1]. Lorsque leur fondatrice, Mme de Sainte-Beuve, tomba dangereusement malade en 1630, elle fit appeler le P. Jérôme Lelemant qui arriva au moment où le vicaire de Saint-Jacques-du-Haut-Pas se retirait après lui avoir donné la sainte communion. « Mademoiselle, lui dit-il, je viens au nom de ma compagnie vous rendre le dernier devoir et je vous prie de me déclarer ce dont vous désirez que je vous fasse ressouvenir en cette extrémité? — De m'offrir à Dieu dans mes souffrances et dans ma mort, répondit-elle, en union aux mérites de la sainte mort et passion de son très cher Fils. » Le Père lui demanda si elle ne désirait point recevoir l'extrême-onction : « De tout mon cœur, répondit-elle, et je vous prie d'aller vous-même au-devant du prêtre qui la doit apporter et de hâter sa venue. » Tous les assistants furent édifiées de ses vifs sentiments de foi durant la cérémonie. « Remercions Dieu, lui dit le Père, de ce qu'il vous a fait la grâce de recevoir les saints sacrements et de ce qu'il vous appelle à Lui si bien munie des armes de l'Église. » Il récita à cette intention un *Gloria Patri* et lui donna l'absolution *in articulo mortis*. Pendant que le Père et les assistants récitaient alternativement le *Laetatus sum*, elle ferma les yeux et s'endormit doucement dans le Seigneur[2].

12. Les religieux de la Compagnie avaient d'autant plus à cœur d'aider les autres congrégations, qu'à cette époque, grâce à la lutte vigoureuse de Louis XIII contre le protestantisme, le champ de l'apostolat catholique s'ouvrait plus large que jamais. Celui des missions en particulier, prenait, sous la protection du cardinal de Richelieu, un développement si considérable que les Jésuites ne pouvaient y suffire. Or, Dieu allait susciter une autre famille religieuse qui, sous le nom de *Prêtres de la Mission*, aurait pour principal objet l'évangélisation des campagnes. Pour l'accomplissement de son dessein, il choisit Mme de Gondi et celui qui devait être saint Vincent de Paul. Nous avons dit comment ce dernier avait eu pour collaborateurs, dans une mission en Picardie, le P. Fourché et le Recteur du collège d'Amiens[3]. Encouragée par

---

1. A cette époque, dans plusieurs villes de province, l'établissement des Ursulines est dû à l'initiative ou à l'appel des Jésuites: ainsi à Saint-Malo (1622), à Nevers (1622?), à Quimper (1623), à Crépy-en-Valois (1624), à Ploërmel (1624), à Bourges (1631). — Cf. *Chroniques des Ursulines*, t. I, p. 179, 192, 209, 214, 224, 292.
2. De Leymont, *Madame de Sainte-Beuve et les Ursulines de Paris*, p. 322-325.
3. Voir tome III, p. 540.

cet essai qui avait produit des résultats merveilleux, M⁰ de Gondi conçut le projet d'assurer, à époques fixes, aux paysans de ses terres, le bienfait de la parole de Dieu, en affectant à cette œuvre un revenu de seize cents livres. M. Vincent fut chargé de trouver une congrégation qui accepterait ce legs en s'engageant à donner tous les cinq ans une mission dans les villages dépendant du château de Folleville [1].

Plusieurs années se passèrent en d'inutiles recherches. Le P. Charlet, Provincial de France, auquel on s'était d'abord adressé, opposa les constitutions de la Compagnie qui n'admettaient, pour les ministères spirituels, aucune obligation civile. Les Oratoriens, de leur côté, ne voulurent prendre aucun engagement. Devant ce double refus on décida de former une congrégation nouvelle. Le 17 avril 1625, fut signé le contrat de fondation de ce qui devait s'appeler *la Mission*. M. et M⁰ de Gondi donnèrent une somme de quarante-cinq mille livres dont le revenu devait être consacré à l'entretien d'un certain nombre d'ecclésiastiques, « au choix dudit sieur de Paul », lesquels s'appliqueraient entièrement à évangéliser le pauvre peuple de la campagne [2]. Quelques mois après M. Vincent réunissait des prêtres séculiers, se retirait avec eux au collège des Bons-Enfants, mis à sa disposition par l'archevêque de Paris, et les animait de sa puissante charité. L'œuvre naissante, autorisée en France par lettres patentes de Louis XIII au mois de mai 1627, fut approuvée par le pape Urbain VIII, le 12 janvier 1632 [3].

1. Em. de Broglie, *Saint Vincent de Paul*, p. 84.
2. *Ibidem*, p. 85, 86.
3. Jager, *Histoire de l'Église catholique en France*, t. XVI, p. 525.

CHAPITRE XI

LA MISSION DU CANADA

(1613-1629)

Sommaire : 1. Premiers voyages de Champlain. L'habitation de Québec. — 2. Mission des Récollets. La *Société des marchands* et la *Compagnie de Montmorency*. — 3. Le duc de Ventadour et la *Mission des Jésuites*. — 4. Premier départ de Missionnaires. Résidence de Notre-Dame-des-Anges. — 5. Second départ. Déplorable situation de la colonie. Démarches du P. Noyrot. — 6. Richelieu prend en main les affaires du Canada. *Compagnie des Cent Associés* — 7. Troisième départ. Entreprise des frères Kertk contre Québec. Deux Pères prisonniers. — 8. Quatrième départ et naufrage. — 9. Reddition de Québec. — 10. Conduite des Anglais à l'égard des colons et des missionnaires.

Sources manuscrites : I. Recueil de documents conservés dans la Compagnie : *a) Francia Epistolae Generalium. — b) Monumenta historiae missionis novae Franciae.*
II. Paris, Archives nationales, sér. K, 212.

Sources imprimées : *Relations des Jésuites*, — *Voyages du sieur de Champlain*. — *Le Mercure français*. — *Calendar of State papers, colonial*, 1574-1660. — *The Jesuit Relations and allied documents*. — *Litterae annuae Societatis Jesu*. — Sagard, *Histoire du Canada et voyages que les Frères Récollets y ont faits pour la conversion des infidèles*. — Carayon, *Documents inédits*, XII. — Cordara, *Historia Societatis Jesu, P. VI*. — Guénin, *Histoire de colonisation française. La Nouvelle France*. — De Charlevoix, *Histoire et description de la Nouvelle France*. — Creuxius, *Historiae Canadensis seu Novae Franciae libri decem*. — Le Clercq, *Premier établissement de la Foy dans la Nouvelle France*. — Faillon, *Histoire de la colonie française au Canada*. — Dionne, *Samuel Champlain*. — Sulte, *Histoire des Canadiens français*. — Ferland, *Cours d'Histoire du Canada*. — Parkman, *Les pionniers français dans l'Amérique du Nord*. — De Rochemonteix, *Les Jésuites et la Nouvelle France*.

1. Douze années s'étaient écoulées depuis la destruction, en 1613, des colonies françaises de Saint-Sauveur et de Port-Royal, et le retour des missionnaires Jésuites en France. Des circonstances providentielles, que nous devons faire connaître, allaient ramener en 1625 les Pères de la Compagnie de Jésus dans l'Amérique du Nord, non plus sur les côtes de l'Acadie, mais sur les bords du Saint-Laurent.

Samuel Champlain, qui avait accompagné en 1603 le sieur de

Monts dans son voyage en Acadie, était revenu en France en 1607, après qu'un arrêt du Conseil eût dissous, à la requête des commerçants de Saint-Malo, la Société fondée pour la colonisation de cette contrée lointaine [1]. Mais la pensée de l'intrépide marin se reportait sans cesse vers le grand fleuve Saint-Laurent qu'il avait remonté jusqu'au saut Saint-Louis. Il aspirait à revoir ce pays mystérieux où il espérait faire de nouvelles découvertes et amener ces pauvres peuples à la connaissance de Dieu [2]. Il parla de ses désirs à de Monts, à qui le roi venait de renouveler pour un an sa commission de lieutenant général de la Nouvelle France (7 janvier 1608). Peu de temps après, de Monts organisait une expédition à la tête de laquelle il plaçait le courageux explorateur, comme son lieutenant particulier.

Champlain, nous dit le P. de Charlevoix, était un homme de mérite; il avait « un grand sens, beaucoup de pénétration, des vues fort droites », autant de promptitude dans la décision que de constance dans les entreprises, « un courage à l'épreuve des contretemps les plus imprévus, un zèle ardent et désintéressé pour la patrie, un grand fond d'honneur et probité. Mais ce qui met le comble à tant de bonnes qualités, c'est que, dans sa conduite, il parut toujours un homme véritablement chrétien, zélé pour le service de Dieu, plein de candeur et de religion. Il avait accoutumé de dire que le salut d'une seule âme valait mieux que la conquête d'un empire et que les rois ne doivent songer à étendre leur domination dans les pays où règne l'idolâtrie que pour les soumettre à Jésus-Christ [3] ».

Tous les historiens ont souscrit à ce portrait fidèle de l'homme destiné par la Providence à préparer les voies aux « pionniers français de l'Amérique du Nord [4] ».

Parti de Honfleur, le 13 avril 1608, Champlain arriva, le 3 juin, à Tadoussac, à l'embouchure du Saint-Laurent; puis, remontant le fleuve, il s'arrêta, le 3 juillet, au pied d'un cap couronné de noyers et de vignes. Les sauvages nommaient ce lieu *Kebbec* c'est-à-dire passage rétréci, parce qu'en cet endroit le Saint-Laurent est resserré entre deux côtes élevées. C'est là que le célèbre navigateur établit le poste ou *habitation* qui devait donner naissance

---

1. Voir tome III, p. 197-200.
2. *Voyages de Champlain*, t. I, p. 9, 10.
3. De Charlevoix, *Histoire et description générale de la Nouvelle France*, t. I, p. 197.
4. *Voyages de Champlain*, t. I, p. 150-164. Faillon, *Histoire de la colonie française au Canada*, t. I, p. 119.

à la capitale du Canada[1]. Le site était admirablement choisi : placé à cent trente lieues de l'embouchure du grand fleuve, Québec en commande toute la vallée et possède un havre magnifique.

Champlain ne montra pas moins la sûreté de son coup d'œil, quand il installa un autre poste dans cette position avantageuse où s'éleva plus tard la ville de Montréal. Nous ne pouvons le suivre dans ses nombreuses excursions, ni dans ses campagnes contre les Iroquois, ni dans ses voyages en France où il était contraint de revenir pour traiter les intérêts de la colonie. Ce fut en retournant au Canada, en 1611, qu'il rencontra, vers la fin d'avril, le navire qui portait à Port-Royal les Pères Biard et Massé. « Nous avons voyagé quelque temps de conserve avec Champlain, écrivait Biard au P. Général. C'est un marin d'une intrépidité à toute épreuve et d'une grande expérience, qui navigue depuis sept ans dans ces mers. Nous ne pouvions le voir sans effroi lutter avec une énergie extraordinaire et une rare habileté contre les glaçons d'une grosseur prodigieuse, et poursuivre courageusement sa route vers le Saint-Laurent au milieu des plus grands dangers[2]. »

2. Malgré son dévouement sans bornes à l'œuvre de la colonisation, celle-ci resta longtemps stationnaire. De Monts s'en désintéressait. Or, ce qu'il fallait surtout à la colonie, c'était un puissant protecteur. Aussi Champlain, revenu en France dans l'automne de 1611, s'adressa-t-il au comte de Soissons, en lui faisant valoir les intérêts de la patrie et ceux de la vraie foi. Sincèrement chrétien, Charles de Bourbon accepta le rôle qu'on lui offrait. Le 8 octobre 1612, la reine régente le nommait lieutenant général et gouverneur de la Nouvelle France ; Champlain recevait huit jours plus tard le titre de lieutenant particulier. Sa commission de commandant lui enjoignait non seulement de conserver le Canada « sous l'obéissance de Sa Majesté », mais encore « de provoquer et d'émouvoir les sauvages à la connaissance et au service de Dieu, à la lumière de la foi et de la religion, catholique, apostolique et romaine[3] ».

Le comte de Soissons mourut quelques semaines après sa nomination, sans avoir eu le temps de donner des marques de son bon

---

1. *Voyages de Champlain*, t. I, p. 150-161. Faillon, *op. cit.*, t. 1, p. 119.
2. Lettre du P. Biard au P. Général (*Litterae annuae* 1612).
3. Commission du 15 octobre 1612 (Dionne, *Samuel Champlain*, t. I. Pièces justificatives, D). Cf. *Voyages de Champlain*, t. I, p. 304-310.

vouloir pour le Canada. Son neveu, le prince de Condé, auquel échut la succession, prit le titre de vice-roi de la Nouvelle France et conserva Champlain sous ses ordres[1]. En même temps, pour avancer les affaires de la colonie, une société commerciale fut constituée, où pouvaient entrer tous les marchands de Rouen, du Havre, de Saint-Malo et de La Rochelle. On lui accorda pour onze années le monopole de la traite des pelleteries, à condition d'employer une partie des bénéfices à fortifier l'établissement de Québec et à favoriser la conversion des sauvages « soit en les attirant près des Français, soit en leur envoyant des missionnaires[2] ».

En 1614 Champlain fit appel au zèle des Récollets, une des branches les plus florissantes de l'Ordre de Saint-François. Ces religieux avaient dans l'Amérique espagnole cinq cents couvents distribués en vingt-deux provinces. Introduits en France par Louis de Gonzague, duc de Nevers, ils avaient formé en 1612 la province de Saint-Denys qui fournit à Québec ses premiers apôtres[3]. Le 20 mars 1615 Louis XIII accorda des lettres patentes pour leur établissement dans la Nouvelle France. L'Assemblée générale du clergé remit à Champlain une somme de quinze cents livres destinée à l'achat des objets du culte. Les marchands associés offrirent d'embarquer gratuitement, de nourrir et d'entretenir six missionnaires. Les préparatifs terminés, quatre Récollets, les PP. Denys Jamays, Jean Dolbeau, Joseph Le Caron, et le Frère Pacifique Duplessis partirent de Honfleur au mois d'avril, et arrivèrent à Tadoussac le 25 mai après une heureuse navigation de trente et un jours[4].

A cette époque, les troubles qui agitaient le royaume nuisaient grandement aux progrès de la colonie. On se souvient que Condé, chef de la ligue des princes, fut arrêté et enfermé à la Bastille, puis à Vincennes. Pendant sa captivité, le maréchal de Thémines le remplaça provisoirement dans ses fonctions de gouverneur du Canada. Au sortir de sa prison, le prince vendit moyennant trente-trois mille livres sa charge de vice-roi au duc de Montmorency, amiral de France. Ce dernier nomma Champlain son lieutenant général, et Louis XIII adressa au fondateur de Québec, le 7 mai 1620, une lettre par laquelle il lui recommandait vivement d'agir la-

---

1. Dionne, op. cit., t. I, p. 313.
2. Bolle, Histoire des Canadiens Français, t. I, p. 132.
3. Faillon, I. 144. — Ferland, I, 168.
4. Ferland, I, 169.

bas en bon Français et en fils dévoué de l'Église. « J'aurai bien agréables, lui disait-il, les services que vous me rendrez en cette occasion, surtout si vous maintenez le pays en mon obéissance, faisant vivre les peuples qui y sont le plus conformément aux loix de mon royaume que vous pourrez, et y ayant le soin qui est requis de la religion catholique, afin que vous attiriez par ce moyen la bénédiction divine sur vous, qui fera réussir vos entreprises et actions à la gloire de Dieu, que je prie vous avoir en sa sainte et digne garde[1]. »

Champlain n'avait rien de plus à cœur que l'établissement du catholicisme dans la colonie, mais c'était là le moindre souci de la société commerciale fondée en 1612. Une partie de ses membres étaient calvinistes; ils sacrifiaient au trafic des pelleteries l'honneur national et la propagande religieuse. Les Récollets, subissant les effets de leur mauvais vouloir, se voyaient refuser toutes les mesures qui avaient pour but la conversion des sauvages. « Si vous vouliez rendre les Montagnais sédentaires, disait aux missionnaires un des commis de la société, nous les chasserions à coups de bâtons[2]. » Il fut même défendu aux interprètes de donner aux religieux des leçons de langue indigène[3]. Et si le lieutenant général se permettait quelques observations, nos marchands n'en tenaient aucun compte, car, en dehors de son commandement, il n'était qu'un simple associé, au même titre que tous les autres.

Un tel état de choses ne pouvait durer; il compromettait non seulement l'œuvre de la conversion des sauvages mais encore le développement et la sécurité même de la colonie. Des plaintes nombreuses ayant été adressées à la cour, Montmorency résolut d'opposer aux *marchands associés* une nouvelle société commerciale; mais il fut assez mal inspiré sur le choix des directeurs : il prit deux calvinistes, Guillaume et Emery de Caen, l'oncle et le neveu, qui, pour obtenir plus aisément le monopole des pelleteries, avaient manifesté le dessein d'embrasser la religion catholique. Après quelques démêlés, les deux sociétés se réunirent en une seule sous le nom de *Compagnie de Montmorency*. Elle était ouverte à tous les sujets du royaume, et la traite des pelleteries lui fut assurée pour vingt-deux ans[4].

1. Ferland, I, 189-190.
2. Sagard, *Histoire du Canada*, p. 169.
3. Faillon, I, 151.
4. Pour onze ans seulement par Montmorency, mais le roi ajouta onze autres années (Faillon, I, 194, 195).

La convention signée entre le duc et les sieurs de Caen porte que « le sieur de Champlain, lieutenant du vice-roi, aura la préséance en terre, commandera à l'habitation de Québec et généralement dans la Nouvelle France aux Français et autres qui y résideront ». La compagnie commerciale devait lui payer douze cents francs d'appointements annuels, entretenir dix ouvriers à son service et six familles de laboureurs, charpentiers et maçons[1].

Guillaume de Caen pendant son premier séjour au Canada remplit bien ses engagements et sut plaire à tout le monde ; mais après son départ, les commis de sa société reprirent les anciens errements et se montrèrent plus qu'indifférents à la colonisation et à l'évangélisation du pays. Bien que Champlain, mettant le Canada sous la protection de saint Joseph (1624)[2], favorisât de tout son pouvoir les Récollets, ceux-ci contrecarrés dans l'exercice de leurs ministères n'obtinrent pas de résultats appréciables. Cependant un dictionnaire de la langue huronne avait été ébauché par le P. Le Caron dès l'année 1616, et le P. Georges Le Baillif présenta au roi en 1625 quelques études sur les langues huronne, algonquine et montagnaise[3]. « Nos Pères, dit l'auteur du *Premier établissement de la Foy dans la Nouvelle France*, auroient bien voulu établir des séminaires à Québec, aux Trois-Rivières, à Tadoussac pour y habituer, entretenir et élever les enfants des barbares, mais comme c'estoit une entreprise à grands frais et que nos moyens estoient médiocres », il fallut solliciter dans la mère patrie les aumônes nécessaires. En fait, le premier essai de séminaire (1621) ne réussit pas. « Les garçons estoient plus libertins que les sauvages adultes ; la chasse et l'air des bois les attiroient, et on les retenoit plus difficilement[4]. »

Aussi bien les Récollets, vu leur petit nombre, ne pouvaient se consacrer à la fois à l'instruction des enfants et à l'évangélisation des adultes, sans parler des soins qu'ils devaient donner aux colons français. Ils résolurent donc d'appeler à leur aide un autre Ordre religieux, et songèrent aux Jésuites qui avaient déjà fait en Acadie l'apprentissage de ce rude apostolat. « Le définitoire de la province de Saint-Denys, dit l'abbé Ferland, s'adressa à ces Pères plutôt qu'à d'autres, parce que les deux sociétés avaient toujours

---

1. Ferland, I, 201.
2. Depuis lors la dévotion au Père adoptif de Notre-Seigneur fut toujours très vivace au Canada, comme l'attestent les nombreuses églises élevées en son honneur.
3. Ferland, I, 217.
4. Le Clercq, *Premier établissement*, p. 149, 223.

subsisté dans une union très étroite, travaillant ensemble dans plusieurs missions avec une entente toute cordiale[1]. »

3. Les Jésuites, de leur côté, souhaitaient beaucoup d'évangéliser ces régions lointaines, à peine entrevues par leurs premiers missionnaires. La *Relation* du P. Biard avait exalté l'ardeur apostolique chez un bon nombre de religieux. A La Flèche, pendant dix ans, le P. Massé, ministre des scolastiques, les entretenait souvent de son séjour et de ses travaux en Acadie, et ses récits les enflammaient d'un saint zèle pour la conversion des infidèles. Parmi les plus enthousiastes se distinguaient deux jeunes philosophes, Paul Le Jeune et Barthélemy Vimont. Envoyés à Paris en 1622 pour commencer au collège de Clermont leurs études théologiques, ils répandirent autour d'eux le feu sacré dont ils brûlaient. Le P. Spirituel, Jean de La Bretesche, ne pouvait qu'encourager leurs pieux désirs; il ne doutait pas, en effet, qu'au jour marqué par Dieu la porte de la Nouvelle France ne fût rouverte à la Compagnie de Jésus; même il dit un jour au P. Vimont : « Je n'ai pas l'habitude de faire des prédictions; cependant je vous affirme que vous verrez une maison de Jésuites à Québec[2]. » Et non content de prier à cette intention, il recommandait l'œuvre à ses amis et à ses pénitents.

Parmi ces derniers se trouvait un neveu du duc de Montmorency, Henri de Lévis, duc de Ventadour. Ce grand seigneur, dégoûté du monde, s'était retiré de la cour; ayant ensuite reçu les ordres sacrés, il ne souhaitait plus que contribuer à la gloire de Jésus-Christ. Il s'affectionna tout de suite à la mission du Canada, et, quand la mort lui eut ravi le P. de La Bretesche, il choisit, pour le remplacer, un de ses fils de prédilection, le P. Philibert Noyrot, tout dévoué lui aussi à l'évangélisation des Indiens. Procureur au collège de Bourges, Noyrot ne rêvait que leur sacrifier sa vie[3], et ne perdait aucune occasion de favoriser l'œuvre de Champlain. Il comprit sans peine quel puissant soutien elle

---

1. Ferland, I, 211.
2. Creuxius, *Historiae Canadensis, seu novae Franciae, libri decem*, l. 1, p. 4.
3. « Les dimanches et fêtes il partait de bon matin avec un jeune religieux, chacun un morceau de pain dans la poche, qu'ils mangeaient à midi, assis sur la margelle d'un puits. Il allait d'un village à l'autre, enseignant la doctrine chrétienne aux pauvres et aux enfants. Pendant six ans, avec une régularité admirable, il remplit cet apostolat, ne rentrant le soir que fort tard, épuisé par le jeûne, par les courses et une succession fatigante de catéchismes et de prédications; il faisait ainsi, disait-il, son apprentissage de missionnaire chez les sauvages » (*Monumenta Historiae Missionis Novae Franciae*, P. II, c. 12). Cf. de Rochemonteix, op. cit., t. I, p. 147.

aurait dans la personne de son nouveau pénitent auquel ne manquait ni vertu, ni zèle, ni influence, ni prestige. Justement le duc de Montmorency, fatigué des tracasseries que lui causait la *compagnie des marchands*, cherchait à se débarrasser de sa charge de vice-roi. Le P. Noyrot conseilla au duc de Ventadour de l'acheter, et lui montra comment il pourrait, dans cette haute situation, hâter les progrès de la foi en protégeant les prédicateurs de l'Evangile. Henri de Lévis se laissa facilement persuader, et bientôt Louis XIII ratifiait, par lettres patentes de janvier 1625, l'acte passé entre les deux ducs [1].

Ce fut à ce moment qu'un Père Récollet vint prier le nouveau vice-roi d'envoyer des Jésuites au Canada. On ne pouvait lui faire plus agréable requête. Il écrivit donc au P. Général pour lui demander des missionnaires et en reçut une réponse favorable [2]. Le P. Coton, promoteur de la première mission en Acadie, était alors provincial de France; dès qu'il connut la proposition des Récollets, il bénit la Providence qui lui permettait de reprendre une œuvre à laquelle il n'avait jamais renoncé [3].

Cependant cette œuvre était trop surnaturelle pour ne point porter le cachet de la contradiction, et celle-ci lui vint d'abord de certaines gens qui prétendaient n'avoir en vue que l'intérêt de la foi. « Le choix que nous fîmes des Jésuites, dit le P. Sagard, fut fort contrarié par beaucoup de nos amis qui taschaient de nous en dissuader, nous asseurant qu'à la fin du compte ils nous mettroient hors de nostre maison et du pays; mais il n'y avoit pas d'apparence de croire ceste mescognoissance de ces bons Pères; ils sont trop sages et vertueux pour le vouloir faire et quand bien mesme un ou deux particuliers d'entre eux en auroient la volonté, une hirondelle ne fait pas un printemps, ny un ou deux religieux, la communauté [4]. » L'opposition vint aussi de la *compagnie des marchands*. Plusieurs associés « étaient huguenots... et aimaient assez peu les ordres religieux; ils avaient toléré les pauvres Récollets, mais ils redoutaient la venue des Jésuites qui avaient de puissants protecteurs à la cour et pouvaient faire arriver leurs plaintes jusqu'au pied du trône [5] ».

---

1. *Monumenta Historiae Missionis...*, P. II, c. III.
2. Lettre du P. Général au P. Armand, 27 janvier 1625 (Francia, Epist. Gen., t. IV).
3. Prat, *Recherches...* t. IV, p. 547.
4. Sagard, *Histoire du Canada et voyages que les Frères Mineurs Récollets y ont faicts pour la conversion des infidelles*, p. 864.
5. Ferland, I, 215.

En vain essayèrent-ils d'entraver le départ des Jésuites que le roi avait approuvé. Le duc de Ventadour leur fit entendre qu'ils devaient non seulement y consentir, mais y contribuer; puis, pour couper court à de nouvelles difficultés, il se chargea lui-même des frais du voyage[1].

Le vice-roi avait même offert de pourvoir à l'entretien des Pères Jésuites jusqu'à ce qu'ils eussent trouvé des ressources suffisantes; mais cette générosité n'étant que provisoire, le P. Coton dut chercher les moyens d'assurer l'avenir de la mission. Le ciel lui vint en aide. Il était à Amiens lorsqu'il reçut la visite du marquis de Rohault de Gamache, dont le fils René achevait au collège de cette ville ses études littéraires. Ce seigneur, très homme de bien, consacrait une partie de sa fortune à des œuvres charitables. Rien ne fut plus facile que de l'intéresser à celles du Canada; il promit, pour les soutenir, de donner, sa vie durant, une rente annuelle de trois mille livres. Dieu l'en récompensa en appelant son fils à la Compagnie de Jésus. Dans le courant de l'année 1626, avant de quitter sa famille, le jeune homme pria son père de consacrer à la fondation d'un collège à Québec une partie du patrimoine qui lui était destiné. Le marquis, consentant volontiers, remit au P. Coton, une somme de seize mille écus[2].

4. Il ne restait plus qu'à choisir les missionnaires. Déjà des religieux en grand nombre s'étaient offerts: prêtres, scolastiques, coadjuteurs. Dans une lettre au P. Coton, le P. Vitelleschi lui signale les PP. Charles Lalemant et Philibert Noyrot, les Frères Barthélemy Vimont, Jean Goffestro, Jacques Récherel, Léonard Chauvin, François Charton, Jacques Froment[3]; mais d'autres encore avaient sollicité directement du P. Provincial la même faveur. Une mission aussi rude que celle-là demandait de mâles courages et des santés robustes. Le P. Coton désigna pour le premier départ les PP. Charles Lalemant, Ennemond Massé et Jean de Brébeuf[4].

Le P. Lalemant, ancien professeur de grammaire, de littérature et de mathématiques, était alors principal du pensionnat au collège de Paris; il fut mis à la tête de l'expédition[5]. Le

---

1. *Ibidem*.
2. Monum. hist. miss., P. II, c. III.
3. Lettre du 10 février 1625 (Francis, Epist. Gen., t. IV).
4. Mon. hist. miss., l. c.
5. D'après Champlain, il était « fils du sieur l'Almand qui avait esté lieutenant cri-

P. Massé nous est déjà connu [1] : après une absence de douze ans, il retourne dans un pays où il avait laissé tout son cœur. Le P. de Bréheuf, le plus jeune des trois, deviendra le plus illustre par l'héroïsme de ses travaux et de sa mort. On leur adjoignit deux Frères coadjuteurs, François Charton et Gilbert Burel, dont le concours serait utile dans un pays où il faudrait tout créer.

Nos cinq Jésuites s'embarquèrent à Dieppe, le 24 avril 1625, sur un navire commandé par Guillaume de Caen, tandis que Champlain, maintenu dans sa charge de lieutenant général, restait en France pour s'occuper des affaires de la colonie. Arrivés à Québec, les Pères y reçurent un très mauvais accueil. Emery de Caen s'étonna de n'avoir reçu aucun ordre du vice-roi à leur sujet ; il osa bien déclarer qu'il n'y avait point de place pour eux ni dans l'*habitation*, ni au fort, ni ailleurs. Que faire? leur faudrait-il donc retourner en France? Les deux de Caen les y engageaient. Mais les PP. Récollets leur offrirent une charitable hospitalité dans le couvent de Saint-Charles, et les deux communautés vécurent plusieurs mois côte à côte « travaillant ensemble dans la meilleure intelligence [2] ».

Cependant, désireux de ne point rester à la charge de leurs hôtes, les Jésuites cherchèrent un endroit favorable pour leur propre établissement. Ils choisirent, non loin des Récollets, un emplacement très agréable, alors connu sous le nom de fort Jacques Cartier, et, en plus, un assez vaste terrain situé entre la rivière Saint-Charles et le petit ruisseau Saint-Michel. Ils en demandèrent au duc de Ventadour la concession qui leur fut gracieusement octroyée le 10 mars 1626, « nostre volonté estant, disait le vice-roi, qu'ils jouissent paisiblement de tous les bois, lacs, estangs, rivières, ruisseaux, prairies, carières, pairrières et autres choses qui se rencontreront dans le contenu desdites terres, esquelles ils pourront bastir, si bon leur semble, une habitation, demeure, noviciat ou séminaire, pour eux et pour y eslever et instruire les enfans des sauvages [3] ».

---

minel de Paris » (*Voyages*, t. II, p. 95). La plupart des auteurs écrivent son nom avec deux *l*, mais lui et son frère Jérôme signaient *Lalemant*.

1. Voir tome III, p. 199, 586-605.
2. Lettres du P. Lalemant à Champlain et au Provincial des Récollets, 28 juillet 1625 (*The Jesuit Relations and allied documents*, t. IV, p. 172). Cf. Sagard, *Histoire du Canada*, p. 868, et Ferland, I, 216.
3. Donation des terres de N.-D. des Anges et de la Vacherie par le duc de Ventadour, 10 mars 1626 (Archiv. nat., M. 242).

Le 1ᵉʳ septembre 1625, les Pères prirent possession du lieu où devait bientôt s'élever la résidence de Notre-Dame-des-Anges. « Nous plantâmes la sainte Croix avec toute la solennité possible, écrivait le P. Lalemant à son frère. Les Révérends Pères Récollets y assistèrent avec les plus apparens des François, qui après le disner se mirent tous à travailler. Nous avons, depuis, tousjours continué, nous cinq, à déraciner les arbres et à bescher la terre tant que le temps nous a permis. Les neiges venant, nous fusmes contraincts de surseoir jusques au printemps [1]. »

Pendant la rude saison de l'hiver qu'il passa sous la tente des Algonquins, le P. de Brébeuf, pour se préparer à l'apostolat des sauvages, se livra surtout à l'étude des langues indigènes. Les PP. Lalemant et Massé partagèrent leur temps entre la même étude et l'exercice du saint ministère auprès de leurs compatriotes. Deux interprètes avaient consenti à leur donner des leçons de langue huronne et algonquine. Cette étude était d'autant plus importante que, déjà, le P. Supérieur songeait à instituer une école pour les enfants des Indiens [2]. « Nous n'avons pas fait autre chose cette année, mandait le P. Lalemant au P. Général, le 1ᵉʳ août 1626, que d'acquérir la connaissance des lieux, des personnes et de l'idiome des deux nations. Pour les Français qui sont ici au nombre de quarante-trois, nous ne nous sommes pas épargnés. Après une exhortation sur la nécessité du sacrement de pénitence, nous avons entendu leurs confessions générales. Nous leur donnons tous les mois deux sermons... Nos Pères, grâce à Dieu se portent bien... Tout notre temps, en dehors des exercices spirituels et des œuvres apostoliques, est employé à cultiver la terre [3]. »

Ces travaux manuels étaient nécessaires, à moins de s'exposer à mourir de faim. « Nous sommes si éloignés de la mer, que nous ne sommes visités par les vaisseaux français qu'une fois chaque année, et seulement par ceux qui en ont le droit, car cette navigation est interdite aux autres. En sorte que, si par hasard les navires marchands périssaient ou s'ils étaient pris par les pirates, nous ne pourrions compter que sur la Providence divine pour

---

1. Lettres du P. Lalemant à son frère, 1ᵉʳ août 1626 (*Le Mercure françois*, t. XIII, an. 1626, p. 12).
2. Lettre du P. Général au P. Ch. Lalemant, 1ᵉʳ déc. 1625 (Francia, Epist. Gen., t. IV).
3. Lettre du P. Lalemant au P. Gén., 1ᵉʳ août 1626 (Carayon, *Doc. inéd.*, XII, n. VIII).

pouvoir nous nourrir. En effet nous n'avons rien à attendre des sauvages qui ont à peine le strict nécessaire ; mais Celui qui a pourvu jusqu'à présent aux besoins des colons français, ne cherchant ici depuis tant d'années qu'un gain temporel, n'abandonnera pas ses missionnaires tout occupés de sa gloire et du salut des âmes... La moisson est abondante et le nombre des ouvriers petit, mais les nôtres sont disposés, avec la grâce de Dieu, à ne se laisser abattre par aucune difficulté [1]. »

De la culture des terres dépendait pour une large part l'existence de la colonie. Or la compagnie commerciale l'avait beaucoup trop négligée, ne pensant qu'à s'enrichir par la traite des pelleteries. Sans doute quelques familles de laboureurs étaient venues s'établir à Québec ; mais on n'avait pris aucune mesure pour faciliter leur travail. Elles ne parvinrent à défricher quelques arpents de terre qu'à force de courage et en surmontant mille obstacles, et quand elles purent récolter au delà de leurs propres besoins, on les contraignit à vendre le surplus au prix fixé par les associés des de Caen qui seuls pouvaient l'acheter. Et Champlain était impuissant contre ce monopole dont il redoutait les conséquences. « Tout ceci observe-t-il, ne se faisoit qu'à dessein de tenir le pays tousjours nécessiteux et oster le courage à chascun d'aller y habiter », les commerçants voulant ainsi avoir « la domination entière », sans que d'autres « s'y puissent accroistre [2] ».

Les Jésuites, n'ayant rien à attendre ni des associés ni des sauvages, avaient donc pris le seul parti raisonnable de se suffire à eux-mêmes par la culture du sol. Champlain les en loue hautement. « Pleust à Dieu que depuis vingt-trois ans, les sociétés (commerciales) eussent esté aussi poussées du même désir que ces bons Pères ; il y auroit maintenant plusieurs habitations et mesnages au païs qui n'eussent esté dans les transes et appréhensions qu'ils se sont veues [3]. » Quand au P. Général, il félicita les missionnaires d'imiter l'exemple des premiers Pères envoyés en Éthiopie, lesquels joignaient le travail des mains aux œuvres de l'apostolat [4].

5. Lorsqu'en 1626, le lieutenant général revint à Québec, il était

---

[1]. Creuxius, *Hist. miss. canad.*, I, p. 15.
[2]. *Voyages de Champlain*, t. II, p. 224.
[3]. *Voyages de Champlain*, t. II, p. 141.
[4]. Lettre du Général au P. Ch. Lalemant, 15 déc. 1626 (Francia, Epist. Gen., IV).

accompagné de deux nouveaux missionnaires Jésuites, les PP. Anne de Noue et Philibert Noyrot, d'un Frère coadjuteur, Jean Goffestre, et de vingt ouvriers engagés à leur service pour travailler aux constructions. Une commission nouvelle accordée à Champlain l'autorisait « à bâtir des forts; à instituer des officiers pour la distribution de la justice, pour le maintien de la police et des ordonnances; à faire la guerre et la paix avec les peuples sauvages; à découvrir un chemin pour aller par l'occident au royaume de la Chine et aux Indes orientales; en un mot à exercer sur les lieux tous les pouvoirs du vice-roi pour le bien et le service de Sa Majesté très chrétienne [1] ».

C'était en somme l'autorité souveraine, mais toute nominale; car, comment et sur qui l'exercer? A ce moment la colonie ne peut se suffire à elle-même; elle n'est ni organisée, ni peuplée, ni cultivée. Elle est presque uniquement un entrepôt de commerce, un marché de fourrures, en sorte que la direction réelle appartient aux marchands qui ont établi des comptoirs aux Trois-Rivières, aux rapides de Saint-Louis et surtout à Tadoussac. Québec mérite à peine le nom de bourg; moitié mission, moitié factorerie, ses habitants sédentaires n'excèdent pas cinquante à soixante, tant religieux que trafiquants. Deux ou trois malheureuses familles ont appris à subvenir à leurs besoins avec les produits du sol; les autres tirent leur subsistance de la France. Tout dépérit sous le monopole des de Caen [2]. Un changement complet dans l'organisation de la *Compagnie de Montmorency* pouvait seul remédier à une ruine prochaine et inévitable de la mission comme de la colonie. Aussi Champlain, d'accord avec le P. Lalemant, prit-il une résolution suprême. Pendant que le P. de Noue accompagnera l'infatigable P. de Brébeuf au pays des Hurons, le P. Noyrot repartira pour Paris, avec ordre d'exposer au vice-roi le véritable état des choses. « Le secours qui nous est venu de France, écrivait le P. Lalemant à son frère, est un bon commencement pour cette mission; mais les affaires ne sont pas encore en tel estat que Dieu puisse y estre servy fidellement. L'hérétique y a autant encore d'empire que jamais; c'est pourquoy je renvoye le P. Noirot, selon la permission que les Supérieurs m'en ont faicte, afin qu'il parachève ce qu'il a commencé : il est le mieux entendu en ceste affaire... J'envoye son compagnon avec le P. Brébeuf à cent lieues d'icy à une de ces nations qui sont stables en leur demeure... J'eusse

---

1. Ferland, I, 218.
2. Parkman, *Les pionniers français dans l'Amérique du Nord*, p. 270.

bien désiré estre de la partie, mais nos Pères ne l'ont pas trouvé à propos, jugeans qu'il estoit nécessaire que je demeurasse icy tant pour l'establissement de notre petit domicile que pour l'entretien des François [1]. »

Le P. Noyrot, débarqué en France, se rendit à Rouen avec un jeune sauvage auquel l'archevêque fut heureux de conférer le saint baptême; ensuite, il alla directement à Paris, où il multiplia ses démarches : courses, visites, lettres, mémoires, il ne négligea rien pour gagner aux intérêts de la Nouvelle France les personnages les plus influents de la capitale [2]. Au vice-roi, à Louis XIII et à leurs conseillers, il exposa les maux dont souffrait la colonie; il montra l'unique remède dans la dissolution d'une société commerciale où dominaient les calvinistes, et dans son remplacement par une société de catholiques assez désintéressés pour faire passer avant tout l'honneur de la mère patrie et la propagation de la foi catholique [3].

L'incroyable activité qu'il déployait donna quelques soupçons aux associés de la *Compagnie de Montmorency*. Ayant deviné ses projets, ils employèrent tous les moyens pour les faire échouer: même, par esprit de vengeance, ils se livrèrent à des actes capables de ruiner la mission : pendant que leurs affidés, en France, empêchaient le départ des secours destinés aux religieux et des munitions réclamés par Champlain, leurs commis, résidant à Québec, réduisaient presque à la famine les missionnaires et les catholiques pour les contraindre à se désister eux-mêmes de leur entreprise. Mais ces menées odieuses ne pouvaient qu'ouvrir les yeux aux moins clairvoyants. Le P. Noyrot résolut d'en finir et pour cela de s'adresser au puissant du jour, au cardinal de Richelieu.

6. Le vaillant missionnaire, très bon administrateur, homme actif et entreprenant, n'avait point toutefois la parole facile; appréhendant de se troubler en présence du grand ministre, il se fit accompagner par le P. Ragueneau. Mais au seul accueil de Richelieu, toute timidité disparut; Noyrot sut s'exprimer sans embarras, exposer avec chaleur, éloquence même, l'objet de sa visite, et le cardinal lui prêta la plus grande attention [4].

---

1. Lettre du P. Lalemant, 1er août 1626. (*Le Mercure françois*, t. XIII, ann. 1626, p. 12).
2. Monumenta hist., miss., c. IV.
3. Creuxius, *op. cit.*, l. 1, p. 11. — Cordara, *Hist. Soc. Jesu*, P. VI, l. X, n. 220, 221.
4. Monumenta histor. miss., l. c.

Au sortir de l'entretien la résolution de Richelieu était prise ; lui qui s'apprêtait à humilier le protestantisme dans le royaume, ne souffrirait point qu'une société de quelques commerçants calvinistes perdît une colonie française ou y enrayât l'expansion du catholicisme. Prompt à passer aux actes, il supprime la compagnie de Montmorency et se charge d'en créer une autre qu'il tiendra sous sa dépendance. Il est déjà grand-maître et surintendant général de la navigation et du commerce. Afin d'avoir la haute main sur le Canada, il engage le duc de Ventadour à résigner la charge de vice-roi en sa faveur ; puis, ayant trouvé cinq auxiliaires de bonne volonté, il signe avec eux, le 29 avril 1627, l'acte d'établissement de la *Compagnie des Cent Associés* ou *de la Nouvelle France*. Avec un parfait désintéressement, la marquise de Guercheville cède ses droits sur l'Acadie et se fait inscrire pour une somme de 3.000 livres dans la nouvelle société [1].

En publiant l'acte d'établissement, *Le Mercure françois* fait remarquer « le grand soin que monsieur le cardinal prend pour ramener à la Foy les peuples » sauvages. Et de fait, on voit aux considérants et aux articles de ce contrat que Louis XIII et son ministre poursuivent une œuvre de civilisation catholique et française.

« Le Roy continuant le même désir que le deffunt roy son père avoit de faire rechercher et découvrir ès pays, terres et contrées de la Nouvelle France dite Canada, quelque habitation capable pour y establir une colonie, afin d'essayer avec l'assistance divine d'amener les peuples qui y habitent à la cognoissance du vray Dieu, les faire policer et instruire à la Foy et religion catholique, Monseigneur le cardinal de Richelieu, estant obligé par les devoirs de sa charge de faire réussir les saintes intentions et desseins desdits seigneurs Roys, avoit jugé que le seul moyen estoit de peupler ledit pays de naturels françois catholiques, pour, par leur exemple, disposer ces nations à la religion chrétienne et à la vie civile, et mesme, y establissant l'autorité royale, tirer desdites terres nouvellement découvertes quelque avantageux commerce pour l'utilité des subjets du roy.

« Néantmoins ceux auxquels on avoit confié ce soin n'ont pas été curieux d'y pourvoir » ; ils ont agi « plus tost pour l'intérest des marchands que pour l'advancement du service de Sa Majesté » ; ils n'ont eu aucun « pouvoir et volonté de peupler et cultiver », le

---

1. Monum. hist. miss., P. II, c. IV. — Ferland, I, 222.

pays; ils ont tout fait « pour effaroucher les François qui y voudront aller habiter ».

« Les désordres estant parvenus à ce point, mondit seigneur a creu estre obligé d'y pourvoir... C'est pourquoy, après avoir examiné diverses propositions et ayant recogneu n'y avoir moyen de peupler ledit pays qu'en révoquant les articles cy-devant accordés à Guillaume de Caen et à ses associés, comme contraires à l'intention du Roy, mondit Seigneur le cardinal a convié les sieurs de Roquemont, Honel[1], de Lattaignant[2], Dablon[3], Duchesne[4] et Castillon, de lier une forte compagnie pour cet effet, s'assembler sur ce subjet et en proposer les mémoires. Ce qu'ayant esté effectué, ils ont promis à mondit seigneur le cardinal de dresser une compagnie de cent associés et faire tous leurs efforts pour peupler la Nouvelle France dite Canada suivant les articles cy-après déclarés. »

La *Compagnie des Cent Associés* s'obligeait à faire passer deux ou trois cents hommes dans la colonie dès l'année 1628, et elle devait en transporter annuellement pendant quinze ans jusqu'au nombre de quatre mille, tous Français et catholiques. Elle les logerait et entretiendrait pendant trois années; après quoi elle distribuerait à chaque colon une certaine quantité de terres défrichées, suffisante aux besoins de sa famille, et lui fournirait le grain nécessaire pour les premières semailles et pour la subsistance jusqu'à la récolte suivante. Elle pourvoirait à l'entretien de trois prêtres et à tous les frais du culte, durant quinze ans, dans chacun des postes qu'on établirait.

A ces conditions le roi faisait à la compagnie les plus grands avantages; il lui donnait en toute propriété le Canada et la Floride; il lui remettait pour toujours le trafic des cuirs, peaux et pelleteries, et, pour quinze ans, tout autre commerce par terre et par mer, sauf toutefois la pêche des morues et baleines déclarée libre pour tout Français; il lui promettait deux vaisseaux de guerre, armés et équipés, dont elle pourrait nommer les capitaines.

En outre, pour favoriser l'œuvre des futurs colons, Sa Majesté leur accordait à eux-mêmes un certain nombre de privilèges. Tout artisan, ayant exercé son métier pendant six ans dans la Nouvelle France, serait réputé maître et pourrait tenir boutique à

---

1. Contrôleur général des Salines en Brouage.
2. Bourgeois de Calais.
3. Syndic de Dieppe.
4. Echevin de la ville du Havre-de-Grâce.

Paris et autres villes. Pendant quinze ans toute marchandise provenant de la colonie serait exempte d'impôts, et de même toutes les munitions à elle destinées, les vivres et autres choses nécessaires à son ravitaillement. Les descendants de ceux qui se fixeraient dans le pays et les sauvages convertis seraient censés et réputés naturels français; ils jouiraient dans la mère patrie de tous les droits inhérents à cette qualité sans être tenus à aucune formalité de naturalisation [1].

7. Ainsi se trouva remplie, et au delà de toute attente, la négociation confiée au P. Noyrot. Tandis qu'il la menait à si bon terme, il s'était occupé aussi, activement, en qualité de procureur, d'approvisionner la résidence de Notre-Dame-des-Anges. Les terres cultivées ne pouvant encore suffire à la nourriture de tout le personnel, il fallait faire venir beaucoup de choses de France. Grâce aux aumônes recueillies, le P. Noyrot put expédier à Honfleur tout ce qui était nécessaire, pour un an, à l'entretien des missionnaires et de leurs ouvriers. Cet envoi aurait dû arriver à Québec vers le milieu de 1627; mais le capitaine de La Ralde, tout dévoué aux de Caen, épousa leur animosité contre les Jésuites et arrêta les ballots destinés à la résidence. Au mois d'octobre les provisions de l'année précédente touchaient à leur fin, et le P. Lalemant réduit à la famine se décidait à partir avec ses vingt ouvriers [2]. Débarqué en France dans le courant de novembre, il reçut à Paris une lettre du P. Général qui l'exhortait à ne rien négliger pour venir au secours de la mission [3].

L'année suivante, 1628, Louis XIII, par un édit daté du camp de La Rochelle, confirma l'acte d'établissement de la *Compagnie de la Nouvelle France* [4], qui compta bientôt plus de cent associés. Soutenue par de puissants protecteurs, la nouvelle société donnait déjà les plus belles espérances. Elle équipa quatre vaisseaux, placés sous le commandement de l'un de ses membres, Claude de Roquemont, lequel devait remettre à Champlain un brevet le nommant gouverneur et lieutenant général du roi au Canada. Il partit de Dieppe le 8 mai, accompagné de deux Jésuites, Charles Lalemant et François Ragueneau, et de trois Récollets [5]. Le

---

1. *Le Mercure françois*, p. 236-245.
2. Ferland, I, 231.
3. Lettre du P. Général au P. Lalemant, 15 décembre 1627 (Francia, Epist. Gen., t. IV).
4. Archives de la marine, A', III.
5. Lettre du P. Général au P. Lalemant, 17 juin 1628 (Francia, Epist. Gen., t. IV).

P. Noyrot avec deux frères coadjuteurs suivait la flottille, monté sur un navire chargé de provisions pour Notre-Dame-des-Anges [1]. Ni les uns ni les autres ne devaient parvenir au terme de leur voyage.

Un nouveau coup de force allait être tenté contre les possessions de la France au Canada, et cette fois par des huguenots français passés au service de l'Angleterre.

David Kertk, habile et hardi marin, né à Dieppe d'une mère française et d'un père écossais, s'était fait donner par Charles Ier l'autorisation d'attaquer notre colonie renaissante. Aidé de ses deux frères, Louis et Thomas, il avait équipé à grands frais plusieurs navires. La petite flotte partit de Londres au printemps de 1628 guidée par un traître, le capitaine Michel, dieppois lui aussi, qui avait commandé jadis un vaisseau des de Caen. Supérieurs en nombre, les audacieux aventuriers s'emparèrent facilement de Port-Royal et allèrent mouiller devant Tadoussac, à l'embouchure du Saint-Laurent.

On était alors au commencement du mois de juillet. Champlain attendait d'un moment à l'autre les vaisseaux de la *Compagnie des Cent Associés*, quand deux hommes, accourus en toute hâte du cap Tourmente, lui annoncèrent l'approche de la flotte anglaise [2]. Averti de la présence de l'ennemi, le gouverneur prépara quelques retranchements autour de *l'habitation* et du fort dont les remparts n'étaient pas encore terminés. Par l'imprévoyance des de Caen, tout manquait : vivres et munitions. Les Jésuites et les Récollets mirent leurs récoltes à la disposition du commandant.

Le 10 juillet, des Basques, prisonniers des Anglais, apportèrent à Champlain une lettre dans laquelle David Kertk l'informait qu'il avait obtenu commission du roi de la Grande-Bretagne pour prendre possession du Canada. Il l'invitait en même temps à rendre le fort et *l'habitation* afin d'éviter une effusion de sang absolument inutile. A cette sommation, le gouverneur, d'accord avec les principaux habitants, fit une fière et noble réponse : « Monsieur, ayant encore des grains, bleds d'Inde, pois et febves, sans ce que le pays fournist, dont les soldats de ce lieu se passent (se contentent) aussi bien que s'ils avaient les meilleures farines du monde..., nous ne serions pas dignes de paraître des hommes devant notre Roy, si nous rendions le fort et *habitation* en l'estat que nous sommes maintenant. Je sais que vous estime-

---

1. Creuxius, *op. cit.*, t. I, p. 17.
2. Parkman, p. 378, 379. — Ferland, I, 239.

rez plus notre courage, en attendant de pied ferme votre personne avec vos forces, que si lâchement nous abandonnions une chose qui nous est si chère, sans premier voir l'essai de vos canons, approches, retranchemens et bateries... Nous attendons d'heure à autre pour vous recevoir, et empescher, si nous pouvons, les prétentions qu'avez eues sur ces lieux [1]. »

Champlain n'avait plus que cinquante livres de poudre, mais suivant son expression, « en ces occasions, bonne mine n'est pas défendue ». Sa fermeté en imposa aux Anglais. Kerth, convaincu qu'il se heurterait à une résistance désespérée, renonça pour l'instant à son premier dessein. Trouvant plus d'avantage à surprendre la flottille qui venait ravitailler Québec, il quitta Tadoussac et croisa dans le golfe Saint-Laurent. A la hauteur de l'île d'Anticosti ou de l'Assomption, il rencontra les navires français commandés par Roquemont. Celui-ci se défendit avec courage contre des forces très supérieures ; après six heures de combat, il fut forcé d'amener pavillon. Il se rendit à ces trois conditions : vie sauve des religieux, respect des femmes, liberté à tous. Kerth renvoya en France Roquemont et les colons, et jeta sur une mauvaise barque les Récollets qui finirent par aborder à Bayonne. Le P. Noyrot, poursuivi par les vaisseaux ennemis, était parvenu à s'échapper ; il gagna, après bien des dangers, un port de France. Quand aux PP. Lalemant et Ragueneau, le vainqueur les conduisit comme prisonniers en Angleterre [2].

Dès qu'il apprit la captivité des deux missionnaires, le P. Vitelleschi s'empressa d'écrire au P. Filleau, provincial de France, l'engageant à faire tous ses efforts afin d'obtenir leur mise en liberté [3]. Grâce à l'intervention de Marie de Médicis et à l'influence de sa fille, la reine Henriette, les Pères furent promptement délivrés et conduits de Londres en Belgique, d'où ils vinrent à Paris. Les tribulations éprouvées par la mission du Canada avaient vivement ému le cœur du Souverain Pontife ; mais il ne doutait pas qu'elle ne produisît un jour des fruits abondants de salut. Aussi le P. Général, auquel il avait confié ses espérances, continua-t-il de la recommander au P. Filleau et au P. Lalemant : malgré toutes les épreuves il fallait persévérer [4].

1. Voyages de Champlain, t. II, p. 190-193. Cf. Creuxius, l. I, p. 18. — Ferland, I, 23.
2. Monum. hist. miss., l. II. c. v, vi. — Creuxius, l. I, p. 19-20. — Calendar of State papers, colonial, s. 1574-1660, p. 187.
3. Lettre du P. Général au P. Filleau, 2 novembre 1628 (Francia, Epist. Gen., t. IV).
4. Lettres du même au P. Lalemant, 27 décembre 1628 ; au P. Filleau, 2 fév. 1629 (Ibidem).

8. Cependant la défaite de Roquemont entraînait les suites les plus fâcheuses pour Champlain et ses compagnons qui ne pouvaient, avant dix mois, recevoir aucun secours de la mère patrie. Au milieu de sa détresse le gouverneur ne perdit point courage. Afin de faire durer le plus longtemps possible le peu de vivres qui restait, la ration de chaque homme fut réduite à sept onces de pois par jour. La pêche, la chasse, les racines trouvées dans les bois, quelques morceaux de venaison donnés par les sauvages empêchèrent les Français et les religieux de mourir de faim pendant l'hiver[1].

En 1629, la *Compagnie des Cent Associés* arma de nouveaux navires pour ravitailler le Canada, et Richelieu ordonna au commandant de Razilly[2] de les convoyer avec sept vaisseaux du roi. Déjà la flotte était rassemblée dans le port de La Rochelle, prête à partir, quand un traité de paix fut conclu à Suse entre Louis XIII et Charles I". L'Angleterre étant devenue l'alliée de la France, l'ordre donné à Razilly n'avait plus de raison d'être et fut révoqué[3].

Au mois de juin, les capitaines des navires marchands qui avaient retardé leur voyage pour attendre les vaisseaux de guerre, se décidèrent enfin à partir. Tout l'espoir de la colonie reposait sur cette expédition ; mais elle ne devait pas mieux atteindre son but que la précédente.

Cinq Jésuites étaient parmi les passagers : les PP. Lalemant, Noyrot, Alexandre de Vieux-Pont, Barthélemy Vimont, et le Frère Malot, de la province de Champagne. Le P. Vimont, était embarqué sur le vaisseau commandé par le capitaine Daniel. Celui-ci poussé par la tempête sur l'île du Cap-Breton, s'empara du fort qu'y avaient construit les Anglais, le démolit et en bâtit un autre à l'entrée de la rivière du Grand-Cybou ; il y laissa le P. Vimont avec quarante hommes et revint en France avec soixante prisonniers[4].

Le capitaine Joubert, moins heureux, fit naufrage sur les côtes de Bretagne. Quant au navire monté par les PP. Lalemant, Noyrot, de Vieux-Pont et le Frère Malot, il alla se briser sur les rochers de l'île de Canseau, près de la Nouvelle-Écosse. Le P. Noyrot et le Frère Malot, furent engloutis ; les PP. Lalemant et de Vieux-

---

1. Creuxius, l. 1, p. 22.
2. Il s'était distingué au siège de La Rochelle. Cf. Avenel, *Lettres du cardinal de Richelieu*, II, 447, 456, 463, 479, 482, 492, 514, 525, 631 ; III, 107.
3. *Ibidem*, III, 359.
4. Relation du voyage fait par le capitaine Daniel citée par Parkman, p. 388. — *Calendar of State papers, colonial* 1574-1660, p. 105.

Pont parvinrent à gagner le rivage[1]. Quelques jours après, le P. de Vieux-Pont rejoignit le P. Vimont au Grand-Cybou pour travailler avec lui à l'évangélisation des indigènes[2]. Le P. Lalemant recueilli par des pêcheurs basques fut conduit à Saint-Sébastien, où il aborda, après un second naufrage[3].

9. Tandis que notre flottille marchande était ainsi anéantie ou dispersée, Champlain et les habitants de Québec, privés de tout secours, se voyaient menacés de la plus cruelle famine. Étant parvenu à construire une barque de dix à onze tonneaux, le gouverneur chargea son beau-frère, Boullé, d'aller à Gaspé, sur le golfe Saint-Laurent, où chaque année se rendaient des vaisseaux français pour la pêche de la morue; s'il n'en trouvait aucun, il devait faire voile jusqu'en France pour renseigner, sur la triste situation de la colonie, le roi, le cardinal de Richelieu et les associés de la compagnie. Boullé fut capturé avec son équipage par les frères Kerth qui, à force de questionner les prisonniers, connurent l'état désespéré du fort et de *l'habitation*[4].

On était au mois de juillet. Champlain de plus en plus inquiet, et craignant un coup de main de la part des Anglais, avait fait venir les missionnaires des Hurons afin qu'ils ne restassent pas sans secours au milieu des sauvages. Bientôt on apprend que des vaisseaux anglais ont été aperçus derrière la pointe Lévis, à trois milles de Québec. Aussitôt le gouverneur convoque les Jésuites, les Récollets et les principaux colons, afin de prendre leur avis. Tous conviennent que la résistance est impossible : il faut obtenir de l'ennemi les conditions les plus avantageuses. Peu après ce conciliabule, une chaloupe anglaise s'avance au milieu de la rade, s'arrête et déploie un pavillon blanc; on répond en arborant un drapeau de même couleur. La chaloupe s'approche alors de terre et l'officier qui la commande, présente au gouverneur une lettre dans laquelle les deux frères Louis et Thomas Kerth déclaraient connaître le déplorable état de la colonie, demandaient la remise du fort entre leurs mains et promettaient une « composition honnête et raisonnable[5] ».

Champlain proposa lui-même les articles de la capitulation.

---

1. Creuxius, l. I, p. 40. — Faillon, *op. cit.*, I, 230.
2. Lettre du P. Général au P. Vimont, 10 mars 1630 (Francia, Epist. Gen., t. IV).
3. Creuxius, l. I, p. 45.
4. Ferland, I, 231, 233. — De Charlevoix, *op. cit.*, t. I, p. 168.
5. *Voyages de Champlain*, t. II, p. 262, 263. — Creuxius, l. I, p. 26, 27. — Ferland, I, 233.

« 1° Avant toutes choses, Messieurs Kertk montreroient la commission du Roy de la Grande-Bretagne. — 2° Ils lui fourniroient un vaisseau pour passer en France avec tous les Français sans en excepter un seul. — 3° Les gens de guerre sortiroient avec leurs armes et tous les effets qu'ils pourroient emporter. Et enfin il ne seroit fait aucune insulte ni violence à personne[1]. » Louis Kertk promit que son frère David resté à Tadoussac, produirait la commission demandée et qu'on assurerait à tous le passage en France. En outre, les officiers au service de la compagnie sortiraient avec armes et bagages; les soldats garderaient leurs armes, leurs habits et une robe de castor; les religieux, leurs robes et leurs livres. Tout le reste demeurerait dans la place[2].

10. La capitulation fut signée le 19 juillet 1629. Le lendemain, Louis Kertk prit possession du fort, de l'*habitation*, du couvent des Récollets et de la résidence de Notre-Dame-des-Anges. On assure, dit le P. de Charlevoix, qu'avant la prise de Québec, David Kertk avait reçu des avis certains de l'accord survenu le 24 avril entre le roi de France et le roi d'Angleterre, mais qu'il feignit de l'ignorer. « Il avoit fait de grandes dépenses pour son armement et il s'était flatté de trouver dans la Nouvelle-France beaucoup plus qu'il ne falloit pour l'en dédommager. Il fut fort étonné de voir qu'il n'étoit le maître que d'un rocher habité par une centaine de personnes, épuisées par une longue famine et à qui il falloit commencer par donner du pain ; d'un magasin où il n'y avoit que des peaux en petite quantité ; de quelques maisons mal bâties et encore plus mal meublées. Ainsi tout le fruit de sa mauvaise foi fut de s'être ruiné. » Il n'eut pas même, comme nous le dirons plus tard, la consolation d'avoir travaillé pour le prince qu'il servait[3].

Voici, d'après un reçu délivré par Louis Kertk à Champlain tout ce qui se trouvait dans le fort : 7 canons, 7 pierriers, 51 boulets, 40 livres de poudre, 30 livres de mèches, 15 mousquets, 4 arquebuses, 10 hallebardes, 12 piques, 5 à 6 milliers de plomb, 52 armures, 2 pétards de fonte verte, une vieille tente et quelques ustensiles de ménage[4].

1. De Charlevoix, I, p. 168. — *Calendar*, p. 98. — *Voyages de Champlain*, t. II, p. 262, 263.
2. *Calendar...*, p. 99. — Creuxius, p. 27, 28.
3. De Charlevoix, I, 178. — Creuxius, p. 29.
4. *Voyages de Champlain*, t. II, p. 270. — Guénin, *Histoire de la colonisation française; la Nouvelle France*, t. I, p. 183.

Après l'inspection du fort, Louis Kertk se rendit chez les Récollets et les Jésuites, « traitant les premiers avec autant de courtoisie qu'il témoigna d'aversion aux autres et allant jusqu'à exprimer le regret de n'avoir pu commencer par démolir leur bâtiment sur leurs têtes [1] ». Pour les colons, il se crut intéressé à leur montrer des égards : il engagea ceux qui avaient défriché des terres à ne pas perdre le fruit de leurs travaux, et leur fit les offres les plus avantageuses s'ils consentaient à rester dans le pays. Il promit même de les rapatrier au bout d'une année, s'ils en exprimaient alors le désir. Le gouverneur, que ces pauvres gens consultèrent, leur accorda son agrément, mais il les avertit que, si le roi ne reprenait pas le Canada dans un an, « ils feroient mal de demeurer plus longtemps privés des sacrements et des autres secours spirituels, le salut de leurs âmes devant leur être plus cher que tous les biens qu'ils pouvaient posséder [2] ».

Tandis que Louis Kertk demeurait avec quelques colons à Québec, Thomas rejoignit à Tadoussac son frère David qui s'y était arrêté. Il amenait avec lui Champlain, les Récollets et les PP. Massé, de Noue et de Brébeuf. Une fois à terre, nos catholiques furent traités avec peu de ménagements. David Kertk ne voulut leur permettre aucun exercice public du culte; il montrait ainsi ce qu'on pouvait attendre de la tolérance des huguenots s'ils étaient restés maîtres dans le pays [3]. Quant au traître, le capitaine Jacques Michel, il ne cessait d'invectiver contre les Jésuites. « Messieurs, leur dit-il un jour en présence de David Kertk, votre seul but, en venant au Canada, a été de jouir des dépouilles de M. de Caen que vous avez dépossédé. — Pardonnez-nous, Monsieur, répliqua le P. de Brébeuf, nous ne vinmes que pour la gloire du Seigneur et nous nous exposâmes à mille dangers pour convertir les Indiens. » — Ici, Michel l'interrompit en criant : « Ah! Ah! convertir les Indiens; dites donc convertir les castors. — C'est faux », répartit le Père. Alors Michel, levant le poing s'exclama : « N'était le respect dû à l'amiral, je vous frapperais pour ce démenti. » — Le P. de Brébeuf, homme d'une force peu commune, garda néanmoins son sang-froid et répondit : « Excusez-moi; je n'ai pas eu l'intention de vous donner un démenti; ces mots sont ceux dont nous nous servons dans les

---

1. Parkman, op. cit., p. 384.
2. Voyages de Champlain, t. II, p. 275.
3. Faillon, I, 247. — Ferland, I, 237. — Voyages de Champlain, II, p. 322.

écoles, lorsqu'on avance une proposition douteuse, et ils ne comportent donc pas d'offense : je vous prie cependant de me les pardonner[1]. »

« Malgré ces excuses, l'esprit malade de Michel s'empara de ce sujet et il ne parla plus que de cette insulte présumée. » Il s'emporta même en de telles imprécations contre Dieu et ses saints que Champlain ne put s'empêcher de s'écrier : « Bon Dieu ! comme vous jurez pour un réformé. — Je le sais, répondit-il ; mais je veux être pendu, si je n'inflige à ce jésuite la correction qu'il mérite. » Deux jours après, il mourait dans un de ces accès de fureur auxquels il était sujet[2]. Les Anglais lui rendirent les honneurs funèbres ; mais après leur départ, les sauvages déterrèrent le cadavre, le pendirent « selon son imprécation » et le jetèrent aux chiens. Ce qui montre, écrivait plus tard un missionnaire, « qu'il ne fait pas bon blasphémer contre Dieu ny contre ses saincts, ny se bander contre son Roy, trahissant sa patrie[3]. »

Au mois de septembre 1629, David Kertk quitta Tadoussac avec cinq vaisseaux bien armés ; il atteignit Plymouth le 20 octobre[4]. Huit jours après, les Jésuites s'embarquèrent à Douvres pour la France, où ils furent distribués dans différentes maisons. Le P. Lalemant se retira au collège de Bourges ; le P. Massé revint à La Flèche ; le P. de Noue se dirigea sur Amiens et le P. de Brébeuf sur Rouen. L'année suivante les PP. de Vieux-Pont et Barthélemy Vimont étaient rappelés du Cap-Breton et envoyés, le premier, comme prédicateur, à Rouen ; le second, comme préfet des études, à Vannes[5].

Quant à Champlain, il fut tout surpris, à son arrivée en Angleterre, d'apprendre qu'un traité de paix avait été signé entre ce pays et la France trois mois avant la reddition de Québec. L'ambassadeur français, auquel il remit un Mémoire, lui promit d'obtenir justice et réparation[6]. Le gouverneur de la Nouvelle France rentra donc à Paris avec l'espoir de voir bientôt reconstituée une colonie à laquelle il avait consacré « toute son énergie, toutes ses affections, sa vie tout entière[7]. »

1. *Voyages de Champlain*, II, p. 319-320.
2. *Ibidem*. — Monumenta..., P. II, c. VIII. — Cf. Parkman, 386, 387.
3. Lettre du P. Le Jeune, 7 août 1634 (*Relations des Jésuites*, 1634, p. 8).
4. Ferland, I, 237. — De Charlevoix, I, 173.
5. Cf. de Rochemonteix, I, 176, 177.
6. *Voyages de Champlain*, t. II, p. 326.
7. Ferland, I. 243 ; — De Flassan, *Histoire... de la diplomatie française*, II, 353. — *Calendar of State papers*, col. 1574-1660, p. 102.

CHAPITRE XII

LA MISSION DE CONSTANTINOPLE
(1623-1630)

Sommaire : 1. Une fête littéraire à Saint-Benoît. — 2. L'influence de Cyrille Lucar combattue par M. de Césy. — 3. Menées du patriarche Cyrille contre la mission. — 4. Affaire des Jésuites de Chio. — 5. A Constantinople, le patriarche s'unit aux ambassadeurs protestants pour faire chasser les Pères. — 6. Arrestation, captivité et exil de trois missionnaires. — 7. M. de Césy fait rétablir les Jésuites à Saint-Benoît. — 8. Délivrance des captifs et sécurité relative de la mission.

Sources manuscrites : I. Recueils de documents conservés dans la Compagnie : a) Missio Constantinopolitana, t. I et VIII; — b) Francia, Epistolae Generalium.
II. Archives de la Province de France, pièces manuscrites sur les Jésuites.
III. Paris, Bibl. nationale, mss fr., 16450 à 16158 (ambassade de M. Césy). — Fonds Dupuy, vol. 74, 103; — Cinq cents Colbert, vol. 483.
IV. Paris, Archives du ministère des Affaires Étrangères, Constantinople, correspondance, vol. III.
V. Paris, Bibl. de l'Institut, coll. Godefroy, vol. XV.
VI. Roma Archivio Vaticano, Nunziatura di Francia, n. 61, 63, 304, 306, 415.
VIII. Venezia, Archivio di Stato, Dispacci di Constantinopoli, n. 90, 105, 100.

1. Nous avons retracé, au volume précédent, l'histoire de la mission de Constantinople jusqu'aux derniers mois de l'année 1623[1]. A ce moment, le P. de Canillac, son premier supérieur et pour ainsi dire son fondateur, fut contraint par une santé délabrée d'abandonner un poste où depuis quatorze ans, au gré de tous, il rendait les plus grands services. Le P. Laurent d'Aurillac le remplaça, et, à la fin du mois de novembre, le P. Perrin et un Frère coadjuteur[2], envoyés de France, apportèrent quelque renfort; assez du moins pour ne rien ralentir de la vigoureuse impulsion donnée jusqu'alors aux œuvres apostoliques[3].

Quelques semaines après le départ du P. de Canillac, les élèves de Saint-Benoît représentèrent un drame ou sorte de mystère

---
1. Voir tome III, p. 606 et suiv.
2. Probablement le fr. Jean Diron.
3. Lettre du roi à M. de Césy, 24 février 1624 (Bibl. nat., ms. fr., 16156, f. 411).

en grec vulgaire, dans la nef de l'église transformée pour la circonstance. Galata n'était pas habitué à pareil spectacle : ce fut tout un événement. « Le sujet de cette action, écrivait le P. d'Aurillac, a été comme saint Jean Chrisostome, aagé seulement de neuf à dix ans, se convertit de l'idolâtrie et paganisme à la foy de Jésus-Christ, et comme après estre converti en ce même bas aage, il convertit son père, sa mère et sa sœur... Le jour désigné à telle représentation fut le jour même de la feste de saint Jean Chrisostome, non selon l'Église latine mais selon l'Église grecque... Il y eust si grand concours, principalement des Grecs, que si l'église eust esté une fois plus grande de ce qu'elle est, il n'y eust peu demeurer. Entre autres, il y eust deux ambassadeurs... à scavoir M. l'ambassadeur de France et celuy de Flandre ou d'Hollande, qui louèrent extrêmement les acteurs et l'action, et en sortirent fort contens et satisfaits. Elle se représenta pour la seconde fois deux ou trois jours après, où vint M. l'ambassadeur d'Allemagne, et l'église fut encore pleine pour cette seconde fois[1]. »

Pareille solennité littéraire n'était pas un simple divertissement ; elle avait pour but, comme l'indique le P. d'Aurillac, d'honorer le glorieux évêque en faisant connaître sa vie et ses vertus. Ce « dialogue », plus éloquent qu'un sermon, entraîna plusieurs conversions. « Vos Révérences, disait quelques jours après un des principaux Francs[2] de Galata, ont trouvé le moyen de gaigner les cœurs des Grecs par ces actions publiques, parlant en leur langue et louant leurs saints, et s'accommodant encore en la célébration de leurs festes... et leur tesmoignant que nous ne sommes pas tant aliénés de leur Église[3]. »

On avait beaucoup remarqué l'absence du patriarche grec, Cyrille. Bien qu'il eût exprimé le désir d'assister à la représentation, notre ambassadeur, M. de Césy, avait répondu qu'il ne l'aurait pas pour agréable, et personne ne fut étonné de ce refus.

2. Cyrille Lucar, né en 1572 dans l'île de Candie, avait étudié à Venise et à Padoue. Il visita ensuite l'Allemagne où il se lia avec les théologiens protestants dont il adopta l'esprit

---

1. Lettre du P. d'Aurillac au P. Général, 17 juillet 1624 (Missio Constantinopolitana, VIII, n. 29).
2. Grecs du rit latin.
3. Lettre du P. d'Aurillac déjà citée.

et les doctrines. Revenu en Grèce et nommé archimandrite par son parent Mélétius Piga, patriarche d'Alexandrie, il fut envoyé par ce prélat en Lithuanie, où il s'opposa à la réunion des luthériens et des catholiques, ce qui le fit accuser de luthéranisme. De retour à Constantinople et élu patriarche d'Alexandrie après la mort de Mélétius Piga, il se rendit dans cette ville et en gouverna l'Église durant plusieurs années. Il était parvenu par ses intrigues à supplanter, en 1612, Théophile, patriarche de Constantinople; mais un mois après son installation, il avait été renversé à son tour et remplacé par Thimothée, métropolite de Patras-la-Vieille.

A la mort de ce dernier, Cyrille, remonté par la faveur du grand vizir sur le siège de Constantinople, se servit de son autorité pour répandre les doctrines protestantes dans l'Église grecque. Son élection simoniaque et son indigne conduite ne soulevèrent aucune opposition parmi le clergé, malgré les remontrances des missionnaires de la Compagnie de Jésus. Le P. Général ne vit de remède au mal que dans l'intervention de l'ambassadeur de France, qu'il réclama par l'intermédiaire du P. de Séguiran alors confesseur du roi[1]. De son côté, M⁹ʳ Corsini, nonce du Saint-Siège à Paris, en montra la nécessité à M. de Puisieux, et Louis XIII promit de ne rien épargner pour obtenir un changement de patriarche[2].

Grâce aux efforts de M. de Césy, Cyrille ne tarda pas à être dépossédé de son siège, ainsi que notre ambassadeur l'annonçait au roi le 30 avril 1623. « Sire, je n'ay pas mal employé le temps et mes offices, depuis la dernière despesche que j'envoyai à Vostre Majesté, car j'ay moyenné en telle sorte la ruine du patriarche grec de Constantinople qu'il est maintenant hors de siège par commandement du premier vizir... Ce patriarche estoit un très dangereux hérétique, qui n'avoit autre but que l'affaiblissement ou la ruine de l'Église Romaine, et d'establir le calvinisme dans la Grèce et dans toutes les partyes orientales... C'est chose étrange qu'un patriarche de Constantinople niast la réalité du Saint-Sacrement de l'autel et voulust oster la confession, sans que les Grecs fissent aucune démonstration de le vouloir changer, car il pipoit leur igno-

---

1. Lettre du P. Général au P. de Séguiran, 16 août 1622 (Francia, Epist. Gen., t. IV).
2. Lettre de Corsini à Ludovisi, 21 janvier 1623 (Arch. Vat., Nonz. di Francia, n. 63, f. 19).

rance. On tient qu'il est retiré chez l'ambassadeur de Hollande, et que les Pères Jésuytes sont fort menacés par luy et par l'ambassadeur d'Angleterre[1]. »

Le nouveau patriarche, Grégoire, archevêque d'Amazie « au païs du Pont », eut à lutter contre l'influence occulte de son prédécesseur. N'ayant trouvé aucun métropolite qui voulût le mettre en possession de sa charge, il s'en plaignit au grand vizir « et le jour mesme, raconte M. de Césy, Cirille fut embarqué, les fairs aux pieds, dans une frégate, pour estre mené à Rhodes, où il aura tout loisir de commenter sur les Institutions de Calvin[2] ». Le 28 mai, les métropolites consentirent à introniser Grégoire et le 28 juin, Louis XIII félicitait son ambassadeur de la conduite de cette affaire. « J'ay eu plaisir, lui écrit-il, d'apprendre le service que m'avez rendu au changement du patriarche... Voyez aussi de deffendre les Pères Jésuistes de ses vengeances comme d'autres, afin que les pratiques des ambassadeurs d'Angleterre et de Hollande contre eux ne prévalent, et qu'ils puissent plus facilement soubs mon authorité faire valloir le talent que Dieu leur a donné pour sa gloire[3]. »

Grégoire ne fit que passer sur le siège de Constantinople; on le remplaça bientôt par Anthime, métropolite d'Andrinople, homme de bonne volonté, mais trop faible de caractère pour des circonstances aussi difficiles[4]. On ne devait pas tarder à s'en apercevoir.

Vers la fin de septembre, en effet, Cyrille reparut à Constantinople, comme patriarche, grâce aux bons offices de ses amis les ambassadeurs d'Angleterre et de Hollande[5]. Les métropolites épouvantés firent partager leurs craintes à Anthime[6] qui renonça de lui-même à lutter contre son rusé et puissant adversaire. M. de Césy en fut aussi surpris que consterné. « Si je n'estois icy, dit-il à M. de Puisieux, je ne pourrois croire ce que je vous escris maintenant; mais vous entendrez, s'il vous plaist, que ce matin ayant fait restablir le patriarche Anthime dans son siège, il vient d'aller chez l'ambassadeur de Holande où est Cirille pour luy résigner le patriarchat et

---

1. Lettre de M. de Césy au roi, 30 avril 1623 (Bibl. nat., fr. 16149, f. 162 v.).
2. Du même au même, 18 mai 1623 (Ibidem, f. 168).
3. Lettre du roi à M. de Césy, 28 juin 1623 (Bibl. nat., fr. 16150, f. 333).
4. Césy au roi, 9 juillet 1623 (fr. 16149, f. 181).
5. Césy à Puisieux (Ibidem, f. 214).
6. Du même au même (fr. 16150, f. 218).

le renoncer dès ce soir... Et comme j'allois faire fermer cette despesche on m'a adverty que ledit Anthimo venoit passer céans pour m'en faire des excuses, mais je ne l'ay pas attendu, luy ayant fait dire que j'estois allé me pourmener, et que je trouvois bien estrange qu'il eust si tost changé de résolution au lieu d'aller domain veoir le visir pour le remercier de son restablissement, et que pour moy je ne pouvois approuver ce qu'il alloit faire. Il a respondu qu'il n'avoit point d'argent et que, pour avoir la paix avec Cirille, les Grecs lui avoient conseillé de se contenter d'un archevesché. Si j'en suis creu, sy ferai-je sauter Cirille pour la seconde fois, car il fera trop de mal, s'il dure[1]. »

3. A peine Cyrille eut-il repris possession du siège patriarcal de Constantinople, qu'il fit imprimer à Wittemberg, sous le nom d'un de ses disciples nommé Zacharie, une instruction chrétienne remplie d'erreurs, et la répandit dans tout l'empire. « C'est, écrivait au roi notre ambassadeur, un livre capable d'infecter d'hérésie toute cette pauvre Église d'Orient, si on n'y rémédye; car il est entièrement plein d'oppinions calvinistes et luthériennes, lesquelles se pourront facilement glisser dans les faibles et ignorans esprits des Grecs... Je ne doubte point que luy et les ambassadeurs ses amys n'essayent de faire quelque mal aux Pères Jésuites[2]. »

Bien que les prévisions de M. de Césy dussent un jour se réaliser, Cyrille tâcha tout d'abord de gagner les bonnes grâces des missionnaires et, par leur entremise, celles de l'ambassadeur de France[3]. Mais personne ne se laissa tromper par ces avances insidieuses. A Paris et à Rome, comme à Constantinople, on ne cessa de travailler à la déposition du perfide intrus[4]. Cyrille, à partir de ce moment voua aux Jésuites une haine mortelle.

Un religieux de Jérusalem, désirant obtenir un commandement dont il avait besoin, était allé, accompagné d'un interprète de M. de Césy, saluer le caïmacan. « Après que celuy-ci

1. Césy à Puisieux, 2 octobre 1623 (Bibl. nat., fr. 10156, f. 218). Lettre du nonce au card. secrétaire d'État, 19 janvier 1624 (Archives Vat., Nunz. di Francia, n. 61, f. 58). Cf. Venezia, Arch. di Stato, Dispacci di Constantinople, n. 96, f. 127-129.
2. Césy au roi, 31 janvier 1624 (Bibl. nat., fr. 16150, f. 239).
3. Lettres annuelles 1623 (Miss. Constant., t. VIII, p. 23).
4. Barberini à Spada, 22 avril 1624 (Archiv. Vat., Nunz. di Francia, n. 303, f. 25, 26). Cf. Lettre de Spada à la Propagande, 23 mai 1624. (*Ibidem*, n. 61, f. 230).

l'eust regardé, il demanda si c'estoit un Jésuite; sur quoy il luy fust respondu que non et qu'il estoit de l'ordre de saint François; à quoy il répliqua que le premier Jésuite qu'il verroit, il le vouloit faire empaler. » Ces paroles, rapportées à M. de Césy lui donnèrent à penser « que le patriarche Cyrille [avait] faict faire quelque meschant office aux Pères par quelque ambassadeur ou par aultre moyen[1] ». Il voulut s'assurer de leur exactitude. Elles n'étaient que trop vraies, comme il l'annonça lui-même au roi, le 7 juillet 1624, en lui rapportant l'entretien qu'il avait eu avec le ministre turc.

« Sire, les Pères Jésuytes ont esté à la veille d'estre chassés d'icy et peut-estre avec violence et hasard de la vie de quelqu'un d'eux, si Dieu ne m'eust inspiré d'aller veoir le caymacan à leur occasion;... car lorsque je luy parlay du langage qu'il avoit tenu contre eux à l'interprette Ollivier, il fit comme l'estonné de ce qu'après les avoir menacés de la mort, ils estoient encore icy, et me dit que je les feisse partir plus tost ce jour-là que le lendemain, s'ils ne voulloient estre mal traittés, m'adjoustant que c'estoient gens très dangereux pour tous les Estats où ils habitoient, et m'allégua des exemples qui me firent cognoistre clayrement que les ennemis des Pères luy avoient imprimé dans l'esprit plusieurs mensonges que je luy laissay dire jusqu'au bout[2]. »

M. de Césy prit à son tour la parole et lui rappela que l'établissement des Jésuites à Constantinople avait été autorisé par le Grand Seigneur « pour la consolation et service particulier des ambassadeurs de France ». Le caymacan repartit que Galata possédait d'autres religieux qui ne refuseraient pas leurs services et qu'il fallait que les Jésuites sortissent de la ville, Sa majesté ne pouvant trouver « estrange que le Grand Seigneur chassast de son pays ceulx qui le voulloient troubler ». L'ambassadeur, l'interrompant, lui dit qu'il n'y avait aucune preuve contre les Pères, qu'il démontrerait leur innocence en dévoilant la calomnie et que d'ailleurs « c'estoit faire tort à la grandeur de l'Empire ottoman de craindre que quatre pauvres Pères fussent capables de le troubler ». Après plusieurs autres raisons il conclut qu'il ne permettrait pas leur bannissement sans avoir vu le Grand Seigneur et lui avoir fait entendre ses remontrances à ce sujet. Le caymacan finit par

---

1. Césy au roi, 23 juin 1623 (Bibl. nat., fr. 16150, f. 287 v., 288).
2. Césy au roi, 7 juillet 1624 (Bibl. nat., fr. 16150, f. 292-294).

accorder quelques jours de délai et promit à l'ambassadeur de ne rien faire sans l'avoir revu.

« Ce deslay, Sire, — continue M. de Césy — me donna le temps de pouvoir recourir aux remeddes ordynayres du pays où quazy toutes choses se vendent; et après que j'eûs vu les aultres visirs avec des présents, et que le mufti eût accepté ce ce que je lui envoyay, je pris résolution de retourner voir ledit caymacan; mais je pris à très mauvais augure de ce que, contre la coutume des Turcs, il refusa un très beau présent que luy envoyay en luy demandant audience. Toutes foys je débattis sy heureusement la cause des bons Pères qu'il me promit et asseura de les laisser en repos, à condition qu'ils ne se mesleroient que de prier Dieu. A quoy je répliquay tant de choses que je le forçay de me dire que des chrestiens, les plus grands et les premiers du pays, avoient fait plainte contre eux. Et cella, Sire, se doit infailliblement entendre du patriarche Cyrille ou de quelque ambassadeur[1]. »

Louis XIII ne douta pas que Cyrille ne fût appuyé dans ses projets de vengeance par les représentants de Hollande et d'Angleterre, et même par le bailo de Venise, car la Seigneurie, depuis ses démêlés avec Paul V, en voulait toujours à la Compagnie de Jésus. Il répondit donc à son ambassadeur, le 16 août 1624 : « Je ne puis moins que vous recommander les Pères Jésuites, lesquels, exposés à la furye du caymacan, seroient pour souffrir, si de bonne heure vous n'y remeddiez, et mesme estant haïs des chrestiens (hollandais et anglais) en recevroient du mal, ce que je désire que vous éclaircissiez. Et si vous voyez que le bailo de Venise trempe aux accusations qu'on leur impute, je désire que vous luy façiez sentir que cela ne pourra jamais estre interpretté à bonne fin et que moy, qui suis le protecteur de ces bonnes gens, auray sujet et moyen de m'en ressentir. Je crois qu'en la destitution de Cirille l'on trouveroit fin à ces maux; aussy est-ce chose à quoy il faut travailler;... à quoy — ajouta-t-il le 4 septembre — je me passionne pour la gloire de Dieu et le salut de tant de pauvres âmes qui sont en Orient[2]. »

La destitution de Cyrille n'était guère possible qu'à une condition : recourir, de nouveau, aux « remeddes ordinaires du pays où quasy toutes choses se vendent ». Louis XIII et le Souverain Pontife ne répugnaient point à employer cet unique moyen

---

1. Césy au roi, 7 juillet 1624, lettre déjà citée.
2. Du roi à Césy, 16 août et 4 septembre 1624 (Bibl. nat., fr. 16150, f. 450 v, 453 v).

de sauvegarder la foi des Grecs contre les agissements du patriarche[1]. On était décidé à dépenser au besoin dix mille écus, dont trois mille seraient fournis par le Saint-Siège. Mais l'exécution présentait de graves difficultés. « Si les Vénitiens, déclarait M. de Césy, descouvrent que l'argent qui sera envoyé icy part de Rome, l'affaire est ruynée, je dis ruynée absolument[2]. » Dans ce cas, écrivait-il au roi, il eût mieux valu feindre une réconciliation avec le patriarche « que de paroistre son ennemy et ne luy pouvoir nuire... ». Et il ajoutait : « Maintenant que Vostre Majesté me commande de travailler à sa ruyne et me donne espérance de quelques secours de Rome, je m'en vais recommencer de nouveau[3]. »

Malgré son zèle, hautement reconnu par le Saint Siège[4], M. de Césy ne réussit pas dans son entreprise. Les ambassadeurs de Hollande, d'Angleterre et le bailo de Venise enchérirent sur les offres de l'ambassadeur de France, et Cyrille conserva jusqu'en 1633 le siège patriarcal de Constantinople[5]. Les Jésuites devaient donc s'attendre à éprouver bientôt les effets de la colère de leurs puissants ennemis. Elle atteignit d'abord deux Pères originaires de Chio.

4. On se souvient qu'il y avait dans cette île une résidence de Jésuites, dépendante de la Province de Sicile[6]. Comme il s'y trouvait quelques religieux Siciliens, dont la nationalité était odieuse aux Turcs, M. de Césy aurait préféré qu'elle ne comprît que des Grecs et des Français. Dès l'année 1624 il écrivit dans ce sens au Père Général. Celui-ci remercia l'ambassadeur de sa sollicitude, mais il ne voyait aucun inconvénient à ce que cette maison restât ce qu'elle avait toujours été depuis sa fondation sans éprouver aucune difficulté[7]. Les Pères, qui la composaient, pour la plupart natifs du pays, et sachant dès leur bas âge les langues grecque et italienne, entreprenaient de nombreuses excursions apostoliques dans les îles de l'archipel.

---

1. Lettres de Barberini à Spada, 27 sept. 1624 ; de Spada à Barberini, 10 février 1625 (Archiv. Vat., n. 304, f. 07 ; — n. 62, f. 18).
2. Césy à M. de La Ville-aux-Clercs, 4 août 1624 (Archiv. Vat., Nunz. di Francia, n. 613, f. 210-213).
3. Lettre de M. de Césy au roi, 4 août 1624 (*Ibidem*, fol. 239-240).
4. Bref d'Urbain VIII à M. de Césy, 22 janvier 1625 (Bibl. nat. Cinq-cents Colbert, t. 383, f. 128).
5. Lettres de Césy à M. d'Herbault, 27 juin et 23 août 1627 (Bibl. nat., fr. 16.150, f. 670, 698).
6. Tome III, p. 610.
7. Lettre du P. Général à M. de Césy, 9 février 1624 (Bibl. nat. fr. 16.159, f. 412).

C'est ainsi qu'en 1627 un enfant et ancien missionnaire de Chio, le P. Dominique Maurice, appartenant depuis plusieurs années à la mission de Constantinople, fut envoyé avec un de ses compatriotes, le P. Jean Marquese, dans l'île de Chypre. Tous deux reçurent à Nicosie un excellent accueil d'un noble habitant de cette ville, nommé Matheo Cigala. Mais bientôt, sur la dénonciation d'un consul vénitien, ils furent arrêtés le 27 juin, comme « espions du roy d'Espagne », et jetés en prison. Heureusement le moussalem, ou lieutenant du pacha, qui commandait alors à Nicosie, était ami de la France. Au lieu de tourmenter les Pères, il dépêcha un exprès à M. Bordier, notre consul à Alep, pour l'intéresser à leur sort. « Ayant l'ordre [du vizir], lui mandait-il, je ne sceu faire autrement que de les mettre en prison; bien vray que ça a esté à mon grand regret. Je vous envoie ce mien homme exprès, qui est de nation françoise, lequel je vous recommande, pour faire de vous mieux représenter l'affaire comme c'est passé, et aller parler au visir, luy dire s'il est vray qu'il m'aye escript les lettres que j'ay reçeu de luy pour punir lesdits Jésuites. Je n'ay [rien] voulu fère que je voye un commandement exprès du visir, car je doute que celuy que [il] m'a envoyé ne soit de la part des Vénitiens, depuis que [ils] veulent mal de mort à cette religion [l'ordre des Jésuites] et conspirent la ruine de vostre nation¹. »

En même temps le P. Dominique Maurice écrivit de sa prison aux PP. Gaspar Maniglier et Jean Stella, missionnaires de la Compagnie de Jésus à Alep, les priant d'intervenir auprès du consul afin qu'il remontrât au grand vizir la fausseté des accusations portées contre deux pauvres prêtres qui ne s'étaient jamais occupés que du salut des âmes². M. Bordier, très touché de ces plaintes, sut réclamer avec force en faveur de l'innocence, tandis que M. de Césy agissait puissamment de son côté auprès des ministres de la Sublime Porte³. Le 27 juillet, le pacha de Chypre reçut le commandement de relâcher les deux Pères retenus prisonniers à Nicosie⁴.

Le P. Général, mis au courant de cette désagréable aventure, se demandait que faire pour en éviter de pareilles à l'avenir. Il

---

1. Lettre du moussalem de Nicosie à M. Bordier, 5 juillet 1627 (Archiv. du Ministère des Aff. Etrang., Constantinople, Correspondance, t. III, f. 463).
2. Lettre du P. Maurice aux Pères Maniglier et Stella, 5 juillet 1627 (Miss. Const., t. I, n. 133).
3. Bibl. nat., fr. 10.158, f. 202.
4. Lettre de Calil pacha au pacha de Chypre, 27 juillet 1627 (Bibl. nat., fr. 10.158, f. 416).

pria le P. Suffren, confesseur de Louis XIII, de suggérer au roi d'agir auprès de la Seigneurie et d'obtenir que les représentants de celle-ci laissassent en paix des missionnaires appliqués au seul service de Dieu[1]. Ce n'était pas la première fois que notre gouvernement faisait appel à l'équité ; mais il ne pouvait point trouver d'écho dans le cœur d'hommes avides qui sacrifiaient tout aux intérêts matériels. « Afin que vous soyez informé, écrivait notre ambassadeur à M. d'Herbault, pourquoy les Vénitiens favorisent Cirille et les hérésies qu'on veut establir de deça, je vous diray, Monsieur, qu'ils [ne] craignent rien plus en Levant que de voyr l'Église romayne et l'autorité du pape y prendre quelque pied, croyant que si cet empire venoit en quelque décadence, les catholiques auroient plus tost recours au roy ou à celuy d'Espagne qu'à la république de Venise. C'est pourquoy les Vénitiens désirent que les Grecs demeurent plus tost en leurs schismes et les voyr infectés d'hérésies, que non pas de recognoistre les erreurs qui les rendent du tout alliénés de l'Église romayne[2]. »

5. La résidence de Constantinople, bien que sous la protection immédiate de l'ambassadeur français, ne fut pas à l'abri des persécutions.

Le mercredi 22 décembre 1627, M. de Césy fait venir les Pères à son palais et leur apprend que le caïmacan, à la sollicitation du patriarche, des ambassadeurs d'Angleterre et de Hollande et du bailo de Venise se prépare à les faire arrêter le lundi suivant. Pour empêcher cette violence, il les engage à rester quelques jours auprès de lui, pendant qu'il avisera au moyen de les préserver de toute avanie[3]. Et quel est donc leur crime, ou plutôt quelles nouvelles calomnies a-t-on pu inventer contre eux? Entre

---

1. Lestre du P. Général au P. Suffren, 1ᵉʳ décembre 1627 (Francia, Epist. Gen., t. IV).
2. Lettre de Césy à Phélypeaux d'Herbault, secretaire d'État, 23 août 1627. (Bibl. nat., fr. 16150, f. 698). — Une avanie semblable à celle des Pères de Chio arriva à quatre missionnaires (trois PP. Portugais et le P. Aymar Guérin, de la province de Lyon) que le P. Général envoyait en Éthiopie. M. de Césy avait obtenu en leur faveur un sauf-conduit pour les faire parvenir à destination, « sous le nom de marchands françois, par voye d'Alexandrie et du Cayre ». Ils furent dans cette dernière ville à la fin de février 1628, et aussitôt le consul français les dirigea sur Souakim avec un interprète et des lettres de recommandation. Mais un Grec au service des Turcs persuada au pacha du Caire que c'étaient des Espagnols déguisés et qu'il fallait les arrêter. Ainsi fut fait, et notre consul dut payer pour leur rançon cinq mille piastres qu'il emprunta à gros intérêts. (Lettre de Césy au P. Général, 28 février 1629. Miss. Const., VIII, n. 38). — Lettre de M. Parnoux, consul, au même (Miss. Const., t. I, n. 143). Sur le P. Guérin, voir C. Beccari, *Rerum Æthiopicarum scriptores occidentales inediti*, t. XII, p. 224, 229 ; 301, 329, 343, et t. XV Index général.
3. Lettre du P. Guillier au P. Général 30 décembre 1627 (Miss. Const., t. VIII, n. 43).

autres accusations « il y a que, sy le Grand Seigneur ne les chasse, ils sont capables de soulever en un jour tous les chrestiens ». On ne doit pas craindre de les arrêter, quoique Français, disaient leurs ennemis, « veu que maintenant, les François et les Espagnols s'estant liés contre les Anglois, le pape travailloit à fayre que ces deux puissances attaquassent l'Ottoman[1] ».

Une fois encore M. de Césy déjoua le complot tramé contre les Jésuites; avant la fin de décembre, presque tous les Pères rentrèrent dans leur maison de Saint-Benoît que des amis dévoués avaient gardée pendant leur absence[2]. L'ambassadeur ne manqua pas de s'en féliciter auprès du roi. « Car, lui écrit-il, sy le caymacan eust suivy les passions et les mensonges de ceulx qui les persécutent, ils eussent esté jettés dans la mer, afin que Vostre Majesté fust réduitte ou à comporter cette action, ou à s'en ressentir en quelque manière d'altérer l'amitié qu'elle a avec l'Ottoman, laquelle leur est insupportable[3]. »

Fatigué de rester sur la défensive en parant les coups des adversaires, M. de Césy résolut de prendre vigoureusement l'offensive en dénonçant certains de leurs actes « comme une nouveauté très dangereuse » pour l'empire[4].

Cyrille avait fait venir d'Angleterre, au mois d'août 1627, toute une imprimerie, à la tête de laquelle il avait placé un caloyer grec, étudiant d'Oxford, lequel se promettait « d'estre un second Faucius et d'achever de perdre la pauvre église grecque, et la rendre encore plus irréconciliable que jamais avec la romayne,... ce quy sera facile — ajoute l'ambassadeur — sy on laisse fayre ces bons seigneurs et ce saint personnage de Cirille, lequel de jour à aultre se fait cognoistre pour un méchant et pernicieux hérétique, voire athéyste, avec quy on ne peut plus venir à aulcun party ny accommodement[5] ».

Au moment où l'on s'y attendait le moins, trente Turcs, conduits par un officier de police, font irruption dans la maison du caloyer et saisissent tous les caractères d'imprimerie qu'ils emportent chez le caïmacan. Une foule furieuse brise les presses et saccage tout ce qui lui tombe sous la main[6]. Dès que l'ambassa-

---

1. Césy au roi, 29 décembre 1627 (Bibl. nat., fr. 16.150, f. 738).
2. Lettre du bailo au sénat de Venise, 8 janvier 1628 (Venezia, Arch. di Stato, Dispacci di Constant..., n. 103, f. 855v, 856).
3. Césy au roi, 18 janvier 1628 (Bibl. nat., fr. 16.153, f. 1).
4. Ibidem, f. 7 v.
5. Césy à d'Herbault, 13 août 1627 (Bibl. nat., fr. 16.150, f. 693).
6. « Avis de Constantinople », 27 janvier 1628 (Bibl. nat., f. Dupuy, t. 74, f. 224).

deur d'Angleterre, le baile de Venise et le patriarche connurent l'événement, ils « dirent entre eulx assez hault — raconte M. de Césy — que c'estoit moy qui avoys faict faire ce coup, pour leur donner des affayres et empescher que les Jésuystes ne fussent attaqués, mays qu'il leur cousteroit dix mille escus pour faire noyer ou chasser d'icy les Jésuystes... ce que je sceus dès l'heure mesme, et me confiant au commandement obtenu depuys trois jours en faveur des bons Pères, je me contentays d'envoyer demander audience au caïmacan pour le lendemain¹ ».

Dès le lendemain matin, les Pères étaient arrêtés, avant que l'ambassadeur de France eût pu intercéder en leur faveur. Nous avons retrouvé le récit de l'un d'entre eux, le P. Jean Régnier, auquel nous emprunterons les principales circonstances de leur arrestation et de leur douloureuse captivité².

6. Tous les Pères de la mission ne furent pas pris. Le supérieur, le P. Perrin, était alors à Smyrne; les PP. d'Aultry et Martin habitaient encore à l'ambassade. Les PP. Régnier et Guillier et le Frère Amable Fressange se trouvaient seuls à la résidence de Saint-Benoît avec deux gentilshommes grecs, les sieurs Canachi, quand le lundi 24 janvier 1628, le vaivode ou gouverneur de Galata se présenta, accompagné d'un janissaire du patriarche et de quelques hommes armés. Il commanda aux religieux et aux gentilshommes de le suivre pendant que ses satellites s'emparaient de tous les livres de la bibliothèque. Chez le caïmacan, où ils furent conduits, déjà M. de Césy était accouru pour protester contre cette arrestation arbitraire : on lui fit de belles promesses qu'on n'avait pas l'intention de tenir. Aussitôt après son départ, les captifs furent jetés dans un étroit cachot, sorte d'égout d'une infection intolérable. « On nous enchaîna par le cou, raconte le P. Régnier, comme de pauvres bêtes, avec des colliers de fer reliés ensemble par une grosse chaîne rivée au mur. Il ne peut se dire combien elle nous incommodait la nuit quand nous voulions reposer. » Dès qu'il connut ces indignes traitements, l'ambassadeur fit tout son possible pour le soulagement des prisonniers; il obtint qu'on brisât leurs fers, et on lui permit de se charger de leur nourriture.

Le mercredi 26 janvier, dans l'après-midi, les trois Jésuites et

---

1. Césy au roi, 7 février 1648 (Bibl. nat., fr. 10,133, f. 9-12).
2. « Narratione della prigionia e persecutione de nostri in Constantinopoli, questanno 1628 » (Miss. Const., t. VIII, p. 53).

un des Canachi comparurent devant la justice; l'autre resta dans le cachot parce qu'on n'avait rien contre lui. Ils rencontrèrent, comme interprètes au tribunal, un médecin maure, homme assez honorable mais ennemi de notre ambassadeur, et le janissaire du patriarche qui parlait bien grec. Le janissaire leur demanda d'abord, au nom du juge, qui les avait envoyés dans ce pays. Le P. Guillier répondit qu'ils avaient été envoyés par le roi de France, sous la protection duquel ils vivaient : « Qu'êtes-vous venu faire à Constantinople? ajouta le janissaire. — Servir l'ambassadeur et les marchands français, répliqua le Père. — Cependant, interrompit le caïmacan, vous êtes aussi à Chio, où il n'y a pas d'ambassadeur. — Les missionnaires de Chio, lui fut-il répondu, sont de ce pays, et ils servent leurs compatriotes. »

Alors l'interprète maure tira un livre caché sous ses vêtements et dit : « Le caïmacan est très étonné qu'on ait trouvé dans votre bibliothèque ce volume qui est contraire à la loi du prophète. » Or, le livre ne portait point au premier feuillet la marque de la résidence. « Il n'appartient pas aux Jésuites », s'écrie le sieur Canachi; et, pour cette observation, on l'emmène hors de la salle d'audience, afin de l'interroger séparément. « Comment se fait-il, reprit le janissaire du patriarche, que ce livre soit dans votre maison? — Il est bien possible, répondit le P. Guillier, qu'après notre départ on l'ait glissé parmi les autres pour trouver contre nous un prétexte d'accusation. » On emmena les Jésuites et l'on commença l'interrogatoire de Canachi, en lui promettant la liberté, s'il disait la vérité tout entière.

« Savez-vous, lui demanda-t-on, qui sont ces Pères et pourquoi ils sont venus ici? — Je n'en sais rien, car ils y étaient avant moi. — Qu'avez-vous dit au Patriarche à votre arrivée à Constantinople? — Je ne m'en souviens plus. — D'où venez-vous maintenant? — De Rome où j'ai fait mes études. » Le janissaire traduisit cette dernière réponse en disant que l'accusé était envoyé par le Pape. Le sieur Canachi qui comprenait le Turc lui reprocha de n'être point un interprète fidèle. « Je suis sujet du Grand Seigneur, ajouta-t-il, né à Napoli de Romanie, et je paye le tribut aux Turcs bien qu'ayant étudié en Italie. »

Au sortir du tribunal, les Pères rencontrèrent un chrétien de leurs amis auquel ils racontèrent ce qui s'était passé; ils le chargèrent d'en informer l'ambassadeur en priant celui-ci de leur envoyer un homme sûr qui pourrait leur servir de conseil. M. de Césy leur fit parvenir un billet dans lequel il les exhortait à garder bon courage et leur recommandait, s'ils étaient de nouveau interrogés, de ne rien répondre si ce n'est en présence de l'interprète de France ou du résident impérial, et, même dans ce cas, de s'exprimer en peu de mots. Au reste lui-même allait s'employer activement à obtenir leur délivrance. Il visita le mufti, chef suprême de la religion mahométane, et un autre important personnage, Méhémet Effendi, qui prirent à cœur la cause des prisonniers et ne l'abandonnèrent plus. Le pacha de la mer, ou ministre de la marine, se montra aussi très bien disposé pour eux. Mais leurs mortels ennemis, l'ambassadeur d'Angleterre et le baile de Venise ouvertement, l'ambassadeur de Hollande et le patriarche en secret, excitaient par toutes sortes de calomnies le caïmacan à prononcer une sévère condamnation.

Le volume incriminé, comme hostile à la loi de Mahomet, fut soumis à l'examen du mufti, lequel déclara qu'un tel livre, même en admettant qu'il appartînt aux Jésuites, ne les rendrait pas coupables. Il n'était pas étonnant, observait-il, que ces religieux eussent des ouvrages contraires aux croyances mahométanes et conformes aux leurs; d'ailleurs il n'avait été ni écrit ni inspiré par eux. On ne put faire la preuve d'aucune des autres accusations dirigées contre les Pères, savoir : qu'ils avaient voulu empêcher la paix entre l'empereur et la Turquie ; que leur doctrine semait la discorde parmi les Grecs; qu'ils cherchaient à faire nommer patriarche le sieur Canachi comme favorable à la France; qu'ils pervertissaient les jeunes Turcs, servaient d'espions à l'Espagne et fabriquaient de la fausse monnaie.

Dans leur cachot, où personne ne fut admis à les visiter, les prisonniers s'exhortaient à souffrir en fidèles disciples de Jésus-Christ, et s'oubliaient eux-mêmes pour travailler encore, autant qu'ils le pouvaient, au salut des âmes. Ainsi, en dehors de leurs exercices de piété, entreprirent-ils de traduire en grec vulgaire l'*Imitation de Jésus-Christ*. Ils eurent la consolation de terminer cette œuvre avant leur élargissement, et de là faire remettre au P. d'Aultry, demeuré libre dans le palais de l'ambassade.

Cependant, malgré le zèle et les démarches de leurs protecteurs, le caïmacan, sacrifiant les droits de l'innocence aux injustes réclamations du patriarche et de ses complices, condamna les Pères à l'exil. Le vendredi 28 janvier, deux chiaoux, chefs des sbires, devaient prendre les prisonniers et les transporter à Chio ou à Rhodes. Aussitôt que notre ambassadeur connut la sentence, il obtint par l'entremise du mufti qu'on en différât l'exécution ; puis, allant trouver le caïmacan, il demanda que les trois religieux et leurs deux compagnons fussent confiés à sa garde. « Pour une huitaine de jours, si vous voulez, répondit le Turc, mais à une condition, c'est que vous les renverrez ensuite dans leur pays. » M. de Césy protesta que jamais il ne commettrait pareille injustice : si l'on chassait les Pères, il partirait avec eux et romprait toute relation avec le Grand Seigneur, car telle était la volonté du roi. Cela dit, il se retira en donnant les marques d'un très vif ressentiment[1].

Après quelques jours, ne recevant aucune satisfaction, il fit suspendre tout le commerce des marchands français et se rendit chez le mufti, pour le prier de prévenir le Grand Seigneur ou le Divan qu'il était décidé à quitter Constantinople. Le bruit de son départ se répandit aussitôt dans le sérail. Le cadelesker, chef suprême de la justice, s'en émut et dit bien haut qu'on ne devait pas pour une affaire si peu importante se brouiller avec l'ambassadeur de France. Les ennemis de la Compagnie, sur le point d'aboutir, allaient-ils donc perdre le fruit de leurs intrigues? Ils ouvrirent leurs bourses plus largement que jamais : cinquante mille piastres, dont trente mille au caïmacan, furent distribuées pour le succès de leur méchante entreprise. Toutefois M. de Césy ne se montrait point inquiet, car on répétait partout que les prisonniers seraient libérés au commencement du carême, dans les premiers jours de mars.

Subitement les choses changèrent de face et l'on apprit qu'il était de nouveau question d'exiler les Jésuites. Le mufti et Méhémet Effendi, interrogés par notre ambassadeur, répondirent qu'il n'y avait rien à craindre, que le caïmacan ne devait ni ne pouvait prendre une telle décision. Ils se trompaient.

On venait d'entrer en carême et les Pères s'attendaient à leur prochaine délivrance, lorsque le lundi 13 mars, à une heure de l'après-midi, les cinq prisonniers furent chargés de chaînes ; puis un chiaoux et un serviteur du caïmacan les conduisirent au port et les embarquèrent dans un caïque[2] tout prêt à partir[3]. Alors commença pour ces généreux confesseurs de la foi un nouveau supplice dont le premier n'avait été qu'une ombre.

1. Lettre du baile au Sénat de Venise, 4 mars 1628 (Venezia, Archiv. di Stato, Disp. di Const., n. 106, f. 17). Cf. *Le Mercure françois*, t. XIV, an. 1628, p. 448-454.
2. Canot en usage dans les mers du Levant.
3. Lettre de F. A. de Thou à Dupuy, datée du Péra, 28 mai 1628 (Bibl. nat., f. Dupuy, t. 703, f. 126 v.). Lettre du baile au sénat de Venise, 14 mars 1628 (Venezia, Archiv. di Stato, Dispacci. di Const., n, 106, f. 72-78).

Surveillés pendant la traversée par de grossiers musulmans, qui leur rappelaient les léopards du saint évêque d'Antioche, ils furent nourris au pain et à l'eau comme des esclaves destinés aux galères. Leurs premiers gardiens les ayant dépouillés à peu près de tout, ils se virent exposés jour et nuit, à demi nus et sans couvertures, à toutes les injures de l'air, à la pluie, aux tempêtes. Dans les moments les plus durs, ils n'avaient d'autre ressource, raconte le P. Régnier, que de s'animer entre eux par le souvenir des quarante martyrs d'Arménie sur leur étang glacé[1]. Enfin, après un mois de ces souffrances ils arrivèrent le 9 avril à Chio où ils furent enfermés dans le château[2].

7. Leur départ avait été si imprévu et si rapide que l'ambassadeur français ne put rien faire pour s'y opposer. Il ne renonça pas cependant à poursuivre leur mise en liberté, ainsi qu'il l'écrivait au roi, le 19 mars 1628 : « Sire, lui disait-il, je suys résollu de chercher tous les tempéramens honorables quy me seront possibles, pour obtenir que le caymacan face revenir ou les Pères qui sont partis d'icy, ou pareil nombre de ceulx de leur Compagnie quy sont à Smirne. Mays je ne scay si j'ose espérer le retour de ceux qui sont partis, considérant le livre qu'on a produit contre eux, dans lequel il est parlé de Mahomet en des termes capables de fayre bien du mal à ceulx qui s'en trouvent saysis; et bien que ces Pères soutiennent qu'il a esté supposé par leurs ennemis, il y a toujours de quoy fonder une avanie sur ce subject. J'ay tousjours deux Pères de leur Compagnie ausquels on n'a dit mot, et que j'essayeray de remettre en leur maison en traitant le retour des autres[3]. »

M. de Césy poursuivit avec une patiente ardeur ce double but, mais ce n'est qu'à force d'instances et de démarches qu'il devait triompher de tous les obstacles. « A l'heure où je vous escris, mandait-il à M. d'Herbault le 19 mars 1628, voylla l'ambassadeur d'Angleterre quy, de concert avec le Baylle de Venise, s'en va demander au Caymacan l'esglise des Pères Jésuytes pour y faire la presche, résollus de ne rien espargner pour l'obtenir, car il est vray que si les Jésuystes avoient perdu leur esglise, difficilement les pourroit-on tenir icy, et seroit les chasser de tout, veu

---

1. « Narratione... » déjà citée.
2. « Advis de Constantinople » Archiv. prov. de France. Pièces mss. sur les Jésuites. f. 379, 380.
3. Césy au roi, 19 mars 1628 (Bibl. nat., fr. 10.183, f. 26).

qu'on ne peult bastir en Turquie aulcune esglise et que toutes celles de Galata sont occupées [1]. » Grâce aux bons offices de l'ambassadeur de France, non seulement l'église de Saint-Benoît fut conservée aux Jésuites, mais on leur rendit même toute leur bibliothèque [2]. Bientôt M. de Césy put entrevoir comme prochain le moment où les Pères rentreraient dans leur maison. « Déjà la chose serait faitte, écrivait-il le 29 mai, sy le Baylle de Venise n'eust employé une nouvelle despance pour empescher le coup [3]. »

Ne pouvant lutter avec avantage sur ce terrain, notre ambassadeur recourut à l'autorité personnelle de Louis XIII que les Turcs avaient en haute considération. « Il est besoing que Sa Majesté en escrive au Grand Seigneur et à ses principaulx ministres, manda-t-il au P. Suffren. J'ay desiré en avertir vostre Révérence, affin qu'elle puysse employer ses offices pour faire que les dites lettres soient telles que l'affection que Sa Majesté porte à vostre Compagnye les doit fayre espérer; et croyez qu'en tout ce qui despendra de mes soins et de mes diligences, j'apporteray toute la challeur que sçauriez attendre d'un de vos propres Pères [4]. »

Le soin et la diligence apportés par M. de Césy en cette occasion ne laissèrent rien à désirer. Les autorités turques permirent d'abord aux PP. d'Aultry et Martin, qui habitaient toujours au palais de l'ambassade, d'aller « en leur esglise de Saint-Benoist pour tenir les ornemens et toutes choses en bon ordre [5] » ; puis, avant même l'arrivée des lettres de Louis XIII, le 14 juillet 1628, un firman impérial les rétablit dans leur résidence [6], et le lendemain ils en reprirent possession. M. François-Auguste de Thou, conseiller au Parlement, de passage à Constantinople pour se rendre en Terre Sainte, se fit un honneur de les « mener en Galata ». Avec lui le sieur Lempereur, consul de France à Jérusalem, et une partie de la famille de M. de Césy « allèrent entendre la messe et disner à Saint-Benoît, où tous les François se trouvèrent et plusieurs Pérots affectionnés aux Jésuytes [7] ». Grande fut la joie de celui qui pouvait s'attribuer le succès de cet heureux événement. En l'apprenant au roi, il ajoutait : « De dire à Vostre

---

1. Césy à d'Herbault, 19 mars 1628 (Ibid., f. 18). Cf. Lettre du Balle au sénat de Venise, 1ᵉʳ avril 1628 (Venezia, Archiv. di. Stato. Dispacci di Const., n. 106, f. 107-110).
2. Lettre du P. d'Aultry au P. Général, 13 mai 1628 (Miss. Const., VIII, n. 50).
3. Césy à d'Herbault, 29 mai 1628 (fr. 10.153, f. 52).
4. Césy au P. Suffren, 1ᵉʳ mai 1628 (Bibl. nat., fr. 10159, f. 422).
5. Césy au roi, mai 1628 (fr. 10.153, f. 61).
6. Firman impérial en faveur des Jésuites, 14 juillet 1628 (Miss. Const., VIII, n. 68).
7. Césy au roi, 24 juillet 1628 (fr. 10.153, f. 64).

Majesté combien ce restablissement est honnorable et quel désespoir en tesmoigne le Baylle de Venise, ce seroit chose difficile à représenter; mays j'estime que voylla ces bons Pères en repos pour longtemps, car les lettres que j'attends de Vostre Majesté me pourront servir à obtenir quelque escrit de la main du Grand Seigneur pour empescher qu'à l'advenir ils ne puyssent estre troublés [1]. »

Le conseiller de Thou, peu favorable aux Jésuites, approuva très fort le zèle que notre ambassadeur déploya dans toute cette affaire. « Elle importait à la réputation du nom François en Levant, écrit-il à son ami Dupuy; car il est certain que lesdits Pères n'ont été persécutés que pour estre subjects du roy; et en cela vous me pouvez bien croire, car je n'ai pas grand subject de me passionner pour leurs intérêts [2]. »

8. Tout en s'occupant de conserver et de faire rendre à la Compagnie de Jésus la maison et l'église de Saint-Benoît, M. de Césy n'oublia point de s'employer à la délivrance des trois religieux emprisonnés dans l'île de Chio. Au mois d'avril, le mufti et le pacha de la mer, ses amis, le prévinrent qu'ordre avait été donné au secrétaire d'État de dresser un commandement en faveur des Jésuites, mais qu'il ne serait pas expédié avant que le caïmacan ne reçût « quelque honneste présent ». L'ambassadeur supposa qu'il s'agissait des Pères qui avaient été chassés de Constantinople « ou d'en faire venir d'autres ». Quelle ne fut pas sa surprise lorsque, rendant visite au caïmacan, celui-ci lui présenta un commandement du Grand Seigneur permettant la venue de n'importe quels religieux hormis les Jésuites. « Je ne voulus pas accepter, raconte M. de Césy. — Il me répliqua que le livre, quy avoit esté trouvé chez ces Pères et produit contre eux avec tesmoings, méritoit la mort selon la loi des musulmans, mays qu'estant Françoys on leur avait sauvé la vie. — A quoy lui ayant respondu ce que je debvois contre la qualité des tesmoings et des accusateurs, il me dit qu'il me prioit de ne me pas fascher, et que c'estoit une chose impossible pour cette heure de voir revenir les Jésuystes [3]. »

---

1. *Ibidem.* A la date du 20 juillet 1628, de son camp devant La Rochelle, le roi, par quatre lettres pressantes au Grand Seigneur, au mufti, au pacha de la mer, et au caïmacan, leur avait recommandé le rétablissement des Jésuites à Saint-Benoît, autrement, disait-il, ce serait faire croire à une « diminution de l'ancienne amityé ». (Bibl. de l'Institut, coll. Godefroy, vol. XV, f. 388, 389).
2. Lettre de F. A. de Thou à Dupuy, 22 juillet 1628 (Bibl. nat., f. Dupuy, vol. 703, f. 139 v).
3. Césy au roi, 4 avril (fr. 16.153, f. 32 v).

Les PP. Guillier et Régnier et le F. Fressange restaient toujours enfermés dans le château de Chio, incertains du sort qui leur était réservé. En vain le P. Perrin, supérieur de la mission, fit offrir, par l'intermédiaire des principaux personnages de la ville, une forte somme afin qu'on leur accordât la faveur d'habiter dans quelque maison particulière, il ne put fléchir la rigueur des geôliers[1]. Au mois de mai, le cadi ou juge reçut enfin du caïmacan l'ordre de remettre les prisonniers entre les mains du consul français chargé de les faire conduire à Smyrne; de là ils devaient prendre la mer pour rentrer dans leur pays[2].

Cette délivrance, malheureusement trop tardive, prouvait assez l'innocence des religieux contre lesquels la haine des ennemis de la France avait accumulé tant de calomnies. Cependant, malgré l'argent répandu à profusion, la mission dont on avait comploté la ruine subsistait toujours grâce à Dieu. Les Pères que M. de Césy avait hospitalisés au palais de l'ambassade, puis rétablis dans leur demeure de Galata, recommençaient à jouir d'une sécurité relative. Aussi, dès le mois de novembre 1628, le P. Général n'hésita-t-il pas à faire désigner par le P. Provincial deux autres missionnaires pour remplacer les PP. Guillier et Régnier à la résidence de Constantinople[3].

Plusieurs fois encore le baile de Venise, le patriarche Cyrille et l'ambassadeur de Hollande essayèrent de soulever de nouvelles tempêtes; ils ne purent réussir dans leurs mauvais desseins. L'ambassadeur d'Angleterre avait été changé et le nouveau venu ne désirait point « entrer en ligue avec eux comme avoit fait son devancier[4] ».

Une imprudence de l'ambassadeur d'Allemagne faillit tout compromettre. « Il eut cette vanité de vouloir prétendre de faire venir des Jésuystes subjects de l'Empereur en Galata, alléguant que c'estoit un article de paix et qu'il y en avoit en quelques places de Hongrie possedées par le Grand Seigneur[5]. » Le caïmacan répondit qu'il n'y consentiroit point et que, sans le respect du roi de France, ceux qui se trouvaient à Saint-Benoît n'y resteraient pas une heure. A la suite de cette démarche, le baile de

---

1. Césy au roi, 1ᵉʳ mai (fr. 16.153, f. 40-43).
2. Lettre du baile au sénat de Venise, 24 juillet 1628 (Venezia, Archiv. di Stato, Dispacci di Constant., n. 106, f. 322-325).
3. Lettre du P. Général, 2 nov. 1628 (Franciae Epist., t. V).
4. Césy au roi, 7 août 1628 (Bibl. nat., fr. 16.153, f. 68).
5. Césy au roi, 4 août 1629 (Ibid., f. 199). Lettre du P. d'Aultry au P. Général, 4 août (Miss. Const., VIII, n. 69).

Venise fit courir le bruit que le caïmacan « ne voulloit point que les Jésuystes ni aultres religieux nouveaulx demeurassent en ce pays ». M. de Césy alarmé demanda une audience. Le caïmacan le rassura en lui disant qu'il ne voulait rien changer à la situation présente des religieux, pourvu qu'ils « se comportassent modestement sans contrevenir aux loys ottomanes ». Comme le patriarche continuait à se plaindre que les Jésuites séduisaient les enfants du rit grec, les Pères, sur le conseil de notre ambassadeur, cessèrent pour quelque temps de les admettre dans leur école; coupant court « aux faulses informations », ils s'appliquèrent uniquement à l'instruction des enfants du rit latin [1].

Jusqu'à la fin de son ambassade, Philippe de Harlay ne cessa de se tenir en éveil pour rompre les trames perfides que « des gens sans parolle, sansfoy, sans honneur et sans aulcune considération [2] » ourdissaient contre la Compagnie de Jésus et l'influence française dans le Levant. Louis XIII, pour le récompenser de ses services, érigea en comté sa terre de Césy [3].

1. *Ibidem.*
2. Césy au roi, 8 décembre 1620 (Bibl. nat., fr. 16.133, f. 213).
3. Lettre de Bordier à Mᵐᵉ de Césy (Bibl. nat., fr. 20.983, f. 587).

CHAPITRE XIII

LES MISSIONS DU LEVANT

(1623-1630)

Sommaire : 1. Projet d'un établissement des Jésuites à Jérusalem. — 2. Opposition et vaines craintes des Franciscains. — 3. Établissement à Smyrne. — 4. Ministère des PP. de Canillac et Queyrot. — 5. Apostolat des Arméniens par le P. Riondet. Les congrégations de la Sainte Vierge. — 6. L'établissement d'Alep est décidé et approuvé par le roi. — 7. Tribulations des PP. Stella et Riondet; ils sont chassés d'Alep. — 8. Leur retour et leurs travaux. — 9. Établissement et succès apostolique à Naxie. — 10. L'évêque de Syra fait appel aux Jésuites.

Sources manuscrites : I. Recueils de documents conservés dans la Compagnie : a) Missio Constantinopolitana ; — b) Francia, Epistolae Generalium ; — c) Galliae Missiones, Epistolae Generalium ; — d) Epistolae Generalium ad Externos.
II. Archives de la province de Paris, Recueil de Bzoweyrète.
III. Paris, Archives du Ministère des Affaires étrangères, Turquie, t. III et IV.
IV. Paris, Bibliothèque nationale, mss. français 16150-16153, 16160.
V. Venezia, Archivio di Stato, Dispacci di Constantinopoli ; Dispacci di Aleppo, Decreti del Senato ; — Deliberazioni.

Sources imprimées : Rabbath, *Documents inédits pour servir à l'Histoire du Christianisme en Orient*. — Des Hayes, *Voiage du Levant*. — *Brève relation de l'établissement des Pères de la Compagnie de Jésus à Smyrne* (Carayon, *Documents inédits*, doc. XII). — *Lettres édifiantes, Mémoires du Levant*, t. I. — Fleuriau, *Estat des Missions de Grèce*. — Legrand, *Relation de l'establissement des PP. de la Compagnie de Jésus en Levant*. — Besson, *La Syrie et la Terre Sainte au XVIIe siècle*. — Cordara, *Historia Soc. Jesu*, P. VI. — Lacroix, *Iles de la Grèce*. — Prat, *Recherches*, t. V. — Vagnies, *Le P. Joseph et Richelieu*. — P. Flament, *Philippe de Harlay, comte de Césy*, dans *Revue d'histoire diplomatique*, année 1901.

1. En s'établissant à Constantinople les Jésuites avaient eu l'espoir d'exercer un jour leur action sur tout l'Orient. Tel était le plan du P. de Canillac; aussi l'avons-nous vu, en 1615, entreprendre un long voyage pour rechercher les centres qui pourraient le mieux convenir à l'établissement de nouvelles missions. Profitant de la bienveillance du patriarche de Jérusalem, il avait même voulu fonder un collège dans cette ville, mais le projet échoua devant l'opposition des Franciscains, gardiens du Saint-Sépulcre[1]. Il devait être repris plus tard par un consul.

1. Voir tome III, p. 617, 619.

En 1621, Louis XIII ayant appris que les Arméniens empiétaient sur les droits des Cordeliers et s'efforçaient de leur enlever la garde des Saints-Lieux « dépescha le sieur des Hayes vers le Grand Seigneur pour faire chastier l'insolence de ces usurpateurs... Et afin qu'à l'advenir [les religieux] peussent estre plus promptement secourus au besoin, et que les pèlerins qui vont visiter les saints lieux y peussent recevoir de l'assistance, il lui commanda d'establir un consul en Hiérusalem, pour les protéger sous son nom et tenir la main à l'exécution des commandemens que son ambassadeur obtiendroit à la Porte en leur faveur[1]. » Louis Des Hayes, baron de Courmenin, remplit promptement et fidèlement sa double mission. Le 6 mai, le Grand Seigneur donna l'ordre au pacha de Jérusalem de restituer aux religieux francs « les églises et lieux de dévotion de la ville et des environs », que de toute ancienneté ils avaient « tenus et possédez » : de les en faire jouir et d'empêcher qu'ils ne fussent « molestez ny troublez par les Arméniens et par les autres nations chrestiennes[2] ».

Pour exercer les fonctions de consul à Jérusalem, on choisit un de ces hommes avisés qui regardent le bon renom de la France comme intimement lié à l'avancement de la religion. A peine nommé, le sieur Lempereur écrivit au P. Assistant de France pour le prier de soumettre au P. Général un dessein qu'il avait conçu et qui, croyait-il, serait très utile « à la gloire de Dieu, à l'honneur du Roy et au contentement de toute la chrestienté ». La création d'un consulat dans Jérusalem, disait-il, est « de très grande conséquence » pour l'intérêt particulier des Pères Cordeliers et des pèlerins, mais elle offre un autre avantage, supérieur encore. « Par le moyen d'un consul l'on pourra, avec le temps, establir un collège d'hommes doctes pour réduire en la pristine splendeur tous les chrestiens schismatiques entièrement dévoyés du bon chemin. Or est-il que, selon le jugement d'un chacun et le mien aussy, l'on ne peult faire élection de personnes plus capables que des Pères de vostre Société qui journellement font paroistre, soit par bons exemples soit par érudition, qu'ils n'ont aultre désir que d'accroistre et augmenter le nombre des élus... Je désire avec passion [qu'on fasse choix de vostre Compagnie] tant pour la grande affection que je luy ay vouée, que pour la grande capacité qu'un chacun recognoist en elle,

---

1. Des Hayes, *Voiage du Levant fait par le commandement du Roy en l'année 1621*, p. 1. Cf. Rabbath, *Documents inédits...* t. I, p. 331-332.
2. *Ibidem*, p. 425, 426.

très propre à mettre ce dessein à exécution. En tout cecy il n'est besoin que de patience et attendre que j'aye donné advis d'un ferme et tranquille establissement en ce qui me concerne[1]. »

Le P. Général recueillit de divers côtés des informations et toutes furent favorables à la demande du consul[2]. Le cardinal de La Rochefoucauld avait même promis de fournir les secours nécessaires à l'entretien d'une nouvelle mission. Toutefois on craignait fort l'opposition des Cordeliers. Parviendrait-on à la vaincre? Était-il même prudent d'essayer, en faisant intervenir le roi ou le souverain pontife? Le P. Vitelleschi ne le pensa pas. Après avoir tout examiné il fit savoir au P. Armand, Provincial de France, qu'il ne jugeait pas opportun d'établir une maison de la Compagnie à Jérusalem. Il permettait seulement que deux Pères accompagnassent, comme chapelains, le nouveau consul, afin de voir comment ils seraient acceptés par les Cordeliers, et s'il serait possible de vivre en bonne intelligence avec eux selon la charité chrétienne et religieuse[3]. Mais on dut renoncer bientôt à cet essai, par suite des craintes qu'il inspira aux fils de saint François[4]. Dès qu'ils eurent vent de l'entreprise, ils se plaignirent au P. Vitelleschi du tort que la présence de deux Jésuites causerait à leur couvent. Ils allèrent jusqu'à déclarer qu'eux-mêmes seraient obligés de quitter Jérusalem, si d'autres religieux y mettaient les pieds. Le P. Général renouvela donc au P. Armand l'ordre de ne rien commencer avant qu'on eût aplani toutes les difficultés.

2. Croirait-on, si nous n'en avions pour garant M. de Césy, que les Cordeliers n'étaient pas moins opposés à la nomination d'un consul qu'à la venue des Jésuites? « Je vous diray, mandait notre ambassadeur à M. de Puysieux, le 23 avril 1623, que les religieux (Cordeliers) ne craignent rien tant au monde que l'establissement du sieur Lempereur; et un moyne françois qui est icy [à Constantinople], nommé le P. Martin, provençal, luy a bien osé dire qu'il ne se trouveroit pas bon marchant d'entreprendre ce voyage. Et avec même impudence ledit P. Martin a refusé de

---

1. Lettre du consul Lempereur au P. Assistant, 21 septembre 1621 (Miss. Constant., t. I, n. 94). Memoriale del signor des Hayes (ibidem, n. 95). Cf. Rabbath, op. cit., p. 333.
2. Informatio pro residentia Hierosolymitana (Miss. Constant., t. VIII, n. 16).
3. Lettre du P. Général au P. Armand, 28 décembre 1621 (Francia, Epist. Gen., t. IV).
4. Lettre du baile au sénat de Venise, 29 octobre 1623 (Venezia, Archiv. di Stato, Dispacci di Constant., n. 90, f. 158-160).

signer le traité que j'ay fait avec les Arméniens. Mais je ne laisseray de passer oultre. Et lorsque ledit sieur Lempereur ira en Hiérusalem, il en sera le porteur, afin qu'il puisse par sa présence contenir les uns et les autres aux termes du traité, qui sera un moyen de les faire vivre en meilleure intelligence[1]. »

Disons-le toutefois, cette opposition manifeste contre le consul et les Jésuites n'était point générale parmi les Franciscains. Ainsi un religieux même de Jérusalem écrivait à l'un de ses confrères en Europe : « Ceux qui paroissent plus touchez du véritable bonheur de la famille [franciscaine de Terre Sainte] que d'une vaine domination qu'ils méprisent et qu'ils haïssent, estiment, surtout aujourd'hui, qu'il ne pouvoit rien arriver de plus favorable à la custodie que la présence d'un homme d'authorité, et même que la nomination de deux Pères Jésuites pour résider avec luy. Ils croyent qu'il n'y a rien de plus propre pour diminuer les fréquentes inquiétudes que la famille reçoit des pachas et des autres commandans, que la présence d'un consul qui informera la Porte de leur violence et en sera plus cru que nous; qu'agissant par luy et par des drogmans fidèles que nous n'avons pas, il accommodera les affaires véritables avec beaucoup moins de [dépenses] que nous ne faisons, et empeschera les fausses que nos propres drogmans nous suscitent pour en partager l'utile avec les Turcs. »

Quant aux appréhensions à l'égard des Jésuites, le même religieux les considérait comme l'effet d'une jalousie sans fondement. « Si l'on voyoit quelques-unes de leurs entreprises injustes, alors on auroit raison de s'allarmer et de se plaindre; mais quand on les verra bornés à la chapelle du consul, à deux cents écus de rente, au désir au plus d'avoir une petite retraite pour les leurs qui viendront visiter les saints lieux, ce sera mal servir, à mon sens et à celuy de ceux qui sont enclins à la paix, la custodie de Terre-Sainte, d'entrer, pour traverser ces desseins, dans des vues qu'on détestera tôt ou tard et qui pourroient nous attirer le mal que nous cherchions à éviter. Votre Révérence en jugera aisément avec son bon esprit et sur la connaissance qu'elle a desja acquise des véritables intérêts de la custodie, dont je ne me départiray jamais[2]. »

1. Lettre de Césy à Puisieux, 2 avril 1623, publiée par le P. Prat (*Recherches*, t. V, pièces justificatives, p. 362). Cf. Flament, *Philippe de Harlay, comte de Cesy*, dans *Revue d'Histoire diplomatique*, année 1901, p. 371-373.
2. Lettre d'un religieux Observantin écrite de Jérusalem à un de ses confrères sur les affaires présentes, traduite de l'italien en françois, s. d. (Miss. Constant., t. I, n. 251).

Ces sages réflexions ne purent dissiper les soupçons injustes des six religieux qui composaient le discrétoire. Leurs craintes, sans doute, n'étaient que chimériques puisque le P. Vitelleschi n'avait point accepté les offres du sieur Lempereur; mais elles étaient entretenues par les perfides insinuations des Vénitiens qui, redoutant pour leur influence l'établissement d'un consul français à Jérusalem, avaient persuadé aux Franciscains « qu'on ne leur donnait un consul que pour les controller et pour establir des Jésuites au Saint-Sépulcre et dans toute la Terre Sainte[1] ». Des députés furent donc envoyés à Paris, pour représenter au roi les malheurs que pouvait entraîner la présence d'un consul français à Jérusalem et supplier au moins Sa Majesté « d'ôter les deux Pères Jésuites, et de vouloir bien que les propres religieux de la famille de Terre Sainte fussent chapelains du consul[2] ».

Arrivés à Paris les députés confièrent leurs intérêts au bailo de Venise qui se chargea de plaider leur cause avec la sienne auprès du roi. Quelle ne fut pas la surprise de Louis XIII lorsque le rusé Vénitien vint lui remontrer que le protectorat français en Orient était sérieusement menacé. « Vous aurez à sçavoir, écrivit-il à M. de Césy, que l'ambassadeur de Venise me vint voeir, il y a quelques jours, et me voulut persuader que les chrestiens schismatiques qui recognoissent le patriarche de Jérusalem, même les religieux qui sont aux saints lieux, vouloient se retirer de ma protection et recourir à la leur seule (celle des Vénitiens) par l'apréhension qu'ils avoient que j'eusse desseing d'y establir les Jésuites, ce qu'ils donnoient à vostre désir, visant me mettre en jeu et me priant de les esclaircir là-dessus de ce que faisons le consul Lempereur en la Sainte Citté et comment je voullois que vous vescussiez avec eux. Je luy respliquay là-dessus que je n'avoys point envye d'establir les lesdits Jésuites en Jérusalem, que j'y avoys envoyé Lempereur pour protéger les lieux où se sont opérés les mystères de nostre Rédemption et mes subjects avec les autres chrestiens qui les iront visiter[3]. »

L'ambassadeur de France à Constantinople eut beau protester, de son côté, qu'il n'avait jamais eu l'intention d'établir les Jésuites à Jérusalem, il ne parvint pas à détromper les Pères Cordeliers, trop confiants dans la parole du consul vénitien. « Je

---

1. Lettre de M. de Césy à M. de La Ville-aux-Clercs, 15 mai 1625 (Bibl. nat., fr. 16.152, f. 7 v).
2. Ibidem.
3. Lettre du roi à M. de Césy, 9 juin 1624 (Bibl. nat., fr. 16.136, f. 490).

dépesche un messager ces jours-cy aux supérieurs et religieux de Hiérusalem, mandait-il à M. de La Ville-aux-Clercs, pour leur oster, s'il est possible, le soupçon qu'ils ont d'estre chassés des Saints-Lieux par les Jésuites ou par les Capucins[1] ; et se trouvant icy maintenant un Père ou deux de Hiérusalem, je suys résolu de leur jurer sur les Évangiles ou sur la Croix qu'on n'a point le desseing qu'ils prétendent[2]. »

Malgré les précautions prises par les Jésuites français de Constantinople, pour éviter tout ce qui aurait pu éveiller de nouveaux soupçons, les Franciscains n'en continuèrent pas moins à répandre le bruit qu'ils cherchaient à les supplanter dans la garde des Saints-Lieux, et un jour le P. Vitelleschi recevra un avertissement de la Propagande à ce sujet. « Bien que la Congrégation n'ait ajouté aucune foi à l'avis qu'elle a reçu de Constantinople touchant les menées et tentatives faites auprès des Turcs par les religieux français qui sont dans cette ville, avec promesse de grosses sommes d'argent, pour usurper sur les Pères Mineurs Observantins la garde des Saints-Lieux ; néanmoins elle a voulu par précaution qu'on vous communiquât cet avis, afin que vous recherchiez avec soin s'il n'y a pas quelque fondement. En tout cas, Votre Paternité voudra bien ordonner expressément aux susdits religieux de renoncer entièrement à une telle entreprise ; car on ne saurait songer à enlever aux susdits Pères Mineurs Observantins une très ancienne charge dont ils sont en possession depuis plus de trois cents ans, sans avoir rien fait pour être privés d'un si grand trésor, gardé et conservé par eux aux prix de tant de sueurs et de fatigues[3]. »

Le P. François Martin, alors supérieur de la résidence de Constantinople, n'eut pas de peine à se justifier d'une calomnie absolument gratuite. De son côté le P. Général réitéra ses recommandations aux missionnaires d'éviter tout ce qui pourrait éveiller le moindre soupçon touchant la garde des Saints-Lieux[4].

3. Irréalisables à Jérusalem, les desseins du P. de Canillac devaient mieux réussir ailleurs.

---

[1]. Sur la rivalité entre Observantins et Capucins voir Fagniez, *Le P. Joseph et Richelieu*, t. I, p. 339 et s.
[2]. Lettre de M. de Césy à M. de La Ville-aux-Clercs, 16 mai 1625 (Bibl. nat., fr. 16.150, f. 400).
[3]. Decisio Sacrae Congregationis de Propaganda fide, ad P. Generalem communicata, 11 février 1639 (Miss. Constant., t. IX, n. 202).
[4]. Lettre du P. Général au P. F. Martin, 1er novembre 1639 ; au P. Jean Amieu, 2 juillet 1641 (Gall. miss., Epist. Gen.).

M. Des Hayes, lors de son passage à Constantinople en 1621, s'était entretenu avec lui de la marche à suivre pour propager la foi dans l'Orient. Ayant constaté qu'en bien des endroits les consuls français étaient privés de tout secours spirituel, il aurait voulu qu'ils suppliassent le roi de leur envoyer quelques Pères de la Compagnie : on eût ainsi ouvert la voie à la prédication évangélique non seulement dans les villes où se trouvaient des consuls, mais dans tout le reste de l'empire turc. Au retour de son voyage, il passa par Rome [1] et remit au P. Vitelleschi un mémorial dans lequel il exposait ses vues. Le P. Général les approuva et s'empressa de le faire savoir à Louis XIII.

« Sire, un gentilhomme venu de Constantinople, à qui je confie cette lettre, m'a raconté tout le bien que la Compagnie pourrait faire dans ces contrées pour le service de Dieu; en sorte que je me vois obligé de représenter au zèle si vif de Vostre Majesté, par l'intermédiaire de ce même gentilhomme, les besoins spirituels de ces pauvres peuples. Si elle juge que la Compagnie puisse coopérer à l'accomplissement de ses saints désirs, je la supplie avec la plus respectueuse affection d'en disposer avec pleine liberté et entière autorité, comme elle sait qu'elle peut en user. Et nous tous, ses très obligés et très fidèles serviteurs, nous obéirons au moindre signe de Vostre Majesté, à laquelle j'offre en finissant mes plus humbles hommages [2]. »

Quand M. Des Hayes présenta cette lettre au roi, il plaida la cause des consuls avec tant d'éloquence, que Louis XIII n'hésita point à donner l'ordre suivant à M. de Césy : « Voulant favoriser autant que je le pourray l'establissement de la religion chrestienne ès provinces de Levant, je désire que vous vous employez de tout votre pouvoir pour obtenir du Grand Seigneur une permission générale aux Pères Jésuites de prescher librement et publiquement, dire la messe, confesser, administrer les saints sacrements et faire les autres offices propres à cette Compagnie, par toutes les terres de son obéissance où il y a des consuls establis pour la nation françoise, tout ainsy qu'ils font en Péra, sans qu'ils y puissent estre empeschés en aucune sorte que ce soit. Vous ferez en cela un œuvre méritoire et duquel je vous scauray gré [3]. »

---

1. Des Hayes, *Voiage du Levant*, p. 454.
2. Lettre du P. Général à Louis XIII, 14 mars 1622 (publiée par le P. Prat, *op. cit.*, pièces justificatives, p. 360).
3. Lettre du roi à M. de Césy (Bibl. nat., fr. 10.156, fr. 559). Notons que les Jésuites de Constantinople n'habitaient pas Péra, comme le dit Louis XIII, mais Galata.

Nul lieu, après Constantinople, ne semblait mieux convenir que Smyrne à l'établissement d'une mission de la Compagnie. Située sur la côte de l'Asie Mineure, elle n'était pas loin de l'île de Chio où le P. de Canillac s'était retiré malade en novembre 1623. Dès le mois suivant, accompagné du P. Jean Colaro, il était allé la visiter [1].

Smyrne était toujours le plus important marché du commerce entre l'Orient et l'Occident, mais on ne reconnaissait plus en elle cette église de l'Apocalypse si célèbre par ses origines chrétiennes. Parmi ses soixante mille habitants, les Turcs dominaient ; on y comptait aussi de nombreux Grecs et Arméniens. Séparés par la diversité de la langue et du culte, tous étaient unis dans une même aversion du catholicisme et du pontife romain. Les fidèles du rite latin, privés de prêtres, avaient presque tous adhéré au schisme grec. Quant aux marchands des pays catholiques, la plupart, uniquement occupés des intérêts de leur commerce, s'abstenaient de tout devoir religieux. Des superbes édifices qui faisaient autrefois l'ornement de cette antique Église, les Turcs n'avaient laissé à la disposition des Grecs que celui de Saint-Georges. Les Arméniens se servaient comme chapelle d'une salle destinée à être un dépôt de marchandises. Les Latins se réunissaient dans une chambre étroite chez le consul de Venise ou chez le consul de France [2].

M. Samson Napollon, homme d'une grande piété et très ami de la Compagnie, exerçait alors à Smyrne les fonctions de consul pour la nation française [3]. Il avait eu d'abord comme chapelain un Cordelier, le P. Pierre Peiron, auquel succéda Vincent Schiati, prêtre de Chio. Ce dernier ne sachant pas assez notre langue pour entendre les confessions, demanda son congé au moment de l'arrivée du P. de Canillac [4]. On ne pouvait espérer que les Turcs permettraient aux chrétiens d'ouvrir un nouveau temple. Il fut donc décidé que les Pères de la Compagnie rempliraient les fonctions de chapelains et habiteraient pour plus grande sécurité dans la

---

1. Cf. *Briève relation de l'établissement des Pères... en la ville de Smyrne* (Carayon, *Doc. inéd.* d. XI, p. 162). — Lettre du P. Général au P. d'Aurillac, 15 juillet 1624 (Gall. miss., Epist. Gen.).
2. Fleuriau, *Estat des Missions de Grèce*, p. 114, 115. — Cordara, *Hist. Soc. Jesu*, (P. VI, l. XV, n. 202, 203).
3. Cf. Léon Bourguès, *Samson Napollon*, notice dans *Revue de Marseille et de Provence* (1886-1887). — *Archives curieuses de l'Histoire de France*, 2ᵉ série, t. IV, p. 95.
4. « Narré de la résidence de la Compagnie à Smyrne » (Miss. Const., t. III, n. 1). Lettre du baile au sénat de Venise, 1ᵉʳ oct. 1624 (Venezia, Disp. di Const., n. 98, f. 115-117).

maison du consul. M. Napollon fut heureux d'employer à leur entretien les trois piastres que, d'après un ordre du roi, chaque navire français, à son entrée dans le port, payait au consul pour l'usage de sa chapelle¹.

Sur ces entrefaites, M⁄ de Marchi, évêque de Santorin et visiteur apostolique, abordait à Smyrne². Il fut douloureusement surpris de voir que les Latins n'avaient, dans une ville si importante, ni curé ni église paroissiale. Pour obvier autant que possible à cet inconvénient, il ordonna que la chapelle du consul de France, dédiée à Saint-Polycarpe, serait désormais considérée comme paroisse, et il en confia l'administration à perpétuité au P. de Canillac et à ses successeurs, avec le titre et les droits de curé³.

Le Père accepta cette charge et, avec l'aide du consul, décora convenablement la chapelle dans laquelle il plaça le Saint-Sacrement. A partir de ce jour il remplit l'office d'un vrai pasteur, rassemblant les marchands et les matelots, les visitant dans leurs maisons ou sur leurs navires, leur administrant les sacrements et ne cessant, en public ou en particulier, de leur apprendre les devoirs du christianisme. A la vue de tant de bien opéré par le zélé missionnaire, M⁄ de Marchi, devenu archevêque de Smyrne, désira que le supérieur de la résidence fût aussi son vicaire général. Le Père s'excusa de recevoir ce titre d'honneur; mais le prélat en écrivit à Rome, et le P. Général fit au P. de Canillac un commandement exprès d'accepter le titre et les fonctions⁴.

4. Parmi les nombreuses conversions dues aux soins du P. Supérieur, mentionnons celle du consul anglais, sur laquelle l'auteur du *Narré de la résidence* nous fournit quelques détails. « Le sieur consul des Anglois, surmontant toutes les difficultés qui luy furent faictes tant de son ambassadeur que de ses marchands, se déclara publiquement catholique pour avoir le bien de jouir des prédications du P. de Canillac et de la conversation des Nostres. [Fidèle à leurs conseils et à la grâce] il advança tant en dévotion qu'un chascun le regardoit comme un miroir de vertu. L'an 1624, peu de mois après [son abjuration] il tomba malade à la mort, communia souvent de la main des Nostres, demandant

---

1. Lettre du P. Général au P. de Canillac, 24 nov. 1624 (Gall. miss., Epist. Gen.). Cordara, *op. cit.*, n. 203).
2. Lettre du baile au sénat de Venise, 1ᵉʳ mars 1625 (Venezia, Disp. di Const., n. 99, f. 292-299).
3. Cordara, *op. cit.*, n. 204.
4. Narré... déjà cité. — Fleuriau, *op. cit.*, p. 121.

que publiquement on lui portast le Très Saint-Sacrement... Dans le temps qu'il eust disposé de ses affaires temporelles, il ne voulust qu'on luy parlast d'autre chose que de Dieu et, pour ce, supplia le P. de Canillac de ne l'abandonner point, comme il ne fist jusque à la mort [1]. »

Le P. Supérieur, non content de prodiguer ses soins aux Latins et voulant aussi pourvoir au salut des Grecs, avait fait venir de Constantinople, en 1624, le P. Jérôme Queyrot [2]. Celui-ci, à peine arrivé à Smyrne, fut invité à prêcher dans l'église Saint-Georges ce qu'il continua de faire les jours de fête et le carême [3]. Peu de temps après, il ouvrit dans ses appartements une classe pour les enfants des Grecs [4]. Le Métropolite y mena son filleul et son neveu pour être instruits avec les autres ; lui-même, par suite de ses relations avec les Pères, vit tomber beaucoup de ses préjugés, connut mieux la Compagnie et se prit d'affection pour l'Église latine [5].

L'instruction étant gratuite, le nombre des écoliers s'éleva rapidement à quatre-vingts. Les parents, satisfaits des résultats obtenus, songèrent à se procurer un local plus commode ; seuls, quelques calvinistes jaloux firent échouer le projet. Au reste l'enseignement se donnait dans des conditions très pénibles. Manquant de livres, le maître était obligé d'écrire de sa main des feuilles qu'il distribuait aux élèves. Mais cette peine fut bien adoucie par les fruits merveilleux qu'on ne tarda pas à recueillir. Les enfants, de retour à la maison paternelle, rapportaient à leurs parents et à leurs domestiques les principes de la doctrine chrétienne, qu'ils avaient appris en classe, et leur inspiraient ainsi le désir d'entendre eux-mêmes les leçons du professeur.

Afin de satisfaire ce louable empressement, le P. Queyrot institua, pour les jours de fête, un catéchisme commun aux enfants et aux adultes. Au commencement des réunions, un des enfants récitait en grec vulgaire l'Oraison dominicale, le Symbole des Apôtres et les dix commandements de Dieu; puis venaient les interrogations sur les parties de la doctrine chrétienne apprise durant la semaine. Le Père expliquait une ou deux des prin-

---

1. « Narré.... »
2. Lettre du P. Général au P. Queyrot, 30 nov. 1624 (Gall. miss., Epist. Gen.).
3. Lettre du baile de Constantinople au sénat de Venise, 4 janvier 1625 (Venezia, Archiv. di Stato, Senato, Deliberazioni Const. Reg. XV, f. 163). — Lettre du P. Général au P. d'Aurillac, 7 fév. 1625 (Gall. miss., Epist. Gen.).
4. Lettre du P. Général au P. d'Aurillac, 7 février 1625 (Gall. miss., Epist. Gen.).
5. Lettre du P. Général au Métropolite de Smyrne, 19 sept. 1627 (Epist. Gen. ad externos).

cipales vérités de la foi, et l'on terminait l'exercice en chantant à l'unisson les litanies de la Très Sainte Vierge. Tous, avant de se séparer, récitaient une prière pour le Souverain Pontife. Par ce moyen « on apprivoisait à l'Église cette nation tant aliénée du Saint-Siège [1] ».

Telle était l'ignorance religieuse des Grecs avant l'arrivée des Jésuites, qu'un grand nombre ne savaient pas même former le signe de la croix. De graves erreurs s'étaient introduites parmi le peuple. Les uns pensaient que le précepte de la confession n'obligeait les hommes qu'à l'âge de vingt ans et les femmes qu'après leur mariage. D'autres croyaient que le confesseur n'était lié par aucun secret; de là, bien des abus : ou l'on omettait une partie de ses fautes, ou l'on s'abstenait du sacrement de pénitence. Grâce aux catéchismes toutes ces idées fausses disparurent, et avec elles la haine implacable que les Grecs avaient vouée aux Latins et à la religion romaine, plus odieuse pour eux que les superstitions des Turcs. Ils finirent par apprécier la Compagnie de Jésus que leurs caloyers leur avaient appris à détester; on les vit fréquenter les Pères, leur demander conseil et même s'adresser à eux pour la confession [2].

5. Aucun des missionnaires ne connaissait la langue des Arméniens; ils n'avaient donc pu jusque-là s'occuper de cette nation qui méritait pourtant quelque intérêt. Plus dociles et de nature plus ouverte que les Grecs, les Arméniens ne montraient pas à l'égard des Latins la même hostilité; mais, pour leur ignorance de la religion chrétienne, ils ressemblaient à des païens. Ils avaient à Smyrne un curé et un évêque. Le curé ne savait ni lire ni écrire; il récitait de mémoire les prières liturgiques. L'évêque n'était guère plus instruit. Un Père l'ayant prié, par interprète, de lui écrire l'oraison dominicale en Arménien, il dut la transcrire en lisant dans un livre [3].

Quand le P. de Canillac fut contraint par l'état de sa santé de quitter la ville, on le remplaça par le P. Artaud Riondet qui savait un peu l'Arménien. Faute d'usage de la langue le nouveau missionnaire ne réussit d'abord qu'à moitié; puis, à force de patience et d'étude, il acquit une grande facilité, et son ministère fut dès lors couronné de succès [4].

1. « Narré de la résidence... »
2. *Ibidem.*
3. « Narré de la résidence ». — Cordara, *op. cit.*, n. 210.
4. Lettre du P. Riondet au P. Général, 20 avril 1626 (Gall. miss., Epist. Gen.).

A son arrivée à Smyrne, le P. Riondet n'avait plus trouvé comme consul M. Samson Napollon qui venait de partir avec l'assentiment de notre ambassadeur ; il allait bientôt être nommé, en récompense de ses services, chevalier de l'Ordre de Saint-Michel et gouverneur pour sa Majesté du Bastion de France en Afrique[1]. Il avait laissé le vice-consulat à M. Jean Dupuy, en lui imposant de garder les Pères Jésuites comme chapelains et comme hôtes[2]. Ce fut à ce vice-consul que le P. Riondet remit, en arrivant, une lettre de Louis XIII, dans laquelle le roi ordonnait à son représentant de conserver auprès de lui les missionnaires et « de les assister ès occasions où ils en pourroient avoir besoin, comme personnes — disait Sa Majesté — que nous avons en singulière considération[3] ». Jean Dupuy voulut que cette lettre fût enregistrée en la chancellerie, et témoigna d'abord aux Jésuites la même bienveillance que Samson Napollon. L'œuvre de l'apostolat se poursuivit donc en toute sécurité.

Les marchands de Chio exclus de la chapelle de Venise commencèrent à fréquenter celle de France[4]. Les Pères entreprirent alors, chaque premier dimanche du mois, aux principales fêtes de l'année, et tous les dimanches de l'avent et du carême, des instructions en différentes langues : en français après la messe, en italien après les vêpres[5]. La chapelle étant trop petite pour contenir à la fois un grand nombre d'auditeurs, on les introduisait par groupes ; dès qu'une instruction était finie, les missionnaires « étoient obligez d'en commencer une autre, et cela jusqu'à trois et quatre fois de suite, pour contenter ceux qui n'avoient pu trouver place » à la précédente[6]. Le consul de Venise interdit à ses compatriotes la chapelle des Jésuites et il punit d'une amende ceux qui « à la desrobée » avaient assisté à leurs prédications[7]. « Cette amende, écrivait le P. Perrin, a esté appliquée à œuvres pies, sçavoir est à la réparation et fabrique de la chapelle de Notre-Dame de Constantinople. Dieu soit bény qui nous a fait contribuer, sans y penser, à une si sainte entreprise[8]. »

1. Cf. de Grammont, La mission de Samson Napollon à Alger.
2. « Narré de la Résidence... »
3. Lettre du roi au consul de Smyrne, 12 avril 1625 (Narré de la Résidence...).
4. Lettre du P. Perrin au P. Assistant, 14 février 1627 (Miss. Constant., n. 120).
5. « Narré de la Résidence... »
6. Fleuriau, Estat des Missions de Grèce, p. 120.
7. Lettre du baile au sénat de Venise, 12 juillet 1625 (Venezia, Archiv. di Stato, Decreti del Senato, Constantinopoli, Reg. XVI, f. 65).
8. Lettre du P. Perrin déjà citée.

Parmi les œuvres des Pères de Smyrne, nous ne pouvons passer sous silence les congrégations érigées en l'honneur de la Très Sainte Vierge, au nombre de trois : celle des marchands, celle des artisans et celle des écoliers. L'an 1629, raconte l'annaliste de la résidence, « à la sollicitation de plusieurs, pour accroistre la fréquence des sacrements, nous avons institué une congrégation pour les marchands françois et autres latins du pays, de laquelle, oultre les exercices ordinaires à toutes, Dieu a retiré des fruictz par la vocation d'un des plus honestes et vertueux marchands quy fust en Smyrne, lequel est à présent au noviciat d'Avignon... A ceste congrégation on a adjousté celle des artisans latins et grecs, en laquelle les latins passagers et habitans sont en grand nombre, qui ne manquent de s'advancer à la crainte de Dieu et en donnent des preuves tous les jours... A l'imitation de ces deux congrégations de personnes âgées, les enfants de l'escolle ont, par dévotion à la Vierge, commencé la leur, à laquelle ils se rassemblent tous les dimanches, lisent un livre spirituel en grec, disent le chapellet et chantent les litanies de la Vierge, puis s'en vont ouyr la messe. L'après-dîner ils viennent à la doctrine chrestienne et y amènent quantité d'aultres Grecs... Icelle finie, on la faict aux Arméniens en leur langue, et puis l'on va aux vaissel françois instruire » les mousses des équipages[1].

En même temps que le culte de la Très Sainte Vierge, la dévotion à saint Ignace s'était promptement répandue à Smyrne, grâce aux miracles que Dieu opérait par son intercession et le contact d'une de ses reliques. « Une femme turque qui tous les mois estoit tourmentée du mal caduc, ayant appris la vertu de cette relique, pria un Grec de l'emprunter de nous pour ayder quelque femme chrestienne et la luy porter. Depuis que la relique fut en la maison de la femme turque, [son mal] ne la tourmenta plus, et craignant qu'[il] ne la saisit à l'ordinaire si elle la renvoyait, elle [la] garda l'espace de deux mois. Nous demandâmes souvent nostre relique au Grec qui, après plusieurs excuses et délays, advoua qu'il l'avoit portée à une femme turque, [laquelle] en ayant receu du soulagement, faisoit difficulté de la rendre. Un de nos Pères dit au Grec qu'il asseurât la dicte turque que le mal caduc ne la tourmenteroit plus, puisqu'elle avoit eu recours à sainct Ignace. Elle le creut et renvoya la relique avec une

---

1. « Narré de la résidence... ».

belle bourse faicte de sa main, où elle avoit mis un nom de Jésus, et depuis jamais le mal caduc ne l'a reprise[1]. »

Ainsi les premières années de la mission peuvent être nommées « des années d'abondance »; elles furent suivies de « quelques années de stérilité » lorsque les Capucins vinrent s'établir à Smyrne[2]. Les Jésuites injustement dépouillés de tous leurs anciens droits « se trouvèrent en peu de temps sans maison, sans chapelle, sans revenus et sans aucun moyen de pouvoir librement exercer leurs fonctions, non pas mesme de pouvoir célébrer la messe, comme il leur arriva souvent[3] ». Nous raconterons plus tard les indignités de toutes sortes qu'ils préférèrent souffrir plutôt que d'abandonner un champ déjà fécondé par leurs soins. Pour l'instant, afin de garder l'ordre chronologique des faits, racontons comment la Compagnie de Jésus parvint à s'introduire dans Alep.

6. Cette ville avait été visitée par le P. de Canillac dans le voyage qu'il entreprit, en 1615, à travers la Syrie. Elle lui parut offrir tous les avantages requis pour un centre de mission. Or, à la même époque, le consul français d'Alep proposait au P. Coton d'y fonder une résidence semblable à celle de Constantinople, et l'éminent religieux se sentait fort porté à un établissement qui favoriserait la propagation de la foi dans toute cette contrée et jusque dans la Perse. Toutefois il ne voulut point s'engager dans une affaire si importante sans avoir pris conseil. Il écrivit donc au comte de Brèves qui avait longtemps représenté la France en Orient, et lui demanda ce qu'on pouvait espérer d'un tel dessein. La réponse de l'illustre diplomate fut peu encourageante.

« Je vous diray... quant à la proposition que le consul d'Alep faict à ceux de vostre Compagnie, que j'y trouve de l'obstacle. Alep est une ville habitée de Mores, de Turcs, de Juifs; et à cause de la grande quantité de marchandises qui viennent de Perse... il y a bon nombre de marchands François, Italiens, Anglais et Flamands qui y résident. Quant aux Anglais et Flamands (Hollandais), vous savez qu'ils sont les ennemis de nostre religion et en particulier de vostre Société, et partant, comme

---

1. Legrand, *Relation de l'establissement des Pères de la Compagnie de Jésus en Levant*, p. 13, 14.
2. Fleuriau, *Estat des Missions de Grèce*, p. 112.
3. Brière *relation de l'établissement des Pères de la Compagnie en la ville de Smyrne*... (Carayon, op. cit., p. 161).

ils verront [vos Pères] arriver par de là, ils ne manqueront point de leur dresser des embusches et de les faire cognoistre plustost pour des espions que pour des ecclésiastiques. Il y a d'autre part, d'ordinaire, un ou deux religieux de l'ordre de saint François qui sont envoyés du Gardien qui réside en Jérusalem... non seulement pour servir aux besoins des chrestiens, mais encore pour les exhorter à secourir de leurs aulmosnes les Saints-Lieux. Si vos Pères vont [à Alep] ils seront ennuyés des dits religieux de Saint-François qui croiront qu'ils ne sont allés par delà que pour leur ravir les aulmosnes qui leur sont faictes ordinairement; et pour cette cause, ils seront pour se joindre avec lesdits Anglais et Flamands pour faire chasser ceux de vostre Compagnie, qui, vivant en Alep, n'auroient pas le moyen d'y profiter comme ils font en Constantinople, attendu qu'il y a peu de chrestiens de nostre créance, et partant, un collège n'y sera pas grandement utile[1]. »

Ces difficultés, trop réelles, n'auraient pu cependant arrêter le P. Coton, mais son éloignement de la cour l'empêcha de donner suite au projet. On y revint quelques années plus tard, sur de nouvelles instances du consul, et sur l'ordre du Souverain Pontife[2].

Alep, située sur les rives du Marsyas, entre l'Euphrate et la mer de Cilicie, était devenue par l'avantage de sa position un des marchés les plus importants de l'empire turc. Elle ne le cédait qu'à Constantinople et au Caire pour le nombre de ses habitants[3]. On y comptait en 1624 beaucoup de chrétiens de différentes nations, mais dénués de presque tout secours spirituel. Rome s'alarma de ce déplorable abandon, et le pape Urbain VIII, d'accord avec les cardinaux de la Propagande[4], résolut d'envoyer en cette ville des Pères de la Compagnie de Jésus[5]. Le 28 décembre 1624, le P. Vitelleschi enjoignait au Provincial de Lyon de désigner deux Pères pour la mission d'Alep, et au P. de Séguiran de leur obtenir du roi des lettres de recommandation[6]. Bientôt les PP. Jean Stella et Gaspar Mani-

---

1. Lettre de M. de Brèves au P. Coton, 6 nov. 1615, publiée par Prat, *Recherches*, V, 357.
2. Lettre du P. Général au P. de Canillac, 27 mai 1623 (Gall. mss., Epist. Gen.).
3. Cf. Masson, *Hist. du commerce français dans le Levant*, p. 371.
4. La congrégation de la Propagande fut fondée par Grégoire XV en 1622.
5. Cordara, *Hist. Soc. Jesu*, P. VI, l. XV, n. 218. — *Mémoires du Levant*, t. I, p. 120. — Besson, *La Syrie et la Terre Sainte au xvii siècle*, p. 19.
6. Lettre du P. Général au P. Fourier, 28 déc. 1624 (Lugdun. Epist. Gen., t. II). Lettre du même au P. de Séguiran, même date (Francia, Epist. Gen., t. IV).

glier furent avertis de se rendre à Marseille où ils devaient s'embarquer. C'est là qu'ils reçurent les lettres de cachet adressées à l'ambassadeur de France en Turquie et à notre consul d'Alep. A ses deux représentants Louis XIII ordonnait de protéger les missionnaires « en telle sorte qu'il ne leur soit donné aucun empeschement en toutes leurs fonctions ecclésiastiques et spirituelles, ains qu'ils y soient soigneusement assistés par les consuls et aultres, comme chose qui tend à la gloire de Dieu et à l'édification des catholiques[1] ».

Partis de Marseille le 22 juin 1625, les PP. Stella et Maniglier s'arrêtèrent quelques jours à Malte et débarquèrent à Alexandrette le vendredi 18 juillet. Le dimanche suivant ils étaient dans Alep et se rendaient immédiatement à la maison du consul[2]. Là, par malheur, ils ne trouvèrent point le titulaire, mais un certain Pierre Ollivier qui avait affermé la charge sans posséder les qualités requises pour l'exercer avec honneur dans des circonstances délicates ou difficiles[3].

---

[1]. Lettre du roi à M. de Césy, 11 fév. 1625 (Bibl. nat., fr. 16.156, f. 483) publiée par Rabbath, *op. cit.*, p. 359. — Lettre du roi au consul d'Alep même date (Miss. Constant., t. I, p. 99).

[2]. « Simplicissima narratio eorum quae duobus Patribus Alepum missis contigerunt, a decimo Kal. Jul. an. 1625 ad 14*um* cal. April 1626 ». Signée Stella et Maniglierius (Miss. Constant., t. I, n. 117).

[3]. Fagoles, *op. cit.*, t. I, p. 339. « Après que les consulats, dit cet auteur, eussent été érigés en titre d'office, il arriva souvent que les titulaires ne voulant pas résider sur les lieux affermèrent leurs charges en laissant croire qu'ils les faisaient exercer par commission. Les intérêts de la colonie française et des colons étrangers qui vivaient sous la protection de la France se trouvaient alors confiés à des agents qui n'avaient recherché leurs fonctions que dans des vues intéressées. Tel était le cas d'un certain Pierre Ollivier qui ayant affermé pour trois ans le consulat d'Alep et s'étant élevé de la condition de domestique du consul au rang de consul, exploita honteusement les résidents français et manifesta contre les Capucins, comme il l'avait fait précédemment contre les Jésuites, la plus grande antipathie. Il avait fait chasser les seconds d'Alep; il ne tint pas à lui que les premiers n'eussent le même sort. » M. Fagoles en formulant cette accusation ne fait que résumer une requête adressée aux ministres du roi par le mandataire des résidents français à Alep. (Aff. Étrang. Turquie, corr., t. IV). Toutefois la justice nous oblige à élever quelques doutes sur le seul point qui nous intéresse : quelle fut réellement la conduite du consul Ollivier à l'égard des Jésuites? Les documents que nous avons dans les mains sont contradictoires. Les PP. Stella et Maniglier l'accusent de mauvais vouloir et de duplicité (Lettre à M. de Césy, 4 juin 1627, Aff. Étrang. Turquie, corr., t. III, f. 410); de même le sieur Philippe Canne, Marseillais, résidant à Alep, atteste en 1631 que ce consul n'a point pris les intérêts des Jésuites (*ibidem*, t. IV, n. 10). Par contre, nous avons pour la défense de Pierre Ollivier : 1° une lettre de lui au P. Gardien de Jérusalem en faveur des missionnaires de la Compagnie, 8 novembre 1625 (Bibl. nat., fr. 16160, f. 122); — 2° une lettre du consul vénitien d'Alep, ennemi acharné et actif des Jésuites, au baile de Venise à Constantinople, dans laquelle il se plaint, le 30 juin 1627, que le consul français s'emploie, et a gain de cause, pour les Pères auprès du vizir (Venezia, Archiv. di Stato, Disp. di Constant., n. 104, f. 576-579); — 3° enfin un certificat en bonne forme du P. Queyrot, attestant, le 7 avril 1631, que

7. M. Ollivier n'ayant pu recevoir chez lui les nouveaux arrivants, ils furent contraints de se loger au *fondique*, ou maison commune des marchands français[1]. Et aussitôt commença pour les pauvres Pères une vie de contrariétés et d'épreuves, qu'on aurait peine à croire si elles n'étaient attestées par des documents irrécusables. Ils les supportèrent avec une patience héroïque, les regardant comme le gage assuré des fruits spirituels qu'ils devaient un jour recueillir.

« La vérité historique, observe à ce sujet le P. Cordara, demanderait qu'on indiquât les personnes qui se déclarèrent ouvertement contre la mission, les motifs qui inspirèrent leurs actes, ce qu'ils entreprirent contre la Compagnie et comment ils parvinrent à leur but. Mais la loi de charité nous oblige de ne dire que ce qui est indispensable pour l'instruction de la postérité[2]. » Gardons, nous aussi, dans la mesure du possible, la même réserve; exposons simplement les faits en renvoyant aux sources le lecteur qui voudrait connaître les causes de ces regrettables événements.

Il y avait à Alep un couvent dont le supérieur, en vertu de je ne sais quel privilège, s'attribuait le droit et le pouvoir de curé ordinaire dans toute l'étendue des possessions turques en Orient. Dès qu'il apprit la présence des deux Jésuites, il leur dépêcha un de ses religieux pour leur signifier de ne pas s'avancer plus loin, et leur défendre s'ils séjournaient dans la ville, d'y exercer aucune fonction du saint ministère. Les Pères hésitèrent à obéir et tâchèrent de gagner du temps, persuadés que, munis de l'autorisation suprême du Souverain Pontife, ils n'avaient pas à se soumettre à une juridiction inférieure et incertaine. On eut alors recours à des menaces dont les Pères ne se montrèrent point effrayés; ils y opposèrent le titre de leur mission légitime provenant du Saint-Siège, auquel aucune autorité ne pouvait déroger. Le supérieur refusa d'en tenir compte. A l'heure même où l'on célébrait une messe solennelle dans la chapelle consulaire, il fit afficher à la porte une sentence d'interdiction avec menace d'excommunication aux missionnaires, s'ils osaient offrir le saint sacrifice ou entendre les confessions dans la ville. Les Jésuites en appelèrent au Souverain Pontife et continuèrent à dire la

---

le consul Ollivier a protégé les Jésuites (Aff. Étrang., Turquie, t. IV, n. 70). Cf. Rabbath, *op. cit.*, p. 379.

1. « Simplicissima narratio », déjà citée.
2. Cordara, *Hist. Soc. Jesu*, P. VI, l. XV, n. 219.

messe, non plus dans la chapelle consulaire qui avait été fermée, mais d'abord dans l'église des Maronites, à quinze cents pas de la ville, et ensuite en secret dans leur propre chambre. En même temps ils écrivirent à l'ambassadeur de France à Constantinople et attendirent sa réponse et celle du Saint Siège [1].

M. de Césy regrettait qu'on ne lui eût pas demandé plus tôt son avis et ses conseils. « Je vous diray, écrivait-il à M. de La Ville-aux-Clercs, que j'ay reçeu un extresme desplaisir de voir aller les Pères Jésuystes en Alep, sans avoir passé icy pour se munir des commandements nécessaires pour leur résidence, dont j'eusse retardé ou avancé l'establissement, selon la cognoissance que j'ay des affayres du pays et de l'humeur de ceux qui gouvernent maintenant cet empire... Et diray encore une foys que les bons Pères ne debvroient point aller en Alep s'exposer à la haine des Vénitiens, Angloys et Flamens, sans venir icy prendre langue; et quand ils n'eussent eu d'aultres ennemys que les Pères de Hiérusalem, leur séjour en Alep n'eust jamais esté qu'avec périls. Je puis dire avec vérité que personne n'ayme plus que moy les pères Jésuystes, et croy le leur avoir tesmoigné : mais de tels embarquements mal à propos font recepvoir un contrecoup à la dignité du roy, ce quy est très fascheux et de conséquence ; et je crains bien que deux Pères que nous avons à Smirne chez le consul ne courrent fortune, lorsque le magistrat de ce lieu-là saura comme ceulx d'Alep ont esté mal reçeus. C'est pourquoy je vous supplie, Monsieur, de parer et résister aux recherches que feront ces bons Pères, attendant un autre temps, car, pour cette heure, il est du tout impossible d'en establir un seul en quelque endroit que ce soit de cet empire [2]. »

L'ambassadeur n'avait que trop raison pour Alep, comme l'événement ne tarda pas à le montrer. Aux religieux qui avaient réduit les missionnaires à l'impuissance s'unirent d'autres adversaires de la Compagnie, parmi lesquels se signala le consul vénitien [3]. Alors, pour contraindre les Pères à quitter la ville, on

---

1. Lettre du Consul d'Alep au Gardien de Jérusalem, 8 novem. 1625 (Bibl. nat. fr. 16, 160, f. 132-133). Lettre du même à M. de Césy, 6 décembre 1625 (Archives du Min. des Aff. Etrangères, Turquie, Correspondance, t. III, f. 177). Decretum Sacrae Congregationis de Propaganda fide, 23 janvier 1626, en faveur des Jésuites d'Alep (Venezia, Archiv. di Stato, Dispacci di Aleppo, n. 1, f. 43). Cf. Cordara, op. cit., l. XV, n. 220. « Simplicissima narratio », déjà citée.
2. Lettre de M. de Césy à M. de la Ville-aux-Clercs, 12 janvier 1626 (Bibl. nat. ms. fr. 16.150, f. 466). Cf. Rabbath, op. cit., p. 339
3. Lettre du consul vénitien au sénat de Venise, 5 mars 1626 (Venezia, Archivio di Stado, Disp. di Aleppo, n. 1, f. 13-14).

n'eut pas honte de recourir à la calomnie. Le pacha gouverneur de la province, étant alors absent, on adressa au moussalem, son lieutenant, une supplique anonyme dans laquelle les Jésuites étaient dénoncés comme espions de l'Espagne, ennemis des Turcs, perturbateurs de tous les Etats, et dont le Sultan lui-même avait tout à craindre si on ne se hâtait de les chasser ignominieusement. La supplique était accompagnée d'une forte somme d'argent, moyen de persuasion tout-puissant en ce pays. Après en avoir pris connaissance, le moussalem porta plainte au cadi contre les deux étrangers et demanda leur renvoi, sous prétexte qu'ils n'avaient aucun commandement pour autoriser leur séjour. Le juge, obéissant à cette injonction, leur ordonna, sous les peines les plus sévères, de partir dans trois jours pour Alexandrette, où ils resteraient jusqu'à ce qu'ils eussent reçu le commandement sollicité par l'ambassadeur[1].

Les Pères sortirent d'Alep, le 29 novembre 1625, sous la garde de deux janissaires qui les remirent entre les mains de trois serviteurs de l'aga d'Alexandrette, venus à leur rencontre. Après onze jours passés dans la prison de la ville, ils furent confiés au vice-consul qui les avait réclamés et demeurèrent plus d'un mois dans sa maison, attendant toujours, avec la réponse de l'ambassadeur, l'autorisation de séjourner dans Alep[2]. Mais les adversaires qui les en avaient fait chasser s'efforcèrent de leur en interdire le retour. L'aga d'Alexandrette, gagné à prix d'argent, ordonna tout à coup aux négociants français de lui apporter les clefs de leurs magasins et déclara qu'il ne les leur rendrait qu'après le départ des Jésuites. Ceux-ci, ne voulant point faire tort au commerce de nos marchands, perdirent alors tout espoir[3]. Le 10 février 1626, ils furent embarqués sur un navire anglais, avec ordre au capitaine de ne les débarquer qu'en France; « mais la Providence qui détruit les projets des hommes, quand ils sont contraires à ses desseins, en ordonna autrement[4] ». Sur les côtes de Malte il s'éleva une si furieuse tempête, qu'on dut relâcher au port. Le P. Maniglier se trouvait alors dangereusement malade; le capitaine, touché de compassion, le mit à terre avec son compagnon pour en prendre soin. A peine le malade

1. « Simplicissima narratio. » Cf. Cordara, *op. cit.*, n. 221, 222.
2. Lettre du consul d'Alep à M. de Césy, 6 décembre 1625 (Archives du Min. des Aff. Etrang., Turquie, correspondance, t. III, f. 177).
3. Cordara, *l. c.*
4. *Mémoires du Levant*, t. I, p. 121. — Lettre du consul vénitien d'Alep au sénat de Venise, 6 mars 1626 (Venezia, Archiv. di Stato, Disp. di Aleppo, n. 1, f. 13, 14).

fut-il rétabli, que les deux missionnaires, suivant un avis reçu du P. Général, firent voile vers Constantinople. Là ils solliciteraient la protection de l'ambassadeur, et tâcheraient d'obtenir du Grand Seigneur le commandement dont ils avaient besoin pour retourner et se maintenir dans Alep[1]. Partis de Malte le 24 septembre 1626, écrivait le P. Maniglier au P. Assistant, « nous sommes arrivés heureusement au port de Constantinople le 5 novembre, si bien que pour faire environ six cens milles, nous avons consommé quarante-deux jours dans l'Archipel[2] ».

8. M. de Césy n'avait pas attendu ce moment pour commencer les démarches en faveur des missionnaires. Malgré tous les obstacles, il parvint à faire respecter, avec leurs droits, la volonté du roi son maître, et le 18 octobre 1626 il pouvait annoncer une bonne nouvelle au P. Général. « Révérendissime Père, ce m'a esté un extresme regret d'avoir cy-devant rencontré quelques difficultés dans l'esprit des ministres du Grand Turc touchant l'establissement d'une mission de deux Pères en Alep, et je prends Dieu à tesmoing sy j'ay manqué en ce pieux dessing ny d'affection ny de diligence; mays comme il n'y a rien au monde de plus changeant que les choses de cette Porte Ottomane, Notre Seigneur a permis qu'un nouveau visir, maintenant en charge, s'est trouvé plus capable de raison que son devantier, m'ayant accordé aujourd'huy les commandements impériaulx que j'ay requis du Sultan pour l'establissement et seureté des deux Révérends Pères Gaspar Maniglier et Jean Stella; et je supplie Votre Paternité Révérendissime de croyre que je n'espargneray jamais mon propre sang pour tesmoigner à toute la vénérable Société qu'homme du monde ne me peut surpasser en affection de la servir[3]. »

A Rome, on avait été indigné des manœuvres employées pour faire échouer la mission, et l'on attendait avec anxiété le résultat des démarches tentées par l'ambassadeur[4]. Dès qu'il fut connu, le cardinal Ludovisi, au nom de la congrégation de la Propagande, et M. de Béthune, au nom du Saint-Père, s'empres-

---

1. « Simplicissima narratio... ». — Lettre du P. Général au P. Maniglier, 16 juin 1626 (Gall. miss., Epist. Gen.).
2. Lettre du P. Maniglier au P. Christophe Baltazar, 15 nov. 1626 (Miss. Constant., t. I, n. 123).
3. Lettre de M. de Césy au P. Général, 18 oct. 1626 (Bibl. nat., fr. 16.158, f. 414).
4. Lettre d'Ingoli, secrétaire de la Propagande au P. Aug. Burlo, observantin, à Jérusalem, 24 juin 1626 (Venezia, Archiv. di Stato, Dispacci di Aleppo, n. 1, f. 120).

sèrent de remercier M. de Césy de son dévouement aux intérêts de la religion[1].

Tout semblait promettre qu'un nouvel essai de mission réussirait. Outre les commandements du Grand Seigneur pour les autorités turques, on avait obtenu un décret de la Propagande recommandant aux religieux d'Alep de ne point s'opposer aux ministères des Pères de la Compagnie[2]. Mais il semble qu'on ne prévoyait pas assez l'attitude hostile des consuls étrangers, surtout de celui de Venise; or celui-ci avait reçu ordre de la Seigneurie de combattre de tout son pouvoir l'établissement des Jésuites. Prévenu des luttes à soutenir de ce côté, le P. Manigler avouait au P. Général qu'il comptait uniquement sur le secours de Dieu et les prières de la Compagnie. Sa confiance fut récompensée.

La Turquie était alors en guerre avec la Perse. Le 11 janvier 1627 le grand visir, ami de notre ambassadeur, partait de Constantinople pour rejoindre l'armée campée sous les murs d'Alep. Les PP. Stella et Manigler s'embarquèrent le 21 du même mois sur les galères de Chypre, et parvinrent à Alexandrette le 15 avril. L'aga, prévenu de leur arrivée, les fit arrêter; mais à la vue du commandement signé par le grand visir, il leur permit de continuer leur route[3]. Deux jours après, les missionnaires rentraient à Alep d'où ils avaient été chassés seize mois auparavant. Un de leurs mortels ennemis s'était vanté d'avoir en mains onze mille piastres « destinées à leur procurer un second bannissement[4] ». A son instigation, les consuls d'Angleterre et de Venise les accusèrent, de nouveau, d'être des perturbateurs du repos public et d'avoir engagé les sujets du Grand Seigneur à se faire Francs, c'est-à-dire catholiques romains[5]. Le grand visir manda devant lui les deux Pères et leurs accusateurs : « Vous êtes des imposteurs, dit-il à ces derniers; je connais ces religieux; je les ai vus à Constantinople et j'ai signé moi-même le commandement donné en leur faveur; je ferai mettre aux fers le premier de vous

---

1. Lettre de Ludovisi à M. de Césy, 11 déc. 1626 (Bibl. nat., fr. 10158, f. 150). Lettre de Béthune au même (Ibidem, fr. 16,150, f. 633).
2. Decretum SS. C. de Propag. in causa Alepp., 23 Janv. 1626 (Miss. Constant., t. I, n. 119).
3. Lettre du P. Stella au P. Général, 26 mai 1627 (Miss. Const., t. I, n. 128). — Lettre du consul vénitien d'Alep au sénat de Venise, 28 avril 1627 (Venezia Archiv. di Stato, Disp. di Aleppo, n. 1, f. 127-134).
4. Besson, op. cit., p. 20.
5. Mémoire du Levant, t. I, p. 123. — Lettre du consul vénitien d'Alep au baile de Venise à Constantinople, 28 avril 1627 (Venezia, Archiv. di Stato, Disp. di Constant., n. 104, f. 576-579).

qui les molestera. » Regardant ensuite les missionnaires avec bonté, il leur dit : « Ne craignez rien, rassurez-vous; je vous maintiendrai dans Alep; faites bien, vivez en paix et ne doutez point de ma protection [1]. » Il ordonna ensuite au cadi d'enregistrer au greffe un décret par lequel il permettait aux Jésuites d'en appeler à un tribunal suprême s'ils étaient désormais cités en justice [2].

Le 13 mai, jour de l'Ascension, les Pères commencèrent à célébrer publiquement la messe dans une chambre qu'ils avaient louée ; mais ils essayèrent en vain d'acheter une petite maison où ils auraient pu ouvrir une chapelle pour l'exercice de leurs ministères. Aussi bien, dociles à la direction du P. Général, ils procédaient avec une extrême circonspection, afin de ne pas donner prise à la jalousie des religieux dont ils redoutaient toujours la sourde hostilité [3]. Quant aux catholiques, charmés d'avoir dans les deux missionnaires un secours longtemps désiré, ils assistaient aux catéchismes et aux instructions avec une touchante assiduité [4].

Lorsque le calme parut solidement rétabli, le P. Général crut le moment venu d'ouvrir une école, et comme ni le P. Stella ni le P. Maniglier ne savaient le grec vulgaire, il conseilla au P. Supérieur de Constantinople de rappeler l'un d'eux et de le remplacer par un autre missionnaire. La persécution à laquelle étaient alors en butte les Jésuites de Galata ne permit pas d'exécuter ce dessein [5]. D'ailleurs, à ce moment même la mission d'Alep était dans la gêne ; les subsides attendus d'Europe n'arrivaient point. Telle fut bientôt la pénurie, que le P. Stella dut retourner en France pour y recueillir des aumônes. Peu de temps après il mourait à Avignon, victime de sa charité au service des pestiférés [6]. Le P. Maniglier, resté seul au milieu de ses néophytes, vécut plus d'un mois dans un dénuement absolu, réduit à un jeûne rigoureux et trouvant à peine assez de nourriture pour ne pas mourir de faim. Les Francs eux-mêmes, prévenus contre lui par les ennemis de la Compagnie, lui refu-

---

1. *Mémoires du Levant*, t. I, p. 123. — Lettre du P. Stella au P. Général, 26 mai 1627 (Miss. Constant., t. I, n. 131).
2. Cordara, *op. cit.*, n. 227.
3. Lettres du P. Général au P. Maniglier, 24 août 1627 (Gall. miss. Epist. Gen.). Lettre du consul vénitien, 28 juin 1627, déjà citée.
4. *Mémoires du Levant*, l. c.
5. Lettre du P. Général au P. Perrin et au P. Maniglier, 1er décembre 1627 (Gall. miss. Epist Gen.). Du même au P. Maniglier, 14 septembre 1628 (*Ibidem*).
6. Besson, *op. cit.*, p. 21. — Alegambe, *Heroes et victimae*, p. 281.

saient toute assistance : quand le P. Queyrot accourut de Smyrne à son secours, « il paraissait plus semblable à une ombre qu'à un homme[1] ».

Le remplaçant du P. Stella était à peine arrivé dans Alep que la peste y faisait son apparition[2]. Les deux missionnaires n'hésitèrent pas à s'exposer au danger pour assister les malades. Cet acte de charité leur gagna l'estime et l'affection de ceux qui jusqu'alors leur avaient été contraires. « Mais les marchands, craignant que la contagion du mal ne leur fît perdre deux hommes qui leur étaient nécessaires, les forcèrent de se retirer avec eux dans leur camp, c'est-à-dire dans une vaste maison où plusieurs d'entre eux occupaient des appartements séparés[3]. » C'est dans cette retraite que le P. Queyrot, tout en prodiguant ses soins à ses compatriotes, commença la composition d'un ouvrage polyglotte très utile aux missionnaires du Levant; livre admirable, dit le P. Besson, « trésor de toutes les langues italienne, françoise, latine, grecque vulgaire, grecque littérale, arabe vulgaire et littérale encore[4] ».

A la fin de l'épidémie, le P. Queyrot offrit ses services au Métropolite grec qui avait pris les Jésuites en amitié. Ce prélat lui permit de faire des catéchismes pour les enfants et des conférences pour les ecclésiastiques dans la maison épiscopale[5]. Comme elle était située hors de la ville, les Pères durent se séparer. Tous les lundis le P. Queyrot partait d'Alep pour se rendre au quartier des chrétiens, « ne portant qu'un peu de riz qu'il faisoit cuire sur un petit foyer dans une écuelle de cuivre, et un peu de pain dont il vivoit, sans user de vin, jusqu'au samedi ». Ce jour-là il retournait vers le P. Maniglier « qui n'étoit pas moins rigoureux à son corps » et ils passaient ensemble la journée du dimanche[6].

Les débuts des travaux scolaires du P. Queyrot furent modestes mais assez heureux. « Ceste eschole va croissant de jour à autre, mandait-il à M. de Césy; l'on y compte maintenant jusqu'à trente enfans grecs qui apprennent en grec, en arabe et en italien,

---

1. Besson, *op. cit.*, p. 22.
2. Lettre du P. Queyrot au P. Général, 20 novembre 1628 (Miss. Const., t. I, n. 148).
3. *Mémoires du Levant*, t. I, p. 124.
4. Besson, *op. cit.*, p. 23.
5. Lettre du baile au sénat de Venise, 6 janvier 1629 (Venezia Archiv. di Stato, Disp. di Constant., n. 107, f. 338-340).
6. Besson, p. 24. — Lettre du P. Général au P. Queyrot, 15 septembre 1630 (Gall. miss. Epist. Gen.).

et espérons qu'avec le temps ceux des autres nations se serviront de nous comme les Grecs en l'instruction de leurs enfans, si Notre Seigneur nous fait la grâce d'avoir icy quelque maison comme il est du tout nécessaire [1]. »

Ce rêve ne devait pas de sitôt se réaliser. Le patriarche de Constantinople, Cyrille, ayant appris que le métropolite d'Alep employait un religieux de la Compagnie pour l'instruction des jeunes grecs dans la demeure épiscopale, fit fermer l'école, et le P. Queyrot n'ayant pas d'autre local pour réunir ses élèves dut se résoudre à les licencier [2]. Dès lors il se livra tout entier à la prédication, comme son confrère. « Nos occupations, écrivait-il, sont de faire quelques sermons. J'ay presché quelque temps en grec vulgaire ; mais comme il y a peu de gens icy qui l'entendent, à cause que la langue du pays est l'arabe, j'ay esté contraint de quitter et prescher en italien, comme le P. Gaspard (Maniglier) en françois... Les autres religieux ont un avantage sur nous, parce que les marchands vénitiens se servent d'eux et non de nous [3]. » Malgré l'opposition du consul de Venise, les instructions des deux Pères étaient très suivies et la religion faisait chaque jour de nouvelles conquêtes. Ce succès, nous le verrons plus tard, devait leur attirer de nouvelles persécutions, Dieu voulant ainsi éprouver les instruments dont il se servait pour sa gloire.

9. Autant leur établissement dans Alep avait coûté de peines aux Jésuites, autant leur installation à Naxie présenta de facilité.

Naxie, la plus importante des Cyclades par la fertilité de son terroir et le nombre de ses habitants, avait jadis été attribuée, avec le titre de duché, à la famille vénitienne des Sanudo [4], et devint le siège d'un archevêché qui avait pour suffragants les évêchés de Chio, de Tine, d'Andros, de Santorin et de Milet. Après l'occupation des Turcs, la population fut astreinte à payer un tribut au Grand Seigneur; mais cette obligation remplie, elle jouissait du libre exercice de sa religion. Sous le régime des capitulations, l'ambassadeur de France se fit le protecteur de

---

1. Lettre du P. Queyrot à M. de Césy, 29 juin 1629 (Bibl. nat., fr. 16168, f. 425).
2. Relatione della missione (Miss. Cons:., t. I, p. 171, miss. Syriensis).
3. Lettre du P. Queyrot à un Père de France, 18 février 1631 (Archiv. Prov. de France, Recueil de Rybeyrète).
4. Au moment du partage qui suivit la fondation de l'empire latin de Constantinople.

Naxie, comme de toutes les Cyclades, contre les exactions des fonctionnaires musulmans [1].

En 1626, les PP. Antoine Perrin et Dominique Maurice, au milieu d'une de leurs excursions apostoliques, avaient abordé dans l'île de Naxie, poussés par des vents contraires, ou plutôt conduits par la Providence. Ils furent parfaitement accueillis par un gentilhomme chrétien, espagnol de naissance, nommé François Coronello, qui remplissait les fonctions de consul de France. Durant leur séjour, arriva une bulle du Souverain Pontife, accordant une indulgence plénière à tous les fidèles qui recevraient les sacrements de pénitence et d'eucharistie avec les dispositions requises. Pour exciter son peuple à la piété et le préparer à la grâce du jubilé, l'archevêque ne vit rien de plus opportun que le ministère de ces religieux étrangers, appartenant à un Ordre dont les habitants de l'île, souvent en rapport avec les Pères de Chio, estimaient le zèle et le dévouement. Pendant deux mois, les PP. Perrin et Maurice se livrèrent sans répit aux travaux de l'apostolat, ne pouvant suffire à entendre toutes les confessions, tant était considérable le nombre des pénitents [2].

Ce succès inspira au clergé et au peuple le désir de posséder une maison de missionnaires. L'archevêque, après avoir consulté la congrégation de la Propagande, pria l'ambassadeur de France à Constantinople de lui obtenir deux Pères Jésuites : le bien spirituel du diocèse, disait-il, requérait la présence de ces religieux. On préférait des Français parce qu'ils étaient moins sujets aux soupçons de la part des magistrats turcs. Du reste on pourvoirait à leur habitation et à leur entretien. M. de Césy vit dans ce projet un heureux moyen de répandre la lumière de l'évangile sur toutes les îles de la mer Égée. Il pressa de vive voix le P. Perrin, alors supérieur de la mission de Galata, de ne point laisser échapper une si favorable occasion [3]; en même temps il intervint lui-même auprès du P. Général. « Révérendissime Père, les jours passés, monsieur l'Archevêque de Naxie m'ayant représenté le grand désir qu'avoit tout le peuple de son isle d'obtenir la résidence de deux Pères Jésuystes pour leur consolation, et ayant esté prié d'en escrire à Votre Seigneurie Révérendissime, je n'ay pas voullu retarder davantage cet office avec lequel je la

---

1. Cf. Lacroix, *Iles de la Grèce*, p. 460 et suiv. — Fagniez, *op. cit.*, t. I, p. 326.
2. Lettre du P. Perrin au P. Général, 14 avril 1627 (Miss. Const., t. VIII, n. 44). — Cordara, *op. cit.*, n. 232.
3. *Ibidem.* — Cordara, n. 233.

supplie d'agréer ce desseing, en cas que Votre S. R^{mo} le trouve raysonnable et bien fondé. Et véritablement on juge que toute l'Archipelague ne doit pas estre abandonnée de tels secours spirituels. Considérant le notable fruict qu'on peut y fayre en plusieurs isles où le peuple ne demande qu'à estre enseigné, et voyant qu'on travaille à des establissements incertains et hasardeux en plusieurs endroits du monde, je ne puys comprendre par quelle rayson on ne vouldroit pas ayder tant de pauvres âmes en ces quartiers de l'Archipelle, où nous voyons que, quand vos Pères y ont été prescher, ils ne pouvoient fournir et satisfaire aux confessions. Ce que Votre S. R^{me} sçachant mieux que moy, je ne me veulx étendre d'avantage, la suppliant me voulloir faire responce et me croyre pour tousjours de cœur et d'âme, de Votre S. R^{me}, Bien humble et très affectueux serviteur.

« Il est très important, ajoutait-il en post-scriptum, que Votre S. R^{me} soit advertie que la prétendue résidence de Naxie ne peult estre sinon dépendante de Constantinople, puysqu'aultrement elle ne seroit ny seure ny selon le désir des Naxiotes et de moy en particulier [1]. »

Le P. Général remercia l'ambassadeur de la bienveillance qu'il avait toujours témoignée à la Compagnie. Il se déclara tout disposé à permettre l'établissement d'une nouvelle mission; mais il se réservait d'examiner à quelle résidence on devrait la rattacher, à Chio ou à Constantinople [2].

Cependant le P. Perrin, sur les vives instances de M. de Césy, s'était déjà rendu à Chio pour s'entendre avec les Pères Siciliens et à Naxie pour connaître les conditions dans lesquelles on pourrait s'y établir [3]. L'archevêque et le consul l'accueillirent « moins comme un hôte que comme un père ». On rédigea un acte par lequel les habitants, d'un consentement unanime, donnaient à la Compagnie, avec un revenu annuel, la chapelle ducale appartenant à une confrérie de pénitents, et une maison adjacente pour servir d'habitation. La mission devait dépendre de la résidence de Constantinople. Deux Pères la composeraient, l'un chargé des prédications, l'autre de l'instruction des enfants [4].

Malgré l'unanimité exprimée dans l'acte de donation, quelques-

---

1. Lettre de M. de Césy au P. Général, 26 juillet 1627 (Bibl. nat., fr. 16158, f. 415).
2. Lettre du P. Général à M. de Césy, 21 septembre 1627 (Epist. Gen. ad Externos, t. 1613-1672).
3. Lettre du P. Perrin au P. Général, 23 août 1627 (Miss. Const., t. VIII, n. 45).
4. Documentum donationis (Miss. Const., t. XI, n. 46). Lettre du P. Perrin au P. Général, 3 octobre 1627 (Ibidem, n. 47).

uns se montrèrent mécontents que la mission dépendît de Constantinople et non de Chio. Ils écrivirent « sous main » au P. Général afin qu'il la rattachât à la Province de Sicile. Ce fut sans doute en vue de concilier les esprits qu'on envoya aux Naxiotes un Père Français, Mathieu Hardy, et un Père Sicilien, Georges Casa. Mais cet expédient ne servit qu'à entretenir la division[1]. Sur les représentations de M. de Césy, le P. Général décida que désormais Naxie ne recevrait plus que des religieux grecs ou français[2].

Les premiers missionnaires trouvèrent dans l'île de nombreuses superstitions et des coutumes extravagantes qu'ils s'efforcèrent d'abolir. Donnons un exemple entre beaucoup d'autres. « Une femme qui avoit perdu son mary ou une mère qui avoit perdu sa fille assistoient à leurs funérailles comme des désespérez, ou plutôt comme des furies, s'arrachant les cheveux, se battant la poitrine, déchirant leurs habits et hurlant d'une manière épouvantable, mêlant avec leurs cris des blasphèmes contre la Providence. La cérémonie achevée, elles s'enfermoient six mois ou un an durant dans leurs maisons sans en vouloir sortir, non pas même pour aller à la messe et à l'office divin aux jours les plus solennels de l'année[3]. »

L'ignorance des vérités religieuses et le relâchement des mœurs n'étaient pas moins grands que la superstition. Les ecclésiastiques eux-mêmes vivaient dans l'oisiveté et la mollesse, célébrant rarement le saint sacrifice et s'acquittant très mal de leurs autres devoirs. Les missionnaires, sachant par expérience que la réforme des peuples dépend de celle de leurs pasteurs, s'appliquèrent d'abord à l'instruction de ceux-ci ; quand ils furent instruits, tous ensemble travaillèrent à enseigner les fidèles, et avec tant de fruit que bientôt la vérité et la vertu régnèrent à Naxie sur les ruines du vice et de l'erreur[4].

10. Au centre des Cyclades il y avait une autre île qui pouvait encore offrir à la Compagnie de Jésus un champ fertile d'apos-

---

1. Lettres du P. Hardy au P. Général, 4 avril 1627; s. d. 1630; 4 octobre 1630 (Miss. Const., t. XI, n. 48, 49, 69).
2. Lettre de M. de Césy au P. Général, 30 juin 1630 (Miss. Const., t. VIII, n. 81). Lettre du P. Général à M. de Césy, 22 octobre 1630 (Epist. Gen. ad Externos, 1613-1672).
3. Fleuriau, op. cit., p. 232-233. — Litt. ann. resid. Naxiensis, 1637 (Miss. Const., t. VIII, n. 109).
4. Fleuriau, op. cit., p. 235.

tolat. Quand les Turcs s'emparèrent de l'Archipel, Syra, l'ancienne Syros, était devenue le refuge d'un grand nombre de familles franques qui y introduisirent le rit romain. Elle avait pour évêque en 1627 Domenico Marengo, prélat plein de zèle et de piété, mais mal secondé par un clergé grossier et ignorant[1]. Dans un de ses voyages à Constantinople, au mois d'avril, il exprima au Supérieur de la résidence le désir d'avoir deux Pères de la Compagnie, non pour une mission temporaire mais pour un établissement stable. Comme il était alors question de fonder une maison à Naxie, le P. Perrin ne put accepter les offres bienveillantes de l'évêque[2]. Celui-ci recourut à la résidence de Chio qui répondit à son appel; mais les deux Pères envoyés à Syra en 1629 n'y demeurèrent qu'une année[3]. De nouveau Mgr Marengo s'adressa au Supérieur de Constantinople. Le P d'Aultry, après avoir consulté le P. Général, ne donna pas suite au projet[4]. Nous en ignorons la cause ; peut-être les ouvriers apostoliques étaient-ils trop peu nombreux pour diviser ainsi leurs forces. Ce fut seulement sous le règne de Louis XV que les Jésuites s'établirent définitivement à Syra, où ils restèrent jusqu'à la destruction de la Compagnie[5].

1. Lacroix, op. cit., p. 449. — Fagniez, op. cit., t. I, p. 527.
2. Lettre du P. Perrin au P. Général, 14 avril 1627 (Miss. Const., t. VIII, n. 41).
3. Legrand, op. cit., p. 56. — Carayon, Doc. inéd., d. XI, p. 149.
4. Lettre du P. d'Aultry au P. Général, 28 sept. 1630 (Miss. Const., t. VIII, n. 85).
5. Lacroix, op. cit., p. 150.

CHAPITRE XIV

PART PRISE AUX ÉVÉNEMENTS POLITIQUES

(1624-1630)

Sommaire : 1. Insoumission de La Rochelle. — 2. Le fort Saint-Martin de Ré attaqué par les Anglais. — 3. Ils en sont chassés par Schomberg. — 4. Siège de La Rochelle; récits du P. Suffren et des Jésuites aumôniers. — 5. Entrée du roi à La Rochelle; discours du P. Suffren. — 6. Joie dans toute la France et fêtes chez les Jésuites. — 7. Affaire de la succession de Mantoue. — 8. Guerre du Languedoc, relation du P. Suffren. — 9. Opposition de Marie de Médicis et de son parti à la politique de Richelieu. — 10. Seconde intervention de la France dans l'affaire de Mantoue. — 11. La maladie du roi à Lyon d'après une lettre du P. Suffren. — 12. *Journée des dupes*.

Sources manuscrites : I. Recueils de documents conservés dans la Compagnie : a) Epistolae Generalium ad diversos; — b) Gallia, Epistolae Generalium ad externos; — c) Franciae historia; — d) Aquitaniae historia.
II. Roma, Archivio Vaticano, Nunziatura di Francia, n. 395.
III. Paris, Bibliothèque Sainte-Geneviève, ms. 300.

Sources imprimées : *Mémoires de Richelieu, de Montglat, de Fontenay-Mareuil, de Bassompierre*. — *Le Mercure françois*. — Avenel, *Lettres de Richelieu*. — *Revue rétrospective*, t. II. — *Archives curieuses de l'histoire de France*, sér. II, t. III. — Rodocanachi, *Les derniers temps du siège de La Rochelle, relation du nonce*. — Daniel, *Histoire de France*, t. XIII. — Cordara, *Historia Societatis Jesu*, P. V. — Griffet, *Histoire du règne de Louis XIII*. — De Flassan, *Histoire de la diplomatie française*. — Benoît, *Histoire de l'édit de Nantes*. — De La Garde, *Le duc de Rohan*. — Arcère, *Histoire de La Rochelle*. — De Félice, *Histoire des protestants de France*.

1. Tandis que la Compagnie prospérait en France sous la protection de Louis XIII et de Richelieu, le royaume avait dû supporter plusieurs guerres auxquelles le roi et son ministre avaient été contraints soit pour réprimer les protestants, soit pour refréner les ambitions de la maison d'Autriche. Or, les Jésuites ne pouvaient rester indifférents à des entreprises intéressant au plus haut point la religion ou la patrie. D'ailleurs ils n'avaient pas cessé d'avoir les relations les plus étroites avec la cour. L'un d'eux, le P. Jean Suffren, n'était-il pas le confesseur de Louis XIII et de Marie de Médicis? Accompagnant le monarque dans ses expédi-

tions militaires, en bonne place pour voir les intrigues formées autour de Richelieu, c'est un témoin utile à entendre. Ses lettres d'alors, comme aussi celles des aumôniers de l'armée royale, apportent à l'histoire quelques traits nouveaux, quelques détails intimes que les mémoires contemporains, pourtant si riches, ont omis de relater.

À l'époque où nous sommes arrivés (1624-1630), la réforme française était devenue un parti politique considérable. Au dedans du royaume les huguenots trouvaient un soutien dans les mécontents de toutes les opinions; au dehors, ils s'appuyaient sur l'Europe protestante. « Communiquant par La Rochelle avec l'Angleterre, par Sedan avec l'Allemagne, par Genève avec les cantons suisses, ils semblaient toujours prêts à diviser les forces de l'État[1]. » Déjà en 1621 et en 1622, Louis XIII avait dû, à la tête de ses troupes, guerroyer contre les révoltés[2]; l'avènement de Richelieu au pouvoir ne changerait rien à la volonté royale, à la nécessité de briser une organisation dangereuse pour la couronne. Loin de là, le nouveau ministre forcé par les besoins de la politique extérieure à s'unir aux princes protestants, saisirait avec empressement, pour se faire pardonner cette alliance, l'occasion d'anéantir le protestantisme français. De nouvelles prises d'armes des huguenots allaient bientôt la lui fournir.

Leurs chefs, après le traité de Montpellier (19 octobre 1622), ne manquèrent pas de prétextes pour entretenir l'esprit de rébellion. En défiance de part et d'autre, on ne se hâtait guère d'exécuter les clauses de l'accord. Ainsi le gouvernement aurait dû démolir le Fort-Louis, élevé dans le voisinage de La Rochelle; mais tout au contraire le commandant, Pierre Arnauld, continua d'y entreprendre des travaux de défense, et il en fut de même sous son successeur, Jean de Saint-Bonnet, seigneur de Toiras. Les Rochelois réclamèrent. La vivacité même de leurs réclamations parut suspecte : ce fort n'avait été élevé que contre les rebelles; comment pouvait-il inquiéter des gens déterminés à l'obéissance[3]? Mais eux ne l'entendirent point ainsi, et, en 1624, sur leur appel, les ducs de Rohan et de Soubise organisèrent une nouvelle campagne. Le premier devait soulever les populations du haut et bas Languedoc, pendant que son frère croiserait avec

---

1. De Felice, *Histoire des protestants de France*, p. 307.
2. Voir tome III, p. 480-482.
3. Arcère, *Hist. de La Rochelle*, t. II, p. 204. — De La Garde, *Le duc de Rohan*, p. 140. — Ranke, *Hist. de France*, t. III, p. 134.

une escadre sur les côtes de Bretagne, de Saintonge et du Poitou. Au mois de janvier 1625, Soubise surprit six vaisseaux du roi dans le port de Blavet[1] et s'empara ensuite de l'île de Ré où il s'établit. Il en fut chassé peu de temps après par Toiras, tandis que le maréchal de Thémines contraignait les habitants de La Rochelle à implorer la paix[2]. Durant les pourparlers, M. de Chatillon conseilla au nonce de demander à la reine mère, par l'entremise du P. Suffren, qu'on démantelât la ville[3]. Louis XIII, à la prière des ambassadeurs d'Angleterre et de Hollande, crut suffisant d'ordonner aux Rochelois la restitution des biens ecclésiastiques et de leur interdire d'armer en guerre aucun vaisseau[4]. C'était là une condescendance dont Richelieu, qui en porte la responsabilité, ne tarda pas à se repentir. Toutefois l'abaissement des huguenots fut un sujet de joie pour tous les catholiques. A cette occasion le P. Général écrivit au P. de Séguiran combien on se réjouissait à Rome de la victoire du roi. « Puisse la soumission des rebelles, écrivait-il, les amener à se convertir et à ne plus travailler qu'au bien public[5]. » Espoir bientôt déçu : la paix ne fut pas de longue durée au royaume très chrétien.

2. L'union de Charles Ier avec la sœur de Louis XIII, qui aurait dû assurer une bonne harmonie entre la France et l'Angleterre, ne servit qu'à diviser les deux couronnes. Le duc de Buckingham, ministre et favori de Charles Ier, s'était brouillé avec la reine Henriette; celle-ci avait beau réclamer l'exécution des conditions stipulées dans son contrat de mariage en faveur des catholiques, le ministre affectait de n'y avoir aucun égard. Au mépris formel des traités, la maison française de la reine fut congédiée, et les Anglais fidèles au Pape se virent en butte à une cruelle persécution. Les contestations qui s'ensuivirent commencèrent à jeter de l'aigreur dans les relations politiques, et les Rochelois s'empressèrent de rechercher l'alliance anglaise[6]. Soubise, réfugié à Londres, poussait Buckingham à voler au secours de La Rochelle, prétendant que la démolition du Fort-Louis avait été une des

---

1. Ancien nom de Port-Louis.
2. *Mémoires de Richelieu*, t. I, 326. — *Le Mercure françois*, t. XIV, an. 1627, p. 243. — Arquez, op. cit., p. 133 et s.
3. Lettre de M. de Chatillon au nonce, 11 juillet 1625 (Archiv. Vat., Nunz. di Francia, n. 893, f. 191).
4. *Mémoires de Richelieu*, t. I, p. 305. — Benoît, *Histoire de l'Édit de Nantes*, t. II, preuves, p. 84.
5. Lettre du P. Général au P. de Séguiran, 3 nov. 1625 (Francia Epist. Gen., t. IV).
6. De Flassan, *Histoire... de la diplomatie française*, t. II, p. 349. — Griffet, *Hist. du règne de Louis XIII*, t. I, p. 630.

conditions tacites de la paix avec la France, et que le roi d'Angleterre était engagé d'honneur à la faire observer. D'un autre côté, le duc irrité de l'affront que Richelieu lui avait infligé en refusant de le recevoir comme ambassadeur extraordinaire, jura qu'il reviendrait en France; le désir de se venger lui fit préparer la guerre. Le 20 juillet 1627, il parut à la tête d'une puissante flotte devant l'île de Ré et attaqua le fort de Saint-Martin défendu par le brave Toiras[1].

Louis XIII était alors dangereusement malade. Par prudence, Richelieu s'abstint de lui apprendre l'ouverture des hostilités; mais, sans rien laisser paraître de ses soucis, il prit les mesures les plus graves et les plus sages, au nom du roi[2]. Une lettre du P. Suffren datée de Saint-Germain le 10 septembre 1627, et adressée à Rome au P. Assistant, nous apprend quelle merveilleuse activité déploya le cardinal jusqu'au rétablissement du souverain.

« Sa Majesté, dit-il, étant malade, a été quelque temps sans savoir la descente des Anglais dans l'île de Ré. Lorsqu'elle est entrée en convalescence, on lui a fait connaître tout ce qui s'était passé. Elle avait un grand désir de recouvrer la santé pour aller en personne combattre l'ennemi, et on a dû la retenir contre sa volonté. Maintenant les choses sont en bonne voie, car on a trouvé un moyen infaillible de faire pénétrer dans le fort [Saint-Martin] des hommes et des munitions; en sorte que les Anglais qui comptaient le réduire par la disette, n'osant point tenter un assaut pour l'emporter de force, n'ont plus aucune espérance de réussir dans leur entreprise.

« On a eu recours aux Basques de Bayonne et de Saint-Jean-de-Luz qui se servent de barques plates, appelées pinasses, qu'ils conduisent en haute mer avec des rames sans l'aide de voiles. Le canon des vaisseaux ne peut leur nuire parce qu'elles sont basses et entrent dans l'eau jusqu'au bord. Arrivées à Olonne, au nombre de quinze, on les a chargées d'hommes et de munitions. Treize ont pu pénétrer dans le fort sans aucun danger et sans aucune rencontre; les deux autres, ayant manqué l'entrée de la rade à cause de l'obscurité de la nuit, ont repassé au milieu de la flotte anglaise sans subir aucune perte.

---

1. *Mémoires de Richelieu*, t. I, p. 453. — *Le Mercure françois*, t. XIII, ann. 1627, p. 833. Cf. Batiffol, *La duchesse de Chevreuse*, p. 110-117.
2. Cf. *Revue rétrospective*, 2ᵉ sér., t. XI, p. 483 et suiv. Lettres de Louis XIII au marquis de Rambouillet.

« Maintenant on espère que l'on pourra toujours avec facilité employer le même moyen pour ravitailler le fort et en ramener les malades et les blessés. Les ennemis au contraire perdent chaque jour bon nombre d'hommes; ils sont déjà obligés de débarquer les troupes laissées à la garde des vaisseaux, et jusqu'aux mariniers, et bientôt ils se verront réduits à l'extrémité; car ils n'ont presque plus de capitaines qui ne soient ou malades ou blessés. Nous aurons ainsi le temps de rassembler nos vaisseaux et de composer une flotte qui nous permettra de les attaquer et de les forcer à conclure une paix glorieuse pour la France.

« Déjà le roi de la grande Bretagne a fait des avances par l'intermédiaire de puissances amies; mais on est résolu à chasser les Anglais par la force et à les faire repentir de la témérité avec laquelle ils ont osé attaquer la France à l'improviste et sans cause. Alors seulement on pourra consentir à quelque traité honorable et avantageux. Tout le monde est animé d'une telle ardeur à servir le roi et la patrie dans cette circonstance, que chacun est prêt à sacrifier ses biens et sa vie. Les populations, les cités, les ports de mer qui se trouvent dans le voisinage font merveille. Encore quelques jours, et le 20 de ce mois la flotte sera prête pour courir sus aux Anglais, et assez puissante non seulement pour les combattre, mais pour les mettre en déroute[1]. »

3. Dans l'extrême impatience où il était de marcher à l'ennemi, le roi, quoique très faible encore, ne voulut point différer son départ plus loin que le 25 septembre, et le 12 octobre il rejoignit son armée. Le 8 novembre, les troupes françaises, sous la conduite du maréchal de Schomberg, forcèrent l'ennemi à lever le siège, et Buckingham retourna piteusement en Angleterre après avoir perdu la moitié de ses hommes[2]. Dès le lendemain 9 novembre, le P. Suffren, qui avait accompagné le roi dans cette expédition, écrivait au P. Charlet une relation des événements dont il avait été témoin.

« Depuis la dernière que j'écrivis à Vostre Révérence, par laquelle je luy donnois advis de la résolution que le roy avec son conseil avoit pris d'envoier cinq mille piétons et quatre cents

---

1. Lettre du P. Suffren au P. Charlet, assistant de France, 10 septembre 1627, traduit de l'italien (Aquitaniae historia, t. 1683, 1758, n. 28).
2. Griffet, *op. cit.*, t. I, p. 507. — Bruce, *Domestic. calendar*, t. 1627-1628, p. 423.

chevaux pour chasser l'Anglois de l'isle de Ré, la chose est arrivée en ceste façon. Pour plusieurs raisons, on trouva bon que tous ne passassent par un même lieu. On choisit deux lieux principaux : l'un s'appelle le Plomb et l'autre Brouage. Mais comme par tous les deux il falloit aborder par mer, et que les vens sont souvent contraires, il est arrivé que M. de Chomber et M. de Marillac, estans allez en Brouage, ont esté retenus jusques au huit de ce mois de novembre, sans pouvoir entrer.

« Du costé du Plomb, la nuit du 30 au 31 du mois passé, octobre, dix-sept cents [hommes] s'embarquent avec vingt-cinq chevaux. Les Anglais, les descouvrans dans leurs barques, tirèrent contre furieusement une heure durant, mais aucun ne fut blessé. Estans donc entrez en l'isle, les Anglois qui estoient en embuscade, le ventre par terre, couchez dans les vignes, les attaquent. Le choc dura long temps, cinq des nostres moururent, dix-huit ou vingt blessez; mais des Anglois trente mortz, plusieurs blessez et prisonniers, et bon nombre de jacobus[1] trouvez et recueillis par nos soldas. Bref, en ce choc les Anglois furent tellement estonnez que s'enfuians furent contrains de se retirer dans leurs tranchées, les nostres les poursuivans l'espée dans les reins.

« Cecy a tellement espouvanté ces pauvres Anglois qu'ils résolurent, avant que toute l'armée du roy entrast, de faire leur dernier effort contre la citadelle de Saint-Martin. Et de fait, le sixième de ce mois, novembre, depuis les trois heures du matin jusques a onze heures, on ne cessa de tirer coups de canon et mousquetades ; car les Anglois, à la désespérade, vouloient emporter le fort. Mais le sieur de Toiras sortit avec ses gens et en tua quatre cents, blessa ou prit prisonniers deux cents. Trois gros vaisseaux anglois s'estans eschouez furent bruslez, et des nostres n'y a eu que trois ou quatre de tuez, peu de blessez. Ceste victoire nous faisoit espérer que si les cinq mille [piétons] et quatre cents chevaux entroient, on les chasseroit tout à fait, et ainsi il est arrivé.

« Car la nuit du 7 au 8 de ce mois de novembre, M. de Chombert et M. de Marillac avec le reste estans entrez, le lendemain, la messe dite, le conseil de guerre se tint, où fut résolu d'aller attaquer l'ennemi et les faire desloger. On rangea l'armée; les bataillons disposez marchèrent par ordre contre l'ennemy. La seule veue de ceste belle armée espouvanta tellement les pauvres

1. Monnaie d'or anglaise frappée sous Jacques I".

Anglois que, quittans le siège de Saint-Martin, s'enfuirent pour se jetter dans leurs vaisseaux. Les nostres voiant cela s'en allèrent les attendre en un lieu où ils devoient nécessairement passer, pour aller dans leurs navires; et là, les trouvant à commodité pour les tailler en pièces, se ruent sur eux, en tuent huit cents, blessent quatre cents, prennent prisonniers deux cents; les autres meurent dans la mer, et ce qui reste se retire dans les vaisseaux. Des nostres cinq de morts, quatre de blessés entre lesquels est le Général des galères, et le frère de M. de Chapes, mais celui-cy plus dangereusement, aiant eu l'os de la cuisse brisé.

« Ceste nouvelle a esté apportée aujourd'hui, 9 novembre, au lever du Roy, par M. de Belingan. Trente-sept enseignes prises, sept pièces de canon. Le Roy alla soudain ouïr la messe, fit chanter le *Te Deum*, et, faute de chapelle, la Cour l'entonna, et le Roy tout le fin beau premier, avec tant de dévotion et de ressentiment qu'on ne pouvoit retenir les larmes.

« La nécessité du fort de Saint-Martin estoit grande. Plusieurs y mouroient. Les viandes toutes gastées. Il y a plus de huit jours que le Roy me dit qu'ils n'en pouvoient plus, mais que s'ilz pouvoient tenir jusques au 9. de ce mois, tout iroit bien. Et en effet, ça esté le neuvième de novembre que ceci est arrivé. Ainsi se voit comme Dieu bénist le Roy. Aussi est-il *Vir justus et timens Deum et recedens à malo*.

« La Rochelle est bien estonnée. Le Roy a ordonné que ce soir toutes les pièces tirassent, et que les feux de joie se feissent icy et aux environs, et despesché partout à ce que l'on remerciast Dieu *qui facit mirabilia magna solus*. »

« P. S. Nous avons dit toute l'octave des Saints :

> *Gentem auferte perfidam*
> *Credentium de finibus,*
> *Grates ut Deo debitas*
> *Persolvamus alacriter.*

« *Et sic factum est*[1]. »

» L'expédition anglaise, observe Ranke, « ne produisit aucun autre résultat si ce n'est de précipiter avec une nouvelle énergie

---

1. Lettre du P. Suffren au P. Charlet, 9 novembre 1627 (Aquitan. hist., n. 29).

sur les huguenots toutes les forces du pays[1] ». Le moment était venu, en effet, de porter aux réformés un coup décisif. Richelieu résolut de faire cesser le scandale qu'il avait donné aux catholiques en accordant une première fois la paix aux rebelles calvinistes ; scandale qui lui avait valu dans les satires du temps le surnom de *cardinal de La Rochelle*[2]. Il montra avec force à Louis XIII la nécessité de s'emparer de cette ville, foyer de toutes les révoltes : si on ne la prenait pas cette fois, on ne la prendrait jamais, et il faudrait tous les ans recommencer la guerre ; le roi ne sera pas véritable roi de France, tant qu'il ne possédera pas La Rochelle, et s'il parvient à s'en rendre maître, il sera le plus puissant souverain de l'Europe et l'arbitre de toute la chrétienté[3]. Louis XIII se laissa persuader, et Richelieu nommé « lieutenant-général dans les armées royales » dirigea les opérations du siège. Pour fermer l'entrée du port aux Anglais, que les Rochelois avaient encore appelés à leur secours, il fit construire dans l'Océan, comme autrefois Alexandre devant Tyr, une digue infranchissable, en sorte que rien ne pouvait plus pénétrer dans la ville ni par mer ni par terre[4].

La Rochelle était bloquée. Bientôt ses orgueilleuses murailles seraient des défenses inutiles ; mais si grave était l'enjeu de la lutte qui se livrait autour d'elles que, dans l'attente du dénouement, la vie de l'Europe entière resta comme suspendue toute une année. Enfin « la royauté l'emporta[5] ».

Durant ce long siège, on avait beaucoup admiré l'ordre et la discipline qui ne cessèrent de régner dans l'armée du roi. On les devait au zèle et au dévouement que des religieux, de différents Ordres, avaient déployés dans leurs fonctions d'infirmiers ou d'aumôniers. Parmi eux se trouvaient trois Pères de la Compagnie de Jésus. On peut voir par leurs lettres les grands services qu'ils rendirent ; aussi Louis XIII, après la victoire, se plut-il à faire leur éloge[6]. La correspondance de ces Jésuites n'est pas sans intérêt, nous y puiserons quelques-unes des particularités qui accompagnèrent la reddition de La Rochelle.

Les privations de toutes sortes et le feu des assiégeants avaient

---

1. Ranke, *Hist. de la Papauté*, IV, p. 193.
2. Regon, *Hist. générale des temps modernes*, t. II, p. 277.
3. *Mémoires de Richelieu*, t. I, p. 499-501. — Mémoire du roi, mai 1625 (Avenel, *Lettres de Richelieu*, t. II, p. 80).
4. *Relation du siège de La Rochelle* (Arch. cur. de l'Hist. de France, 2ᵉ série, t. III, p. 35).
5. De Carné, *Les fondateurs de l'unité nationale*, t. II, p. 230.
6. Cordara, *Hist. Soc. Jesu*, P. V, l. XIII, n. 109.

décimé les habitants de la ville : de plus de vingt mille qu'ils étaient au commencement du siège, il n'en restait plus que cinq mille, tellement fanatisés par leurs chefs et leurs ministres qu'ils auraient préféré mourir que de se rendre. « Messieurs, s'écriait dans un prêche l'un de ces derniers, que faisons-nous en ceste vie? n'est-ce pas pour avoir paradis? Le vray moyen d'y parvenir, c'est la persécution que vous avez en mains ; mais c'est la persévérance qui fait tout. Et ainsi s'encourageaient de mourir[1]. » Mme de Rohan parcourait les rues, une épée à la main, et criant : « Voicy l'espée de mon fils qui délivrera la cité ; voicy l'espée que Dieu a choisy pour vous donner la liberté[2]. »

Le 26 du mois d'octobre, les habitants réduits à la dernière extrémité, entamèrent des négociations pour les conditions de la paix. « Deux des Rochelois qui estoient dans les vaisseaux, avec deux de la ville, estant allé à cet effet trouver Monsieur le Cardinal,... il leur dit que toute la miséricorde qu'ils pouvoient espérer du Roy estoit qu'ils auroient leur vie et leurs biens saufs, et la liberté de la religion sans spécifier si ce seroit dehors ou dedans la ville[3]. »

Les députés, après en avoir conféré avec le conseil de ville, revinrent le lendemain, 27 octobre, trouver le cardinal et demandèrent, mais en vain, la conservation de leurs anciens privilèges[4]. Supportant mal ce refus, ils s'écrièrent, avec insolence « qu'ils avoient vivres et argent pour longtemps et que Braguant, leur capitaine de mer, venu avec l'armée anglaise les secoureroit. — Monsieur le Cardinal leur dit : « Quant à vos vivres, le Roy a des « soldats devant votre ville pour les vous faire consumer, car on « y demeurera dix ans s'il est de besoin ; quant à votre argent « le Roy en a bon besoin ; gardez-le bien dans vos coffres. Mais « pour Braguant, que direz-vous si je vous le fais voir? » — Ils dirent que c'estoit chose impossible et qu'il leur faudroit donc charmer les yeux. — Lors Monsieur le Cardinal commanda qu'on appelât Braguant, le ministre Vincent et Falcan qui traitoient avec le Roy sans le sceu des Rochelois. Lors les Rochelois, estonnés de ceste rencontre, parlèrent plus bas et eurent commandement d'accepter dans vingt-quatre heures les offres du Roy, de la vie, des biens et de l'exercice de leur religion[5]. »

1. « Notanda de redditione Rupellae » (Aquitaniae historia, n. 82).
2. *Ibidem.*
3. Extrait des lettres écrites aux PP. de Paris (Franciae historia, t. II, n. 46).
4. « Notanda de redditione Rupellae. »
5. *Ibidem.* Cf. Rodocanachi, p. 94.

Les habitants réunis en assemblée générale sous la présidence du maire Guitton nommèrent six députés, chargés de porter au roi les articles qu'ils avaient acceptés ; et le samedi 28 « tout ce traitté fut conclus et signé à la minuit[1] ».

Les ministres calvinistes reconnaissaient que la divine Providence avait combattu contre les Rochelois en faveur du roi. « Ce jour-là mesme le P. Hilaire (Martin) s'en allant pour faire quelque visite rencontra le ministre Vincent, lequel luy dit que Dieu estoit Papalin ceste année et que la superbe des Rochelois les avoit perdus, et qu'ils remarquoient trois miracles en faveur du Roy : 1° Que la peste, estant par toute la France, n'avoit point esté au camp, quoique plusieurs quittans leurs maisons empestées vinssent trafiquer en l'armée. — 2° Que les marées hautes et orages, qui régnoient ordinairement en la pleine lune de septembre, avoient esté retenus ceste année et que jamais on n'avoit veu tel calme en telle saison. — 3° Que quand l'Anglois voulust faire la troisiesme attaque, le général feist demander qui d'entre eux vouloit s'offrir à mourir ou passer en despit de la digue, s'offrirent huit cents François (calvinistes) et quatre cents Anglois, auxquelz on feist faire la cène et jurer sur les Évangiles, et prit-on leurs noms, et furent appelés les Dévouez. Ausquels, le lendemain, devant que d'aller au combat, on leur demanda derechef s'ils persistoient ; dirent qu'ouy. La marée venue on les mit à l'avant-garde et le ministre Vincent à la teste, lequel dit au P. Hilaire Martin que quand il fust arrivé à la portée du canon du Roy, une fraieur le saisit et tous les Dévouez, tellement qu'il leur fust forcé de se retirer[2]... — 4° Un quatrième miracle et particulière Providence de Dieu sur le Roy et son armée... est que, quoique les tempestes passées n'aient pu faire jamais aucune ouverture bastante (suffisante) à la digue pour faire passer les vaisseaux, deux jours après que le roy y est entré, moindre tempeste a rompu la digue en quelques endroits si que librement les vaisseaux y pouvoient entrer... *Deus imperavit ventis et mari*, et à toutes les créatures qui pouvoient l'empescher[3]. »

Le dimanche 29 octobre, pendant que les maréchaux de camp entraient dans La Rochelle « pour disposer les logemens et assigner les quartiers de la ville aux capitaines », douze des principaux habitants vinrent « trouver le Roy, luy demander pardon, conduits

---

1. Extrait des lettres...
2. *Ibidem.*
3. « Notanda de redditione Rupellae. »

par M. de Bassompierre, accompagnés de cent gentilshommes. M. le Cardinal les reçeut à l'entrée de la chambre du Roy. Le Roy estoit assisté de M. le Comte de Soissons, M. le Cardinal, M. d'Angoulesme, M. d'Arcourt, M. de Schomberg, M. le Garde des Sceaux. Les députés s'estant mis à genoux, un d'iceux, appelé La Goutte, a faict la harangue d'un bon demy quart d'heure, avouant franchement la rébellion, en se remettant tout à faict à la miséricorde du Roy. Le Roy luy a reparty en peu de mots, mais bien sensez, se plaignant que tant de fois ils luy avoient promis obéissance de parolle, mais point en effect; enfin leur a promis qu'il leur seroit bon Roy, s'ils luy estoient bons subjects[1]. »

5. Le lundi 30 octobre, après diner, le cardinal entra dans La Rochelle et se logea au couvent de Sainte-Marguerite dont les assiégés avaient fait un magasin de guerre[2]. « On trouva la ville toute pleine de morts, dans les chambres, dans les maisons et dans les rues et places publiques; la faiblesse de ceux qui restoient étant venue à tel point et le nombre de ceux qui mouroient étant si grand, qu'ils ne se pouvoient enterrer les uns les autres, et laissoient leurs morts gisant où ils avoient expiré sans que pour cela l'infection en fût grande dans la ville, pour ce qu'ils estoient si atténués de jeûnes, qu'étant morts ils achevoient plutôt de se dessécher qu'ils ne pourrissoient[3]. »

Le P. Hilaire Martin entra dans la ville avec le comte de Soissons et une multitude de soldats; ordre avait été donné au maire et aux ministres de ne point sortir de leurs maisons afin de n'être point insultés dans les rues[4].

« Mercredi, jour de Toussaintz, le Roy feist son entrée à La Rochelle par la porte du Cigne. Les habitans de la ville sortirent tous... et demandèrent pardon au Roy, à deux cents pas de la porte. Il faisoit beau voeir la cavalerie et les régimens en bataille allant devant le Roy, qui alla à Sainte-Marguerite faire chanter le *Te Deum*, où prescha le P. Suffren[5]. »

La courte allocution que prononça en cette solennelle circonstance le prédicateur du roi, fut une suite d'applications pleines

---

1. Extrait de lettres... Cf. *Mémoires de Richelieu*, t. I, 552. — Rodocanachi, *Les derniers temps du siège de La Rochelle*, p. 103.
2. « Notanda de redditione Rupellae. »
3. *Mémoires de Richelieu*, t. I, p. 553.
4. « Notanda de redditione Rupellae. »
5. « Notanda de redditione Rupellae. » Voir Rodocanachi, *op. cit.*, p. 106. — *Mémoires de Richelieu*, t. I, p 553.

d'à propos, qui plurent également aux vainqueurs et aux vaincus. C'est en persévérant jusqu'à la fin, dit-il, que tous les Saints ont fait la conquête du ciel célébrée aujourd'hui par la sainte Église. Après avoir surmonté toutes les difficultés, « les uns par le martyre, les autres par la pénitence, les autres par une entière abnégation », ils sont maintenant couronnés de gloire et d'immortalité. « C'est ainsi, Sire, qu'a fait Vostre Majesté en l'acquisition de cette ville qui a la gloire de vous posséder à présent. » Après avoir mûrement considéré les obstacles qui s'y rencontreraient, vous l'avez hardiment entreprise, « et vostre persévérance, tant de jours et de nuits redoublée, vous l'a mise entre les mains ». Comme David, ce patron et modèle de tous les rois, réduisit à l'obéissance les Philistins, ennemis de Dieu et de son État, vous avez réduit cette ville. « Sire, c'est la défaillance et extrême nécessité qui a jetté ses habitans entre vos bras comme à un asile très asseuré de miséricorde : vertu insigne en vous, et en laquelle vous surpassez tous les Roys de la terre. »

S'adressant ensuite aux habitants de La Rochelle, l'orateur les conjure, au nom de leurs plus chers intérêts, de rester désormais fidèles à celui qui, malgré leurs égaremens, leur a montré tant de douceur et de bonté. « Ha! pauvre peuple Rochelois, s'écrie-t-il, pourquoi vas-tu chercher l'eau troublée et boueuse de la terre d'Égypte : *Quid tibi vis in via Ægypti, ut bibas aquam turbidam?* je dis ces palus et eaux puantes d'Angleterre, en méprisant les très claires eaux que tu as chez toy et que tu peux facilement posséder... Tu voulois vivre sans Roy et avois secoué le joug de son obéyssance, mais il te faut en avoir un. Si tu le desires équitable et juste, il se nomme Louys le Juste; si tu aimes la douceur et la clémence, il te l'a fait paroistre aujourd'huy; si les biens et les richesses, il te laisse la libre jouyssance de ceux que tu possèdes... C'est un Roy doux et benin qui t'est venu ce jourd'huy visiter, duquel le cœur est entre les mains de Dieu, et qui le conduit par la main de sa toute-puissance en l'exécution de ses sainctes et royales entreprises. Rends-luy le tribut, la gloire et l'honneur que tu luy dois; ne résiste plus à sa puissance car elle vient du ciel... »

Le P. Suffren termine son discours en exhortant le roi à rapporter à Dieu le bonheur de ses armes et à n'aspirer qu'à la gloire des élus. « Sire, que Vostre Majesté recognoisse que sa victoire vient de Dieu et non de vos armes, ni de vostre conseil; et cependant que vous jonchez vostre chef de couronnes mortelles de ce monde, aspirez à l'immortelle et à la gloire éternelle où vous puissiez vivre sans fin au siècle des siècles[1]. »

Louis XIII ne se contenta pas de rendre grâces à Dieu pour le succès de ses armes; il voulut réparer solennellement les outrages commis par les hérétiques contre l'adorable Eucharistie, en la faisant porter en triomphe dans toute la ville[2]. « Le vendredy fust faite la procession générale du saint Sacrement par les principales rues de La Rochelle. M. de Bordeaux tenoit le saint Sacrement, M. d'Angoulesme et son fils, M. de Schomberg et de Bassompierre le poële. Le Roy alloit avec un cierge blanc allumé, suivi de trois cents seigneurs, tous le cierge en main. Rues tendues partout[3]. » Après ces cérémonies expiatoires, Louis XIII s'occupa de rétablir l'exercice de la religion catholique; mais, par ménagement pour la population huguenote de la ville, il ne jugea pas opportun de rappeler immédiatement tous les religieux qui y demeuraient autrefois. « Pour ceste heure, écrivait le P. Suffren, les prêtres de l'Oratoire auront les trois paroisses; les Pères Capucins un couvent au bastion de l'Évangile; les Pères Minimes à la digue; nostre Compagnie à Saint-Michel, qui est entre la vieille et la nouvelle ville. Il y a assez de bastiment pour nous, pour le commencement[4]. » Le lecteur se souvient que cette nouvelle résidence des Jésuites ne tarda pas, comme nous l'avons raconté plus haut, à se changer en un florissant collège[5].

En quittant La Rochelle pour retourner à Paris, le roi toujours enclin aux actes de la plus tendre piété, ne manqua pas de passer par Saumur, afin de remercier la Sainte Vierge dans l'église de Notre-Dame des Ardilliers[6].

0. Cependant la nouvelle était parvenue à Rome de la brillante victoire remportée sur les hérétiques, et aussitôt le P. Vitelleschi envoyait ses félicitations à Sa Majesté Très Chrétienne[7]. En même temps il écrivit au cardinal de Richelieu, dont personne n'ignorait la part prépondérante dans ce glorieux événement[8]. Le

---

1. *Le Mercure français*, t. XIV, an. 1628, p. 713-715.
2. *Ibidem*, p. 717. — Cf. Rodocanachi, p. 108.
3. « Notanda de redditione Rupellae. »
4. « Notanda de redditione Rupellae. »
5. Ch. VIII, n. 8, p. 215.
6. *Le Mercure français*, t. XIV, an. 1628, p. 719.
7. Lettre du P. Général au roi, 9 décembre 1628 (Epist. Gen. ad. diversos, f. 1583-1632).
8. Lettre du P. Général à Richelieu, 13 décembre 1628 (Gall. Epist. Gen. ad externos, f. 1613-1672).

Souverain Pontife, de son côté, manifesta une profonde satisfaction, mais il ne voulut « faire aucune démonstration publique qu'il n'eût receu la lettre du Roy[1] ». Le 18 décembre seulement, il ordonna une cérémonie d'actions de grâces. « Il alla processionnellement à pied depuis les Augustins jusques à Saint-Louys avec toute la comitive des Cardinaulx. En entrant fut chanté le *Te Deum*. Le *Te Deum* fini, le Pape dit la messe où estoient les ambassadeurs de France, de Venise et de Savoie, et tous les Cardinaulx. A la fin de la messe fut publiée indulgence plénière, ce jour-là, à ceux qui visiteroient les églises de Saint-Louys et des Augustins[2]. »

Mais ce fut en France surtout que la chute de La Rochelle, ce boulevard du calvinisme, combla de joie les catholiques. Prédicateurs, poètes, auteurs célébrèrent à l'envi la victoire du roi et la défaite des huguenots. Les Jésuites ne furent pas les derniers à prendre part à ces manifestations. Les Pères du collège de Clermont « aians esté priez » par le Conseil de ville, « de faire quelques belles inscriptions pour l'entrée du Roy à Paris, le Recteur de l'Université et autres » en furent jaloux; ils allèrent se plaindre et dire « que ce leur estoit faire une injure, comme s'il n'y avoit point d'autres qui peussent faire ces choses-là que les Jésuites; mais il leur fust respondu par Messieurs de la ville qu'il leur estoit libre de se servir de qui bon leur sembloit, comme aussi à eux de faire ce qui bon leur sembleroit et qu'ils en seroient très contens[3] ».

Les élèves et les maîtres du collège de Clermont s'associèrent, dans l'intérieur du collège, à la joie de la capitale, et célébrèrent par des poèmes de tout genre qui sont parvenus jusqu'à nous, le brillant triomphe de Louis XIII[4]. A cette occasion le P. Jean Canaye, professeur d'humanités, prononça un éloge du roi[5], « dans la manière vive et brillante de Pline », belle harangue et digne, avec l'ode vraiment pindarique de Malherbe, d'être remarquée au milieu de tant d'autres ouvrages composés pour la même circonstance, et d'une valeur contestable[6].

---

1. « Notanda de redditione Rupellae. »
2. *Mémoires de Richelieu*, t. I, p. 551.
3. Lettre du P. Le Bron au P. Provincial de Champagne, 7 déc. 1628 (Aquitan. Historia, t. 1583-1738, n. 30).
4. « Ludovici XIII triomphus de Rupella capta, ab alumnis Claramontani collegii S. J. vario carminum genere celebratus. »
5. Jean Canaye, *Éloge de Louis XIII sur la prise de La Rochelle*.
6. Cf. Arcère, *op. cit.*, p. 328.

Au collège de La Flèche les fêtes durèrent plusieurs jours, avec panégyriques, poésies, illuminations et pièces de théâtre; on organisa même un combat naval, un simulacre du siège de La Rochelle et la ville ne fut prise qu'après une vive résistance. Une semaine ne s'était pas écoulée depuis ces solennités scolaires que le comte Henri de Schomberg arrivait à La Flèche, où Charles duc de Hallewin, son fils, avait été élevé. « Le vieux maréchal venait de se couvrir de gloire en chassant de l'île de Ré le duc de Buckingham, et le Pape lui avait même écrit pour le féliciter. Schomberg témoigna au P. Typhaine, recteur, son grand désir d'assister à une nouvelle représentation de la *Naumachie*. Elle se fit en présence d'un public nombreux et choisi; et comme il n'y a pas de fête sans lendemain, celle-ci fut suivie de feux d'artifice et de représentations dramatiques qui durèrent trois jours entiers[1]. »

7. Au moment où l'on entreprenait le siège de La Rochelle, le duc Vincent de Mantoue, sur le point de mourir, reconnut, le 26 décembre 1627, pour son seul héritier son cousin Charles de Gonzague, duc de Nevers, sujet du roi de France, au lieu du duc de Guastalla, issu de la même race, mais d'un rang de parenté plus éloigné. Le prince Charles avait déjà, sans contestation, pris possession de ses nouveaux États, lorsque les Espagnols refusèrent de reconnaître la légitimité de la succession. Ils étaient secondés par l'empereur d'Allemagne qui, prétendant que le duché de Mantoue était un fief de l'Empire, s'arrogeait le droit d'investiture[2]. Le duc de Savoie, de son côté, signait avec l'Espagne un traité par lequel les deux alliés se partageaient le Montferrat; leurs forces réunies investirent Casal le 25 février 1628[3].

Après la prise de La Rochelle, Louis XIII étant de retour à Paris, un conseil des ministres se réunit, le 26 décembre, à l'effet de décider s'il était à propos de soutenir Charles de Gonzague. La reine mère y assistait; or, elle n'aimait pas le prince, qui avait pris jadis les armes contre elle et se piquait d'être de plus vieille race que les Médicis[4]. Opinant la première au conseil, la vindi-

---

1. De Rochemonteix, *Le collège Henri-IV*, t. III, p. 82.
2. *Mémoires de Richelieu*, t. I, p. 502, 529.
3. Cf. de Flassan, op. cit., p. 354. — Bougeant, *Histoire du traité de Westphalie*, t. I, p. 145.
4. Un jour, pendant les troubles de la régence, le duc de Nevers, apprenant que Marie de Médicis avait parlé de sa race avec mépris, répliqua : « Personne n'ignore que les Gonzague étaient princes avant que les Médicis fussent gentilshommes. » Ces paroles,

cative italienne s'opposa formellement à tout dessein de secourir Casal : les troupes, dit-elle, étaient fatiguées du siège de La Rochelle; le parti huguenot n'était pas encore abattu; il reprendrait ses esprits durant cette guerre; il valait mieux mettre ordre aux affaires du dedans de l'État qu'aux affaires du dehors qui importaient peu à la France. Richelieu combattit éloquemment ces objections en faisant appel aux sentiments d'honneur; à l'entendre, l'oppression du nouveau duc de Mantoue « n'étoit fondée que sur ce qu'il étoit François »; le duché lui appartenait et il ne fallait pas souffrir qu'un prince sujet de la maison d'Autriche y fût élevé; quant aux huguenots, ils étaient si bas qu'ils ne devaient inspirer aucune crainte. Puis, s'adressant au roi, il ajouta : « Je ne suis pas prophète, mais je crois pouvoir assurer Votre Majesté qu'en ne perdant point de temps pour l'exécution de ce dessein, vous aurez fait lever le siège de Casal et donné la paix à l'Italie dans le mois de mai [1]. »

La reine mère fut très blessée que le cardinal, qui lui devait sa fortune, l'eût combattue dans le Conseil; elle le lui reprocha très aigrement, en l'appelant ingrat. Il s'excusa respectueusement et répondit qu'il ne manquerait jamais à ses devoirs envers elle, mais qu'il aimerait mieux quitter le ministère que de faire par complaisance quelque chose au déshonneur et désavantage de son maître.

Cependant l'avis de Richelieu, à bon droit, avait prévalu. Le 6 mars 1629, Louis XIII, à la tête de ses troupes avec Schomberg, Bassompierre et Créqui, força le pas de Suse; le 11, le duc de Savoie fit la paix et laissa aux troupes du roi libre entrée dans le Montferrat. Les Espagnols levèrent alors le siège de Casal et se retirèrent dans le Milanais.

Le P. Suffren avait suivi le roi à Suse. Dans une lettre au P. Charlet, datée de cette ville le 23 avril 1629, il rapporte un prodige accompli lorsqu'à l'occasion de la fête de Pâques, Louis XIII toucha les écrouelles. « J'ai eu en présence de témoins les informations que je vous avais promises sur le miracle qu'il plut à Dieu de faire le jour de Pâques par le Roi Très Chrétien. Une petite fille âgée de neuf ans, du pays de Vigliano, nommée Catherine

dit Montglat, « piquèrent la reine si vivement qu'elle ne lui pardonna pas depuis; et comme les femmes, principalement les Italiennes, sont fort vindicatives, elle ne laissa passer aucune occasion de s'en venger » (*Mémoires de Montglat*. Édit. Michaud, XVII. p. 18).

1. De Flassan, *Histoire de la Diplomatie française*, t. II, p. 350. *Mémoires de Montglat*, l. c.

Porchero, était atteinte de scrofules depuis deux ans et aveugle depuis sa naissance. Aussitôt qu'elle fut touchée par le Roi ses yeux s'ouvrirent, elle vit son père et toutes les personnes présentes, et depuis ce jour elle n'a cessé de voir toujours mieux. Sa Majesté ne veut pas qu'on parle de cette merveille, mais *opera Dei revelare honorificum est* [1]. »

8. Pendant son séjour à Suse Louis XIII signa, le 24 avril, un traité avec l'Angleterre. Alors Richelieu, satisfait d'avoir humilié les Espagnols en Italie, reprit la lutte contre les protestants. Ce parti, déjà très affaibli par la prise de La Rochelle, tentait de se relever dans les Cévennes, où son plus habile général, le duc de Rohan, occupait une vingtaine de villes admirablement défendues par la difficulté de leur accès [2]. Le cardinal résolut d'enfermer Rohan au cœur des montagnes; pour cela, il fallait s'emparer successivement de Privas, d'Alais, d'Uzès et des petites places environnantes; pendant ce temps, Montmorency, d'Estrées et Condé ravageraient tout le pays autour de Nîmes, Castres et Montauban. Les opérations se firent avec entrain et rapidité; les troupes royales, animées par la présence de Louis XIII, traversèrent les passages les plus difficiles des Cévennes; Richelieu rejoignit bientôt le roi à Privas; cette ville se rendit; Alais et Uzès cédèrent à leur tour, et Rohan, bloqué dans Anduze avec 3000 hommes, demanda la paix [3]. Richelieu aurait pu le forcer dans cette retraite, mais, pressé par les mauvaises nouvelles d'Italie et de la cour, il préféra être débarrassé de cette guerre au plus vite par une paix avec les huguenots. Les conditions en furent arrêtées à Alais le 28 juin. Ce jour même, le P. Suffren envoyait, « du camp du Roy » une longue lettre au P. Assistant. « Loué soit Dieu! Toutes les villes rebelles des Covênes, Languedoc et Vivaretz sont venues aujourd'hui se jetter aux pieds du Roy et luy demander pardon avec promesse de le servir fidèlement. Ce traité a commencé lundi dernier et a esté conclu aujourd'hui, veille des BB. Apostres saint Pierre et saint Paul. Hier au matin nous pensions estre encore en guerre, car Uzez et Nismes demandoient des choses qu'on ne pouvoit leur accorder, et le Roy partyst d'Alez trois heures après midy et vint icy faisant marcher

---

1. Lettre du P. Suffren au P. Charlet, 23 avril 1629 (Franciae Historia, t. 1615-1639, n. 115).
2. *Mémoires de Richelieu*, t. I, p. 619.
3. Cf. De La Garde, *Le duc de Rohan*, p. 308, 321.

ses troupes comme pour aller assiéger Uzez ; et M. le maréchal d'Estrée, qui desja depuis quinze jours avoit fait le dégât à Nismes, s'approchoit d'Uzez avec son armée pour en faire de mesme ; mais par la dextérité de M. le Cardinal et autres qui se mesloient de ce traité, tout s'est porté à son devoir. » Le confesseur de Louis XIII expose ensuite dans le détail les conditions de la paix et il ajoute : « De toutes ces villes rebelles, qui sont vingt-cinq ou trente, celle qui s'est mieux acquittée de son devoir et qui a eu plus de gloire *coram Deo et hominibus*, a esté Montauban ; car elle a porté la carte blanche au Roy, résolue non seulement de démolir les vieilles et nouvelles fortifications, mais encore les simples murailles, si le Roy le vouloit. Et quoy que bien humblement elle demandast la liberté de l'exercice de la religion, néantmoins, si le Roy ne le vouloit permettre, elle estoit preste à obéir. Vous voyez comme *digitus Dei est hic* ; et voilà ceste province la plus infectée, et des plus belles de la France, souple au Roy, et dans trois mois sans moyen de jamais plus se rebeller. La commune opinion est que le Roy, ayant encore séjourné quelques semaines en ce pays pour veoir l'exécution des articles de la paix, s'en retournera à Paris où il pourra faire la feste de l'Assomption de la Vierge...

« Je ne doibs oublier le soin que M. le Cardinal a pris pour ceste paix, combien sagement il l'a conduite. Il semble qu'après le Roy, Dieu veut qu'il en ayt toute la gloire, car il s'est trouvé longtemps tout seul portant le fardeau des affaires, MM. les Mareschaux estans tous malades ou blessés... Il est bien raisonnable de prier souvent Dieu pour ledit seigneur cardinal tant utile l'Eglise et à cet Estat, et fort affectionné à nostre Compagnie [1]. »

Richelieu en effet, nous l'avons vu, favorisa de tout son pouvoir, comme il l'avait fait à La Rochelle, l'établissement des Jésuites à Montauban et à Montpellier, persuadé qu'il travaillait ainsi au bien de la France et de la religion catholique [2].

9. Louis XIII après une entrée triomphale à Uzès et à Nîmes, signa dans cette dernière ville l'*édit de grâce*[3], qui acheva la ruine du parti calviniste ; puis il repartit le 25 juillet

---

1. Lettre du P. Suffren au P. Charlet, datée du camp du Roy, 28 juin 1629 (Archiv. de la province de Lyon).
2. *Mémoires de Richelieu*, t. II, p. 30.
3. *Ibidem*, p. 24. — Cf. Benoît, *Histoire de l'édit de Nantes*, t. II, Preuves, p. 92. — De Vallée, op. cit., p. 322.

pour Paris. C'est à ce moment, croyons-nous, que le monarque toujours animé d'un esprit de foi dont le mérite rejaillit sur les Jésuites ses directeurs, décida de faire construire dans la capitale une église dédiée à Notre-Dame des Victoires, acte touchant de reconnaissance pour le triomphe remporté sur l'hérésie. Cette église sera celle du couvent des Augustins Déchaussés, surnommés les Petits Pères, et deviendra plus tard, par le grand nombre des faveurs miraculeuses que la Mère de Dieu se plaît à y répandre, l'un des sanctuaires les plus célèbres du monde. Le roi en posa la première pierre le 9 décembre 1629[1].

Quant à Richelieu, après une tournée dans le Languedoc, il ne tarda pas à rejoindre la cour qu'il savait agitée et très montée contre lui. Parmi ses ennemis, les uns lui reprochaient d'avoir trop ménagé les huguenots, les autres de brouiller le roi avec sa femme, sa mère et son frère. Mais le parti qui lui ménageait l'accueil le plus sévère était celui de Marie de Médicis, toujours irritée de n'avoir pu empêcher l'expédition d'Italie. Dès qu'il fut arrivé à Fontainebleau, le 13 septembre (1629), il se rendit chez la reine mère avec les maréchaux de Schomberg, de Bassompierre et de Marillac ; reçu avec une froideur remarquée de tout le monde, il répondit à la reine qui lui demandait des nouvelles de sa santé : « Je me porte beaucoup mieux que beaucoup de gens qui sont icy ne voudroient. » Marie de Médicis rougit, et jetant les yeux sur le cardinal de Bérulle vêtu d'un costume de voyage, habit court et bottines blanches, elle se mit à sourire de cet accoutrement. Alors s'approchant d'elle, Richelieu lui dit : « Je voudrais être aussi avant dans vos bonnes grâces que celui dont vous vous moquez. » Elle lui répondit qu'elle ne pouvait s'empêcher de rire en voyant l'habillement extraordinaire de M. de Bérulle, qu'au surplus l'estime qu'elle faisait de ce prélat ne diminuait en rien les sentiments avantageux qu'elle avait pour le vainqueur de La Rochelle et de Montauban. Richelieu lui ayant présenté les maréchaux de Schomberg, de Bassompierre et de

---

1. *Le Mercure français*, ann. 1929, t. XVI, p. 901 et suiv. Cf. Piganiol de La Force. *Description de Paris*, t. II, p. 517, 519. Sur la plaque de marbre posée dans les fondements par le roi on lisait cette inscription : « Deo, Opt. Max. Ludovicus XIII, Dei gratia Francorum et Navarrae Rex Christianissimus, invictus et ubique victor, tot Victoriarum coelitus partarum, profligataeque haereseos non immemor, in insigne pietatis monumentum, PP. Augustinianis Discalceatis conventûs Parisiensis hoc templum erexit, Deiparaeque Virgini Mariae (sub titulo de Victoriis) dicavit anno Domini MDCXXIX. die IX mensis Decembris, Regni vero XX. »

Marillac, elle affecta de ne parler qu'au dernier, frère du garde des sceaux son favori[1]. A ce moment le roi entra, et après avoir donné à son ministre toutes les marques possibles de son affection, il s'enferma avec lui dans le cabinet de la reine mère. Là, Richelieu se plaignit de l'accueil qu'il venait de recevoir de Marie de Médicis, et demanda la permission de se retirer du ministère. Le roi lui offrit de les raccommoder ; et, en effet, sa mère étant venue se plaindre de son côté, il lui dit que si le cardinal lui avait manqué de respect, il serait le premier à le condamner, mais qu'il la suppliait de pardonner cette offense[2].

Cependant Richelieu, le jour même, avertit la marquise de Combalet, sa nièce, dame d'atour de la reine mère, et plusieurs officiers qu'il avait placés dans la maison de cette princesse, de se tenir prêts à en sortir parce que lui-même était résolu de quitter la cour. Puis il écrivit à Marie de Médicis une lettre, en apparence soumise et affectueuse, où il offrait de renoncer au ministère si elle le jugeait à propos. L'indignation de la reine mère ne s'apaisa point devant ces marques de déférence. « L'affaire alla jusqu'au point que le roi, craignant qu'elle n'eût point de remède, en pleura très amèrement presque tout un jour, et son confesseur [le P. Suffren] homme de très rare vertu, en fut surpris d'un choléra morbus dont il faillit mourir... Le roi, enfin, détrempa par ses larmes la colère de la reine, qui reconnut que [le cardinal] n'avait d'autre tort que celui de lui avoir trop tôt demandé son congé[3]. »

10. Marie de Médicis ne tardera pas à concevoir contre Richelieu de nouveaux griefs : sa rancune sera envenimée par une seconde intervention de la France dans l'affaire de la succession de Mantoue, intervention amenée et voulue par la politique du cardinal. L'empereur d'Autriche, Ferdinand II, tenant à l'égard du roi de France une conduite étrange, osa soutenir par les armes les compétiteurs du duc Charles de Gonzague. Après quelques mois de négociations, où le ministre de Louis XIII, déploya son habilité ordinaire, trente mille Autrichiens enva-

---

1. Recueil de Mathieu de Mourgues, cité par Daniel, *Histoire de France*, t. XIII, p. 681.
2. *Mémoires de Bassompierre* (Édit. Michaud, t. XVIII, p. 307). — Cf. Fouqueray, *Le P. Suffren à la cour de Louis XIII et de Marie de Médicis* (Revue des questions historiques, t. LXVIII, juillet et octobre 1900).
3. *Mémoires de Richelieu*, t. II, p. 49.

hissent le Mantouan, tandis que Spinola, à la tête de quinze mille Espagnols ou Italiens pénètre dans le Montferrat (octobre 1629); maîtres des petites places dans ces deux pays, ils assiègent bientôt Mantoue et Casal. Devant cette dernière ville le siège fut mené sans vigueur, à cause du duc de Savoie qui, embarrassé entre les deux partis, essaya de négocier une suspension d'armes. Le pape de son côté offrit sa médiation. En attendant que Louis XIII, dont la santé avait donné des inquiétudes, vînt se mettre à la tête de ses troupes, Richelieu joignait à la charge de négociateur souverain les fonctions de lieutenant général des armées du roi. Il avait sous ses ordres Schomberg, La Force et Créqui. Résolu à ne rien céder, il entra cependant en pourparlers avec le duc de Savoie pour obtenir le libre passage des troupes royales sur ses États; puis, voyant que Charles-Emmanuel ne cherchait qu'à gagner du temps et que les négociations tournaient en chicanes, il les rompit résolument : le 18 mars (1630) il entrait de force en Piémont et marchait sur Pignerol dont la forteresse se rendit le 31. Mais cette victoire n'intimida point l'Espagne ni l'Autriche; elle n'empêcha point le duc de Savoie de se ranger décidément de leur côté en refusant le passage aux Français. Il ne restait à Richelieu qu'à publier contre Charles-Emmanuel une déclaration d'hostilités; il le fit, et pressa Louis XIII d'envahir lui-même la Savoie.

Cette vigueur à pousser la guerre contrariait Marie de Médicis : elle s'opposa de tout son pouvoir aux desseins du cardinal. Pendant que Louis XIII se rendait en Bourgogne, prêt à entrer dans la Savoie, elle s'avança elle-même jusqu'à Lyon. Ce fut là que Richelieu eut à subir ses remontrances et celles d'autres puissants contradicteurs. Le garde des sceaux, Marillac, interprète de la reine mère, insista sur la misère et l'appauvrissement du royaume, sur la peste qui décimait l'armée, le danger que courait le roi, le péril d'une lutte avec l'Europe, le peu d'intérêt de la France dans la question de Mantoue. Le moment était mal venu pour de pareilles représentations : Richelieu l'emporta en montrant qu'il fallait bien résoudre les questions pendantes avant de pouvoir signer un traité. Louis XIII pénétra donc jusqu'à Chambéry; de là, lui-même et ses lieutenants, soumettant plusieurs autres places de Savoie, repoussèrent Charles-Emmanuel jusque dans la vallée d'Aoste.

Mais, de nouveau, le parti de la reine mère allait entraver

l'ardeur belliqueuse du roi et de son ministre. Marie de Médicis exigea que son fils et le cardinal revinssent à Lyon s'entendre avec elle, avant de pousser plus loin les opérations ; elle demanda que Sa Majesté se ménageât et ne passât point le mont Cenis. Par contre, Richelieu montrait la nécessité pressante de ravitailler Casal : il obtint seulement que quelques régiments franchissent les Alpes sous les ordres de Montmorency. Ces troupes forcèrent le passage de Veillane, occupèrent la place forte de ce nom ainsi que Carignan, mais ne parvinrent pas à ravitailler Casal. D'un autre côté les Allemands s'emparèrent de Mantoue dont Charles de Gonzague avait dû s'enfuir. Cette situation peu brillante pour la France, était encore aggravée par la mauvaise entente des chefs et le découragement des soldats que décimait la maladie. La lassitude de part et d'autre, la mort du duc de Savoie et les prétentions manifestées par l'empereur d'Autriche à la diète de Ratisbonne arrêtèrent les hostilités : une trêve fut signée le 2 septembre.

La diète de Ratisbonne s'était ouverte le 6 juin sur l'initiative de Ferdinand II ; il désirait, entre autres, y faire élire son fils roi des Romains. Richelieu voulut y voir régler la succession de Mantoue ; il confia le soin de cette négociation à Brulart, abbé de Léon, et au capucin Joseph du Tremblay. Le Père Joseph obtint par son habileté que Ferdinand cédât sur la question de Mantoue et promit de donner l'investiture à Charles de Gonzague. Grâce à lui aussi, les électeurs catholiques, maîtres à la diète, y maintinrent leurs droits, déboutèrent l'empereur de ses prétentions et ne lui accordèrent pas même l'élection d'un roi des Romains.

11. Cependant la campagne de 1630 avait gravement atteint la santé de Louis XIII ; il était au camp de Maurienne, en juillet, quand la maladie se déclara. Une fièvre violente avec dysenterie l'obligea bientôt à reprendre le chemin de la France. Il se rendit à Lyon où les deux reines accoururent pour lui prodiguer leurs soins. Au début du mois de septembre il sembla se remettre. A la date du 3 de ce mois le P. Suffren, écrivant de Lyon au cardinal de La Rochefoucauld, n'avait que de bonnes nouvelles à lui apprendre sur la santé de Sa Majesté. « Nous espérons bientôt vous voir à Paris, écrivait-il au grand aumônier; mais, depuis deux jours, la continuation de la guerre est plus à craindre que le traité de paix à espérer. Le Roy se porte fort

bien, et si n'estoyt la considération de la Reyne sa mère qui le retient, et la crainte de la peste, il s'en iroit dans peu de jours en Piedmont [1]. »

C'était fonder trop d'espoir sur une amélioration passagère. Vers la fin de septembre la fièvre revint plus forte et fit de rapides progrès. Le roi se trouva si mal qu'il appela son confesseur, et lui dit en présence des reines : « Quand vous verrez que je seray en danger, ne manquez pas de m'advertir de bonne heure, et ne pensez pas que cela me rende mélancolique, car je ne crains aucunement de mourir. C'est une cruauté à ceux qui attendent d'advertir de l'éternité quand on n'en peut plus; pour moy, je désire avoir six jours pour me bien préparer. — Sire, nous n'en sommes pas là, respond le Père; mais si les médecins jugeoient qu'il y eust du danger, je voudrois tesmoigner à Vostre Majesté combien je suis son très humble et très affectionné serviteur, luy faisant ce que je voudrois que l'on fist à moy-mesme ; car, Sire, il s'agit icy de l'éternité. — Il est vray, dit le Roy; c'est pourquoy, mon Père, je vous parle ainsi [2]. »

Il nous reste deux lettres du P. Suffren sur la maladie de Louis XIII à Lyon, l'une du 28 septembre et l'autre du 1ᵉʳ octobre, adressées au P. Barthélemy Jacquinot, Provincial de France. Nous ne saurions mieux faire que de leur emprunter un récit plein d'édification qui nous montrera comment, dans ces temps de foi, les Rois Très Chrétiens savaient envisager la mort. « Hier [27 septembre], sur les dix heures du matin, écrivait le Père confesseur de Sa Majesté, en suite d'une grande suffocation que le roi avoit eue sur les deux heures après minuict, qui avoit porté les médecins à la cinquiesme saignée, on remarqua deux ou trois signes de sa maladie mortelle. Et craignant qu'il ne peust porter la force du redoublement qui devoit arriver sur les dix heures au soir, on fut d'advis qu'il se confessast et prist le viatique; je commençay donc à le porter doucement à cela, sans luy dire encores le danger auquel il estoit, mais à raison du jour de sa naissance [3] luy conseillay de faire devant Dieu une reveue de vingt-neuf ans de vie que Dieu lui avoit donné: ce qu'il accepta très volontiers. Et ayant ce matin employé une demy-heure à

---

1. Lettre du P. Suffren au cardinal de La Rochefoucauld, 3 septembre 1630 (Bibl. Sainte-Geneviève, ms. 366, f. 42).
2. Le Mercure françois, t. XIV, an. 1630, p. 788.
3. Louis XIII était né le 27 septembre 1601.

cela, il fut contraint d'interrompre cette action pour prendre quelque remède.

« L'après-dînée nous continuasmes, et ayant employé quelques deux heures avec un très grand jugement, quoy qu'il eust resvé toute la nuict précédente, il me dit : Mon Père, je suis plus malade qu'on ne pense. Lors je pris occasion de luy dire le danger auquel les médecins pensoient qu'il estoit, et que l'on estimoit à propos qu'il prist le Viatique. Soudain sans s'estonner ny s'esmouvoir, il respondit : Ha! que j'en serais aise ; je le désire, et tout à cette heure si vous voulez. Je pris donc l'occasion ; et Monsieur le Cardinal de Lyon estant pour lors en la chambre du Roy, alla à Saint-Jean pour prendre et porter le sainct Sacrement, lequel entrant dedans la chambre, soudain le Roy se leva de son lit, et se préparant pour le recevoir fit tant d'actes de dévotion, disant luy-mesme tout haut le *Confiteor* avec tant de sentiment, que les Roynes qui y estoient présentes, les trois Cardinaux, Monsieur le Garde des Sceaux et la plus part de ses domestiques fondoient en larmes.

« A l'instant qu'il fut communié, se sentant tout renforcé il dit tout haut : « Qu'est cecy ? je me trouve tout changé, me voilà « bien fort soulagé du mal de teste. Oh! qu'il est utile de « recevoir ce bon Dieu. » Et puis se remettant au lit fit doucement et dévotement son action de grâces, après laquelle il voulut voir la Royne sa mère, et devant tous luy demanda pardon des peines et faxcheries qu'il luy avoit donné, l'espace de vingt-neuf ans ; que puisque le bon Dieu vouloit qu'il allast de ce monde en l'autre, il estoit tout prest à faire ce qu'il luy plairoit, et qu'il disposast de luy comme de sa propre petite créature. Tout cela sont ses propres paroles. La Royne ne luy respondit que par les larmes et sanglots : car la douleur d'un costé, et l'amour de l'autre, d'un si bon fils, luy perçoient le cœur.

« Demy-heure après, on luy bailla une médecine, laquelle sans difficulté il prit incontinent jusques à la dernière goute, contre son ordinaire. Elle luy fut grandement profitable, comme aussi luy estoit-elle beaucoup nécessaire. Monsieur le Cardinal de Lyon envoya par toutes les églises de la ville commander d'exposer le sainct Sacrement, et faire prières pour la santé du Roy. Les Roynes firent forces vœux ; le Roy en fit un, d'envoyer homme exprès à Notre-Dame de Lorette, et d'y fonder une messe à perpétuité. Il baisa dévotement quelques reliques que la Royne sa femme luy présentoit, et le cœur de M. de Genève que je luy fis baiser, et voulut qu'on le suspendist sur le chevet de son lit. Je ne puis exprimer les sentiments universels de tous ceux qui furent spectateurs ou auditeurs des dévotes et généreuses actions que le Roy fit en la journée d'hier. Un caresme entier presché dans le Louvre n'a jamais tant touché les cœurs que cette journée.

« Le Roy craignant qu'à la minuit il luy arrivast quelque resverie, me demanda l'Extrême-Onction. Mais les médecins ne voyans rien qui pressast n'en furent pas d'avis. Il me commanda de ne l'abandonner point. Ce que je fis, y estant jour et nuict presque toujours. La Royne régnante, depuis hier à huict heures du matin, n'a bougé de la chambre du Roy. La Royne mère en est sortie à une heure. Bref, chacun est si touché de cet accident, qu'aucun ne pense à se conserver pourvu qu'on conserve le Roy[1]. »

Le mieux qui s'était manifesté dans l'état du malade ne dura pas longtemps. Le roi épuisé par une dysenterie qu'aucun remède ne put arrêter, « se trouva si faible à trois heures du matin du 30, écrit encore le P. Suffren, qu'ayant esté appelé en diligence, je le trouvai quasi sans force, ne pouvant plus se lever du lict, comme il faisoit le soir d'auparavant. Tous les médecins me conseillèrent de le disposer à la mort, disant que si Dieu ne faisoit miracle il ne passeroit toute ceste journée. Me voilà bien estonné à ceste nouvelle. La Royne mère s'estoit retirée à une heure après minuict et ne l'estimoit en si grand danger; la Royne régnante ne l'avoit voulu quitter toute la nuict, et si bien que, consultant avec elle et les médecins, je me résolus de doucement disposer le Roy, à ce dernier instant, de pourvoir à son éternité. Comme donc je luy parlois, et non si clairement, il me demanda si je l'estimois en danger; je luy dis que si le flux continuoit, il y avoit grand hazard de sa vie. Sur ce, il appela les trois médecins et les conjura de luy dire la vérité de son mal et danger. M. Seguin, au nom des trois, l'advertit que leurs remèdes estoient inutiles; et s'estant retiré, le Roy m'appelle, demande luy-mesme de se confesser, et qu'il luy fust permis de prendre encore une fois le viatique devant que recevoir l'extrême-onction. Il se confessa avec un très grand jugement et sentiment, sans aucune appréhension de la mort et trouble de son cœur. M. le Cardinal de Lyon dist la messe dans sa chambre et le communia.

1. Lettre du P. Suffren au P. Jacquinot, 28 septembre 1630 (*Le Mercure français*, t. XVI, an. 1630, p. 789, 792).

« La messe achevée, le Roy, quoyque tout languissant, commanda qu'aucun ne sortist, et ayant fait ouvrir les portes afin qu'un chacun entrast, dit ces parolles : « Je suis bien marry de « n'avoir la force de pouvoir parler ; le Père Soufran vous parlera « pour moi et vous dira ce que je voudrois vous dire, me trouvant « icy au lict de la mort. Je vous demande pardon à tous de tout « ce en quoy je puis vous avoir offencé, et ne mourray pas content « si je ne sçay que vous me pardonniez ; je vous prie de dire de « ma part de mesme à tous mes subjects. » Ces parolles attendrirent si fort le cœur de tous ceux qui estoient présents, qui estoient presque cent personnes, que tous, et la Royne et messieurs les cardinaux et autres officiers de sa maison, se jettans à genoux, pleurans et sanglottans, crièrent : « C'est à nous Sire, à vous demander pardon ; pardonnez-nous, Sire. » Et cela fait, il appelle la Royne régnante, qui estoit retirée en un coing de la chambre d'où il ne pouvoit la voir, de peur de l'affliger ; et s'entrebrassant tendrement, ils se parlèrent plustost de cœur que de bouche et de larmes que de voix l'espace de quelque temps. Et après il appela M. le Cardinal de Richelieu, et successivement quelque autre particulier, disant à un chacun en ce cas ce qui luy estoit propre.

« Durant que tout cecy se passoit, M. le Cardinal de Lyon avoit fait apporter l'extrême-onction et attendoit qu'on l'advertist de la donner : on ne jugea encore estre temps, ains, par une inspiration de Dieu, les médecins se résolurent de le seigner pour la septième fois du bras droit. La seignée achevée, un abcez que les médecins n'avoient pas préveu se rompit et se vuida..., lors on commença à espérer. Sur ces entrefaites, la Royne mère, à qui on avoit porté la nouvelle du danger où le Roy se trouvoit, entra dans la chambre. Des vœux nouveaux se firent à Dieu, à l'honneur de la Vierge, de sainct Claude et autres, si bien que depuis la communion faicte, le Roy est toujours allé de mieux en mieux ; de façon que sur les dix heures du soir, les Roynes y estans, il se trouva avec autant de force qu'il se leva seul, mangeant de fort bon appétit, voulut se promener par la chambre, bref se comporta comme s'il n'avoit esté guère malade. J'y ay demeuré toute la nuict, et l'ay laissé ce matin à six heures en fort bon estat...

« Je puis assurer Vostre Révérence que je ne voudrois pas ne m'estre trouvé en la cour pour y avoir veu ces actions héroïques, car tout ce que j'escrivis samedy matin et que j'ai escrit ce jourd'huy a tellement touché le cœur de ceste cour d'une si grande opinion de la vertu du Roy, des faveurs particulières qu'il reçoit de Dieu, qu'on ne le peut imaginer... Bref, je prie Dieu, mon Révérend Père, que tout ce que Dieu a disposé arriver au Roy depuis dix jours qu'il est malade, serve à l'amendement de ceste cour, qui est maintenant pleine de bonne volonté... A Lyon, le 1er octobre 1630[1]. »

12. La cour perdit trop tôt le souvenir de ces grands exemples d'abnégation. Les intrigues ne devaient pas tarder à y revivre, et devaient amener cette fois une rupture de longue durée. A voir l'influence reconquise à Lyon par la reine mère sur le jeune roi échappé à la mort, on crut d'abord qu'elle allait reprendre toute son autorité. Mais elle fut bientôt circonvenue par les adversaires de Richelieu trop intéressés à exploiter ce revirement. Ils disaient bien haut que la campagne de 1630 avait tué le roi, que le cardinal, pour le plaisir de se rendre nécessaire, avait sacrifié la santé du souverain. Or, ces critiques répondaient aux sentiments de Marie de Médicis : elle les écouta, s'anima de plus en plus contre Richelieu et demanda sa disgrâce. Louis XIII — ce qui montre ses dispositions d'alors pour sa mère — sembla bien accueillir cette demande, mais il remit sa décision au moment de son retour à Paris.

Il y arriva au commencement de novembre et prit logement « à l'hostel des ambassadeurs extraordinaires[2] » pour être plus près de la reine mère qui habitait le Luxembourg. Il eut avec elle plusieurs entretiens. La chose déplut à Richelieu ; il craignait qu'à la longue Marie de Médicis ne l'emportât ; il surveilla de près les confidences de la mère et du fils. Un jour, il vient au Luxembourg un peu après le roi, approche des appartements de la reine, trouve moyen de se faire ouvrir une des portes, entre brusquement et dit « que se persuadant que leurs Majestés parloient de luy, il espéroit qu'elles n'auroient pas désagréable qu'il vinst pour se justifier des crimes qu'il savoit qu'on luy avoit imputés ». La reine, surprise, fut d'abord si en colère qu'elle ne put parler, puis s'étant ressaisie, elle lui reprocha sa hardiesse et ajouta « qu'il estoit vray, puisqu'il le vouloit sçavoir, qu'ils parloient de luy et qu'elle disoit au roy qu'elle

---

1. Lettre du P. Suffren au P. Jacquinot, 1er oct. 1630 (*Revue rétrospective*, t. II, p. 417 et 8).
2. *Mémoires de Fontenay-Mareuil*, édit. Michaud, t. XVII, p. 229.

ne pourroit plus assister à ses conseils ni se trouver avec luy en quelque lieu que ce fust quand il [Richelieu] y seroit, et qu'il falloit nécessairement qu'il [le roi] se défist de l'un ou de l'autre ». Le cardinal répondit qu'il était bien plus raisonnable que ce fût de lui. Le roi, gêné par la tournure que prenait l'entretien, ne se déclara point ; il ne chercha qu'à s'échapper, prétextant « qu'il se faisoit tard, et que voulant aller à Versailles il estoit temps de partir ; et, faisant la révérence, il marcha aussy viste que s'il eust eu peur qu'on eust couru après luy[1] ».

Richelieu ne put le rejoindre et se crut perdu. Le jour même, le bruit de sa disgrâce et de son exil se répandit dans la capitale, et aussitôt la foule des courtisans accourut au Luxembourg vers la mère du roi. Malheureusement pour elle, le cardinal de La Valette retint Richelieu déjà prêt à gagner son château du Havre et lui fit prendre la détermination de rejoindre le roi à Versailles. On sait les suites de ce bon conseil. Le cardinal « trouva le roi dans son lit » ; il l'entretint plus de deux heures, et par son adresse le persuada de prendre hautement sa protection « et d'ôter d'auprès de la Reine sa mère ceux qui lui donnoient des conseils contraires à ses volontés ». Dès l'heure, Louis XIII fit arrêter le garde des sceaux, Michel de Marillac, et le remplaça par le marquis de Châteauneuf. Le lendemain il retournait à Paris, le cardinal chevauchant à la portière de son carrosse. « Cette nouvelle étonna fort la reine mère et ceux de son parti ; la foule qui était au Luxembourg s'éclaircit en peu de temps » ; et ce jour resta dans l'histoire sous le nom de *Journée des dupes*[2].

---

1. *Mémoires de Fontenay-Mareuil*, l. c. — Fouqueray. *Le P. Jean Suffren à la cour de Louis XIII...* (*Revue des Questions historiques*, juillet 1900, p. 130 et suiv.)
2. *Mémoires de Montglat*, p. 21.

CHAPITRE XV

PENDANT LES ORAGES DE LA COUR

(1630-1634)

Sommaires : 1. Vains efforts pour réconcilier Marie de Médicis avec Richelieu. — 2. La conduite inconsidérée de Gaston d'Orléans rend suspecte la reine mère. — 3. Le roi se sépare d'elle. — 4. Rôle du P. Suffren auprès de Marie de Médicis à Compiègne; il est remplacé par le P. Maillan comme confesseur de Louis XIII. — 5. La reine mère s'enfuit et passe la frontière; le P. Suffren la suit dans les Pays-Bas. — 6. Bienveillance de Marie de Médicis pour les Jésuites des provinces Gallo-Belges. — 7. Mariage secret du duc d'Orléans avec Marguerite de Vaudemont. — 8. Campagne de Louis XIII en Lorraine; il protège les collèges de la Compagnie. — 9. Complot et procès du duc Henri de Montmorency. — 10. Il est assisté dans sa prison et à sa mort par le P. Arnoux. — 11. Les Jésuites et Marie-Félice des Ursins, duchesse de Montmorency. — 12. Nouvelle révolte et nouvelle soumission de Gaston d'Orléans. — 13. Isolement de la reine mère; tentatives de retour en France auxquelles prend part le P. Suffren.

Sources Manuscrites : I. Recueils de documents conservés dans la Compagnie: a) Campania, Epistolae Generalium; — b) Francia, Epistolae Generalium; — c) Franciae Epistolae; — d) Gallia, Epistolae Generalium ad externos; — e) Flandro-Belgica, Epistolae Generalium.
II. Rome, Archivio Vaticano, Nunziatura di Francia, n. 31.
III. Bruxelles, Archives du Royaume, correspondance de Philippe IV.
IV. Paris, Archives du Ministère des Aff. Etrang., France, correspond., t. 41, 46.
V. Paris, Bibl. nat., f. Dupuy, 42, 318; — cinq-cents Colbert, 20.
VI. Paris, Bibl. de l'Institut, coll. Godefroy, XV.
VII. Nevers, Archives de la Visitation, papiers de la duchesse de Montmorency.

Sources imprimées : Journal de M. le cardinal de Richelieu qu'il a fait pendant le grand orage de la cour (Archives curieuses... sér. II, t. V). Mémoires du duc de Montmorency (Archives curieuses... sér. II, t. IV). Mémoires de Richelieu, de Montglat, de Montrésor, de Bassompierre, de Gaston d'Orléans, de M⁽ᵐᵉ⁾ de Motteville. — Avenel, Lettres de Richelieu. — De la Serre,. Histoire curieuse de tout ce qui s'est passé à l'entrée de la reine mère dans les villes des Pays-Bas. — Le Mercure françois. — Griffet, Histoire du règne de Louis XIII. — Cordara, Historia Soc. Jesu, P. VI. — Gross, Histoire ecclésiastique de la cour. — Grégoire, Histoire des confesseurs des empereurs, des rois et autres princes. — Fouqueray, Le P. Jean Suffren à la cour de Marie de Médicis. — Fliche, Mémoires sur la vie de Marie-Félice des Ursins. — Renée, Madame de Montmorency. — Henrard, Marie de Médicis dans les Pays-Bas. — Topin, Louis XIII et Richelieu. — D'Harcontville, Vie de Marie de Médicis. — Histoire générale du Languedoc. — Dubédat, Histoire du Parlement de Toulouse. — D'Haussonville, Histoire de la réunion de la Lorraine à la France.

1. En gardant son ministre Louis XIII n'avait point perdu l'espoir de lui rendre un jour les bonnes grâces de sa mère :

or, toutes les tentatives allaient échouer devant une aversion que le P. Suffren lui-même ne parvenait pas à vaincre. « En sa qualité de confesseur de la reine mère, raconte Richelieu, il étoit l'organe le plus propre pour la disposer à la réconciliation, [et] fut premièrement employé à cette fin; mais la malice des esprits qui étoient près de cette princesse prirent [sic] prétexte de sa simplicité pour éluder la force de ses persuasions. » On recourut alors au cardinal de Bagni « pour voir si l'autorité de son entremise pourroit faire ce que n'avoit pu la piété du premier[1] ». Le nouveau négociateur sembla d'abord réussir et Marie de Médicis consentit à recevoir Richelieu chez elle, au Luxembourg. Le 23 décembre (1630) eut lieu une première entrevue en présence du roi, du cardinal de Bagni et du P. Suffren; mais l'accueil de la reine fut si glacial que « tous blâmèrent son procédé[2] ». Trois jours après, à l'occasion de la fête de saint Étienne, qui lui rappelait le pardon des injures, elle fit à son tour des avances à Richelieu et, par l'intermédiaire de son confesseur, témoigna le désir de lui parler. Ayant obtenu l'agrément du roi, le ministre accompagné du P. Suffren se rendit au Luxembourg, et cette fois ce fut lui qui par son attitude montra qu'au fond de l'âme il se souciait peu d'un accommodement. Il refusa d'une manière blessante le siège qu'elle lui offrait prétextant que « s'asseoir devant elle estoit une grâce très particulière qu'une personne qui estoit en sa disgrâce ne pouvoit recevoir ». Marie de Médicis, revenant sur les récents démêlés, l'assura qu'elle n'avait jamais eu l'intention de l'éloigner des affaires. — « Cependant, répliqua le cardinal, vous avez dit publiquement qu'il fallait qu'un de nous deux sortît du conseil. » — Le P. Suffren prit aussitôt la parole pour excuser la reine « et dit que c'estoit la colère qui lui avoit fait tenir ce langage ». Le cardinal protesta qu'il n'avait donné aucun sujet à une si grande colère et que c'était une chose inouïe de condamner à la légère un « homme qui pouvoit dire sans présomption avoir servy l'Estat heureusement en des occasions fort importantes ». Au reste, ajouta-t-il, « il estoit prest de se justifier de quoy que ce fust »; et il pria la reine de vouloir l'esclaircir s'il estoit coupable ou innocent envers elle ». Le P. Suffren eut beau joindre ses instances à celles

---

1. *Mémoires de Richelieu*, t. II, p. 310.
2. *Journal de M. le cardinal de Richelieu qu'il a fait pendant le grand orage de la court* (Archiv. cur. de l'Hist. de France, sér. II, t. V, p. 13).

de Richelieu, Marie de Médicis refusa de faire connaître les vrais motifs de son mécontentement, et rompit l'entretien en disant « qu'elle se comporteroit à l'avenir avec le cardinal comme il se gouverneroit en son endroit[1] ».

De Rome, le P. Vitelleschi, informé du grave différend survenu entre deux personnes auxquelles la Compagnie devait une égale reconnaissance, engageait le P. Suffren à faire tous ses efforts pour les accorder[2]. Le prudent religieux n'y épargnait aucune démarche. Au mois de février 1631 il pouvait assurer la reine, de la part de Richelieu, que celui-ci « luy offroit de faire tout ce qu'il luy plairoit pour acquérir sa bienveillance », et Marie de Médicis d'autre part voulait bien déclarer « qu'elle avoit donné son ressentiment à Dieu; elle reconnoissoit M. le cardinal si utile aux affaires de l'Estat que, s'il estoit question qu'il se retirast, elle se mettroit à genoux devant le Roy pour que cela ne fust pas[3] ». Peut-être, avec le temps, le confesseur serait-il parvenu à ramener la paix à la cour si son action n'avait été contrecarrée par des personnages intéressés à envenimer la querelle, la princesse de Conti, les maréchaux de Marillac et de Bassompierre, tous les ennemis du cardinal et les partisans de Gaston d'Orléans, frère du roi.

2. Subissant le joug de deux ambitieux, Le Coigneux et Puylaurens, le jeune prince, héritier présomptif de la couronne, ralliait sous son nom tous les mécontents. Ce fut autour de sa personne que se trama en 1626 le complot qui coûta la vie au comte de Chalais. Il est vrai, l'heureuse influence de Mlle de Montpensier, sa femme, l'arracha pour un temps à sa dissipation, mais, veuf après dix mois de mariage, il retomba sous l'empire de ses deux favoris. Ceux-ci, après l'arrestation de Marie de Gonzague qu'il voulait épouser, avaient, en 1629, provoqué sa sortie du royaume, puis négocié sa réconciliation avec Louis XIII. Gaston avait alors promis d'être désormais entièrement sous la dépendance du roi, « ajoutant qu'il aimeroit le cardinal, puisque Sa Majesté le désiroit ainsi, et comme une personne que Son Altesse reconnoissoit par effet estre très utile au service de Sa Majesté et au bien de son Estat[4] ».

1. *Journal...*, p. 14, 15.
2. Lettre du P. Vitelleschi au P. Suffren, 11 Janvier 1631 (Francia, Epist. Gen., t. V).
3. *Journal...*, p. 10.
4. *Mémoires de Gaston d'Orléans*, p. 580.

Toujours prêt aux belles promesses, quand il ne pouvait autrement se tirer d'un mauvais pas, Monsieur les oubliait au moindre caprice, à la première impulsion de ses néfastes conseillers. Un an s'était à peine écoulé que Le Coigneux et Puylaurens croyant avoir à se plaindre de Richelieu aigrirent de nouveau l'esprit du prince contre lui, et sous prétexte de défendre la cause de la reine mère, le décidèrent à s'éloigner de la cour. Gaston osa bien, en présence de dix ou quinze gentilshommes, reprocher au ministre d'avoir manqué à ses propres engagements. Il s'étonnait, ajouta-t-il, « que devant sa fortune à la Reine sa bienfaitrice, au lieu de lui en témoigner sa gratitude, il fût devenu au contraire son plus grand persécuteur, continuant par ses artifices ordinaires à la noicir dans l'esprit du roi ». Il le menaça même de sa colère avec force « gestes des mains et mouvements des yeux », en sorte que le cardinal resta sans réplique, « ne sachant si c'étoit tout de bon ou seulement pour lui faire peur ». Aussitôt après cette incartade, Monsieur montait en carrosse et partait pour Orléans. Un quart d'heure plus tard, le roi accourut « à toute bride » chez Richelieu « pour lui dire qu'il seroit son second et le protégeroit hautement contre tous sans exception, fût-ce même contre son propre frère¹ ».

On ne laissa point de rendre Marie de Médicis responsable des mauvais desseins de Gaston. Bien qu'elle protestât les avoir ignorés, le cardinal, plus défiant que jamais, résolut de renoncer envers elle au régime des concessions. Louis XIII, au contraire, caressait encore l'espoir d'un accommodement; tout décidé qu'il fût à soutenir son ministre, il ne voulait pas cependant « manquer au respect qu'il devoit avoir pour celle dont il avoit reçu la vie² ». Sans doute il lui ferait mieux entendre raison s'il pouvait la mettre à l'abri des intrigues, l'éloigner des mécontents. Il partit donc pour Compiègne, le 17 février, et engagea sa mère à l'y rejoindre. Marie de Médicis l'y suivit deux jours après. Alors il essaya par toutes les voies possibles d'adoucir son esprit, « employant pour cela et Vautier, son premier médecin, et le P. Suffren, son confesseur, qu'elle aimoit fort ». Mais, parallèlement à ces tentatives conciliantes, le cardinal s'était tracé un plan rigoureux qu'il suivit avec une constance inflexible. « Pour prévenir les brouilleries dans l'État,

1. *Mémoires de Gaston*, p. 581, 582.
2. *Mémoires de Motteville*, p. 43.

dira-t-il plus tard, et afin que la confiance fût entière, il étoit nécessaire que la Reine assurât le Roi, même par écrit, qu'elle ne vouloit jamais avoir d'autre pensée que celle du bien de son État pour lequel elle contribueroit tout ce qui dépendroit d'elle et abandonneroit toutes les personnes que le Roi jugeroit coupables tant dedans la cour que dehors[1] ». Cet engagement écrit, quoique proposé par le P. Suffren, parut à Marie de Médicis une trop dure condition et la marque d'une excessive méfiance. Elle ne voulut point s'y résoudre, ni recevoir à tel prix la soumission du cardinal[2].

Dès lors Richelieu n'hésita plus à imposer de force ce qu'il ne pouvait obtenir de bon gré. Dans le conseil réuni le 22 février, il exposa les moyens de remédier aux maux qu'entraînerait infailliblement pour la France la révolte de Monsieur soutenu par la reine mère, et il conclut par cette alternative : ou qu'on l'autorisât à quitter les affaires, ou qu'on invitât Marie de Médicis à s'éloigner de la cour. Le roi, dans l'intérêt du bien public, consentit à se séparer de sa mère pour quelque temps, « afin que ce pendant son esprit eût le loisir de se désabuser[3] ».

Le lendemain donc, de bon matin, Louis XIII quitta subitement Compiègne avec Anne d'Autriche, après avoir recommandé au P. Suffren « d'avertir la Reine mère de son départ, sitôt qu'elle seroit éveillée, et de l'assurer qu'il avoit un regret sensible de partir sans lui dire adieu ». Des instructions écrites enjoignaient au maréchal d'Estrées de rester au château avec huit compagnies de gardes royales, d'accompagner la reine dans ses promenades et de lui obéir en tout ce qu'elle commanderait; toutefois, si elle voulait aller à la cour, il devait lui faire entendre avec respect qu'il avait ordre de l'en empêcher. Marie de Médicis était en quelque sorte prisonnière; bientôt elle apprit, avec l'élévation de Richelieu à la dignité de duc et pair, la disgrâce de ses principaux serviteurs, exilés ou enfermés à la Bastille[4].

3. Malgré tout, Richelieu n'était pas très rassuré : Compiègne

1. *Mémoires de Richelieu*, t. II, p. 314.
2. Dupleix, *Histoire de Louis le Juste*, p. 409, 410.
3. *Mémoires de Richelieu*, t. III, p. 319.
4. Par ordre du cardinal, la princesse de Conti, fille ainée du duc de Guise, dut se retirer à Eu. « Elle fut tellement outrée de douleur de se voir séparée de la reine mère, qu'elle ne voulut ni ne sut pas survivre » (*Mémoires de Bassompierre*, p. 328). Son corps fut inhumé dans un petit caveau de l'église du collège des Jésuites, sous la chapelle Sainte-Catherine (Cordara, *Hist. Soc. Jesu*, P. VI, l. XVI, n. 460). — Bréard, *Hist. du collège d'Eu*, p. 87, 88).

se trouvait bien près de Paris; les partisans de la reine mère ne tenteraient-ils point de la délivrer? Dès le 24 février, M. de La Ville-aux-Clercs lui fut envoyé pour l'engager à se rendre à Moulins et lui offrir le gouvernement du Bourbonnais. A cette proposition elle se répandit en invectives contre le cardinal; s'imaginant que Moulins ne serait qu'une étape vers l'Italie, elle déclara d'abord qu'elle souffrirait plutôt tous les outrages que de s'y rendre; puis, cédant aux représentations du P. Suffren et de Cottignon, secrétaire de ses commandements, elle écrivit au roi qu'elle se résignait à lui obéir. Mais, comme la peste désolait Moulins et que le château était fort délabré, elle suppliait son fils de trouver bon qu'elle demeurât quelque temps à Nevers[1]. Elle n'avait demandé que huit ou dix jours pour préparer son départ, bientôt elle réclama de nouveaux délais qui lui furent accordés.

Durant ces pénibles négociations, quelle avait été l'attitude du P. Suffren? Le roi, en partant de Compiègne, lui avait ordonné de rester jusqu'à nouvel avis auprès de Marie de Médicis afin de l'assister de ses conseils, et nous savons par la correspondance de Louis XIII avec le maréchal d'Estrées[2] que le religieux s'acquitta de son rôle à la satisfaction de tous. On espérait si bien qu'il déterminerait la reine à se rendre au lieu de son exil, qu'on lui donna l'ordre, le 18 mars, de ne plus la quitter[3]. Mais on se trompait fort sur l'apparente docilité de la prisonnière. Sachant qu'elle ne manquait point à la cour d'amis prêts à se déclarer au moment opportun, elle avait le dessein de ne point s'éloigner de Paris; elle avait aussi l'espoir que son fils Gaston en viendrait, comme il l'avait déjà fait tant de fois, à un accommodement dont elle pourrait profiter. Quel ne fut donc pas son étonnement, quand elle apprit que Monsieur levant l'étendard de la révolte faisait appel à tous les mécontents pour hâter la chute du cardinal. A la vérité il eut peu de succès, car il n'inspirait aucune confiance; quelques rares gentilshommes se joignirent à lui; les autres communiquèrent au roi les lettres par lesquelles on réclamait leur concours. A peine Louis XIII, à la tête d'une petite armée, commença-t-il à marcher sur Orléans, que Monsieur affolé s'enfuit en Bourgogne. Poursuivi d'étape en étape, il dut passer en

---

1. Lettre de Marie de Médicis au roi, 21 février 1631 (Bibl. nat., coll. Dupuy, vol. 49, f. 213).

2. Lettres du roi à d'Estrées, 9 mars 1631 (Ibidem, f. 53); 14 mars (Ibidem, f. 78).

3. Réponse du P. Suffren au roi, 25 mars 1631 (Ibidem, f. 117).

Franche-Comté d'où il négocia avec le duc Charles IV sa retraite en Lorraine[1].

4. Cependant la sortie de Monsieur du royaume avait confirmé Marie de Médicis dans son idée de ne pas quitter Compiègne. En vain le roi lui envoya le marquis de Saint-Chamond pour lui ordonner de se rendre à Moulins : elle refusa de partir, prétendant qu'on lui tendait un piège et que des galères l'attendaient à Marseille pour la conduire en Italie[2]. Les instances du maréchal d'Estrées et du P. Suffren ne firent qu'augmenter ses soupçons. Elle n'accueillit pas mieux l'offre d'échanger Moulins pour Angers ; à tous les raisonnements elle répondit « qu'il en arriverait ce qu'il plairait à Dieu[3] ».

Cet entêtement, cette résistance fut bientôt un scandale à la cour et dans tout le royaume. Les ennemis de la Compagnie en profitèrent pour rejeter la faute sur le confesseur de la reine mère et du roi. On allait chuchotant que Louis XIII, peu satisfait du P. Suffren, songeait à se séparer de lui et à renoncer à tout Jésuite pour la direction de sa conscience. Ce prétendu projet fut aussitôt démenti par Richelieu. « Mon Père, écrivait-il au principal intéressé, on n'a point pensé à faire changement en ce qui touche votre personne. Je ne trouve point estrange que le bruit, qui dit tant de faussetés, l'ayt publié. Il avoit bien esté jusque-là qu'on disoit qu'on changeroit vostre Ordre, et toutesfois vous sçavez bien que le Roy l'aime de telle sorte... que, quand même Dieu vous auroit appelé, jamais ce changement n'arriveroit. Je m'estonne un peu que vous ayez eu cette créance ; mais nous en parlerons plus amplement vous et moy[4]. »

En l'absence du P. Suffren, Louis XIII s'était adressé pour la confession au P. Alexandre Jarri, jésuite, natif de Poitiers[5]. Ce ne fut pas lui cependant qu'on choisit comme confesseur ordinaire de Sa Majesté, quand on décida que le P. Suffren resterait avec Marie de Médicis. Un sermon que ce dernier prêcha dans une église de Compiègne aurait été, au dire du P. Griffet, l'occa-

---

1. *Mémoires de Gaston*, p. 586, 587. Cf. D'Haussonville, *Histoire de la réunion de la Lorraine à la France*, t. I, p. 267.
2. Lettre du roi à la reine mère, 1ᵉʳ avril 1631 ; — réponse de la reine, 11 avril (Bibl. nat., Cinq-cents Colbert, t. XX, f. 49, 50).
3. Lettre du roi à sa mère, 28 mai ; — réponse de la reine, 31 mai (*Ibidem*, f. 51, 52).
4. Lettre inédite de Richelieu au P. Suffren, 10 mars 1631 (Bibl. de l'Institut, coll. Godefroy, t. XV, fol. 429).
5. Orous, *Histoire ecclésiastique de la cour*, t. II, p. 392. — Grégoire, *Histoire des confesseurs des rois*, p. 337.

sion ou le prétexte de son changement. « On prétendit qu'il y avoit clairement désigné la reine mère et le cardinal de Richelieu, l'une comme personne injustement maltraitée, et l'autre comme un persécuteur. Le roi, qui en fut bientôt informé, lui en sut très mauvais gré, et, quoique [le Père] se défendît d'avoir eu l'intention qu'on lui attribuoit et qu'il rejettât sur la malignité de quelques-uns de ses auditeurs l'application que l'on avoit faite de ses paroles, le cardinal engagea le roi à choisir un autre confesseur, qui fut le P. Maillan, jésuite, et il chargea le marquis de Saint-Chamond, par une instruction datée de Dijon le 2 avril 1631, de faire entendre au P. Suffren que Sa Majesté, le jugeant très nécessaire auprès de la reine sa mère, s'étoit résolue de s'en priver pour le lui laisser entièrement, ayant fait choix d'un de leurs Pères pour être son confesseur. » On ajoutait dans la même instruction « qu'il n'y auroit pas grand mal de lui faire connaître que Sa Majesté n'étoit pas trop satisfaite de sa dernière prédication [1]. »

Pour un religieux aussi détaché du monde que le P. Suffren, l'abandon d'une cour orageuse n'était pas un sacrifice mais une heureuse délivrance. Son successeur, le P. Charles Maillan, était provincial de Lyon lorsque les deux cardinaux de Richelieu [2] le proposèrent à Louis XIII ; l'un et l'autre avaient eu l'occasion d'admirer ses qualités et sa vertu à toute épreuve. Le roi, dès qu'il l'eut vu, l'accueillit avec joie et ne voulut plus s'en séparer. Toutefois ce vrai jésuite, peu touché de l'honneur d'un poste si éclatant, n'avait point caché sa répugnance à l'accepter. « Celui qui aime sincèrement la vie religieuse, disait-il, ne peut aimer la vie des cours. » Il se résigna par obéissance et dans l'espoir de servir la cause de Dieu [3].

Le P. Général se montra très heureux de ce nouveau choix, et, en félicitant le Père d'avoir été jugé capable d'un si lourd fardeau, il lui disait les moyens de le porter d'une façon utile et honorable. Il écrivit aussi à Richelieu et au roi pour les remercier de l'affection qu'ils avaient témoignée à la Compagnie en cette circonstance [4].

---

1. Griffet, *Histoire du règne de Louis XIII*, t. II, p. 161. — Instruction du Sieur marquis de Saint-Chaumont (Avenel, *Lettres de Richelieu*, t. IV, p. 121).
2. Sur Alphonse de Richelieu archevêque de Lyon, voir : G. de Mun, *Un frère de Richelieu. Le cardinal de Lyon*, dans la *Revue d'Histoire diplomatique*, année 1904, p. 161-199.
3. *Ménologe de l'Assistance de France*, t. II, p. 361.
4. Lettres du P. Général au P. Louis de La Salle, 31 mai 1631, au P. Maillan,

Désormais le P. Suffren s'attachera tout entier avec une parfaite abnégation à la triste fortune de Marie de Médicis. « Depuis le départ du roi, écrit un témoin, il est tous les jours un couple d'heures avec la reine mère, procurant l'attacher solidement à Dieu, et, par les principes de l'Évangile qui sont la seule consolation d'une âme affligée, adoucir les amertumes de son cœur[1]. » Mais son zèle restait impuissant, quand il s'agissait d'obtenir la soumission de la reine aux volontés du roi. Craignant toujours d'être enlevée et transportée en Italie, elle se privait de toute promenade et trouvait un certain plaisir à s'entendre appeler prisonnière. Dans de telles conjonctures, grande était la perplexité du confesseur. Par un sentiment de réserve il ne s'en ouvrait qu'au P. Général, et encore bien rarement. Le 24 juin (1631) il se décidait à lui exprimer à demi-mot son embarras et son affliction.

« Depuis le mois de février, disait-il, où il plut au roi très chrétien de se séparer de la Sérénissime reine mère, je n'ai rien écrit à Votre Paternité. Cet événement imprévu et douloureux m'a ému de telle sorte que je ne crois pas avoir éprouvé de ma vie quelque chose de semblable. Ce qui s'est passé à Blois, il y a une quinzaine d'années, n'est rien en comparaison de ce qui arrive aujourd'hui. Je m'applique avec soin à recueillir les divers traits de la sainte Écriture et des saints Pères qui peuvent fortifier le cœur dans la souffrance; afin que, tout en soutenant l'âme de la Sérénissime reine mère contre l'adversité, j'affermisse aussi la mienne. Quant à la cause de cette séparation et aux circonstances qui l'ont accompagnée, je n'en dis rien, car je ne veux blesser personne. Depuis ce temps, je suis resté à la cour de la Sérénissime reine mère, très occupé par les confessions et les prédications. Ce n'est point une petite affaire de vivre ici à la

---

31 mai et 9 octobre 1631 (Francia, Epist. Gen., t. V). — A peine installé, le P. Mallian eut à traiter une affaire très délicate. Un jésuite espagnol, Pierre Hurtado de Mendoza, venait de publier un ouvrage théologique contenant plusieurs propositions qui pouvaient être prises dans un sens injurieux au roi de France. Richelieu, dont l'auteur blâmait l'alliance avec les protestants, menaça de faire condamner et brûler le livre. Pour calmer sa colère le P. Mallian proposa au P. Théophile Raynaud de réfuter l'ouvrage espagnol; mais celui-ci refusa de prêter sa plume à pareil travail. Grâce à l'intervention du P. Général tout finit par s'arranger, Richelieu ayant compris qu'il ne devait pas rendre les Jésuites de France responsables de l'imprudence d'un étranger (Lettre du nonce à Barberini, 27 juin 1631. Archiv. Vat., Nunz. di Francia, n. 74, f. 175). — Lettre du P. Général à Richelieu, 19 juillet 1631 (Gall. Epist. Gen. ad externos). — Cf. Archiv. du min. des aff. Étrang., Rome, corresp., t. XLIV, 1631, f. 108.

1. Relation envoyée au roi (Min. des Aff. étrangères, France, t. LVI, f. 93). Cf. Avenel, *Lettres de Richelieu*, t. IV, p. 121, notes.

cour de la reine, de façon à contenter la cour du roi, car leurs vœux et leurs désirs sont souvent contraires, et je n'ai point à juger de quel côté se trouve l'équité. Néanmoins jusqu'à présent, grâce à Dieu, il n'est rien survenu qui indisposât contre moi le roi ou la reine, bien que sur un terrain si glissant il soit si facile de tomber.

« Que ne m'est-il donné d'ouvrir mon cœur aux pieds de Votre Paternité, et de verser avec confiance dans le sein du plus aimant des Pères tout ce qui cause mon angoisse dans une affaire d'une si haute importance. Privé de cet espoir, je suis forcé de confier à Dieu seul les sentiments de mon cœur, et c'est de lui, qui tient mon sort entre ses mains, que j'attends tout secours et tout conseil. Votre Paternité comprend, à mon silence, combien la Sérénissime reine mère a besoin des sacrifices et des prières de la Compagnie; je vous demande avec instance, en son nom, de puiser pour elle dans le trésor commun de nos suffrages. Quant à moi, qui, depuis dix-sept ans bientôt, vis éloigné de nos maisons et collèges, me voici depuis quatre mois à Compiègne, où ne se trouve aucun des nôtres, mon compagnon excepté, et où je resterai une ou plusieurs années, selon qu'il plaira à Dieu. Votre Paternité n'ignore pas, je pense, combien me doit être pénible une telle position; toutefois, si c'est pour la gloire de Dieu et la consolation de la reine mère, je ne refuse pas la souffrance : que la divine volonté s'accomplisse ici-bas comme au ciel [1]. »

5. Marie de Médicis était toujours résolue de ne pas quitter Compiègne, quand elle reçut de son fils Gaston, retiré en Lorraine, un message inattendu. On l'invitait à se réfugier dans une place forte du royaume, seul moyen, lui disait-on, de se soustraire aux embûches de Richelieu. La ville désignée était La Capelle, dont le vieux marquis de Vardes, fidèle au roi, avait cédé le gouvernement à son fils, partisan de Monsieur ; en cas d'échec, il serait facile de franchir la frontière et de trouver asile dans les Pays-Bas. Ce plan fut adopté, et le cardinal, averti des négociations par son admirable police, se garda bien d'empêcher une entreprise qui allait justifier ses rigueurs : il se contenta de donner des ordres au marquis de Vardes. Ce dernier accourut en hâte à La Capelle ; reconnu des soldats, il en fut plus respecté

---

[1]. Lettre du P. Suffren au P. Général, 21 juin 1631 (Francia, Epist. ad Gen., t. I, n. 85).

que son fils, le chassa de la ville avec toutes les personnes suspectes, ferma les portes et se tint prêt à tout événement[1]. C'était le 17 juillet.

Le lendemain à 10 heures du soir, ignorant tout, la reine mère sortait de Compiègne en cachette, montait dans un carrosse avec deux femmes de chambre et son médecin, et accompagnée de deux hommes à cheval elle marchait directement sur La Capelle où elle se croyait attendue par le jeune de Vardes. Elle n'en était plus qu'à une demi-lieue quand il vint à sa rencontre et lui apprit qu'elle n'avait plus aucune espérance d'y entrer. Surprise et fâchée de ce contre-temps, elle hésita d'abord sur le parti à prendre, mais « la crainte de tomber dans les mains du cardinal la fit résoudre de passer outre ». Le 19 juillet elle alla coucher à Estrœungt dans les Pays-Bas; le 20 elle se rendit à Avesnes « d'où elle fit savoir à l'infante son arrivée ». Isabelle envoya des carrosses au-devant de la fugitive et vint elle-même jusqu'à Mons la recevoir et adoucir son chagrin[2].

Marie de Médicis avait pris la fuite à l'insu du P. Suffren. Dès que, à peine en route, elle eut fait appel à son dévouement, il se hâta de la rejoindre, supposant avec raison que ni le roi ni le P. Général n'y trouveraient à redire[3]. Ce fut seulement à Mons qu'il put écrire au P. Vitelleschi et lui rendre compte des événements.

« La Sérénissime reine mère craignant de voir augmenter en France les mauvais traitements, perdant patience au milieu des contrariétés et des intrigues, est sortie du royaume et s'est réfugiée en Belgique où elle a choisi un domicile plus sûr et plus agréable, en attendant qu'il plaise au roi très chrétien de s'adoucir à son égard. Il n'a jamais été dans son idée d'employer les moyens violents ni d'en venir aux armes pour recouvrer le haut rang que Dieu et la nature lui ont donné; elle veut seulement, dans une silencieuse espérance, attendre le secours du ciel. On dit que le roi a très mal pris ce départ; beaucoup essaient de lui persuader qu'il cache quelque mauvaise intention. Mais les actes et le genre de vie de la reine, qui ne respirent que la paix, confondront l'impudente ignorance de ses détracteurs.

---

1. « Affaire de la reine mère du 23 février 1631 au 18 juillet, jour de l'évasion de Compiègne » (Bibl. nat. mss. de Brienne, t. 176).
2. *Mémoires de Montglat*, p. 22. Cf. Fouqueray, *Le P. Jean Suffren à la cour de Marie de Médicis et de Louis XIII* (*Revue des questions historiques*, octobre 1900, p. 410 et suiv.).
3. Lettres du P. Général au P. Suffren, 13 septembre, 27 novembre 1631 (Francia, Epist. Gen., t. V).

« C'est à mon insu et sans me consulter qu'elle a quitté Compiègne où elle était depuis six mois. Lorsqu'après son départ elle m'écrivit de la suivre, elle comptait se retirer non en Belgique mais dans une ville française et voisine, du nom de La Capelle. Ce projet n'ayant point réussi selon son désir, elle a été forcée de gagner la Belgique, et sur son ordre je l'y ai suivie avec tous les gens de sa maison. J'ai tout lieu de croire que le roi n'en a pas été froissé, car lui-même m'écrivit, il y a quatre mois, qu'il jugeait opportune ma présence auprès de sa mère, comme confesseur ordinaire et prédicateur, et, il y a douze ans, quand elle s'enfuit de Blois, il m'approuva de ne l'avoir point abandonnée.

« Je l'avouerai franchement à Votre Paternité, si j'avais pu prévoir ou soupçonner cette nouvelle fuite, j'aurais écrit à mes supérieurs afin de connaître par leur entremise la volonté de Dieu sur moi ; mais comme les gens de la reine n'ont eu qu'une heure pour leurs préparatifs de départ, il ne m'a pas été loisible d'écrire et d'attendre une réponse. Par ailleurs, si je n'avais pas obéi à l'ordre qu'elle me donnait de l'accompagner j'aurais paru condamner sa conduite, ce que je ne voulais pas et ne me croyais pas permis, car, aux yeux de juges équitables son départ n'est entaché d'aucune faute.

« Votre Paternité devinera en quelle peine et amertume je me trouve, et combien de pensées différentes agitent mon esprit, quand je me demande si je dois rester à la cour de la reine mère ou la quitter. Je vois des courtisans qui abandonnent les palais des rois pour aller servir Dieu dans les monastères, et moi, il y a de si longues années que je suis, à la cour, exilé des maisons religieuses. Il me paraît difficile, impossible même de contenter le roi et sa mère, tant leurs désirs sont opposés. Je crains que l'un ou l'autre, ou tous les deux, ne perdent de leur affection envers notre Compagnie si je commets la moindre imprudence, même involontaire, et cela est si facile ! Je n'ai personne à qui manifester ma façon de voir, à qui faire valoir les motifs qui militent en faveur de Marie de Médicis. Tous ceux à qui je m'ouvre ont trop de préjugés pour me comprendre. Ils prétendent, pour la plupart, que j'offenserai l'Éminentissime cardinal de Richelieu si je n'approuve pas les ennuis qu'à son instigation le roi occasionne à sa mère ; mais, si je les approuve, n'offenserai-je pas la reine ? Je suis donc pris de tous les côtés [1]. »

1. Lettre du P. Suffren au P. Général, de Mons, 1er août 1631 (Francia, Epist. ad Gen., t. I, n. 80).

Dans la cruelle alternative où il était placé, le P. Suffren sut garder la mesure parfaite, sans blesser ni le roi, ni Marie de Médicis, ni le cardinal de Richelieu; il ne fut jamais compris dans les déclarations publiées contre ceux qui sortirent du royaume pour s'attacher à la reine mère. Mais que penser du jugement si favorable à sa pénitente, exprimé dans la lettre que nous venons de citer? Faut-il dire de lui, avec plusieurs historiens qui ont copié Fontenay-Mareuil, qu'il était « trop simple et facile à abuser[1] »? L'ensemble de sa correspondance ne nous permet pas de souscrire à cette appréciation. Admettons même, ce qui n'est point du tout prouvé, que Marie de Médicis au moment de sa fuite, ait eu quelques-unes des mauvaises intentions que Richelieu et ses partisans lui ont prêtées. Si le P. Suffren ne les a pas devinées, est-ce de sa part excès de simplicité? Nullement. Homme de Dieu avant tout, occupé au bien et au progrès surnaturel des âmes, ne prenant à la cour de la reine Marie d'autre autorité que celle que lui conférait son titre de confesseur, il avait le droit de ne pas chercher à connaître les dessous peu édifiants de la politique et de l'intrigue ; il ne devait pas être un coureur de salons factieux; sa vocation de prêtre et de jésuite le tenait dans une sphère plus haute et moins agitée, bien au-dessus des menées secrètes et des complots. Il avait encore une autre bonne raison pour ignorer les machinations des partis : la reine qui l'aimait et l'estimait beaucoup comme confesseur, le consultait fort peu sur sa conduite politique ; elle prit à Blois et à Compiègne les déterminations les plus graves sans lui en dire un mot. Par contre, ceux qui voulurent se servir de l'intermédiaire du P. Suffren pour travailler à la réconciliation de la mère et du fils, soit en 1619 soit en 1631, n'eurent qu'à se louer de sa prudence et de sa fermeté. N'est-ce pas lui qui au début du séjour à Compiègne, pressa Marie de Médicis de donner par écrit à Louis XIII les assurances qu'il lui demandait? Mais à côté des honnêtes gens qui voulaient user de son influence pour accorder les partis, il y avait les gens intéressés à la continuation d'une rupture. Ceux-ci se gardaient sans aucun doute de dévoiler leurs plans funestes au P. Suffren, et comme il l'écrit au P. Général, quand il s'ouvrait lui-même à eux, il n'était pas compris, il n'était pas écouté. Non, le religieux qui a été vingt-six ans confesseur de Marie de Médicis, et près de cinq ans confes-

---

1. *Mémoires de Fontenay-Mareuil*, p. 232.

seur tout ensemble du roi et de sa mère, au moment des relations les plus tendues entre les deux cours, sans faire aucune démarche qui lui enlevât l'estime de l'une ou de l'autre, sans commettre une seule imprudence capable d'indisposer l'une ou l'autre contre la Compagnie de Jésus, ce religieux-là ne peut avoir été un homme « trop simple et facile à abuser » : il fut un homme qui se renfermait saintement dans son rôle : voilà tout [1].

Rien n'explique mieux comment il put se méprendre sur les intentions de Marie de Médicis que le ton de la correspondance entre celle-ci et le roi dans les premiers temps du séjour en Belgique. Elle y parle le langage de l'innocence méconnue et persécutée ; elle accuse, non son fils, mais le cardinal de vouloir sa perte. Louis XIII, devant ces protestations se montre plutôt sévère. Dans une lettre inspirée par Richelieu, il traite d'imaginaires les rigueurs dont elle se plaint. « Je suis d'autant plus fâché, lui dit-il, de la résolution que vous avez prise de vous retirer de mes États, que vous n'en aviez point de véritable sujet. » Assurément l'orgueil et la rancune inclinaient la reine à l'exagération : elle oubliait son propre tort, celui de n'avoir point suivi à Compiègne les conseils du P. Suffren et de ceux qui voulaient lui persuader la soumission. Mais, en admettant cette faute, il est bien permis de reprocher à Richelieu sa conduite rusée et son ambition implacable. « La dureté, dit Mme de Motteville, avec laquelle il traita la reine mère, sa maîtresse et sa bienfaitrice, pendant son exil, diminue de beaucoup les louanges qu'on doit à sa mémoire. Nos gens de ce temps m'ont assuré que (le roi) n'eut point dessein de ce qui arriva... à Compiègne ; mais, peu après, le cardinal lui fit comprendre qu'il falloit détruire toute cette cabale qui portoit la reine mère à brouiller l'État, et que pour ce fait il falloit l'arrêter quelque temps, après lequel, tous ceux de son parti étant morts ou prisonniers, on la feroit revenir ; mais cette princesse ayant passé en Flandre (ce qui fut, à ce qu'on dit, pratiqué par lui-même), il lui fut aisé de déguiser la vérité au Roi son fils et lui persuader que l'absence de la reine sa mère était nécessaire au repos de son royaume [2]. »

6. Marie de Médicis, durant son séjour dans les Pays-Bas, eut maintes occasions de montrer les sentiments qui l'animaient à

---

1. Fouqueray, *Le Père Jean Suffren à la cour de Marie de Médicis et de Louis XIII*, p. 451 et suiv.
2. *Mémoires de Madame de Motteville* (édit. Michaud, p. 43).

l'égard des Jésuites. « A Mons, écrit le P. Suffren, la reine mère a déjà donné de grandes marques de bienveillance envers notre Compagnie et a reçu avec beaucoup d'affection ceux des nôtres qui l'ont saluée. Le jour de la Saint-Ignace elle est venue dans notre église, et durant une demi-heure elle a prié avec ferveur notre Bienheureux Père... On parle de partir bientôt pour Bruxelles et de visiter les pieux sanctuaires de Notre-Dame de Hales, de Notre-Dame d'Aspremont, de Notre-Dame de Foix, et les villes les plus célèbres de ce pays, comme Anvers et Lille [1]. »

Marie de Médicis était depuis quinze jours à Mons, lorsque l'infante Isabelle vint de Bruxelles pour l'inviter à se rendre dans cette ville et l'y accompagner. Elle fut accueillie par les habitants de la capitale avec tous les honneurs dus à la mère de plusieurs souverains [2]. Comme on lui présentait les autorités du pays et les supérieurs des ordres religieux, on la vit s'entretenir familièrement avec le P. Recteur du collège [3]. Quelques jours plus tard, désirant visiter les églises, « elle commença par celle des Jésuites, [et] après y avoir fait ses prières, elle fut voir toute la maison, en laquelle elle reçut [des Pères] toutes sortes de satisfactions [4] ». Elle goûta surtout le compliment en vers que dans chaque division lui adressa l'un des élèves [5].

Au commencement de septembre, toujours accompagnée de son confesseur et de l'Infante, elle fit une excursion à Anvers [6]. La grande cité, qui portait noblement le nom de métropole des arts, lui fit une réception digne de son rang. Elle visita les églises, orgueil de la ville; elle se rendit à l'imprimerie plantinienne où Balthasar Moretus composa son éloge en vers latins; elle fut chez Van Dyck qui peignit son portrait; puis elle n'oublia point les Jésuites, ni leur maison professe, ni leur collège. Les élèves lui offrirent la représentation d'une tragédie: elle s'y trouva environnée de toute sa cour, et le *Mercure françois* n'a pas manqué de narrer avec complaisance cet événement. « On lui avoit préparé un théâtre couvert et richement paré, afin qu'elle fust lors de

---

1. Lettre du P. Suffren au P. Général, 1ᵉʳ août 1631 (Francia, Epist. ad Gen., t. I).
2. De La Serre, *Hist. curieuse de tout ce qui s'est passé à l'entrée de la reine mère... dans les villes des Pays-Bas*, p. 17. Cf. Devillers, *Séjour de Marie de Médicis à Mons*, dans *Annales de l'Académie d'Archéologie de Belgique*, 1ʳᵉ série, t. XIV, p. 497.
3. Lettre du P. Général au P. Malcot, 18 oct. 1631 (Flandr. Belg., Epist. Gen., t. I, 1630-1648).
4. *Le Mercure françois*, t. XVII, an. 1631, p. 792.
5. Cordara, *Histor. Soc. Jesu*, P. VI, l. XVI, n. 240. — De La Serre, op. cit., p. 27.
6. *Le Mercure françois*, p. 793-803.

la foule du peuple, et les dames de sa suite. Elle demeura fort satisfaite et loua ce qu'elle avoit vu de l'action, laquelle ne peut estre achevée le jour même, qui estoit le neuvième de septembre, pour n'avoir esté commencée que sur les quatre heures après midi. » Auparavant la reine était allée à la chapelle des élèves pour prier « et entendre le sermon qu'y fit le P. Souffran[1] ».

Ce dernier, dans une lettre du 25 septembre, ajoute quelques détails précieux à recueillir. « Votre Paternité a sans doute appris les belles réceptions faites à la reine mère par nos Pères de Mons, de Bruxelles et d'Anvers, combien elle-même nous estime, avec quelle amabilité elle a visité nos églises, nos collèges, même les chambres et les bibliothèques. Tout dernièrement elle est restée presque seule, les portes fermées, à considérer dans le plus petit détail la magnifique ornementation de l'église de notre maison professe. »

Dans la même lettre le P. Suffren annonçait au P. Général que Marie de Médicis avait décidé de retourner bientôt à Bruxelles, et de s'y fixer jusqu'à ce que Dieu eût changé le cœur de son fils. « Les affaires, ajoutait-il, sont toujours dans le même état. La reine est bien résolue de ne rien entreprendre de contraire aux intérêts du roi ou du royaume. Toute pensée de guerre ou de recours aux armes est loin de son esprit. Ceux qui sont venus lui faire de semblables propositions ont été éconduits, et personne n'ose plus lui tenir pareil langage. En France, elle pouvait à peine respirer, craignant continuellement ou une captivité plus dure, ou quelque péril pour ses jours. Ici, elle vit plus tranquille et plus à l'aise, ne s'occupant que de parcourir les villes les plus importantes de la Belgique ou les principaux sanctuaires consacrés à la Bienheureuse Vierge.

« La semaine dernière, la Sérénissime Infante a envoyé au roi très chrétien le doyen de Cambrai, afin de trouver quelque voie à un accommodement, et Son Altesse elle-même s'offre tout entière pour y contribuer; mais je crains bien que toutes ces tentatives ne soient inutiles. La reine mère, me semble-t-il, ne peut se promettre aucune sécurité en France, tant que l'Éminentissime cardinal de Richelieu conservera auprès du roi l'autorité et l'influence dont il jouit en ce moment. S'il a été assez puissant, comme la reine me l'a souvent répété, pour la séparer du roi alors que, quinze jours auparavant, celui-ci l'avait assurée, les

---

[1]. *Ibidem*, p. 803. Cf. De Le Serre, *op. cit.*, p. 67-69.

larmes aux yeux, qu'il n'avait jamais pensé à pareille chose et qu'il aimerait mieux mourir que concevoir un tel dessein, ne pourra-t-il pas recommencer, quand il le voudra, en disant au roi qu'ainsi l'exigent l'intérêt de l'État et le bien du r me? Et alors la nouvelle situation sera pire, et la seconde   uvité plus sévère que la première. Votre Paternité devine combien il m'est difficile de tout concilier, et même de donner tel conseil plutôt qu'un autre. D'un côté, si la reine retourne en France, n'est-il pas à craindre que malgré toutes les promesses qu'on lui fera, — on lui en avait bien fait en ma présence, quinze jours avant sa détention à Compiègne — elle n'ait à supporter les mêmes affronts que par le passé et peut-être de plus graves? car il est probable qu'on la surveillerait de plus près, pour l'empêcher de sortir une seconde fois du royaume. Mais alors que dirions-nous, moi et tous ceux qui auraient conseillé ce retour? D'un autre côté, si elle ne rentre pas, cet exil perpétuel, outre qu'il ne lui sourit guère, servira de continuel prétexte à des troubles ou révoltes en France.

« Quant à moi, j'essaie de toutes mes forces de ramener la paix et la sécurité, mais tous mes efforts sont inutiles. Le souvenir d'un passé que je n'aurais jamais pu prévoir, autorise de tristes prévisions pour l'avenir. J'écris tout ceci avec simplicité à Votre Paternité, afin qu'elle sache qu'il ne dépend pas de moi de procurer la paix au royaume de France, et que, dans sa paternelle charité, elle veuille bien me suggérer quelque bon conseil dans une affaire si délicate et si difficile... Je fais, comme je le dois, si grand cas de sa direction qu'il me sera aisé de m'y conformer[1]. »

Il n'était pas facile au P. Vitelleschi, de donner au confesseur de la reine mère une direction précise dans une affaire très complexe dont il ignorait les dessous et les circonstances particulières. « Ce que je puis dire en général, répondit-il, c'est que vous ferez une œuvre très agréable à Dieu et digne de votre piété en travaillant à la pacification des esprits et à l'affermissement de la paix que le Fils de Dieu nous a tant recommandée et qui, nous le savons par expérience, produit de si bons fruits. Je suis persuadé que Votre Révérence, avec sa prudence et son zèle habituels, n'omettra rien pour procurer une enviable concorde, si désirée de tous[2]. »

7. Après six semaines environ de séjour à Anvers, le P. Suffren

---

1. Lettre du P. Suffren au P. Général, 23 sept. 1631 (Franciae Epist., t. I, n. 89).
2. Lettre du P. Général au P. Suffren, 28 oct. 1631 (Francis. Epist. Gen., t. V).

suivit Marie de Médicis à Bruxelles. Sauf les préoccupations politiques, il se trouvait, disait-il, aussi heureux qu'en France, grâce à la charité de ses « bien aimés Pères et Frères¹ » des deux florissantes provinces de Belgique. A son grand regret toutefois, l'ignorance de la langue flamande lui interdisait presque tout ministère en dehors de la cour. Il consacra ses loisirs à recueillir les matériaux de son beau livre, *L'Année chrétienne*, qui ne devait être publié qu'après sa mort. Il n'entrevoyait aucun espoir de rentrer en France. La reine mère restait convaincue qu'elle n'y vivrait point tranquille tant que le cardinal de Richelieu détiendrait le pouvoir, et l'on savait que le roi ne sacrifierait point un ministre qu'il regardait comme nécessaire².

Aussi bien, ni Louis XIII ni Richelieu ne semblaient désirer le retour de Marie de Médicis; celui de Gaston d'Orléans leur importait davantage. « On travaille en ce moment, écrivait le P. Suffren le 8 octobre 1631, à réconcilier Monsieur, frère du roi, avec le cardinal, et à le détourner ainsi de la pieuse et tendre affection qu'il avait montrée jusqu'ici pour sa mère. La reine ne l'ignore pas et craint la réussite de ce projet; car, délaissée de ses deux fils elle entrevoit toute une suite de nouveaux malheurs. Je laisse à penser à Votre Paternité quelles sont les angoisses de mon âme au milieu de tout ce que j'entends et je vois. Depuis dix-sept ans que je suis à la cour, je sais par expérience la tendresse que la reine a toujours eue pour le roi et son royaume, tout ce qu'elle a fait et souffert pour l'un et l'autre, toutes les calomnies répandues contre elle en France et à l'étranger. Une seule chose nous console, c'est que la vérité sera connue un jour et nous délivrera³. »

Tels étaient, on peut le croire, les vrais sentiments de la reine mère au moment où le P. Suffren écrivait, mais les choses ne tarderont pas à changer de face. La tentative d'un accord entre Gaston d'Orléans et Richelieu ayant échoué, le prince n'hésitera pas à demander aux Espagnols des secours d'argent, même à lever des troupes, et Marie de Médicis, entourée d'intrigants, unira sa cause à celle de Monsieur soutenu par le duc de Lorraine.

Au premier abord, Charles IV n'avait pas vu sans dépit le frère de Louis XIII se réfugier dans ses États. La seule présence du prince n'allait-elle pas attirer les représailles du gouverne-

---

1. Lettre du P. Suffren, 25 septembre, déjà citée.
2. Lettre du P. Suffren au P. Général, 8 oct. 1631 (Franciae Epistolae, t. I, n. 89).
3. Lettre du 8 oct. 1631 déjà citée.

ment français? Peu à peu ses appréhensions se dissipèrent, à l'idée des avantages qui résulteraient d'une alliance avec l'héritier présomptif de la couronne. Or, deux ans plus tôt, durant un séjour à la cour du duc Charles, Gaston avait paru distinguer sa sœur cadette, Marguerite de Vaudemont, alors âgée de 15 ans. On lui fit entendre qu'il ne devait pas songer à trouver asile en Lorraine, s'il ne s'engageait irrévocablement avec la jeune princesse. Monsieur promit de l'épouser, et aussitôt il fut reçu à Épinal où s'était retirée la petite cour, chassée de Nancy par une maladie contagieuse. Marie de Médicis de son côté approuvait le projet de mariage; elle en pressait même la célébration. Mais la cérémonie dut être différée à cause des formalités à remplir vis-à-vis du roi et de la cour de Rome.

Entre temps, Gaston pratiquait des intelligences avec les Espagnols et les gouverneurs de quelques provinces françaises; le duc de Lorraine, sous prétexte de renforcer les armées impériales contre Gustave-Adolphe, se mettait à lever des troupes : elles étaient en réalité destinées à servir sous le duc d'Orléans, lequel devait entrer en France avec une puissante armée pour obtenir du roi *manu militari* le consentement à son mariage. Il devait bien prévoir, en effet, la puissante opposition de Louis XIII et de son ministre. L'un et l'autre, aux nouvelles reçues de Lorraine, furent vivement blessés : le roi ne pouvait agréer l'alliance matrimoniale de son frère avec une famille jadis rivale de celle des Bourbons, et Richelieu supportait mal les entraves apportées à ses grands desseins contre la maison d'Autriche [1]. L'abbé du Dorat fut donc envoyé à Charles IV, avec ordre d'exiger des explications sur les levées de troupes et « de demander ce qu'il en était du bruit d'un mariage de Monsieur avec la princesse Marguerite ». Puis, comme déjà l'on savait à quoi s'en tenir, Louis XIII à la tête de son armée traversa la Champagne, et menaçant les frontières de la Lorraine il s'arrêta dans Metz avec Richelieu; pendant ce temps-là le maréchal de La Force s'emparait de Vic et de Moyenvic, places fortes occupées par des détachements impériaux. Le duc Charles n'avait plus qu'à se rendre à merci [2]. Par le traité de Vic (6 janvier 1632) il renonçait à toute alliance avec les ennemis du roi, livrait pour trois ans

---

1. *Mémoires de Gaston d'Orléans*, p. 586, 587. — D'Haussonville, *op. cit.*, p. 208-271. — *Mémoires de Richelieu*, t. II, p. 332.
2. *Mémoires de Richelieu*, t. II, p. 252. — *Le Mercure françois*, t. XVII, ann. 1631, p. 208. — D'Haussonville, *op. cit.*, p. 279 et suiv.

la ville de Marsal, sa principale forteresse, et promettait de ne donner aucune retraite à Monsieur, ni à la reine mère, ni à leurs partisans. Mais ces engagements arrachés par la contrainte, Charles IV comptait bien ne pas les remplir. Louis XIII lui ayant signifié son opposition au mariage projeté entre son frère et Marguerite de Vaudemont, il protesta que cette union n'aurait jamais lieu. Or, quelques jours auparavant, le 3 janvier au soir, à Nancy, dans une chapelle du prieuré de Saint-Romain, en présence de Catherine de Lorraine, abbesse de Remiremont, du duc d'Elbeuf, de Puylaurens et de la dame Nouvelette, gouvernante de la jeune princesse, le mariage avait été béni par Frère Albin Tellier, de l'ordre de Saint-Benoît, auquel le cardinal Nicolas François de Lorraine, évêque de Toul, avait donné tout pouvoir[1].

Aux termes du traité de Vic, Monsieur devait quitter la Lorraine. Le roi lui offrit l'oubli du passé et son retour à la cour : il préféra se retirer auprès de la reine mère à Bruxelles[2].

Durant leur séjour à Metz, Louis XIII et Richelieu témoignèrent plus d'une fois leur bienveillance pour la Compagnie de Jésus. Le P. Ignace Armand, alors provincial de Champagne, accouru de Pont-à-Mousson pour les saluer, reçut d'eux le plus aimable accueil. Le jour de la Circoncision (1632), fête très chère aux Jésuites, le roi vint à l'église de leur collège pour y commencer d'une façon vraiment chrétienne la nouvelle année; le cardinal y célébra la sainte messe. Le soir, des musiciens de la chapelle royale chantèrent les vêpres qui furent suivies d'un sermon auquel assistèrent Louis XIII, Anne d'Autriche et les principaux personnages de la cour[3].

8. Le 13 février le roi partait de Metz pour retourner en France. Il n'eut pas plutôt quitté la Champagne que Charles IV renouait des intelligences avec les ennemis du royaume. L'empereur Ferdinand s'engagea, aussitôt qu'il aurait repoussé Gustave-Adolphe, à envoyer en Lorraine une puissante armée pour reprendre Marsal. Le roi d'Espagne, Philippe IV, promit au duc l'aide de ses finances et de ses armes. Mais aucune de ces démarches n'échappait à la perspicacité de Richelieu. Dans un conseil assemblé par le roi, il dévoila le complot et demanda des

---

1. Griffet, op. cit., t. II, p. 212.
2. Le Mercure françois, t. XVIII, an. 1632, p. 17-19.
3. Lettre du P. Général au P. Armand, 18 mars 1631 (Campan., Epist. Gen., t. I). Annales 1632 (Campan. hist., t. I, n. 18). Cf. Cordara, Hist. Soc. Jesu, P. VI, l. XVII, 215.

mesures énergiques contre le duc de Lorraine, « prince sans parole, sans foi, sans prudence, fourbe, déloyal et peu sage, animé contre le roi, lié particulièrement à ceux qui en voulaient à Sa Majesté ». Louis XIII, approuvant la politique de son ministre, se remit en route pour aller prendre le commandement de son armée. Le 12 juin les ducs de La Force et d'Effiat occupaient Noményl, le lendemain Pont-à-Mousson. Le roi, de son côté, après s'être emparé de Bar et de Saint-Mihiel, arrivait le 24 juin sous les murs de Nancy. La ville mal ravitaillée ne pouvait offrir une longue résistance : Charles IV une seconde fois demanda la paix et son pardon. Le traité de Liverdun (26 juin 1632) lui enleva les villes et citadelles de Stenay et de Jametz et tout le comté de Clermont ; il devait en outre exécuter les autres clauses du traité de Vic, et son frère, le cardinal Nicolas-François, demeurerait en otage jusqu'à la reddition des places promises. Aussitôt le prélat se rendit auprès du roi à Pont-à-Mousson [1].

L'ancienne *Histoire* et les *Lettres Annuelles* de la Compagnie ont gardé quelques souvenirs du passage de Louis XIII dans la vieille cité universitaire et de sa visite au collège des Jésuites. S'il y fut reçu avec courtoisie, on s'abstint cependant de solennelles manifestations : Pont-à-Mousson était une ville lorraine où le roi avait pénétré en vainqueur plutôt qu'en ami. Après avoir assisté dans l'église des élèves à la célébration des saints mystères, il entra dans l'intérieur de la maison et visita toutes les classes. Aux murs étaient suspendus des tableaux représentant des sièges de villes, des triomphes, des jeux, des festins et plusieurs autres sujets empruntés à l'histoire romaine. Il interrogea les enfants, leur demanda l'explication de toutes ces choses et s'entretint familièrement avec eux. En passant près de la chapelle des Congréganistes où se conservait le Saint Sacrement : « Voilà, dit-il, mes deux dévotions préférées, la Sainte Eucharistie et la piété envers la Mère de Dieu. » Mais il ne se contenta pas de paroles aimables. Songeant aux calamités que la guerre entraînait après elle, il voulut en préserver les propriétés du collège. Il les prit officiellement sous sa protection, et, par un ordre du jour, défendit aux soldats de loger dans les édifices ou de commettre aucun dégât dans les champs. On vit alors se réaliser les paroles du poète : courtisans et sujets s'empressèrent d'imiter le roi. Richelieu voulut bien donner à la communauté

---

1. *Mémoires de Richelieu*, p. 388. — De Flassan, op. cit., t. III, p. 7, 8.

des marques signalées de son estime ; le maréchal d'Effiat vint dîner au collège et demeura toute la soirée au milieu des Pères, les traitant avec une exquise simplicité. Les officiers préposés à l'établissement des camps s'enquirent avec soin où se trouvaient situés dans les environs les domaines appartenant à la Compagnie, afin de les préserver de tout dommage. Telle fut ou la vigilance des chefs ou la réserve des soldats, que dans un jardin ouvert durant plusieurs jours à une foule nombreuse, personne ne se permit de cueillir aucun des fruits mûrs qui pendaient aux branches des arbres [1].

Le 7 juillet, lorsque les places fortes exigées de Charles IV eurent été remises aux garnisons françaises, Louis XIII quitta Pont-à-Mousson et la Lorraine.

9. Cependant, à Bruxelles, Gaston d'Orléans n'était pas resté inactif au milieu des fêtes données en son honneur. Il rêvait à nouveau de rentrer en France les armes à la main. De puissants personnages lui avaient promis leur concours et parmi eux Henri II de Montmorency, alors gouverneur du Languedoc, « le premier des grands du royaume ». Mécontent d'être tenu en suspicion par Richelieu et flatté du titre de connétable qu'on fit briller à ses yeux, il crut généreux de se mettre à la tête d'un parti qui ramènerait à la cour la mère et le frère du roi. Mise en éveil sur ses agissements, sa femme, Marie-Félice des Ursins, s'efforça, croit-on, de le faire revenir sur ses pas [2]. Il était trop tard : le grand seigneur voulut rester fidèle à une parole donnée imprudemment. Toutefois il avait déclaré à Monsieur que son concours ne pourrait être effectif qu'à la fin du mois d'août, après le vote de subsides que les États du Languedoc devaient mettre à sa disposition. Avec sa légèreté coutumière Gaston ne tint aucun compte de cet avertissement. Dès la fin de juillet, à la tête de dix-huit cents chevaux, rebut de l'armée espagnole, il se jette en France par le Bassigny pour gagner la Bourgogne;

---

1. Annales 1632 (Campaniae historia, t. I, n. 18). Cordara, *Historia Soc. Jesu*, P. VI, l. XVII, n. 213.
2. Nous suivons sur ce point les *Chroniques de la Visitation*. Cf. Fliche, *Mémoires sur la vie... de Marie-Félice des Ursins d'après les chroniques de la Visitation*, p. 152-154. L'auteur a utilisé surtout un travail manuscrit, probablement composé par les Visitandines de Moulins après la mort de la duchesse, et conservé à la Visitation de Nevers sous le titre de *Mémoires simples et véritables de ce qu'on a pu savoir de certain de la conduite et des vertus de feu Madame la duchesse de Montmorency*, in-4° de 475 p. Rappelons qu'après la Révolution l'ancien monastère de Moulins fut transféré à Nevers avec tout ce qu'il avait pu sauver de ses trésors.

poursuivi par l'armée royale, il traverse sans encombre le Charolais, le Bourbonnais, la Limagne et le Rouergue, et arrive, ses troupes fourbues, dans les premiers jours d'août à Lodève, ville du Languedoc, dont l'évêque s'était déclaré pour lui, ainsi que ceux d'Albi, de Nîmes, d'Uzès, d'Aleth et de Saint-Pons[1]. Surpris avant d'avoir pu achever ses préparatifs et soulever la province, Montmorency réunit en hâte quelques régiments, se déclare pour Monsieur, gagne d'abord quelques villes à son parti[2], et, inférieur en forces, ne craint pas de se mesurer avec l'armée de Schomberg à Castelnaudary. On sait le reste. Vaincu, blessé et fait prisonnier, l'infortuné duc est conduit à Lectoure, en attendant son procès[3]. Quelques jours plus tard, Gaston d'Orléans, assiégé dans Béziers, faisait la paix aux trois conditions suivantes : 1° renoncer à toute intelligence avec l'Espagne, la Lorraine et la reine mère; 2° demeurer en tel lieu que le roi aurait agréable; 3° ne point s'intéresser au châtiment que le roi ferait de ceux qui l'avaient suivi. Par la dernière il abandonnait, sans le savoir, Montmorency à la hache du bourreau[4].

On chargea le Parlement de Toulouse de juger le gouverneur du Languedoc; le roi et la cour se rendirent dans cette ville, et Richelieu réclama un châtiment exemplaire. Le coupable pourtant inspirait un intérêt universel. Non seulement parents et amis, cardinaux, grandes dames et nobles seigneurs s'efforcèrent d'exciter au cœur de Louis XIII un sentiment de compassion; mais les gens du peuple eux-mêmes sollicitaient hautement la clémence royale; les églises se remplissaient d'une foule pieuse qui criait grâce, miséricorde[5]. Le roi et son ministre restèrent inflexibles. « Il falloit, dit Richelieu, montrer à tous les particuliers que, quand même les grands se sauvent, tous ceux qui adhèrent à leurs desseins n'évitent pas la peine qu'ils méritent[6]. »

Montmorency fit preuve dans ses malheurs d'un courage magnifique. Depuis qu'il avait été conduit à Lectoure il ne songeait plus qu'à se préparer à la mort et il en parlait froidement, comme il aurait fait des dangers d'un autre. Seules, l'affliction

1. *Mémoires de Gaston*, p. 593, 594.
2. *Histoire générale du Languedoc* (édit. Privat), t. XII, preuves, p. 510.
3. *Le Mercure françois*, t. XVIII, an. 1635, p. 608-635. — Lettre de Schomberg à Richelieu (*Hist. du Languedoc*, l. c., n. 544).
4. De Tours où il s'était retiré il écrira à son frère et au cardinal pour solliciter la vie de celui qu'il avait entraîné dans la révolte, mais ses lettres arriveront trop tard.
5. *Le Mercure françois*, p. 869, 870.
6. *Mémoires de Richelieu*, p. 419.

de sa femme et la peine de ses serviteurs ébranlaient parfois la fermeté de son esprit, mais il puisait dans une foi profonde et dans la réception de la Sainte Eucharistie une résignation parfaite à la volonté de Dieu.

Transféré à Toulouse à la fin d'octobre, il y arriva le 27 sous la garde d'une nombreuse escorte : la foule qui l'aimait lui fit une ovation et faillit même l'arracher à la justice du Parlement. Il fut enfermé dans une salle de l'hôtel de ville et dès le lendemain matin il fit prier le cardinal de La Valette de lui envoyer un confesseur, autant que possible le P. Arnoux, supérieur de la maison professe des Jésuites[1]. Prévenu de ce désir, le garde des sceaux objecta qu'il n'était pas d'usage de donner un confesseur aux criminels avant le prononcé de l'arrêt. On dut en référer à Richelieu, puis au roi. Enfin vers 6 heures du soir le maréchal de Brézé vint « avertir le P. Arnoux de se transporter à l'hôtel de ville et d'y demeurer le jour et la nuit autant qu'il le jugeroit à propos et le pourroit[2] ».

Le duc en voyant entrer le religieux « pour lequel il avoit une affection particulière » témoigna une joie sensible. « Mon Père, lui dit-il, je vous prie de me mettre tout à cette heure dans le chemin du ciel le plus court et le plus certain que vous pourrez, n'ayant plus rien à espérer ny à souhaiter que Dieu. » Le P. Arnoux « luy proposa ce qu'il y a de plus rude dans la pénitence, afin qu'il pût tirer du supplice qui luy estoit préparé une couronne pareille à celle du martyre »; et il ajouta sur ce sujet des considérations si efficaces que le prisonnier conçut dès lors un ardent amour de la croix. « Ayant, disait-il, un regret extrême d'estre si éloigné de l'innocence de mon Sauveur, ce m'est une grande consolation de me rendre semblable à luy par la conformité de mes peines. »

Le roi et le cardinal avaient fixé leur départ de Toulouse au 30 octobre, comptant que la sentence serait rendue et exécutée le 29 qui était un vendredi. Le duc aurait souhaité que le jugement fût différé d'un jour afin de pouvoir se préparer à une confession générale et « se fortifier par la vertu du Saint-Sacrement » contre les faiblesses de la nature; il pria donc le Père de faire tout son possible pour lui obtenir cette faveur[3].

---

1. *Mémoires du duc de Montmorency*, par Simon Ducros, témoin oculaire (*Archiv. cur. de l'Hist. de France*, 2ᵉ série, t. IV, p. 60-72).
2. Griffet, *Histoire du règne de Louis XIII*, t. II, p. 345, 346.
3. *Mémoires de Montmorency*, p. 72-74.

Lorsque le P. Arnoux revint le lendemain entre cinq et six heures du matin, on ne savait pas encore si le roi accorderait un jour de délai. Le duc conjura le sieur de Launay de s'en informer et de faire une nouvelle et pressante demande. — « Ne trouveriez-vous pas bon, lui répliqua celui-ci, qu'on sollicitât la grâce tout entière¹ ? » Le duc hésita d'abord, puis, sur l'avis du Père, il consentit à ce qu'on lui proposait. « Dites à Monsieur le cardinal, ajouta-t-il, que je suis son serviteur et que s'il veut bien fléchir le cœur du roi à la miséricorde et l'engager à me laisser la vie, je vivrai de façon à ne lui donner jamais aucun sujet de s'en repentir. Assurez-le en même temps que si le roi et son conseil jugent que ma mort soit plus utile à l'État que ma vie, je ne demande point que l'on fasse rien qui soit contraire au service du roi pour prolonger mes jours. ² » Il fit ensuite sa confession générale, entendit la messe dans la chapelle et y communia. « Mon Père, dit-il après l'action de grâces, qui a dedans soi l'auteur de la vie ne craint plus la mort ; j'espère de voir bientost ce bon Dieu que je viens de recevoir en sacrement³. »

Il apprit au sortir de la chapelle que le roi accordait le délai sollicité. « A quoy il répondit que, bien que ce délay ne luy semblast plus nécessaire, il tâcheroit de ménager cette grâce, sans perdre un seul moment du loisir qu'on luy donnoit, pour se préparer à bien mourir. » Il passa le reste de la matinée à s'entretenir pieusement avec son confesseur, et s'occupa l'après-midi à mettre ordre à ses affaires temporelles. Il pourvut à la disposition de ses biens et à diverses libéralités envers ses serviteurs. Se souvenant de trois tableaux de grand prix qui étaient dans son hôtel à Paris, il légua l'un à la princesse de Condé, sa sœur, l'autre à la maison professe des Jésuites de Toulouse, le troisième, représentant le martyre de saint Sébastien, au cardinal de Richelieu⁴.

Cependant le délai qu'on avait obtenu fit renaître un peu d'espérance ; toute la cour se mit en mouvement pour arracher à Louis XIII la grâce de Montmorency. Le duc de Chevreuse, Saint-Simon favori du roi, La Vaupot gentilhomme de Gaston, furent les plus empressés, et surtout la princesse de Condé qui offrit de remettre entre les mains du cardinal ses deux fils comme gage

---

1. *Le Mercure françois*, t. XVIII, an. 1632, p. 873.
2. Griffet, *op. cit.*, t. II, p. 317.
3. *Mémoires de Montmorency*, p. 75.
4. *Le Mercure françois*, p. 875, 876.

de la fidélité de son frère [1]. Si personne ne parvint à fléchir le monarque justement irrité, c'est qu'il avait fait sienne la maxime de Richelieu : « En matière de crime d'État, il faut fermer la porte à la pitié [2]. »

Le 30 octobre au matin, le duc de Montmorency fut conduit de l'hôtel de ville au palais, où les juges siégeaient sous la présidence du Garde des Sceaux. La rébellion étant manifeste, le procès ne devait être ni long ni difficile. D'ailleurs l'accusé était résolu à ne pas défendre sa tête, mais, sur le conseil de son confesseur, à dire simplement la vérité; « il avoua tout », voire « il s'accusa, s'il faut ainsi parler, se calomnia luy-mesme, afin de souffrir la peine de tous ceux que sa considération faisoit criminels [3] ». Le président, à la fin de l'interrogatoire, lui ayant demandé s'il ne croyait pas avoir mérité la mort : « J'ai déjà reconnu la faute dans laquelle je suis tombé, plutôt par imprudence que par malice, répondit-il, et j'en demande pardon à Dieu et au roi [4]. » Quand il eut quitté la salle d'audience, le sieur de Cadillac lut le rapport du procès, et l'on recueillit les voix. L'arrêt, prononcé d'un consentement unanime, privait le coupable de tous ses honneurs, confisquait ses biens au profit du roi et le condamnait à avoir la tête tranchée sur un échafaud dressé dans la place de Salin. Toutefois Louis XIII, ayant égard aux prières de quelques parents et amis, ordonna que l'exécution se ferait à huis-clos dans la cour de l'hôtel de ville [5].

De retour dans sa prison, le duc de Montmorency écrivit à sa femme cette lettre touchante: « Mon cher cœur, je vous dis le dernier adieu avec une affection pareille à celle qui a tousjours esté parmy nous. Je vous conjure, par le repos de mon âme et par Celuy que j'espère voir bientost au ciel, de modérer vos ressentiments, et de recevoir de la main de nostre doux Sauveur cette affliction. Je reçois tant de grâces de sa bonté que vous devez avoir tout sujet de consolation. Adieu encore une fois, mon cher cœur [6]. »

On le voit, dans cette âme si noble, si vigoureusement chrétienne, les leçons du P. Arnoux avaient promptement fructifié;

---

1. Griffet, *op. cit.*, p. 353, 384. — D'Aumale, *Hist. des Princes de Condé*, t. III, 540-543.
2. Richelieu, *Testament politique*, 2ᵉ partie, ch. v, p. 29.
3. *Mémoires de Montmorency*, p. 78.
4. Griffet, p. 355.
5. Griffet, p. 356. — Arrêt de mort contre Montmorency (Bibl. nat., Cinq-Cents Colbert, t. XX, p. 117).
6. *Mémoires de Montmorency*, p. 78.

ce n'était point pourtant sans ressaut de la nature. « Mon Père, lui dit-il une fois, cette chair voudroit bien ressentir et murmurer, mais nous l'en empescherons avec la grâce de Dieu[1]. » Et il s'efforçait d'obtenir par la prière le secours divin. « Avec les Jésuites qui estoient près de luy, il employoit le temps à dire les litanies de la Vierge, à réciter des psaumes, à faire des prières à Dieu pour son salut et des questions au P. Arnoux pour sa consolation, et entre autres si les âmes des bienheureux alloient bien vite en paradis, et si, lorsqu'elles y sont, Dieu leur laisse la connoissance et le soin des amis qu'ils ont au monde ; à quoy le Père ayant fait une réponse conforme à son désir, il s'écria : « O mon Dieu que vous me donnez de consolation que je ne mérite pas[2]. »

10. Les tout derniers moments du maréchal de Montmorency ont été racontés par maints historiens d'après les relations contemporaines. Peut-être apporterons-nous quelques détails nouveaux sur ce douloureux événement : nous les emprunterons à une lettre écrite par l'un des compagnons du P. Arnoux[3], témoin oculaire, digne de créance, et retraçant d'une plume naïve des émotions encore toutes chaudes.

« Quatre heures avant le supplice, le Roy envoia demander audit Sr de Montmorency son baston de Maréchal de France et son collier du Saint-Esprit. Il respondit : « Tenez, les voilà ; je les « remets volontiers au Roy, puisque je suis tout à faict indigne « de sa grâce. — Et puis se tournant vers les pères jésuites qui l'assistoient : « Mes Pères, dit-il, demandez à Dieu pour moy la « persévérance, la Foy, l'Espérance, la Charité, et à saint Ber- « nard, saint Ignace et saint Xavier. » Après, il leur feit dire le pseaume : *In te Domine speravi*, etc. Puis on luy vint dire qu'il ne seroit pas lié s'il ne vouloit. « Lié, dit-il, je le veux estre « pour aller au supplice comme Jésus Christ. » Il pleura de consolation baisant le crucifix ; il se repentit de l'avoir baisé à la bouche. Il pria un des gardes de demander pardon au Maréchal de Brézé, de sa part, et s'étant mis en caleçon et en chemise alla ouïr son arrest à la chapelle de l'hostel de ville. Après l'avoir ouy, il dit à Messieurs les Commissaires qu'ils remerciassent le Parlement, de sa part ; que l'arrest de la justice du Roy estoit

---

1. *Ibidem*.
2. *Mémoires de Montmorency*, p. 80, 81.
3. Au début de cette lettre, l'auteur nous apprend que « le P. Arnoux fut accompagné de deux autres Pères pour estre soulagé », c'est-à-dire aidé ou remplacé au besoin dans son ministère auprès du condamné.

pour luy un arrest de la miséricorde de Dieu; qu'on luy faisoit grâce de le faire mourir dans la Maison de ville; qu'il en estoit bien aise pour éviter la vanité qu'il craignoit, mourant avec courage, mais qu'il en estoit aussi marry, mourant avec moins de confusion. Il receut la dernière absolution et dit au père qu'il ressentoit une si grande grâce et égalité d'esprit, que cela seul estoit suffisant pour luy faire croire en Dieu, quand il ne l'auroit pas creu pendant sa vie. « Car, dit-il, je ne suis jamais allé avec tant de repos « d'esprit à aucun plaisir, comme je vais au supplice. » Il se mit à nud luy-mesme jusques au nombril, tendit les mains au bourreau, et en cet équipage pitoyable, parmy les sanglotz et gémissemens des gardes et de toute l'assistance, descendit de la chapelle en la première basse-court. Estant arrivé près de l'eschafault, il dit à l'un des pères qui l'assistoient : « Mon père, « passez de ce costé-là pour empescher ma teste de tomber si elle « bondissoit. » Après, il monta, s'ajusta luy mesme sur le poteau, dit au bourreau : « Mon amy, je te pardonne de bon cœur. » Puis, regardant le P. Arnoux : « Adieu, mon père, dit-il, je m'en « vais d'un seul coup sans languir. » Enfin, regardant le ciel, prononça dévotement ces belles paroles : *Domine Jesu, accipe spiritum meum.* Puis se baissa sur le poteau, d'où son âme s'en est vollée au Ciel, après le coup receu. Jamais il ne s'excusa, jamais il ne se plaignit, jamais il ne montra que douceur pour ses ennemis[1]. »

Le cœur du courageux duc fut porté, ainsi qu'il l'avait désiré, à l'église de la maison professe des Jésuites, et son corps enterré dans l'église de Saint-Sernin[2].

Immédiatement après l'exécution, le P. Arnoux, suivant un ordre formel, était allé trouver le roi. « Sire, lui dit-il, Votre Majesté a fait un grand exemple sur la terre par la mort de M. de Montmorency; mais Dieu, par sa miséricorde, en a fait un grand saint dans le ciel. — Mon Père, répondit le roi en soupirant, je voudrois avoir contribué à son salut par des voies plus douces[3]. »

Louis XIII se reprocha, dans la suite, d'avoir résisté aux prières

1. Relation de la mort du duc de Montmorency par un des Jésuites qui l'avaient assisté (Bibl. nat., f. Dupuy, t. 378, f. 114, 115).
2. *Mémoires de Montmorency*, p. 73, 74. Pour donner une place d'honneur à ce cœur magnanime la duchesse fit élever une chapelle et un mausolée dans l'église de Saint-Ignace (Accord entre les Jésuites et Mme de Montmorency, 1635, aux Archiv. de la Visitation de Nevers: il y resta jusqu'en 1767, et fut alors transporté au Cloître de la Daurade: la Révolution le jeta à la voirie (Dubedat, *Histoire du Parlement de Toulouse*, II, 193).
3. Griffet, *op. cit.*, p. 301.

et aux larmes de toute sa cour. On prétend même que, sur son lit de mort, il protesta « qu'il avoit eu dessein de sauver la vie au duc de Montmorency, mais qu'il s'étoit laissé entraîner par une foule de prétextes qu'on lui représentoit comme raison d'État ! ». Quant à Richelieu, il s'applaudit toujours de son inexorable rigueur. « Ce châtiment, dit-il au roi dans son Testament politique, ne se pouvait obmettre sans ouvrir la porte à toutes sortes de rébellions dangereuses... [il] fit voir à tout le monde que votre fermeté égaloit votre prudence; et aussi que vos serviteurs préféroient les intérêts publics aux leurs particuliers, puisqu'ils résistèrent en cette occasion et aux sollicitations de plusieurs personnes qui leur devoient estre de grande considération, et aux menaces de Monsieur². »

C'est vrai. L'impunité des grands désordres est le spectacle le plus démoralisateur que l'on puisse donner aux peuples. Aussi, à ne considérer que la morale et le droit devons-nous faire un mérite à Louis XIII et à son ministre de leur sévérité dans cette circonstance. Quelque sympathique que pût être ou devenir le rebelle, ils ont eu raison de réprimer implacablement le crime et le scandale d'une insurrection à main armée contre le Pouvoir légitime, sans aucun motif tiré des droits de la religion et de la cité.

11. Des Jésuites avaient assisté le duc de Montmorency dans sa prison et sur l'échafaud; des Jésuites encore aideront son illustre veuve à gravir le calvaire où Dieu l'appelait aux faveurs de l'union divine.

Marie-Félice des Ursins avait brillé à la cour de France moins peut-être par ses charmes extérieurs que par sa distinction, sa bonne grâce, son grand sens, les dehors simples et aimables d'une très ferme et très délicate vertu. Dans le Languedoc, elle avait gagné toutes les sympathies par sa piété et son ingénieuse bienfaisance. Jusqu'à la révolte de son mari, elle avait eu l'estime profonde et affectueuse d'un roi très sensible aux qualités morales. Mais, comme elle était parente de la reine mère³ et qu'on la savait épouse parfaite et très aimante, on la soupçonna d'avoir connu et favorisé l'alliance de Monsieur avec le maréchal. Quand

---

1. Le Laboureur, *Additions aux Mém. de Castelnau*, t. II, p. 199.
2. Richelieu, *Testament politique*, 1ʳᵉ partie, p. 40.
3. Fille du duc de Bracciano, elle était par sa mère petite-nièce du pape Sixte-Quint et appartenait par son aïeule Élisabeth à la famille des Médicis. Cf. Renée, *Madame de Montmorency*, p. 193.

après le combat de Castelnaudary elle voulut se jeter aux pieds du roi pour solliciter le pardon du coupable, Louis XIII refusa de la recevoir. Retirée à son château de la Grange, gravement malade et accablée d'angoisses, elle n'apprit que par les larmes et les sanglots de ses serviteurs le fatal dénouement qui brisait sa vie [1]. Aussitôt elle dépêcha un exprès au P. Arnoux, afin d'avoir par celui-ci quelques détails sur les derniers moments du condamné. Le messager devait attendre la réponse et la rapporter [2]. La voici telle qu'elle fut écrite à la hâte et encore sous l'impression ressentie au spectacle d'une mort tragique et singulièrement édifiante.

« Madame,

« Si vous l'aimés au dernier point, consolés-vous de ce que je vous proteste, devant le Dieu qui me doibt juger, que sa fin a esté dans l'extase d'amour de Jésus mourant en croix. Le mespris absolu de tout ce qui peult affliger. L'exercice de toutes les vertus solides, à l'envy l'une de l'autre; une livraison parfaite de son esprit à Dieu par l'entier abandonnement de toutes les créatures. La joye sensible de la disposition du ciel aperçu (sic). La générosité de cœur (la) plus vive. Le souvenir tendre et continuel de sa chère moitié. La charité ardente envers tous ceulx qu'il a peu avoir à contrecœur. L'horreur de vivre plus longtemps. L'impatience de voir son Créateur. L'asseurance d'en jouir ce jour-là. La confession et détestation admirable de toutes ses fautes. La satisfaction morale de sa conscience. La préparation à souffrir dix mille fois davantage. Les discours d'un homme qui va au festin d'un grand roy. Le souvenir particulier de tous ses serviteurs. L'oubli absolu de toutes les délices et attaches de la vie. La cognoissance et recognoissance au dernier degré (sic). Le succès de toutes ses actions les plus particulières digne de son courage, et la persévérance jusqu'au bout, sans altération ni variété quelconque. En un mot je n'ay jamais veu ou imaginé rien de semblable sauf des saints martyrs, ni je ne scaurois luy souhaitter un plus grand bien que celuy qui luy a esté procuré par l'arrest de la justice du prince, qui a esté une sentence favorable de la miséricorde de Dieu. Je me perds en me resouvenant de tout ce que la grâce a opéré en luy, et le contemple dans le ciel entre les

---

1. Fliche, *Mémoires sur la vie... de Marie-Félice des Ursins*, t. I, p. 163, 173, 191.

2. *Mémoires simples et véritables de ce qu'on a pu savoir de certain de la conduite et des vertus de feue Madame la duchesse de Montmorency...* déjà cités.

bras de Dieu, où il demande ardemment pour vous que vous aiés à mes parolles la créance que vos yeulx vous eussent donné lors que ce spectacle c'est passé avec tant et tant de bénédictions de Dieu qu'on ne peult plus y trouver aucun subject de regret, sinon pour ceux qui ne l'entendent pas. Adorés, Madame, les volontés de Dieu; proffités (de) ceste occasion, la plus belle qu'ait jamais eu aucune veufve en France. Conformés-vous aux intentions de celuy qui n'a rien tant appréhendé que vostre desplaisir. Et s'il luy reste quelque chose à expier en l'aultre monde, ce que je ne pense pas, — et, à vous dire tout, il n'en a point eu de peur, tant il estoit intérieurement plein du Dieu de grâce, et visité amoureusement de son Ange Gardien, de saint Bernard, saint Ignace, saint Xavier, ses saints particuliers, et surtout de la Vierge dolente et mourante au pied de la Croix, — suppléés y par votre patiance. Dans peu de jours vous aurés les particularités de tout ce qui se passa dans les trois jours pendant lesquels le roi m'ordonna de l'assister sans cesse selon son désir, qui est une des grandes grâces que j'aye jamais receue de ma vie, quand ce n'eust esté que pour vous tesmoigner par mon service de quel cœur je luy ay esté et vous suis très humble, très affectionné et très obéissant serviteur[1]. »

Avec cette lettre, le messager de Mme de Montmorency lui apporta celle que son mari lui avait écrite avant d'aller au supplice et que nous avons citée plus haut. L'une et l'autre avivèrent et consolèrent tout ensemble sa grande douleur. Soutenue par la foi, elle adora les jugements insondables du Très Haut, et attirée déjà vers la vie parfaite, on l'entendit s'écrier : « Je n'aimais que lui, mon Dieu; vous me l'avez ôté pour que je n'aime plus que vous[2]. » L'ascension de son âme se fit graduellement. Après avoir atteint son cœur de femme à l'endroit le plus sensible, le Seigneur la priva de tout appui. Elle reçut du roi l'ordre de se rendre à Moulins. Lyon était sur son passage, et là elle espérait trouver un soulagement à sa tristesse auprès de la Mère de Chantal : mais l'archevêque, frère du cardinal ministre, empêcha par un moyen détourné cette

---

1. Lettre s. d. du P. Arnoux à Marie-Félice des Ursins (Papiers de la duchesse de Montmorency, Archiv. de la Visitation de Nevers). Cette lettre, croyons-nous, est inédite, au moins sous sa forme authentique : la soi-disant reproduction qu'en a donné Mgr Fliche est une véritable paraphrase (op. cit., p. 197, 198). Cet auteur a transformé de même tous les documents qu'il reproduit.
2. Fliche, Mémoires sur la vie... p. 200.

si légitime entrevue¹. Au château de Moulins, demeure délabrée, d'autres mortifications l'attendaient. Soumise à une odieuse surveillance, elle ne pouvait sortir, même dans la ville, sans être accompagnée d'un exempt. Plutôt que de subir cette contrainte, elle resta confinée dans sa chambre, partageant ses pensées entre l'objet de son inoubliable peine et Dieu dont elle voulait connaître et suivre aveuglément le bon plaisir. Mais, dans cette disposition généreuse, les troubles, les obscurités, les tentations l'assaillirent : elle recourut aux conseils du P. Arnoux.

L'éminent directeur s'appliqua d'abord à pacifier cette âme brisée, mais toujours forte cependant, et d'une absolue bonne volonté. « Non, lui disait-il, l'impuissance à ne pas pleurer dans la prière, au souvenir de celui que vous avez perdu, ne constitue pas un mélange impur de la chair et de l'esprit... L'indicible contentement que vous ressentez, malgré votre immense chagrin, en priant, est une preuve que par ce moyen la grâce vous sollicite : c'est le royaume de Dieu qui s'établit au-dedans de vous². »

En même temps que les lettres du jésuite, la lecture des psaumes, du livre de Job, des épîtres de saint Paul, quelques entretiens avec le P. Claude de Lingendes, recteur du collège, et surtout la communion fréquente³, maintenaient la recluse volontaire dans les sphères les plus hautes et les plus pures du surnaturel. Cependant le P. Arnoux avait deviné qu'à être toujours repliée sur ses propres blessures, elle allait rendre inutiles l'inclination naturelle et les dons excellents qu'elle avait reçus pour faire le bien. La duchesse lui ayant fait quelque ouverture à ce propos, il se hâta de l'exhorter « à rendre toutes divines les bonnes intentions qui la portaient à soulager les malheureux, en se proposant pour modèle et pour motif de ses actes de miséricorde la bonté même du Père céleste⁴ ». Elle obéit et, sans sortir encore de sa retraite, elle se mit à faire l'aumône comme avant son veuvage.

Toute à la pratique de la charité et d'autres vertus héroïques pour elle, comme l'amour des ennemis et le pardon des injures, M⁽ᵐᵉ⁾ de Montmorency n'en continuait pas moins à souf-

---

1. *Ibidem*, p. 207, 208.
2. Fliche, *op. cit.*, p. 216.
3. Notons qu'elle lui fut conseillée par les Jésuites de Moulins qui levèrent ses scrupules à ce sujet (Fliche, p. 219).
4. *Ibidem*, p. 221.

frir de fortes épreuves, tant de la part de Dieu que de celle des hommes. Privée de toute consolation spirituelle, elle désira la visite du P. Arnoux, une série d'entretiens avec le confident de son âme. Cette faveur lui fut refusée par ses impitoyables gardiens. Singulière défiance à l'égard de l'ancien confesseur du roi. Que craignait-on? Toujours est-il que Marie-Félice ressentit vivement ce nouveau coup. Elle écrivit à son directeur : « Je vois bien que Dieu ne veut pas que mon mal diminue, puisqu'il ne permet point que j'aye l'honneur de vous voir; c'estoit la seule consolation que je m'estois promise en ce monde, mais puisque je suis un écueil et que mon approche peut faire faire naufrage, il faut que j'en retienne mesme le désir... Je voudrois voir tous les autres dans la bonace, et ne demande pas à Dieu que ma tourmente s'apaise, cela ne pouvant plus être, mais bien qu'il me commande de marcher par dessus comme à son apostre. Il est vray qu'une si chetifve créature ne peut mériter ses grâces, mais il en paroîtra plus lieu de fortifier tant de faiblesses, et vous bien charitable de les regarder avec compassion et de donner vos assistances à la malheureuse des Ursins, qui est vostre servante[1]. »

A partir de ce jour, elle veilla soigneusement sur tous les mouvements de son cœur. Mais, à chaque avance dans la perfection, l'ennemi du salut lui livrait de nouveaux assauts. Obsédée du désir de la mort, elle en vint à compromettre sa santé par des privations excessives; elle se sentit même un jour portée à une imprudence volontaire dans l'intention d'abréger sa vie[2]. Le P. Arnoux, auquel elle avait raconté cette tentation, lui défendit le jeûne et lui recommanda la sainte Communion. « Je vous conjure, Madame, de rendre à votre corps trop faible les aliments qui lui sont deus, et ne refuser à l'âme la manne des affligés, dont elle est plus digne que jamais par la croix de son cœur, qui lui donne la disposition requise pour en jouir le plus souvent qu'elle pourra[3]. » Il lui conseillait aussi de fuir la solitude, et de distribuer elle-même ses aumônes en y ajoutant le bienfait de ses exemples et de ses paroles : instruite à l'école de la souffrance

---

1. Lettres de Marie-Félice au P. Arnoux, citée dans les *Mémoires simples et véritables*... p. 170, 171 (Manuscrit de la Visitation de Nevers).
2. *Mémoires simples et véritables*..., p. 172-174.
3. Lettre du P. Arnoux à la duchesse de Montmorency, 8 mars 1633 (Archiv. de la Visitation de Nevers, autographe).

elle parlerait aisément le langage qui console les malheureux. La duchesse obéit avec la simplicité d'un enfant.

Vers cette époque, un de ses frères, le Père des Ursins, Carme déchaussé, vint à la cour de France et obtint de Louis XIII quelque adoucissement à l'injuste séquestration d'une femme innocente. Malgré cela, elle ne voulut point quitter Moulins et se retira comme dame pensionnaire chez les Visitandines, « par respect, avoua-t-elle, pour le nom de Mme de Chantal, et pour attendre là le moment de se consacrer à Dieu si telle était sa volonté[1] ». Elle devint pour les religieuses non seulement une bienfaitrice, mais un sujet d'édification, mieux encore une apôtre, une maîtresse en spiritualité. Ravie de sa haute vertu, la Mère de Bréchard, une fille insigne de saint François de Sales, lui permit de voir les Sœurs en particulier et de les entretenir des choses spirituelles. Un peu plus tard cette permission fut confirmée par la fondatrice même de la Visitation. Quand, enfin venue à Moulins, Jeanne de Chantal eut pénétré de son regard clairvoyant l'âme de Marie-Félice, elle donna toute liberté aux religieuses de recourir à elle dans leurs besoins, car dit-elle, « l'intérieur de la princesse est un ciel de lumière et un fleuve de paix, et il n'en sortira rien qui ne vous porte puissamment à Dieu[2] ». Toute la première elle la consulta dans ses doutes.

A mesure que se poursuivait le travail de la grâce en cette âme privilégiée, l'appel de Dieu à la vie religieuse se faisait entendre plus clairement. Toutefois ce ne fut point le P. Arnoux qui dirigea la duchesse de Montmorency dans ce moment décisif. Il était resté en correspondance avec elle, mais ayant reçu de nouveau la défense de venir la voir pendant qu'il prêchait à Riom[3], et empêché par ses ministères de lui écrire des lettres fréquentes, il lui conseilla de se mettre sans réserve sous la conduite du P. Claude de Lingendes[4]. Or, elle trouva près de ce nouveau guide tant de force et d'élan pour marcher à la suite de Jésus-Christ, qu'elle le crut longtemps nécessaire à

1. Fliche, op. cit., p. 256.
2. Fliche, op. cit., p. 287-290, 351.
3. Ibidem, p. 299. Il est difficile d'expliquer la sévérité du gouvernement de Louis XIII à l'égard d'un religieux qui, avec la permission du roi, avait assisté à la mort le duc de Montmorency; peut-être craignait-on l'influence de ses idées politiques qui déplaisaient sans doute à Richelieu, comme elles avaient déplu au duc de Luynes; mais c'était se méprendre sur la nature des relations du P. Arnoux avec Mme de Montmorency, car ils vivaient alors l'un et l'autre bien loin de la politique.
4. Fliche, op. cit., p. 304 et suiv.

l'œuvre de sa sanctification ; sur sa demande, et par un singulier privilège, le P. Général le maintint pendant neuf ans à la tête du collège de Moulins[1]. Pourtant la manière du P. Lingendes lui avait paru bien plus rude que celle du P. Arnoux. Non pas que les deux directeurs différassent de doctrine ; mais le second, recevant une âme déjà disposée au dépouillement par le travail préparatoire du premier, jugea le moment venu de briser les derniers obstacles que la nature oppose au libre jeu de la grâce. Le P. Arnoux avait eu pour mission d'offrir le lait savoureux des enfants ; dans les débuts, il devait s'accommoder à la faiblesse d'une veuve affligée ; c'est pourquoi il ne craignait point d'entretenir en son cœur le souvenir de M. de Montmorency ; il lui en parlait souvent et le lui donnait comme modèle ; quand plus tard, il lui fit entrevoir peu à peu la nécessité du détachement, c'était toujours avec une grande douceur dans la forme et en laissant apparaître par intervalles le nom de celui qui méritait de si justes regrets. Le P. de Lingendes, lui, comprit que sa charge était de donner le pain des forts. Pendant quatre ans, il se fit une loi de ne parler à sa pénitente que des grandeurs de Dieu, des souffrances et des amabilités de Jésus-Christ ; et si elle-même lui confiait les sentiments de son cœur au sujet de son mari, il la laissait là-dessus sans réponse. Il avait pris cette résolution devant Dieu, et il la tint avec une constance qui l'étonnait lui-même : sans une assistance spéciale de l'Esprit-Saint aurait-il pu maîtriser sa réelle compassion ? Marie-Félice, très affectée d'un silence si extraordinaire, le subit sans se plaindre ni se fermer au prêtre en qui elle voyait le représentant de Dieu[2]. Puis, comprenant la leçon indirecte, elle fit la place toute grande en son âme à Jésus-Christ. Non pas qu'elle laissât l'image de son mari s'effacer de sa mémoire, mais elle ne s'y attachait plus avec la vivacité d'une tendresse humaine : elle ne lui donnait qu'un regard paisible pour de là s'élever à la source de toute beauté et de tout amour. Dès lors, sans entraves, elle courut vers les cimes. Déjà elle avait traversé les chemins les plus difficiles de la vie parfaite, quand, après une *élection* en règle sous la direction de son confesseur, elle résolut de se consacrer à Dieu

---

1. Lettres du P. Général à la duchesse de Montmorency, 5 mars, 30 mai, 22 août 1639, 1ᵉʳ décembre 1640. Epist. Gen. extra Hallam, t. II). — Lettre du P. Charlet à la duchesse de Montmorency, 27 juin 1642 (Francia Epist., t. VI). — Lettre de la duchesse de Montmorency au P. Général, s. d. (*Mémoires, simples et véritables*, p. 334, note).

2. Fliche, *op. cit.*, p. 309, 310.

dans l'Ordre de la Visitation au monastère de Moulins[1]. Elle y aura le pénible mais précieux honneur de recevoir, à côté du P. de Lingendes, le dernier soupir de la sainte Fondatrice ; elle y travaillera de toute son influence à la béatification de saint François de Sales, et, devenue supérieure, elle y célèbrera les fêtes de sa canonisation[2].

On lui a reproché d'avoir transféré de Toulouse à Moulins le corps de M. de Montmorency, et d'avoir fait construire pour la sépulture de son mari, à la Visitation, une nouvelle église et un très riche monument[3]. Or, chose bien digne de remarque, l'initiative ne vint pas d'elle, mais du P. de Lingendes; même elle hésita sérieusement avant de se rendre au conseil, on dirait mieux à l'ordre, de celui qui avait le plus travaillé jadis à éteindre en elle les souvenirs et les regrets alors trop vifs de l'amour humain[4].

Peut-être nous sommes-nous trop attardés au récit d'une fin tragique et d'une vocation célèbre : nous avons voulu montrer par un exemple de quel crédit jouissait alors la Compagnie de Jésus auprès des grands, et comment ses religieux savaient mériter leur réputation d'habiles directeurs d'âmes. Revenons maintenant au singulier personnage dont l'ambitieuse légèreté avait provoqué tant de malheurs et tant de vertus.

12. Quand, après la défaite de Castelnaudary, Gaston d'Orléans négocia les clauses de sa soumission, on le sonda sur le point de son mariage avec la princesse Marguerite. « A quoy il fut répondu par Son Altesse qu'il y avoit eu des paroles données, mais que l'exécution avait été remise » à plus tard[5]. Or Montmorency, près de mourir, révéla la réalité de l'union secrète que les intéressés avaient toujours niée jusque-là. On conçoit le péril où se trouvèrent, de ce fait, tous ceux qui l'avaient favorisée. Puylaurens se crut perdu et poussa Monsieur à sortir du royaume au plus vite en prétextant l'exécution du maréchal de Montmorency[6]. Partis de Tours le 10 novembre 1632, ils passèrent la frontière de Belgique et se réfugièrent à Bruxelles. Gaston allait-il cette fois unir sa cause à celle de la reine mère ?

1. *Ibidem*, p. 372 et suiv.
2. Fliche, *op. cit.*, t. II, p. 22 et suiv., 177 et s. 312 et s.
3. Sur cette église et le mausolée, voir Charvet, *Martellange*, p. 62, 63.
4. Fliche, *op. cit.*, t. II, p. 84 et suiv.
5. *Mémoires de Gaston*, p. 597.
6. Griffet, *op. cit.*, p. 359. — Bazin, *op. cit.*, t. III, p. 238.

Marie de Médicis l'espéra, surtout quand elle le vit résolu d'appeler près de lui sa jeune femme restée à Nancy. A la nouvelle de ce projet, Richelieu envoya une armée menacer la Lorraine, soi-disant pour forcer le duc Charles à mieux exécuter le traité de Liverdun. Saint-Chamond, qui avait coupé Nancy de toute communication, reçut l'ordre d'arrêter la princesse. Mais elle s'échappa sous un déguisement et parvint à Bruxelles le 6 septembre 1633[1]. Dès lors Gaston ne cacha plus qu'elle fût sa femme et avoua bien haut l'avoir épousée depuis deux ans. D'Elbène lui ayant dit que s'il continuait sur ce ton le roi lui interdirait tout retour en France et le déclarerait déchu de ses droits à la couronne, Monsieur courut chez le P. Suffren : « Croyez-vous, lui demanda-t-il, que mon frère ait le pouvoir de faire pareille déclaration, et un mariage contracté secrètement peut-il encourir l'excommunication du Pape? » Le Père le rassura. Rome n'invaliderait point son mariage, et rien n'autorisait le roi à lui enlever son droit de succession[2].

Cependant Louis XIII, alors sans enfant, très jaloux de Gaston et ne pouvant se faire à l'idée que ce frère fonderait une dynastie, était déterminé à tout entreprendre pour obtenir la dissolution d'un mariage conclu sans son consentement, lequel était nécessaire d'après la loi française, puisqu'il s'agissait d'un prince du sang. N'espérant pas grand'chose du côté de Rome, il eut recours à la complaisance des juges civils. Le 2 janvier 1634, il fit présenter au parlement par le Procureur général, Mathieu Molé, une requête, demandant qu'il fût informé contre le duc de Lorraine à raison du rapt commis par lui sur la personne de Monsieur pour le marier avec sa sœur ; rapt exécuté « en terre étrangère et dans un couvent, lieu secret et caché, qui suffirait pour établir la clandestinité[3] ».

A cette requête où l'on prétendait considérer comme forcé et clandestin un mariage accompli secrètement, il est vrai, mais librement et volontairement devant témoins, Monsieur répondit en faisant ratifier à Bruxelles, le 25 février 1634, par l'archevêque de Malines, entouré de ses principaux officiers et de « tesmoings à ce spécialement requis », les liens sacrés qui l'unissaient

---

1. *Le Mercure françois*, t. XIX, an. 1633, p. 278.
2. Lettre de l'abbé Scaglia à Philippe IV (Bruxelles, Archiv. du royaume, Corresp., t. I, p. 269). Cf. Hénrard, *Marie de Médicis dans les Pays-Bas*, p. 311, 312.
3. *Le Mercure françois*, t. XX, an. 1634, p. 853. — *Mémoires de Mathieu Molé*, t. II, p. 214.

à la princesse Marguerite [1]. Cette ratification rendue publique gênait fort les desseins de Richelieu, car elle pouvait empêcher Louis XIII de rappeler son frère. Or, au moment de guerroyer contre l'Autriche, le cardinal ne voulait pas avoir à l'étranger, dans les Pays-Bas espagnols, un prince français sans cesse occupé à tramer des complots contre l'État. Il sut adroitement combattre la jalousie du roi, et l'on reprit les négociations d'un accord avec Monsieur. Elles n'allèrent pas sans accrocs et furent suspendues plusieurs fois avant d'aboutir, Gaston poursuivant à la même époque une entente avec l'Espagne. Enfin, le 1ᵉʳ octobre 1634, fut signé à Écouen un accommodement par lequel Monsieur promettait « une entière résignation aux volontés du roi, comme aussi de renoncer à toutes sortes de traités et intelligences qu'il pourroit avoir fait avec qui que ce fût ». Pour son mariage, il consentait à s'en remettre au jugement de tribunaux civils, et, s'il était dissous, à ne se remarier qu'avec le consentement de Louis XIII [2].

On sait que les promesses ne coûtaient rien à Gaston. Au demeurant, il aimait sa jeune femme et il avait fait tenir au Pape une lettre où il assurait Sa Sainteté que son mariage avait bien été libre et valide, et la priait de regarder comme non avenue toute déclaration contraire qu'il pourrait être amené à signer pour obéir à une volonté supérieure [3]. Dès la fin d'octobre il était de retour en France, et le P. Vitelleschi, en écrivant au P. Suffren lui exprimait toute la joie qu'il ressentait d'une réconciliation si désirée [4].

13. Dans le traité d'Écouen il n'était pas question de la reine mère. Pourtant, de son côté, elle avait essayé à plusieurs reprises de renouer tantôt avec le cardinal, tantôt avec le roi, des négociations auxquelles le P. Suffren, obéissant à la direction du P. Général, ne resta pas étranger.

Une première démarche tentée en 1632 par l'Infante Isabelle, Anne d'Autriche et la reine d'Espagne, ne réussit point. Richelieu ayant proposé comme intermédiaires les comtesses de Saint-Pol et de Soissons, Marie de Médicis les récusa, la première n'étant point

---

1. Acte dressé par l'archevêque de Malines, 25 février 1634 (Bibl. nat., fr. 3751, f. 1). Cf. *Mémoires de Gaston d'Orléans*, p. 399.
2. *Mémoires de Montrésor*, p. 193, note 1. *Mémoires de Richelieu*, t. II, p. 514.
3. Henrard, *op. cit.*, p. 429.
4. Lettre du P. Vitelleschi au P. Suffren, 21 octobre 1634 (Francia, Epist. Gen., t. V).

de ses amies et la seconde s'étant donnée au cardinal pour marier son fils à Mme de Combalet[1]. L'expérience lui avait appris à redouter les agents secrets du rusé ministre ; surtout pendant le séjour de Gaston dans la capitale des Pays-Bas, elle s'en crut entourée ; pour leur échapper, elle prit le parti de se réfugier à Gand. Le P. Suffren l'y suivit et s'y livra au ministère de la prédication avec son zèle accoutumé[2].

Mais le climat de ce pays ne fut point favorable à la reine mère. Elle était tombée malade dès le mois de janvier 1633 ; la fièvre empira tellement, vers la fin du mois de mai, que l'infante Isabelle dut prévenir le roi. Louis XIII dépêcha aussitôt à sa mère un gentilhomme porteur d'une lettre bien courte et plutôt sèche[3]. C'était cependant une marque d'affection filiale dont Marie de Médicis se montra touchée. Mais, quand M. Des Roches voulut lui présenter les condoléances du cardinal, elle l'interrompit brusquement en lui disant qu'elle ne voulait recevoir ni de ses nouvelles ni de ses compliments[4].

D'après ses instructions, Des Roches devait aussi voir le confesseur de la reine mère et lui faire quelques recommandations, entre autres que Sa Majesté était bien assurée que ses conseils n'avaient pas été « des mauvais ». Mais « si le P. Suffren ou quelque autre le voulait embarquer en négociation d'affaires » il devait répondre « qu'il [était] bien aisé de juger à sa barbe qu'on ne l'[avait] pas envoié pour négotier mais seulement pour sçavoir des nouvelles de la reyne dont le roy estoit en peine[5] ». Cette dernière observation, du moins pour le P. Suffren, semble bien superflue : le prudent jésuite n'eût pas entrepris de sa propre initiative une négociation politique ; mais il se préoccupait beaucoup de la santé de sa pénitente qu'il avait recommandée au P. Général. « Je suis très inquiet de la maladie de la Sérénissime Reine, lui répondit Vitelleschi, et je demande à Dieu qu'il lui rende une parfaite santé. Comment pourrions-nous oublier dans nos prières celle qui a toujours tant affectionné la Compagnie, qui l'a si souvent protégée de son autorité et com-

---

1. Lettre de l'Infante à Philippe IV, 16 fév. 1632 (Bruxelles, Archiv. du royaume, Corresp., t. 23, f. 360). Cf., Henrard, op. cit., p. 279.
2. Lettre du P. Général au P. Suffren, 28 juillet 1633 (Francia, Epist. Gen., t. V).
3. Lettre du roi à sa mère, 3 juin 1633 (Avenel, Lettres de Richelieu, t. IV, p. 467). Cf. Topin, Louis XIII et Richelieu, seconde partie, p. 175.
4. Lettre de Scaglia à Philippe IV, 12 juin 1633 (Bruxelles, archiv. du royaume, Corresp., t. 32, f. 68). Cf. Henrard, op. cit., p. 312.
5. Instruction au sieur Des Roches, 2 juin 1633 (Avenel, Lettres de Richelieu, t. IV, p. 466).

blée de ses bienfaits, et qui, récemment encore, a obtenu la délivrance d'un des nôtres prisonnier en Angleterre. Que Votre Révérence la remercie en mon nom et que Dieu si libéral la récompense par toutes sortes de consolations [1]. »

De plus en plus isolée, instruite par beaucoup de déceptions et s'apercevant que le parti de Monsieur ne faisait rien pour elle, l'idée lui vint de traiter avec le roi à l'insu de Richelieu. Justement elle apprenait de France que le cardinal était dangereusement malade, et que Louis XIII à plusieurs reprises avait manifesté quelque regret de l'exil imposé à sa mère. Elle pria donc le roi d'Espagne d'agir auprès du P. Général de la Compagnie, pour que celui-ci recommandât au P. Maillan, confesseur de Louis XIII, de disposer son royal pénitent à bien accueillir une demande qu'elle allait faire [2]. Ces précautions prises, elle envoya vers la fin d'octobre (1633) à Paris un gentilhomme de sa suite, M. de Villiers-Saint-Genest, parent de Saint-Simon alors grand écuyer du roi. Louis XIII le reçut courtoisement et s'informa de sa mère avec beaucoup d'intérêt; mais il se plaignit de ce qu'elle eût tant offensé et haï le cardinal; il se montra surtout mécontent de la protection dont elle couvrait le P. Chanteloube, un Oratorien de son entourage, intrigant notoire et, en politique, son principal confident [3].

Un peu plus tard, au mois de décembre, l'état de Richelieu empira; les chirurgiens déclaraient qu'il n'irait pas jusqu'à l'Épiphanie. La reine mère en conçut les plus vives espérances de retour; elle profita du premier prétexte pour envoyer un de ses gens, le sieur Jacquelot, à son fils. Elle prenait déjà ses dispositions en vue de quitter les Pays-Bas et avait décidé que le P. Suffren la précéderait à la cour afin de préparer sa prochaine arrivée, quand Jacquelot revint tout à coup rapportant les nouvelles les plus défavorables. Le roi faisait dire à sa mère que, puisqu'elle n'avait tenu aucun compte de ses désirs au sujet du renvoi des factieux qui l'entouraient, tous les agents qu'elle enverrait à Paris dans de pareilles conditions seraient mal vus et ne réussiraient à rien [4].

Malgré ces déclarations, où l'on entrevoit l'influence du cardinal

1. Lettre du P. Général au P. Suffren, 28 juillet 1633 (Francia, Epist. Gen., t. V).
2. « Respuesta que se dio al papel que en 23 de julio dio el conde de Maure en nombre de la reyna madre » (Bruxelles, archiv. du royaume, Corresp. de Philippe IV, t. 32, f. 125).
3. *Mémoires de Richelieu*, t. II, p. 693.
4. *Mémoires de Richelieu*, t. II, p. 493.

ministre, Louis XIII, l'âme peut-être troublée par les reproches de son confesseur, résolut de soumettre à son conseil d'État la question du retour de sa mère. Le 18 décembre eut lieu à ce sujet une délibération sur laquelle Richelieu, dans ses *Mémoires*, s'étend avec une complaisance suspecte. Qui sait si lui-même ne fut pas l'auteur du réquisitoire sévère qu'il cite tout au long, et où le rappel de Marie de Médicis était présenté comme incompatible avec la tranquillité publique? On décida, conformément aux vues du cardinal, que, si la reine voulait témoigner « être innocente des assassinats entrepris depuis peu, au moins par la sollicitation des siens plus confidens..., en livrant à la justice du roi les auteurs de si pernicieux conseils, Sa Majesté devait la recevoir en son royaume, lui donner la jouissance de son bien et de toutes ses pensions pour en vivre librement en quelqu'une de ses maisons, éloignée de la cour, au moins jusqu'à ce qu'on eût des preuves nettes de sa conduite[1]. »

Une telle résolution était humiliante pour Marie de Médicis. En ces derniers temps, la police de Richelieu avait arrêté, dans des circonstances d'ailleurs étranges, un individu soi-disant chargé d'assassiner le cardinal. Cet homme, du nom d'Alfeston, fut pris montant un cheval des écuries de la reine mère: il aurait eu des relations avec les serviteurs du P. Chanteloube, et, mis à la question, il aurait même accusé ce dernier. Quoi qu'il en soit de ces complicités dont les preuves n'ont pas paru bien claires aux contemporains[2] et dont les confidents de la reine se défendirent énergiquement[3], soupçonner la mère du roi de les avoir permises ou encouragées constituait une grave insulte. N'était-ce pas une manœuvre pour voiler l'odieux d'un exil imposé par les froids calculs d'un ministre tout-puissant?

Quand elle connut la décision du conseil, Marie de Médicis était brouillée avec son second fils, et, depuis la mort de l'infante Isabelle (décembre 1633), peu sympathique à ses hôtes que fatiguaient les perpétuelles intrigues des réfugiés français. Dans cette situation sans issue, elle se décide enfin à fléchir son orgueil, à négocier avec Richelieu lui-même. Elle promet à son rival

---

1. *Ibidem*, p. 493.
2. Notons que cet Alfeston était coupable d'un meurtre réel pour lequel il fut condamné à mort (Henrard, *op. cit.*, p. 386). *Mémoires de Richelieu*, p. 490, note 1.
3. « Il est vray que cestuy-ci (Alfeston) dans la rigueur de la question, accusa le P. Chanteloube; mais en son testament supplicaire et sur l'eschaffaut il protesta devant Dieu qu'on luy avoit arraché cette déposition par les tourments. » (Voir *Diverses pièces pour la défense de la reine mère...*, par Mathieu de Morgues, Anvers, 1637.)

d'oublier le passé et de vivre en bons termes avec lui ; elle ne lui demande que d'user de son influence pour la réconcilier avec le roi, et ne met à sa rentrée aucune condition[1]. Afin d'écarter toute défiance, le P. Suffren écrit lui-même au cardinal et se porte garant de la sincérité de la reine mère[2]. Enfin le P. Chanteloube, le grand obstacle à la paix, déclare expressément qu'il entend être exclu de cet accord. Il était difficile de montrer une soumission plus complète. Mais Marie de Médicis n'a-t-elle point dépassé la mesure? Après tant de preuves d'opiniâtreté, on ne pouvait croire à pareil repentir. Sous la dictée de l'implacable ministre, Louis XIII écrivit à sa mère qu'avant de songer au retour elle devait livrer à sa justice les mauvais conseillers, Chanteloube, Saint-Germain, et Fabroni[3]. Or, Marie de Médicis croyait ne le pouvoir faire sans déshonneur.

Cependant elle persévère dans son attitude suppliante. Au mois d'avril 1634, par deux fois, elle demanda un passeport pour le P. Suffren, « homme sincère et d'incomparable probité, qui mieux qu'aucun autre pourrait assurer le roi des saintes intentions de la reine sa mère[4] ». Deux fois le passeport est refusé. Au mois de juillet elle déclare au roi par l'entremise de M. de Chantemesle, que pour preuve de l'affection qu'elle veut bien porter à Richelieu, elle consent à éloigner d'elle toutes les personnes qui lui sont suspectes[5]. Louis XIII craignant la dissimulation de sa mère, répondit, si l'on en croit le cardinal, « qu'il n'y avoit pas lieu de se départir des propositions faites à ladite dame reine de livrer à la justice la personne de Chanteloube, vu principalement que, depuis même que la reine traitoit son accommodement... il s'étoit vérifié quantité de nouvelles entreprises que ledit Chanteloube avoit fait faire contre les plus affidés serviteurs du roi[6] ».

Marie de Médicis aima mieux cesser pour un temps ses supplications que de sacrifier un serviteur, innocent à ses yeux. Lorsqu'en 1635, dans une nouvelle phase de la guerre de Trente Ans, Louis XIII menaça les Pays-Bas, les Français habitant Bruxelles

---

1. Lettres de soumission au cardinal et au roi apportées à Paris par M. de La Leu, janvier 1634 (Bibl. nat., coll. Dupuy, t. 473, f. 50).
2. Nous n'avons que la réponse de Richelieu au P. Suffren, 25 février 1634 (Avenel, *Lettres de Richelieu*, t. IV, p. 534).
3. Lettre de Louis XIII à sa mère, 25 février 1634. (*Ibidem*, p. 531.)
4. Lettre de Mme du Fargis à Anne d'Autriche (Bibl. nat., ms. fr., 924).
5. Propositions faites par le sieur de Chantemesle de la part de la reyne, 28 juillet 1634 (Avenel, *op. cit.*, p. 583, 584).
6. *Mémoires de Richelieu*, p. 520.

reçurent l'ordre de quitter cette ville. On excepta de cette mesure les gens de la reine mère et ceux de la princesse d'Orléans[1]. Néanmoins, pour plus de sûreté, Marie de Médicis se retira dans Anvers, place forte défendue par une nombreuse garnison. Le climat de cette contrée lui fut aussi funeste que celui de Gand. Elle tomba de nouveau malade, mais cette fois Louis XIII n'envoya aucun gentilhomme pour s'informer de sa santé. Au grand regret du P. Suffren, Richelieu était parvenu à rompre toute relation entre la mère et le fils.

1. D'Arconville, *Vie de Marie de Médicis*, t. III, p. 429.

INDEX ALPHABÉTIQUE

DES NOMS DE PERSONNES

ADAM (Henri), S. J., 205.
ALLOUÉ (Etienne d'), 7, 36, 67.
ANNE D'AUTRICHE, 00, 387-394, 395, 410, 424.
ARADON (Georges d'), 221.
ARADON (René d'), 221.
ARMAND (Ignace), S. J., 52, 53, 172, 147-163, 167, 190, 250, 337.
ARNOUX (Jean), S. J., 8, 15, 58-62, 74, 259, 286, 412-421.
AUBERT (P. Jean), 45, 47, 50.
AUDEBERT (Etienne), S. J., 265.
AULTRY (Isaac d'), S. J., 324, 328.
AUBILLAC (Laurent d'), S. J., 315, 316.

BAGNI (cardinal de), 392.
BAILLEUL (Nicolas de'), 210, 211.
BAIOLE (Jean), N. J., 373.
BALTAZAR (Christophe), N. J., 71.
BALSAC (Jean-Louis GILES de'), 89, 91, 92.
BARACÉ (Le P.), S. J., 378.
BARBERINI (Francesco), 14-19, 22.
BARONIUS (César), 266, 270.
BARRAU (Bertrand de'), 319.
BARRAUT (Jean JACOBERT de), 109.
BARRY (Paul de'), S. J., 259, 288.
BASSOMPIERRE (maréchal de'), 19, 00, 373, 378, 381.
BEAU (Louis), 254.
BEAUMANOIR (Charles de'), 55, 111.
BELTEMPS (Jean), S. J., 202.
BENTIVOGLIO (cardinal), 106, 107, 201.
BÉRULLE (Pierre de), 8, 11, 12, 25, 74, 118, 170, 181, 182, 183, 384.
BÉTHUNE (Philippe de), 22, 70, 71, 132, 133, 133, 354.
BÉTRAIX (Jean), S. J., 155, 163, 373, 374.
BIARD (Pierre), N. J., 293, 297.
BINET (Etienne), S. J., 131-138, 371, 372.
BLOUNT (Richard), S. J., 8-12.
BOET (Imbert), S. J., 192.
BORDIER (consul), 323.
BORRET (Arnauld de), 252.
BOUCHARD (Alexandre... DE L'AUTECOSTE), 62.
BOUILLET (Louis), S. J., 282.
BOURBON (Henri de), évêque de Metz, 226, 227, 247.
BOUTON (François), S. J., 278.

BRISSET (Jean de'), S. J., 63, 65, 200, 201, 313, 314.
BRESLAY (René de), 102-104.
BRION (Jean), 221.
BRISLABY, voir SILLERY.
BRUN (Pierre), S. J., 280.
BULENGER (Jules-César), N. J., 275.
BUREL (Gilbert), N. J., 300.

CABS (Emery de'), 295, 296, 300, 303, 307.
CABS (Guillaume de'), 295, 300, 303, 307, 313.
CAMIS (Jacques... de PONTCARRÉ), 113-115.
CAMIS (Jean-Pierre), 190.
CANAYE (Jean), S. J., 376.
CANILLAC (François de), S. J., 315, 316, 326, 310, 312, 313, 314, 325.
CAPUS (Mlle de), 210, 211.
CASA (Georges), S. J., 361.
CAUSSIN (Nicolas), S. J., 37, 218, 250, 272.
CELLOT (Louis), N. J., 274, 375.
CÉSY (Philippe de HARLAY, comte de), 315-335.
CHAMPLAIN (Samuel), 291-314.
CHANTAL (Ste Jeanne de), 421, 423, 438.
CHANTELOUBE (de), 72, 75, 430, 431, 432.
CHARLES Ier d'Angleterre, 13, 369.
CHARLES IV de Lorraine, 203, 204, 228, 229, 230, 397, 409-414.
CHARLES-EMMANUEL de Savoie, 316, 383.
CHARLET (Etienne), N. J., 72, 107, 390.
CHARNASSÉ (Vincent), 125, 131.
CHARTON (François), S. J., 299, 300.
CHATELET (du), 60-61.
CIBOT (Bernard), N. J., 283.
CIGALA (Matheo), 323.
COLARD (Jean), S. J., 312.
CONDÉ (Henri II DE BOURBON, prince de'), 3, 212, 216, 292.
CORBERON (Richard), N. J., 203.
CORONELLO (François), 330.
CORSINI (Ottavio), 15, 16, 17.
COSPÉAN (Philippe), 183, 184.
COTON (Pierre), S. J., 2, 11, 20, 27, 29, 30, 55, 63, 67, 69, 115, 116, 122, 131, 147-163, 237, 258, 261, 262, 281, 289, 329.
CRAMOISY (Sébastien), 130, 131.
CYRILLE (Le patriarche... LUCAR), 316-323, 325, 333.

INDEX ALPHABÉTIQUE DES NOMS DE PERSONNES.

DEGUNE (Le chanoine), 57.
DERAND (François), S. J., 218, 219.
DINET (Jacques), S. J., 222.
DUC (Fronton du), S. J., 265, 266.
DUPONT (Nicolas), S. J., 284.
DUPUY (Jean), consul, 346.
DUVAL (D' André), 28, 111, 157, 171, 175, 176, 180, 186.
DU VERGIER DE HAURANNE, voir SAINT-CYRAN.

EFFIAT (marquis d'), 8, 239, 311.
ELBÈNE (Alphonse d'), 196.
ELBÈNE (Alphonse II d'), 197.
EPERNON (duc d'), 199.
ESCHAUX (Bertrand d'), 10.
ESPARBÈS (Joseph d'), 209.
ESTAMPES (Léonor d'), 117-123, 127-132.
ESTRÉES (maréchal d'), 379, 380, 393, 396.
ETROITS (Raymond des), S. J., 203.
EUDOÉNON-JOANNES (Le P.), S. J., 18, 19, 22.

FAUCON DE RIS (Le président), 63-67.
FAVEREAU, 66, 68.
FAVIER (François), S. J., 54-56.
FAVIER (M.), maître des requêtes, 54-56, 66, 67.
FENOUILLET (Pierre de), 204-209.
FERDINAND II, empereur d'Allemagne, 16, 382, 384.
FERRIER (Jérémie), 23, 25.
FILESAC (D' Jean), 112, 116, 176, 177, 186.
FILLEAU (Jean), S. J., 33, 118, 229, 235, 237.
FOISSES (Jean), S. J., 212-216.
FOURCHÉ (Le P.), S. J., 289.
FOURIER (Jean), S. J., 213.
FOURNEL (Pierre), S. J., 280.
FOURNIER (Antoine), S. J., 281.
FRANÇOIS II de Lorraine, 328.
FRESSANGE (Amable), S. J., 334-335.
FROGER (D' Georges), 31, 38, 62, 176.

GALTIER (Bernard), S. J., 203.
GARASSE (François), S. J., 22-27, 65, 85-103, 250.
GEORGE (Jacques), S. J., 207.
GOFFESTRE (Jean), S. J., 300, 302, 303.
GONDI (Jean-François de), 37, 112, 161, 169.
GONDI (M'' de), 289, 296.
GONZAGUE (Charles de), voir NEVERS.

HALINCOURT (M. d'), 52.
HARDY (Mathieu), S. J., 361.
HIBLAY-SANLY (Achille de), 13.
HAY DU CHASTELET, 25.
HATTE (M. des..., baron DE COURMENIN), 336, 337, 340, 311.
HENRIETTE-MARIE de France, 6-8, 9-14, 300, 361.
HERBAULT (d'), voir PHÉLYPEAUX.

ISABELLE (L'Infante), 101, 102, 106, 108, 109.
ISAMBLAT (Le docteur), 157, 170, 180.
ISNARD (Jacques), S. J., 281.

JACQUES I'' d'Angleterre, 6, 8-14.
JACQUINOT (Barthélemy), S. J., 11, 13, 107, 239, 284-288, 383.
JACQUOT (Blaise), 279, 280.
JARRI (Alexandre), S. J., 397.

KELLER (Jacques), S. J., 20.

KERCADO (Henri COLOMBEL de), 222.
KERTH (David, Louis et Thomas), 308-311.

LA BRETESCHE (Jean de), S. J., 297, 298.
LACAZE (Pierre), S. J., 18, 219.
LA COUR (Jean de), S. J., 222.
LA FAYE, ministre, 262, 263.
LIFFEMAS, 96, 97, 99.
LA FORCE (duc de), 263, 283, 311.
LA HAYE (Louis de), 221.
LALEMANT (Charles), S. J., 299, 301, 303, 307, 309, 310, 311.
LALEMANT (Jérôme), S. J., 289.
LAMOIGNON (Le président de), 97, 157.
LANDES (Guillaume de), 90, 100, 157.
LA RENAUDIE (Jean de), S. J., 215.
LA ROCHEFOUCAULD (Antoine de), 230-231.
LA ROCHEFOUCAULD (François, cardinal de), 16, 32, 73, 75, 85, 107, 111, 112, 117, 118, 126, 130, 159, 161, 163, 168, 186, 237, 265, 337.
LA ROCHE-GUYON (duc de), 69, 86.
LA ROCHE-GUYON (duchesse de), 287.
LA ROCHEPOSAY (CHASTEIGNER de), 11, 108-111.
LA TOUR (Charles de), S. J., 115, 155-159, 161, 168, 189.
L'AUBESPINE (Gabriel de), 3, 106, 107, 117.
LA VALETTE (cardinal de), 118, 135, 136, 169, 390, 416.
LA VALETTE (duc de), 325, 326.
LA VARENNE (René de), 236-239.
LA VIEUVILLE (marquis de), 3, 7.
LA VILLE-AUX-CLERCS (Antoine DE LOMÉNIE de), 7, 8, 10, 169.
LE CLERC (D'), 176.
LE COMTE (Jacques), 128.
LE COIGNEUX, 393, 394.
LE FÈVRE (Léon), S. J., 120, 121.
LE JAY (Le président), 184.
LE JEUNE (Paul), S. J., 297.
LE MAIRAT (Louis), S. J., 128.
LE MAISTRE (Nicolas), 251.
LE MAISTRE (Le président), 107, 109.
LE MOYNE (Laurent), 333.
LE MOYNE (Pierre), S. J., 375, 376.
LEMPEREUR, consul, 336, 337, 339.
LESCONERAY (Antoine de), 379.
LE PRESTRE (Guillaume), 119-125.
L'ESPINASSE (Jacques), S. J., 109.
LESTONNAC (Olive de), 200.
LE TRICHON (Jean), S. J., 376.
LIANCOURT (duc de), 69, 86.
LIDEL (Claude de), S. J., 247.
LINGENDES (Claude de), S. J., 222-420.
LOMÉNIE, voir LA VILLE-AUX-CLERCS.
LORIN (Jean), S. J., 371.
LORRAINE (Charles de), S. J., 300-302, 383.
LORRAINE (Nicolas-François de), évêque de Toul, 328, 330, 331.
LOUIS XIII, 1-30, 31, 38, 39, 41, 49, 52, 53, 58, 61, 69, 70, 73-74, 90, 159-162, 165, 178, 182-185, 187, 192, 216, 223, 237, 238, 239, 217, 249, 259, 260, 267, 268, 269, 300, 301, 305, 318, 321, 322, 323, 332, 336, 337, 340, 363-391, 392-333.
LOUSTRE (Etienne), 118.
LOYSE (Jean), S. J., 281.
LUDOVISI (Ludovico, cardinal), 353.

MAILLAN (Charles), S. J., 289-328, 430.

INDEX ALPHABÉTIQUE DES NOMS DE PERSONNES. 437

MALESCOT (Ignace), S. J., 210, 215.
MALHERBE, 91.
MALOT (Le Frère), S. J., 340.
MANIGLIER (Gaspard), S. J., 323, 349-358.
MARCHI M{sup}r de, 343.
MARENGO (Domenico), 362.
MARQUESTAULD (François de), S. J., 132.
MARIE DE MÉDICIS, 3, 13, 72, 75, 76, 79, 138,
  161, 168, 177, 178, 181, 309, 363-391, 392-433.
MARILLAC Maréchal de, 368, 381.
MARILLAC (Michel de), 117, 118, 163, 181, 185,
  186, 212, 383, 390.
MARQUEMONT (Cardinal de), 8, 22, 179, 180.
MARQUESE (Jean), S. J., 323.
MARTEL (François), 63-65.
MARTELLANGE (Etienne), S. J., 217, 218, 252.
MARTIN (François), S. J., 326, 340.
MARTIN (Hilaire), S. J., 372, 373, 374.
MARTINCOURT (Jean-François), S. J., 265, 279,
  280.
MASSÉ (Enemond), S. J., 293, 299, 301, 313,
  314.
MATEL Jeanne CHEZARD DE, 164, 285, 288.
MAUCLERC (D{sup}r), 176, 180.
MAURICE (Dominique), S. J., 323, 359.
MAUTAS (Le P.), S. J., 218.
MAZURE (D{sup}r), 184, 185.
MEAUX Philippe de, S. J., 285.
MEHEMET-EFFENDI, 324, 329.
MESMES (Le président de), 152.
MESTREZAT (Jean), 263, 264.
MILLIEU (Antoine), S. J., 286.
MIRON (Charles), 66, 67, 133, 135, 286.
MOLÉ (Mathieu), 23, 87, 111, 112, 119, 162, 127.
MONOD (Pierre), S. J., 23.
MONTBAZON (Duc de), 239.
MONTEREUL (D{sup}r), 92.
MONTMORENCY (Duc de, 23, 86, 363, 291, 295,
  412 420.
MONTMORENCY Duchesse de, voir URSINS.
MONTS (Pierre DU GRAVÉ DE), 292, 293.
MORET (Comte de), 227.
MORIN (Le P.), de l'Oratoire, 286.
MOUSSY (Jean de), S. J., 261.
MOUSTIERS (Du), 96.

NAPOLLON (Samson), consul, 312, 313, 316.
NASSAU (Charlotte Flandrine de), 110.
NEVELET (Christophe), S. J., 193 194.
NEVERS Charles DE GONZAGUE, duc de , 377,
  382, 342.
NICAUD (Philippe), S. J., 229, 230.
NICQUET (Honoré), S. J., 65.
NIVELLE (Jacques), 192, 193.
NOGARET (Bernard de), 230.
NOIREL (Claude), S. J., 237-239.
NOUE (Anne de), S. J., 303, 304, 313, 317.
NOYERS (François SUBLET de), 253, 253.
NOYROT (Philibert), S. J., 297, 298, 303, 301,
  308 310.

OGIER (François), 86-88.
OLLIVIER (Pierre), consul, 320, 350, 351.
ORAISON (Eléazar d'), S. J., 281.
ORLÉANS (Gaston d'), 393-395, 400, 401-412,
  426-433.
OSEMBRAY (Le président d'), 100.
OUDIN, 58 62.

PAROT (Antoine), S. J., 281.

PATORNAY (Léonard), S. J., 205.
PERRIN (Antoine), S. J., 315, 325, 346, 359,
  360.
PETAU (Denis), S. J., 267-271.
PHILIPPEAU (Jean), S. J., 65, 159.
PHELYPEAUX D'HERBAULT, 22, 152.
PHILIPPE IV d'Espagne, 15-16, 410.
PLESSIS (Daniel du), 15.
POIRÉ (François), S. J., 272, 273.
POMPONE (Ignace), S. J., 278.
POULET (D{sup}r), 180.
PUISIEUX (Pierre BRULART DE SILLERY, vi-
  comte de), 3, 317, 318, 337.
PUYLAURENS (de), 393, 394, 410, 426.

QUEYROT (Jérôme), S. J., 342, 345, 357.

RACAN (Honoré DE BUEIL, marquis de), 91, 92.
RACAPÉ (Le P.), S. J., 319.
RAGUENEAU (Paul), S. J., 304, 307, 309.
RANCHIN (François), 297.
RAOUL (Jacques), 211.
RAINALD Théophile, S. J., 399.
RAZILLY (Commandant de), 310.
REGOURD (Alexandre), S. J., 207, 262-264.
REGNIER (Jean), S. J., 325-333.
REVERDY (D{sup}r), 157, 180.
REVOL (Antoine), 123.
RICHARD (Pierre), S. J., 282.
RICHELIEU (Alphonse-Louis, cardinal de), ar-
  chevêque de Lyon, 388-389.
RICHELIEU (Armand-Jean, cardinal, duc de),
  1-30, 31, 52, 58, 75-83, 91-100, 155, 179-190,
  209, 215, 216, 237, 249, 261, 262, 265, 305,
  306, 310, 363-391, 392-433.
RICHEOME (Louis), S. J., 27.
RICOLA (Edmond), 139.
RIEUX (René de), 118.
RIONDET (Artaud), S. J., 345-348.
ROHAN (Duc de), 362, 371, 379.
ROHAULT (René... DE GEMOZEIL), 299.
ROLLIN (André), S. J., 259.
ROQUEMONT (Claude de), 306, 307, 309, 310.
ROSVAUEC (Sebastien de), 321.
ROUSSEL (Claude), S. J., 278.

SAINT-ALBIN (Jérôme de), S. J., 197.
SAINT-CYRAN, 11, 93, 102, 103, 108, 109.
SAINT-POL (Comtesse de), 59.
SAINTE-BEUVE (Madame de), 287, 289.
SAINTE-COLOMBE (Claude de), S. J., 208, 380.
SAINTE-GENEVIÈVE (Nicolas de), S. J., 222.
SALES (Saint François de), 123, 163, 286.
SANTARELLI (Antoine), S. J., 110-140.
SCALIGER, 269, 270.
SCHOMBERG (Maréchal de), 3, 180, 367, 368,
  375, 378, 381.
SCRIBANI (Charles), S. J., 22.
SÉGUIRAN (Gaspard de), S. J., 8, 15, 16, 29,
  30, 56, 71, 73-78, 87, 88, 117, 192, 258.
SERRES (Louis de), S. J., 282.
SERVIN (Louis), 18, 26, 99, 100, 126.
SILLERY (François BRULART de), 17.
SILLERY (Nicolas BRULART de), chancelier, 3,
  13, 16, 261.
SIRMOND (Jacques), S. J., 91, 135, 118, 260,
  267.
SOISSONS (Charles DE BOURBON, comte de),
  293, 294-373.
SOISSONS (Comtesse de), 261.

SOLIER (François), S. J., 273.
SOUBREVILLE (Jean de), 318.
SOURDIS (François, cardinal de), 25, 111, 112, 122, 128, 198, 199, 232, 233.
SPADA (Bernardino), 8-14, 19, 23, 127-132, 172-190.
SPONDE (Henri de), 219, 220.
STELLA (Jean), S. J., 323, 349-358.
SUFFREN (Claude), S. J., 235.
SUFFREN (Jean), S. J., 9-11, 20, 27, 75-83, 93, 98-100, 127-160, 164, 168, 172-173, 258, 323, 363-391, 392-433.

TACON (François), S. J., 100, 162, 166, 167.
TALON (Omer), 135-138.
TARIN (D¹), 26, 28, 36, 52, 100-102, 178.
TARTAS (Le P. du), S. J., 218.
THÉMINES (Maréchal de), 365.
TIPHAINE (Claude), S. J.,
THOMAS (Guillaume), S. J., 261.
THOU (François-Auguste de), 331, 332.
TOIRAS (Maréchal de), 364, 365.
TOURNON (Comte Just de), 37.
TRAPES (de), 138.
TREMBLAY (Joseph du), 381.
TURMEL (Charles), S. J., 219, 250, 252.

URBAIN VIII, 8-14, 15-30, 71, 127-139, 172-190, 267, 268, 290, 321, 349.

URSINS (Marie-Félice des... duchesse DE MONT-MORENCY), 412, 416, 419-426.

VASSEROT (Jacques), S. J., 279.
VAUDEMONT (Marguerite de), 409, 410, 426, 427.
VENTADOUR (Henri DE LÉVIS, duc de), 297-300.
VERDUN (Président de), 149, 153, 169.
VIAU (Théophile de), 22, 68-73, 90.
VIEUX-PONT (Alexandre de), S. J., 310, 311, 312.
VIGER (François), S. J., 276.
VIGNIER (Jacques), 192, 193.
VILLIERS (Jean de), S. J., 284, 285.
VILLEMONTEY (de), 218.
VIMONT (Barthélemy), S. J., 322, 247, 310, 311, 312.
VINCENT DE PAUL (Saint), 290.
VITELLESCHI (Mutio), S. J., 1, 5, 23, 33, 37, 39, 43, 61, 70, 71, 72, 88, 107, 111, 154-159, 172, 189-190, 197, 210, 215, 243-247, 249, 256, 261, 262, 267, 276, 286, 287, 299, 309, 317, 322, 337, 339, 343, 356, 360, 375, 303, 398, 407, 425, 428, 430.
VOISIN (André), S. J., 68-73, 259.

ZAMET (Sébastien), 112, 113, 123-126, 221-315.

TABLE DES MATIÈRES

Pages

Avant-propos... V
Bibliographie.. VII

CHAPITRE PREMIER

Les premiers libelles contre Richelieu (1624-1626).

1. Richelieu est promu au cardinalat. — 2. Il entre au ministère; sa politique. — 3. Rôle des Jésuites dans l'affaire du mariage anglais. — 4. Choix du confesseur de Madame Henriette-Marie de France. — 5. Affaire de la Valteline. — 6. Les premiers libelles contre la politique de Richelieu faussement attribués aux Jésuites. — 7. L'*Admonitio ad regem* condamné par le prévôt de Paris et censuré par la Sorbonne. — 8. Intervention hostile de l'Université de Paris. 1

CHAPITRE II

Les Universités de France contre les Jésuites (1622-1626).

1. L'Université de Paris s'oppose à l'établissement d'un collège de la Compagnie à Pontoise. — 2. Elle empêche l'achat du collège du Mans. — 3. Vicissitudes de l'Université de Tournon. — 4. Les Universités de France se liguent contre elle. — 5. Elle est supprimée. — 6. L'Université de Paris et le collège d'Angoulême... 31

CHAPITRE III

Une suite d'affaires désagréables (1624-1626).

1. Vocation du jeune Favier. — 2. Les biens des collèges. — 3. Affaire des lettres du P. Arnoux. — 4. Affaire Ambroise Guyot. — 5. Le P. André Voisin et Théophile de Viau. — 6. Disgrâce du P. de Séguiran. — 7. Accueil fait par la cour au P. Jean Suffren, son successeur....................... 63

CHAPITRE IV

Attaques contre le P. Garasse (1625-1626).

1. On cherche à compromettre le P. Coton. — 2. Le Prieur Ogier attaque la *Doctrine curieuse*. Garasse répond par son *Apologie*. — 3. Bruit fait autour

de cet ouvrage. — 4. Publication de la *Somme Théologique*. Perfidies critiques de Saint-Cyran. — 5. Un libelle contre Richelieu faussement attribué à Garasse. — 6. La *Somme Théologique* est censurée en Sorbonne............ 84

CHAPITRE V

La question des Réguliers à l'Assemblée générale du clergé (1620-1626).

1. La question des Réguliers. — 2. Innovations de l'évêque d'Orléans. — 3. Difficultés des Jésuites avec l'évêque de Poitiers. — 4. La question des privilèges en Sorbonne; à Paris; dans le diocèse de Langres. — 5. L'évêque de Séez et les Jésuites d'Alençon. — 6. Assemblée de 1625; plaintes de Guillaume Le Prestre, évêque de Quimper. — 7. L'Assemblée soutient le curé de La Boussac contre les Jésuites. — 8. Un livre du P. Etienne Binet pour la défense des privilèges. — 9. *Déclaration* de l'évêque de Chartres, ou *Règlement* contre les Réguliers. — 10. Conduite étrange de l'Assemblée. — 11. Comment la *Déclaration* est accueillie à Rome. — 12. Condamnation par l'Assemblée de 1625 de deux libelles faussement attribués aux Jésuites. — 13. Ingérence du Parlement. — 14. Résistance du clergé et rôle de Richelieu.... 105

CHAPITRE VI

L'affaire du livre de Santarelli devant le Parlement (1626).

1. Craintes des Jésuites français à l'apparition du livre de Santarelli. — 2. Aperçu de l'ouvrage. — 3. Il est examiné par le D' Filesac; sentiments de Richelieu. — 4. Réquisitoire d'Omer Talon; le livre est condamné au feu; l'existence de la Compagnie en France est menacée. — 5. Démarches inutiles du P. Coton à la cour. — 6. Le P. Provincial et les Supérieurs de Paris comparaissent devant le Parlement. — 7. Rôle du Nonce; regrets du Pape et du P. Général. — 8. Richelieu intervient. — 9. Consultation des Jésuites au sujet de la déclaration à signer. — 10. La déclaration est portée au roi; résistance du Parlement. — 11. Mort et obsèques du P. Coton.................... 140

CHAPITRE VII

Le livre de Santarelli en Sorbonne (1626-1627).

1. Les Jésuites se soumettent autant qu'ils peuvent à l'arrêt du 17 mars. — 2. Réaction en leur faveur. — 3. Projet d'une déclaration touchant la souveraineté des rois. — 4. Jugement sur la conduite des Jésuites français dans l'affaire Santarelli. — 5. Le *Tractatus de Haeresi* est dénoncé à la Sorbonne. — 6. Censure de cet ouvrage. — 7. Protestation du Nonce; mécontentement du Pape. — 8. Richelieu se décide à intervenir. — 9. Il obtient la soumission de la Sorbonne et brise les résistances de l'Université. — 10. Ses difficultés avec le Parlement. — 11. Direction du P. Général et incidents relatifs à la Compagnie, pendant l'affaire de la censure..................... 166

CHAPITRE VIII

Les fondations de 1624 à 1630.

1. Nouvelle et infructueuse tentative d'établissement dans la ville de Troyes. — 2. Fondation du collège d'Albi. — 3. Une maison professe à Bordeaux. — 4.

La résidence de Saint-Mihiel. — 5. Etablissement d'un collège à Montpellier. — 6. La résidence de Marennes. — 7. A Langres les Pères quittent leur résidence et prennent la direction du collège. — 8. Fondation du collège de La Rochelle. — 9. Rétablissement des Jésuites au collège de Pamiers. — 10. Fondation du collège de Vannes.. 191

CHAPITRE IX

Quelques événements de la vie des anciens collèges (1623-1630).

1. A Metz, fête en l'honneur de la duchesse de La Valette. — 2. Solennités scolaires au collège de Paris. — 3. L'évêque de Toul soutient un acte public à l'Université de Pont-à-Mousson. — 4. Prétentions des Juristes de cette Université. — 5. Différend entre les Jésuites d'Angoulême et l'évêque Antoine de La Rochefoucauld. — 6. Susceptibilité du Parlement d'Aix en Provence. — 7. Querelle avec le gouverneur de La Flèche au sujet d'un droit de pêche. — 8. Une mutinerie d'écoliers au collège de Rennes. — 9. Les Jésuites gênés dans l'usage de leurs droits par les Universités. — 10. Bienfaits et exigences du prince de Condé à Bourges. — 11. Construction de nouvelles églises en province et dans la capitale. — 12. Incident auquel donna lieu la pose de la première pierre du pensionnat au collège de Clermont. — 13. L'église du noviciat de Paris. — 14. Heureuse fin de deux insignes bienfaiteurs............ 224

CHAPITRE X

Les travaux apostoliques et scientifiques (1624-1630).

1. Résidences et maisons de mission. — 2. Prédicateurs célèbres. — 3. Les missions intérieures. — 4. La controverse. — 5. L'apostolat de la plume; les érudits. — 6. Les écrivains ascétiques. — 7. Les historiens. — 8. Les littérateurs. — 9. Les Jésuites victimes de la charité. — 10. La part prise par la Compagnie aux progrès des congrégations religieuses. Débuts de l'ordre du Verbe Incarné. — 11. Etablissement des Visitandines à Paray. Développements de la congrégation des Filles de Notre-Dame. — 12. Fondation des Prêtres de la Mission. 255

CHAPITRE XI

La mission du Canada (1613-1629).

1. Premiers voyages de Champlain. *L'habitation* de Québec. — 2. Mission des Recollets. La *Société des marchands* et la *Compagnie de Montmorency*. — 3. Le duc de Ventadour et la *Mission des Jésuites*. — 4. Premier départ de Missionnaires. Résidence de Notre-Dame-des-Anges. — 5. Second départ. Déplorable situation de la colonie. Démarches du P. Noyrot. — 6. Richelieu prend en main les affaires du Canada. *Compagnie des Cent Associés*. — 7. Troisième départ. Entreprise des frères Kertk contre Québec. Deux Pères prisonniers. — 8. Quatrième départ et naufrage. — 9. Reddition de Québec. — 10. Conduite des Anglais à l'égard des colons et des missionnaires........................ 291

CHAPITRE XII

La mission de Constantinople (1623-1630).

1. Une fête littéraire à Saint-Benoît. — 2. L'influence de Cyrille Lucar combattue par M. de Césy. — 3. Menées du patriarche Cyrille contre la mission. —

4. Affaire des Jésuites de Chio. — 5. A Constantinople, le patriarche s'unit aux ambassadeurs protestants pour faire chasser les Pères. — 6. Arrestation, captivité et exil de trois missionnaires. — 7. M. de Césy fait rétablir les Jésuites à Saint-Benoît. — 8. Délivrance des captifs et sécurité relative de la mission. 315

CHAPITRE XIII

Les missions du Levant (1623-1630).

1. Projet d'un établissement des Jésuites à Jérusalem. — 2. Opposition et vaines craintes des Franciscains. — 3. Établissement à Smyrne. — 4. Ministères des PP. de Canillac et Queyrot. — 5. Apostolat des Arméniens par le P. Riondet. Les congrégations de la Sainte Vierge. — 6. L'établissement d'Alep est décidé et approuvé par le roi. — 7. Tribulations des PP. Stella et Riondet ; ils sont chassés d'Alep. — 8. Leur retour et leurs travaux. — 9. Établissement et succès apostolique à Naxie. — 10. L'évêque de Syra fait appel aux Jésuites. 335

CHAPITRE XIV

Part prise aux événements politiques (1624-1630).

1. Insoumission de La Rochelle. — 2. Le fort de Saint-Martin attaqué par les Anglais. — 3. Ils en sont chassés par Schomberg. — 4. Siège de La Rochelle ; récits du P. Suffren et des Jésuites aumôniers. — 5. Entrée du roi à La Rochelle ; discours du P. Suffren. — 6. Joie dans toute la France et fêtes chez les Jésuites. — 7. Affaire de la succession de Mantoue. — 8. Guerre en Languedoc ; relation du P. Suffren. — 9. Opposition de Marie de Médicis et de son parti à la politique de Richelieu. — 10. Seconde intervention de la France dans l'affaire de Mantoue. — 11. La maladie du roi à Lyon, d'après une lettre du P. Suffren. — 12. *Journée des dupes*.. 363

CHAPITRE XV

Pendant les orages de la cour (1630-1634).

1. Vains efforts pour réconcilier Marie de Médicis avec Richelieu. — 2. La conduite inconsidérée de Gaston d'Orléans rend suspecte la reine mère. — 3. Le roi se sépare d'elle. — 4. Rôle du P. Suffren auprès de Marie de Médicis à Compiègne ; il est remplacé par le P. Maillan comme confesseur de Louis XIII. — 5. La reine mère s'enfuit et passe la frontière ; le P. Suffren la suit dans les Pays-Bas. — 6. Bienveillance de Marie de Médicis pour les Jésuites des provinces Gallo-Belges. — 7. Mariage secret du duc d'Orléans avec Marguerite de Vaudemont. — 8. Campagne de Louis XIII en Lorraine ; il protège les collèges de la Compagnie. — 9. Complot et procès du duc Henri de Montmorency. — 10. Il est assisté dans sa prison et à sa mort par le P. Arnoux. — 11. Les Jésuites et Marie-Félice des Ursins, duchesse de Montmorency. — 12. Nouvelle révolte et nouvelle soumission de Gaston d'Orléans. — 13. Isolement de la reine mère ; tentatives de retour en France, auxquelles prend part le P. Suffren.. 391

www.ingramcontent.com/pod-product-compliance
Lightning Source LLC
Chambersburg PA
CBHW070546230426
43665CB00014B/1826